Edition KWV

Die „Edition KWV" beinhaltet hochwertige Werke aus dem Bereich der Wirtschaftswissenschaften. Alle Werke in der Reihe erschienen ursprünglich im Kölner Wissenschaftsverlag, dessen Programm Springer Gabler 2018 übernommen hat.

Weitere Bände in der Reihe http://www.springer.com/series/16033

Anna Osterspey

Gesundheitskultur

Entwicklung und Verankerung
durch Personalmanagement

Anna Osterspey
thyssenkrupp AG
Essen, Deutschland

Bis 2018 erschien der Titel im Kölner Wissenschaftsverlag, Köln
Inauguraldissertation zur Erlangung der Würde eines Doctor rerum oeconomicarum der Wirtschafts- und Sozialwissenschaftlichen Fakultät der Universität Bern
Die Fakultät hat diese Arbeit am 23. Februar 2012 auf Antrag der beiden Gutachter Prof. em. Dr. Norbert Thom Prof. h. c. Dr. h. c. mult. und o. Univ. Prof. Dkfm. Dr. Reinbert Schauer als Dissertation angenommen, ohne damit zu den darin ausgesprochenen Auffassungen Stellung nehmen zu wollen.

Edition KWV
ISBN 978-3-658-23463-8   ISBN 978-3-658-23464-5   (eBook)
https://doi.org/10.1007/978-3-658-23464-5

Die Deutsche Nationalbibliothek verzeichnet diese Publikation in der Deutschen Nationalbibliografie; detaillierte bibliografische Daten sind im Internet über http://dnb.d-nb.de abrufbar.

Springer Gabler
© Springer Fachmedien Wiesbaden GmbH, ein Teil von Springer Nature 2012, Nachdruck 2018
Ursprünglich erschienen bei Kölner Wissenschaftsverlag, Köln, 2012

Springer Gabler ist ein Imprint der eingetragenen Gesellschaft Springer Fachmedien Wiesbaden GmbH und ist ein Teil von Springer Nature
Die Anschrift der Gesellschaft ist: Abraham-Lincoln-Str. 46, 65189 Wiesbaden, Germany

Meinen Eltern, meinem Bruder und meinem Großvater

Geleitwort

Länder wie Deutschland und die Schweiz, die einer enormen internationalen Wettbewerbsintensität und höchstem Produktivitätsdruck ausgesetzt sind, müssen in besonderem Maße um das gesundheitliche Wohl der Erwerbspersonen in ihren Volkswirt-
schaften bemüht sein. Diese sind angesichts der hohen Leistungsanforderungen zunehmend gefährdet, an ihrer physischen und psychischen Gesundheit Schaden zu
nehmen. Dies würde immense Kosten verursachen und die Qualität der Leistungser-
stellungs- sowie Leistungsverwertungsprozesse massiv beeinträchtigen. In der Tat belegen fundierte Statistiken aus den genannten Ländern, dass krankheitsbedingte Fehlzeiten ein ernst zu nehmendes Problem sind. In Hochlohnländern führt dies zu einer
erhöhten Managementaufmerksamkeit für die Thematik Betriebliches Gesundheitsmanagement (BGM).

Im wissenschaftlichen Diskurs hat sich die betriebswirtschaftliche Forschung der
Thematik eines umfassenden BGM im Vergleich zur Arbeits- und Organisationspsychologie erst sehr spät angenommen. Vor allem fehlt es bisher an Arbeiten, die den
theorie- und empiriebasierten Versuch unternehmen, das BGM im umfassenden Instrumentarium der Führungs- und Personalmanagementlehre zu verorten. Erst, wenn
eine Gesundheitskultur bei den Führungskräften eines Unternehmens verankert ist, besteht die berechtigte Hoffnung, dass dem BGM der gebührende Stellenwert zuerkannt
wird. Lediglich die kulturelle Verfestigung der gesundheitsfördernden Konzepte führt
zur bestmöglichen Anwendung der Erkenntnisse im Führungsalltag. An dieser Schlüs-
selstelle für die Förderung der Gesundheit der Arbeitnehmerschaft setzt die Dissertation von Frau Dr. Anna Osterspey an.

Nach der Aufbereitung des Wissensstandes in der Fachliteratur identifiziert die Autorin dringend zu reduzierende Forschungslücken in den folgenden Bereichen: (1) Erarbeitung einer betriebswirtschaftlich analysier- und gestaltbaren Gesundheitskultur sowie (2) Untersuchung der Rolle des Personalmanagements in der Entwicklung und
Verankerung einer Gesundheitskultur.

Bei dem Vorhaben, einen Beitrag zur Schließung dieser Lücken zu leisten, ist die Frage zu klären, welches methodische Vorgehen zweckdienlich ist. Dr. Anna Osterspey
entschied sich wohlbegründet für den Einsatz qualitativer Erkenntnismethoden, da das
Phänomen Gesundheitskultur in seiner Ganzheit und Komplexität unter Berücksichtigung eines konkreten betrieblichen Kontextes erforscht werden sollte. Kultur wird von
Menschen geschaffen und gelebt. Die Art und Weise, wie Menschen wahrnehmen,
deuten, interpretieren und handeln kann am besten qualitativ erhoben und ausgewertet

werden. Zudem sind Gesundheit und Wohlbefinden hoch sensible Themen, die, wenn überhaupt, in einem vertrauensgeprägten Gespräch erörtert werden können.

Neuere Entwicklungen in der Fachliteratur weisen vermehrt darauf hin, dass der Umgang mit Gesundheit im Arbeitskontext im Kern von Kulturwerten gesteuert wird. Ausgehend von den identifizierten Forschungslücken erarbeitet Frau Dr. Anna Osterspey in systematischer Form das Konstrukt Gesundheitskultur. Das Resultat ist eine selbständige gedankliche Weiterentwicklung der bestehenden Ansätze durch die Verfasserin. Das von der Autorin erarbeitete Konstrukt folgt der Logik des Modells der European Foundation for Quality Management (EFQM). So werden mensch- und unternehmensbezogene Ergebniskriterien (Resultate) durch verschiedenartige Voraussetzungen/Befähiger ermöglicht. Diese lassen sich in folgende vier Hauptkategorien clustern: (1) Grundwerte und Überzeugungen, (2) Führungs- und Eigenverantwortung, (3) Arbeits- und Beziehungsorganisation sowie (4) betriebliche Ressourcen materieller und immaterieller Art.

Nach der erhellenden Erläuterung dieser Voraussetzungen/Befähiger folgt die betriebswirtschaftlich gebotene Auseinandersetzung mit dem Effektivitäts- und Effizienzkonzept einer Gesundheitskultur. Im Anschluss an die sorgfältige Erarbeitung konzeptioneller Grundlagen wagt die Autorin den Praxistest in Form einer Intensivfallstudie in einem Großunternehmen. Die Schweizerische Post (genauer: Personalabteilung auf Konzernebene plus Konzernleitung, PostFinance, PostMail, PostLogistics, Poststellen und Verkauf, Swiss Post International) ist nicht zuletzt deshalb ein geeignetes Untersuchungsobjekt, weil sich der vielgestaltige Großkonzern bereits seit mehreren Jahren erfolgreich im Bereich BGM engagiert und schon mehrfach für sein fortschrittliches Personal- und Gesundheitsmanagement ausgezeichnet wurde (z. B. mit dem Label „Friendly Work Space"). Es darf also davon ausgegangen werden, dass eine Gesundheitskultur in den untersuchten Geschäftsbereichen in einem fortgeschrittenen Stadium anzutreffen ist und auch andere Unternehmen mit vergleichbaren Merkmalen von den Erfahrungen des Postkonzerns lernen können. Um das Gesundheitskulturphänomen möglichst ganzheitlich und aus unterschiedlichen Perspektiven zu ergründen, gewinnt die Autorin Führungskräfte sämtlicher Hierarchieebenen (vom Konzern- bis Gruppenleiter), Personal- und Gesundheitsspezialisten sowie Mitarbeitende ohne Führungsverantwortung als Gesprächspartner und befragt jede Personengruppe anhand eines speziellen Interviewleitfadens. Demnach setzt sich der Primärdatensatz aus leitfadengestützten Einzelinterviews (69 Personen), einer Gruppendiskussion mit allen Geschäftsleitungsmitgliedern eines Konzernbereichs sowie aus zahlreichen teilnehmenden Beobachtungen und informellen Gesprächen zusammen. Darüber hinaus war es möglich, ergiebige Sekundärquellen auszuwerten, so dass die Forscherin letztlich über einen enormen Datenkorpus verfügte, den sie computergestützt in Form einer qualitativen Inhaltsanalyse auswertete. Es ist der Autorin gelungen, ein leistungsfähiges Diagnoseraster zur Erfassung einer Gesundheitskultur zu entwickeln.

Aus der Auswertung des empirischen Materials lässt sich der Schluss ziehen, dass die Rolle der Führung maßgeblich zum Erfolg eines kulturverankerten BGM beiträgt. Hierzu ist es wichtig, dass klare Anforderungen an eine gesundheitskulturgerechte Führungskraft formuliert werden. Es genügt beispielsweise nicht, wenn ausschließlich Ressourcen zur Verfügung gestellt werden und in regelmäßigen Abständen eine Kontrolle der Abwesenheitsstatistiken erfolgt. Zudem ist das Zusammenspiel von Macht- und Fachpromotoren ausschlaggebend. Leitende Angestellte und Spezialisten müssen auf ihre Aufgaben vorbereitet werden. Personalentwicklung ist demnach ein tragender Erfolgspfeiler. Eine Gesundheitskultur kann nur zur vollen Entfaltung gelangen, wenn jeder Einzelne bereit ist, Verantwortung für sich und andere zu tragen. Ferner ist die Rolle des Personalmanagements entscheidend. So bedarf es einer kulturgerechten Ausrichtung aller Personalfunktionen. Auch wird deutlich, dass BGM nicht mit einzelnen Projekten und wenigen isolierten Fachbeauftragten erfolgreich sein kann. Eine Reduktion auf den werksärztlichen Dienst bzw. den gesetzlich vorgeschriebenen Arbeits- und Gesundheitsschutz ist absolut ungenügend. Es bedarf zwingend einer kulturellen Verankerung des Gesundheitsgedankens. Im Hinblick auf Aktionen und Kampagnen ist zu betonen, dass diese zielgruppengerecht ausgerichtet werden müssen.

Viele sozialwissenschaftliche Studien bieten eine fundierte Auswertung des reichen empirischen Materials, aber leider nur wenige und nicht sehr konkrete Implikationen für das Management. Nicht so die Dissertation von Dr. Anna Osterspey. Sie erarbeitet kohärente Gestaltungsempfehlungen. Der Gesundheitsaspekt wird in das gesamte Führungsinstrumentarium integriert und die Instrumente des Personalmanagements tragen dazu bei, dass es zu einer kulturellen Verankerung des BGM kommen kann. Dazu entwickelt die Verfasserin Erfolg versprechende Gestaltungsvorschläge zum Wandel der Gesundheitskultur (Überwindung von Hindernissen, Einsatz von Promotoren sowie von leistungsfähigen personalwirtschaftlichen Instrumenten).

Das vorliegende Werk bietet zwei Hauptzielgruppen reiche Erkenntnisse: (1) Praktikern des Gesundheitsmanagements wird gezeigt, wie sie auf eine neue Stufe der Förderung der Gesundheit im Unternehmensalltag gelangen können (von der Diagnose der Ist-Situation zur Erreichung eines kulturellen Soll-Zustandes). (2) Gesundheitswissenschaftler verschiedener Fachdisziplinen erhalten eine intensive und breit angelegte

Aufarbeitung des Wissensstandes sowie ein Musterbeispiel für eine solide qualitative Forschung im empirischen Feld.

Ich wünsche diesem überaus anregenden Buch die ihm gebührende Verbreitung in Wissenschaft und Praxis.

Bern, im Frühjahr 2012   Prof. em. Dr. Norbert Thom Prof. h. c. Dr. h. c. mult.
(ehemals Direktor des Instituts für Organisation und
Personal der Universität Bern)

Vorwort

Die vorliegende Monografie ist während meiner dreijährigen Tätigkeit als wissenschaftliche Assistentin und Doktorandin am Institut für Organisation und Personal (IOP) der Universität Bern entstanden. Während dieser Zeit habe ich immer wieder erfahren, dass die Erarbeitung einer Dissertation eine große Herausforderung darstellt und in vielerlei Hinsicht einer Achterbahnfahrt gleicht. Dem letztendlichen Hoch an Freude und Zufriedenheit gehen einige kleinere und größere Talfahrten voraus, welche, um in den Worten des Betrieblichen Gesundheitsmanagements zu sprechen, die persönliche Leistungsfähigkeit und -bereitschaft durchaus zu bedrohen vermögen. Umso mehr ist es nun an der Zeit, aufrichtig Danke zu sagen.

Mein ganz besonderer, sehr herzlicher Dank gilt meinem Doktorvater, Herrn Prof. em. Dr. Norbert Thom Prof. h. c. Dr. h. c. mult. In meiner bisherigen akademischen Laufbahn habe ich keinen zweiten Hochschullehrer kennengelernt, der seinen Beruf derart zu einer Berufung gemacht hat, wie er. Auf seine wertvolle Unterstützung konnte ich zu jedem Zeitpunkt zählen. Er hat mir Türen geöffnet, Vertrauen geschenkt, Handlungs- und Entscheidungsfreiräume gewährt und mich vor allen Dingen gelehrt, welche große Bedeutung einem psychologischen Arbeitsvertrag zukommt. Als Emeritus wünsche ich ihm die gebührende Anerkennung sowie darüber hinaus alles erdenklich Gute.

Zudem danke ich meinem Zweitgutachter, Herrn o. Univ. Prof. Dkfm. Dr. Reinbert Schauer. Seine konstruktive Kritik und insbesondere sein wohlwollender Zuspruch während des letzten Doktorandenseminars im Juni 2011 in Bern haben mich in hohem Maße motiviert. Seine großartige Unterstützung werde ich ihm nie vergessen. Ihm wünsche ich für die bevorstehende Emeritierung respektive für den neuen Lebensabschnitt nur das Allerbeste.

Die Tatsache, dass ich in meiner Dissertation wissenschaftlich fundierte, praxisnahe und -relevante Gestaltungsempfehlungen für das (Personal-) Management zum Aufbau und Erhalt einer gesundheits- und leistungsfördernden Unternehmenskultur erarbeiten konnte, wäre ohne die hervorragende Kooperation mit der Schweizerischen Post in dieser Form nicht möglich gewesen. Daher ist es mir ein großes Anliegen, die Gelegenheit zu nutzen, um den vielen Koordinatoren und Gesprächspartnern innerhalb des Konzerns meinen ausdrücklichen Dank auszusprechen. Das mir entgegengebrachte Vertrauen, die investierte Arbeitszeit sowie die beeindruckende Offenheit und Ehrlichkeit, mit der mir die Interviewpartner auf allen Hierarchieebenen begegnet sind, weiß ich außerordentlich zu schätzen. Ich werte die gelungene Zusammenarbeit als Zeichen des Interesses an der zweifelsohne drängenden Zukunftsthematik, als Zeichen der Wertschätzung sowie als Zeichen gegenseitigen Respekts und hoffe, dass ich mit der Darstellung meiner Erkenntnisse sowie mit der Anregung konkreter Handlungsempfehlungen zu einem noch weiter verbesserten BGM-Soll-Zustand einen Beitrag zum Erfolg des Postkonzerns leisten konnte.

Neben allem fachlichen Dank möchte ich an dieser Stelle einigen Menschen ganz bewusst persönlich danken. So danke ich meiner Kollegin Kerstin Nesemann für die gemeinsame Zeit am IOP und insbesondere für die freundschaftliche Begleitung sowie die tatkräftige Unterstützung auf dem Langstreckenlauf des Promotionsstudiums. Die Berner Jahre werden immer mit ihr und ihrem lieben Ehemann in Verbindung stehen.

Überdies gilt mein Dank meinem Hilfsassistenten und ebenfalls Freund Stephan Berchtold. Er wurde nicht müde, bei der schier endlos scheinenden Transkription des Interviewmaterials Unterstützung zu leisten. Seine aufmunternden Worte und die leise, geradezu selbstverständlich wirkende Erledigung diverser Kleinigkeiten im Institutsalltag werden mir in bester Erinnerung bleiben.

Als Helfer in praktisch allen Belangen möchte ich ganz besonders meinem hoch geschätzten Freund Arne Götsch danken. Er hat mich während der gesamten Promotionszeit mit aller Kraft unterstützt und sich bis zum Schluss in sämtliche Frage- und Problemstellungen hineingedacht, so dass er mir stets ein hervorragender Ansprech- und Diskussionspartner war.

Diese Dissertation ist nicht ohne Grund meiner Familie gewidmet. Ein Elternhaus zu haben, welches mich seit Anbeginn jederzeit und überall in allen Lebenslagen und Gemütsverfassungen sowie bei sämtlichen Herausforderungen größerer und kleinerer Natur bedingungslos unterstützt und mir dabei immer ein beschützendes Zuhause bietet, ist für mich das allergrößte Geschenk. Es ist mir daher eine wirkliche Herzensangelegenheit, den Abschluss dieser Dissertation dazu zu nutzen, um meinen Eltern und meinem Bruder ausdrücklich und in aller Öffentlichkeit herzlichst Danke zu sagen.

Von allen salutogenen Ressourcen, welche in dieser Arbeit behandelt werden, ist die zwischenmenschliche Unterstützung, zumindest im Hinblick auf das Leben als solches, aus eigener Erfahrung mit an Sicherheit grenzender Wahrscheinlichkeit die Wichtigste.

Bern, im Frühjahr 2012   Dr. Anna Osterspey

Inhaltsverzeichnis

Abbildungsverzeichnis

Tabellenverzeichnis

Abkürzungsverzeichnis

A...................................... Austria (Österreich)

Abs. . ... Absatz

AEH .... Zentrum für Arbeitsmedizin, Ergonomie und Hygiene (AG)

AG.................................... Aktiengesellschaft

AGS.................................. Arbeits- und Gesundheitsschutz

AKV .... Aufgabe, Kompetenz, Verantwortung

AOK .... Allgemeine Ortskrankenkasse

ArbSchG .... Arbeitsschutzgesetz

ArG .... Arbeitsgesetz

BCM................................ Betriebliches Case Management

BGF................................. Betriebliche Gesundheitsförderung

BGM .... Betriebliches Gesundheitsmanagement

BGP................................. Betriebliche Gesundheitspolitik

BIP .... Bruttoinlandsprodukt

BKK .... Betriebskrankenkasse

BSC .... Balanced Scorecard

bspw. .... beispielsweise

BWL................................ Betriebswirtschaftslehre

bzw. .... beziehungsweise

ca. .... circa (ungefähr)

CC .... Carbon Copy

CEO................................. Chief Executive Officer

CH .... Confoederatio Helvetica (Schweiz)

CHF................................. Schweizer Franken

CSR .... Corporate Social Responsibility

DGFP .... Deutsche Gesellschaft für Personalführung

DGUV .... Deutsche Gesetzliche Unfallversicherung

d. h. .... das heißt

DHL .... Dalsey Hillblom Lynn

Dipl.-Kff. .... Diplom-Kauffrau

Dkfm. .... Diplomkaufmann

DNBGF .... Deutsches Netzwerk für betriebliche Gesundheitsförderung

Dr. .... Doktor

durchschnittl. .... durchschnittlich

EBIT .... Earnings Before Interest and Taxes

E-Coaching .... Electronic-Coaching

EDV .... Elektronische Datenverarbeitung

EFQM .... European Foundation for Quality Management

E-HRM .... Electronic-Human Resource(s) Management

E-Leadership .... Electronic-Leadership

E-Learning .... Electronic-Learning

E-Mail .... Electronic-Mail

engl. .... englisch

ENWHP .... European Network for Workplace Health Promotion

et al. .... et alii (und andere)

etc. .... et cetera (und so weiter)

e. V. .... eingetragener Verein

f. .... folgend/e

FAU .... Fachverein Arbeit und Umwelt

ff. .... fortfolgend/e

GAV .... Gesamtarbeitsvertrag

GEK .... Gmünder Ersatzkasse

ggf. .... gegebenenfalls

GmbH .... Gesellschaft mit beschränkter Haftung

h. c. .... honoris causa (ehrenhalber)

HR .... Human Resource(s)

HRM .... Human Resource(s) Management

Hrsg. .... Herausgeber

IGA .... Initiative für Gesundheit und Arbeit

IHK .... Industrie- und Handelskammer

inkl. .... inklusive

insb. .... insbesondere

io .... Industrielle Organisation

IOP .... Institut für Organisation und Personal (der Universität Bern)

IT .... Informationstechnologie

IV .... Invalidenversicherung

Jg. .... Jahrgang

Jr. .... Junior

KEP .... Kurier, Express, Pakete

kg................................... Kilogramm

KMU .... kleine und mittlere Unternehmen

m .... männlich

MbO .... Management by Objectives

mind. .... mindestens

Mio. .... Millionen

Mrd. .... Milliarden

Nr. .... Nummer

NZZ................................ Neue Zürcher Zeitung

OCB .... Organizational Citizenship Behavior

OE .... Organisationsentwicklung

o. Jg. .... ohne Jahrgang

o. O. .... ohne Ort

OR.................................. Obligationenrecht

o. Univ. Prof. .... ordentlicher Universitätsprofessor

o. V. .... ohne Verfasser

PA .... PostAuto

PC.. Personal Computer

PE.. Personalentwicklung

PF .... PostFinance

PIX .... Personalmanagement-Professionalisierungs-Index

PL.. PostLogistics

PM.. PostMail

Prof.. Professor

PTT .... Post-, Telefon- und Telegrafenbetriebe

PV .... Poststellen und Verkauf

QDA...................................... Qualitative Data Analysis

resp. .... respektive

S. .... Seite

SECO .... Staatssekretariat für Wirtschaft

SMS....................................... Short Message Service

SOC....................................... Sence of Coherence

Sp. .... Spalte

SPI... Swiss Post International

SPS.. Swiss Post Solutions

Suva....................................... Schweizerische Unfallversicherungsanstalt

TNS .... Taylor Nelson Sofres

TQM....................................... Total Quality Management

u. a. .... unter anderem

UE .... Untersuchungseinheit

UK.. United Kingdom

URL.. Uniform Resource Locator

US .... United States

USA.. United States of America

usw. .... und so weiter

vgl. .... vergleiche

vglw. .... vergleichsweise

w.. weiblich

WHO .... World Health Organization

www .... world wide web

z. B. .... zum Beispiel

I. Einführung

Die Betriebswirtschaftslehre (BWL), als selbständige wirtschaftswissenschaftliche Disziplin (vgl. Lechner/Egger/Schauer 2010: 31), befasst sich „[...] mit der Beschreibung, Erklärung und Gestaltung betrieblicher Leistungserstellung unter dem Aspekt der Wirtschaftlichkeit. Als Wissenschaft vom Management macht [...] [sie] beschreibende, theoretische und pragmatische Aussagen zur Lenkung und Gestaltung von Betrieben." (Hill 1985: 113). Vor diesem Hintergrund interessieren sich Wirtschaftswissenschaftler[1] allgemein und insbesondere Betriebswirte verstärkt für das körperliche und geistige Befinden des erwerbstätigen Menschen. Der Grund hierfür liegt in der bestehenden Abhängigkeitsbeziehung zwischen Wohlbefinden[2], Arbeitsleistung und Wettbewerbsfähigkeit (vgl. Bundesverband der Betriebskrankenkassen 1999: 3; Abschnitt II.-1.). Das heißt, dass Gesundheit aus (betriebs-) wirtschaftlicher Perspektive keinen Selbstzweck darstellt, sondern in einer Ziel-Mittel-Relation steht. Die Überlebensfähigkeit eines Unternehmens am Markt hängt letztlich von gesunden Leistungsträgern ab (vgl. Badura/Walter/Hehlmann 2010: 1), die dazu beitragen, dass Organisationen[3] angemessene Renditen auf das von ihnen investierte Kapital erzielen (vgl. Brockhoff 2002: 13). Im Zentrum derartiger Überlegungen befinden sich wirtschaftliche Effektivitäts- und Effizienzziele (vgl. Abschnitt II.-4.2.2.). Die Argumentation der vorliegenden Dissertation erfolgt in diesem Bewusstsein und in dieser Denktradition.

Das Wissen, das im Bereich Betriebliches Gesundheitsmanagement (BGM) gegenwärtig zur Verfügung steht, ist über einen langen Zeitraum innerhalb verschiedener, teilweise wenig verbundener Wissenschaftsbereiche (z. B. Humanmedizin, [Arbeits- und Organisations-] Psychologie, Soziologie, BWL) entstanden (vgl. Badura/Ritter/Scherf 1999: 22). Obgleich sich die Verfasserin für Erkenntnisse gesundheitsnaher Disziplinen offen zeigt (ein Grundverständnis für Hintergründe und Zusammenhänge von Gesundheit und Krankheit ist unumgänglich), ist für sie die klassische Managementliteratur gemäß heutigem Erkenntnisstand entscheidend. Im Fokus dieser Dissertation stehen die Bedeutung von und der Umgang mit Gesundheit im betrieblichen Kontext.

---

[1] Aus Gründen der besseren Lesbarkeit finden geschlechtsneutrale oder männliche Ausdrücke Verwendung. Allerdings sind, wenn nicht explizit anders aufgeführt, stets sowohl das männliche als auch das weibliche Geschlecht gemeint.

[2] Obwohl keine unumstrittene Definition von Wohlbefinden existiert, kann zwischen aktueller und habitueller Befindlichkeit unterschieden werden (vgl. Becker 1986: 9 und 68). Gesundheitsmanagement im Betrieb stützt sich in erster Linie auf das aktuelle und habituelle Wohlbefinden, das unmittelbar mit der Situation am Arbeitsplatz in Verbindung steht (vgl. Ulich/Wülser 2004: 42). Für eine vertiefte Auseinandersetzung mit dem Thema Wohlbefinden sei auf Kahnemann/Diener/Scharz (1999) sowie Warr (1999) verwiesen.

[3] Die Termini Organisation (im institutionalen Sinn; vgl. Abschnitt II.-4.1.1.) und Institution sind Oberbegriffe für Unternehmen/Betriebe/Firmen, Non-Profit- oder staatliche Einrichtungen. Da alle Betriebsformen Personal beschäftigen (vgl. Berthel/Becker 2010: 4), erfolgt in dieser Dissertation eine synonyme Begriffsverwendung.

© Springer Fachmedien Wiesbaden GmbH, ein Teil von Springer Nature 2012
A. Osterspey, *Gesundheitskultur*, Edition KWV,
https://doi.org/10.1007/978-3-658-23464-5_1

1. Ausgangslage und Relevanz der Forschungsthematik

Derzeitige wirtschaftliche Rahmenbedingungen konfrontieren Unternehmen mit großen Herausforderungen. Diese manifestieren sich z. B. in steigenden Produktivitäts-, Flexibilitäts- und Wirtschaftlichkeitsanforderungen, welche wiederum wesentlich durch eine globale Wirtschaftsordnung bedingt sind.[4] Darüber hinaus sehen sich Betriebe den Auswirkungen des fortschreitenden demographischen Wandels ausgesetzt und müssen mit einer permanenten Weiterentwicklung moderner Technologien Schritt halten. Wirkungsvolles Wissens- und Qualitätsmanagement, eine erfolgreiche Reaktion auf den vorherrschenden Innovationsdruck, kurze Produktlebenszyklen, eine gesellschaftlich erwünschte Übernahme sozialer Verantwortung und der Umgang mit einer zunehmenden innerbetrieblichen Sozialvielfalt (Diversität) sind neben einer tendenziell schwindenden Mitarbeiterloyalität weitere Bezugspunkte für aktuelle Herausforderungen. Schließlich müssen Entscheidungsträger in Unternehmen ein Gespür für gewandelte Wertevorstellungen entwickeln und die „neuen" Werte bzw. deren Priorisierung in ihrem Handeln berücksichtigen (vgl. Kleinmann 2008: 52 f.; Osterspey/Thom 2011: 72; Abschnitte I.-1.1. und I.-1.2.).

Verschärfte Wettbewerbsbedingungen erfordern eine überlegene finanzielle, technisch-wissenschaftliche, infrastrukturelle sowie vor allem personelle Ressourcenbasis. Wenn sich Unternehmen in technischer Hinsicht im Zeitverlauf immer ähnlicher werden, ist am Ende der Umgang mit dem Faktor Mensch entscheidend (vgl. Reichart 1991: 417). Die Reaktion auf die dargelegten Herausforderungen wird im Wirtschaftsraum West- und Nordeuropa durch überdurchschnittlich hohe Personalkosten erschwert. Unternehmensstandorte in Hochlohnländern, wie z. B. in Deutschland und der Schweiz,[5] sind betriebsökonomisch nur tragbar und zu rechtfertigen, wenn die dort erzielte Arbeitsleistung einem aus Unternehmenssicht zu erreichenden Mindestniveau genügt bzw. das Selbige übertrifft. Krankheit und Unwohlsein des beschäftigten Personals gefährden diese Prämisse in zum Teil folgenschwerem Ausmaß (vgl. Europäische Stiftung zur Verbesserung der Lebens- und Arbeitsbedingungen 1997: 9 und 13 f.; Abschnitt I.-1.3.).

Beobachtungen der Wirtschaftsrealität zeigen, dass Betriebe zunehmend hohe Erwartungen an ihre Angestellten und deren Leistungskraft hegen. Eine vielfach damit einhergehende Überbeanspruchung menschlicher Leistungsträger kann als Folgeerscheinung der dargelegten wirtschaftlichen Rahmenbedingungen verstanden werden (vgl. Gertz 2009: 24; Veith/Schweitzer 2009: 30). In diesem Zusammenhang steht die Zu-

---

[4] Für nähere Ausführungen zur Globalisierung von Märkten siehe Levitt (1983).
[5] Der regionale Fokus dieser Dissertation liegt auf den beiden oben genannten Ländern.

nahme psychischer Erkrankungen (vgl. DGFP e. V. 2011: 4 und 6; Hibbeler 2011: 1884; Knapp 2011: 34; Wissenschaftliches Institut der AOK 2011: Online; Weiß 2009: 18; Wagner-Link 2000: 236). Neben Auswirkungen, die sich für die Betroffenen selbst sowie deren privates Umfeld ergeben, sind hohe volks- und betriebswirtschaftliche Kosten die Konsequenz (vgl. Isselhorst 2010: 16; Lasar 2009: 26; Unger/Kleinschmidt 2009: 27). Gesundheit bildet das Fundament der menschlichen und organisationalen Leistungskraft (vgl. Meifert/Kesting 2004: 8). Investieren Unternehmen nicht in die Leistungsfähigkeit und -bereitschaft ihres Personals, riskieren sie eine Verschlechterung der betrieblichen Effektivität und Effizienz (vgl. Graalmann et al. 2011: 32 f.; BKK Bundesverband/Bertelsmann Stiftung 2010: 14; Seibel/Lühring 1984: 7).

Der resultierende Handlungsbedarf ist eindeutig. Gemäß der Argumentationsweise des ressourcenbasierten Ansatzes (vgl. Abschnitt II.-3.1.) stellen Beschäftigte, die sich für ihren Arbeitgeber einsetzen können und wollen, die Substanz erfolgreicher Unternehmen dar (vgl. BARMER Ersatzkasse 2009: 2; Abschnitt II.-1.). „The future success of organizations in the current climate of rapid globalization and technological changes is dependent on having well-qualified, adaptive, motivated and healthy employees. Employers have a significant role to play in preparing and equipping people in organizations to face these challenges." (Chu/Dwyer 2002: 183).

Im Bereich „Gesundheit und Management" besteht weiterer Forschungsbedarf (vgl. Abschnitt I.-3.). Auch eine Optimierung der praktischen Umsetzung bestehender Erkenntnisse in den Betriebsalltag ist notwendig (vgl. Abschnitt II.-2.6.5.). Der gegenwärtige Stand der Forschung und die genauen Fragestellungen und Zielsetzungen des vorliegenden Dissertationsprojekts werden in den Abschnitten I.-2. und I.-3. dieses Einführungskapitels thematisiert. Um ein vertieftes Verständnis für die Ausgangslage und Relevanz der Forschungsthematik zu vermitteln, äußert sich die Autorin im Weiteren zunächst zu ausgewählten Entwicklungen in der Arbeitswelt, Menschenbildern und Werteentwicklungen sowie zum Anstieg psychischer Erkrankungen.

1.1. Entwicklungen in der Arbeitswelt

Die Arbeitswelt unterliegt in den letzten Jahrzehnten vermehrt markanten Wandlungsprozessen (vgl. Edwards/Guppy/Cockerton 2007: 99; Badura/Ritter/Scherf 1999: 18). Grundlegende wirtschaftliche, technologische und soziale Veränderungen prägen die Wirtschaftspraxis. Thom und Harasymowicz-Birnbach (2005: 15) bezeichnen Wandel sogar als einzige Konstante. In den nachstehenden Abschnitten wird explizit auf die demographische Entwicklung, den technischen Fortschritt samt Flexibilisierungsstrategien sowie auf den Strukturwandel hin zu einer Wissens- und Dienstleistungsgesellschaft eingegangen.

1.1.1. Demographischer Wandel

Abnehmende Geburtenraten bei steigender Lebenserwartung sind treibende Ursachen für die Überalterung von Gesellschaften in der westlichen Welt (vgl. Buck 2003: 1). Die Bevölkerung der Bundesrepublik Deutschland nimmt seit 2003 ab. Dabei handelt es sich um einen sich zunehmend verstärkenden Trend. Die Alterung der Bevölkerung geht mit einem Rückgang der Erwerbspersonenzahl einher (vgl. Statistische Ämter des Bundes und der Länder 2009: 13; Maintz 2003: 43). Sollte sich der Ansatz einer Verlängerung des Erwerbslebens endgültig durchsetzen (vgl. Drucker 1998: 16), werden immer mehr chronisch Kranke oder „vorgeschädigte" Personen am Erwerbsleben teilhaben (vgl. Bamberg/Ducki/Metz 1998a: 25).

Die Schweizerische Eidgenossenschaft betreffend wird das demographische Altern der Erwerbsbevölkerung in ähnlicher Ausprägung vorhergesagt (vgl. Steinmann 2008: 3). Eine drohende Verknappung von Arbeitskräften kann derzeit allerdings noch durch eine hohe Migrationsquote bewältigt werden. Ein Grund hierfür ist die Öffnung des schweizerischen Arbeitsmarkts für das europäische Ausland durch das Prinzip der Personenfreizügigkeit (vgl. SECO 2010: Online; Bundesamt für Statistik 2006: 31).

Eine vielbestätigte Konsequenz des demographischen Wandels ist der sich einstellende Wettbewerb um die besten Köpfe (vgl. z. B. Hunsdiek/Müller-Oerting 2008: 156; Schewe 2008: 65; Schuhen 2008: 14). Darüber hinaus müssen sich zwangsläufig Änderungen in der betrieblichen Personalpolitik und deren Umsetzung ergeben. Die oftmals praktizierte Privilegierung von jungen Erwerbstätigen in den Bereichen Personalgewinnung und -entwicklung kann in Anbetracht der demographischen Entwicklung langfristig nicht fortgeführt werden (vgl. Becker 2010a: 62; Marstedt/Müller 2003: 15). Die Arbeitsfähigkeit und Integration älterer Arbeitnehmer (über 50 Jahre) ist ein weiteres Problemfeld (vgl. Egger/Moser/Thom 2008: 3; Moser/Egger/Thom 2008: 67). Die Fortsetzung der Erwerbstätigkeit (weit) nach dem 60. Lebensjahr ist absehbar (vgl. Steinmann 2008: 3). Demzufolge besteht die Notwendigkeit, altersbezogene Vorurteile (Verlust von Fähigkeiten in allen Bereichen) zu überwinden. Der Appell richtet sich an eine positive(re) Nutzung von Altersunterschiedlichkeit in Unternehmen. Denkbar wären z. B. generationenverbindende Mentorenprogramme (vgl. BKK Bundesverband/Bertelsmann Stiftung 2006: 29 und 33; Thom 2008a: 8). Einer Unternehmenskultur, die wertschätzend gegenüber älteren Beschäftigten wirkt, wird in diesem Zusammenhang eine zentrale Rolle beigemessen (vgl. Steinmann 2008: 7 f.).

Um „arbeitsbedingtem Voraltern" entgegen zu wirken, muss die Arbeitsfähigkeit in allen Lebensphasen systematisch erhalten und verbessert werden (vgl. BKK Bundesverband/Bertelsmann Stiftung 2006: 29). Hierzu sollten betriebliche Gesundheitsinitiativen zum frühestmöglichen Zeitpunkt einsetzen (vgl. Egger/Moser/Thom 2008: 7) und sämtliche Alterskohorten zielgruppengerecht berücksichtigen (vgl. Bamberg/Ducki/Metz 1998a: 25). Aufgrund der Veränderung kognitiver Fähigkeiten mit fortschreitendem Alter ist auch die Personalentwicklung (PE) den Bedürfnissen und Kompetenzen der verschiedenen Altersklassen anzupassen (vgl. Moser/Egger/Thom 2008: 70).[6] Erfahrungsgemäß sinken die physische Leistungsfähigkeit (vgl. Steinmann 2008: 4) und fluide Intelligenz (geistige Wendigkeit, kreative Problemlösung) älterer Arbeitnehmer. Im Gegenzug steigt ihr Leistungspotenzial durch ein ausgeprägtes Erfahrungswissen und die im Zeitverlauf gewonnene Souveränität im Umgang mit schwierigen Situationen. In der Psychologie wird diesbezüglich von kristalliner Intelligenz gesprochen (vgl. Thom 2008a: 7). Außerdem profilieren sich reifere Beschäftigte vielfach durch eine hohe Sozialkompetenz. Es ist überdies häufig einer langen Betriebszugehörigkeit geschuldet, dass Selbige eine vglw. große Loyalität gegenüber ihrem Arbeitgeber verspüren (vgl. Steinmann 2008: 4 und 6). Folgerichtig ist die Entwicklung älteren Personals als Ressource und nicht ausschließlich als Kostenfaktor zu erachten (vgl. Ilmarinen/Tempel 2002: 219).[7]

1.1.2. Technischer Fortschritt und Flexibilisierung

Lebenslanges Lernen ist in der gegenwärtigen Wirtschaftsrealität unumgänglich. Innovationszyklen werden immer schneller und die Halbwertszeit insbesondere von Fachwissen sinkt (vgl. Rudow 2004: 7). Die Auswirkungen des technischen Fortschritts auf die Arbeitswelt sind offensichtlich und werden u. a. in der Entstehung weltweiter Datennetze demonstriert. IT-gestützt sind heute sowohl eine räumlich als auch eine zeitlich flexible Kommunikation und Kooperation möglich. Durch die Virtualisierung und Digitalisierung der Arbeitswelt ist eine Erwerbstätigkeit in geographischer Distanz zum Unternehmensstandort realisierbar (vgl. Bartholdt/Schütz 2010: 6 f. und 12). Mit anderen Worten ist die Flexibilisierung (d. h. auch Individualisierung) der Arbeit wesentlich technologisch bestimmt (vgl. Kuhn 1995: 239).

Anpassungsfähige Organisationen setzen ebensolches Personal voraus (vgl. Barthold/Schütz 2010: 12).[8] Flexibilisierungsstrategien werden gemäß ihrer quantitativen oder qualitativen Ausrichtung unterschieden. Erstere ist darauf ausgerichtet, das Arbeitskräftevolumen dem mitunter volatilen Marktverhalten anzupassen. Genutzt werden hauptsächlich Formen der Arbeitszeitflexibilisierung. Hingegen wollen Unter-

---

[6] Siehe Brönnimann/Hämmerle (2010) für detaillierte Ausführungen zum „Talent Management beim älteren Kader" innerhalb der Schweizerischen Post.

[7] Vgl. Becker (2010b) zum Thema „Optimistisch altern" und Zaugg (2008: 27 f.) zur „lebenszyklusorientierten Personalentwicklung".

[8] Zum Thema „flexibler Personaleinsatz durch flexible Arbeitsverhältnisse" siehe Oechsler (2006: 249 ff.).

nehmen Beschäftigte durch qualitative Flexibilisierung, d. h. durch Verfahren der Arbeitsorganisation und Qualifizierung (Kompetenzverbesserung), dazu befähigen, multifunktional (polyvalent) einsetzbar zu sein (vgl. BKK Bundesverband/Bertelsmann Stiftung 2006: 52 ff.).

Sowohl der technische Fortschritt als auch die Flexibilisierung der Arbeitswelt nehmen Einfluss auf die Beschäftigtengesundheit. Flexibilitätsanforderungen führen oftmals zu Überforderungszuständen. Eine wiederkehrende Anpassung an neue Strukturen und soziale Kontakte belastet speziell die Psyche (vgl. Rigotti/Mohr 2008: 46). Dagegen versprechen moderne Arbeitszeitmodelle eine verbesserte Work-Life-Balance[9] zu ermöglichen (vgl. Peters/van der Lippe 2007: 370 und 445; Sullivan/Smithson 2007: 448). Jedoch besteht fernab des Unternehmensstandorts u. a. die Gefahr von überlangen und unstrukturierten Arbeitstagen, sozialer Isolation und schlechteren ergonomischen Arbeitsbedingungen (vgl. Bartholdt/Schütz 2010: 6 f. und 12). In empirischen Studien konnte gemäß Ulich (2004: 242 f.) eine bessere Vereinbarkeit von Berufs- und Privatleben z. B. durch das Arbeiten im privaten Umfeld (Telearbeit etc.) bisher nur selten bestätigt werden.[10]

Der technische Fortschritt induziert eine Form der Leistungserstellung, die Informationsarbeit fördert und physische Arbeit, gesamthaft betrachtet, an Bedeutung verlieren lässt.[11] Daher nehmen Beschäftigungsalternativen für Personen mit einem geringen Ausbildungsniveau in der Tendenz ab (vgl. Bartholdt/Schütz 2010: 6). Der Strukturwandel der Arbeitswelt hin zu einer Wissens- und Dienstleistungsgesellschaft ist Gegenstand der weiteren Ausführungen.

1.1.3. Wissens- und Dienstleistungsgesellschaft

Wie im vorherigen Abschnitt angedeutet, können vereinfacht zwei Arbeitsarten unterschieden werden: Arbeiten mit vorwiegend physischer Beanspruchung, sogenannte Muskelarbeit, und solche, die primär den Geist fordern (vgl. Hentze/Kammel 2001: 493). Zu Zeiten der Agrarwirtschaft (bis ins 19. Jahrhundert) waren die Produktions-

---

[9] Work-Life-Balance nimmt Bezug auf die Vereinbarkeit von Berufs- („Work") und Privatleben („Life"). Streng genommen ist der Begriff irreführend. Erwerbstätigkeit ist ein Bestandteil des Lebens und kann diesem nicht gegenüber gestellt werden. Zudem können auch Tätigkeiten außerhalb des Berufs „Arbeit" bedeuten (z. B. Kindererziehung, Altenpflege, Haushalt). Angemessener wäre deshalb der Terminus Life-Domain-Balance (vgl. Ulich 2005: 517). Die Autorin verwendet den Ausdruck Work-Life-Balance, weil er einen höheren Bekanntheitsgrad genießt. Im Hinblick auf die Durchführung von Interviews im Rahmen der Empirie (vgl. Kapitel III) ist dieses Argument durchaus relevant. Ziel einer gelungenen Balance ist in jedem Fall die Maximierung der Lebensqualität (vgl. Wiese 2007: 246 f.).

[10] Friedrichs/Schröder (2006) befassen sich mit gesundheitlichen Auswirkungen neuer Beschäftigungsformen (z. B. Teilzeit- und Telearbeit).

[11] Allerdings wird es nach hier vertretener Auffassung immer „Inseln der Physis" geben (z. B. Paketzentren).

faktoren Boden und Arbeit ausschlaggebend für wirtschaftlichen Erfolg. Damals be-deutete menschliche Arbeit in erster Linie den Einsatz physischer Energie (vgl. Ber-telsmann Stiftung/Hans-Böckler-Stiftung 2004: 13 f.). In der industriellen Gesellschaft war wirtschaftlicher Erfolg hingegen wesentlich der Hebelwirkung von finanziellem Kapital zuzuschreiben (vgl. Alex/Becker/Stratmann 2002: 47; Osterspey/Thom 2011: 73).

In hochentwickelten Wirtschaftsnationen ist eine Verschiebung von industrie- zu wis-sensökonomischen Schwerpunkten feststellbar (vgl. Berthel/Becker 2010: 7). Daraus ergeben sich erhebliche Veränderungen der Arbeitsanforderungen und -belastungen sowie der personellen Erfordernisse innerhalb einer Organisation (vgl. Ilmari-nen/Tempel 2002: 19; Uhle/Treier 2011: 35). Kopfarbeit, wie sie in Betrieben ver-stärkt notwendig ist, hängt in hohem Maße von der psychischen Verfassung der Leis-tungsträger ab (vgl. Badura 2010: 11; Badura 2009: 29). Human- und Sozialkapital haben einen markanten Bedeutungszuwachs erfahren. Ersteres bezeichnet zum einen die allgemeinen und berufsbezogenen Kenntnisse, Fertigkeiten und Fähigkeiten einer Person. Zum anderen umfasst es angeborene Talente sowie den im Verlauf des Lebens erworbenen Wertekompass (vgl. Becker 2007: 84).[12] Dagegen bezeichnet Sozialkapi-tal aktuelle und potenzielle Ressourcen, die sich in Netzwerkbeziehungen zwischen Menschen entfalten (vgl. Nahapiet/Ghoshal 1998: 243; Tsai/Ghoshal 1998: 464). Badura et al. (2008: 33) unterscheiden die Dimensionen Führungs-, Netzwerk- sowie Überzeugungs- bzw. Wertekapital. Das Erstgenannte nimmt Bezug darauf, dass Vor-gesetzte in Beziehungsstrukturen am Arbeitsplatz eine zentrale Rolle einnehmen. Sie sind Knotenpunkte in den wertschöpfenden Netzwerken jeder Organisation (vgl. Badura 2008: 47). Netzwerkkapital richtet seinen Fokus indessen auf zwischen-menschliche Schnittstellen, die produktive von unproduktiven sowie gesunde von un-gesunden Unternehmen unterscheiden. Die dritte Dimension ist kultureller Natur und konzentriert sich auf das menschliche Bedürfnis nach kollektiven Überzeugungen, Normen und Werten (vgl. Badura 2008: 47 f.).

Wirtschaftspraxis und Fachliteratur bestätigen, dass sich Wissen und Qualifikation zu zentralen Erfolgsfaktoren für die Wettbewerbsfähigkeit etabliert haben (vgl. Meisinger 2006: 10; Alex/Becker/Stratmann 2002: 47; Fried/Baitsch 2002: 33; Drucker 1998: 17; Webber 1993: 24). In wissensbasierten Unternehmen, auch bezeichnet als Brain-Capital- bzw. Geistkapital-Unternehmen (vgl. Simon 2010: 14), liegt der Erfolgs-schlüssel weder bei Investitionen in moderne Produktionsmittel (Sachkapital) oder Produktionsmethoden noch beim Zugang zu preiswerter Arbeitskraft. Entscheidend in

---

[12] Humankapital ist aus makroökonomischer Perspektive das Spiegelbild des volkswirtschaftlichen Kapital-stocks an Leistungsvermögen. Mikroökonomisch wird hingegen die Möglichkeit der Erwerbspersonen betont, aus ihrer Leistungskraft ein angemessenes Einkommen zu erzielen (vgl. Becker 2007: 84).

der postindustriellen Ökonomie ist die Fähigkeit, menschliche Wissensträger zu entwickeln und deren Leistungspotenziale in marktfähige Produkte zu transferieren (vgl. Quinn/Anderson/Finkelstein 1996: 71; Robertson/O'Malley Hammersley 2000: 241; Yperen/Hagedoorn 2003: 339). „The single greatest challenge facing managers in the developed countries of the world is to raise the productivity of knowledge [...]." (Drucker 1991: 69). Wissensmanagement liegt die Annahme zugrunde, dass Organisationen die Fähigkeit besitzen, zu lernen resp. über eine Art „kollektives Gedächtnis" verfügen, in dem sie Wissen speichern und weiterentwickeln (vgl. Argyris/Schön 2006: 20 ff.; Cross/Baird 2000: 69 ff.; Herbst 2000: 99). Die Unternehmenskultur ist in diesem Zusammenhang höchst bedeutsam, da sie Wissen aufbewahrt und gleichzeitig an die Mitglieder der Kulturgemeinschaft weitergibt (vgl. Norman 1985: 230).

Wettbewerbsrelevantes Wissen ist zu großen Teilen personengebunden (vgl. Knaese/Probst 2001: 35). Drucker (1969) führte den Terminus der Wissensarbeiter (engl. knowledge workers) in die Managementliteratur ein. Er bezeichnet damit zentrale Produzenten, Verteiler und Bewahrer von Wissen innerhalb eines Unternehmens. Viele von ihnen zeichnen sich durch eine hohe Mobilität und geringe Unternehmensverbundenheit aus (vgl. Drucker 1998: 18). Personalerhaltung wird daher immer herausfordernder. Der prominente Leitspruch „people are our most important asset" (z. B. Meisinger 2006: 10) weist auf die Abhängigkeit der Unternehmen von ihren menschlichen Leistungsträgern hin. Diese sollte zu einer auf Anerkennung[13] und Wertschätzung basierenden Beziehung zwischen Vorgesetzten und ihren Unterstellten führen (vgl. Osterspey/Thom 2011: 73). Die Art und Weise, wie sich Betriebe gegenüber ihren Beschäftigten verhalten, ist Spiegelbild für den Stellenwert menschlicher Ressourcen in einer Unternehmung, speziell in wirtschaftlich angespannten Zeiten (vgl. o. V. 2009a: 1). Dem Menschenbild wird auch in diesem Zusammenhang eine wichtige Rolle zuteil.

1.2. Menschenbilder und Wertewandel

Seit jeher gibt es Mutmaßungen über die Natur des Menschen. Etwaige Vorstellungen vom handelnden Individuum sind in einem erweiterten historischen Kontext zu interpretieren. Sie sind Kinder ihrer Zeit (vgl. Müller 1989: 70; Pircher-Friedrich 2007: 67). Auch gesellschaftliche Werte nehmen Einfluss auf ihre Ausgestaltung, wobei diese selbst Wandlungserscheinungen unterliegen (vgl. Wunderer 2007: 182).[14]

---

[13] Für eine vertiefe Auseinandersetzung mit dem Themengebiet „Anerkennung und Arbeit" sei auf Geißler et al. (2007) und Holtgrewe/Voswinkel/Wagner (2000) verwiesen.

[14] Steinle/Ahlers (2006: 3940) weisen darauf hin, dass Menschenbilder in verschiedenen Kulturräumen unterschiedlich interpretiert und zudem durch Unternehmenskulturen geformt und konkretisiert werden. Sie sind sehr individuell und damit interpersonell abweichend.

1.2.1. Menschenbilder in der Betriebswirtschaftslehre

Den eigentlichen Ausgangspunkt der Betriebswirtschaftslehre, im Sinne einer anwendungsorientierten Sozialwissenschaft (vgl. Staehle 1975: 713; Thom 1987: 74; Schanz 1988: 11 ff.), bildet der Mensch. Allen betriebswirtschaftlichen Ansätzen liegt daher direkt oder indirekt ein Menschenbild zugrunde. Ein solches manifestiert sich in den Grundströmungen der Personalwirtschaftslehre (vgl. Abschnitt II.-2.7.3.) und wirkt handlungsleitend (vgl. Steinle/Ahlers 2006: 3935 und 3939). Im Führungskontext beruht es auf den Grundannahmen, Einstellungen und Erwartungen, die Vorgesetzte bezogen auf die Ziele, Fähigkeiten, Motive und Werte ihrer Unterstellten gebildet haben (vgl. Weinert 1998: 672).

Zweckmäßigerweise haben Menschenbilder keinen dogmatischen Charakter (vgl. Steinle/Ahlers 2006: 3940). Vollständige und allgemeingültige Aussagen über menschliche Motive und Verhaltensweisen können niemals getroffen werden (vgl. Steinle 2005: 577 ff.). Formulierbar sind höchstens komplexitätsreduzierende Typologien oder Idealbilder. Besondere Beachtung genießen auf diesem Gebiet die dualistische Einteilung von McGregor (1960) und die Systematisierung von Schein (1974) (vgl. Steinle/Ahlers 2006: 3936 ff.).

In McGregors Theorie X (1960: 33 ff.) steht der Durchschnittsmensch Arbeit reserviert gegenüber. Er wird als verantwortungsscheu und sicherheitsliebend modelliert. Angemessen erscheint eine weisungsintensive und kontrollstarke Führung. Anders verhält es sich in Theorie Y, in welcher Arbeit als bedürfnisbefriedigend und Chance zur Selbstverwirklichung aufgefasst wird. Infolgedessen streben Menschen nach Verantwortung und sind darauf bedacht, sich mit den übergeordneten Zielen der sie beschäftigenden Organisation zu identifizieren. Hierdurch verliert die Notwendigkeit externer Kontrolle annahmegemäß an Gewicht (vgl. McGregor 1960: 45 ff.; Steinle/Ahlers 2006: 3938; Berthel/Becker 2010: 31).

Schein (1974: 69 ff.; vgl. auch Thom 1976: 67; Neuberger 2002: 79 f.) differenziert zwischen vier Menschenbildern. (1) Der rationale, ökonomische Mensch weist Parallelen zum homo oeconomicus auf, wie er in der Volkswirtschaftslehre häufig angenommen wird. Bezeichnend für diesen Idealtypus ist, dass er bei vollständiger Informationsbasis in der Lage ist, rationale und emotionsfreie Entscheidungen zu treffen (vgl. Wunderer 2007: 618). Überdies werden die Primate Nutzenmaximierung und monetäre Anreize unterstellt. (2) Der soziale Mensch misst zwischenmenschlichen Bedürfnissen höchste Wichtigkeit bei. Es greifen die Annahmen der Human-Relations-Bewegung.[15] Das Hauptinteresse des nach (3) Selbstverwirklichung strebenden Men-

---

[15] Genauere Ausführungen zu dieser Bewegung werden in Abschnitt II.-2.7.3. gegeben.

schen gilt der Realisierung von Eigenverantwortung und Eigensinn. Hinsichtlich des (4) komplexen Menschen werden keine konkreten inhaltlichen Schwerpunkte gelegt. Schein (1974: 84 f.) führt stattdessen fünf übergreifende Thesen an, die er für hinreichend empirisch überprüft hält. Erstens betont er die Aspekte Wandlungsfähigkeit, Situationsbezogenheit und Motiveinterdependenz. Zweitens rückt er die Lernfähigkeit des Individuums in den Mittelpunkt. Drittens thematisiert Schein die Organisations- und Aufgabenbezogenheit von Motiven. Als vierten Punkt macht er darauf aufmerksam, dass die individuelle Motivation verschiedenen Einflüssen unterliegt. Zuletzt behandelt er die menschliche Anpassungsfähigkeit. Während die ersten drei Ansätze Scheins für eine verallgemeinernde Simplifizierung von Menschenbildern in der Betriebswirtschaftslehre bezeichnend sind, ist der Ansatz des komplexen Menschen Spiegelbild für die umfang- und erkenntnisreiche Forschung in verhaltenswissenschaftlichen Disziplinen (vgl. Thom 1976: 68). Tabelle 1 gibt einen zusammenfassenden Überblick.

Typologien von Menschenbildern		
McGregor	Theorie X	- Reservierte Haltung gegenüber der Erwerbstätigkeit - Vermeiden von Verantwortung - Sicherheitsvorliebe - Direktive und kontrollstarke Führung
	Theorie Y	- Arbeit als Mittel zum Zweck - Selbstverwirklichung - Streben nach Verantwortungsübernahme - Identifikation mit Unternehmenszielen
Schein	Der rational ökonomische Mensch	- Rationale, kalkulierende Grundhaltung - Motivation hauptsächlich über monetäre Anreize - Parallelen zur Theorie X
	Der soziale Mensch	- Zentrale Bedeutung sozialer Bedürfnisse - Annahmen der Human-Relations-Bewegung
	Der nach Selbstverwirklichung strebende Mensch	- Selbstverantwortung und -verwirklichung als primäre Motive - Parallelen zur Theorie Y
	Der komplexe Mensch	- Wandlungsfähigkeit, Situationsbezogenheit und Motiveinterdependenz - Lernfähigkeit - Organisations- und Aufgabenbezogenheit von Motiven - Beeinflussbarkeit individueller Motivation - Anpassungsfähigkeit

Tabelle 1: Typologien von Menschenbildern (in Anlehnung an Steinle/Ahlers 2006: 3938; Staehle 1999: 192 ff.; Thom 1976: 68; Schein 1974: 69 ff.)

Wie sich im Weiteren herauskristallisieren wird, basiert die vorliegende Arbeit auf der Theorie Y und versteht den komplexen Menschen „[…] als deutendes, fühlendes und planendes Wesen, dessen Befinden zuallererst von der Verfügbarkeit sinnstiftender Tätigkeiten, von der Aufmerksamkeit, Zuneigung und Anerkennung durch Mitmenschen sowie von der Versteh- und Beeinflussbarkeit seiner Lebensumstände abhängt." (Badura/Walter/Hehlmann 2010: 37).

1.2.2. Gesundheit als gesellschaftlicher Wert

Werte stellen abstrakte Orientierungspunkte dar (vgl. Rosenstiel 1989: 7). Sie bezeichnen ein Konzept der wünschenswerten Zustände aus der Sicht eines Individuums oder einer Gruppe. Damit beeinflussen sie „[…] die Auswahl der zugängigen Weisen, Mittel und Ziele des Handelns […]." (Kluckhohn 1952: 359).[16] Ein spürbarer Wertewandel[17] setzte in den 1960er Jahren in den Industrienationen ein (vgl. Wunderer 2007: 182). Rosenstiel (1990: 137; 1995: 2175) identifizierte verschiedene Trends, darunter einen Bedeutungszuwachs des Selbstentfaltungswerts und der Freizeit. Die Personalführung ist aufgefordert, diesem Wandel antizipativ zu begegnen (vgl. Becker 1999: 49).

Für diese Dissertation bedeutend ist, dass auch Gesundheit an gesellschaftlicher Relevanz gewonnen hat (vgl. Meifert/Kesting 2004b: 5; Rosenstiel 1990: 137). Wohlbefinden, eine intakte Familie resp. Partnerschaft sowie ein selbstbestimmtes Leben sind gemäß einer aktuellen Umfrage des Meinungsforschungsinstituts TNS Emnid im Auftrag der Bertelsmann Stiftung deutlich wichtiger für die persönliche Lebensqualität als Geld und Besitz (vgl. Bertelsmann Stiftung 2010: Online). Ferner ist Gesundheit mittlerweile ein öffentliches Thema. Experten, Politiker und Privatpersonen setzen sich mehr denn je mit gesundheitlichen Fragestellungen auseinander und diskutieren diese.[18] Festellbar ist allerdings eine Diskrepanz zwischen dem abstrakten Wert Gesundheit, der in der Wertehierarchie der Bevölkerung weit oben steht, und einer entsprechenden Handlungsrelevanz. Für viele erhält sie erst im Krankheitsfall eine existenzielle Bedeutung (vgl. Faltermaier 2005: 9).

---

[16] Von Becker (1999: 48) wörtlich übersetzt.

[17] Es wird von Wertewandel gesprochen, wenn neue Werte entstehen, alte verschwinden oder sich bestehende Rangordnungen verändern (vgl. Wunderer 2007: 181; Becker 1999: 48; Rosenstiel 1995: 2175).

[18] Das gesellschaftliche Interesse schlägt sich u. a. in der medialen Präsenz von Gesundheitsrisiken am Arbeitsplatz nieder. Vor allem das Internet erlaubt eine bisher nie dagewesene Informationsbeschaffung über Erkrankungen und deren Hintergründe für Medizinlaien (vgl. WHO 2001: 98 f.). Früher wurde Gesundheit weitgehend als Angelegenheit von Spezialisten angesehen. Ärzten sprach der Volksmund eine fast grenzenlose Macht und Kompetenz hinsichtlich der Heilung und Linderung von Krankheiten zu (der Arzt als „Halbgott in Weiß") (vgl. Faltermaier 2005: 9).

1.3. Zunahme psychischer Erkrankungen

Das Arbeitsleben ist physisch sicherer geworden. Mechanische und chemische Belastungen sind nennenswert gesunken. Das Ausmaß an psychischen bzw. psychosozialen Störgrößen ist derweil quantitativ und qualitativ gestiegen (vgl. Bödeker/Klindworth/BKK Bundesverband 2007: 4).[19] Rigotti und Mohr (2008: 45) sprechen von modernisierten Gesundheitsbelastungen.

Am Beispiel Deutschlands[20] lassen sich folgende Zahlen für die steigende Tendenz psychischer Erkrankungen veranschaulichen. Dabei ist davon auszugehen, dass es sich nur um die Spitze des Eisbergs handelt (vgl. Heyde/Macco 2010: 32). Der Anteil psychischer Erkrankungen an den jährlichen Fehlzeiten (Arbeitsunfähigkeitstage) ist von 11,1 % im Jahre 2003 auf einen Prozentsatz von 17,6 im Jahre 2009 gestiegen. 2007 betrug die durchschnittliche Erkrankungsdauer, hervorgerufen durch psychische Beschwerden, 35,3 Tage, 2009 bereits 40,5. Des Weiteren ist zu würdigen, dass psychische Erkrankungen häufig mehrmalige Krankschreibungen pro Jahr verursachen (vgl. BARMER GEK 2010b: 11 f. und 20; BARMER Ersatzkasse 2009: 17 ff.). Konsequenz dessen sind wiederkehrende Unterbrechungen betrieblicher Arbeitsprozesse und hierdurch entstehende Produktivitätsverluste. Die häufigsten und langwierigsten Krankheitsarten 2009 werden nachfolgend tabellarisch aufgelistet (Tabelle 2).

Die wirtschaftlichen Konsequenzen psychischer Erkrankungen sind gravierend (vgl. Unger/Kleinschmidt 2009: 27). Gesamthaft können sie ausschließlich geschätzt, nicht aber stichfest berechnet werden. Statistiken zufolge betragen die volkswirtschaftlichen Kosten schätzungsweise 3-4 % des Bruttoinlandsprodukts (vgl. Europäische Kommission 2005: Online). Psychische Erkrankungen zählen damit zu den teuersten unserer Zeit (vgl. Steinke/Badura 2011: 92).

---

[19] Ungefähr 27 % der erwerbstätigen Bevölkerung in Europa (ca. 83 Mio. Menschen) erleiden mindestens einmal in ihrem Leben eine psychische Erkrankung. Neben Depressionen zählen Angsterkrankungen zu den häufigsten psychischen Störungen bei Menschen in der Altersspanne von 18 bis 65 Jahren (vgl. Bödeker/ Klindworth/BKK Bundesverband 2007: 3).

[20] Durch die vielen kleineren Versicherungen in der Schweiz ist die dort verfügbare statistische Basis nicht so aussagekräftig wie jene in Deutschland. Zu Illustrationszwecken werden daher nur Zahlen aus Deutschland angeführt. Diese gelten genau genommen für die Versicherten der BARMER GEK. Aufgrund der Kassengröße kann eine hinreichende Repräsentativität der Daten als gegeben betrachtet werden. Die BARMER GEK ist derzeit die größte Krankenversicherung Deutschlands (vgl. BARMER GEK 2010a: Online; Welt Online 2010: Online).

	Art der Krankheit	Anteil bzw. durch-schnittl. Fehldauer
Anteil der jeweiligen Krankheitsarten an den gesamten krank-heitsbedingten Fehl-tagen	Erkrankungen des Muskel-Skelett-Systems	23,0 %
	Psychische und Verhaltensstörungen	17,6 %
	Erkrankungen des Atmungssystems	16,0 %
	Verletzungen und Vergiftungen	8,0 %
Durchschnittliche Erkrankungsdauer	Neubildungen (Krebserkrankungen)	42,2 Tage
	Psychische und Verhaltensstörungen	40,5 Tage
	Muskel-Skelett-Erkrankungen	21,9 Tage
	Krankheiten des Kreislaufsystems	21,8 Tage
	Verletzungen und Vergiftungen	20,4 Tage

Tabelle 2: Häufigste und langwierigste Krankheitsarten 2009 in Deutschland (eigene Darstellung auf Basis von BARMER GEK 2010b: 11).

Im Betrieb entstehen direkte sowie indirekte Kosten durch Absentismus und Präsentismus (vgl. Schultz/Chen/Edington 2009: 366).[21]

1.3.1. Absentismus

Gegenwärtig wird der Gesundheitszustand in Unternehmen typischerweise anhand zweier Kennzahlen beobachtet und bewertet. Zum einen handelt es sich hierbei um Arbeitsunfälle, zum anderen um krankheitsbedingte Abwesenheiten (vgl. Badura 2010: 8; Badura 2008: 48). Eine hohe Fehlzeitenquote[22] ist im Regelfall Auslöser für die Einführung gesundheitserhaltender und -fördernder Interventionen (vgl. Baumann 2010: 193; Badura 2003: 33; Bamberg/Ducki/Metz 1998a: 24).

Ursachen für ein Fernbleiben vom Arbeitsplatz sind multikausal. Sie liegen allerdings hauptsächlich in einer schlechten Gesundheit begründet (vgl. Marr 1996a: 36; Salowsky 1996: 43 f.). In dieser Forschungsarbeit bezeichnet Absentismus eine vorüber-gehende, verlängerte oder ständige Fehlzeit bzw. Arbeitsunfähigkeit, die aufgrund ei-

---

[21] Direkte Kosten sind solche, die anhand der tatsächlich verbrauchten Mittel geschätzt werden können (vgl. Ramaciotti/Perriard 2003: 21). Indirekte Kosten beziehen sich indessen z. B. auf Produktivitäts- oder Image-verluste (vgl. Brandenburg/Nieder 2003: 28 ff.; Ramaciotti/Perriard 2003: 21).

[22] Fehlzeitenstatistiken erfassen auch Abwesenheiten, zu denen sich Arbeitnehmende nicht aufgrund von gesundheitlichen Beschwerden entscheiden. Derartige Fälle werden im Rahmen dieser Dissertation nicht schwerpunktmäßig betrachtet. Gemäß einer Studie des Beratungsunternehmens Aon Consulting kosten „Krankfeiertage" auf europäischer Ebene jedes Jahr ca. eine Milliarde Stunden Arbeitszeit (vgl. o. V. 2010: C3).

ner Krankheit oder Behinderung entsteht (vgl. Europäische Stiftung zur Verbesserung der Lebens- und Arbeitsbedingungen 1997:11 f.).[23]

Fehlzeiten stellen ein in der Praxis weit verbreitetes Instrumentarium für die Registrierung des Gesundheitszustands in Unternehmen dar (vgl. Marr 1996b: 7). Ein professionelles Absenzenmanagement[24] ist sinn- und wertvoll (vgl. Muggli 2010: Online). Bei rein statistischen Auswertungen handelt es sich jedoch lediglich um Spätindikatoren für betriebliche Problemzonen (vgl. Badura 2009: 29). Sie geben ebenso wenig Auskunft über konkrete Krankheitsursachen bzw. -auslöser wie über die Gesundheit der am Arbeitsplatz Anwesenden (vgl. Badura 2010: 8). Geißler et al. (2007: 15) sprechen von einer „Fehlzeitenfalle". Badura (2010: 11) plädiert aus gegebenem Anlass dafür, den Fokus des BGM verstärkt auf diejenigen zu richten, die regelmäßig ihre Arbeit verrichten.[25]

1.3.2. Präsentismus

„When people don't feel good, they simply don't do their best work." (Hemp 2004: 55; vgl. auch Lasar 2009: 26; Boëthius 2010: 4). Präsentismus und Absentismus sind Kontrastbegriffe (vgl. Badura 2010: 8; Woods 2008: 26; Miodonski 2004: 54). Eine Nicht-Krankmeldung bei schlechter Gesundheit wird als Präsentismus bezeichnet (vgl. Uhle/Treier 2011: 367; Oppolzer 2010: 187; Siebecke 2010: 22; Lasar 2009: 26).[26] Eine erhöhte Fehlerhäufigkeit und die Nichterreichung von Qualitätsstandards sind beobachtbare Auswirkungen (vgl. Schultz/Chen/Edington 2009: 367). Weil Symptome nicht rechtzeitig und angemessen kuriert werden, muss neben krankheitsbedingten Leistungsschwächen mit einem zeitverzögerten, längeren Arbeitsausfall und einer erhöhten Infektionsgefährdung Dritter gerechnet werden (vgl. Schmidt/Schröder 2010: 92). Präsentismus kann sehr unterschiedliche Ursachen haben (vgl. Steinke/Badura 2011: 54 ff.; Schmidt/Schröder 2010: 92). Stress gilt als der wichtigste Treiber (vgl. Boëthius 2010: 4). Weiterhin haben Arbeitsethik und Unternehmenskultur Einfluss auf

---

[23] Neuerdings verwenden Unternehmen (z. B. die Schweizerische Post) oftmals eine Präsenzquote (analog zu Fehlzeiten, nur in einer umgekehrten Betrachtungsweise), um nicht von Morbiditätszahlen zu sprechen (vgl. Uhle/Treier 2011: 199).

[24] Im Rahmen eines professionellen Absenzenmanagements werden Abwesenheiten systematisch erfasst und statistisch ausgewertet. Im Falle mehrmaliger Absenzen kommt es zu Interventionen, z. B. in Form von Gesundheitsgesprächen (vgl. Abschnitte II.-4.2.1.4. und III.-7.7.5.), Vorgesetztenschulungen oder Maßnahmen der Arbeitsgestaltung (vgl. Bauer/Jenny 2007: 239).

[25] Abwesenheiten können auch die anwesenden Kollegen (z. B. durch Mehrarbeit) und Führungskräfte (z. B. durch entstehenden organisatorischen Aufwand) belasten (vgl. Brandenburg/Nieder 2003: 28 ff.; Meier 1996: 73).

[26] Es handelt sich um ein relativ junges Forschungsfeld (vgl. Schultz/Chen/Edington 2009: 375). Steinke/ Badura (2011) geben einen Einblick in den aktuellen Stand der Forschung.

das Auftreten von Präsentismus (vgl. Schmidt/Schröder 2010: 94).[27] Gelten eine nahezu permanente Anwesenheit und das Leisten von Überstunden als feste Bestandteile des Normen- und Wertesystems, verstärkt sich das Präsentismusphänomen tendenziell. Überdies wird es durch schlechte konjunkturelle Entwicklungen begünstigt. Ein Verständnis von Krankheit als Schwäche, Arbeitssucht[28], soziale Kontrolle und personengebundene Aufgaben sind gleichermaßen Beweggründe für die Anwesenheit am Arbeitsplatz unter widrigen gesundheitlichen Voraussetzungen (vgl. o. V. 2010: 109; Schmidt/Schröder 2010: 94). Auch falsch oder nicht diagnostizierte psychische Erkrankungen führen vielfach dazu, dass Betroffene ihrer Erwerbstätigkeit nachgehen, obwohl sie hierzu nur noch (sehr) eingeschränkt in der Lage sind (vgl. Leidig 2006: 21).

Schätzungen zufolge verringert Präsentismus die Produktivität einer Arbeitskraft um ein Drittel oder mehr (vgl. Hemp 2004: 49; Sohmer 2011: 16). Obgleich entstehende Kosten statistisch kaum erfassbar sind, wiegen sie nach Expertenmeinungen besonders schwer und übertreffen unter Umständen sogar solche, die auf Absenzen zurückzuführen sind (vgl. Boëthius 2010: 4; Badura 2009: 29; Lasar 2009: 26). Eine im Jahre 2011 (Online) publizierte Studie der Unternehmensberatung Booz & Company GmbH verlautbart, dass krankheitsbedingte Kosten in Deutschland zu zwei Dritteln auf Präsentismus zurückzuführen sind.

Zur Identifikation von Präsentismus werden u. a. Arbeitszufriedenheitsbeurteilungen (vgl. Schmidt/Schröder 2010: 99) oder direkt(er)e Gesundheitsbefragungen empfohlen (vgl. Steinke/Badura 2011: 26 ff.). Eine strenge Vertraulichkeit persönlicher Daten ist zu gewährleisten. Zweifel an der Verlässlichkeit von Gesundheitsdaten können niemals vollständig beseitigt werden (vgl. Iverson/Krause 2007: 47). Deshalb ist es umso wichtiger, dass Arbeitgeber zwischen hart arbeitenden und überarbeiteten Beschäftigten unterscheiden können (vgl. Woods 2008: 26). Im Umgang mit dem Krankheitsphänomen misst Ramsey (2006: 16 f.) leitenden Angestellten eine besondere Bedeutung bei. Sie beeinflussen maßgeblich, wie gesundheitsbedingte Abwesenheiten im Betrieb gewertet werden. Sie befinden sich zudem selbst in einer wichtigen Vorbildfunktion (vgl. Abschnitt II.-4.3.4.2.).[29]

---

[27] Leistung und Erfolg haben für einen Großteil der Bevölkerung identitätsstiftenden Charakter (vgl. Bartholdt/Schütz 2010: 5).

[28] Zum Thema Arbeitssucht siehe Heide (2010).

[29] Siehe hierzu ergänzend Literatur zum Thema „Lernen am Modell" als Element der sozial-kognitiven Lerntheorie (z. B. Bandura 1977b und 1979; Seel 2003; Nesemann 2012).

2. Zum Stand der Forschung

Eine breit angelegte, intensive Sichtung sowie Auswertung wissenschaftlicher Publikationen im Bereich Gesundheit und Management erlaubt folgende Stellungnahme: Die Arbeiten im genannten Feld sind auffallend multidisziplinär und bisher selten von wirtschaftswissenschaftlichen Autoren verfasst.[30] Diese Feststellung ist insofern bedeutsam, als die Erarbeitung von Gestaltungsempfehlungen, mit dem Ziel einer betrieblichen Effektivitäts- und Effizienzsteigerung, am systematischsten durch Forscher erfolgen kann, die eine theoretisch-konzeptionelle Nähe zu den klassischen Managementdisziplinen aufweisen.

Ein großer Teil der Forschungsbemühungen wird von Arbeits- und Organisationspsychologen bestritten (vgl. z. B. Bamberg/Ducki/Metz 1998a; Brendt/Hühnerbein-Sollmann 2008). Nicht selten besteht allerdings die Notwendigkeit, Einsichten aus den Gesundheits- und Verhaltenswissenschaften derart aufzuarbeiten, dass sie für praktisches, betriebswirtschaftliches Handeln nutzenstiftend verwendet werden können. Die Verschiedenartigkeit der Wissenschaftsdisziplinen führt zu unterschiedlichen Herangehensweisen und Schwerpunktsetzungen. Mitunter kommt es zu einer uneinheitlichen Verwendung von Fachausdrücken (vgl. Faller 2011: 76 f.). Insbesondere die Begriffe Management (vgl. Abschnitte II.-2.4. und II.-2.7.) und Ressourcen (vgl. Abschnitt II.-3.1.) weisen des Öfteren terminologische und semantische Unklarheiten auf.

Die Konzepte BGM (vgl. Abschnitt II.-2.4.) resp. Betriebliche Gesundheitsförderung (BGF) (vgl. Abschnitt II.-2.6.), wie sie im deutschsprachigen Wissenschaftsraum bekannt sind, werden bisher kaum in renommierten internationalen Journalen aufgegriffen. Ein Grund hierfür kann weltweit z. B. in der Verschiedenartigkeit der Krankenversicherungssysteme und damit zentraler Rahmenbedingungen vermutet werden. Während sich Deutschland und die Schweiz in dieser Hinsicht ähnlich sind (vgl. Abschnitt II.-2.5.), gestaltet sich die Ausgangslage in den USA deutlich anders. Ein Exkurs in die US-amerikanische Gesundheitsförderungspraxis erfolgt in Abschnitt II.-2.6.6.

Nichtsdestotrotz befasst sich die englischsprachige Fachliteratur ausführlich mit Themen wie Stress und Wohlbefinden am Arbeitsplatz (vgl. u. a. Ivancevich/Matteson 1980; Doodley/Rook/Catalano 1987; Firth-Cozen/Hardy 1992; Lu 1999; Taris/Schreurs/van Iersel-van Silfhout 2001; Mikkelsen/Øgaard/Landsbergis 2005; Suti-

---

[30] Die Betriebswirtin Ruth Stock-Homburg bildet eine beispielhafte Ausnahme. In ihrer Publikation aus dem Jahre 2010 zum Thema „Personalmanagement. Theorien – Konzepte – Instrumente" widmet sie dem „Health Care Management in Unternehmen" ein ganzes Buchkapitel. Eine ebenfalls betriebswirtschaftlich orientierte Veröffentlichung ist das Sammelwerk der Kienbaum-Berater Matthias Meifert und Mathias Kesting aus dem Jahre 2004.

nen et al. 2005; Wegge et al. 2006). Zudem erweist sich die Burnout-Forschung als etabliert (vgl. z. B. Janssen/Schaufeli/Houkes 1999; Taris/Schreurs/Schaufeli 1999; Kirk-Brown/Wallace 2004; Koesten 2005). Ferner ist die Work-Life-Balance Gegenstand zahlreicher Veröffentlichungen (vgl. z. B. Kim/Wiggins 2011; Kossek et al. 2011; Fleetwood 2007; Gardiner et al. 2007; Ransome 2007).

Englischsprachige Publikationen stellen eine sinnvolle Bereicherung für das vorliegende Dissertationsprojekt dar. Sie erhöhen sowohl die Breite als auch die Tiefe der Forschung. An geeigneten Stellen unterstützen sie das Schaffen begrifflicher Klarheit und konzeptioneller Fundierung.

Nach Auffassung der Verfasserin haben die Hintergründe, Entwicklungsgeschichte, Planung und Implementierung von Maßnahmen und Instrumenten des BGM ebenso wie Möglichkeiten ihrer Erfolgskontrolle bereits einige Aufmerksamkeit in der Wissenschaft erhalten (vgl. z. B. Otte 1994; Kerkau 1997; Rudow 2004; Ulich/Wülser 2009; Badura/Walter/Hehlmann 2010; Uhle/Treier 2011). Obschon mit Sicherheit auch hier weiterführender Forschungs- und praktischer Optimierungsbedarf besteht, werden drängende Forschungslücken in den folgenden Bereichen gesehen:

- Erarbeitung einer betriebswirtschaftlich ausgerichteten Gesundheitskultur sowie
- Untersuchung der Rolle des Personalmanagements in der Entwicklung und Verankerung einer Gesundheitskultur.

Gemäß ihrem derzeitigen Kenntnisstand mangelt es dem wissenschaftlichen Diskurs an Beiträgen, die das theoretische Konstrukt Gesundheitskultur auf Basis der bestehenden Fachliteratur herleiten. Zudem existiert bisher keine Publikation, die konkret aufzeigt, wie eine derartige Soll-Kultur mithilfe betrieblicher Gestalter und Gestaltungsparameter nachhaltig implementiert werden kann. Das Dissertationsprojekt setzt an diesen Forschungslücken an und intendiert einen Beitrag zu ihrer Schließung zu leisten.

3. Forschungsfragen und Zielsetzungen

Die Definition spezifischer Fragestellungen ist nach Yin (2009: 10 und 14) der wichtigste Schritt innerhalb eines Forschungsprozesses (vgl. Abschnitt III.-1.3.). Eisenhardt und Graebner (2007: 26) konstatieren, dass fundierte empirische Forschung traditionell aus einem bestehenden Diskurs hervorgeht. Dies zeigt die Notwendigkeit einer gründlichen, weitgespannten und planvollen Literatur- und Dokumentenanalyse in einem ersten Projektschritt auf. Analyseziel ist es, einen begründeten und präzisen Erkenntnisbedarf zu erkennen (vgl. Yin 2009: 14). Den zweiten Schritt stellt die Formulierung gegenständlicher Forschungsfragen dar (vgl. Eisenhardt/Graebner 2007: 26; Abschnitt

I.-3.1.). Hieraus sind drittens forschungsprozess- und umsetzungsorientierte Zielsetzungen stringent abzuleiten (vgl. Kosiol 1964: 745 ff.; Kosiol 1966: 241; Abschnitt I.-3.2.).

Alle aufgeführten Projektschritte wurden im Forschungsprozess dieser Dissertation nach bestem Wissen und Gewissen umgesetzt. Hinzuzufügen ist, dass auch Gespräche mit fachkundigen Wissenschaftlern aus dem näheren und erweiterten universitären Umfeld der Autorin sowie die Teilnahme an themenverwandten Kongressen und Tagungen die Erarbeitung und Präzisierung der Fragen und Ziele unterstützt haben.

3.1. Forschungsfragen

Wissenschaftliche Fragestellungen ebnen den Zugang zu einem ausgewählten Forschungsfeld. Auf ihrer Grundlage ist darüber zu entscheiden, welche Faktoren in eine Forschungsarbeit einbezogen werden sollen und welche Untersuchungsmethode zweckdienlich erscheint. Sie beeinflussen, inwieweit die empirische Vorgehensweise zu Antworten führen kann (vgl. Flick 1995: 69; Sollberger 2006: 21).

Das BGM (insbesondere die BGF; vgl. Abschnitte II.-2.4. und II.-2.6.), die Unternehmensführung (vor allem kulturelle Aspekte; vgl. Abschnitt II.-4.1.) und das Personalmanagement (vgl. Abschnitt II.-4.3.) bilden die Hauptachse dieses Forschungsvorhabens. Es besteht ein enger Zusammenhang zwischen allen Bereichen. Ihre gemeinsame Schnittfläche, d. h. den Kern der hier betriebenen Forschung, bildet das Konstrukt Gesundheitskultur (vgl. Abschnitt II.-4.2.).

Die nachfolgenden Forschungsaktivitäten erheben nicht den Anspruch, allgemeingültige Aussagen zu generieren. Auf Basis bestehender Fachpublikationen und eines ausgewählten Praxisbeispiels soll vielmehr aufgezeigt werden, welche grundsätzliche Bedeutung eine Gesundheitskultur für ein ganzheitliches BGM hat. Weiterhin gilt es zu verdeutlichen, welche konkreten, wirkungsvollen Handlungsempfehlungen aus der Theorie und dem untersuchten Kontext für das Personalmanagement abgeleitet werden können.

Das Dissertationsprojekt befasst sich mit folgenden Fragestellungen:

- Wie kann eine Gesundheitskultur, unter besonderer Berücksichtigung von Gesundheitsressourcen (vgl. Abschnitt II.-3.), als theoretisches Konstrukt umschrieben werden?
- Wie können die Entwicklung und die Verankerung einer Gesundheitskultur durch Maßnahmen und Instrumente des Personalmanagements wirkungsvoll unterstützt werden?

- Wie ist die Gesundheitskultur in einem ausgewählten Fallbeispiel der Wirtschaftspraxis beschaffen?
- Welche Erkenntnisse liefert eine Fallanalyse zur Erfassung und Veränderung einer Gesundheitskultur?
- Welche Gestaltungsempfehlungen lassen sich theoretisch-konzeptionell und empiriebasiert zum Aufbau und Erhalt einer Gesundheitskultur erarbeiten?

3.2. Forschungsprozess- und umsetzungsorientierte Ziele

Das Bestreben der theoriegeleiteten Betriebswirtschaftslehre besteht darin, Entscheidungsprozesse innerhalb einer Organisation zu verbessern (vgl. Heinen 1969: 209). Damit wird gleichzeitig sowohl ein theorie- bzw. forschungsbezogener Aspekt als auch eine anwendungs- resp. umsetzungsbezogene Dimension angesprochen. Dementsprechend verfolgt die vorliegende Dissertation die nachstehenden Zielsetzungen:

Forschungsprozessorientierte Ziele

- Aufarbeitung und Systematisierung der einschlägigen Fachliteratur zur Schaffung einer Anschlussfähigkeit der Thematik an die (Personal-) Managementlehre (vgl. insbesondere Kapitel II und IV).

- Konzeptionelle Herleitung einer Gesundheitskultur als theoretisches Konstrukt (vgl. Abschnitt II.-4.2.).

- Erarbeitung eines Erklärungsrahmens (vgl. Abschnitt II.-5.).

- Entwicklung eines praxisorientierten Entscheidungsrahmens (vgl. Abschnitt IV.-1.).

- Aufzeigen von verbleibenden Forschungslücken auf Basis des abgeschlossenen Dissertationsprojekts (vgl. Abschnitt IV.-2.).

Umsetzungsorientierte Ziele

- Untersuchung der Gesundheitskultur sowie deren Management anhand eines ausgewählten Fallbeispiels der Unternehmenspraxis (Intensivstudie in einem komplexen Großkonzern).

- Überprüfung mittels empirischer Daten, ob und in welcher Form die ausgewählte Unternehmenskultur des Fallstudienpartners den theoretisch-konzeptionell hergeleiteten Anforderungen (Diagnoseraster) an eine Gesundheitskultur entspricht (Ist-Zustand) und inwieweit sich erste Handlungsempfehlungen (für den Weg zum Soll) ableiten lassen (vgl. Abschnitte III.-7. und IV.-1.).

- Der Veränderungsprozess zu einer tief verankerten Gesundheitskultur soll anhand einer Fallstudie besser verstanden werden (Hindernisse, Promotoren, Beitrag des Personalmanagements etc.).

4. Methodische Grundlagen und Forschungsprozess

Für die wissenschaftliche Nachvollziehbarkeit ist es vorteilhaft, wenn die wichtigsten Entscheidungen im Hinblick auf das Vorgehen eines Forschers offengelegt werden (vgl. Thom 1987: 71). Dieser impliziten Aufforderung wird nun Folge geleistet.

4.1. Qualitative Forschung

Primärziel der empirischen Sozialforschung ist es, soziale Wirklichkeit durch den Einsatz wissenschaftlicher Verfahren und Techniken zu erfassen und zu analysieren (vgl. Atteslander 2010: 6; Silkenbeumer 2010: 262; Denzin 1978: 292).

Die Qualität empirischer Sozialforschung wurde bis Mitte der 1960er Jahre maßgeblich an der Konformität gewonnener Erkenntnisse mit den anerkannten Methoden der Naturwissenschaft gemessen (vgl. Lamnek 2005: 6). Lange Zeit war die Wissenschaft darum bemüht, Gesetzmäßigkeiten für menschliches Handeln zu finden (vgl. Girtler 1992: 15). Vorherrschend war die Annahme, dass Gesellschaften und deren Entwicklung in vergleichbarer Weise wie physikalische Objekte studiert werden können (vgl. Legewie/Trojan 2010: 15; Meyer-Abich 2010: 51). In der zweiten Hälfte des 20. Jahrhunderts wurde das naturwissenschaftliche Ideal kontrovers diskutiert (vgl. Girtler 1992: 15 f.). Der Positivismusstreit[31] führte zu einer Auseinandersetzung über wissenschaftstheoretische und methodologische Bedingungen in den Sozialwissenschaften (vgl. Lamnek 2005: 730).[32] Seit ca. 1970 ist ein kontinuierliches Anwachsen von Kritik an einer unreflektierten Anwendung traditioneller Forschungsverfahren feststellbar (vgl. Lamnek 2005: 1; Mayring 2002: 9). Im Jahre 1989 konstatierte Mayring die „qualitative Wende". Diese kann sinnbildlich für ein Umdenken bzw. eine Horizonterweiterung in der empirischen Sozialforschung verstanden werden.

Qualitative Forschung hegt den Anspruch, Menschen nicht zu einem reinen Reagieren auf vordefinierte Kategorien zu bewegen (vgl. Mayring 2002: 9 f.), sondern „[...] Lebenswelten ‚von innen' aus der Sicht der handelnden Menschen zu beschreiben. Damit

---

[31] Für weiterführende Hintergründe zum Thema Positivismus siehe z. B. Liesen (2010).

[32] Themen im Positivismusstreit waren u. a. die Einheit der Wissenschaft, die Funktion und Generierung von Theorien, die Isolierbarkeit von Daten, die Wertfreiheit sowie die Stellung des Wissenschaftlers während des Erkenntnisprozesses (vgl. Schreyögg 2010: 7). Einen Überblick zum Positivismusstreit und Einblicke in seine verschiedenen Positionen in der deutschen Soziologie geben z. B. Adorno et al. (1993).

will sie zu einem besseren Verständnis sozialer Wirklichkeit(en) beitragen und auf Abläufe, Deutungsmuster und Strukturmerkmale aufmerksam machen." (Flick/Kardorff/Steinke 2005: 14; Miles/Huberman 1994: 10).[33] In der Organisationsanalyse, und damit auch in der Analyse von Unternehmenskulturen, spielen qualitative Verfahren eine bedeutende Rolle (vgl. Rosenstiel 2005: 238).

Der Begriff der qualitativen Forschung ist sehr weit gefasst (vgl. Flick/Kardorff/Steinke 2005: 18; Mruck/Mey 2005: 6). Eine allseits akzeptierte, erschöpfende Definition existiert nicht (vgl. Bergmann et al. 2010: 18). Mayring (2002: 19 ff.) formuliert stattdessen fünf Postulate, die eine Art Grundgerüst qualitativen Denkens darstellen.

„Postulat 1: Gegenstand humanwissenschaftlicher Forschung sind immer Menschen, Subjekte. Die von der Forschungsfrage betroffenen Subjekte müssen Ausgangspunkt und Ziel der Untersuchung sein. [...]

Postulat 2: Am Anfang einer Analyse muss eine genaue Definition und umfassende Beschreibung (Deskription) des Gegenstandbereiches stehen. [...]

Postulat 3: Der Untersuchungsgegenstand der Humanwissenschaften liegt nie völlig offen, er muss immer auch durch Interpretation erschlossen werden. [...]

Postulat 4: Humanwissenschaftliche Gegenstände müssen immer möglichst in ihrem natürlichen, alltäglichen Umfeld untersucht werden. [...]

Postulat 5: Die Verallgemeinerbarkeit der Ergebnisse humanwissenschaftlicher Forschung stellt sich nicht automatisch über bestimmte Verfahren her; sie muss im Einzelfall schrittweise begründet werden."[34]

Nach wie vor bestehen Differenzen zwischen quantitativ und qualitativ forschenden Wissenschaftlern (vgl. Silkenbeumer 2010: 262 f.). Sie sind überwiegend erkenntnistheoretisch motiviert (vgl. Atteslander 2010: 76 f.).[35] Während qualitative Daten aus Text- bzw. Bildmaterial bestehen und kontextintensiv erschlossen werden, handelt es sich bei quantitativen Daten primär um abstrakte, in Zahlen darstellbare Daten für spezifische Ereignisse (vgl. Silkenbeumer 2010: 262). Jedoch ist eine wachsende gegenseitige Akzeptanz der beiden Forschungsrichtungen beobachtbar. Sie schließen einan-

---

[33] Folglich ist qualitative Forschung Feldforschung (vgl. Przyborski/Wohlrab-Sahr 2010: 53).

[34] Im Original stellenweise durch Fettschrift hervorgehoben.

[35] In der quantitativen Sozialforschung wird soziale Realität als objektiv gegeben angenommen. Sie kann mittels kontrollierbarer Methoden erfasst werden. In der qualitativen Forschung herrscht hingegen die Überzeugung vor, dass soziale Wirklichkeit in erster Linie auf der individuellen Konstruktion eines Subjekts basiert und somit interpretationswürdig ist (vgl. Atteslander 2010: 76 f.). Für genauere Ausführungen zum Konstruktivismus sei auf Werning (2010), Flick (2005a) sowie Scherer (2004) verwiesen. Die vorliegende Dissertation basiert auf einer gemäßigt konstruktivistischen Forschungshaltung.

der nicht aus (vgl. Lamnek 2005: 7; Schreyögg 2010: 41). Es wäre ungerechtfertigt, der Einen oder Anderen eine höhere Wissenschaftlichkeit zu unterstellen (vgl. Silkenbeumer 2010: 262).

Die Frage, ob ein quantitatives oder qualitatives Vorgehen zur Erforschung eines interessierenden Gegenstandsbereichs sinnvoll ist, lässt sich nur in Abhängigkeit von den zugrundeliegenden Fragestellungen, Zielsetzungen sowie der Reife des Forschungsfelds beantworten (vgl. Silkenbeumer 2010: 263; Marshall 1996: 523). Die Wahl einer qualitativen empirischen Untersuchung lässt sich für das vorliegende Dissertationsprojekt vor allem damit erklären, dass das Phänomen Gesundheitskultur in seiner Ganzheit und Komplexität unter Berücksichtigung des konkreten betrieblichen Kontexts erforscht werden soll und zwar insoweit dies einer Einzelforscherin in einem begrenzten Zeitraum möglich ist.[36] Quantitative, schriftliche oder computergestützte (Breiten-) Befragungen eignen sich hierzu nur unzureichend (vgl. Abschnitt III.-3.2.). Um die Entwicklung und Verankerung einer Gesundheitskultur zu erfassen, ist es unverzichtbar, die Lebenswelt eines Betriebs in möglichst vielen Facetten zu betrachten. Kultur wird von Menschen geschaffen und gelebt. Die Art und Weise, wie sie wahrnehmen, deuten, interpretieren und handeln, kann am besten qualitativ erhoben und ausgewertet werden (vgl. Rosenstiel 2005: 238).

4.2. Bezugsrahmenforschung

Forschungsleitende Bezugsrahmen sind Ordnungsschemata für „[…] erkenntnisbezogene und handlungsbezogene Vorstellungen über die Realität." (Grochla 1978: 65). Sie ermöglichen eine systematische Vorgehensweise im Forschungsprozess (vgl. Grochla 1978: 68 ff. und 98) und unterstützen Wissenschaftler dabei, komplexe Probleme zu zerlegen sowie geeignete Lösungsansätze zu entwickeln (vgl. Zaugg 2002: 5). Es werden Erklärungs- und Entscheidungsrahmen unterschieden. Erstere haben zum Ziel, für die betreffenden Fragestellungen relevante Forschungsbereiche aufzuzeigen und eine Einordnung bestehender Erkenntnisse in einen größeren Sinnzusammenhang vorzunehmen (vgl. Abschnitt II.-5.). Entscheidungsrahmen stellen hingegen eine Weiterentwicklung von Erklärungsrahmen dar (vgl. Abschnitt IV.-1.2.2.7.). Sie dienen der Darstellung erarbeiteter Handlungsempfehlungen und unterstützen somit Gestaltungsentscheidungen für die Praxis (vgl. Grochla 1978: 62 ff.; Zaugg 2002: 5).

---

[36] Gemäß Faller (2011: 78 f.) lässt sich Gesundheitsmanagement im Betrieb durch schriftlich standardisierte Befragungen nur schwer erforschen. Der Grund hierfür liegt u. a. darin, dass Befragte oftmals nicht wissen, was BGM bedeutet und was es umfasst. Sie spricht sich daher ausdrücklich für qualitative Erhebungsmethoden aus.

Bezugsrahmenforschung und qualitative Forschung sind kompatibel. Beide bieten den Rahmen und die Methodik für eine inhaltliche Vertiefung des untersuchten Realitätsausschnitts.

5. Aufbau der Dissertation

Die Struktur der hier vorliegenden Dissertation setzt sich aus vier Oberkapiteln zusammen (Abbildung 1). Im ersten, einleitenden Kapitel wurden die Ausgangslage und Relevanz der Forschungsthematik vorgestellt. Darüber hinaus gab die Autorin einen Einblick in den aktuellen Stand des relevanten wissenschaftlichen Diskurses. Hieraus konnten die konkreten Forschungsfragen und Zielsetzungen des Dissertationsprojekts deduziert werden. Zudem erfolgten Ausführungen zu methodischen Grundlagen und dem bezugsrahmengeleiteten Forschungsprozess.

Das zweite Hauptkapitel widmet sich dem theoretisch-konzeptionellen Fundament der Untersuchung. Im Zuge dessen beschäftigt sich die Verfasserin mit den Aspekten Gesundheit und Leistung, dem Management von Gesundheit im Kontext Betrieb, Gesundheitsressourcen und darauf aufbauend mit dem eigens konstruierten Phänomen Gesundheitskultur. Letztlich wird ein Erklärungsrahmen präsentiert, der sich aus den vorherigen Ausführungen ableitet.

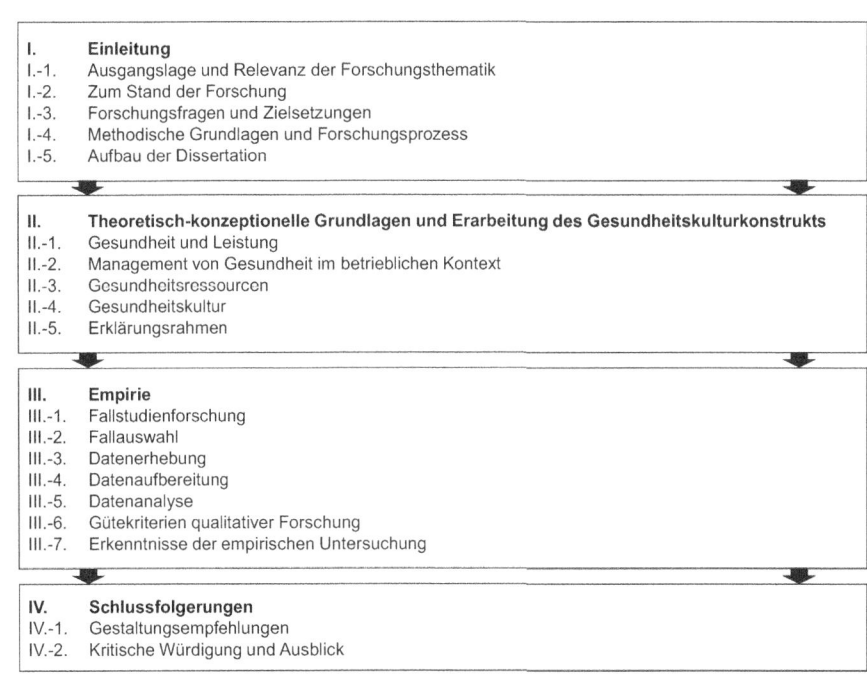

Abbildung 1:   Aufbau der Dissertation (eigene Darstellung)

Die Empirie dieser Dissertation ist Gegenstand des dritten Hauptkapitels. Bevor die Erkenntnisse der Fallstudienforschung ausführlich wiedergegeben werden, lassen sich zunächst die Fallstudienforschung als solche, die konkrete Fallauswahl, die Datenerhebung, -aufbereitung und -analyse sowie verschiedene Gütekriterien qualitativer Forschung in umfassender Weise erörtern.

Im Mittelpunkt des vierten Oberkapitels stehen Schlussfolgerungen, die sich aus der Forschung des Dissertationsprojekts ziehen lassen. Besondere Aufmerksamkeit gilt den erarbeiteten Gestaltungsempfehlungen sowie dem praxisorientierten Entscheidungsrahmen. Die Arbeit schließt mit einer kritischen Würdigung und einem Ausblick über potenziell zukünftige Forschungsvorhaben auf dem Gebiet des kulturverankerten BGM.

II. Theoretisch-konzeptionelle Grundlagen und Erarbeitung des Gesundheitskulturkonstrukts

1. Gesundheit und Leistung

Dass gesunde Mitarbeitende die Leistungskraft eines Unternehmens erhöhen, ist vielzitiert (vgl. u. a. Badura 2000: 22; Brandenburg/Marschall 2000: 254; Chu et al. 2000: 155; Bundesanstalt für Arbeitsschutz und Arbeitsmedizin 2001: 5; Meifert/Kesting 2004: 8).[37] Thom (1980: 60; vgl. auch Wunderer 2007: 19) differenziert zwischen einer „Könnenssphäre" (Leistungsfähigkeit) und einer „Willenssphäre" (Leistungsbereitschaft, Motivation). Beide Sphären entscheiden über die betriebliche Wettbewerbsfähigkeit und sind in hohem Maße gesundheitsabhängig (vgl. Sulzberger 2004: 5; Thiehoff 2004: 57 und 66; Hartz 2000: 159; Abbildung 2).

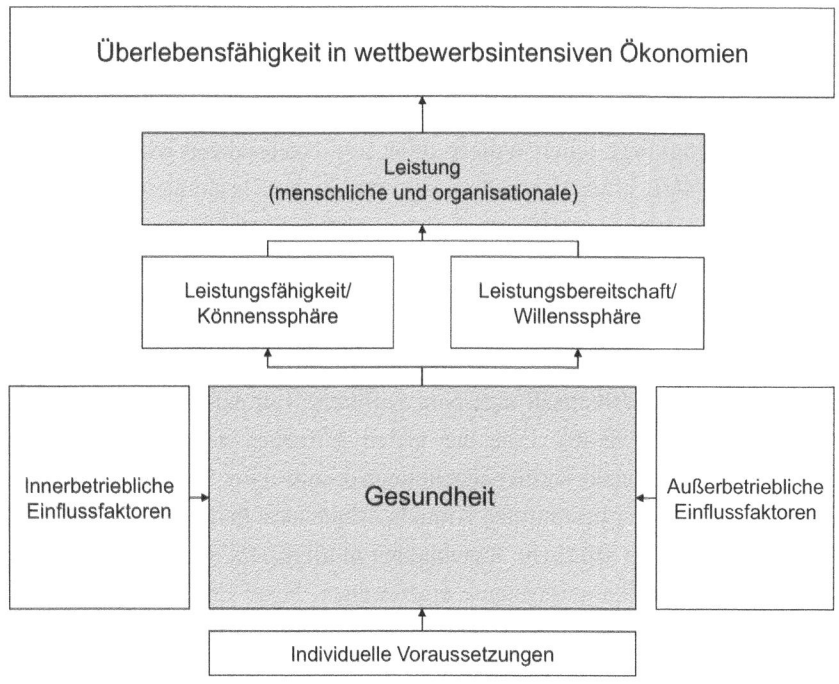

Abbildung 2:   Gesundheit und Leistung (in Anlehnung an DGFP e.V. 2004: 19)

Generell wird Gesundheit von individuellen (z. B. Genetik), außerbetrieblichen (z. B. Privatleben) (vgl. DGFP e. V. 2004: 19) sowie innerbetrieblichen Faktoren geprägt (vgl. Hüllemann 1994: 46; Bamberg/Ducki/Metz 1998a: 17; Abschnitt II.-1.2.3.). Al-

---

[37] Krankheit bzw. Unwohlsein beeinträchtigt die Quantität der Arbeit (z. B. Geschwindigkeit der Aufgabenausführung) sowie deren Qualität (z. B. erhöhte Fehlerwahrscheinlichkeit) (vgl. Hemp 2004: 50).

© Springer Fachmedien Wiesbaden GmbH, ein Teil von Springer Nature 2012
A. Osterspey, *Gesundheitskultur*, Edition KWV,
https://doi.org/10.1007/978-3-658-23464-5_2

lerdings sind ausschließlich die Letzteren unmittelbar durch betriebliche Gestalter und Gestaltungsparameter beeinflussbar. Sie werden daher in dieser Dissertation vorrangig behandelt.

1.1. Systematisierung des Gesundheitsbegriffs und Arbeitsdefinition

Gesundheit hat sich (auch) zu einem vieldiskutierten Modewort etabliert. Die Konsequenz daraus ist ein hohes Maß an Verwirrung anstelle von Aufklärung und Handlungsanleitung (vgl. Greiner 1998: 39). Im sozialversicherungsrechtlichen Sinne bezeichnet Gesundheit den „[…] Zustand, aus dem Arbeits- und Erwerbsfähigkeit resultiert." (Hildebrandt 1994: 538). Definitorische Unterschiede finden sich in den Annahmen dahingehend, „[…] wie Gesundheit erhalten, geschwächt oder stabilisiert werden kann. Implizite Übereinstimmung besteht darüber, dass Gesundheit eine Bedeutung von positiv, richtig, wünschenswert, normal oder normativ gebilligt zugeordnet wird." (Greiner 1998: 40). Historisch betrachtet ist Gesundheit ein vielschichtiger, normativer Begriff. Er spiegelt zeitgenössisches Denken, Gruppeninteressen und gesellschaftliche Diskussionen wider und ist von politischen sowie sozialen Bestimmungsgrößen geprägt (vgl. Ulich/Wülser 2004: 29). Nachstehend wird, in Anlehnung an Greiner (1998: 40 ff.), der Versuch unternommen, den Gesundheitsbegriffs zu systematisieren.

1.1.1. Biomedizinische versus biopsychosoziale Gesundheit

Der Fokus des biomedizinischen Ansatzes ist auf Krankheit gerichtet, d. h. auf eine lokalisierte, biologisch-physikalisch messbare Differenz von der als gesund definierten Norm (vgl. Greiner 1998: 40). Eine der vielen Aufgaben der Medizin ist es, Beschwerden unterschiedlichen Krankheitsentitäten zuzuweisen, so dass diese bei Auftreten als Symptome einer bestimmten Krankheitskategorie diagnostiziert werden können. Heute versucht man sämtliche Krankheiten in allgemein akzeptierte und international normierte Klassifikationssysteme einzuordnen. Neue Erkenntnisse veranlassen eine fortwährende Anpassung und Modifikation dieser Systeme (vgl. Faltermaier 2005: 32).

Kritisiert wird das rein biomedizinische Gesundheitsmodells dahingehend, dass es Krankheit sehr eng abgrenzt. Zum Beispiel sind viele moderne Volkskrankheiten (Herz-Kreislauf-Beschwerden, chronische Rückenbeschwerden etc.) nicht immer durch eine rein biomedizinische Pathogenese (vgl. Abschnitt II.-1.1.2.) erklärbar. Ferner existieren sowohl körperliche als auch geistige Zustände, welche die Lebensqualität beeinträchtigen, ohne jedoch messbare Symptome erkennen zu lassen (vgl. Greiner 1998: 40 f.). Aus dieser Mangelhaftigkeit heraus ist ein biopsychosozialer Ansatz entstanden. Dieser akzeptiert physische, psychische sowie soziale Komponenten als Determinanten von Gesundheit und Krankheit.

1.1.2. Positiver versus negativer Gesundheitsbegriff

Gesundheit ist mehr als die Abwesenheit von Krankheit. Es gibt zahlreiche Versuche,[38] Gesundheit positiv zu definieren (vgl. Faltermaier 2005: 33). Die bekannteste Definition[39] ist diejenige der Weltgesundheitsorganisation (WHO 2011b: Online) aus dem Jahre 1946: „[...] health is a state of complete physical, social and mental well-being, and not merely the absence of disease or infirmity. Health is a resource for everyday life [...] and is a positive concept emphasizing social and personal resources as well as physical capabilities." Diese Definition legt Gesundheit als (fast) nicht zu erreichenden Idealzustand aus und ist deshalb für den (Arbeits-) Alltag nur begrenzt hilfreich.

Ein positiver Gesundheitsbegriff impliziert neue wissenschaftliche Fragestellungen (vgl. Greiner 1998: 42). Antonovsky prägte im Jahre 1979 das Konzept der Salutogenese.[40] Der Medizinsoziologe löste damit die vornehmlich pathogenetische Sichtweise in den Gesundheitswissenschaften weitgehend ab. Während die allgemeine Pathogenese zu erklären versucht, warum Menschen krank werden (vgl. Bauer/Jenny 2007: 222), ist es das Ziel der Salutogenese, den Ursprung von Gesundheit zu ergründen (vgl. Antonovsky 1997: 15 und 24 f.; Uhle/Treier 2011: 369). Die Salutogeneseforschung befasst sich demnach mit der Identifikation und Untersuchung von gesundheitsfördernden Faktoren. Letztere werden als Gesundheitsressourcen bezeichnet (vgl. Ulich/Wülser 2004: 51 ff.; Busch 1998: 99 f.; Abschnitt II.-3.). Im Rahmen des vorliegenden Dissertationsprojekts sollen diese derart in das BGM eingebunden werden, dass eine Integration in das Instrumentarium des (Personal-) Managements möglich wird.

---

[38] Vgl. hierzu z. B. Hüllemann (1994: 45) sowie Badura/Walter/Hehlmann (2010: 32).

[39] Die zitierte WHO-Definition führt noch immer zu kontroversen Diskussionen, weil ein vollkommenes körperliches, seelisches und soziales Wohlbefinden als utopisch eingestuft wird. Dennoch gilt die Bestimmung von Gesundheit auf den Ebenen physisch, psychisch und sozial als wegweisend (vgl. Faltermaier 2005: 34).

[40] Den Ausgangspunkt für die Überlegungen Antonovskys stellen Begegnungen mit Frauen dar, die in nationalsozialistischen Konzentrationslagern untergebracht waren und die imstande waren, ihr Leben nach den herben Schicksalsschlägen neu aufzubauen (vgl. Franke 1997: 13).

1.1.3. Ein- und mehrdimensionale Gesundheitskonzepte und die Bedeutung der Subjektivität

Im traditionell biomedizinischen System wird eine Person entweder als körperlich krank oder körperlich gesund eingestuft (findet heute praktisch keine Verwendung mehr). Vertreter eines mehrdimensionalen Gesundheitskonzepts betrachten Gesundheit im Gegensatz dazu als ein Kontinuum. Sie unterstellen eine Koexistenz von Gesundheits- und Krankheitsmerkmalen.

Eine weitere Erkenntnis besteht darin, dass neben medizinisch diagnostizierbaren „objektiven" Aspekten das individuell wahrgenommene „subjektive" Gesundheitsgefühl das Befinden beeinflusst (vgl. Greiner 1998: 43 f.). Zum Beispiel gibt es Daten, die belegen, dass Frühverrentungen stark von der Selbstbewertung des Gesundheitszustands abhängen (vgl. Sutinen et al. 2005: 178). Psychische Erkrankungen gelten, mit steigender Tendenz, als besonders häufige Ursache für krankheitsbedingte Fehltage und ein vorzeitiges Ausscheiden aus dem Erwerbsleben (vgl. Krohn 2011: 22; o. V. 2011b: Online; Weiß 2009: 18; Abschnitt I.-1.3.). Betriebliche Effektivität und Effizienz werden demnach sowohl vom objektiven als auch vom subjektiv empfundenen Gesundheitszustand des Personals bestimmt.

1.1.4. Gesundheit als Zustand versus Gesundheit als Prozess

In der Vergangenheit wurde Gesundheit als fast statischer Zustand interpretiert. Heute wird sie zumeist als fließender, sich ändernder und sich entwickelnder Prozess diskutiert (vgl. Hüllemann 1994: 46). Das heißt, Gesundheit muss und kann fortdauernd erhalten und (wieder-) hergestellt werden (vgl. Greiner 1998: 44). Daher sollten Unternehmen, im Rahmen ihrer Einflussmöglichkeiten, Krankheiten verhindern und die Aufrechterhaltung und Wiederherstellung von Gesundheit am Arbeitsplatz anstreben. Die Kontinuität des Prozesses erfordert eine nachhaltige Integration des Gesundheitsgedankens in das betriebliche Normen- und Wertesystem (vgl. Abschnitt II.-4.2.).

Für die Zwecke dieser Arbeit wird Gesundheit folgendermaßen umschrieben (vgl. Faltermaier 2005: 35 f.):

- Gesundheit ist ein ganzheitliches, gesamtmenschliches Phänomen. Sie lässt sich auf einer physischen, psychischen und sozialen Ebene beschreiben und wird letztlich durch alle Lebensbereiche beeinflusst.

- Gesundheit ist partiell durch objektive Parameter messbar, jedoch in schwer messbarer Form auch auf die subjektive Befindlichkeit einer Person zurückzuführen.

- Gesundheit, im Sinne einer allgemeinen Voraussetzung für Lebensaktivitäten, beeinflusst stark das Handlungspotenzial einer Person und damit ihre Leistungsfähigkeit in Bezug auf gestellte Anforderungen.

- Gesundheit und Krankheit sind gewissermaßen Widersprüche und stehen in Kontrast. Dennoch schließen sie sich im Hinblick auf die Gesamtpersönlichkeit nicht zwangsläufig aus.

- Gesundheit ist keineswegs statisch, sondern ist als dynamischer Prozess zu verstehen, der in der Arbeitswelt durch betriebliche Gestalter und Gestaltungsparameter wirkungsvoll beeinflusst werden kann.

- Gesundheit ist im betrieblichen Kontext eine fortwährende Herausforderung für alle im Betrieb Beschäftigten (vgl. Abschnitt II.-4.2.1.2.).

1.2. Stress im Arbeitskontext

1.2.1. Begriffserläuterung und Forschungstradition

„It is virtually impossible today to read extensively in any of the biological or social sciences without running into the term stress[41]." (Lazarus/Folkman 1984: 1). Der Stressbegriff[42] wird ebenso häufig wie uneinheitlich verwendet (vgl. Steinmann 2005: 41; Vollmann/Weber 2005: 446).[43] Selye (1974: 18) unterscheidet Eustress von Distress.[44] Die vorliegende Forschungsarbeit beschränkt sich auf den letzteren, negativen Stressbegriff und stützt sich auf folgende Definition: Arbeitsstress ist das Ergebnis aller physischen und/oder psychischen Belastungen, die aus ungünstigen oder als ungünstig wahrgenommenen Bedingungen der Arbeit, des Arbeitsumfelds sowie der Arbeitsorganisation entstehen (vgl. Searle/Bright/Bochner 1999: 268; Bundesanstalt für Arbeitsschutz und Arbeitsmedizin 2005: 8).

Die Beziehung zwischen Stress und Leistung ist seit ca. 100 Jahren Gegenstand des wissenschaftlichen Diskurses (vgl. Edwards/Guppy/Cockerton 2007: 100). Einen sprunghaften Bedeutungszuwachs hat das Gebiet nach dem zweiten Weltkrieg erfahren (vgl. Calnan/Wainwright/Almond 2000: 297). Seit den 1970er Jahren werden in

---

[41] Im Original kursiv hervorgehoben.

[42] Der Stressbegriff stammt ursprünglich aus der Materialkunde. Er bezeichnet dort eine Kraft, die einen Gegenstand verformen oder sogar zerbrechen kann, wenn sie lange genug auf ihn einwirkt (vgl. Brendt/Hühnerbein-Sollmann 2008: 128).

[43] Stress dient als Sammelbegriff z. B. für Hektik und Überforderung (vgl. Otte 1994: 47) und heute zum Teil auch als Statussymbol (vgl. Brendt/Hühnerbein-Sollmann 2008: 128).

[44] Eu und Dis leiten sich aus dem Griechischen ab. Eu bedeutet „gut" im Sinne von Euphonie oder Euphorie. Dis steht für „schlecht" in der Auslegung von Dissonanz, Diskrepanz und Disharmonie.

der Arbeitspsychologie vermehrt stresstheoretische Konzepte erforscht (vgl. Rei-chel/Neumann 1993: 75; Bamberg/Busch/Ducki 2003: 37). In der jüngeren Vergan-genheit ist das Interesse an der Thematik aufgrund der ökonomischen Rahmenbedin-gungen und betriebswirtschaftlichen Herausforderungen (vgl. Abschnitt I.-1.) abermals gestiegen (vgl. Bruk-Lee/Spector 2006: 145).

1.2.2. Entstehung und Folgen von Stress

Im Kern besagt das Belastungs-Beanspruchungs-Konzept, dass die Beanspruchung und damit der Stress einer Person einerseits von der Belastung abhängig ist, welcher sie sich subjektiv ausgesetzt sieht und andererseits durch vorhandene Gesundheitsre-serven und -ressourcen sowie dem aktuellen Befinden der Betroffenen bestimmt wird (vgl. Bartholdt/Schütz 2010: 21 f.). Stress entsteht demnach zu weiten Teilen durch unzureichende Gesundheitsressourcen in einer bestimmten Situation bzw. deren Be-drohung oder Verlust und den damit verbundenen Ängsten (vgl. Lazarus/Folkman 1984: 19; Busch 1998: 101).

Das transaktionale Stressmodell befasst sich mit Bewertungs- und Bewältigungspro-zessen im Hinblick auf Stressfaktoren (vgl. Bamberg/Busch/Ducki 2003: 41). Es be-stehen starke interindividuelle Unterschiede in der Evaluation von Stressoren (vgl. La-zarus/Folkman 1984: 19). Während Menschen im Zuge einer primären Situationsana-lyse entscheiden, ob ein Ereignis irrelevant, günstig oder stressend ist, schätzt eine Person bei der sekundären Situationsanalyse ein, welche Bewältigungsoptionen ihr zur Verfügung stehen (vgl. Bartholdt/Schütz 2010: 28). Derartige Evaluationsprozesse verlaufen weder konsekutiv, voll bewusst noch unabhängig voneinander ab. Vieles vermischt sich, wird multifaktoriell beeinflusst und kann irrationale Züge tragen (vgl. Busch 1998: 99). Wichtige Ziele des BGM müssen demzufolge die Verhinderung bzw. zumindest die Reduktion von Stress sowie der Aufbau und Erhalt von Gesundheitsres-sourcen sein (vgl. Kernen 1997: 32).

Stress gilt als schwerwiegende Krankheitsursache des 20. und 21. Jahrhunderts und beeinflusst die Entstehung sowie den Verlauf zahlreicher Erkrankungen (vgl. Ivan-cevich/Matteson 1980: 5; Lu 1999: 61; Rydstedt/Devereux/Sverke 2007: 262). Hierzu zählen insbesondere Volkskrankheiten wie z. B. Wirbelsäulensyndrome, Herz-Kreislauf-Erkrankungen, vegetative Entgleisungen oder Depressionen.[45] Zudem führt Stress oftmals zu krankheitsförderndem Verhalten. Zu denken ist u. a. an übermäßigen Nikotin-, Kaffee-, Alkohol- resp. auch Tablettenkonsum, falsche Ernährung oder Be-

---

[45] Vor allem psychische Erkrankungen sind zu einem großen Teil auf ein objektiv messbares und/oder subjektiv empfundenes erhöhtes Stressaufkommen zurückzuführen (vgl. Oetting 2008: 55).

wegungsmangel (vgl. Greif 1991: 20; Busch 1998: 97; Bamberg 2000: 51; Chu/Dwyer 2002: 178; Koesten 2005: 64).

Folgerichtig ist (Arbeits-) Stress mit erheblichen Konsequenzen für die Betroffenen selbst (und deren soziales Umfeld) sowie für die Betriebs- (vgl. Lu 1999: 61) und Volkswirtschaft (vgl. Stäubli-Roduner 2010: 15) verbunden. Die Anzahl der Mitarbeitenden, die ihren Arbeitgeber aufgrund von psychisch-emotionalem Stress und darauf zurückzuführende Gesundheitsschäden verklagen, nimmt ebenfalls zu (vgl. Gertsch 2009: 79).

Allerdings kann auch eine Überforderung in physischer Hinsicht folgenschwere und kostenintensive Erkrankungen hervorrufen. Selbiges gilt z. B. für häufige/andauernde Fehlbelastungen. Zu nennen sind hier vornehmlich akute und chronisch-degenerative Negativveränderungen am Stütz- und Bewegungsapparat (vgl. Hentze/Kammel 2001: 493).

1.2.3. Stressoren und Belastungen im Arbeitskontext

In aller Regel ist Stress[46] nicht auf eine spezifische Variable reduzierbar. Im Normalfall kommt es zu einem kombinierten Auftreten verschiedener Stressoren[47]. Hierdurch wird die Negativität einzelner Belastungsfaktoren intensiviert (vgl. Busch 1998: 99; Ducki 1998b: 150).

Bekannt sind nahezu unzählige potenzielle Stressquellen im Arbeitskontext (vgl. Bartholdt/Schütz 2010: 62). In der Argumentation des Anforderungs-Kontroll-Modells von Karasek (1979)[48] sind insbesondere solche Tätigkeiten gesundheitsgefährdend, die bei hohen Anforderungen geringe Kontrollmöglichkeiten (vgl. Abschnitt II.-3.3.2.) aufweisen (vgl. auch Akerboom/Maes 2006: 21; Searle/Bright/Bochner 2001: 328). Hingegen fördern anspruchsvolle Aufgaben, die ein ausreichendes Maß an Freiheitsgraden bieten, modellgetreu das Lernen und die Motivation der Beschäftigten. In den 1980er Jahren wurde das Konzept Karaseks um die Dimension sozialer Unterstützung (vgl. Abschnitt II.-3.3.3.) erweitert. Ein diesbezüglicher Mangel gefährdet die Beschäftigtengesundheit allerdings zusätzlich (vgl. Akerboom/Maes 2006: 21).

---

[46] Stressoren können sowohl aus dem betrieblichen als auch aus dem privaten Umfeld einer Person stammen (vgl. Edwards/Guppy/Cockerton 2007: 99 und 112). Private Stressoren lassen sich jedoch praktisch nicht durch betriebliche Gestalter und Gestaltungsparameter beeinflussen. Aus diesem Grund konzentriert sich die vorliegende Dissertation auf betriebliche Belastungsgrößen.

[47] „‚Stressoren' sind hypothetische Faktoren, die mit erhöhter Wahrscheinlichkeit ‚Streß' (oder ‚Streß-empfinden') auslösen." (Greif 1991: 13; vgl. auch Hildebrandt 1994: 1478; Bamberg/Busch/Ducki 2003: 46).

[48] Siehe die oben zitierte Quelle für weiterführende Erläuterungen zum Modell.

Es gibt diverse Ansätze zur Systematisierung von Arbeitsbelastungen (vgl. Bamberg 2000: 47). Vorhandene Klassifikationen sind vorrangig pragmatisch begründet. Sie unterliegen häufig einer gewissen Willkür der Autoren. Ihnen ist der Versuch der Komplexitätsreduktion gemein (vgl. Bartholdt/Schütz 2010: 62). Tabelle 3 gibt einen Überblick zu den wichtigsten und meistzitierten betrieblichen Stressoren (keine abschließende Aufzählung).

Arbeitsstress entsteht oftmals unmittelbar durch die Personalführung oder ist zumindest durch diese beeinflussbar (vgl. Leidig 2006: 31). Gemäß einer aktuellen forsa-Studie leiden Angestellte vor allem aufgrund fehlender Wertschätzung und Anerkennung (vgl. Fürstenberg Institut 2010: Online; Dettmer/Shafy/Tietz 2011: 118). Die Wirkung der Führung auf das Mitarbeiterwohl, speziell in psychischer Hinsicht, wird in der Fachliteratur stark betont (vgl. z. B. Gunkel 2004: 108; Stadler/Spieß 2002: 6 ff.).

Stressoren im Arbeitskontext	
Arbeitsaufgabe und -organisation	- Qualitative und quantitative Über- und Unterforderung[49] - Mangelnder Handlungs- und Entscheidungsspielraum - Widersprüchliche Aufgabenstellungen - Unklare Verantwortlichkeiten - Kommunikations- und Koordinationsprobleme - Monotone Tätigkeiten - Hohe Konzentrationsnotwendigkeit - Daueraufmerksamkeit - Informationsflut - Rollenkonflikte und -ambiguität - Arbeitszeiten (z. B. Überlänge, Schichtarbeit) - Unterbrechungen und Störungen des Arbeitsablaufs
Soziale Stressoren	- Führungs- und Mitarbeiterverhalten - Konflikte - Unpassende Teamzusammenstellung - Mangelnde soziale Unterstützung - Soziale Abhängigkeit - Mobbing[50] - Schwierige Kunden bzw. Lieferanten - Unfairness
Inadäquate Anreizsysteme	- Gratifikationskrisen[51]
Physische Bedingungen	- Klima - Lärm - Beleuchtung - Schadstoffbelastung - Ergonomie[52]

Tabelle 3:   Stressoren im Arbeitskontext (in Anlehnung an SECO 2011: 9; Bartholdt/Schütz 2010: 63; Lovink 2010: 27; Rothfischer 2009: Online; Ulich/Wülser 2009: 64 f.; Bakker/Demerouti/Euwema 2005: 170; Searle/Bright/Bochner 1999: 269; Bamberg/Ducki/Metz 1998b: 479; Busch 1998: 98 f.; Ducki 1998b: 148 ff.; Oesterreich 1998: 82 ff.)

---

[49] Erweist sich die Arbeitsaufgabe als zu komplex und/oder zu schwierig, wird von qualitativer Überforderung gesprochen. Quantitative Überforderung kann sich einstellen, wenn eine sehr große Arbeitsmenge bewältigt werden muss. Zeitlich konkurrierende Arbeitsaufträge, deren Bearbeitung im dafür vorgesehenen Zeitintervall kaum oder gar nicht möglich ist, erzeugen Zeit- und Termindruck. Anders hingegen gestaltet es sich bei Unterforderung. Diese tritt häufig in qualitativer Form auf, sobald Kompetenzen und Qualifikationen durch die Arbeitstätigkeit nicht dauerhaft gefordert werden. Quantitative Unterforderung ist hingegen vielfach das Resultat einer (anhaltenden) Unterauslastung (vgl. Bartholdt/Schütz 2010: 67).

[50] Mobbing bezeichnet eine feindselige Interaktion bzw. Konflikte im Arbeitskontext, die sich systematisch und auf Dauer gezielt gegen eine Person richten (vgl. Eiselen/Nowosad 1998: 301; Stock-Homburg 2010: 640; Hensche 2011: Online).

[51] Das Modell beruflicher Gratifikationskrisen wurde im Jahre 1966 von Siegrist entwickelt. Derartige Krisen sind auf ein Ungleichgewicht zwischen beruflicher Verausgabung und erhaltener Belohnung (z. B. finanzielle Entschädigung, Wertschätzung) zurückzuführen (vgl. Siegrist 2000: 147; Ulich/Wülser 2004: 87 ff.). Die Gefahr besteht, dass Betroffene an der Qualität ihrer Arbeit sowie an ihrem eigenen Potenzial zu zweifeln beginnen (vgl. Ilamrinen/Tempel 2002: 244). Oft entsteht ein Gefühl von Ausbeutung (vgl. Stadler 2009: 55).

[52] „Mit Ergonomie [im Original in Fettschrift] ist die komplexe Erforschung und Gestaltung der Arbeitstätigkeit unter Einbeziehung von Arbeitsinstrumenten und -hilfsmitteln gemeint." (Berthel/Becker 2010: 512).

1.2.4. Burnout-Syndrom

Es ist schwierig, den Burnout-Begriff exakt zu erfassen (vgl. Kernen 1997: 17). Eine in der Fachliteratur weit verbreitete Definition beschreibt Burnout als „[…] a psychological syndrome of emotional exhaustion, depersonalization, and reduced personal accomplishment […].“ (Maslach 1993: 20). Freudenberger (1974) stellte das Syndrom erstmalig in den 1970er Jahren vor (vgl. auch Janssen/Schaufeli/Houkes 1999: 74). Es beschreibt einen spezifischen, psychischen Beanspruchungszustand (vgl. Chiu/Tsai 2006: 517 f.; Ulich/Wülser 2004: 73) als Folge eines Ungleichgewichts zwischen den Gesundheitsressourcen einer Person und der Beanspruchung, welcher sie ausgesetzt ist (vgl. Kernen 1997: 34). Ursachen liegen im Menschen selbst[53] sowie vor allem auch in der Berufssituation (vgl. Brühlmann 2007: 21).

Zu Anfang wurde die Symptomatik auf helfende, medizinische und pflegerische Berufe bezogen, die ein hohes Maß an Empathie in der täglichen Arbeit voraussetzen (vgl. Ulich/Wülser 2004: 73; Taris/Schreurs/Schaufeli 1999: 223). In der Zwischenzeit ist eine Ausweitung des Gefahren- und Betroffenenkreises erfolgt (vgl. Gertz 2011: 21). Burnout wird als Managerkrankheit (vgl. Haas 2010: 36; Brühlmann 2007: 21) bzw. Volkskrankheit tituliert (vgl. Rudzio/Uchatius 2010: Online). Das FOCUS Magazin ruft im September 2011 sogar die „Generation Burnout“ aus.[54]

Die populärwissenschaftliche Verbreitung des Syndroms trägt wesentlich zur allmählichen Enttabuisierung von psychischen Beschwerden und Erkrankungen bei. Es wird vermutet, dass der Burnout-Begriff im Volksmund weniger negativ besetzt ist als der einer Depression, wobei Burnout letztlich eine Erschöpfungsdepression darstellt. Wichtig ist, dass die vielen Diskussionen rund um das Thema Burnout nicht in eine Trivialisierung des Krankheitsbilds münden (vgl. Ulich/Wülser 2009: 73 f.). Sie sollten dazu dienen, Unternehmen den dringlichen Handlungsbedarf in Bezug auf die Beschäftigtengesundheit zu vergegenwärtigen. Positiv hervorzuheben ist, dass immer mehr Firmen Präventionsmaßnahmen (z. B. Stresskurse) lancieren (vgl. Middendorf/Stulle 2011: 27).

---

[53] Personenbedingt können z. B. eine überhöhte Verausgabungsbereitschaft, eine mangelnde Distanzierungsfähigkeit (vgl. Ulich/Wülser 2009: 75) oder auch ein Überbedürfnis nach Anerkennung und Status ursächlich für ein „Ausbrennen“ sein (vgl. Siebecke 2010: 24).

[54] Für weitere Informationen siehe http://www.focus.de/magazin/videos/focus-titel-generation-burnout_vid_2 6942.html oder allgemein www.swissburnout.ch (jeweils Zugriff am 17.09.2011).

2. Management von Gesundheit im betrieblichen Kontext

Sorge für Gesundheit und Wohlbefinden gehören nicht zu den originären Kernaufgaben und Zielen einer wirtschaftlichen Einheit.[55] Keineswegs darf an Unternehmen der Anspruch einer Wohlfühloase gehegt werden. Dennoch haben Betriebe eine Fürsorgepflicht (vgl. Abschnitt II.-4.2.1.2.) und sollten ein schon mehrfach angesprochenes Eigeninteresse an gesunden Angestellten haben. Innerhalb ihrer Gestaltungsgrenzen können sie Voraussetzungen schaffen, welche die personelle Leistungskraft erhalten und fördern. Des Weiteren ist es Institutionen möglich, Gesundheitsförderung als Symbol der Wertschätzung und Anerkennung zu betreiben, um die Einsatzbereitschaft der Beschäftigten anzuregen. Zunächst werden einige Annahmen über das menschliche Verhalten behandelt.

2.1. Hintergründe zum Zusammenhang von Gesundheitsmanagement und Leistungsbereitschaft

Als Reaktion auf die anfangs beschriebenen Wirtschaftlichkeitsanforderungen (vgl. Abschnitt I.-1.) fordern Unternehmen oftmals ein Engagement ihrer Angestellten über die reine Vertragserfüllung hinaus. Die englischsprachige Fachliteratur spricht von „staatsbürgerlichem Verhalten" (engl. good soldier syndrome) (vgl. Organ 1988: 1). Ein solches wird nicht im eigentlichen Lohnsystem erfasst und belohnt (vgl. Organ 1988: 4 f.; Mahler 2010: Online). Mit dem hier angesprochenen Konzept „Organizational Citizenship Behavior" (OCB) sind in erster Linie ein starkes Identifikationsniveau (vgl. Feather/Rauter 2004: 81), Commitment (vgl. Moorman/Niehoff/Organ 1993: 209 und 211) und ein hohes Maß an Loyalität (vgl. Felfe/Six 2006: 48) verbunden. Forschungsarbeiten deuten darauf hin, dass Mitarbeitende zu organisationsdienlichen Verhaltensweisen neigen, wenn sie von ihren Führungskräften unterstützt werden (vgl. Bolino/Turnley/Bloodgood 2002: 505). Die Schlussfolgerung liegt nahe, dass Betriebe die Bedürfnisse ihrer internen „Staatsbürger" kennen, berücksichtigen und in regelmäßigen Abständen validieren sollten. Dazu zählen Ansprüche hinsichtlich der Erhaltung und Förderung von Gesundheit und Wohlbefinden am Arbeitsplatz.

Die Hauptaussage der sozialen Austauschtheorie[56] (engl. social exchange theory) lautet: „[…] when employers provide their employees with positive work experience, the employees will reciprocate through the performance of OCB." (Bowler/Brass 2006: 70). Die Theorie der wahrgenommenen organisationalen Unterstützung (engl. percei-

---

[55] Selbst in Institutionen aus dem Gesundheits- und Pflegesektor gilt die diesbezügliche Aufmerksamkeit allen voran dem Patienten und nicht dem Personal.

[56] Streng genommen handelt es sich nicht um vollständige Theorien, sondern um Theorieansätze, die noch nicht alle Stufen bis hin zu praxeologischen Aussagensystemen durchlaufen haben (vgl. Grochla 1978: 68 ff.).

ved organizational support) nimmt außerdem an, dass Angestellte sich ein Urteil darüber bilden, wie sehr ihr Leistungsbeitrag gewürdigt wird und wie stark sich Unternehmen für ihr Wohlbefinden einsetzen. Fällt dieses Urteil positiv aus, entsteht gemäß dem Reziprozitätsgedanken eine Art Verpflichtungsgefühl (vgl. Eisenberger et al. 2001: 42; Liu 2004: 24). Dieses hält Mitarbeitende bspw. davon ab, dem Arbeitsplatz ungerechtfertigt fernzubleiben („Krankfeiern") (vgl. Eisenberger et al. 1986: 500 und 504). Work-Family-Programme[57] können exemplarisch für Unterstützungsleistungen genannt werden, die das Personalengagement positiv zu beeinflussen vermögen (vgl. Grant/Dutton/Rosso 2008: 898; Liu 2004: 21). Die Rolle der Führungskräfte muss im Zuge der soeben thematisierten Verhaltensansätze hervorgehoben werden. Ihnen wird die Personifikation des Unternehmens attestiert (vgl. Levinson 1965: 378; Wayne/Shore/Liden 1978: 87; Rhoades/Eisenberger 2002: 700; Liu 2004: 6). Die Beziehung zwischen Mitarbeitenden und Vorgesetzten entscheidet demzufolge wesentlich darüber, inwieweit sich Beschäftigte von ihrem Arbeitgeber unterstützt und geschätzt fühlen (vgl. Wayne/Shore/Liden 1997: 104). Umso wichtiger ist es, dass der Gesundheitsgedanke im Arbeitsalltag präsent ist. BGM darf sich also nicht auf wenige Gesundheitsspezialisten und gelegentliche Aktionen verengen, sondern muss durchgehend als Führungs- bzw. Gemeinschaftsaufgabe begriffen werden (vgl. Kesting/Meifert 2004: 29).

Es gibt verschiedene Ansätze, die gesundheitliche Aspekte in das Organisationsgeschehen einbinden. Abbildung 3 zeigt die im Rahmen dieser Arbeit verwendete Systematisierung. Eine solche ist notwendig, weil die aufgeführten Konzepte innerhalb des wissenschaftlichen Diskurses und in der Praxis oftmals synonym verwendet oder missverständlich voneinander abgegrenzt werden (vgl. Faller 2011: 76 f.). Bevor sie im Einzelnen vorgestellt werden (vgl. Abschnitte II.-2.3. bis II.-2.6.), sieht es der logische Gliederungsaufbau vor, zunächst den Nutzen und die Ziele des Gesundheitsmanagements eingehend zu erläutern.

---

[57] Beispiele für Work-Family-Programme sind Kinderbetreuung und Altenpflege (vgl. Goodstein 1995: 1657).

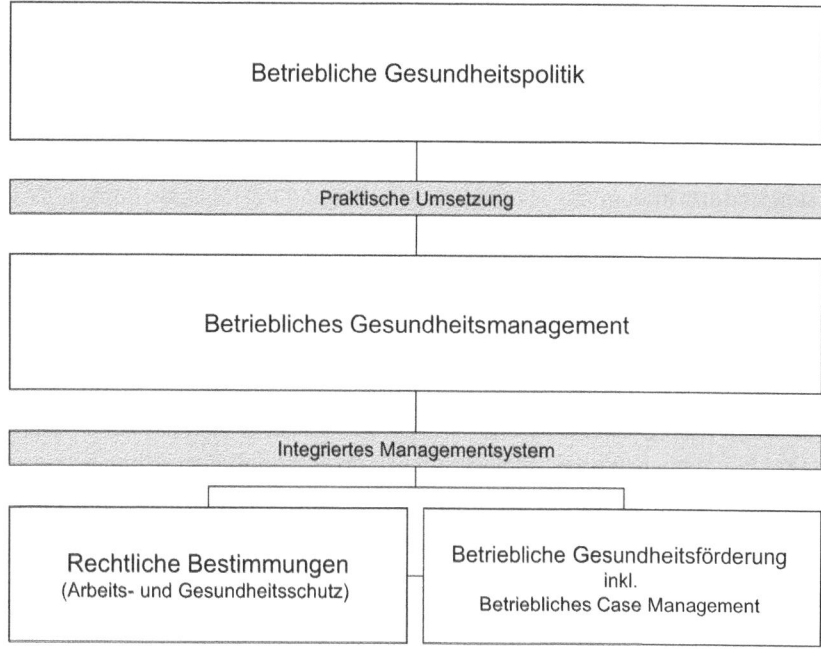

Abbildung 3:   Gesundheitsansätze in Fachliteratur und Praxis (eigene Darstellung)

2.2. Nutzen und Ziele des Gesundheitsmanagements

Alle Ansätze zum Umgang mit Gesundheit im betrieblichen Kontext sind in ein mehrdimensionales, interdependentes Zielsystem eingebettet. Es kann grob zwischen einer mitarbeiterorientierten, unternehmensbezogenen und volkswirtschaftlich-gesellschaftlichen Zieldimension unterschieden werden. Ein planvoll implementiertes und kulturverankertes BGM mündet ohne Zweifel in eine Win-Win-Situation.

2.2.1. Mitarbeiterorientierte Dimension

Aus Arbeitnehmersicht bewirken Gesundheitsinitiativen am Arbeitsplatz einen potenziellen Gewinn an Lebensqualität. Sie schützen u. a. vor Unfällen und zeigen Wege auf, wie sich Gesundheit so gut wie möglich erhalten lässt. Betriebliche Anstrengungen dieser Art werden dem Beschäftigteninteresse an einem möglichst langfristigen Fortbestehen der eigenen Arbeitskraft (vgl. Bamberg/Ducki/Metz 1998a: 26) sowie im Idealfall auch einer verbesserten Vereinbarkeit von Berufs- und Privatleben gerecht. Zudem lässt sich eine Steigerung der Arbeitsfreude und damit wiederum des alltäglichen Wohlbefindens erreichen (vgl. Bundesanstalt für Arbeitsschutz und Arbeitsmedizin 2001: 6).

Allerdings darf in einer freiheitlichen Gesellschaft die Selbstverantwortung des Einzelnen nicht vernachlässigt werden (vgl. Badura/Ritter/Scherf 1999: 1 und 38). BGM ist unter keinen Umständen als alleiniges Konsumgut zu betrachten (vgl. Guntern 2007: 12). Investitionen in die Mitarbeitergesundheit sind nur wirkungsvoll, wenn sie von den Beschäftigten angenommen und mitgetragen werden (vgl. Henssler 2010: 35). Ein Lösungsansatz, in dem nur leitende Angestellte und Personalabteilungen bzw. Gesundheitsbeauftragte Verantwortung übernehmen, ist nicht tragfähig (vgl. Osterspey/Thom 2011: 69). Es ist ein Grundprinzip der Gesundheitsförderung, Betroffene aktiv in die Analyse von Belastungen und in die Suche nach Lösungsmöglichkeiten einzubeziehen. Sie sind Experten des eigenen Befindens und daher nicht in eine passive Rolle zu drängen (vgl. Kuhn/Gensch 2009: 539; Benz-Overhage 2000: 16). Im Endeffekt liegt es an jedem einzelnen Mitarbeiter und jeder einzelnen Führungskraft, vermitteltes Gesundheitswissen im persönlichen und betrieblichen Alltag anzuwenden.

2.2.2. Unternehmensbezogene Dimension

Die Akzeptanz gesundheitsfördernder Interventionen durch die Betriebsleitung ist von der Effektivität dieser Anstrengungen hinsichtlich einer Steigerung des Unternehmenserfolgs abhängig. Bliebe es bei einem rein „karitativen Zusatzgeschäft" (Bundesanstalt für Arbeitsschutz und Arbeitsmedizin 2001: 6), wäre nicht damit zu rechnen, dass BGM ernsthaft und nachhaltig betrieben werden würde (vgl. Kreis/Bödeker 2003: 6; Richter/Uhlig 1998: 408).

Betriebswirtschaftlich lohnt sich ein Gesundheitsmanagement, wenn es zielorientiert und möglichst messbar gestaltet wird (vgl. Guntern 2007: 12), d. h. wenn sich Kosteneinsparungen oder zusätzliche Nutzengewinne generieren lassen (vgl. Bödeker/Kramer/Sockoll 2009: 343; Abschnitt II.-4.2.2.). Unabhängig davon, dass Erfolge vollumfänglich erst nach einigen Jahren feststellbar sind (vgl. Initiative Gesundheit und Arbeit 2010: Online), gilt die Zweckmäßigkeit des Gesundheitsmanagements als belegt (vgl. Eichendorf 2010: B1; Isselhorst 2010: 17; Sockoll/Kramer/Bödeker 2008: 58 und 65). Während Verluste durch Krankheit nahezu eindeutig nachweisbar sind, lassen sich Gewinne durch Gesundheit nur hypothetisch messen. Speziell der immaterielle Gewinn, welcher in einem erhöhten Identifikationsniveau und einer gesteigerten Arbeitsmotivation vermutet wird, findet betriebswirtschaftlich keinen unmittelbar berechenbaren Niederschlag (vgl. Bamberg/Ducki/Metz 1998a: 25). Dieser Mangel an präzisen Messmethoden erklärt die geringe Evidenzbasis für den ökonomischen Nutzen gesundheitserhaltender und -fördernder Initiativen in Bezug auf die Arbeitsproduktivität (vgl. Sockoll/Kramer/Bödeker 2008: 65). Es ist davon auszugehen, dass die Praxis deshalb oft auf einfache Morbiditätsstatistiken ausweicht.

Hinsichtlich der Qualität von Evaluationen[58] stellt es sich in der Wirtschaftspraxis so dar, dass Unternehmen häufig plausible Schilderungen festhalten, systematische Analysen und Beurteilungen jedoch Seltenheitscharakter haben (vgl. Semmer/Zapf 2004: 776). Ein dokumentierter Lernprozess im Bereich BGM ist aber unter allen Umständen zu gewährleisten (vgl. Badura/Ritter/Scherf 1999: 48).

Mit der Initiierung von gesundheitsdienlichen Aktivitäten sind hohe Erwartungen verbunden (vgl. Thom/Brezovski 2003: 1). In Anbetracht der Tatsache, dass ökonomische Effekte nur begrenzt quantifizierbar sind, ist die persönliche Überzeugung betrieblicher Entscheidungsträger von der Wichtigkeit des BGM umso bedeutsamer. Nach hier vertretener Auffassung muss Gesundheit als Kulturwert in den Betriebsalltag eingehen. Ansonsten droht ein langfristiges Engagement an einem Mangel kurzfristiger Erfolgskennzahlen zu scheitern.

2.2.3. Volkswirtschaftlich-gesellschaftliche Dimension

In den westlichen Industrienationen, z. B. in Deutschland und der Schweiz, steigen die Gesundheitskosten rasant an (vgl. Welt Online 2011: Online; Graber 2010: Online; Ramaciotti/Perriard 2003: 5). Sie belasten insbesondere die (Sozial-) Versicherungssysteme (vgl. BKK Bundesverband 2008: 4). Der volkswirtschaftliche Nutzen einer gesunden Erwerbsbevölkerung ist unbestritten (vgl. Bamberg/Ducki/Metz 1998a: 25; Thom/Brezovski 2003: 29). Durch gezielte Investitionen in die Beschäftigtengesundheit können Unternehmen bspw. die Ursachenbekämpfung von chronischen Erkrankungen vorantreiben (vgl. Badura/Ritter/Scherf 1999: 35). Durch BGM ist es ihnen möglich, einen Rückgang volkswirtschaftlicher Krankheits- und Invaliditätskosten zu unterstützen (vgl. Arbeitsgruppe BGM-Kriterien 2008: 62). Dazu müssen sie Stressherde und sonstige Belastungsgrößen im betrieblichen Kontext mindestens reduzieren.[59] Als „gesellschaftliche Akteure" (Backhaus-Maul/Kunze 2010: 87) übernehmen gesundheitsbewusste Institutionen Sozialverantwortung. „[…] good worker health belongs to the social responsibilities of companies and can be regarded as an integral part of CSR." (Holmqvist 2009: 69; vgl. auch Uhle/Treier 2011: 65). Corporate Social Responsibility[60] (CSR), im Sinne einer angewandten Unternehmensethik (vgl. Aßländer/Löhr 2010: 18; Friesl 2009: 51), hat in den vergangenen zwei Jahrzehnten massiv an Bedeutung gewonnen (vgl. Campbell 2007: 946) und veranlasst Betriebe u. a. zu

---

[58] Gemeint sind Prozess- bzw. kurzfristige und langfristige Ergebnisevaluationen (vgl. Chu et al. 2000: 165).

[59] Durch BGM können Unternehmen überdies einen gehaltvollen Beitrag zur Steigerung der volkswirtschaftlichen Innovationskraft leisten (vgl. Badura/Ritter/Scherf 1999: 18).

[60] CSR bezeichnet die freiwillige Übernahme gesellschaftlicher Verantwortung durch Unternehmen. Hierdurch leisten sie einen wichtigen Beitrag im Hinblick auf eine möglichst nachhaltige Entwicklung innerhalb der Aktionsfeldern Umwelt, Arbeitsplatz, Markt und Gemeinwesen (vgl. Uhle/Treier 2011: 359).

einer Sozialpolitik, die eine angemessene Lebensführung begünstigt (vgl. Brandl/Kugler/Eckardstein 2008: 229). Generiert werden soll ein Nutzen sowohl für die Gesellschaft als auch für die handelnden Unternehmen. Übernähmen letztere nur Sozialverantwortung, um dem öffentlichen Willen zu entsprechen, ohne selbst profitieren zu können, bliebe es aller Wahrscheinlichkeit nach bei oberflächigem und wenig nachhaltigem Aktionismus. Der Sinn von CSR würde verfehlt (vgl. Friesl 2009: 54). Zusammenfassend ist BGM als Ausdruck ökonomischer Vernunft und sozialer Verantwortung zu verstehen (vgl. Osterspey/Thom 2011: 82).

2.3. Betriebliche Gesundheitspolitik

Der Weg zu einem kulturverankerten BGM wird durch die Betriebliche Gesundheitspolitik (BGP) geebnet (vgl. Badura/Walter/Hehlmann 2010). Diese definiert „[…] Prioritäten zum Schutz und zur Förderung von Gesundheit und Sicherheit der Mitarbeiter. Sie formuliert das dabei zur Anwendung kommende Verständnis von Gesundheit und legt die angenommene Wirkungskette fest. Als Teil der Unternehmenspolitik muss sie den Unternehmenszielen ebenso dienen wie dem Wohlbefinden und der Leistungsfähigkeit der Mitarbeiter." (Badura/Walter/Hehlmann 2010: 1). BGP ummantelt demnach alle Anstrengen, die ein Betrieb leistet, um in seinem Einflussbereich Gesundheit und Wohlergehen möglichst sicherzustellen (vgl. Oppolzer 2010: 21; Beck 2011: 15).

Ursprünglich richteten sich die Ziele der BGP auf die Vermeidung von Arbeitsunfällen und Berufskrankheiten. Hierzu existieren gesetzliche Normen (vgl. Abschnitt II.-2.5.). Momentan steht überwiegend die Reduktion von Absentismus im Fokus gesundheitspolitischer Überlegungen. Dem ist allerdings hinzuzufügen, dass das Präsentismusphänomen an Aufmerksamkeit gewinnt und die Dominanz von Abwesenheitsstatistiken peu à peu relativiert (vgl. Badura/Walter/Hehlmann 2010: 3 f.). Es ist von den Zielen und der allgemeinen Situation eines Unternehmens abhängig, welche Prioritäten hinsichtlich gesundheitspolitischer Fragestellungen gesetzt werden und welche Vorgehensweisen vor diesem Hintergrund angemessen erscheinen (vgl. Badura/Walter/Hehlmann 2010: 41).

Auf normativer Ebene („Keimzelle" der Gesundheitskultur) umfasst die BGP alle grundlegenden Normen, Werte und Prinzipien. Typisch ist ein Niederschlag in betrieblichen Visionen und Leitbildern (vgl. Badura 2000: 27). Die klassische Vision betrieblicher Gesundheitspolitik ist jene von gesunder Arbeit bzw. gesunden Mitarbeitenden in gesunden Unternehmen[61]. Leitbilder betonen derweil oftmals den Aspekt „Gesund-

---

[61] Badura/Ritter/Scherf (1999: 31) definieren Merkmale gesunder und ungesunder Unternehmen.

heit als Führungsaufgabe" (vgl. Bertelsmann Stiftung/Hans-Böckler-Stiftung 2004: 21).

2.4. Betriebliches Gesundheitsmanagement

Dem funktionalen Managementbegriff folgend dient das BGM der praktischen Umsetzung der BGP (vgl. Oppolzer 2006: 27 f.). Die prominenteste Definition stammt von Badura, Ritter und Scherf aus dem Jahre 1999. Ihr zufolge bezeichnet BGM „[…] die Entwicklung integrierter betrieblicher Strukturen und Prozesse, die die gesundheitsförderliche Gestaltung von Arbeit, Organisation und dem Verhalten am Arbeitsplatz zum Ziel haben und den Beschäftigten wie dem Unternehmen gleichermaßen zugute kommen." (Badura/Ritter/Scherf 1999: 17). Im Verständnis der Betriebswirtschaftslehre wird Management in dieser Definition relativ eng gefasst, da nur Strukturen und Prozesse explizit eingeschlossen sind. Ein umfassendes Managementkonzept beinhaltet jedoch ausdrücklich auch die Organisationskultur sowie Ziele, Strategien und Controllingaktivitäten (vgl. Thom 1992a: 19).

Letztlich intendiert BGM durch ein planvolles Vorgehen, gesundheitsgerechte Rahmenbedingungen im Betrieb zu schaffen. Darüber hinaus ist es das Ziel, alle Unternehmensmitglieder zu gesundheits- und sicherheitsbewusstem Verhalten zu veranlassen (vgl. Eichendorf 2010: B1).

Im BGM verschmelzen zwei historisch getrennte Entwicklungslinien: Rechtliche Bestimmungen im Bereich Arbeits- und Gesundheitsschutz (AGS) und die BGF (vgl. Bödeker/Kramer/Sockoll 2009: 341; Kuhn/Gensch 2009: 536) inklusive dem Betrieblichen Case Management (BCM). Bei Letztgenanntem handelt es sich um ein Unterstützungsangebot für gesundheitlich beeinträchtigte Beschäftigte. Im Rahmen eines systematischen Prozesses werden individuell abgestimmte Leistungen angeboten, um Betroffene schnellstmöglich und nachhaltig am Arbeitsplatz zu reintegrieren (vgl. Manca 2011: Online). Es setzt bei Langzeitabsenzen an (vgl. Bauer/Jenny 2007: 239). Koordiniert wird der Prozess von einem Case Manager. Die Bedürfnisse der Mitarbeitenden stehen im Zentrum. In der Regel kooperieren Case Manager z. B. mit Ärzten, Psychologen, Versicherungen oder Sozialdiensten (vgl. Arbeitsgruppe BGM-Kriterien 2008: 70).

Alle hier behandelten Ansätze (BGP, BGM, AGS, BGF, BCM) sind nicht trennscharf voneinander abgrenzbar. Sie überschneiden sich, ergänzen einander und dienen gesamthaft der Unterstützung von Gesundheit im betrieblichen Kontext.

2.5. Rechtliche Bestimmungen

Sowohl in Deutschland als auch in der Schweiz ist der AGS (erste Professionalisierungsebene im Bereich Gesundheit und Arbeit) primär öffentlich-rechtlich festgesetzt (vgl. Kuhn/Gensch 2009: 535).[62]

Die Sozialversicherung Bismarcks stellte in Deutschland entscheidende Weichen für den Schutz des Menschen im Arbeitskontext. Der damalige deutsche Reichskanzler führte Ende des 19. Jahrhunderts kurz nacheinander die Kranken-, Unfall- sowie Alters- und Invalidenversicherung ein (vgl. Deutsche Sozialversicherung 2011: Online; Stolleis 2003: 75 ff.). Gegenwärtig leitet sich der AGS im Wesentlichen aus dem Gesetz über die Durchführung von Maßnahmen des Arbeitsschutzes zur Verbesserung der Sicherheit und des Gesundheitsschutzes der Beschäftigten bei der Arbeit (Arbeitsschutzgesetz - ArbSchG) ab. Aufgrund dieser bundesgesetzlichen Regelung herrscht im deutschen Gesetzesraum allgemeine Verbindlichkeit. Auf einem pathogenetischen Gesundheitsverständnis beruhend, veranlasst der AGS Arbeitgeber gemäß § 1 Absatz 1 Satz 1 ArbSchG dazu, „[...] Sicherheit und Gesundheitsschutz der Beschäftigten bei der Arbeit durch Maßnahmen des Arbeitsschutzes zu sichern und zu verbessern." Gemeint sind „[...] Maßnahmen zur Verhütung von Unfällen bei der Arbeit und arbeitsbedingten Gesundheitsgefahren einschließlich Maßnahmen der menschengerechten Gestaltung der Arbeit." (§ 2 Abs. 1 ArbSchG; Abschnitt II.-4.3.4.3.2.).[63]

In der Schweiz erließen im 16. und 17. Jahrhundert vereinzelte Kantone Fabrikordnungen zum Schutz der Arbeitnehmenden. Im 19. Jahrhundert erfolgten in fast allen industriellen Gliedstaaten der Eidgenossenschaft diesbezügliche Bestimmungen. Um die Konkurrenzfähigkeit der Kantone nicht zu schädigen, wurde Ende des 19. Jahrhunderts das eidgenössische Fabrikgesetz erlassen. Der AGS etablierte sich demnach schrittweise zur Angelegenheit des Bundes (vgl. Meyers Großes Konversations-Lexikon 2011: Online). Heute findet sich in Art. 6 Abs. 2 Arbeitsgesetz (ArG) eine praktisch identische Regelung wie im deutschen ArbSchG, wonach „[...] der Arbeitgeber insbesondere die betrieblichen Einrichtungen und den Arbeitsablauf so zu gestalten hat, dass Gesundheitsgefährdungen und Überbeanspruchungen der Arbeitnehmer nach Möglichkeit vermieden werden."

Auf operativer Ebene ist eine Umsetzung des AGS z. B. durch sicherheitstechnische Begehungen, betriebsärztliche Betreuung, Ergonomie und zweckgerichtete Betriebsvereinbarungen möglich (vgl. Oppolzer 2006: 27). Die Aufgabe der Führung besteht in der gewissenhaften und lückenlosen Umsetzung der öffentlich-rechtlichen Pflichten.

---

[62] Sekundär gibt es vereinzelte individualrechtliche Regelungen, auf die jedoch nicht vertieft eingegangen wird.
[63] Für weitere Ausführungen siehe Beck (2011: 64 ff.).

2.6. Betriebliche Gesundheitsförderung

Die Veränderungen in der Arbeitswelt und die daraus resultierenden Anforderungen an die Beschäftigten haben den Stellenwert von Gesundheit erhöht. „These developments not only demand that employers take their legal obligations in workplace health and safety more seriously, but also place even more importance on their leadership roles in setting proactive policy directions, facilitating organizational development, and building a healthy organizational culture." (Chu/Dwyer 2002: 178; vgl. Abschnitt II.-4.2.). Ergänzend zu den rechtlichen Bestimmungen existieren seit vielen Jahren freiwillige Ansätze, die darauf abzielen, die Mitarbeitergesundheit positiv zu beeinflussen. Sie bieten Möglichkeiten, vom AGS vernachlässigte Bereiche zu thematisieren und nach entsprechenden Lösungswegen zu suchen (vgl. Kuhn/Gensch 2009: 536).

2.6.1. Umriss ihrer Entstehungsgeschichte

Die BGF (zweite Professionalisierungsebene im Bereich Gesundheit und Arbeit [vgl. Kuhn/Gensch 2009: 536]) ist Teilergebnis einer Wende in der Gesundheitspolitik. Diese hat sich in den 1970er und 1980er Jahren vollzogen. Ausgangspunkt war eine international geführte Auseinandersetzung über eine Reform der Gesundheitssysteme in den Industrieländern. Die Zunahme chronischer Erkrankungen, die eingeschränkten Behandlungsmöglichkeiten der kurativen Medizin und der sich abzeichnende Kostenanstieg waren Anlass dafür, Wirksamkeit und Angemessenheit der Gesundheitspolitik kritisch zu überdenken (vgl. Kerkau 1997: 1). Als Treiber für die Entwicklung einer „neuen Politik" gelten mehrere Konferenzen der WHO. Im Rahmen der Alma-Ata-Konferenz im Jahre 1978 erfolgte eine erste Fixierung bedeutender Ansatzpunkte (Bekämpfung chronischer Erkrankungen, Entlastung der Ärzte und des medizinischen Versorgungssystems als alleinige Verantwortungsträger etc.) für das moderne Verständnis von Gesundheitsförderung (vgl. Kerkau 1997: 45 f.). Acht Jahre später verabschiedete die WHO die Ottawa-Charta[64] (vgl. Badura/Walter/Hehlmann 2010: 35; Gröben/Bös 1999: 9). Sie ist bis heute als Leitdokument der Gesundheitsförderung akzeptiert (vgl. Bundesanstalt für Arbeitsschutz und Arbeitsmedizin 2001: 7). Die verschiedenen Handlungsfelder wurden in den darauf folgenden Jahren weiterentwickelt und kontinuierlich konkretisiert (vgl. Kerkau 1997: 49 f.).[65] Als wegweisend gilt die Erkenntnis, dass die alltägliche Umwelt des Menschen einen direkten und indirekten Einfluss auf die Entstehung von Krankheit hat (vgl. Legewie/Trojan 2010: 11; Badu-

---

[64] Vgl. ausführlich WHO (1986: Online).

[65] Die jüngste (siebte globale) Konferenz fand im Jahre 2009 in Nairobi statt (vgl. WHO 2011a: Online; im Detail WHO 2009: Online).

ra/Walter/Hehlmann 2010: 32).[66] In dieser sozial-ökologischen Betrachtungsweise von Gesundheit und Krankheit wird die Umwelt als komplex, letztlich aber als gestaltbar angenommen. Hebel zur Begünstigung von Gesundheit ergeben sich sowohl in Bezug auf das individuelle Gesundheitsverhalten als auch auf die Verhältnisse innerhalb verschiedener Lebensräume (vgl. Kerkau 1997: 57 f.).

2.6.2. Lebensraum Betrieb

Gesundheitsförderung macht ein multisektorales Vorgehen notwendig. Systematisch betrieben muss sie dort ansetzen, wo Menschen ihren Alltag verbringen (vgl. WHO 1998: Online). Der sogenannte Setting-Ansatz richtet seinen Fokus auf Lebensräume (vgl. Meier 2010: Online; Halkow/Engelmann 2008: Online), die günstige Bedingungen bieten, Gesundheitsprävention zu betreiben (vgl. Bödeker/Kramer/Sockoll 2009: 341). Hierzu gehört vor allem die Arbeitswelt (vgl. Thom/Brezovski 2003: 8; Bertelsmann Stiftung/Hans-Böckler-Stiftung 2004: 21). Die meisten Menschen verbringen den Großteil ihrer wachen Lebenszeit[67] am Arbeitsplatz (vgl. Bundesanstalt für Arbeitsschutz und Arbeitsmedizin 2001: 5; Bamberg/Ducki/Metz 1998a: 17; Bandura 1997: 421). Er kann mit dem Ziel einer weitflächigen Erreichbarkeit von Personen effektiv als „Ort der Intervention" (Semmer/Zapf 2004: 777) instrumentalisiert werden (vgl. Semmer 2006: 515; Chu et al. 2000: 155).

Der Luxemburger Deklaration zur Betrieblichen Gesundheitsförderung in der Europäischen Union (2007: Online; vgl. auch DNBGF 2010: Online) ist folgende Definition zu entnehmen:

„Betriebliche Gesundheitsförderung (BGF) umfasst alle gemeinsamen Maßnahmen von Arbeitgebern, Arbeitnehmern und Gesellschaft zur Verbesserung von Gesundheit und Wohlbefinden am Arbeitsplatz. Dies kann durch eine Verknüpfung folgender Ansätze erreicht werden:

- Verbesserung der Arbeitsorganisation und der Arbeitsbedingungen

- Förderung einer aktiven Mitarbeiterbeteiligung

- Stärkung persönlicher Kompetenzen."

Aus Sicht der Verfasserin ist es eher unzweckmäßig, Maßnahmen der Gesellschaft in die BGF einzubeziehen. Aus betrieblicher Gestaltungsperspektive handelt es sich um

---

[66] Bereits im alten Rom war bekannt, dass z. B. hygienische Missstände (Mangel an Licht, Luft, Abfallbeseitigung) die Entstehung von Krankheiten/Seuchen begünstigen (vgl. Winkle 1984).

[67] Moser et al. (2007: 61 ff.) führten in den Jahren 2004/05 eine breit angelegte Studie zum Thema „Career- and Lifestylemanagement" durch. Gemäß den Erkenntnissen der Autoren nimmt die Arbeit 58,6 % der gesamten schlaffreien Zeit in Anspruch (25,1 % Familie; 16,3 % Freizeit).

Kontextgrößen, die nicht oder nur sehr schwer von betrieblichen Gestaltern und durch betriebliche Gestaltungsparameter verändert werden können.

Wie bereits mehrfach angesprochen, wäre es jedoch falsch anzunehmen, BGF stelle nur einen Ansatz zur Verbesserung des Gesundheitszustands einer Volkswirtschaft dar. Vielmehr sollte sie auch als Instrument der Unternehmensführung zur Sicherung der betrieblichen Überlebensfähigkeit verstanden werden. Sie darf nicht auf eine allgemeine Gesundheitssensibilisierung zur Übernahme von gesellschaftlicher Verantwortung beschränkt werden. Im Eigeninteresse sollten Unternehmen Anstrengungen leisten, innerbetriebliche Gesundheitsgefahren zu erkennen, zu reduzieren bzw. nach Möglichkeit ganz zu vermeiden.

2.6.3. Verhaltens- und Verhältnisprävention

Ansatzpunkte der BGF lassen sich danach unterscheiden, ob sie auf eine Beeinflussung des individuellen Gesundheitsverhaltens zielen oder eine Veränderungen der betrieblichen Verhältnisse anstreben (vgl. Semmer/Zapf 2004: 774 ff.; Ulich/Wülser 2004: 28 ff.; Schwager/Udris 1998: 437). Demzufolge herrscht ein Dualismus von verhaltens- und verhältnispräventiven Interventionsansätzen (vgl. Bödeker/Kramer/Sockoll 2009: 345; Kuhn/Gensch 2009: 538; Büssing/Glaser/Höge 2004: 101; Kunzendorff 1993: 62).[68] Initiiert werden Gesundheitsförderungsprojekte zum Teil von Betriebsangehörigen (z. B. Führungspersonen, Mitarbeitenden, Arbeitnehmervertretern) und zum Teil von externen Institutionen (z. B. Krankenkassen) (vgl. Schwager/Udris 1998: 440). Die Notwendigkeit des Einbezugs Außenstehender kann als möglicher Anhaltspunkt dafür interpretiert werden, dass der Gesundheitsförderungsgedanke und das Wissen um den Führungseinfluss auf die Mitarbeitergesundheit nicht in allen Fällen aus dem originären Wertesystem der Unternehmensmitglieder stammen. Externe Berater werden allerdings auch einbezogen, wenn es innerbetrieblich schlichtweg an Fach- und Erfahrungswissen mangelt.[69] Tabelle 4 veranschaulicht eine Gegenüberstellung möglicher Maßnahmen und Effekte von personen- und bedingungsbezogenen Interventionen.

---

[68] Die Prävention von Krankheiten wird im Rahmen dieser Dissertation der Förderung von Gesundheit zugerechnet. In der Fachliteratur werden drei Präventionsebenen unterschieden: (1) Primäre Prävention (Schaffung von Voraussetzungen, die der Entstehung von Belastungen vorbeugen), (2) Sekundäre Prävention (Erstellung einer frühen Diagnose, Betreiben von Schadensminimierung), (3) Tertiäre Prävention (Gewährleistung der Nachhaltigkeit von Gesundheitsmaßnahmen, Vermeidung von Rückfällen) (vgl. Semmer/Zapf 2004: 774; Ducki 1998a: 137).

[69] Dies ergibt die Fallstudienuntersuchung innerhalb der Schweizerischen Post (vgl. Abschnitt III.-7.).

	Verhaltensorientierte Prävention	Verhältnisorientierte Prävention
Bezug	Einzelperson (Gesundheitskompetente Person)	Soziale Systeme (Gesunde Organisation)
Umsetzungsbeispiele	- Aufklärungs-/Informationsaktionen - Stresskurse - Ernährungsangebote	- Arbeitsinhalt - Arbeitszeitgestaltung - Arbeitsergonomie - Arbeitsprozesse - Arbeitssicherheit
Wirkungsebene	Individuelles Verhalten	Organisationales, soziales und individuelles Verhalten
Betriebswirtschaftliche Effekte	Verbesserung der Kostenstruktur, Steigerung der Produktivität, Erhöhung der Innovationskraft etc. (vgl. Abschnitte II.-2.2.2. und II.-4.2.2.)	
Effektdauer	Kurz- bis mittelfristig	Mittel- bis langfristig

Tabelle 4: Übersicht Verhaltens- und Verhältnisprävention (in Anlehnung an Schwager/Udris 1998: 439; Ulich 2005: 529; Bauer/Jenny 2007: 238)

Verhaltenspräventive Maßnahmen richten sich an das Individuum. Sie dienen vor allem der Informationsvermittlung und Bewusstseinsbildung (vgl. Semmer/Zapf 2004: 774 und 804; Schwager/Udris 1998: 439). Die Einflussnahme auf das Gesundheitsverhalten des Einzelnen reicht über das Tragen von Schutzkleidung, die Teilnahme an Stressbewältigungsseminaren und Gewichtsreduktionskursen bis hin zum Angebot von Betriebssportarten (vgl. DGFP e. V. 2004: 61 ff.). Häufig handelt es sich um zeitlich befristete Einzelmaßnahmen, die unmittelbar einem Risikofaktor zugeordnet sind (vgl. Bödeker/Kramer/Sockoll 2009: 346; Chu et al. 2000: 156). Solche „Insellösungen" (Bödeker/Kramer/Sockoll 2009: 347) sind kaum nachhaltig. Sie können allerdings als Anstoß zur Verhaltensänderungen initiiert werden. Die Effektdauer der Verhaltensprävention wird tendenziell als kurz- bis mittelfristig klassifiziert (vgl. Ulich 2005: 529). Typischerweise fällt nach dem Auslaufen von Programmen eine Vielzahl der Beschäftigten wieder in alte Verhaltensmuster zurück (vgl. Bödeker/Kramer/Sockoll 2009: 347).

Verhältnisprävention zielt indessen auf die Verbesserung von Arbeitsbedingungen (vgl. Semmer/Zapf 2004: 792). Neben ergonomischen Anpassungen (Mobiliar etc.) sind z. B. der Arbeitsinhalt oder die Arbeitszeitgestaltung weitere Handlungsfelder. Semmer (2006: 516 ff.) betont in diesem Zusammenhang ergänzend die Bedeutung sozialer Beziehungsstrukturen am Arbeitsplatz.

2.6.4. Zusammenhang und Bewertung von Verhaltens- und Verhältnisprävention

Der Sachlogik folgend, ist die Verhaltensprävention der Verhältnisprävention nachgeordnet (vgl. Klotter 1999: 43; Semmer/Zapf 2004: 821; Semmer 2006: 515; Ulich/Wülser 2009: 14). Eine strikte Trennung von verhaltens- und verhältnisorientierten Maßnahmen lässt sich aufgrund fließender Grenzen jedoch nicht sinnvoll aufrechterhalten (vgl. Ducki 1998a: 136 f.; Semmer/Zapf 2004: 805; Bödeker/Kramer/Sockoll 2009: 345). Oftmals resultieren verhaltenspräventive Initiativen in eine Veränderung betrieblicher Bedingungen (vgl. Semmer/Zapf 2004: 810 und 824 f.; Semmer 2006: 517). Beispielsweise setzen Seminare zu Themen wie „gesunde Führung" zunächst am Stil und somit am Verhalten leitender Angestellter an. Daraus folgend können sie dann der Verbesserung psychosozialer Arbeitsbedingungen dienen (vgl. Bödeker/Kramer/Sockoll 2009: 345). Ebenfalls können im Rahmen von verhaltenspräventiven Stresskursen identifizierte Belastungen in Gesundheitszirkeln[70] diskutiert werden, so dass sich gemeinschaftlich Vorschläge zu einer Anpassung des Umfelds erarbeiten lassen. Obgleich es zwischen individuen- und organisationszentrierten Ansätzen Abgrenzungsschwierigkeiten gibt, ist eine Unterscheidung zweckmäßig. Der Grund hierfür ist, dass auf diese Weise eine Systematisierung der Interventionsschwerpunkte und -methoden möglich wird (vgl. Ducki 1998a: 137).

Die Dominanz verhaltenspräventiver Maßnahmen in der Unternehmenspraxis wird in der Fachliteratur wiederholt angesprochen (vgl. z. B. Brandl/Kugler/Eckardstein 2008: 231; Semmer 2006: 515; Busch 1998: 110). Eine im Jahre 1993 durchgeführte Studie in der Schweiz (Auftraggeber: Schweizerische Stiftung für Gesundheitsförderung) ergab, dass zum damaligen Zeitpunkt 80 % aller Maßnahmen verhaltenspräventiver Natur waren. Von den 20 % der verhältnispräventiven Ansätze entfielen 70 % auf Großunternehmen (vgl. Schwager/Udris 1998: 438 und 441). Obschon die hier angeführten Ergebnisse auf älteren Daten beruhen, ist die Tendenz zu personenbezogenen Interventionen bis dato ungebrochen (vgl. Bödeker/Kramer/Sockoll 2009: 344; Chu et al. 2000: 163).

Die Erfolgswirksamkeit von personenbezogenen Interventionen ist ausreichend nachgewiesen (vgl. Semmer/Zapf 2004: 816). Anders als bei verhältnispräventiven Ansätzen ist zumeist eine kontrollierbare Kausalkette erkennbar. Störgrößen sind eher selten und intendierte Fortschritte stellen sich fast immer in einem überschaubaren Zeitrah-

---

[70] Im Hinblick auf Gesundheitszirkel gibt es verschiedene Modellansätze (Düsseldorfer und Berliner Modell). Bei aller Unterschiedlichkeit ist ihnen die Intention gemein, Arbeitsbelastungen zu ermitteln, Ursachen zu analysieren und im Kollektiv konkrete Lösungsansätze zu erarbeiten (vgl. Westermayer 1998: 121). Eine explizite Unterscheidung der beiden Modelle ist für die Zwecke dieser Arbeit unnötig.

men ein. Die Zurechnungsproblematik ist bei einer Veränderung der Arbeitsbedingungen weitaus komplizierter (indirekte Wirkungskette). Schnelle Erfolge bleiben in der Regel aus. Es kommt hinzu, dass eine Um- bzw. Neugestaltung betrieblicher Verhältnisse mitunter einen erheblichen Aufwand darstellt, auf Widerstände stößt, Unsicherheit generiert und damit im Endeffekt selbst als Belastungsgröße wahrgenommen werden kann (vgl. Semmer 2006: 519; Swanson/Power 2001: 161). Entscheidend ist, dass Veränderungen von Akteuren initiiert, vorbereitet und durchgeführt werden, die das Vertrauen der Unternehmensmitglieder genießen. Semmer und Zapf (2004: 817) nennen drei Voraussetzungen für die Durchsetzung von bedingungsbezogenen Interventionen:

- Theoretisch-konzeptionell fundierte Annahmen über Wirkungszusammenhänge,

- Adäquanz des konkret ausgewählten Interventionsvorgehens und begrenzte Negativkraft von Nebenwirkungen sowie

- Umsetzung und Nachhaltigkeit durch Personal- resp. Organisationsentwicklung[71].

Nur eine kulturelle Verfestigung des BGM kann fortwährend dazu beitragen, dass betrieblichen Herausforderungen nachhaltig Stand gehalten werden kann.

2.6.5. Umsetzungsprobleme

Obgleich das Wissen im Bereich Gesundheit und Management in den letzten Jahren weiter gewachsen ist, bekundet die Unternehmenspraxis Umsetzungsprobleme (vgl. Kesting/Meifert 2004: 29). Bemängelt werden die vielfache Konzeptionslosigkeit der BGF (mangelnde betriebswirtschaftliche Relevanz und Akzeptanz, Aktionismus) (vgl. Busch/Huber/Themessl 1998: 453) sowie die teilweise unzureichende Zweckmäßigkeit der Interventionsbemühungen (z. B. „Gießkannen"-Kampagnen zum Thema Sonnenschutz). Oftmals weicht ein bedarfsorientiertes Vorgehen einer intuitiven Streuung von Interventionsbemühungen (vgl. Meifert/Kesting 2004: 29), mit dem Ergebnis, dass eigentliche Problembereiche unbeachtet bleiben. Überdies wird die nicht optimale Zusammenarbeit zwischen Wissenschaft und Praxis beanstandet (vgl. Badura/Ritter/Scherf 1999: 19). Wissenschaftliche Praxis meint nicht ausschließlich Handeln auf Basis wissenschaftlicher Erkenntnisse, sondern insbesondere auch Hand-

---

[71] Organisationsentwicklung (OE) umfasst „[...] alle Maßnahmen der direkten und indirekten zielorientierten Beeinflussung von Strukturen, Prozessen, Personen und Beziehungen, die eine Organisation systematisch plant, realisiert und evaluiert." (Becker 2009: 585; vgl. auch Thom 1980: 127 ff.). Für nähere Ausführungen zur OE, insbesondere zu verschiedenen Ansätzen, siehe Becker (1999: 456 ff.), Thom (1992b: 1481 f.) und Gebert (1974: 23).

lungserfahrungen zum Gegenstand der Forschung zu machen (vgl. Bamberg/Ducki/Metz 1998a: 35). Die Durchführung von Fallstudien, welche theoretische Einsichten mit betrieblicher Wirklichkeit in Verbindung bringt, erscheint erwünscht und angebracht (vgl. Kapitel III). Weitere Punkte der Beanstandung bestehen in der Kooperation zwischen verschiedenen Akteursgruppen (Organisationsmitglieder, Krankenkassen, Versicherungen etc.) und im Hinblick auf den teilweise episodenhaften Charakter vereinzelter Maßnahmen (vgl. Badura/Ritter/Scherf 1999: 19).

Demnach besteht Bedarf an praktisch-normativen, kohärenten Handlungsanleitungen, die über die Durchführung von Einzelaktionen und sporadischen Projekten hinausgehen (vgl. Abschnitt IV.-1.).

Wie in Abschnitt I.-2. angekündigt, erfolgt nachstehend ein Exkurs zum US-amerikanischen Gesundheitsmanagement im betrieblichen Kontext.

2.6.6. Einblick in die Gesundheitsförderungspraxis der USA

Der gewissermaßen öffentlich-rechtliche Teil des AGS entspricht in den USA den Bestimmungen des „Occupational Safety and Health Act". Anders als in Deutschland und der Schweiz gibt es in den USA keine allgemeine Krankenversicherungspflicht. Ihre Einwohner müssen sich in der Regel privat versichern. Dies erfolgt normalerweise über den Arbeitsplatz. In der Konsequenz genießen vor allem viele Arbeitslose bis heute keinen Versicherungsschutz.[72] Erhalt und Förderung von Gesundheit sind in Anbetracht dieser Ausgangslage besonders wichtig und erklären die relativ weitflächige Verbreitung von Programmen, die dem Beschäftigtenwohl dienen (vgl. Karch 2012: 453 und 468; Lammert 2010: Online).[73]

Gemäß dem Leitspruch „You must do it yourself, but you do not need to do it alone" (Karch 2012: 460) steht das individuelle Gesundheitsverhalten im Rahmen von US-amerikanischen Gesundheitsförderungsansätzen im Betrieb traditionell im Mittelpunkt (z. B. Rauchentwöhnung, Gewichtsreduktion, Herz-Kreislauf-Training) (vgl. Karch 2012: 460). Arbeitsbedingungen werden weitaus seltener zum Gegenstand gesundheitsdienlicher Initiativen gemacht. Werden Aspekte des Arbeitsumfelds thematisiert, dann zumeist nur insofern eine direkte Beeinflussung des Mitarbeiterverhaltens erreicht werden kann (z. B. Entfernen von Zigarettenautomaten am Unternehmensstandort) (vgl. Semmer/Zapf 2004: 777 ff.).

---

[72] Zum aktuellen Rechtsstreit bezüglich der von Präsident Barack Obama geforderten Gesundheitsreform siehe o. V. (2011a).

[73] Zudem fördern Steuervergünstigungen und staatliche Zuschüsse das Gesundheitsengagement US-amerikanischer Firmen (vgl. Berry/Mirabito/Baun 2011: 52).

Der Hauptunterschied zu Ansätzen im deutschsprachigen Raum ist nach hier vertretener Auffassung darin zu sehen, dass in den USA bisher eine geringere konzeptionelle Ganzheitlichkeit im Hinblick auf die nachhaltige Implementierung eines umfassenden Gesundheitsmanagements angestrebt wird. Allerdings gibt es auch im englischsprachigen Raum Vorstöße, die einen breit angelegten Ansatz verfolgen (vgl. z. B. Chu/Dwyer 2002: 180; Chu et al. 2000: 156). Abschließend ist festzuhalten, dass, begünstigt durch die WHO sowie internationale Netzwerke (vgl. Abschnitt II.-5.1.1.2.), zunehmend ein grenzüberschreitender Wissens- und Erfahrungsaustausch stattfindet (vgl. Chu/Dwyer 2002: 181 f.).

2.7. Betriebswirtschaftliche Einbettung des Gesundheitsmanagements

Die theoretischen Bemühungen um eine Managementlehre sind von zwei unterschiedlichen Perspektiven geprägt. Einerseits ist Management als Institution zu verstehen. Andererseits bezeichnet es einen Komplex von Aufgaben, die zur Steuerung einer Organisation erfüllt werden müssen (vgl. Steinmann/Schreyögg 2005: 6; Abbildung 4).

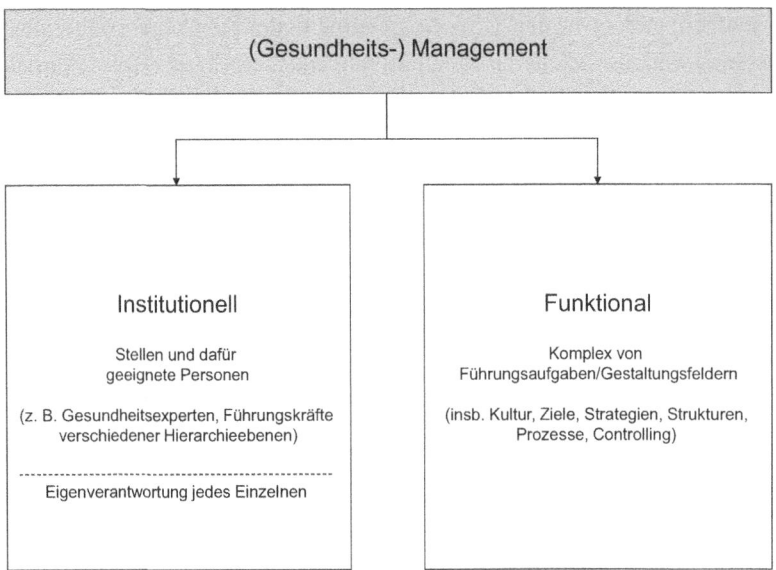

Abbildung 4:   (Gesundheits-) Management (eigene Darstellung auf Basis von Steinmann/Schreyögg 2005: 6)

Nachstehend werden beide Perspektiven in Bezug auf das BGM behandelt. Auf diese Weise soll ein weiterer Beitrag zur Anschlussfähigkeit des BGM an die allgemeine Managementlehre geschaffen werden.

2.7.1. Institutionelles Gesundheitsmanagement

Streng genommen bezieht sich die Institution Management auf jene Gruppe von Organisationsmitgliedern, die mit Anweisungsbefugnissen betraut ist bzw. Vorgesetztenfunktionen wahrnimmt. Diese Begriffsauffassung ist im angelsächsischen Sprachraum gebräuchlich. Sie schließt den Eigentümer-Unternehmer ein und ignoriert damit die in der Industrieökonomik etablierte Unterscheidung zwischen Managern (kapitallose Funktionsträger) und Eigentümern (durch Eigenkapital legitimierte Unternehmensführer). Die Managementforschung im institutionellen Sinne ist breit aufgestellt (Analyse von Personengruppen, Rolle des Managements, Corporate Governance etc.) (vgl. Steinmann/Schreyögg 2005: 6).

In Unternehmen, die sich intensiv mit der Beschäftigtengesundheit befassen, etabliert sich nach und nach das Berufsbild eines Gesundheitsmanagers (vgl. Berry/Mirabito/Baun 2011: 54; Badura/Ritter/Scherf 1999: 52 ff.). Dabei handelt es sich um Fachkräfte, die das BGM systematisch betreuen und innerbetrieblich vorantreiben. Dies geschieht häufig in Kooperation mit externen Partnern, wie z. B. Versicherungen, Beratern, Psychologen oder Arbeitsmedizinern. Zu ihren Aufgaben zählen u. a. die Planung, Durchführung und Evaluation von Kampagnen zur betriebsweiten Gesundheitssensibilisierung oder die konzeptionelle Weiterentwicklung des BGM. Anders als Führungskräfte sind Gesundheitsexperten im Normalfall nicht weisungsbefugt. Vielmehr obliegt ihnen eine Beratungs- und/oder Koordinationsfunktion. Welche Aufgabengebiete BGM-Fachpersonen übernehmen, ist in hohem Maße von der Betriebsgröße abhängig. So kann es in größeren Firmen vorkommen, dass Teilaufgaben (z. B. Organisation von Aktionstagen an verschiedenen Unternehmensstandorten, alltägliche Unterstützung der Führung im Umgang mit erkranktem Personal) an einen erweiterten Spezialistenkreis (z. B. Personalreferenten, HR-Berater) delegiert werden (vgl. Badura/Ritter/Scherf 1999: 53).[74]

Im Zuge des institutionellen BGM sind Führungskräfte besonders hervorzuheben. Sie beeinflussen das Wohlbefinden ihrer Unterstellten maßgeblich und sind zu großen Teilen für den Erfolg von Gesundheitsinitiativen verantwortlich (vgl. Badura et al. 2011; Abschnitte II.-1.2.3. und II.-4.2.1.2.). Wiederholt weist die Literatur auf ihre Schlüsselfunktion hin (vgl. z. B. Isselhorst 2010: 16; Kroll 2010: 49). Es ist daher wichtig, dass Fachbeauftragte und Vorgesetzte auf die Anforderungen, die ein ganzheitliches BGM an sie stellt, vorbereitet werden (vgl. Walter 2010: 152; Abschnitt IV.-1.2.2.5.).

Festzuhalten ist demnach folgende Definition: Das institutionelle BGM umfasst alle mit Management-/Steuerungsaufgaben betrauten Stellen und dafür geeignete Personen,

---

[74] Siehe auch Abschnitt III.-7.6.4.3.

wobei die Eigenverantwortung jedes Einzelnen unter keinen Umständen vernachlässigbar ist (vgl. Abschnitt II.-2.2.1.).

2.7.2. Funktionales Gesundheitsmanagement

Über Jahrzehnte hinweg wurde Unternehmensführung als Kunst oder Frage der Persönlichkeit stilisiert. Erst im Laufe der Zeit hat sie sich als bestimmbare und weitgehend rational durchdringbare Aufgabenstellung herauskristallisiert. Heute ist die Managementlehre eine Teilfunktion der Betriebswirtschaftslehre. Funktionales Management ist „[...] ein Komplex von Steuerungsaufgaben, die bei der Leistungserstellung und -sicherung in arbeitsteiligen Organisationen erbracht werden müssen. Diese Aufgaben stellen sich in ihrer Natur als immer wiederkehrende Probleme dar, die im Prinzip in jeder Leitungsposition zu lösen sind, und zwar unabhängig davon, in welchem Ressort, auf welcher Hierarchieebene und in welcher Organisation sie anfallen. [...] Sie werden in der Regel von speziell dazu bestellten Personen erfüllt, den Führungskräften, also dem Management im [...] [institutionellen] Sinne." (Steinmann/ Schreyögg 2005: 7 f.).

Folglich ist die nachstehende Definition möglich: Das funktionale BGM bezieht sich auf den Komplex an Führungsaufgaben resp. Gestaltungsfeldern, die dem Erhalt und der Förderung der Beschäftigtengesundheit dienen. Hierin eingeschlossen sind neben Strukturen und Prozessen z. B. die Unternehmenskultur, das Ziel- und Strategiesystem sowie das betriebliche Controlling.

2.7.3. Managementschulen

Verschiedene Schulen haben die theoretische Auslegung des Personalmanagements wegweisend beeinflusst. Die Entwicklung von exakten Prinzipien zum rationalen Einsatz von Menschen und Maschinen im Produktionsprozess ist Hauptgegenstand des Scientific Managements. Dieses wurde von Taylor (1977)[75] zu Anfang des 20. Jahrhunderts geprägt. Durch die Trennung von Aufgabenplanung und -kontrolle (durch das Management) einerseits und Tätigkeitsausführung (durch die operative Mitarbeiterebene) andererseits, sollten Spezialisierungsvorteile erzielt werden. Arbeitskräfte galten mehr oder weniger als reine Erfüllungssubjekte (vgl. Steinmann/Schreyögg 2005: 44 f.). Der Taylorismus in Verbindung mit dem damals vorherrschenden Menschenbild des homo oeconomicus bildet die Grundlage für den von Gutenberg (1983)[76] in den 1950er Jahren entwickelten Produktionsfaktorenansatz (vgl.

---

[75] Die erste Auflage erschien im Jahre 1911.
[76] Die erste Auflage erschien im Jahre 1951.

auch Staehle 1975: 717; Wächter 1979: 58 ff.). Hierbei handelt es sich um einen ersten ökonomischen Erklärungsversuch zum Verständnis von Personal und Arbeit. Konform der Argumentation Taylors differenziert Gutenberg (1968: 3) strikt zwischen dispositiver und ausführender Arbeit (vgl. auch Oechsler 2006: 12 f.; Wächter 1979: 55 ff.). Gesundheitliche Überlegungen fanden seinerzeit keine Berücksichtigung. Es zählten Stärke und Belastbarkeit (vgl. Kastner 1994: 27). Gegenwärtig werden das Scientific Management sowie der Produktionsfaktorenansatz als theoretische Grundlage für das Personalmanagement mehrheitlich abgelehnt (vgl. Oechsler 2006: 13). Überdies sind beide Ansätze für das Management von Gesundheit im betrieblichen Kontext ungeeignet. Sie schränken die Ganzheitlichkeit und Vielfalt der Aufgabe ein und erhöhen durch eine starke Spezialisierung sowie oftmals sozial isolierte Arbeiten die Wahrscheinlichkeit psychischer Erkrankungen (vgl. Ilmarinen/Tempel 2002: 161 f.).

Ebenfalls wenig Bedeutung für das zeitgenössische Personalmanagement sowie BGM hat die quantitativ-mathematisch orientierte Managementschule. Sie bezieht sich hauptsächlich auf die Managementfunktion der Planung und befasst sich mit Fragestellungen der Linearen Programmierung (z. B. Lagerhaltung) und Modellierung von Entscheidungen (z. B. Produktprogrammplanung). Hierbei spielt die Optimierung unter Restriktionen eine wichtige Rolle. Ihr Aussagenhorizont gilt in der Fachliteratur als eingeschränkt (vgl. Steinmann/Schreyögg 2005: 66 ff.).

Hingegen haben die verhaltenswissenschaftliche Schule sowie die systemtheoretischen Ansätze sowohl für das Personalmanagement als auch für das BGM wesentliche Relevanz. Anders als in den Ansätzen Taylors und Gutenbergs wird der Mensch als hoch komplexes System wahrgenommen und als zentraler Wettbewerbsfaktor anerkannt (vgl. Staehle 1999: 786). Der Durchbruch des verhaltenswissenschaftlichen Paradigmas wurde durch die arbeitswissenschaftlichen Experimente in den Hawthorne-Werken (1920er Jahre) erzielt (vgl. Steinmann/Schreyögg 2005: 59). Die Human-Relations-Bewegung ist in Anlehnung an diese Experimente entstanden (vgl. Wunderer 2007: 614; Beyer 1990: 161). Erstmalig erkannten Betriebswirte, dass Leistung nicht nur durch quantitative, sondern ebenso durch qualitative Elemente (z. B. Anerkennung) beeinflussbar ist (vgl. Pümpin/Kobi/Wüthrich 1985: 6). Der Kerngedanke dieser Bewegung lässt sich folgendermaßen zusammenfassen: Arbeiter, die glücklich und zufrieden sind, sind gute Arbeiter (vgl. Steinmann/Schreyögg 2005: 64). In der Konsequenz sind Unternehmen dazu angehalten, soziale Bedürfnisse in angemessenem Umfang zu befriedigen, um so eine möglichst optimale Arbeitsleistung zu erzielen. Kritisiert wird die menschbezogene Bewegung allerdings dahingehend, dass eine Vereinheitlichung von Bedürfnissen und ein allseits bestehendes Harmoniedenken angenommen werden. Des Weiteren wird unterstellt, dass grundsätzlich eine positive Beziehung zwischen Arbeitszufriedenheit und hoher Leistung besteht. Trotz aller Opposition hat die Human-Relations-Bewegung darin resultiert, dass soziale resp. auch gruppendynamische Phänomene im betriebswirtschaftlichen Kontext mehr Beachtung finden. Zudem werden seither Ansatzpunkte im Hinblick auf eine Verbesserung der Arbeitsbedingungen, des Betriebsklimas und der Personalführung verstärkt erforscht (vgl. Beyer 1990: 161). Hierbei handelt es sich um Handlungsfelder, die gleichermaßen im Zusammenhang mit der Beschäftigtengesundheit bedeutend sind.

Die oben genannte Bewegung wurde durch den Human-Ressourcen-Ansatz abgelöst. Dieser setzt sich vermehrt mit den Strukturen einer Organisation auseinander. Als Ausgangspunkt gilt ein Spannungsverhältnis zwischen den traditionellen Organisationsstrukturen und dem aufkeimenden Selbstentfaltungsbedürfnis der Mitarbeitenden. Ein wichtiger Aspekt des Human-Ressourcen-Ansatzes ist die Entwicklung von Führungsprinzipien und Strukturmodellen, die eine Kompatibilität zwischen den individuellen Bedürfnissen einerseits und der Erreichung ökonomischer Ziele andererseits anstreben. Der geplante Wandel von Organisationen und die daraus hervorgehende Disziplin der Organisationsentwicklung bilden einen speziellen Bereich der Human-Ressourcen-Schule (vgl. Steinmann/Schreyögg 2005: 64 ff.). Es lassen sich wichtige Schlussfolgerungen für das BGM ziehen. Gesundheitsmanagement in Unternehmen muss derart ausgestaltet sein, dass es zwar die Erwartungen der Gesellschaft (CSR) und der Mitarbeitenden erfüllt, vor allem aber Unternehmen dazu dient, betriebliche Effektivitäts- und Effizienzziele zu erreichen. Anderenfalls ist nicht mit einer nachhaltigen Verankerung im Managementalltag zu rechnen. Die Schaffung und Verfestigung einer Gesundheitskultur ist wiederum nur durch Organisations- resp. Kulturentwicklung möglich.

Die Bezugsrahmenforschung (vgl. Abschnitt I.-4.2.) basiert auf einem systemtheoretischen Ansatz der Managementlehre. Dieser ermöglicht es, Außenbezüge des Unternehmens systematisch zu erfassen und zum Gegenstand wissenschaftlicher Untersuchungen zu machen. Der Einbezug außerbetrieblicher Rahmenbedingungen basiert auf der Annahme komplexer und veränderlicher Umwelten. Das Verhältnis zwischen dem System (Organisation) und der Umwelt ist interaktionaler Natur (vgl. Steinmann/Schreyögg 2005: 68 f.; Kubicek/Thom 1976). Übertragen auf das BGM bedeutet dies, dass externe Faktoren, wie z. B. konjunkturelle Entwicklungen oder demographische Veränderungen, auf die Gesundheit der Beschäftigten und damit auf den Unternehmenserfolg einwirken (vgl. Abschnitt II.-5.1.1.1.). Gleichzeitig kann ein erfolgreich betriebenes BGM, im Sinne des Setting-Ansatzes, zu einer Verbesserung des allgemeinen Gesundheitszustands einer Volkswirtschaft führen.

3. Gesundheitsressourcen

Der gegebene Wirtschaftlichkeitsdruck macht eine hohe individuelle Arbeitsbelastung in vielen Fällen unvermeidlich (vgl. Abschnitt I.-1.). Infolgedessen müssen Betroffene die Befähigung erwerben, trotz belastender und krankheitserregender Einflüsse möglichst gesund zu bleiben (vgl. Steinmann 2005: 14), so dass Zielvorgaben erreichbar bleiben (vgl. Frese 1994: 34). In diesem Zusammenhang spielen salutogene Ressourcen[77] eine entscheidende Rolle[78] (vgl. Busch 1998: 99).[79]

3.1. Abgrenzung des Ressourcenbegriffs

Der psychologische Ressourcenbegriff muss gegenüber dem wirtschaftlichen Terminus abgegrenzt werden. Erfolgt keine Definitionsbereinigung, kann es zu semantischen Unklarheiten kommen. Es ist davon auszugehen, dass diese und vergleichbare Sprachbarrieren ein gegenseitiges Verständnis zwischen Gesundheits- und Wirtschaftswissenschaftlern erschweren und den Einzug des Gesundheitsgedankens in den Führungs- und Kooperationsalltag behindern.

Im Fall von Gesundheitsressourcen handelt es sich um Faktoren, welche das Auftreten von Stressoren verhindern, ihre Ausprägungsintensität abschwächen oder ihre Negativwirkung reduzieren (vgl. Zapf/Semmer 2004: 1041 f.; Bamberg/Busch/Ducki 2003: 55; Bamberg 2000: 48; Ducki 2000: 42; Pfaff/Münch/Badura 2000: 75). Folglich tragen sie dazu bei, Gesundheit zu bewahren oder im Störungsfall wiederherzustellen (vgl. Greiner 1998: 50). Zusätzlich begünstigen sie das persönliche Wachstums- und Entwicklungsbedürfnis der Betriebsangestellten (vgl. Bakker/Demerouti/Euwema 2005: 170). In einer negativen Ausprägung können sie allerdings selbst zu Stressoren werden (vgl. Bartholdt/Schütz 2000: 90).

---

[77] Salutogene Ressourcen und Gesundheitsressourcen werden in dieser Arbeit als Synonyme verwendet.

[78] Coping-Strategien sind ebenfalls von bedeutendem Einfluss, wobei Coping den Versuch der Stressbewältigung bezeichnet (vgl. Gabler Wirtschaftslexikon 2010a: Online; Semmer/Meier 2009: 109 f.; Semmer/Udris 2004: 178; Taris/Schreurs/van-Iersel-van Silfhout 2001: 286). Grundsätzlich wird zwischen problem- und emotionsbezogenem Coping differenziert (vgl. Lazarus/Folkman 1984: 150 ff.; Busch 1998: 101 f.). Welche Form Anwendung findet, ist situationsabhängig (vgl. Aneshensel 1992: 26).

[79] Die Inhalte dieses Kapitels wurden in ihren Grundzügen mit dem Stressexperten Prof. Dr. Norbert Semmer (Universität Bern) im Rahmen eines ausführlichen Expertengesprächs diskutiert, um ein hinreichend fundiertes psychologisches Hintergrundwissen für eine betriebswirtschaftliche Dissertation zu gewährleisten. Das Fachgespräch fand am 06.07.2010 in Bern statt. Herrn Prof. Dr. Semmer sei an dieser Stelle noch einmal ausdrücklich für seine hoch geschätzte Unterstützung gedankt.

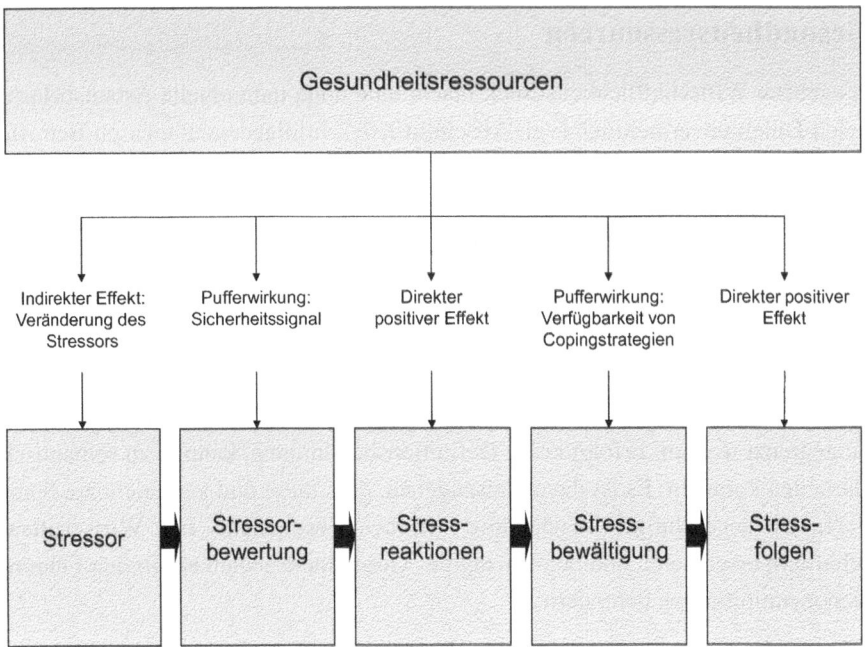

Abbildung 5: Wirkung von Gesundheitsressourcen (in Anlehnung an Bartholdt/Schütz 2010: 89; Zapf/Semmer 2004: 1042)

Gesundheitsressourcen können direkt, indirekt oder als „Puffer" wirken (vgl. Zapf/Semmer 2004: 1042; Bartholdt/Schütz 2010: 90; Uhle/Treier 2011: 93; Abbildung 5).

Direkte Wirkung von Gesundheitsressourcen

Gesundheitsressourcen wirken direkt auf Gesundheit und Wohlbefinden, wenn sie unabhängig von Belastungen einen positiven gesundheitlichen Einfluss ausüben. Dies ist bei den meisten Gesundheitsressourcen der Fall. Sie sind per se negativ mit psychischen und physischen Befindensbeeinträchtigungen assoziiert (vgl. Bartholdt/Schütz 2010: 90; Ulich/Wülser 2009: 38; Zapf/Semmer 2004: 1042).

Indirekte Wirkung von Gesundheitsressourcen

Durch die Reduktion von Stressoren wirken Gesundheitsressourcen indirekt auf Gesundheit und Wohlbefinden (vgl. Bartholdt/Schütz 2010: 90; Ulich/Wülser 2009: 39; Zapf/Semmer 2004: 1043).

Pufferwirkung von Gesundheitsressourcen

Durch Gesundheitsressourcen lassen sich Stresseffekte abfedern. Sind salutogene Ressourcen in ausreichendem Maße verfügbar, können sie die Bewältigung von Stresssituationen begünstigen und Belastungen entgegenwirken. Sie erweitern das Spektrum möglicher Bewältigungsstrategien. Allein der Gedanke, eine Stresssituation verändern oder verlassen zu können, hat meistens eine beruhigende Wirkung auf die Betroffenen. Ihre Pufferfunktion ist dann zentral, wenn Stressoren selbst nicht beeinflussbar sind (vgl. Bartholdt/Schütz 2010: 90; Ulich/Wülser 2009: 39; Zapf/Semmer 2004: 1043).

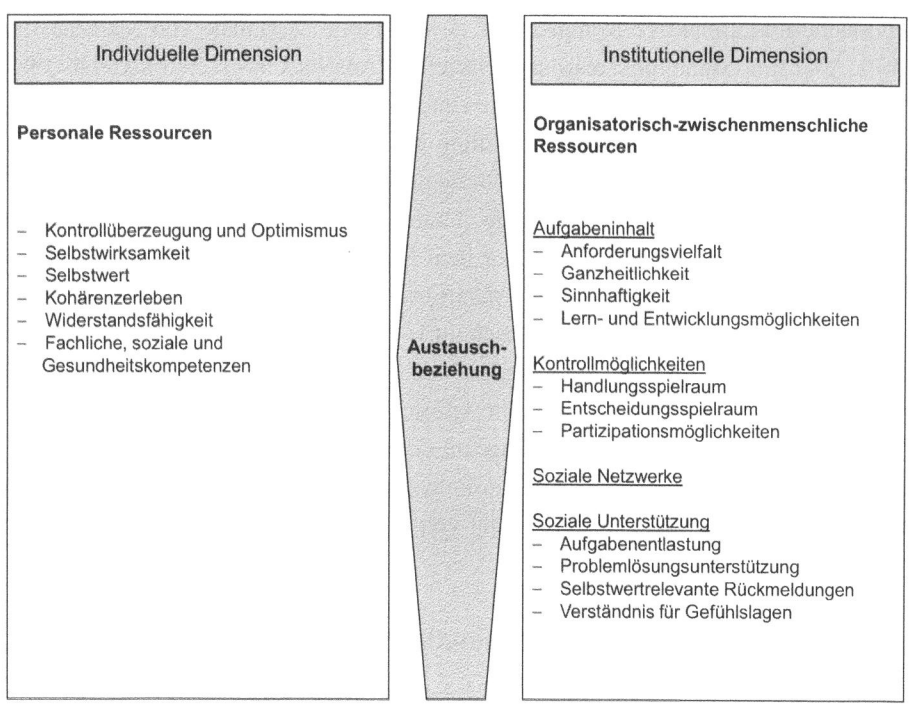

Abbildung 6:   Arbeitskontextrelevante[80] Gesundheitsressourcen (eigene Darstellung)

Dem wissenschaftlichen Diskurs mangelt es an einer eindeutigen Benennung und Zuordnung salutogener Faktoren. Unter Rückbezug auf die Belastungsforschung und mit Blick auf den Kontext Betrieb nimmt die Verfasserin eine Einteilung in personale (individuelle Dimension) sowie organisatorisch-zwischenmenschliche (institutionelle Dimension) Gesundheitsressourcen vor (vgl. Bartholdt/Schütz 2010: 89 f.; Busch

---

[80] Rimann/Udris (1993: 32 und 41 f.) legen einen weiteren Schwerpunkt auf Gesundheitsressourcen im Privatbereich. Diese entziehen sich jedoch der unmittelbaren Beeinflussbarkeit durch betriebliche Gestalter und Gestaltungsparameter und werden daher im Weiteren vernachlässigt.

1998: 100; Greiner 1998: 50; Rimann/Udris 1993: 32; Abbildung 6).[81] Zwischen diesen Dimensionen, welche in den Abschnitten II.-3.2. und II.-3.3. genauer erläutert werden, besteht eine wechselseitige Austauschbeziehung (vgl. Kernen 1997: 44).

Der Ressourcenbegriff ist im wirtschaftswissenschaftlichen Kontext anders belegt als in den Gesundheitswissenschaften. In der Volkswirtschaftslehre werden Produktionsfaktoren (Arbeit, Kapital, Boden, Wissen und Betriebsmittel) bzw. natürliche Rohstoffe und Bodenschätze als Ressourcen bezeichnet (vgl. Engelkamp/Sell 2005: 225; Gabler Wirtschaftslexikon 2010b: Online). Die Betriebswirte Grünig und Kühn (2005: 317) verstehen unter dem Ressourcenbegriff „[…] tangible und nicht tangible Assets, individuelle und kollektive Kompetenzen sowie stabile Merkmale von Marktpositionen […]."[82] Im Sinne des ressourcenbasierten Ansatzes (vgl. Wernerfeldt 1984; Barney 1991; Bresser 2004) lassen sich Unterschiede im unternehmerischen Erfolg anhand der Ressourcenbasis einer Institution erklären (vgl. Baldauf/Rank 2008: 548; Bolino/Turnley/Bloodgood 2002: 509). Strategische Ressourcen zeichnen sich dadurch aus, dass sie in ihrer Art wertvoll, knapp sowie beschränkt imitierbar und substituierbar sind (vgl. Barney 1991: 105 ff.). Vor dem Hintergrund, dass Humanressourcen in der Wissens- und Dienstleistungsgesellschaft besonders wichtig für die Überlebensfähigkeit von Unternehmen sind (vgl. Abschnitt I.-1.1.3.), stellen Gesundheitsressourcen implizit wettbewerbsrelevante Faktoren dar. Sie erhalten, stärken oder reanimieren die Leistungskraft der Beschäftigten. Es gibt Anzeichen dafür, dass Organisationen, deren Mitarbeitende über eine starke Grundlage an Gesundheitsressourcen verfügen und die sich selbst in der Lage zeigen, solche zu kultivieren, nachhaltig an Konkurrenzfähigkeit gewinnen. Daher hat BGM den Rang von Humankapitalinvestitionen (vgl. Hartz 2000: 159).

3.2. Individuelle Dimension von Gesundheitsressourcen

Es gibt zahlreiche Personenmerkmale, die den Stressprozess beeinflussen. Menschen differieren deutlich darin, wie sie anstrengende Situationen wahrnehmen, bewerten und bewältigen. Sie sind außerdem ungleich im Hinblick darauf, in welchem Ausmaß sie selbst Stress verursachen (z. B. Verfolgung von unrealistischen Zielen, generell hohe Verausgabungsneigung) oder sich ihm eigenmächtig aussetzen (z. B. Auswahl von stressintensiven Beschäftigungen). Das heißt, dass personale Gesundheitsressour-

---

[81] Die Termini wurden in eine betriebswirtschaftlich korrekte Sprache transformiert. In den Gesundheitswissenschaften wird von Ressourcen des Individuums (interne Ressourcen) und Ressourcen der Umwelt (externe Ressourcen) gesprochen (vgl. Zimolong/Elke/Bierhoff 2008: 34).

[82] Grünig/Kühn (2005: 317 f.; vgl. ebenso Kühn/Grünig 2000: 144) unterscheiden fünf Arten von Ressourcen: Materielle Ressourcen, interne immaterielle Ressourcen, externe immaterielle Werte sowie individuelle und kollektive Humanressourcen.

cen von individuellen Risikofaktoren (Vulnerabilität, Typ-A-Verhalten[83]) unterschieden werden müssen (vgl. Bartholdt/Schütz 2010: 94 f.; Zimolong/Elke/Bierhoff 2008: 34).

„Personale Ressourcen sind habitualisierte (situationskonstante), aber zugleich flexible gesundheitserhaltende und -wiederherstellende Handlungsmuster sowie kognitive Überzeugungssysteme der Person, die differentialpsychologisch[84] als Persönlichkeitskonstrukte beschrieben werden können." (Greiner 1998: 50; vgl. ähnlich Rimann/Udris 1993: 11). Konkret gemeint sind Kompetenzen (bzw. auch Fähigkeiten und Fertigkeiten), generalisierte Einstellungen, Bewertungen und Bewältigungsstile (vgl. Bartholdt/Schütz 2010: 94; Zapf/Semmer 2004: 1055 ff.). Begünstigt durch die komplexe Wechselbeziehung zwischen personalen und institutionellen Gesundheitsressourcen (vgl. Kernen 1997: 44 f.) kann durch betriebliche Gestaltungshandlungen Einfluss auf die Denk-, Überzeugungs-, Argumentations- und Handlungsweisen der Unternehmensmitglieder genommen werden (vgl. Greiner 1998: 50).

Auf Basis des intensiven Literaturstudiums der Verfasserin konnten die folgenden personalen Gesundheitsressourcen als besonders relevant für den Arbeitskontext identifiziert werden:

- Kontrollüberzeugung und Optimismus,

- Selbstwirksamkeit,

- Selbstwert,

- Kohärenzerleben,

- Widerstandsfähigkeit sowie

- fachliche, soziale und Gesundheitskompetenzen.

Im Weiteren werden diese im Einzelnen erläutert.

3.2.1. Kontrollüberzeugung und Optimismus

„If people believe that they have no power to produce results, they will not attempt to make things happen." (Bandura 1997: 3). Rotter (1954) stellte das Konzept der Kontrollüberzeugung (engl. locus of control) Mitte des 20. Jahrhunderts vor. Es beschreibt das Ausmaß, in dem Menschen glauben, ihr Schicksal beeinflussen zu können (vgl.

---

[83] Typ-A-Verhalten steht für ein Verhaltensmuster, welches sich durch hohe Ambitionen im Leistungskontext, ein ausgeprägtes Konkurrenzverhalten, Feindseligkeit, Zynismus, Misstrauen, Ärger, Aggressivität, Ungeduld und ein starkes Macht- und Kontrollbedürfnis auszeichnet. Es besteht eine hohe Konfliktgefahr (vgl. Bartholdt/Schütz 2010: 96; Rudow 2004: 84 ff.; Schwenkmezger 1994: 49 f.).

[84] Die Beschreibung von Unterschieden zwischen einzelnen Personen/-gruppen ist Gegenstand der Differentiellen Psychologie. Die Allgemeine Psychologie sucht nach psychologischen Gesetzmäßigkeiten (vgl. Laux/Renner 2005: 218).

Ng/Sorensen/Eby 2006: 1057). Ausgangspunkt des Psychologen war die Beobachtung, dass Patienten, die wenig Fortschritte im Genesungsprozess machten, nicht an einen Zusammenhang zwischen ihrem Verhalten und ihrer Gesundung glaubten (vgl. Bartholdt/Schütz 2010: 97). Personen mit einer derart externalen Kontrollüberzeugung (engl. external locus of control) meinen, Ereignisse und Handlungen seien nicht steuerbar. In ihrer Vorstellung werden sie von Dritten (soziale Externalität) bzw. einer höheren Macht (fatalistische Externalität) verantwortet (vgl. Bengel/Strittmatter/Willmann 2001: 55; Rimann/Udris 1993: 35). Hingegen sind Menschen mit einer internalen Kontrollüberzeugung (engl. internal locus of control) der Überzeugung, durch eigene Anstrengung angestrebte Endzustände beeinflussen zu können (z. B. Gesundheit, Karriere) (vgl. Ulich/Wülser 2009: 44). Sie sind aktiv, planend und selbstbestimmt (vgl. Rimann/Udris 1993: 35). Eine internale Kontrollüberzeugung wird mit einem hohen Motivationsniveau, generellem Wohlbefinden, einem geringeren Stresserleben und einer reduzierten Burnout-Gefahr in Verbindung gebracht. Darüber hinaus gibt es Indikatoren dafür, dass eigenverantwortliche Personen soziale Unterstützung tendenziell positiv(er) bewerten und Handlungsspielräume weniger scheuen. Sie gelten als aufgeschlossen für anforderungsvielfältige Aufgaben und konstruktives Feedback (vgl. Bartholdt/Schütz 2010: 97 f.).[85] Ein Mangel interner Kontrollüberzeugung führt hingegen oftmals zu negativen Arbeitseinstellungen und -verhaltensweisen (vgl. Ng/Sorensen/Eby 2006: 1075). Eine wichtige Voraussetzung für die Wirksamkeit eines Gesundheitsmanagements ist die Überzeugung, dass Belastungen aus eigener Kraft entgegengewirkt werden kann. Passivität führt mit hoher Wahrscheinlichkeit zu einem Scheitern von BGM-Interventionen und verunmöglicht im schlimmsten Fall eine Gesundheitskultur.

Auch Optimismus korreliert mit Gesundheit und Wohlbefinden (vgl. Zapf/Semmer 2004: 1057). Potenzielle Stresssituationen erscheinen weniger gravierend. Optimismus ist eine zuversichtlich-hoffnungsvolle Lebenseinstellung. Sie schützt Menschen u. a. vor Ängsten (vgl. Faltermaier 2005: 158; Xanthopoulou et al. 2007: 124). Optimisten kennzeichnet die Überzeugung, dass wünschenswerte Ereignisse im (Berufs-) Leben eintreten und sich die Dinge zum Guten wenden werden (vgl. Bartholdt/Schütz 2010: 99; Scheier/Carver 1985: 219). Allerdings wird der Ausgang von Ereignissen nicht notwendigerweise mit eigenem Zutun in Verbindung gebracht. Dennoch werden Versuche der Einflussnahme auf eine Situation nicht prinzipiell ausgeschlossen (vgl. Zapf/Semmer 2004: 1057; Ulich/Wülser 2009: 45 f.). Optimisten vertrauen auf Glück oder günstige Zufälle (vgl. Vollmann/Weber 2005: 439). Sie neigen zu effektiveren Coping-Strategien (vgl. Abschnitt II.-3.), weil sie das vermeintlich Positive stets stär-

---

[85] Zudem neigen solche Menschen zu problembezogenem Coping (vgl. Bartholdt/Schütz 2010: 97 f.; Ng/Sorensen/Eby 2006: 1057 und 1059 ff.).

ker gewichten. Im Gegensatz zu Pessimisten schaffen sie es, Situationen besser zu ak-
zeptieren und, wenn nötig, vor gegebenem Hintergrund neu zu interpretieren (vgl.
Bartholdt/Schütz 2010: 99 f.).

3.2.2. Selbstwirksamkeit

Bandura führte das Konzept der Selbstwirksamkeit im Jahre 1977(a) ein (vgl. auch
Bartholdt/Schütz 2010: 98). Gemeint ist die Überzeugung, erfolgreich Handlungen
durchführen und Probleme lösen zu können (vgl. Bandura 1997: 11; Zapf/Semmer
2004: 1056). Die Selbstwirksamkeitserwartung einer Person wächst mit erfolgreich
gemeisterten Situationen. Sie ist das Produkt eines Lernprozesses (vgl. Gist 1987:
475). Im Gegensatz zum generellen Konstrukt der Kontrollüberzeugung ist die
Selbstwirksamkeitserwartung auf spezifische Aufgaben bezogen (vgl. Gist 1987: 478;
Vollmann/Weber 2005: 439).[86] Menschen, die davon ausgehen, an sie gestellte Anforderungen erfolgreich bewältigen zu können, bewerten Stressoren tendenziell weniger
negativ. Sie vertrauen auf ihre Fähigkeiten und Fertigkeiten (vgl. Jex et al. 2001: 401
und 404 ff.). Positive Effekte auf Gesundheit und Wohlbefinden sind relativ gut belegt
(vgl. Ulich/Wülser 2009: 45; Zapf/Semmer 2004: 1056). Auf Edelmann (2002: 78)
geht die untenstehende Auflistung zurück.

Menschen mit hohen Kompetenzerwartungen:[87]

- verfolgen hoch gesteckte Ziele und leisten große Anstrengungen im Zuge hieraus resultierender Herausforderungen.

- halten ausdauernd an Zielen fest, auch wenn sie auf Schwierigkeiten und Widerstände stoßen.

- führen Misserfolge auf unzureichende Anstrengung zurück und schaffen es somit, sich schneller von etwaigen Rückschlägen zu erholen.

- verstehen schwierige Aufgaben als Möglichkeit sich weiterzuentwickeln und
  nicht per se als Bedrohung. Folglich stellen sie sich selbstsicher neuen Situationen und Anforderungen.

- schaffen sich ein anregendes Umfeld und tendieren dazu, Neuartiges zu erkun-
  den.

- sind optimistisch eingestellt und wissen ihre Fähigkeiten und Fertigkeiten gezielt einzusetzen.

---

[86] Es bestehen auch Ansätze, die von einer generalisierten Selbstwirksamkeit ausgehen (vgl. Vollmann/Weber
2005: 439 f.).

[87] Bandura (1977a: 193) unterscheidet im Fall der Selbstwirksamkeit zwischen Kompetenz- (engl. efficacy
expectations) und Konsequenzerwartungen (engl. outcome expectations).

Erwerbstätige mit einer geringen Selbstwirksamkeitserwartung unterschätzen ihre Fähigkeiten oft und meiden deshalb häufig herausfordernde Situationen. Normalerweise werten sie Niederlagen als Konsequenz eigener Unfähigkeit. Eine pessimistische Einstellung gegenüber dem persönlichen Können ist die Folge. Die Auftretenswahrscheinlichkeit psychischer Erkrankungen steigt (vgl. Edelmann 2002: 79).

3.2.3. Selbstwert

Selbstwirksamkeitserwartung und Selbstwertgefühl werden vielfach synonym verwendet. Es kann allerdings nicht von zwei identischen Phänomenen gesprochen werden (vgl. Bandura 1997: 11; Rydstedt/Devereux/Sverke 2007: 262).[88] Das stärker emotional geprägte Konstrukt des Selbstwertgefühls weist vor allem positive Zusammenhänge mit der psychischen Gesundheit auf und bildet einen Teil menschlicher Identität (vgl. Faltermaier 2005: 159). Selbstwert ist das Evaluationsergebnis der eigenen Person (vgl. Janssen/Schaufeli/Houkes 1999: 76), Wertschätzung hingegen eine Anerkennung durch Dritte (vgl. Semmer/Jacobshagen 2003: 132). Entscheidend ist weniger die Höhe des Selbstwerts als das Ausmaß seiner Stabilität.[89] Besonders wichtig ist, dass der Selbstwert einer Person die Reaktion auf Misserfolge beeinflusst. Menschen mit einem geringen Selbstwert neigen dazu, sich persönlich für Niederlagen und Fehler verantwortlich zu machen. Es ist daher nicht untypisch, dass sie Scheitern als eigenes Versagen interpretieren (vgl. Zapf/Semmer 2004: 1056). Ein Mangel an Selbstwert ist somit einerseits Folge und andererseits Quelle von Stress (vgl. Bartholdt/Schütz 2010: 99). Die Bedeutung des Selbstwerts für die Stressforschung ließ sich sowohl konzeptionell als auch empirisch zahlreich belegen (vgl. Semmer/Jacobshagen 2003: 131 f.).

3.2.4. Kohärenzerleben

Gemäß Becker (1998: 20) kann das Kohärenzsinnkonstrukt (engl. sense of coherence, SOC) als der wichtigste Beitrag Antonovskys bezeichnet werden. Es ist seine Antwort auf die Frage, was Menschen gesund hält (vgl. Abschnitt II.-1.1.2.).

Das Kohärenzgefühl „[...] ist eine globale Orientierung, die ausdrückt, in welchem Ausmaß man ein durchdringendes, andauerndes und dennoch dynamisches Gefühl des Vertrauens hat, daß

- die Stimuli, die sich im Verlauf des Lebens aus der inneren und äußeren Umgebung ergeben, strukturiert, vorhersehbar und erklärbar sind;

---

[88] Möglich ist, dass ein Beschäftigter ein Ziel zu erreichen glaubt, ohne dass diese Selbstwirksamkeitserwartung sein Selbstwertgefühl beeinflusst. Anders kann ein Mitarbeitender der Überzeugung sein, eine Aufgabe keinesfalls ausführen zu können, ohne an Selbstwert einzubüßen (vgl. Bandura 1997: 11).

[89] Siehe zur Vertiefung Kernis (2005).

- einem die Ressourcen zur Verfügung stehen, um den Anforderungen, die diese Stimuli stellen, zu begegnen;

- diese Anforderungen Herausforderungen sind, die Anstrengung und Engagement lohnen." (Antonovsky 1997: 35).

Es ist dem hohen Komplexitätsgrad des Konstrukts und der Notwendigkeit seiner Operationalisierung geschuldet, dass Antonovsky (1997: 34 f.) das Kohärenzerleben in drei Komponenten zerlegt, welche in einer dynamischen Wechselwirkung zueinander stehen (vgl. auch Novak 1998: 34 f.):

Verstehbarkeit

Begreift eine Person die Anforderungen resp. Aufgabenstellungen, die an sie gestellt werden? Versteht sie die betrieblichen und außerbetrieblichen Rahmenbedingungen, die Einfluss auf ihre Tätigkeit haben?

Handhabbarkeit

Kann eine Person die Anforderungen, denen sie sich ausgesetzt sieht, bewältigen?

Bedeutsamkeit

Sieht eine Person den Sinn ihrer Tätigkeit? Hat sie das Gefühl, dass sich ihre Anstrengungen auszahlen? Ist der Einsatz lohnenswert?

Menschen mit einem ausgeprägten Kohärenzsinn können mit Stresssituationen im Arbeitskontext besser umgehen als Beschäftigte, denen es daran fehlt. Kohärenzerleben und Wohlbefinden einer Person stehen in engem Zusammenhang (vgl. Bartholdt/Schütz 2010: 100).

3.2.5. Widerstandsfähigkeit

Das von Kobasa (1979) entwickelte und empirisch untersuchte[90] Konstrukt Widerstandsfähigkeit (engl. hardiness) ist relativ breit gefasst. Es beinhaltet drei Komponenten (vgl. Kobasa 1979: 3 f.; Zapf/Semmer 2004: 1057; Dolbier/Smith/Steinhardt 2007: 424; Bartholdt/Schütz 2010: 101):

---

[90] Später erfolgten Untersuchungen auch zusammen mit Mitforschenden.

Kontrolle

Hiermit ist die Überzeugung einer Person gemeint, Einfluss auf Geschehnisse des (Berufs-) Lebens nehmen zu können, so dass diese nicht hilflos abgewartet werden müssen.

Engagement

Diese Konstruktdimension drückt aus, dass sich der Mensch in Stresssituationen wohler fühlt, wenn er sich mit dem, was er tut und was ihn umgibt, verbunden fühlt.

Herausforderung

Kobasa zufolge bleiben Menschen eher gesund, wenn sie eine Stress verursachende Situation als Lernmöglichkeit auffassen und sie nicht als bedrohlich einstufen.

Es wird davon ausgegangen, dass widerstandsfähige Menschen Belastungen optimistischer einschätzen und Stresssituationen weniger gesundheitsschädliche Folgen nach sich ziehen (vgl. Faltermaier 2005: 159).

3.2.6. Kompetenzen fachlicher, sozialer und gesundheitsbezogener Art

Kompetenzen haben einen positiven Einfluss auf das menschliche Wohlergehen. Im Hinblick auf den Erhalt von Gesundheit und die Vermeidung von Arbeitslosigkeit erachten Experten des Berufsverbands Deutscher Psychologinnen und Psychologen (2008: 77) Bildung als besonders wichtige Ressource.

Gemäß Zapf und Semmer (2004: 1055; vgl. auch Bartholdt/Schütz 2010: 97) tragen berufliche Kompetenzen dazu bei, dass qualitative Überforderung weniger leicht entsteht. Zudem ist es wichtig, dass sich Personen im Laufe ihres Lebens weiter- und fortbilden. Insbesondere in schlechteren konjunkturellen Zeiten kann das Vertrauen in die eigene Arbeitsmarktfähigkeit eine beruhigende Wirkung auf Erwerbstätige ausüben.

Soziale Kompetenzen (auch im Sinne von emotionalen Kompetenzen/emotionaler Intelligenz[91]) werden in der Gesundheitspsychologie als weitere Ressourcen klassifiziert (vgl. Badura/Ritter/Scherf 1999: 25). Als sozialkompetent gilt, wer fähig und willens ist, eigenbestimmt sowie konstruktiv und kooperativ mit sich selbst und mit anderen umzugehen (vgl. Wunderer 2007: 61). Ein derart gestaltetes Miteinander kann das

---

[91] Emotionale Intelligenz bezieht sich auf diejenigen Eigenschaften und Fähigkeiten einer Person (z. B. Selbstkenntnis, Empathie, Taktgefühl), die den Umgang sowohl mit den eigenen als auch mit fremden Gefühlen betreffen (vgl. Scheitler/Wetzel 2007: 19; Franken 2010: 32). Wegge (2004) befasst sich ausführlich mit Emotionen in Organisationen.

Auftreten von Spannungen und Differenzen in der Belegschaft vermindern bzw. beseitigen und eine positive Grundstimmung erzeugen. Verfügt eine Person über entsprechende Kompetenzen, ist davon auszugehen, dass sie weniger schnell in belastende Konfliktsituationen gerät bzw. mit Selbigen ressourcenschonend umzugehen vermag. Des Weiteren gelingt es ihr annahmegemäß eher, ein unterstützendes Beziehungsnetzwerk am Arbeitsplatz aufzubauen und dieses zu pflegen (vgl. Faltermaier 2005: 160).

Schließlich wird Gesundheitskompetenzen eine hohe Wichtigkeit beigemessen (vgl. BARMER GEK 2010b: 65 ff.). Gesundheitskompetente Beschäftigte sind das Primärziel betrieblicher Verhaltensprävention (vgl. Bauer/Jenny 2007: 239; Abschnitt II.-2.6.3.). Durch entsprechende Wissensvermittlung im Betrieb, z. B. im Rahmen spezieller Kurse, sollen Angestellte zu gesundheitssensiblem Handeln befähigt werden (vgl. Kerkau 1997: 225). Die Fachliteratur spricht von Empowerment (vgl. Bauer/Jenny 2007: 231; Uhle/Treier 2011: 133). Menschen verfügen über ein mehr oder weniger stark ausgeprägtes Gesundheitspotenzial. Dieses bezieht sich auf die dauerhafte und lebenslange Entwicklungs- und Lernfähigkeit durch eine aktive Auseinandersetzung mit der Umwelt (vgl. Bamberg/Ducki/Metz 1998a: 19). Lebt eine Person gesund, erhöht sich die Wahrscheinlichkeit, dass sich ihre Gesundheit erhalten lässt. Im Gegenzug ist Risikoverhalten dadurch gekennzeichnet, dass es durch bestimmte Verhaltensgewohnheiten eher zu Krankheiten kommt (vgl. Faltermaier 2005: 172). Vielfach ist es so, dass Menschen erst gesundheitsbewusst handeln, nachdem bereits alarmierende Symptome aufgetreten sind (vgl. Faltermaier 2005: 9; Abschnitt I.-1.2.2.).

3.3. Institutionelle Dimension von Gesundheitsressourcen

Gesundheitsressourcen, die nicht unmittelbar mit der Person selbst verbunden sind, benennt der wissenschaftliche Diskurs unterschiedlich. In der Regel wird von externen[92], äußeren oder situativen (Umwelt-) Ressourcen gesprochen (vgl. Rimann/Udris 1993: 32; Kernen 1997: 44; Ducki 1998b: 146). Hornung und Gutscher (1994: 75 und 79 f.) differenzieren generell auf das Leben bezogen zwischen

- physikalischen (z. B. Luft und Wasser),
- biologischen (z. B. organische Rohstoffe),
- technischen (z. B. Werkzeuge und instrumentelle Unterstützung),
- ökonomischen (z. B. Besitz von Geld oder Vorräten),

---

[92] Intern/extern ist in der Psychologie stets auf das Individuum und damit nicht, wie in der Betriebswirtschaftslehre üblich, auf das Unternehmen bezogen.

- psychosozialen (z. B. Liebe und Vertrauen) und

- soziokulturellen Ressourcen (z. B. Normen und Werte).

Mit Bezug auf den Arbeitskontext sind organisatorisch-zwischenmenschliche Gesundheitsressourcen besonders relevant. Sie können durch betriebliche Gestalter und Gestaltungsparameter bereitgestellt und gefördert werden. Organisatorische Gesundheitsressourcen ergeben sich in erster Linie aus dem Inhalt der Aufgabe[93] (vgl. z. B. Dzudzek 2010: 45; Kaiser-Probst 2009: 45; Bond/Bunce 2003: 1057; Busch 1998: 100; Abschnitt II.-3.3.1.) sowie Kontrollmöglichkeiten im Sinne von Handlungs- und Entscheidungsspielräumen bzw. Partizipationsgelegenheiten (vgl. Busch 1998: 100; Greiner 1998: 50; Abschnitt II.-3.3.2.). Soziale Netzwerke (vgl. z. B. Faltermaier 2005: 160) und soziale Unterstützung (vgl. z. B. Ducki 1998b: 147; Bamberg/Busch/Ducki 2003: 131) werden hingegen als bedeutende zwischenmenschliche Gesundheitsressourcen verstanden (vgl. Abschnitt II.-3.3.3.).[94]

3.3.1. Aufgabeninhalt

In der Arbeitspsychologie herrscht weitgehend Einigkeit, dass Konzepte, die ursprünglich mit der Absicht formuliert wurden, Arbeit persönlichkeitsförderlich zu gestalten, auch für die BGF relevant sind (vgl. Ulich 2005: 532). Als motivierend[95] bzw. gesundheitsdienlich werden Aufgabeninhalte bezeichnet, welche die nachstehenden Kriterien erfüllen (vgl. Bartholdt/Schütz 2010: 155 f.; Kieser/Walgenbach 2010: 77 f.; Kroll 2010: 53 ff.; Rudow 2004: 236 ff.; Ulich 2004: 229):

Anforderungsvielfalt

Vielgestaltige Aufgaben wirken sich positiv auf Gesundheit und Wohlbefinden aus, weil sie den Menschen in sowohl kognitiver, körperlicher als auch perzeptiver Weise fordern. Anzustreben sind z. B. Rotationen zwischen Routinetätigkeiten und geistig-konzeptionellen Arbeiten, sitzender und stehender Arbeit (unterschiedliche Körperhaltungen und -positionen) sowie Arbeiten, welche die menschlichen Sinne immer wieder anders aktivieren. Der Einsatz unterschiedlicher Fähigkeiten und Fertigkeiten reduziert

---

[93] In der Fachliteratur wird zumeist die Aufgabengestaltung als potenziell gesundheitsförderlich betitelt (vgl. z. B. Rudow 2004: 235 ff.; Ulich 2004: 239). Da diese in der Betriebswirtschaftslehre jedoch sehr viel umfasst und Handlungs- und Entscheidungsspielräume aufgrund ihrer hervorgehobenen Rolle innerhalb der Forschung separat behandelt werden sollen, nimmt die Verfasserin eine Unterscheidung zwischen Aufgabeninhalt und Kontrollmöglichkeiten vor.

[94] Soziale Unterstützung im privaten Bereich ist ebenfalls als Gesundheitsressource anerkannt (vgl. Rimann/Udris 1993: 42). Da sie sich allerdings weitgehend der Einflussnahme betrieblicher Gestaltungsoptionen entzieht, wird sie im Rahmen dieser Arbeit nicht berücksichtigt.

[95] Für einen Überblick verschiedener Konzepte siehe Steers/Mowday (1977). Weiterhin sei auf Hackman/Oldham (1975, 1976 und 1980) verwiesen.

einseitige Belastungen und regt im günstigsten Fall das Bedürfnis zur persönlichen Weiterentwicklung an. Mangelt es einer Aufgabe an Vielfalt, treten Monotonieerscheinungen auf. Die Gefahr wächst, dass die geistige Flexibilität langfristig verkümmert. Darüber hinaus steigt das Risiko psychosomatischer Gesundheitsstörungen.

Ganzheitlichkeit

Ein möglichst vollständiger Arbeitsprozess trägt dazu bei, dass Angestellte die Bedeutung und den Stellenwert ihrer Arbeitsleistung verstehen. Eine Rückmeldung über den Arbeitsfortschritt ergibt sich aus der Tätigkeit selbst. Ganzheitliche Aufgaben umfassen planende, organisierende, ausführende und kontrollierende Elemente. Bezeichnend ist, dass Mitarbeitende auch eine Mitsprachegelegenheit bei der Formulierung von Zielen erhalten. Ihr Erreichungsgrad lässt sich anhand der Arbeitsergebnisse ableiten.

Sinnhaftigkeit

Dieses Kriterium ist erfüllt, wenn eine Aufgabe das eigene Tun mit übergeordneten Tätigkeitsvollzügen in einen Sinnzusammenhang bringt. Wichtig ist, dass der Nutzen der Arbeitsleistung für die Ausführenden erkennbar ist sowie von ihnen nachvollzogen und akzeptiert werden kann. Als sinnvoll befundene Aufgaben geben Beschäftigten das Gefühl, dass ihre persönlichen Interessen mit jenen der Unternehmung zumindest in wesentlichen Punkten übereinstimmen. Realisiert werden kann eine solche Arbeit bspw. durch Produkte und Dienstleistungen, die gesellschaftlich nicht angezweifelt werden (z. B. Sicherung des Zahlungsverkehrs).

Lern- und Entwicklungsmöglichkeiten

Aufgabeninhalte, die Erwerbstätige fortdauernd vor neue Probleme bzw. Herausforderungen stellen, veranlassen Beschäftigte dazu, vorhandene Fähigkeiten und Fertigkeiten einzusetzen sowie diese unter Umständen zu erweitern bzw. um zusätzliche Qualifikationen zu ergänzen. Hierdurch bleibt die geistige Wendigkeit erhalten. Ferner unterstützen Lern- und Entwicklungsmöglichkeiten die Arbeitsmarktfähigkeit.

Nachfolgend werden gesundheitsdienliche Einflussmöglichkeiten behandelt, welche menschlichen Leistungsträgern im Arbeitskontext idealerweise zur Verfügung stehen.

3.3.2. Kontrollmöglichkeiten

In der Psychologie beziehen sich Kontrollmöglichkeiten auf das Ausmaß, in dem eine Person verschiedene Aspekte ihrer Arbeit beeinflussen kann (vgl. Bartholdt/Schütz 2010: 91; Bond/Bunce 2003: 1058). Hierzu zählt, dass Beschäftigte eigene Entscheidungen treffen können bzw. an ebensolchen beteiligt werden (vgl. Semmer 1990: 190).

Autonomie weckt nicht zuletzt deshalb positive Gefühle, weil der Mensch normalerweise „autonom sein" mit „frei sein" assoziiert (vgl. Sennett 2008: 154). Unter betriebswirtschaftlichen Gesichtspunkten lassen sich drei Kontrollaspekte[96] als Gesundheitsressourcen bezeichnen (vgl. Meier et al. 2008: 244; Semmer 1990: 190; Mulder 1974: 238):[97]

- Handlungsspielraum,

- Entscheidungsspielraum sowie

- Partizipationsmöglichkeiten.

Grochla et al. (1981: 123) gehen von einer Rangordnung aus, in der die Delegation von Ausführungs- und Entscheidungsaufgaben sowie von Weisungs- und Vertretungsbefugnissen von einer hierarchisch höheren Ebene auf hierarchisch nachgeordnete Stufen erfolgt. Das Ziel besteht in der Optimierung von ökonomischen und personenbezogenen Effizienzgrößen. Beispielhaft lassen sich durch Delegation folgende Vorteile erzielen:

- Generelle Entlastung von leitenden Angestellten,

- Vergrößerung von Freiräumen für Führungskräfte im Hinblick auf die Auseinandersetzung mit strategischen Frage- und Problemstellungen,

- verbesserte Nutzung von Erfahrungswissen, Kenntnissen und Fähigkeiten aller Beschäftigten,

- Steigerung der Einsatzbereitschaft aufgrund einer erhöhten Eigenverantwortlichkeit sowie

- Entwicklung von potenzialstarken Personen (vgl. Stock-Homburg 2010: 572).

An eine erfolgreiche Delegation werden eine Reihe von Anforderungen gestellt (vgl. Stock-Homburg 2010: 573 f.):

- Es muss eine Kongruenz zwischen Aufgabe, Kompetenz[98] und Verantwortung (AKV) bestehen (= organisatorisches Kongruenzprinzip).[99]

- Aufgabenstellungen müssen eindeutig und klar formuliert werden.

---

[96] Anzumerken ist, dass vor allem Handlungs- und Entscheidungsspielräume in der Fachliteratur als Gesundheitsressourcen behandelt werden (vgl. z. B. Busch 1998: 100; Ducki 1998b: 146). Zur Messung von Handlungs- und Entscheidungsspielräumen sei auf Kubicek/Welter (1985) verwiesen.

[97] Siehe auch das Anforderungs-Kontroll-Modell von Karasek in Abschnitt II.-1.2.3.

[98] An dieser Stelle ist der organisatorische Kompetenzbegriff gemeint. Kompetenzen eines Stelleninhabers lassen sich in Umsetzungs- und Leitungskompetenzen unterscheiden (vgl. Vahs 2005: 61 f.).

[99] Vgl. hierzu Meier et al. (2008: 255), Vahs (2005: 63) und Grochla (1982: 102).

- Mitarbeitende müssen über eine angemessene Informationsbasis verfügen.

- Die Aufgabe muss rechtzeitig delegiert werden und es bedarf realistischer Terminvorgaben für ihre Erfüllung.

- Es muss eine Option für allfällige Rückfragen geben.

- Rückdelegation ist zu unterbinden.

Inwieweit Delegationsmöglichkeiten bestehen, ist von Merkmalen des Betriebs und der ihm zugehörigen Personen abhängig (vgl. Grochla et al. 1981: 123), wobei logischerweise auch die persönliche Delegationsbereitschaft der Führung eine Rolle spielt.[100]

Der Handlungsspielraum einer Person ergibt sich aus der Summe von Freiheitsgraden, die ihr bei der Ausführung einer Tätigkeit in Bezug auf die Verfahrensauswahl, den Mitteleinsatz und die zeitliche Organisation von Aufgabenbestandteilen zugesprochen werden (vgl. Hacker 1978: 72; Busch 1998: 100). Ulich und Wülser (2009: 246) differenzieren zwischen dem objektiven und dem subjektiven Handlungsspielraum einer Arbeitskraft. Während der Erstgenannte die tatsächlich vorhandenen Freiheitsgrade beschreibt, bezieht sich der Zweitgenannte auf persönlich wahrgenommene Wahlmöglichkeiten. Ein gewisses Maß an Flexibilität bei der Ausführung von Teiltätigkeiten schafft z. B. die Voraussetzung dafür, dass komplexere Aufgaben dann erledigt werden können, wenn eine Person ungestört arbeiten kann und die Bearbeitung leichterer Routineaufgaben zu Zeiten vglw. häufiger Störungen möglich ist (Reihenfolgensouveränität). Außerdem hat der Handlungsspielraum Einfluss auf die Einschätzung von Stressoren. Menschen, die über einen größeren Spielraum bei der Bewältigung ihrer Tätigkeit verfügen, fühlen sich von potenziellen Stressoren in der Regel weniger bedroht (vgl. Bartholdt/Schütz 2010: 91; Semmer 1990: 190 f.). Im Zweifel können sie zeitlich nicht zu bewältigende Arbeitsaufträge ablehnen oder hinauszögern, um sich vor Überforderung und Zeitdruck zu schützen (vgl. Bartholdt/Schütz 2010: 90). Handlungsspielraum bedeutet ferner, dass Beschäftigte über kleinere Pausen entscheiden können, wenn sie eine kurze Erholung für notwendig halten (vgl. Oppolzer 2010: 149 ff.).

Ob und inwieweit eine Person oder eine Gruppe über die Festlegung bzw. Abgrenzung von Aufgaben zu entscheiden befugt ist, ist eine Frage des gewährten Entscheidungsspielraums (vgl. Ulich/Wülser 2009: 246). Hierbei wird vorausgesetzt, dass Arbeitskräfte die vorliegenden Sachverhalte ohne Rücksprache selbst beurteilen können und

---

[100] Grochla et al. (1981: 123) weisen explizit darauf hin, dass zwischen sämtlichen Bezugsrahmenelementen eine wechselseitige Abhängigkeit besteht.

in der Lage sind, angemessene Vorgehensweisen zu folgern und umzusetzen (vgl. Oesterreich 1998: 78). Wissenschaftler konnten nachweisen, dass Entscheidungsspielräume eine positive Wirkung auf das Selbstwertgefühl (vgl. Ulich 2004: 229), das Selbstbewusstsein sowie auf das Motivationsniveau eines Menschen entfalten können (vgl. Oesterreich 1998: 79 f.).

Der Partizipationsgrad beschreibt „[…] das Ausmaß der Beteiligung von Mitarbeitern an den aufgaben- und personenbezogenen Entscheidungen eines hierarchisch höher eingeordneten Aktionsträgers […]." (Thom 1980: 343). Eine Systematisierung verschiedener Partizipationsformen erfolgt anhand der Art der Partizipation (direkt = unmittelbarer Einbezug der Mitarbeitenden; indirekt = Einbezug der Mitarbeitenden durch Repräsentanten) und anhand ihres Umfangs (Partizipation in die Entscheidungsvorbereitung, -findung und -umsetzung) (vgl. Stock-Homburg 2010: 575). Bekannt ist, dass das Wohlbefinden am Arbeitsplatz mit dem Einbezug in Entscheidungen verbunden ist (vgl. Mulder 1974: 238). Nicht zuletzt schätzen Führungskräfte ihre Mitarbeitenden wert, indem sie auf ihre Expertise, Meinung und Einschätzung zurückgreifen (vgl. Kroll 2010: 57). Die Wahl des Partizipationsgrads ist von verschiedenen Variablen abhängig, so z. B. von der entscheidungsspezifischen Situation (Zeitdruck, Vertraulichkeit), dem Wesen von hierarchisch höher gestellten Personen (Werteordnung, Führungsphilosophie, Menschenbild, Unsicherheitstoleranz) sowie letztlich von den Mitarbeitenden selbst (Verantwortungsbereitschaft, Identifikation mit den Unternehmenszielen) (vgl. Thom 1980: 345).

3.3.3. Soziale Netzwerke und soziale Unterstützung

Die Fragestellung, in welchem Zusammenhang soziale Beziehungen und Gesundheit stehen, beschäftigt Gelehrte unterschiedlicher Fachdisziplinen seit über 100 Jahren. Forschungsbemühungen sowohl auf theoretisch-konzeptioneller Ebene als auch auf empirischer Basis sind in der Zwischenzeit derart ausgeufert, dass der wissenschaftliche Diskurs fast nicht mehr zu überschauen ist (vgl. Borgetto 2010: 340). Kaum eine englisch- oder deutschsprachige Publikation zum Thema „Gesundheit und Arbeit" geht nicht auf zwischenmenschliche Verbindungen ein.[101]

Gesundheitsressourcen betreffend ist es zuvorderst wichtig, soziale Netzwerke und soziale Unterstützung nicht gleichzusetzen (vgl. Frese/Semmer 1991: 147). Erstere stellen den strukturellen Rahmen für Letztere dar. Je nach Zusammensetzung können sie

---

[101] Substanzielle Studien zum Zusammenhang zwischen sozialer Unterstützung und Gesundheit/Wohlbefinden liefern z. B. Beehr et al. (2003); Swanson/Power (2001); Dormann/Zapf (1999); Viswesvaran/Sanchez/Fisher (1999); Chay (1993); Fusilier/Ganster/Mayes (1986); Ganster/Fusilier/Mayes (1986); Cohen/Wills (1985) oder LaRocco/House/French (1980).

gesundheitsdienlich oder -hemmend wirken. Bisherige Erkenntnisse ergeben, dass Stabilität und Qualität entsprechender Netzwerke für Gesundheit und Wohlbefinden entscheidender sind als ihre Größe. Sie haben vor allem dann den Stellenwert einer Gesundheitsressource, wenn sich die betroffenen Akteure gegenseitig verpflichtet bzw. emotional verbunden fühlen und wenn eine solide Werte- und Vertrauensbasis gegeben ist (vgl. Faltermaier 2005: 160 f.). Die Möglichkeit zur sozialen Interaktion und damit zum Aufbau und Erhalt unterstützender Beziehungen im Arbeitskontext zählt zu den Merkmalen einer gesundheitsförderlichen Aufgabengestaltung (vgl. Ulich 2004: 229).

Im Arbeitskontext können z. B. Vorgesetzte, Kollegen, Lieferanten, Kunden oder Gewerkschaften als Unterstützer zum Einsatz kommen. Im Normalfall muss dem Unterstützenden ein Signal vorliegen, dass der Wunsch nach Hilfe besteht. Ein solcher kann direkt ausgesprochen oder in Form wahrnehmbarer Hilfsbedürftigkeit indirekt vermittelt werden (vgl. Gusy 1995: 63). Inwieweit Personen Unterstützung erfahren, ist abhängig von der Stärke und dem Zusammenhalt einer Gemeinschaft. Im Zuge dessen spielt die Unternehmenskultur abermals eine zentrale Rolle. „Giving or receiving social support usually involves expectations of reciprocity. Thus flows of social support occur primarily in the context of relatively stable social relationships […]." (House 1981: 29).

Soziale Unterstützung ist ein mehrdimensionales Konstrukt (vgl. Edelmann 2002: 60). Oftmals findet das Konzept von House (1981) Verwendung (vgl. Dormann/Zapf 1999: 874), so auch im Rahmen dieser Dissertation. Unterschieden werden demnach vier Arten sozialer Unterstützung (vgl. Bartholdt/Schütz 2010: 91), wobei darauf hinzuweisen ist, dass die Unterstützungsmöglichkeiten einer Führungsperson immer auch von der Größe ihrer Leitungsspanne[102] abhängen (vgl. House 1981: 98):

Aufgabenentlastung

Gemeint ist eine konkrete Hilfestellung in der Form, dass z. B. Kollegen in Stressphasen einzelne Aufgaben übernehmen, die Betroffene angesichts zu knapper zeitlicher Vorgaben nicht bewältigen können. Alternativ vorstellbar ist, dass Vorgesetzte eine Vorabunterstützung leisten, indem sie allzu belastende Aufgabenbündel vermeiden und eine faire Aufgabenverteilung im Team etablieren (Prinzip der Subsidiarität). Möglich ist ferner, dass Führungskräfte ihren Beschäftigten die Option eröffnen, auf

---

[102] Die Leitungsspanne nimmt Bezug auf die Anzahl der einer Instanz unmittelbar unterstellten Personen. In der Regel nimmt sie in einer Hierarchie von oben nach unten zu (vgl. Vahs 2005: 99 f.). Neben der Stellung der Instanz in der Unternehmenshierarchie wird die Größe der Leitungsspanne durch die Qualifikation der zu leitenden Mitarbeitenden, die zu erfüllende Aufgabe sowie die Art und den Schwierigkeitsgrad der Arbeitsverrichtung beeinflusst (vgl. Lechner/Egger/Schauer 2010: 115 f.).

starke Aufgabenbelastungen hinzuweisen, ohne dass sie im Anschluss als arbeitsscheu oder labil verrufen werden.

Problemlösungsunterstützung

Ratschläge und Informationen der Unterstützenden helfen Betroffenen, Probleme und deren Lösungen besser einschätzen zu können. Auf Vorgesetztenebene bedeutet dies u. a., dass Führungskräfte ihren Mitarbeitenden bereits bei der Problemidentifikation helfen (gilt analog auf kollegialer Ebene). Sie verfügen typischerweise über Informationsvorsprünge, weil sie Mitglied in leitenden Gremien sind oder im Informationsfluss aufgrund ihrer hierarchischen Stellung prinzipiell begünstigt werden (z. B. exklusive Informationen für Kadermitglieder). Darüber hinaus sind Führungspersonen besser mit übergeordneten Strategien vertraut und erfahren früher, welche neuen Organisationsstrukturen und -prozesse geplant sind. Ein problemlösungsunterstützendes Verhalten setzt voraus, dass Informationen nicht zurückgehalten werden („Wissen ist nicht zu teilende Macht"), sondern dass im Team die Bereitschaft zur Informationsweitergabe und zum Austausch von Erfahrungen besteht.

Selbstwertrelevante Rückmeldungen

Rückmeldungen dieser Art verlangen eine funktionierende Feedbackkultur (vgl. Abschnitt II.-4.2.1.3.). In einem unterstützenden Umfeld sollte das Selbstwertgefühl einer Person nicht vorsätzlich geschwächt werden, sondern ein hohes Akzeptanzniveau bezüglich der Individualität (inkl. Eigenarten) jedes Beschäftigten herrschen. Dabei gilt, dass Andersartigkeit so lange problemlos ist, wie wichtige Grundwerte übereinstimmen. Wertschätzung wird in echter und nicht oberflächlicher Form zum Ausdruck gebracht (verbal, nonverbal oder paraverbal). Unterstützung in der hier beschriebenen Weise muss nicht ausschließlich bestätigend ausfallen. Widersprüche, im Grenzfall sogar sachbezogene Konflikte (vgl. Abschnitt II.-4.2.1.3.), sind unter der Voraussetzung legitim, dass die kollektive Grundhaltung das Positive und Konstruktive stets in den Mittelpunkt rückt.

Verständnis für Gefühlslagen

Unterstützung in Gestalt von Empathie (z. B. Trost, Verständnis) ist darauf ausgerichtet, dass sich Organisationsmitglieder generell offen für die Probleme ihrer Arbeitskollegen (Führungskräfte eingeschlossen) zeigen und diese ggf. in gemeinsamen Gesprächen thematisieren. Wird eine derartige Unterstützungskultur gelebt, haben Vorgesetzte akzeptiert, dass Beschäftigte emotionale Wesen sind. Führungskräfte und Mitarbeitende sind darauf sensibilisiert, außergewöhnliche Gefühlslagen zu erkennen und diese auch anzusprechen. Hierbei ist die Privatsphäre uneingeschränkt zu achten. Herrscht im Unternehmen ein Verständnis für Gemütsverfassungen, findet die (Vorgesetzten-Mitarbeitenden) Kommunikation, zumindest bei Bedarf, nicht ausschließlich auf der Sachebene statt. Alle Unternehmensmitglieder können sich darauf verlassen, dass Äußerungen über eigene Befindlichkeiten in angemessenem Rahmen akzeptiert werden. Wichtig sind Vertrauenspersonen im dienstlichen Umfeld.

Nicht zu vernachlässigen ist die Tatsache, dass die hier behandelte Gesundheitsressource ebenso eine negative Größe darstellen kann und zwar u. a. aufgrund von (vgl. Baumann et al. 1998: 103 f.)

- inadäquater Unterstützung,

- enttäuschter Unterstützungserwartung,

- einem Übermaß an Unterstützung,

- misslungenen Hilfeleistungen,

- unzureichender Reziprozität oder

- entstehender Abhängigkeit.

Entscheidend ist, dass diejenigen unterstützt werden, die Hilfe suchen bzw. annehmen wollen und können (vgl. Searle/Bright/Bochner 2001: 344). Schließlich ist zu vermeiden, dass es durch offerierte bzw. geleistete Unterstützung zu einer dauerhaften Schädigung des Selbstbewusstseins der Hilfeempfänger kommt (vgl. Baumann et al. 1998: 103).

4. Gesundheitskultur

4.1. Konstrukt Unternehmenskultur

Bereits in den 1970er Jahren fand der Begriff „corporate culture" Einzug in die amerikanische Fachliteratur und dies ohne zunächst besondere Aufmerksamkeit zu erregen (vgl. Krulis-Randa 1990: 13). Den Anstoß für nahezu endlos erscheinende, kontroverse Auseinandersetzungen mit den sogenannten „weichen Faktoren"[103] gaben im Jahre 1982 Peters und Waterman mit ihrer Veröffentlichung „In Search of Excellence" (vgl. Sackmann 2004: 23; Christensen/Gordon 1999: 397; Ebers 1991: 47). Inzwischen hat sich das Themenfeld Unternehmenskultur zu einem festen Bestandteil der modernen

---

[103] Als „harte Faktoren" gelten z. B. Ziele, Strategien, Strukturen oder Planungs- und Kontrollsysteme. Als „weiche Faktoren" werden hingegen u. a. fachliche und soziale Qualifikationen sowie Führungsstile bezeichnet (vgl. Franken 2010: 206).

Managementlehre etabliert (vgl. Sackmann 2004: 21; Mense-Petermann 2006: 397). Wissenschaft und Praxis interessieren sich vor allem für drei Fragen (vgl. Wu 2008: 2535):

- Was bedeutet und umfasst das Konstrukt Unternehmenskultur?

- Welchen Einfluss hat die Kultur eines Unternehmens auf betriebliche Effektivität und Effizienz?

- Welche Möglichkeiten zur gezielten Einflussnahme bestehen?

Im weiteren Verlauf dieses Gliederungskapitels sollen u. a. Antworten auf diese Fragen gegeben werden.

4.1.1. Definition und begriffliche Abgrenzungen

Eine Universaldefinition für das Kulturphänomen existiert nicht (vgl. Baetge et al. 2007: 186; Fankhauser 1996: 6; Alvesson 1995: 25). Stattdessen weckt der Begriff zahlreiche Assoziationen (vgl. Sackmann 2002: 24), provoziert Verwirrung und erschwert Klarheit (vgl. Steinmann/Schreyögg 2005: 710; Alvesson 1995: 33). Einigkeit besteht darin, dass jede Institution über eine Kultur verfügt (vgl. Dubs 2003: 316; Menzl 1990: 70; Kolb 1988: 48), die zu Gründungszeiten entsteht und in Abhängigkeit von der individuellen Entwicklungshistorie mehr oder weniger stark ausdifferenziert ist (vgl. Sackmann 2004: 24). Das Erscheinungsbild eines Unternehmens wird von seiner Kultur geprägt. So beeinflussen bspw. gemeinsame Denk- und Interpretationsmuster das Verhalten sämtlicher Unternehmensmitglieder auf allen Hierarchiestufen (vgl. Kauth 2007: 51; Pümpin/Kobi/Wüthrich 1985: 8). Gemäß Steinmann und Schreyögg (2005: 711) lassen sich folgende Kernmerkmale zusammenfassen: Unternehmenskultur

- ist im Wesentlichen ein implizites und kollektives Phänomen.

- wird im alltäglichen Handeln gelebt.

- ist zu weiten Teilen das Resultat eines Lernprozesses.

- repräsentiert die „konzeptionelle Welt" der Kulturmitglieder.

- wird in einem Sozialisationsprozess vermittelt (vgl. Abschnitt II.-4.3.4.3.1.).

Hierauf aufbauend kann die Arbeitsdefinition dieser Dissertation in den Worten Scheins derart formuliert werden (1984: 3):

„Organizational culture is the pattern of basic assumptions that a given group[104] has invented, discovered, or developed in learning to cope with its problems of external adaptation and internal integration, and that have worked well enough to be considered valid, and, therefore, to be taught to new members as the correct way to perceive, think, and feel in relation to those problems."[105]

Das obige Zitat deutet darauf hin, dass in der angelsächsischen Fachliteratur vorrangig der Terminus „organizational culture" Verwendung findet. Dieser hat sich gegenüber der Bezeichnung „corporate culture" durchgesetzt. In der deutschsprachigen Fachterminologie sind die Ausdrücke Organisations- und Unternehmenskultur in ihrer Bedeutung jedoch nicht deckungsgleich (vgl. Sollberger 2006: 86 f.). Der Grund hierfür ist, dass jedes Unternehmen eine Organisation hat, allerdings eine Organisation nicht zwingend eine Unternehmung sein muss (z. B. Ministerium) (vgl. Fankhauser 1996: 6; Krulis-Randa 1990: 11). Entscheidend ist, neben der Frage, ob Erträge erwirtschaftet werden sollen oder nicht, die Auslegung des Organisationsbegriffs. Thom und Wenger (2010: 43 ff.) unterscheiden den instrumentalen (ein soziales Gebilde hat eine Organisation), funktionalen (ein soziales Gebilde wird organisiert) und institutionalen (ein soziales Gebilde ist eine Organisation) Organisationsbegriff. Im letzteren Fall und unter der Voraussetzung, dass ein Gewinnstreben besteht, sind die Termini Organisations- und Unternehmenskultur sinnverwandt (vgl. Sackmann 2002: 3).

Der Kulturbegriff soll hier in zweierlei Hinsicht abgegrenzt werden. Zum einen muss zwischen der Unternehmenskultur einerseits und dem Unternehmensklima andererseits unterschieden werden (vgl. Sackmann 2002: 38 und 42). In beiden Fällen handelt es sich um konzeptionell und empirisch schwer erfassbare Phänomene, wobei das Unternehmensklima eine Manifestationsform der Unternehmenskultur darstellt (vgl. Conrad/Sydow 1991: 98 und 101). Das Klima innerhalb eines sozialen Systems spiegelt die kurzfristig vorherrschende Stimmung wider (vgl. Krulis-Randa 1990: 12) und basiert auf der Wahrnehmung der unmittelbaren Arbeitssituation durch die Organisationsmitglieder (vgl. Conrad/Sydow 1991: 98). Es kann die Einschätzung abbilden, ob und in welcher Intensität ein Unternehmen Stress auslösenden Druck auf seine Beschäftigten ausübt oder inwiefern es sich den Bedürfnissen seiner Angestellten annimmt (vgl. Baetge et al. 2007: 1999). Zum anderen ist es ratsam, einer Verwechslung von Unternehmenskultur und -ethik vorzubeugen. Letztere nimmt auf die Beurteilung von Normen und Werten Bezug. Es handelt sich um eine wissenschaftliche Reflexion

---

[104] Den Gruppenbegriff präzisiert Schein (1984: 5 ff.) folgendermaßen: „A group is a set of people (1) who have been together long enough to have shared significant problems, (2) who have had opportunities to solve those problems and to observe the effects of their solutions, and (3) who have taken in new members."

[105] Stellenweise im Original kursiv hervorgehoben.

von Moral im Kontext Betrieb. Hingegen ist der Unternehmenskulturansatz selbst wertfrei. Die Wirkungsweise der Unternehmensethik schlägt sich allerdings in der Kultur nieder (vgl. Steinmann/Schreyögg 2005: 723).

4.1.2. Wirkung von Unternehmenskultur

Vier zentrale Funktionen, die für das Bestehen eines Unternehmens notwendig sind, werden idealerweise von der Unternehmenskultur erfüllt. Erstens bewirken kollektive Überzeugungen ein schnelles und routiniertes Handeln. Neben dieser komplexitätsreduzierenden Funktion (Wahrnehmungsfilter) übernimmt Kultur zweitens eine Koordinationsfunktion („kognitive Landkarte"). Drittens übt sie einen positiven Einfluss auf die Identifikation der Unternehmensmitglieder mit der Arbeitsgruppe, Abteilung und Gesamtunternehmung aus (Sinngebung). Zuletzt gewährt die Kultur eines Unternehmens ein Maß an Kontinuität. Sie stellt das „kollektive Gedächtnis" eines sozialen Systems dar und begünstigt organisationale Lernprozesse (vgl. Sackmann 2002: 39 ff.; Sackmann 2004: 27 ff.; Abschnitt I.-1.1.3.).

Insgesamt befasst sich ein wachsender Forschungsstrom in den Organisationswissenschaften mit der Bedeutung von Kultur als Einflussgröße auf den Unternehmenserfolg (vgl. z. B. Yilmaz/Ergun 2008: 290; Lim 1995: 16). Ähnlich wie der Begriff Unternehmenskultur findet allerdings auch jener des Unternehmenserfolgs keine einheitliche Verwendung in der Fachliteratur (vgl. Baetge et al. 2007: 185). Im Hinblick auf eine begriffliche Einordnung erfolgt eine Unterscheidung zwischen dem Zielansatz (Erfolg als Zielerreichungsgrad), dem interessenpluralistischen Ansatz (Erfolg als Wahrung der Stakeholderinteressen) und dem Systemansatz (Erfolg als Gewährleistung des langfristigen Unternehmensfortbestands). Typischerweise werden zwei Ausprägungsformen des Unternehmenserfolgs in der Betriebswirtschaftslehre verwendet. Dabei handelt es sich um (1) den bilanziellen Erfolg und (2) die Entwicklung des Unternehmenswerts (z. B. gemessen anhand des Aktienkurses resp. des Börsenwerts) (vgl. Baetge et al. 2007: 189 ff.). Die empirische Evidenz dafür, dass ein positiver Zusammenhang zwischen der Kultur und dem Erfolg eines Betriebs besteht, nimmt weiter zu (vgl. Anker 2010: 45).[106] Dennoch ist zwingend zu berücksichtigen, dass weder der Unternehmenserfolg noch das Personalverhalten jemals monokausal erklärbar sein werden (vgl. Drumm 1991: 170).

Forscher untersuchen den Funktionsbeitrag von Unternehmenskulturen vorrangig anhand von starken Kulturen (vgl. Steinmann/Schreyögg 2005: 728; Lim 1995: 20). Ob

---

[106] Folgende Studien befassen sich mit dem Zusammenhang zwischen Unternehmenskultur und -erfolg (Auswahl): Denison (1984/1990); Rousseau (1990); Denison/Mishra (1995); Christensen/Gordon (1999); Fey/Denison (2003); Filbeck/Preece (2003); Fulmer/Gerhart/Scott (2003); Hauser/Schubert/Aicher (2008).

eine Unternehmenskultur als „stark" oder „schwach" eingestuft wird, kann mittels der Dimensionen Ausmaß der Prägnanz (Klarheit der Orientierung), Verbreitungsgrad (Grad der Einheitlichkeit von Normen und Werten) sowie Verankerungstiefe (Internalisierung kultureller Muster) eingeschätzt werden. Es darf sich nicht um kalkuliertes kulturkonformes Verhalten handeln. Erst, wenn eine Kultur zur Selbstverständlichkeit geworden ist, gewährt sie Beständigkeit und Vertrautheit (vgl. Steinmann/Schreyögg 2005: 723 f.; Heinen 1987: 122). Ihre Stärke wird von Schein (1984: 7) als positiv abhängig von der Homogenität und Stabilität der Gruppe sowie von der Dauer und Intensität gemeinsamer Erfahrungen gesehen. Starke Unternehmenskulturen werden allerdings nicht ausschließlich mit positiven Auswirkungen auf das Leistungsvermögen assoziiert. Im Gegenteil besteht die Gefahr dysfunktionaler Effekte (vgl. Sollberger 2006: 102; Vahs 2005: 134 f.), wie z. B. einer Abwehrhaltung gegenüber Neuartigem oder einem generellen Mangel an Flexibilität (vgl., auch für weitere Beispiele, Steinmann/Schreyögg 2005: 730).[107]

Bevor in Abschnitt II.-4.1.4. das Modell von Schein vorgestellt wird, widmet sich der nächste Gliederungspunkt dem Phänomen von Subkulturen.

4.1.3. Subkulturen

Einher mit dem Gedanken starker Unternehmenskulturen geht das Bild einer nahezu stimmigen Ganzheit verinnerlichter Normen und Werte. Im Kontrast dazu stehen Subkulturen. Diese können sich infolge unterschiedlicher Professionen oder hierarchischer Ränge bilden. Es kann ferner zu abweichenden Kulturen zwischen (Geschäfts-) Bereichen, (Fach-) Abteilungen oder Geschlechtern kommen. Alter, Nationalität und Religion sind ebenfalls Treiber von Subkulturen (vgl. Steinmann/Schreyögg 2005: 725). Die Frage ist zentral, in welchem Verhältnis Subkulturen zur übergeordneten Kultur eines Unternehmens stehen (vgl. Sackmann 2002: 55). Grundsätzlich können Subkulturen die Hauptkultur verstärken, schwächen oder sich ihr gegenüber neutral verhalten. Vielfach werden sie bewusster erlebt, was ihre Bedeutsamkeit unterstreicht. Unternehmen, die über starke Subkulturen verfügen, können in der Regel aufgrund der hierdurch verursachten Heterogenität selbst nur schwache Gesamtkulturen entwickeln. In vielgestaltigen Konzernen[108] ist die Wahrscheinlichkeit auftretender Kulturverästelungen besonders hoch. Hier ergibt sich unweigerlich die Problemstellung, ob und inwieweit eine Gesamtkultur anzustreben ist (vgl. Steinmann/Schreyögg 2005: 725 ff.). Überzeugungen und Werte, welche die Gesundheit des Personals und damit die Über-

---

[107] Das Ziel, eine möglichst starke Unternehmenskultur zu etablieren, ist demnach ein zweischneidiges Schwert (vgl. Steinmann/Schreyögg 2005: 733).

[108] Ein Konzern besteht aus einem Mutterhaus sowie aus einem oder mehreren Tochterunternehmen (vgl. Lechner/Egger/Schauer 2010: 200 f.).

lebens- und Wettbewerbsfähigkeit eines Konzerns unterstützen, müssen allerdings in allen Subkulturen aufgegriffen werden (vgl. Abschnitt II.-4.2.1.1.).[109]

4.1.4. Modell von Edgar E. Schein

Das Unternehmenskulturphänomen ist überaus komplex (vgl. Alvesson 1993: 1). Sowohl im englisch- als auch im deutschsprachigen Wissenschaftsraum hat sich das Mehrebenenmodell des herausragenden Kulturforschers Edgar E. Schein etabliert (Abbildung 7). Es spiegelt die Vielschichtigkeit des Konstrukts in differenzierter Weise wider (vgl. Franken 2010: 210; Sackmann 2004: 27; Christensen/Gordon 1999: 398; Alvesson 1995: 112; Lim 1995: 16; Osterloh 1991: 174).

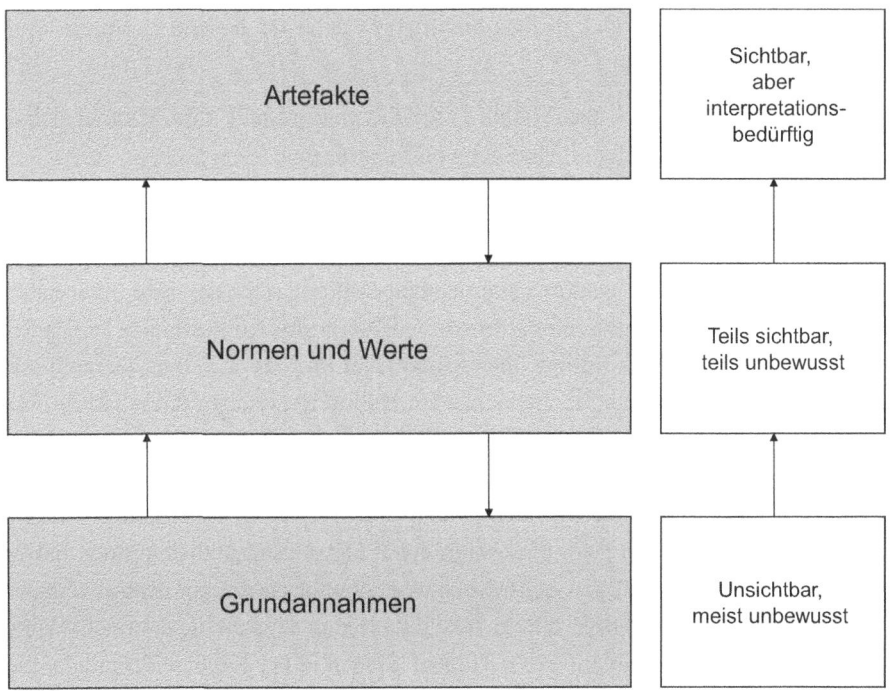

Abbildung 7:   Mehrebenenmodell der Unternehmenskultur (in Anlehnung an Schein 1984: 4)

Schein (1984: 3 f.) unterscheidet drei Kulturanalyseebenen, die in ihrer Sichtbarkeit und Bewusstseinstiefe voneinander abweichen, in wechselseitiger Beziehung zueinanderstehen und nachfolgend im Einzelnen aufgegriffen werden.

---

[109] Beispielhafte Analogie: Alle Kantone (Bundesländer) können eigene Subkulturen haben. Sie müssen aber die Oberwerte/Verfassung der Eidgenossenschaft (Bundesrepublik) respektieren.

4.1.4.1. Grundannahmen einer Kulturgemeinschaft

Um eine Unternehmenskultur im Kern zu verstehen, ist es unumgänglich, die Basisannahmen einer Kulturgemeinschaft zu ergründen. Kollektive Grundannahmen sind in der Regel unsichtbar und im Unterbewusstsein verwurzelt (vgl. Lim 1995: 16). Sie gelten als vollständig internalisiert. Infolgedessen werden sie nicht hinterfragt, geschweige denn öffentlich debattiert (vgl. Schein 1984: 3 f.). Aufgrund ihres ausschlaggebenden Einflusses auf die Wahrnehmung und das Handeln der Unternehmensmitglieder, ist die Bedeutung dieser Kulturelemente nicht hoch genug einzuschätzen (vgl. Steinmann/Schreyögg 2005: 712). Gemäß Schein (1984: 4) ordnen sie sich nach fünf Grundthemen. Erstens treffen Kulturgemeinschaften Annahmen über die Umwelt, z. B. inwiefern sie als bedrohlich, herausfordernd, bezwingbar oder übermächtig interpretiert werden muss. Zweitens bilden sie Vorstellungen über Wahrheit (z. B. Korrespondenztheorie versus Konsensustheorie) und Zeit. Von besonderer Relevanz im Rahmen dieser Dissertation ist drittens das Menschenbild (vgl. Abschnitt I.-1.2.1.). Eng hiermit verbunden entstehen in Unternehmen viertens Annahmen über menschliches Handeln. Diese können sich u. a. darin äußern, ob aktives Agieren oder passives Abwarten als zielführend gelten. Das fünfte Grundthema schlägt sich in Meinungen über die Natur zwischenmenschlicher Beziehungen nieder. Exemplarisch spiegeln sich diese im Machtgefälle hierarchischer Positionen wider (vgl. Steinmann/Schreyögg 2005: 715).

4.1.4.2. Normen und Werte

Normen stellen Verhaltensmaxime dar, welche als Handlungserwartungen an die Unternehmensakteure herangetragen werden (vgl. Alvesson 1995: 115). Werte hingegen umfassen abstrakte Auffassungen hinsichtlich dessen, was und was nicht als wünschens- bzw. erstrebenswert erachtet wird (vgl. Kleinmann 2008: 53; Scheitler/Wetzel 2007: 15; Abschnitt I.-1.2.2.). Normen unterscheiden sich von Kulturwerten durch ihre höhere inhaltliche Spezifität und Relevanz für das tatsächliche Verhalten (vgl. Brettel et al. 2008: 1200). In Bezug auf Werte, gilt es zwischen Unternehmenswerten und persönlichen Werten zu differenzieren (vgl. Berson/Oreg/Dvir 2008: 617). Wie die Betriebspraxis zeigt, gibt es einige Institutionen, die zentrale Normen und Werte in einer Managementphilosophie oder in Leitbildern zum Ausdruck bringen (vgl. Steinmann/Schreyögg 2005: 715). Beim Versuch, ein Verständnis für eine bestimmte Unternehmenskultur zu entwickeln, empfiehlt es sich demnach, das zugrundeliegende Normen- und Wertesystem zu erfassen (vgl. Schein 1985: 15). Hierzu ist es wichtig, den Grad der Übereinstimmung zwischen der deklarierten und der tatsächlich gelebten Unternehmenskultur zu untersuchen (vgl. Rühli 1990: 190 f.).

4.1.4.3. Artefakte

Das Normen- und Wertegerüst eines Unternehmens findet auf der dritten Kulturebene seinen Niederschlag. Artefakte stellen den sichtbaren, wenn auch oftmals interpretationswürdigen Teil einer Kultur dar. Architektonische Elemente (z. B. Gebäude, Räume), die betriebliche Kleiderordnung und (Körper-) Sprache (z. B. Jargon, Sprachbilder), die inner- und außerbetriebliche Kommunikation (z. B. Anredeformen), Geschichten, Legenden und Mythen sowie unternehmensspezifische Riten und Rituale (z. B. Betriebsfeiern) sind beispielhaft anzuführen (vgl. Schein 1984: 3; Sackmann 2002: 27 ff.; Steinmann/Schreyögg 2005: 716 f.; Kaune 2010a: 37). Auch die Gestaltung von Anreizsystemen resp. von Beförderungskriterien sind aussagekräftige Kulturartefakte (vgl. Pümpin/Kobi/Wüthrich 1985: 11). Medien, welche die symbolische Vermittlung von Normen und Werten anstreben, lassen sich nach Neuberger (1985: 31 ff.) in sprachliche (z. B. Anekdoten, Leitsätze), interaktionale (z. B. Jubiläen, Tagungen) und objektivierte Medien (z. B. Broschüren, Statussymbole) klassifizieren. Besonders die oben angesprochenen Riten und Rituale, die der Kategorie der interaktionalen Medien zugeordnet werden, weisen einen hohen Symbolcharakter[110] auf (vgl. Alvesson 1995: 112 f.; Deal/Kennedy 1982: 63).

Das in diesem Zusammenhang oft angeführte Eisbergmodell von Sackmann (2002: 27) kann dahingehend interpretiert werden, dass klar erkennbare Manifestationen einer Unternehmenskultur nur die Spitze des Sichtbaren darstellen. Unter der Wasseroberfläche liegt der weitaus größere Teil verborgen. Deswegen ist eine auf die Untersuchung von Artefakten begrenzte Kulturanalyse unzureichend. Wichtiger ist es, Bedeutungskategorien zu erfassen (vgl. Osterloh 1991: 175).

4.1.5. Kulturorientierungen

In der Vergangenheit haben zahlreiche Wissenschaftler (u. a. Handy 1978; Deal/Kennedy 1982; Peters/Waterman 1982; Sackmann 1985) den Versuch unternommen, Unternehmenskulturen zu systematisieren. Einerseits haben vordefinierte Kulturdimensionen den Vorteil, dass sie als Instrument der deduktiven Kulturanalyse genutzt werden können. Andererseits kann eine induktiv erhobene Unternehmenskultur auf die Passungsfähigkeit mit bestehenden Ansätzen hin geprüft werden, so dass eine Reduktion oder Kategorisierung der Datenfülle möglich ist (vgl. Sackmann 2002: 140 f.).

---

[110] Vgl. hierzu ausführlich Alvesson (1995: 37).

Pümpin, Kobi und Wüthrich (1985: 42 f.) unterscheiden sieben Kulturorientierungen. Dabei deutet „Orientierung" auf die zielgerichtete Entwicklung und Pflege von Kulturmerkmalen hin (vgl. Menzl 1990: 70):

- Kundenorientierung,

- Mitarbeiterorientierung,

- Resultats- und Leistungsorientierung,

- Innovationsorientierung,

- Kostenorientierung,

- Unternehmensorientierung und

- Technologieorientierung.

Kundenorientierte Unternehmenskulturen sind darauf ausgerichtet, externen Kunden eine überdurchschnittliche Wertschätzung entgegenzubringen. Profunde Kunden- und Kundenproblemkenntnisse sowie regelmäßige Kontakte sind beispielhafte Ausdrucksformen einer derartigen Kulturorientierung. Hingegen stellt eine mitarbeiterorientierte Unternehmenskultur interne Leistungsträger wertschätzend in den Mittelpunkt. Vertrauen, Partizipation, konstruktiv partnerschaftliche Teamarbeit, eindeutige Beförderungs- und Laufbahnkonzepte sowie leistungs- und anforderungsgerechte Entlohnungssysteme können exemplarisch für eine Mitarbeiterorientierung in der Unternehmenskultur angeführt werden. In diesem Zusammenhang erwähnt das obige Autorentrio Sozialleistungen, wobei Gesundheitsleistungen ergänzend anzuführen wären. Resultats- und leistungsorientierte Institutionen fördern ein ausgeprägtes Zielbewusstsein ihrer Beschäftigten, fordern eine starke persönliche Einsatzbereitschaft und Eigeninitiative und kultivieren eine überdurchschnittliche Arbeitsintensität. Im Hinblick auf eine potenzielle Überforderung und Überlastung ist in Unternehmen dieser Art ein kulturverankertes BGM besonders wichtig. Innovationsorientierte Kulturen erfreuen sich einer hohen Lern- und Veränderungsbereitschaft (auch Risikobereitschaft, Experimentierwillen des Personals) und streben nach Offenheit für Neues. Ein allgegenwärtiges Preisbewusstsein ist eine Ausdrucksform für eine kostenorientierte Unternehmenskultur. Zeichen einer Unternehmensorientierung (siehe auch OCB in Abschnitt II.-2.1.) sind eine langjährige Betriebsloyalität sowie ein hohes Identifikationsvermögen der Mitarbeitenden mit ihrem Arbeitgeber. Zuletzt können eine wissenschaftliche Basis bei der Leistungserbringung oder ein verbreitetes logisch-rationales Argumentationsverhalten spiegelbildlich für eine technologieorientierte Kultur genannt werden.

4.1.6. Kulturwandel

Das Bewirken von und der Umgang mit Wandel sind zentrale Aufgaben unternehmerischen Managements. Die Bedeutung einer aktiven Gestaltung von Wandlungsprozessen ist aufgrund der Geschwindigkeit und des Ausmaßes von Umsystemveränderungen heute größer als jemals zuvor (vgl. Thom/Ritz 2008: 51). Kulturelle Veränderungen sind als die schwierigste und langwierigste Form organisationalen Wandels anerkannt (vgl. Thom 2010a: 16).

4.1.6.1. Ansätze zum Ausmaß der Kulturveränderbarkeit

Experten sind sich bezüglich der Veränderbarkeit und praktischen Anwendbarkeit von Kultur uneinig (vgl. Thom 2010a: 17; Kauth 2007: 16). In der Fachliteratur werden vor allem zwei Ansätze diskutiert (vgl. Schreyögg 1991: 202; Steinmann/Schreyögg 2005: 735).

(1) Der Metapheransatz basiert auf der Grundposition, dass Unternehmen selbst eine Kultur darstellen (vgl. Alvesson 1995: 35; Rüssel 1991: 2). Seine Anhänger, Kulturalisten oder auch Puristen genannt, betrachten Betriebe als organisch gewachsene Lebenswelten (vgl. Steinmann/Schreyögg 2005: 735), die durch ihre sinnstiftende Interpretation von Handlungen und Ereignissen organisatorisches Agieren erst ermöglichen. Symbolsysteme werden als dermaßen komplex und tiefgründig erachtet, dass sie sich jedweder Einflussnahme entziehen (vgl. Schreyögg 1991: 202).[111]

(2) Interventionisten sind hingegen Vertreter des Variablenansatzes. Ihrer Auffassung zufolge hat ein Unternehmen eine Kultur, welche, ähnlich wie seine Strategie und Struktur, gestaltet werden kann (vgl. Thom 2010a: 17; Rüssel 1991: 3). Im Sinne des Variablenansatzes ist es sogar die Aufgabe von Unternehmen, eine Kultur bewusst zu erzeugen. Dazu besteht die Möglichkeit, die vorhandene Kultur zu identifizieren und mit Hilfe geeigneter Maßnahmen und Instrumente in die gewünschte Richtung zu lenken (vgl. Sollberger 2006: 90).[112]

Das vorliegende Forschungsprojekt legt ein integratives Kulturverständnis zugrunde. Das heißt, es basiert auf einem Ansatz, der die zuvor dargelegten polaren Standpunkte zu einer Synthese verbindet (vgl. Sollberger 2006: 92; Sackmann 1990: 162 ff.). Kultur wird als umfassendes, mehrschichtiges Phänomen interpretiert, das zwar aufgrund seines gewachsenen, zumeist nahezu vollständig internalisierten Normen- und Wertesystems schwer veränderbar ist, sich jedoch durch den Einsatz gezielter Aktionsparameter aktiv gestalten lässt (vgl. Strähle 2010: 61). Gemäß Thom (2010a: 17) besitzen

---

[111] Für weitere Ausführungen zum Methapheransatz siehe Sackmann (1990: 161 f.).

[112] Für weitere Ausführungen zum Variablenansatz siehe Sackmann (1990: 155 ff.).

speziell Führungspersonen kulturschaffende Kompetenzen (vgl. Abschnitt II.-4.3.4.2.). Maßnahmen und Instrumente des Personalmanagements ermöglichen eine wesentliche und nachhaltige Formbarkeit des organisationalen Wertesystems. Genauere Ausführungen hierzu erfolgen in Abschnitt II.-4.3. bzw. im Schlusskapitel dieser Dissertation (vgl. Abschnitt IV.-1.2.).

4.1.6.2. Kulturbewusstes Management

Ausgehend von einem integrativen Kulturverständnis ist ein kulturbewusstes Management möglich und infolge von Veränderungssituationen im betrieblichen In- und Umsystem sogar notwendig (vgl. Sackmann 2002: 89). Allerdings existiert kein Patentrezept zum Kulturmanagement. Jede Organisation muss einen für sie passenden Weg finden, der die spezifische(n) Unternehmensgeschichte, Tradition und Gewohnheiten angemessen berücksichtigt (vgl. Franken 2010: 221).

4.1.6.2.1. Kulturaudit

Kulturgestaltung setzt ein Kulturaudit voraus. Ein Assessment dieser Art umfasst die Analyse der bestehenden Ist-Kultur (inhaltliche Ausgestaltung einer Unternehmenskultur im Status Quo) und eine daran anknüpfende Kulturbewertung (vgl. Sackmann 2002: 117 f.).

„The measurement of something as complex and amorphous as an organization's culture has been the subject of much debate." (Denison 1984: 6). Drumm (1991: 170) spricht von schwer bis kaum lösbaren Messproblemen.

Auf der einen Seite lassen sich Unternehmenskulturen deduktiv erschließen. Es werden a priori Annahmen getroffen. Der Forschende wendet bestehende Konzepte auf einen Untersuchungskontext an (vgl. Abschnitt II.-4.1.5.). Hierbei besteht die Gefahr, dass ausschließlich vordefinierte Kulturmerkmale aufgedeckt werden. Auf der anderen Seite ist ein induktiver Ansatz möglich. Dieser führt zu einem besseren, situationsrelevanten Kulturverständnis. Kritische Stimmen beanstanden jedoch mitunter die große Nähe des Wissenschaftlers zum empirischen Feld (Verdacht der Unvollständigkeit und Verzerrung von Daten, Missbrauch von Interpretationsspielräumen etc.) (vgl. z. B. Sackmann 2002: 134).

Die Fülle möglicher Methoden zur Erfassung einer Kultur ist wenig klarheitsstiftend (vgl. Jung/Scott/Davies 2009: 1089). Ihre Spannweite reicht von standardisierten Kulturbefragungen, wobei hier in der Regel ein Kulturvergleich innerhalb und zwischen Unternehmen angestrebt wird, bis hin zu zeitintensiven, tiefgreifenden Ethnographien, deren Ziel es ist, ein umfassendes Kulturverständnis zu generieren (vgl. Burchell 2006: 32). Aus Systematisierungsgründen nimmt Fankhauser (1996: 219 ff.; vgl. ähnlich

Tuppinger 2003: 171 ff.) eine Unterteilung in positivistische und anti-positivistische Erhebungsmethoden vor. Positivistische Erfassungsansätze (z. B. schriftliche Befragungen, strukturierte Beobachtungen) zeichnen sich dadurch aus, dass die Operationalisierung der Kulturmerkmale vor der Untersuchung erfolgt. Es besteht eine strikte Trennung von Datenerfassung und -auswertung. Anti-positivistische Methoden sind hingegen dadurch charakterisiert, dass Bedeutungsinhalte im Zentrum des Forschungsbemühens stehen. Merkmale werden während der Untersuchung operationalisiert. Datenerfassung und -auswertung verlaufen weitgehend zeitgleich, weil die Datenerhebung in mehreren Durchgängen erfolgt und jeder Durchgang auf den bereits gewonnenen Erkenntnissen aufbaut. Qualitative Interviews und Dokumentenanalysen, teilnehmende Beobachtungen sowie Gruppendiskussionen sind Beispiele für (eher) anti-positivistische Erhebungsmethoden. Sie finden im Rahmen der späteren Fallstudienforschung Anwendung (vgl. Abschnitt III.-3.).

Eine Soll-Kultur zeichnet sich durch die bewusste Formulierung von Kulturmerkmalen aus, d. h. von Grundannahmen, Normen und Werten sowie von Artefakten (vgl. Rühli 1990: 198). Nach Abschluss eines Kulturaudits (Analyse und Bewertung) sind konkrete Gestaltungsempfehlungen zu formulieren, um vom Ist- zum Sollzustand zu gelangen (vgl. Sackmann 2002: 156).

4.1.6.2.2. Strategien der Kulturveränderung

Die Bandbreite der (Um-) Gestaltungsmaßnahmen von geplantem Wandel bewegt sich in Form eines Kontinuums zwischen radikalen und evolutionären Veränderungen (vgl. Thom 1998: 4 ff.; Meyerson 2001: 94).[113] In den 1990er Jahren stellten Hammer und Champy das Konzept „Business Reengineering"[114] vor. Seither ist es als Ausgangspunkt des radikalen Change Managements bekannt (vgl. Thom/Zaugg 2002: 359). „Structure follows process follows strategy" lauten die konzeptkonformen Gestaltungsprioritäten (vgl. Thom/Ritz 2008: 92 in Anlehnung an Chandler 1962). Auf gewachsene Strukturen und Verfahrensweisen wird keine Rücksicht genommen (vgl. Sollberger 2006: 132). Der Handlungs- und Zeitdruck ist hierfür oftmals zu hoch (vgl. Sackmann 2002: 162).

Beim evolutionären Ansatz gilt folgende Priorisierung: „Structure follows process follows strategy follows culture". Es herrscht die Annahme vor, dass, bevor sich ein soziales System wandeln kann, eine Änderung der Einstellungen, Werte und Verhaltensweisen aller Systemmitglieder erfolgen muss (vgl. Thom/Ritz 2008: 92). Die

---

[113] Zum Thema Change Management sei weiterführend auf Vahs (2005: 248 ff.) verwiesen.

[114] Business Reengineering ist „[...] ein fundamentales Überdenken und radikales Redesign von Unternehmen oder wesentlichen Unternehmensprozessen." (Hammer/Champy 1994: 24).

schrittweisen Veränderungen im antizipativen Change Management sind häufig so klein (vgl. Thom/Zaugg 2002: 361), dass sie praktisch nicht wahrnehmbar sind (vgl. Sollberger 2006: 131). „Like drops of water, these approaches are innocuous enough in themselves. But over time and in accumulation, they can erode granite." (Meyerson 2001: 94). Evolutionäre Veränderungen werden nicht, wie dies beim radikalen Wandel der Regelfall ist, von externen Beratern oder Ad-Interim-Managern dominiert. Stattdessen werden im Sinne des OE-Ansatzes Betroffene zu Beteiligten gemacht (vgl. Thom 1997: 206). Es liegt ein Menschenbild gemäß Theorie Y zugrunde (vgl. Thom/Zaugg 2002: 361; Abschnitt II.-1.2.1.).

Die Zweckmäßigkeit des radikalen oder evolutionären Ansatzes ist von verschiedenen Faktoren abhängig. Ansatzvariationen sind nicht ausgeschlossen (vgl. Thom/Zaugg 2002: 362). Tabelle 5 gibt einen vergleichenden Überblick.

Mitglieder einer Kulturgemeinschaft sind in ihrer Funktion als Kulturträger unmittelbar von Veränderungen betroffen (vgl. Sackmann 2002: 65). Sie sollten daher in den Wandlungsprozess eingebunden werden. Kulturwandel kann durch ein radikales Vorgehen nur bedingt nachhaltig sein, zumal ein Wertewandel unmöglich „über Nacht" stattfindet (vgl. Franken 2010: 221). Unter Berücksichtigung der Beschäftigtengesundheit muss zudem bedacht werden, dass plötzliche Veränderungen als psychische Belastung wahrgenommen werden können.

Kriterium	Radikaler Wandel	Evolutionärer Wandel
Menschenbild	Tendenziell Theorie X (während des Wandlungsprozesses)	Theorie Y (für den Wandlungsprozess und das Zusammenleben danach)
Ziel(e)	Erhöhung der ökonomischen Effizienz	Erhöhung der ökonomischen und sozialen Effizienz
Auslöser	- Liquiditätskrise - Erfolgskrise	- Erfolgskrise - Strategische Krise
Veränderungs-strategie(n)	- Spitze-Abwärts-Strategie	- Spitze-Abwärts-Strategie - Basis-Aufwärts-Strategie - Bipolare Strategie - Keilstrategie - Multiple-Nukleus-Strategie
Stärken	- Möglichkeit zum Neuanfang - Chance auf eine deutliche Wirtschaftlichkeitssteigerung - Schnelligkeit des Wandels - Konzeptionelle Einheitlichkeit der Veränderungsmaßnahmen - Bedeutende Kompetenzerweiterungen für „Prozess-Spezialisten"	- Sozialverträglichkeit aufgrund der Natürlichkeit von Veränderungen - Berücksichtigung der Entwicklungsfähigkeit der Systemmitglieder - Förderung des Selbstmanagements/ der Selbstorganisation - Langfristige Perspektive - Vermeidung/Reduktion von Änderungswiderständen
Schwächen	- Instabilität während der Veränderungsphase - Zeit- und Handlungsdruck - Ausschluss alternativer Veränderungsstrategien - Mangelnde Sozialverträglichkeit	- Teilweise unzureichende Reaktionsgeschwindigkeit - Extrem hohe Anforderungen an die Sozialkompetenz der Beteiligten - Kompromisszwang - Unzureichende Möglichkeiten zur Durchsetzung unpopulärer, aber notwendiger Entscheidungen

Tabelle 5:   Radikale und evolutionäre Wandlungsstrategien im Vergleich (in Anlehnung an Thom/ Ritz 2008: 93; Thom 1998: 9 ff.)

4.1.6.2.3. Phasen der Kulturveränderung

Der organisatorische Veränderungsprozess nach Lewin (1958) besteht aus den Grundphasen (1) Auftauen, (2) Verändern und (3) Stabilisieren. Verfeinerungen sind möglich. Die erste Phase verlangt, dass sich ein soziales System veränderungsbereit zeigt. Dazu müssen Gleichgewichtszustände aufgegeben werden (vgl. Steinmann/Schreyögg 2005: 496). Das Aufbrechen, kritische Überprüfen, Loslassen und Verlernen gewohnter Denk- und Handlungsmuster sind hierbei zentrale Teilschritte (vgl. Sackmann 2002: 164). Darüber hinaus ist es notwendig, die Bedeutung und Dringlichkeit der angestrebten Veränderung sowie die damit verfolgten Ziele aus Gründen der Akzeptanzschaffung und Vertrauensgenerierung verständlich zu kommunizieren (vgl. Sollberger

2006: 133). Pfadabhängigkeiten[115] im Management (vgl. Dievernich 2007: 12 ff.) können diesen Prozessschritt gefährden bzw. unmöglich machen. Die konkrete Problembearbeitung stellt den zweiten Kerngedanken im Lewinschen Episodenschema dar (vgl. Steinmann/Schreyögg 2005: 497). In dieser Phase geht es um das Suchen und Schaffen einer neuen kulturellen Wirklichkeit (vgl. Sackmann 2002: 164). Schlussendlich ist es für einen nachhaltigen Kulturwandel unverzichtbar, den neuen Ist-Zustand im Unternehmen zu stabilisieren (vgl. Steinmann/Schreyögg 2005: 497), ohne dass es dabei zu einer Stagnation kommt. Die Aufrechterhaltung des Soll-Zustands durch eine kontinuierliche Kulturpflege und -weiterentwicklung steht im Fokus des Interesses. Zaugg und Thom (2003: 201) sprechen von Konsolidierung bis ein neuer Zyklus beginnt. Auch hier ist der Beitrag des Personalmanagements elementar.

4.1.6.3. Barrieren des Kulturwandels

Im Normalfall führt jeder Veränderungsprozess zu Widerständen (vgl. Sackmann 2002: 168). Dies nicht zuletzt, weil Neues oftmals Angst macht (vgl. Houben 2008: 231). Die Umsetzungsarbeit eines Wandlungsprozesses ist deshalb nicht zu unterschätzen (vgl. Thom/Ritz 2008: 96). Hindernisse oder Barrieren können sich in Form von konkreten Widerstandsaktionen äußern. Zudem ist bekannt, dass sie unter Umständen aufgrund von generellen Hemmschwellen oder allgemeiner Trägheit die Nutzung von bestehenden und neuen Gestaltungsoptionen verhindern (vgl. Kieser/Hegele/Klimmer 1998: 120 ff.; Steinmann/Schreyögg 2005: 495). Hohe Fluktuationsraten und Fehlzeiten sind übliche Anzeichen von entstandenem Widerstand und Unmut. Die Frühwahrnehmung von Widersetzlichkeiten ist eine Kernkompetenz in Veränderungsprozessen. Sie schafft die Voraussetzung dafür, dass Betroffene rechtzeitig einbezogen werden können und auf diese Weise die Möglichkeit erhalten, sich in einem Lernprozess mit den neuen Bedingungen zu identifizieren (vgl. Thom/Ritz 2008: 96 f.).

Es werden fünf Arten des Widerstands unterschieden. Dabei handelt es sich um (1) Wissens-, (2) Fähigkeits- und (3) Willensbarrieren, die zu den personellen Bedingungsgrößen eines Unternehmens gehören. Zudem kann es zu (4) Systembarrieren kommen. Diese sind den institutionellen Bedingungskategorien zuzuordnen. Schließlich ist das Auftreten von (5) Normbarrieren in Veränderungsprozessen typisch, wobei hier sowohl Aspekte der personellen als auch der institutionellen Bedingungsgrößen greifen (vgl. Thom/Ritz 2008: 97; Reiß 1997: 17 ff.; Rosenstiel 1997: 201 ff.). Während Wissensbarrieren Bezug auf „Nicht-Kennen" nehmen (im Hinblick auf die Tätig-

---

[115] Pfadabhängige Organisationen weichen nicht oder nur schwer von bewährten Denk- und Verhaltensmustern ab, obgleich bessere Alternativen bestehen (vgl. Dievernich 2007: 13).

keit oder das Veränderungsvorhaben selbst), kennzeichnen Fähigkeitsbarrieren das „Nicht-Können" (mangelnde Qualifikation). Hingegen ist „Nicht-Wollen" Ausdruck von Willensbarrieren (z. B. aufgrund unzureichender Motivation). Systembarrieren entstehen durch Ressourcendefizite und können sich zusätzlich negativ auf das Beteiligtenengagement auswirken. Zuletzt entstehen Normbarrieren durch „Nicht-Dürfen" (z. B. drohender Verstoß gegen kulturelle Normen und Werte). Um zu verhindern, dass das Potenzial der Beschäftigten unzureichend ausgeschöpft wird, ist es erforderlich, dass eine Neuorientierung im Führungsverständnis erfolgt. Alle genannten Widerstandsarten beeinflussen und verstärken sich gegenseitig (vgl. Thom/Ritz 2008: 98 f.).

4.1.6.4. Promotoren des Kulturwandels

In Verbindung mit Innovationsprozessen verwendet Witte (1973) erstmalig den Begriff „Promotor" (vgl. auch Hauschildt/Salomo 2007: 216). Der Ansatz des Promotorenmanagements besagt im Kern, dass Veränderungsprozesse nur erfolgreich umgesetzt werden können, wenn sie von tatkräftigen Personen intensiv unterstützt werden (vgl. Kaune 2010a: 21). Ergänzend zur Festlegung von Veränderungszielen zählt es zu den Aufgaben eines Promotors, existierenden Widerständen und Barrieren entgegenzuwirken und die den Wandel fördernden Kräfte nach bestem Vermögen zu aktivieren (vgl. Thom/Ritz 2008: 103). Dazu ist es notwendig, dass sich Promotoren ihrer Rolle und Verantwortung vollumfänglich bewusst sind (vgl. Hecker 2010: 194).

Das ursprüngliche Promotorenmodell Wittes (1973: 17 ff.) unterscheidet zwischen einem Macht- und einem Fachpromotor. Hauschildt und Chakrabarti (1988) erweitern es Jahre später um die Rolle eines Prozesspromotors (vgl. auch Hauschildt/Salomo 2007: 218; Kieser 1993: 72).

Machtpromotoren, d. h. vor allem Führungskräfte, sind aufgrund ihrer hierarchischen Stellung in der Position, Wandlungsprozesse zu legitimieren. Diese Legitimationsfunktion trägt dazu bei, dass sie Fach- und Prozesspromotoren zu Handlungsspielräumen und Akzeptanz verhelfen können. Ferner sind sie imstande, erforderliche finanzielle, personelle und technische Ressourcen bereitzustellen und Systembarrieren zu überwinden (vgl. Thom/Ritz 2008: 104 f.; Witte 1973: 17). Die Empirie gibt Aufschluss darüber, dass die Rolle der Führung bei erfolgreichen Veränderungsprozessen zu den wichtigsten Faktoren zählt (vgl. Thom/Ritz 2008: 107; Beer/Eisenstat/Spector 1990: 179 ff.). Commitment und Vorbildfunktion entscheiden im Kulturwandel wesentlich über den erzielbaren Erfolg (vgl. Houben 2008: 232; Krüger 2009: 146; Abschnitt II.-4.3.4.2.).

Fachpromotoren zeichnen sich durch objektspezifisches Expertenwissen aus (vgl. Witte 1973: 19; Kaune 2010a: 22). In Bezug auf das BGM übernehmen z. B. Gesundheits- und Case Manager Spezialistenrollen. Innerhalb der Unternehmensgrenzen verfügt dieser Personenkreis über vertieftes Wissen z. B. in den Fachbereichen „Zusammenhänge zwischen Arbeit und Gesundheit" einerseits und „konkrete Maßnahmen und Wirkungsweisen der Verhaltens- und Verhältnisprävention" andererseits. Allerdings gilt eine alleinige Delegation gesundheitsfördernder Aufgaben an Fachpromotoren als unzureichend (vgl. Badura 2009: 29). Es wird der Anspruch erhoben, Gesundheitsförderung nicht als abgrenzbaren Gegenstand bzw. separates Aufgabengebiet zu verstehen. Ziel sollte es sein, eine gesundheitsorientierte Perspektive auf alle Leistungs- und Wertschöpfungsprozesse innerhalb einer Organisation einzunehmen und diese in Gestalt einer Gesundheitskultur konsequent umzusetzen (vgl. Veith/Schweitzer 2009: 32).

Die Koordinations- und Kommunikationsfunktion obliegt Prozesspromotoren (vgl. Kieser 1993: 72). Change-Agents dieser Art benötigen eine hohe Sozialkompetenz. Es liegt an ihnen, laufend über den Stand der Veränderung zu informieren. Darüber hinaus sind die Entgegennahme und der konstruktive Umgang mit Kritik und Verbesserungsvorschlägen ihrem Aufgabenbereich zuzuordnen (vgl. Thom/Ritz 2008: 105).

Im Endeffekt ist es entscheidend, dass die Hierarchiespitze Veränderungsprozesse mit aller Kraft unterstützt, dass es versierte Experten gibt, die ihr Fachwissen an geeigneter Stelle einbringen und dass Prozessverantwortliche das Geschehen sozialkompetent begleiten (vgl. Thom/Ritz 2008: 106). Witte (1988: 153) spricht von einer sich gegenseitig unterstützenden Gespannstruktur. Ein wirkungsvolles Aktionsverhältnis dieser Art ist in Unternehmen, in denen BGM nur Programm- und Aktionscharakter hat, nicht in der gewünschten Form gegeben. Die langfristig ausgerichtete Implementierung einer Gesundheitskultur setzt eine eng verzahnte Zusammenarbeit aller Promotoren voraus.

4.1.7. Unternehmenskultur unter dem Einfluss der Landeskultur

Jeder Betrieb operiert innerhalb einer Landeskultur. Dadurch, dass Mitarbeitende landeskulturelle Merkmale in den Unternehmensalltag einbringen, spiegelt sich die Kultur eines Landes/einer Region unweigerlich im Betriebsgeschehen wider. Die Stärke des Einflusses kann variieren (vgl. Steinmann/Schreyögg 2005: 737). Hofstede (2011a: Online; 2001: 29) klassifiziert Kulturen anhand von fünf Dimensionen:

- Machtdistanz[116],

- Unsicherheitsvermeidung[117],

- Individualismus versus Kollektivismus[118],

- Maskulinität versus Feminität[119] sowie

- Langzeit- versus Kurzzeitorientierung[120].

Gemäß den empirischen Erkenntnissen Hofstedes (2011b: Online) liegen Deutschland und die Schweiz in den obigen Kulturdimensionen relativ nahe beieinander (geringe Machtdistanz, verhältnismäßig hohe Toleranz gegenüber Unsicherheit und Ambiguität, individualistisch geprägt, relativ maskulin, kurzfristig ausgerichtet), auch wenn bestehende kulturelle Unterschiede nicht vernachlässigbar sind.[121]

Die schweizerische Landeskultur (siehe späteres Fallbeispiel dieser Dissertation) prägt die Betriebspraxis dahingehend, dass Geschäftsbereiche oder Niederlassungen einer Unternehmung typischerweise ein ausgeprägtes Maß an Eigenständigkeit für sich beanspruchen. Mit anderen Worten besteht eine Abwehrhaltung gegenüber einer Einheit durch Einförmigkeit (vgl. Verhältnis Kantone und Bund). Loyalität und ein hohes Identifikationsniveau sind darauf ausgerichtet, drohenden Synergieverlusten vorzubeugen. Persönliche Vertrauensbeziehungen halten eine Organisation vielfach zusammen (vgl. Bergmann 1986: 290). Ferner ist die Schweiz seit dem Mittelalter im Grundsatz eine Gemeinschaft von gleichberechtigten und gleichwertigen Bürgern. Das sogenannte „helvetische Mittelmaß" schlägt sich insofern im Unternehmensalltag nieder, als z. B. akademische Titel und Auszeichnungen im Normalfall verdeckt gehalten werden (Un-

---

[116] Machtdistanz im Unternehmen beschreibt, welches Machtgefälle innerhalb einer Kulturgemeinschaft von weniger einflussreichen Kulturmitgliedern erwartet und akzeptiert wird. Eine hohe Machtdistanz steht dafür, dass Macht zwischen Führungskräften und Mitarbeitenden sehr ungleich verteilt ist. Eine geringe Distanz symbolisiert das Gegenteil (vgl. Hofstede 2001: 79 ff.).

[117] Die Schwelle, mit der Unternehmen Unsicherheit und Ambiguität tolerieren, wird als Indikator für die Sicherheitsliebe einer Kultur betrachtet. Risikoaverse Organisationen tendieren dazu, mit Hilfe von Formalismen und Prozessvorgaben Unternehmensabläufe so weit wie möglich zu strukturieren. Risikofreudige Betriebe versuchen hingegen Regelwerke weitestgehend zu vermeiden und Situationen immer wieder offen gegenüberzustehen (vgl. Hofstede 2001: 145 ff.).

[118] In individualistischen Kulturen werden Werte wie Selbstbestimmung, Selbstverwirklichung und Eigenverantwortung stärker ausgelebt als in kollektivistischen Kulturen. In Letzteren dominieren Gemeinschafts- und Wir-Gefühl (vgl. Hofstede 2001: 209 ff.).

[119] Empirische Befunde belegen, dass Männer sich im Arbeitskontext tendenziell konkurrenzbereiter zeigen sowie Geld- und Karrierezielen eine höhere Bedeutung beimessen als Frauen. Weibliche Beschäftigte gewichten eine angenehme Arbeitsatmosphäre stärker. Sie achten mehr auf Fürsorglichkeit, Bescheidenheit und ein freundliches Wesen. Welche Werte innerhalb einer Kultur zum Tragen kommen und welche Rollenvorstellungen (m/w) bestehen, ist Ausdruck ihrer Maskulinität resp. Feminität (vgl. Hofstede 2001: 279 ff.).

[120] Diese Kulturdimension wurde von Hofstede (2001: 351 ff.) auf Basis einer chinesischen Studie entwickelt. Sie gibt Aufschluss darüber, ob eine Gemeinschaft ihren Fokus eher auf die Zukunft oder auf die Gegenwart richtet.

[121] Erfahrungen eines Deutschen in der Schweiz finden sich z. B. in Stechow (2009).

derstatement). Leistungsträger zeichnen sich vorrangig durch ihre Kooperationsfähigkeit aus. Je mächtiger oder qualifizierter eine Person ist, desto mehr verlangt es die Kultur, dass sich der Betreffende in den Dienst der Gemeinschaft stellt (vgl. Dohna 2010: 68 f.; Bergmann 1986: 291). Privilegien sind selten. Die geringe Machtdistanz wird oftmals durch einen informellen Umgang betont (z. B. ausgeprägte „Duz-Kultur"). Das Macht-gefüge bleibt hierdurch unverändert (vgl. Dohna 2010: 84 ff.; Bergmann 1986: 291 f.). Die ausgebildete Kompromiss- und Konsenskultur der Schweizer wird von den Eidge-nossen ebenso in das Unternehmensgeschehen transportiert (vgl. Dohna 2010: 45 ff.) wie ihre latente Konfliktaversion (vgl. Bergmann 1986: 291). Letztere unterscheidet die schweizerische Kultur von der deutschen Streitkultur (vgl. Dohna 2010: 48). Obschon Hofstede der Schweiz eine vglw. hohe Toleranz gegenüber Unsicherheit und Ambiguität attestiert, arbeiten schweizerische Betriebe normalerweise umsichtig, investieren stark in Planung und ziehen inkrementelle Verbesserungen und schrittweise Veränderungen ra-dikaleren Lösungen vor (vgl. Bergmann 1986: 293).

4.2. Konstrukt Gesundheitskultur

Neuere Entwicklungen in der Fachliteratur weisen vermehrt darauf hin, dass der Um-gang mit betrieblicher Gesundheit im Kern von Kulturwerten gesteuert wird (vgl. z. B. Faller 2011: 78; Uhle/Treier 2011: 107; Badura/Walter/Hehlmann 2010: 54; Kroll 2010: 59; Stock-Homburg 2010: 850 f.; Norman 2009: 21; Kesting/Meifert 2004: 34; U-lich/Wülser 2004: 270 und 274). Dies gilt vor allem, wenn BGM kein Lippenbekenntnis bleiben soll (vgl. Kroll 2010: 59). Die angestrebte Ausprägung einer Kultur ist durch bewusste Gestaltungsmaßnahmen zu beeinflussen. „Kulturentwicklung als laufende An-strengung zur Pflege und Förderung gemeinsamer Überzeugungen, Werte und Regeln ist […] eine zentrale Aufgabe […] des Betrieblichen Gesundheitsmanagements." (Badu-ra/Walter/Hehlmann: 54). Experten zeigen sich weitgehend einmütig, dass die Unter-nehmenskultur einen eminenten Einfluss auf Gesundheit und Wohlbefinden hat und BGM ohne kulturelle Verankerung zu nicht nachhaltigem Aktionismus tendiert.[122] Den-

---

[122] Badura/Hehlmann (2003: 54 f.) befassen sich mit gesunden und ungesunden Organisationen resp. gesunden Mitarbeitern in gesunden Organisationen. Badura selbst spricht sich im Jahre 2010 (60 f.) für die „Wiederentdeckung der Kultur" aus und betont deren Einfluss auf die Beschäftigtengesundheit. Bereits zehn Jahre zuvor kann er mit diesen Worten zitiert werden: „Die Unternehmenskultur beeinflusst maßgeblich Betriebsklima und Sozialverhalten, die ihrerseits wiederum von hoher Bedeutung für Gesundheit und Wohlbefinden sind." (Badura 2000: 28). Zimolong/Elke/Bierhoff (2008: 99 ff.) konzentrieren sich auf eine (Ar-beits-) Sicherheitskultur. Das internationale Netzwerk Enterprise for Health fordert eine partnerschaftliche Unternehmenskultur zur Förderung der Mitarbeitergesundheit (vgl. BKK Bundesverband/ Bertelsmann Stiftung 2006: 15 und 20; Mohn 2006: 6). Badura et al. plädieren 2008 (14 ff.) für den Ausruf „Culture matters". Jüngst greift der Gesundheitsreport 2010 (Teil 1) der BARMER GEK die Förderung einer Gesundheitskultur auf. Stock-Homburg (2010: 852) gibt einige „Ansatzpunkte zur Verankerung des Health Care Managements auf verschiedenen Ebenen der Unternehmenskultur". Uhle/Treier (2011: 146 ff.) befassen sich ebenfalls mit der Bedeutung einer Gesundheitskultur und führen ein Interview mit Prof. Dr. Gabriele Elke, die sich im Rahmen ihrer Forschung aus arbeits- und organisationspsychologischer Perspektive mit der Idee einer Gesundheitskultur

noch mangelt es dem wissenschaftlichen Diskurs an Beiträgen, die das Konstrukt Gesundheitskultur systematisch und betriebswirtschaftlich fundiert beschreiben. Zudem fehlen konkrete Empfehlungen, auf welche Weise eine Gesundheitskultur durch Personalmanagement entwickelt und verankert werden kann (vgl. die identifizierten Forschungslücken als Ausgangspunkte dieser Dissertation in Abschnitt I.-2.).

Die Unternehmenskultur ist eine Umhüllungsgröße (Wertebasis), welche den Einsatz aller nachgeordneten Führungsinstrumente steuert (vgl. Thom 1992a: 29). Analog stellt die Gesundheitskultur, als Teil der Unternehmenskultur, den normativen Ansatzpunkt für die Steuerung aller gesundheitsfördernden Initiativen dar.

Basierend auf den gängigen, im Forschungsfeld BGM viel beachteten Darstellungen eines umfassenden Gesundheitsmanagements (z. B. Uhle/Treier 2011; Badura/Walter/Hehlmann 2010; Kroll/Dzudzek 2010; Oppolzer 2010; Badura et al. 2008; Zimolong/Elke/Bierhoff 2008; Kuhn/Sommer 2004; Meifert/Kesting 2004a; Rudow 2004; Sauer 2002; Bamberg/Ducki/Metz 1998c; Kerkau 1997), ist das Konstrukt Gesundheitskultur (Abbildung 8) dieser Forschungsarbeit eine gedankliche Weiterentwicklung der Verfasserin.

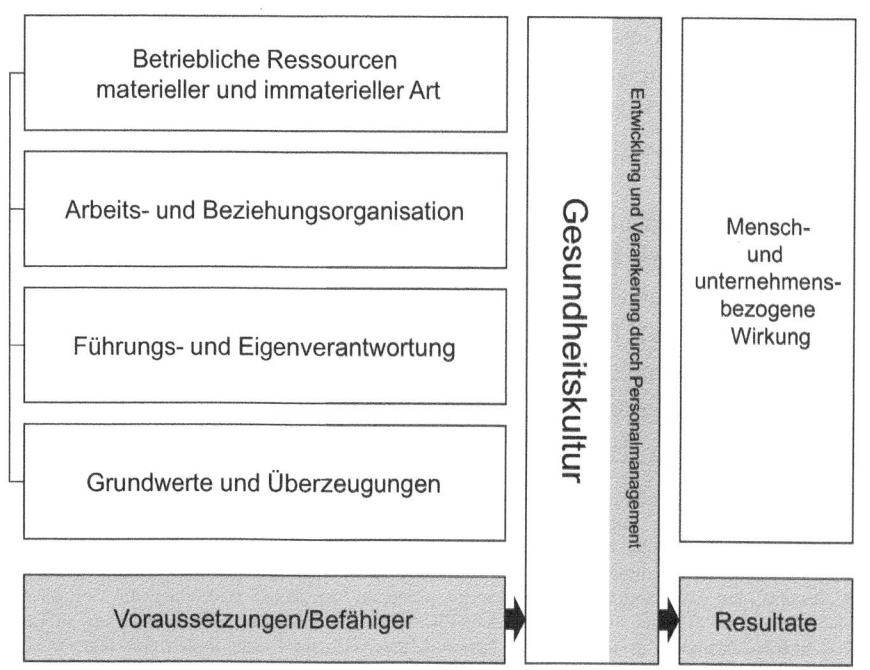

Abbildung 8:   Konstrukt Gesundheitskultur (eigene Darstellung)

auseinandersetzt. Auch Gertz (2011: 22) spricht sich für eine kulturelle Sensibilisierung aus. Ulrich (2011: 28) fordert schließlich, dass mehr sinnstiftende Elemente in den Unternehmensalltag eingeführt werden.

Die Abbildung lässt erkennen, dass das Konstrukt Gesundheitskultur der Logik des Modells der European Foundation for Quality Management (EFQM) folgt (vgl. EFQM 2011: Online; Vahs 2005: 257). So werden die mensch- und unternehmensbezogenen Ergebniskriterien (Resultate) durch verschiedenartige Voraussetzungen bzw. Befähiger ermöglicht. Letztere lassen sich in vier Hauptkategorien klassifizieren:

- Grundwerte und Überzeugungen (vgl. Abschnitt II.-4.2.1.1.),

- Führungs- und Eigenverantwortung (vgl. Abschnitt II.-4.2.1.2.),

- Arbeits- und Beziehungsorganisation (vgl. Abschnitt II.-4.2.1.3.) sowie

- betriebliche Ressourcen materieller und immaterieller Art (vgl. Abschnitt 4.2.1.4.).

Die mittlere Säule verweist darauf, dass die Entwicklung und Verankerung einer Gesundheitskultur maßgeblich durch Personalmanagement erfolgt. Abschnitt II.-4.3. sowie die Gestaltungsempfehlungen in Abschnitt IV.-1.2. befassen sich mit entsprechend relevanten Ansatzpunkten. Im weiteren Verlauf dieses Kapitels werden sowohl die Voraussetzungen resp. Befähiger als auch die Resultate einer Gesundheitskultur detailliert erörtert.

4.2.1. Voraussetzungen und Befähiger einer Gesundheitskultur

4.2.1.1. Grundwerte und Überzeugungen

Gemäß Stadler (2009: 54) ist das Wertesystem eines Unternehmens ein Indikator für seine gesundheitliche Verfassung. Nachstehend werden Grundwerte und Überzeugungen vorgestellt, die auf Basis des umfassenden Literaturstudiums der Verfasserin und in Anlehnung an die bisherigen Inhalte dieser Dissertation als Fundament einer Gesundheitskultur bezeichnet werden können (keine abschließende Aufzählung):[123]

- Die Würde des Menschen ist unantastbar (Grundrecht).

- Achtung und Respekt vor dem Individuum sind genauso einzuhalten wie die Rücksichtnahme auf seine Privatsphäre. Grenzen zum allzu Persönlichen, d. h. einem zu starken Einblick in die Psyche oder einer zu hohen Erwartungshaltung an die körperliche Gesundheit, müssen zwingend beachtet werden.

- Der Mensch ist komplex, engagiert (Kernelement der Theorie Y) und ein soziales Wesen (vgl. Abschnitt I.-1.2.1.).

---

[123] Für eine aktuelle Wertediskussion in der Praxis siehe PricewaterhouseCoopers AG (2011) oder HR Today (2011: 23-37).

- Mitarbeitende sind keine Erfüllungssubjekte (vgl. Abschnitt II.-2.7.3.), sondern Partner, denen Aufgaben übertragen werden können und die, wann immer sinnvoll, in das Unternehmensgeschehen (inkl. Entscheidungsprozesse) einzubinden sind (vgl. BKK Bundesverband/Bertelsmann Stiftung 2006: 20).

- Mitarbeitende sind unter Berücksichtigung ihrer Eignung und Neigung förderungswürdig, dabei aber weder zu über- noch zu unterfordern.

- Die langfristige Überlebensfähigkeit einer Unternehmung ist nur durch gesundes, leistungsfähiges und motiviertes Personal möglich. Menschen sind Schlüsselfaktoren betrieblichen Erfolgs (vgl. Abschnitte I.-1. und I.-1.1.3.).

- Gesundheit und Wohlbefinden sind durch betriebliche Gestalter und Gestaltungsparameter beeinflussbar (vgl. Abschnitt II.-1.1.4.).

- Übertriebener wirtschaftlicher Ehrgeiz, der wissentlich zu einer Schädigung der Mitarbeitergesundheit führt, ist tabu. „Wo die Menschenwürde berührt ist, zählen keine betriebswirtschaftlichen Argumente." (Aussage des ehemaligen deutschen Bundespräsidenten Johannes Rau).

- Vertrauen in die Eigenverantwortung des Menschen ist notwendig und gerechtfertigt.

- BGM ist zu weiten Teilen Aufgabe der Führung, wobei die Grenzen ihrer Kompetenzen und Ressourcen zu berücksichtigen sind (vgl. Abschnitt II.-4.2.1.2.; Badura et al. 2011).

- Unternehmenskultur ist gestaltbar (vgl. Abschnitt II.-4.1.6.1.) und Führungskräfte haben die höchste kulturschaffende Kompetenz (vgl. Abschnitt II.-4.3.4.2.).

- Eine Kulturkompatibilität in der Personalstruktur und bei allen Instrumenten des Personalmanagements ist unverzichtbar (vgl. Abschnitt IV.-1.2.).

- Die Arbeitsleistung der Mitarbeitenden ist wertschätzend in monetärer (Lohngerechtigkeit; vgl. hierzu Thom/Osterspey 2009) und nicht-monetärer Form (z. B. Lob) anzuerkennen.

Investieren Unternehmen im Zuge des BGM nur in betriebliche Ressourcen materieller und immaterieller Art (vgl. Abschnitt II.-4.2.1.4.), ohne die obigen oder vergleichbare Normen und Werte verinnerlicht zu haben, kann nicht von einer Gesundheitskultur gesprochen werden. Kultur ist ein Tiefen- und kein Oberflächenphänomen. Zudem darf BGM nicht auf einen abgrenzbaren Gegenstand und einen kleinen Personenkreis von Gesundheitsspezialisten reduziert werden (vgl. Kesting/Meifert 2004: 29).

4.2.1.2. Führungs- und Eigenverantwortung

Verantwortung[124] „[...] ist eine natürliche Folge der Autorität[125] [...]" (Fayol 1929: 19) resp. „[...] das spiegelbildliche Gegengewicht der im Rahmen der Positionshierarchie eingeräumten Rechte zur Einflußnahme auf Personen und Handlungsprozesse." (Bleicher 1980: 2283; vgl. auch Vahs 2005: 63).[126] Anders formuliert äußert sich Verantwortung durch „[...] die Pflicht und die Bereitschaft, für ein Tun oder Lassen mit seiner Person einzustehen [...]" (Hardach 1966: 108) bzw. hierfür persönliche Rechenschaft abzulegen (vgl. Hauschildt 1968: 210). Gemäß Mieg (1994: 11) lassen sich Verantwortung drei Sinnrichtungen zuteilen:

- Schuld für die Ursache eines Ereignisses,

- Fürsorge gegenüber anderen Menschen und

- Legitimation bezogen auf Macht.

Dass Führungskräfte für Gesundheit und Wohlbefinden ihrer Beschäftigten (mit-) verantwortlich sind (Fürsorgeverantwortung), wird in der Fachliteratur ausdrücklich betont (vgl. z. B. Knapp 2011: 35; SECO 2011: 16 ff.; Uhle/Treier 2011: 133; Leidig 2006: 31; Stadler/Strobel 2006: 3; Stadler/Spieß 2002: 6; Torp/Riise/Moen 1999: 201).[127] Auch tragen Führungskräfte gemäß Expertenmeinungen Verantwortung dafür, dass das BGM zu einem glaubwürdigen und dauerhaften Thema avanciert. Die Führungsrelevanz des Gesundheitsmanagements lässt sich u. a. daran ablesen, welchen Stellenwert Gesundheit in Führungsbesprechungen einnimmt (vgl. Badura 2000: 28). In der Unternehmensrealität stellt es sich allerdings so dar, dass Vorgesetzte die Verantwortung für das physisch-psychische Wohlergehen ihrer Unterstellten häufig nicht oder nur unzureichend wahrnehmen (vgl. Jancik 2002: 155). Dabei ist diese Form der Verantwortung keinesfalls vollständig an Fachbeauftragte oder nachgeordnete Führungskräfte delegierbar.

Thom (1990: 9; vgl. ähnlich Bleicher 1980: 2286 f.) unterscheidet fünf Ausprägungsformen von Führungsverantwortung:

---

[124] Siehe Lenk/Maring (2006: 5912) zum Verständnis von Verantwortung als Grundbegriff der neueren Ethikauffassung.

[125] Für eine vertiefte Auseinandersetzung mit dem Themenfeld „Autorität" sei auf Sennett (2008) verwiesen.

[126] Im Original stellenweise kursiv und mit weiteren Verweisen versehen.

[127] Der aktuelle Fehlzeiten-Report 2011 widmet sich ausschließlich dem Thema „Führung und Gesundheit" (vgl. Badura et al. 2011).

Zielbildungsverantwortung

Zielbildungsverantwortung verlangt von Führungspersonen, dass sie, ggf. zusammen mit ihren Unterstellten, Ziele bilden und diese kaskadenartig auf den einzelnen Aufgabenträger herunterbrechen. Wichtig für Gesundheit und Wohlbefinden ist, dass die formulierten Ziele erreichbar sind und ihre Träger in angemessener Weise beanspruchen. Ferner ist die Präzisierung von Aufgaben (als Konkretisierung der Sachziele) Teil der Zielbildungsverantwortung. Dabei ist darauf zu achten, Widersprüchlichkeiten zu vermeiden.

Organisationsverantwortung

Im engeren Verständnis bedeutet Organisationsverantwortung, dass eine Entscheidung über eine möglichst zweckmäßige Arbeitsteilung und Koordination getroffen wird. In diesem Zusammenhang haben die Einhaltung des organisatorischen Kongruenzprinzips (vgl. Abschnitt II.-3.3.2.) sowie die Vermeidung von aufgabenbezogenen Rollenkonflikten und -ambiguitäten einen hohen Stellenwert. Organisationsverantwortung umfasst in einem erweiterten Verständnis auch die Auswahl und den Einsatz von Mitarbeitenden als Realisatoren der Arbeitsteilung und Koordination. Diese personelle Dimension stellt speziell in Reorganisationsprozessen eine Herausforderung dar.

Informationsverantwortung

Vorgesetzte sind in der Pflicht, ihre Mitarbeitenden über die Ziele, die sie zu verfolgen haben sowie über die Organisation, in der sie ihre Arbeit verrichten, zu informieren. Im Hinblick auf das BGM fällt auch die Information über potenzielle Gesundheitsgefahren im Arbeitskontext unter die Informationsverantwortung. Darüber hinaus sind Führungskräfte neben Fachkräften verantwortlich dafür, dass das Gesundheitsmanagement bekannt und verständlich gemacht wird (z. B. bestehendes Angebot an Aktionen und Kampagnen, Vorstellung des BCM) (vgl. ansatzweise Badura 2000: 30 f.). Informationsverantwortung bedeutet zudem, dass Stelleninhaber Klarheit über ihre Aufgaben-, Kompetenz- und Verantwortungsbereiche haben. Hierzu dienen Dienstanweisungen oder Stellenbeschreibungen. Fehlen Informationen dieser Art, dürfen Mitarbeitende nicht zur Rechenschaft gezogen werden.

Kontrollverantwortung

Jede Führungsperson ist dafür verantwortlich, eine ergebnis-, verfahrens- und verhaltensbezogene Kontrolle durchzuführen.[128] Im Rahmen der verhaltensbezogenen Kon-

---

[128] Zu berücksichtigen ist, dass gewisse Kontrollaufgaben im Unternehmen zentral wahrgenommen werden (vgl. Thom 1990: 9).

trolle ist es möglich, die Umsetzung von gesundheitskulturrelevanten Normen und Werten im Arbeitsalltag zu prüfen. Gesundheitsverhalten, das über die Einhaltung von Arbeitssicherheitsvorkehrungen hinausgeht, kann allerdings kaum beurteilt werden, ohne die Privatsphäre der Betroffenen zu verletzen. Unter Kontrollverantwortung fällt außerdem die regelmäßige Evaluation von Fortschritten im BGM sowie dessen Qualität.

Förderungsverantwortung

Mitarbeiterförderung fällt ebenfalls in den Verantwortungsbereich jedes Vorgesetzten. Welche Personen als förderungswürdig gelten, kann u. a. durch die soeben angedeutete Personalbeurteilung (vgl. Abschnitt II.-4.3.4.3.3.) eingestuft werden. Wie umfangreich die Förderungsverantwortung im Sinne von Personalentwicklung (vgl. Abschnitt II.-4.3.4.3.4.) ausfällt, steht, organisatorisch betrachtet, unter dem Einfluss der Betriebsgröße und dem Grad betrieblicher Arbeitsteilung.

Führungsverantwortung kann vor allem in komplexen Großorganisationen nicht quantifiziert werden und unterliegt Grenzen (vgl. Fayol 1929: 19 f.; Koontz/O'Donnell 1955: 53 ff.). Insbesondere ist die Fürsorgeverantwortung im Hinblick auf das Beschäftigtenwohl beschränkt. Gesundheit ist ein gesamtmenschliches Phänomen. Genetik und private Lebensführung entziehen sich praktisch gänzlich dem Wirkungsspektrum der Führung. „An individual cannot legitimately be held responsible for things he cannot control." (McGregor 1960: 158). Ferner ist zu berücksichtigen, dass leitende Angestellte selbst erheblichen Belastungen ausgesetzt sind (vgl. Brandenburg/Marschall 2000: 255). Erfolgs- und Zeitdruck, ständige Erreichbarkeit, fehlender Freizeitausgleich sowie eine weiter fortschreitende Arbeitsverdichtung zählen zu den Hauptstressoren auf Führungsebene (vgl. DGFP e. V. 2011: 14). Im Endeffekt ist der Einzelne für seine physische und psychische Konstitution in hohem Maße selbst verantwortlich.

In einer Gesundheitskultur beschränkt sich die Übernahme von Eigenverantwortung[129] nicht darauf, dass eine Person über ein generelles Gesundheitsbewusstsein verfügt, arbeitsschutzrechtliche Regelungen befolgt, sich möglichst gesund ernährt und körperlich betätigt. Vielmehr ist jedes Kulturmitglied dazu angehalten, sich aktiv um eine lebensphasengerechte Work-Life-Balance zu bemühen, die eigene berufliche Entwicklung (soweit gewünscht) voranzutreiben, die persönliche Arbeitsmarktfähigkeit zu erhalten sowie einen Beitrag zum Aufbau und Erhalt unterstützender Beziehungsstruktu-

---

[129] Unter dem Stichwort „Empowerment" wird in der Fachliteratur die Eigenverantwortung der einzelnen Unternehmensangehörigen thematisiert. Das Ziel besteht im Wesentlichen in einer schnelleren und situationsgerechteren Entscheidungsfindung (vgl. Macharzina/Wolf 2010: 596).

ren zu leisten. Außerdem zeichnet sich eine Gesundheitskultur dadurch aus, dass betriebliche Gesundheitsinitiativen von der Belegschaft großmehrheitlich genutzt und mittels Verbesserungsvorschlägen kontinuierlich optimiert werden. Jedwede Form reiner Konsumhaltung läuft dem Konstrukt Gesundheitskultur zuwider.

4.2.1.3. Arbeits- und Beziehungsorganisation

In Abschnitt II.-3.3. wurden Gesundheitsressourcen, die durch betriebliche Gestalter und Gestaltungsparameter beeinflussbar sind, ausführlich behandelt. Aufgrund ihrer vielbestätigten Wichtigkeit für den Erhalt und die Förderung von Gesundheit und Wohlbefinden am Arbeitsplatz, werden sie als Befähiger bzw. Voraussetzungen einer Gesundheitskultur festgehalten. Somit zeichnet sich eine Gesundheitskultur im Verständnis dieser Forschungsarbeit durch ganzheitliche Aufgaben aus, die den Beschäftigten einen Sinn vermitteln, ihnen Lern- und Entwicklungsmöglichkeiten bieten und sie in vielfältiger Weise fordern. Darüber hinaus werden, unter Berücksichtigung des organisatorischen Kongruenzprinzips, eignungs- und neigungsgerechte Handlungs- und Entscheidungsspielräume sowie ein möglichst hoher Partizipationsgrad als Ausdruck einer Gesundheitskultur definiert. Eine gesundheitskulturgerechte Ausgestaltung der Arbeitsorganisation schlägt sich außerdem in einer bedarfsgerechten zeit-örtlichen Bindung an den Arbeitgeber nieder, sofern diese von Unternehmensseite realisierbar ist. Moderne, das Privatleben begünstigende Arbeitszeitmodelle[130], wie z. B. Teilzeitbeschäftigung, gleitende Arbeitszeit, Jahresarbeitszeit, Job-Sharing oder Sabbaticals (vgl., auch für kurze Erläuterungen, Rudow 2004: 292 ff.), können eine zufriedenstellende Work-Life-Balance wirkungsvoll unterstützen (vgl. Ulich/Wülser 2009: 335 ff.; Hoff 2004; Marr 2001). Ausschlaggebend für die kulturelle Verankerung von Arbeitszeitmodellen ist, dass sie nicht nur angeboten werden, sondern hierarchie- und funktionsübergreifend Akzeptanz finden und zwar sowohl von/bei Frauen als auch von/bei Männern.[131] Karriere in Teilzeit ist nach heutigem Erkenntnisstand nicht unproblematisch. Deshalb verzichten viele Höchstleister auf flexible Modelle, obwohl sie sich eine bessere Balance zwischen Arbeits- und Berufsleben wünschen würden (vgl. Kuhn 2011: 8).

Die Beziehungsorganisation betreffend ist von einer Gesundheitskultur zu sprechen, wenn innerhalb einer Kulturgemeinschaft stabile und unterstützende Sozialstrukturen vorhanden sind. Des Weiteren wird ein konstruktiver Umgang mit Konflikten, Feed-

---

[130] Siehe hierzu ausführlich Berthel/Becker (2010: 521 ff.) oder Drumm (1995: 127 ff.).

[131] In Banken bspw. ist Teilzeitarbeit bei Männern eher problematisch und bisher wenig anerkannt (vgl. Metzler 2011: Online).

back und Verbesserungsvorschlägen als Voraussetzung für eine gesundheitserhaltende und -fördernde Unternehmenskultur bezeichnet.

Konflikte treten überall auf, wo Menschen interagieren (vgl. Rudow 2004: 147). Das heißt, jede Organisation birgt Konfliktpotenzial (vgl. Glasl 2006: 2991; Thom 1980: 217). Theoretisch werden drei Konfliktarten unterschieden (vgl. Berthel/Becker 2010: 134; Franken 2010: 192):

- Sachkonflikte (inhaltliche Differenzen, z. B. im Hinblick auf Ziele und Mitteleinsätze),

- Beziehungskonflikte (emotionales Ringen um Akzeptanz und Anerkennung) sowie

- Wertekonflikte (Unterschiede in Annahmen und Einstellungen, Normen und Werten).

Praktisch ist eine exakte und überschneidungsfreie Abgrenzung dieser Ausprägungsformen allerdings schwierig. Es kommt nicht selten vor, dass bspw. Beziehungskonflikte vordergründig als Sachkonflikte deklariert werden (vgl. Franken 2010: 192). Der Verlauf eines Konflikts ist durch verschiedene Eskalationsstufen gekennzeichnet. Die höchste Stufe ist erreicht, wenn keine Konfliktlösung mehr möglich ist und das alleinige Ziel in der bewussten Schädigung des Gegners besteht (vgl. Rudow 2004: 149). In einer Gesundheitskulturgemeinschaft sollten Führungskräfte und Mitarbeitende nicht gegeneinander, sondern miteinander leben bzw. arbeiten (vgl. Kroll 2010: 60). Umso wichtiger ist es, dass Unternehmen über ein ausgereiftes Konfliktmanagement[132] verfügen. Hierzu zählt, dass Unstimmigkeiten in einem möglichst frühen Stadium identifiziert, angesprochen und bewältigt werden, unter Umständen auch unter Einbezug von Mediatoren (vgl. Rudow 2004: 155). Eine Unterdrückung von Konflikten kann die Unternehmenstätigkeit ernsthaft gefährden (vgl. Blake/Mouton 1986: 43 f.). Schlussendlich darf nicht vergessen werden, dass Streitigkeiten per se nicht schlecht sein müssen. Im Gegenteil bieten sie Entwicklungs- und Lernchancen (vgl. Franken 2010: 191). Darüber hinaus können Konflikte darauf hinweisen, dass strategische oder organisatorische Festlegungen der Zielerreichung zuwiderlaufen. Die Aufdeckung von Misswirtschaft ist oft genug einer derartigen Signalwirkung von Konflikten geschuldet (vgl. Thom 1980: 220).

Eine positive Konfliktkultur setzt voraus, dass im Unternehmen regelmäßig persönliche Rückmeldungen erfolgen, und zwar auch außerhalb von strukturierten Mitarbei-

---

[132] Auf Konfliktmanagement wird an dieser Stelle nicht vertieft eingegangen. Es sei auf die einschlägige Fachliteratur verwiesen (z. B. Berthel/Becker 2010; Münch 2010; Stock-Homburg 2010; Glasl 2006; Glasl 2004; Rudow 2004).

tergesprächen (vgl. Stock-Homburg 2010: 561). Inhalte einer solchen Unterredung sind bestenfalls eine vorurteilsfreie, sachliche Bewertung der Leistung und des Verhaltens, die Vereinbarung von Zielen sowie die Diskussion von Entwicklungsmöglichkeiten. Erfolgskritisch ist, dass ein periodisches Förderungsgespräch dieser Art mitarbeiterorientiert als Dialog gestaltet wird. Anders ausgedrückt empfiehlt die Fachliteratur, dass der Unterstellte den größeren Teil des Gesprächs bestreitet, während die Führungsperson durch aktives Zuhören vor allem Interesse und Wertschätzung signalisiert, Fragen stellt, Argumente aufgreift und wesentliche Punkte resümiert. Werden diese Kriterien berücksichtigt, die abschließende Einschätzung des Mitarbeitenden eingeholt, das Gespräch positiv geschlossen und ein Ergebnisprotokoll angefertigt, ist ein strukturiertes Mitarbeitergespräch einer standardisierten Leistungsbeurteilung überlegen (vgl. Becker 2009: 507-519). Beispielhafte Inhalte eines informellen Feedbackgesprächs sind Einschätzungen zu Arbeitsprozessen und -ergebnissen, situationsbegründete Rückmeldungen zu Verhaltensweisen oder der aktuelle Zielerreichungsgrad (vgl. Stock-Homburg 2010: 561). Bezeichnend für eine Gesundheitskultur ist, dass Feedback konstruktiv formuliert und als entwicklungsförderlich aufgefasst wird und sowohl Führungskräfte als auch Mitarbeitende befugt sind, sich zu Wort zu melden.

Werden Individuen als Experten ihres persönlichen Wohlbefindens erachtet, sind sie dazu verpflichtet, Vorschläge zur Verbesserung der Ist-Situation anzubringen. Unter Berücksichtigung, dass Mitarbeitende nicht selten Hemmungen haben, Verbesserungsvorschläge zu äußern, weil sie z. B. die Reaktion ihres Arbeitsumfelds bzw. Vorgesetzten fürchten (vgl. Thom/Piening 2009: 33 ff.), ist es umso wichtiger, dass eine Kultur herrscht, in der Ideen frei geäußert werden können. Ebenso sind lange Durchlauf- und Bearbeitungszeiten zu vermeiden. Ideenvorschläge dürfen nicht versanden. In einer Gesundheitskultur setzen sich Führungskräfte und Beauftragte mit den Anregungen der Beschäftigten auseinander. Sie geben zeitnah Feedback und realisieren Verbesserungsvorschläge, sofern diese zweckdienlich und umsetzbar sind. Zudem dürfen Anregungen natürlich einen gewissen finanziellen Rahmen nicht überschreiten (vgl. Thom/Piening 2009: 148; Kerkau 1997: 248).

4.2.1.4. Betriebliche Ressourcen materieller und immaterieller Art

Auf der obersten Konstruktebene setzt eine Gesundheitskultur die Zurverfügungstellung betrieblicher Ressourcen materieller und immaterieller Art voraus. BGM ist auf dieser Stufe in höchstem Maße sichtbar. Unterschieden werden technisch-materialisierte, immateriell-informatorische sowie organisatorisch-personalwirtschaftliche Ressourcen. Eine derartige Kategorisierung ergibt sich aus dem Versuch, die vielgestaltigen Ansätze und Maßnahmen, wie sie in der einschlägigen Fachliteratur wiederholt beschrieben werden, in betriebswirtschaftlichen Denkweisen zu systemati-sieren. Im Weiteren sollen die angesprochenen Kategorien genauer dargestellt werden. Erläuterungen und Beispiele sind nicht abschließend.

Technisch-materialisierte Ressourcen

Unter diese Kategorie fällt einerseits eine informationstechnologische Infrastruktur. Diese wird vor allem dafür benötigt, rechnerunterstütze Heimarbeit/Teleworking zu ermöglichen (vgl. Ulich/Wülser 2009: 341 f.) oder in Form eines BGM-Intranetauftritts Informationen rund um das Thema „Gesundheit und Arbeit" im Un-ternehmen zu verbreiten. Andererseits sind Investitionen in ergonomische Arbeitsbe-dingungen dieser Ressourcenkategorie zuzuordnen. Hierbei kann es sich um gesund-heitsunterstützendes Mobiliar, Schonarbeitsplätze, Ruheräume oder eine Optimierung von Temperatur-, Lärm- und Lichtverhältnissen handeln.

Immateriell-informatorische Ressourcen

Hierzu zählen nicht-elektronische Kommunikationsgefäße, die der Vermittlung von Gesundheitswissen dienen. Kampagnen, Broschüren oder Aushänge können eine der-artige Funktion übernehmen. Eine weiterführende gesundheitsdienliche Personalent-wicklung, ggf. in Kooperation mit externen Anbietern (z. B. Fachspezialisten aus For-schung und Praxis), ist ebenfalls als immateriell-informatorische Ressource zu be-zeichnen. Wichtig ist, dass nicht nur direkt gesundheitsbezogene Inhalte vermittelt werden, die der Bewusstseinserweiterung und Verhaltensänderung dienen, sondern dass ebenfalls eine Förderung der allgemeinen Fach- und Sozialkompetenz erfolgt. Weiterhin ist ein BGM-bezogenes Wissensmanagement dieser Ressourcenkategorie zuzuweisen, welches u. a. aus gesundheitsrelevanten Datenbanken (Abwesenheits- und Unfallstatistiken etc.), dokumentierten Prozessen, einem internen Nachschlagewerk sowie Foren, die einen persönlichen Wissens- und Erfahrungsaustausch ermöglichen, bestehen kann. Zuletzt sind ein systematisches Controlling bzw. eine regelmäßige Eva-luation des Gesundheitsmanagements (vgl. z. B. Uhle/Treier 2011: 158-258; U-lich/Wülser 2009: 174-191) als immateriell-informatorische Ressourcen einzuordnen. Das heißt, dass relevante Kennzahlen (vgl. Abschnitt II.-4.2.2.) definiert, erhoben und ausgewertet werden, damit die Ausgangslage und die erreichten Fortschritte jeweils auf Basis aktueller Daten analysiert werden können. Aufbauend auf dieser Ergebnisin-terpretation hat die Festlegung, Planung und Umsetzung von Aktivitäten zu erfolgen. Anders ist eine fundierte Ableitung von Verbesserungsvorschlägen und eine kontinu-ierliche Optimierung des BGM praktisch unmöglich.

Organisatorisch-personalwirtschaftliche Ressourcen

Die Institution von BGM-Fachkräften, Case Managern, Sozialdienstmitarbeitenden, Suchtbeauftragten, Betriebsärzten, -psychologen oder -physiotherapeuten sind genauso wie externe Kooperationspartner (Versicherungen, Beratungsstellen etc.) Ressourcen im organisatorisch-personalwirtschaftlichen Sinne. Auch Gremien, bspw. in Form von Steuergruppen, Arbeitskreisen oder Fachausschüssen, lassen sich als dergleichen bezeichnen. Ferner zählen Instrumente und Anlaufstellen, die eine aktive Beteiligung bzw. Rückmeldung des Personals an/zu Entscheidungen, Verbesserungsvorschlägen und sonstigen gesundheitsnahen Initiativen erlauben, als Artefakte dieser Ressourcenkategorie. Hierfür geeignet sind ein betriebliches Ideenmanagement, Gesundheits- und Zufriedenheitsbefragungen sowie Zirkeldiskussionen. Gesundheitsgespräche (siehe hierzu z. B. Bitzer 2002) resp. ein professionelles Absenzen- und Case Management können weiterhin als organisatorisch-personalwirtschaftliche Ressourcen deklariert werden. Schlussendlich gehören gesundheitsbezogene Fringe Benefits in die hier behandelte Ressourceneinheit. Personalzusatzleistungen in Gestalt von medizinischen Vorsorgeuntersuchungen, Aktionen und Kampagnen, (subventionierten) Betreuungsmöglichkeiten von Familienmitgliedern (z. B. betriebseigener Kindergarten), Früchten und Wasser am Arbeitsplatz sowie Vergünstigungen in Ernährungs- und Bewegungsbelangen (z. B. gesundes Kantinenessen, Fitness-Abonnemente) sind gut sichtbare Merkmale einer Gesundheitskultur.

Ausschlaggebend ist, dass Investitionen in Kulturartefakte eine Ausdrucksform verinnerlichter Werte, Überzeugungen und Verantwortungseinsichten sein sollten und durch eine kulturgerechte Ausgestaltung der Arbeits- und Beziehungsorganisation ergänzt werden müssen. Eine alleinige Investition in vordergründige Symbole ist ungenügend.

Zusätzliche Anzeichen einer Gesundheitskultur können, bei entsprechender kultureller Verwurzelung, in der erweiterten Übernahme von CSR (z. B. Sponsoring von gesundheitsförderlichen Sportevents) oder in der Bereitstellung von Beschäftigungsmöglichkeiten für Personen mit einer Leistungs-/Erwerbsminderung gesehen werden. Der Aufwand, den ein Unternehmen betreibt, um in die Gesundheit seines Personal zu investieren, kann daran geschätzt werden, in welcher Relation die gesamtfinanziellen BGM-Ressourcen zur Lohnsumme stehen.

4.2.2. Resultate einer Gesundheitskultur

In der Managementlehre ist es unverzichtbar, Effektivitäts- und Effizienzziele zu definieren und zu messen. Dies gilt auch für ein kulturverankertes BGM. Allerdings ist anzumerken, dass sich Effektivitäts- und Effizienzbetrachtungen nicht immer sinnvoll voneinander abgrenzen lassen (vgl. Thom/Wenger 2010: 55).

Die Besonderheit einer Gesundheitskultur besteht darin, dass sie sich sowohl positiv auf den Menschen im Unternehmen (und sogar über den Kontext Betrieb hinaus) als auch auf das Unternehmen selbst auswirkt. Resultate ergeben sich im Sinne einer Win-Win-Situation (vgl. Abschnitt II.-2.2.).

„Mit Effektivität (doing the right things) wird die grundsätzliche Eignung einer organisatorischen Lösung zur Erreichung der Sachziele einer Unternehmung beurteilt. [...] Sie ist im Hinblick auf ein Ziel gegeben oder nicht gegeben." (Thom/Wenger 2010: 53;[133] vgl. auch Vahs 2005: 13 f.). Das Effektivitätsziel einer Gesundheitskultur ist die Überlebensfähigkeit (positives Betriebsergebnis, Wettbewerbskraft, Innovationsvermögen, Zukunftsfähigkeit) einer gesellschaftlich verantwortungsvollen Organisation in zunehmend wettbewerbsintensiven Ökonomien durch gesundheitlich leistungsfähiges und motiviertes Personal. In Bezug auf den Menschen bedeutet dies konkreter formuliert, dass eine Gesundheitskultur u. a. dann effektiv ist, wenn sich Mitarbeitende gesund und tatkräftig fühlen, sie verschiedene Lebensbereiche bedarfsgerecht vereinbaren können und mit ihrer Tätigkeit und den erweiterten betrieblichen Rahmenbedingungen möglichst zufrieden[134] sind. Weiterhin zählt, dass sie sich mit ihrem Arbeitgeber verbunden fühlen und sowohl ihre personalen Gesundheitsressourcen als auch ihre Arbeitsmarktfähigkeit gestärkt werden.

Effizienz (doing the things right) beschreibt dagegen die Leistungswirksamkeit oder das Erfolgsniveau betrieblicher Anstrengungen in Bezug auf die festgelegten Formalziele bzw. Effizienzkriterien (vgl. Thom/Wenger 2010: 53; Kleinbeck/Kleinbeck 2009: 17; Vahs 2005: 14). Letztere sind als Zielmaßstäbe zu begreifen (vgl. Friedli

---

[133] Im Original stellenweise kursiv hervorgehoben.

[134] Konzepte der Arbeitszufriedenheit haben sich in der Betriebswirtschaftslehre sowie Arbeits- und Organisationspsychologie seit langer Zeit etabliert (vgl. Ulich/Wülser 2009: 109). Dies belegt die Flut an empirischen Untersuchungen (vgl. Wüstner 2006: 138). Zusammenhänge existieren zwischen der Höhe des Krankenstands und dem Grad der Arbeitszufriedenheit (vgl. Ilmarinen/Tempel 2002: 188 f.). Obschon die Bedeutung des Begriffs Arbeitszufriedenheit auf den ersten Blick einleuchtend erscheint, gestaltet sich eine Begriffspräzisierung problematisch (vgl. Bayard 1997: 17). In dieser Dissertation wird Arbeitszufriedenheit verstanden als „[...] subjektives, situationsabhängiges und dynamisches Beurteilungsergebnis über die eigene Arbeitssituation." (Bayard 1997: 20). Eine positive Arbeitszufriedenheit ist gegenüber einer fixierten Unzufriedenheit bzw. Pseudozufriedenheit abzugrenzen (vgl. Bayard 1997: 264). Sie ist eine zentrale menschbezogene Auswirkung einer gelebten Gesundheitskultur (vgl. Anker 2010: 47). Für weiterführende Erläuterungen zum Konstrukt Arbeitszufriedenheit siehe Bruggemann/Groskurt/Ulich (1975).

2002: 68). Eine effiziente Organisation kann sich an den folgenden Relationen orientieren (vgl. Thom/Wenger 2010: 53):

- Ziel-Output-Verhältnis (Erreichung eines Ziels mit minimalem Mitteleinsatz),

- Input-Output-Verhältnis (Erreichung des maximalen Ziels mit gegebenem Mitteleinsatz),

- Ziel-Input-Verhältnis (bestmögliches Verhältnis zwischen Ergebnis und Mitteleinsatz).

Abwesenheits- und Unfallstatistiken werden in der Praxis bis dato am häufigsten als BGM-Erfolgskriterien herangezogen (vgl. Badura 2010: 8; im Detail auch Uhle/Treier 2011: 199). Frühverrentungen, Personalfluktuation sowie das Bildungsverhalten[135] der Beschäftigten werden innerhalb des wissenschaftlichen Diskurses ebenfalls als Zielmaßstäbe angeregt (vgl. Jancik 2002: 141 ff.). Selbiges gilt für das Ergebnis von Zufriedenheitsbefragungen (vgl. Uhle/Treier 2011: 192), eine Verbesserung des Produktivitätsniveaus[136] (vgl. Badura 2002: 104) sowie eine Steigerung der Arbeitgeberattraktivität auf dem internen und externen Arbeitsmarkt (BGM als Differenzierungsmerkmal) (vgl. Badura 2002: 104). Auch Quantität und Qualität hervorgebrachter Innovationen (vgl. Badura/Ritter/Scherf 1999: 34) und die Beteiligungsquote am betrieblichen Ideenmanagement (besonders im Bereich BGM) können als Indikatoren für Gesundheit und Wohlbefinden am Arbeitsplatz festgehalten werden. Auf welche Resonanz ein Gesundheitsmanagement stößt, lässt sich ferner anhand der Teilnahmequote an Aktionstagen/Kampagnen oder der Beschäftigtenbereitschaft erahnen, das Unternehmen als Arbeitgeber zu empfehlen (vgl. Berry/Mirabito/Baun 2011: 60 f.).

Mit dieser Darstellung des Effektivitäts- und Effizienzgerüsts einer Gesundheitskultur schließt die Konstrukterläuterung. Das nächste Kapitel widmet sich eingehend dem Personalmanagement.

4.3. Personalmanagement im Dienst des Kulturwandels

Der Mensch ist ein Kulturwesen (vgl. Stadler 2009: 33). Es erstaunt daher nicht, dass auch die Gesundheitskultur eines Unternehmens von Menschen geprägt und gestaltet wird (vgl. Sackmann 2002: 168). Kulturmanagement ist eine Teilaufgabe des Personalmanagements. Letzteres ist dazu verpflichtet, sich für den Aufbau und Erhalt einer intendierten Kultur einzusetzen (vgl. DGFP e. V. 2005: 46).

---

[135] Gemäß Jancik (2002: 144) sind die Bereitschaft und die Fähigkeit das eigene Humanvermögen zu vertiefen, zu erweitern und zu vermehren insbesondere bei gesunden Beschäftigten zu beobachten.

[136] Eine verbesserte Produktivität setzt, rein logisch argumentiert, ein geringes Maß an Präsentismus voraus.

4.3.1. Begriff und Bedeutung des Personalmanagements

Personalwirtschaft[137] als Funktion nimmt Bezug auf alle personalrelevanten Aufgaben, die hinsichtlich der festzulegenden Ziele erfüllt werden müssen. Als Institution hingegen meint sie alle organisatorischen Einheiten, die entweder zentral oder dezentral Personalaufgaben wahrnehmen (vgl. Hentze/Kammel 2001: 3 f.).

Der in dieser Dissertation verwendete Ansatz des Personalmanagements ist an den angelsächsischen Sprachgebrauch und das dort verwendete Human Resource(s) Management (HRM) angelehnt. Die Verknüpfung mit anderen Managementelementen wird bewusst hervorgehoben (vgl. Thom 2001: 118). Das HRM ist sowohl ökonomisch als auch verhaltenswissenschaftlich verwurzelt (vgl. Oechsler 2006: 29; Staehle 1988: 580). Mitarbeitende werden als kreative und verantwortungsvolle Menschen wahrgenommen, die zu sinnvollen Zielen beitragen wollen, bei deren Formulierung sie aktiv mitgewirkt haben (vgl. Miles 1975: 35).

Thom und Ritz (2008: 319) gliedern ein umfassendes Personalmanagementkonzept in eine indirekt systemische sowie in eine direkt interaktionelle Komponente. Den indirekt systemischen Funktionen lassen sich das strategische Personalmanagement einerseits (vgl. Abschnitt II.-4.3.3.1.) sowie die sogenannten Personalquerschnittsfunktionen andererseits (vgl. Abschnitt II.-4.3.3.2.) zuordnen. Sie werden vor allem von Experten aus den Personal- und Fachabteilungen ausgeübt. An dieser Stelle sei vermerkt, dass sich in den letzten 15 Jahren ein Trend zur Delegation personalwirtschaftlicher Aufgaben an das Linienmanagement abgezeichnet hat. Der sich vollziehende Wandel führt dazu, dass die Rolle des Personalressorts weniger in der Abwicklung rein administrativer Tätigkeiten und mehr in der Erstellung von Konzepten sowie in der Erbringung von Personaldienstleistungen gesehen wird (vgl. Thom/Ritz 2008: 318 und 327). Die hiermit verbundene Schwerpunktverlagerung von Verwaltungs- hin zu Gestaltungsaufgaben (vgl. Hentze/Kammel 2001: 5) umfasst auch ein systematisches Vorantreiben des BGM.[138]

---

[137] Personalwirtschaft und -management werden in dieser Arbeit als Synonyme verwendet.
[138] Zur strategischen Rolle der Personalabteilung siehe Alfes (2009).

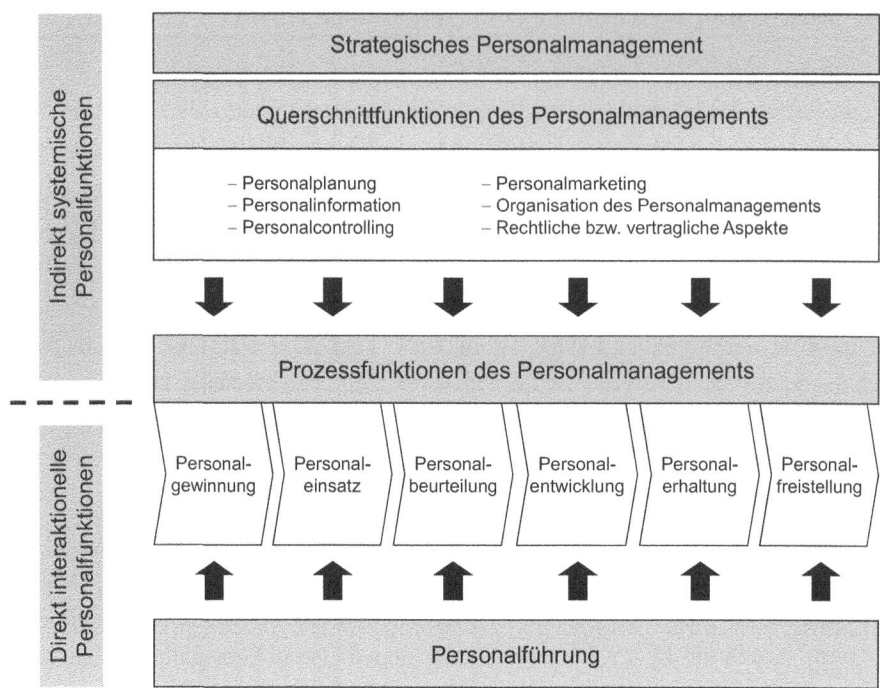

Abbildung 9:   Umfassendes Personalmanagementkonzept (in Anlehnung an Thom/Ritz 2008: 319; Thom 2001: 118)

Im Zentrum des obigen Konzepts steht ein Prozessmodell. Im Normalfall durchläuft jede abhängig beschäftigte Erwerbsperson (mindestens) einmal in ihrem Berufsleben alle in Abbildung 9 aufgeführten Aktionsfelder (vgl. Abschnitt II.-4.3.4.3.). Diese stehen sowohl unter dem Einfluss des strategischen Personalmanagements als auch unter jedem der Querschnittsfunktionen. Letztlich aber werden sie durch die direkte Personalführung[139] gestaltet. Vorgesetzte setzen ihre Inhalte in der täglichen Führungsarbeit um. Auf diese Weise bieten sich Personalverantwortlichen zahlreiche Ansatzpunkte zum Aufbau und Erhalt einer Soll-Kultur. Führungskonzepte und -stile (vgl. Abschnitt II.-4.3.4.1.) sind in diesem Zusammenhang genauso bedeutend wie die Tatsache, dass leitende Angestellte kulturschaffende Kompetenzen besitzen (vgl. Abschnitt II.-4.3.4.2.). Im Bewusstsein, dass es sich letztlich nur um eine vereinfachende gedankliche Strukturierung[140] handelt, werden im Weiteren die Aktionsfelder Personalgewin-

---

[139] Führung wird verstanden „[...] als ziel- und ergebnisorientierte, aktivierende und wechselseitige, soziale Beeinflussung zur Erfüllung gemeinsamer Aufgaben in und mit einer strukturierten Arbeitssituation [...]." (Wunderer 2007: 4).

[140] Je nach Betriebstyp, Ausgestaltung der institutionalisierten Personalwirtschaft (zentrale oder dezentrale Personalabteilung) oder Arbeitsteilung zwischen Linienkräften und Personalspezialisten können sich im Betriebsalltag variantenreiche Formen der Aufgabenzuordnung ergeben.

nung bis Personalfreistellung (vgl. Abschnitte II.-4.3.4.3.1. bis II.-4.3.4.3.6.) unter die direkt interaktionellen Funktionen subsumiert. Die dahinter liegende Absicht besteht darin, die Rolle der Führung besonders deutlich hervorzuheben.

Ausschlaggebend ist, dass Personalmanagement nachhaltig betrieben wird. Kurzfristiger Aktionismus kann in der langen Frist niemals zu einer befriedigenden Erfüllung ökonomischer und sozialer Unternehmensziele führen (vgl. Osterspey/Thom 2011: 69 und 82). Bevor die oben angesprochenen Funktionen im Einzelnen dargestellt werden, erfolgt im nächsten Abschnitt ein Exkurs zum nachhaltigen Personalmanagement.

4.3.2. Konzept der Nachhaltigkeit im Personalmanagement

Dem Personalmanagement wird immer mehr Verantwortung für die körperliche und geistige Mitarbeitergesundheit übertragen (vgl. Moser 2006: 299). Das damit eng in Verbindung stehende Konzept der Nachhaltigkeit hat in den letzten Jahren Eingang in die Fachliteratur zum Personalmanagement gefunden (vgl. Zaugg 2009: 39 ff.). Seither wird um Definitionen und die Interpretation von Konzeptelementen gerungen. Von sozialer Nachhaltigkeit ist nur zu sprechen, wenn im Rahmen des Einsatzes menschlicher Ressourcen konsequent gemäß einer weit vorausschauenden Perspektive gehandelt wird (vgl. Osterspey/Thom 2011: 69).

Das Institut für Organisation und Personal (IOP) der Universität Bern untersuchte im Jahre 2001 im Rahmen einer breit angelegten Pionierstudie (übernationale Exploration) das Verständnis von Nachhaltigkeit sowie den Einsatz von Instrumenten und Methoden zur Unterstützung der Nachhaltigkeit aus der Sicht von europäischen Personalmanagern (vgl. Zaugg/Blum/Thom 2001: II). Die Relevanz der Gesundheitsförderung, als Beitrag zum nachhaltigen Personalmanagement, wurde zum damaligen Zeitpunkt bereits erkannt. Sie erhielt jedoch nur einen mittleren Stellenwert. Sowohl die Auswertung von Gesundheitsdaten als auch die Existenz einer Zuständigkeitsregelung im Bereich Gesundheitsförderung waren mit zunehmender Unternehmensgröße häufiger anzutreffen. Zudem ergab die Befragung je nach Land (in den ökologisch ausgerichteten Niederlanden z. B. größer als in Frankreich) und Wirtschaftszweig (Branchen mit vorrangig körperlichem Einsatz erschienen gesundheitsbewusster als Unternehmen aus dem Dienstleistungssektor, was rückblickend als Versäumnis interpretiert werden muss) eine unterschiedliche Bedeutung von betrieblicher Gesundheit (vgl. Zaugg/Blum/Thom 2001: 15; Osterspey/Thom 2011: 70 f.). Unternehmen, die sich nach eigenen Angaben als nachhaltig bezeichneten, maßen der Mitarbeitergesundheit tendenziell eine größere Wichtigkeit bei (vgl. Zaugg 2009: 165). In einer neueren Befragung des IOPs bei über 600 Personalleitern der Schweiz wurde Gesundheitsförderung zu einer der drei relevantesten Zukunftsherausforderungen für das Personalmanagement gewählt (vgl. Zimmermann 2009: 207). Experten von Krankenversicherungen und BGM-Dienstleistern bestätigen den Bedeutungszuwachs des betrieblichen Gesundheitsgedankens (vgl. Graalmann et al. 2011: 32 f.) Nachhaltigkeit in der Verfolgung ökonomischer und sozialer Ziele kann nur durch eine sorgfältig erarbeitete und im Alltag gelebte Kultur geschaffen werden, welche die Beschäftigtengesundheit bewusst berücksichtigt (vgl. Osterspey/Thom 2011: 82).

Eine solche Kultur setzt voraus, dass das Personalmanagement in den Dienst einer hierfür notwendigen Kulturgestaltung gestellt wird (Abbildung 10).

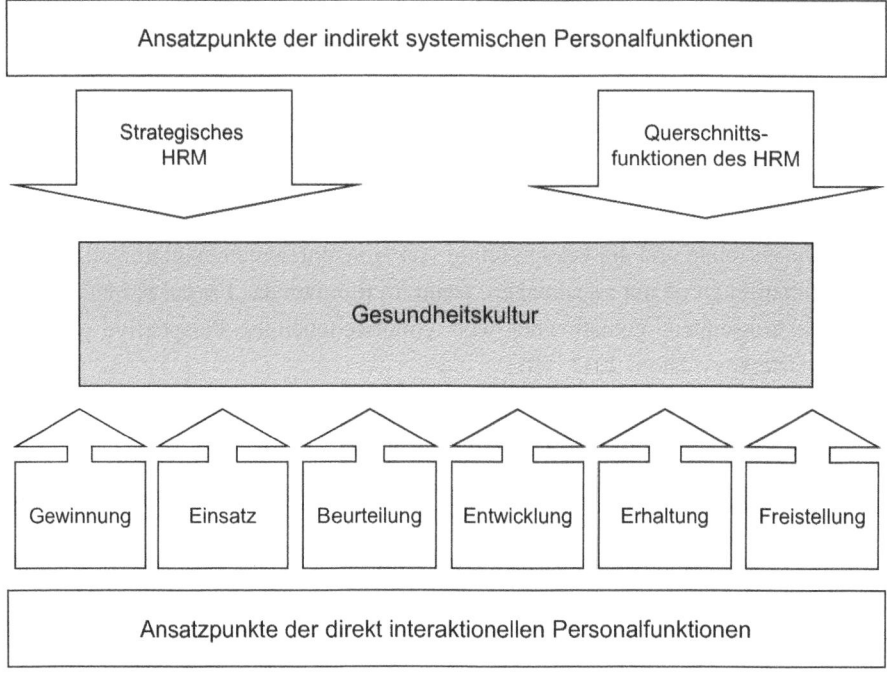

Abbildung 10: Ansatzpunkte zur Entwicklung und Verankerung einer Gesundheitskultur (eigene Darstellung)

Eine konkrete Bezugnahme im Hinblick auf den Aufbau und Erhalt einer Gesundheitskultur erfolgt im Rahmen der Gestaltungsempfehlungen (vgl. Abschnitt IV.-1.2.). Ziel der weiteren Ausführungen ist eine Einführung in die relevanten Personalfunktionen.

4.3.3. Indirekt systemische Personalfunktionen

4.3.3.1. Strategisches Personalmanagement

Das strategische Personalmanagement ist Teil der gesamtstrategischen Planung (vgl. Winz 2006: 48). Die Interdependenz zwischen dem strategischen Personalmanagement und dem gesamtstrategischen Management einer Unternehmung besteht darin, dass die strategischen Pläne einer Institution einerseits eine Prämisse für das strategische Personalmanagement darstellen. Andererseits kann das Letztgenannte bei der Aufdeckung von Restriktionen gleichermaßen Prämissen für andere betriebliche Planungsbereiche setzen (vgl. Drumm 1995: 534). Die Ausarbeitung jeder Strategie erfordert Überlegungen dahingehend, mit welchen Personalressourcen eine Umsetzung möglich ist (vgl. Thom 2001: 119; Lebrenz 2011: 10). Im Sinne des ressourcenbasierten Ansatzes der Strategielehre (vgl. Abschnitt II.-3.1.) können die vorhandenen Personalpotenziale auch den strategischen Handlungsspielraum im Produkt- und Dienstleistungsangebot definieren. Zusammenfassend formuliert Drumm (1995: 537 f.) folgende Ziele des strategischen Personalmanagements:

- Identifikation von erfolgsentscheidenden Personalpotenzialen sowie deren Aufbau und Erhalt in qualitativer und quantitativer Hinsicht (vgl. auch Thom 2001: 119).

- Gestaltung aller Querschnitts- und Prozessfunktionen des Personalmanagements in der Weise, dass die Erfolgs- und Zukunftsorientierung des Personals gefördert wird.

- Schulung und fortlaufende Förderung des strategischen Denkens und Handelns bei Führungskräften und Mitarbeitenden.

4.3.3.2. Querschnittsfunktionen des Personalmanagements

4.3.3.2.1. Personalplanung

Planung ist ein mehrstufiger, methodengestützter Prozess (vgl. Macharzina/Wolf 2010: 401), im Rahmen dessen Ziele festgelegt werden und die geistige Antizipation der Aktivitäten zur Zielerreichung erfolgt (vgl. Grochla 1969b: 1305; Küpper 2004: 1149). Sie trägt wesentlich zur Effektivitätssicherung und Effizienzsteigerung eines Unternehmens bei (vgl. Macharzina/Wolf 2010: 401). Als integrativer Bestandteil der betrieblichen Planung ist die Personalplanung Voraussetzung für einen systematischen und vorbereiteten Arbeitsvollzug in allen Arbeitsfeldern des Personalmanagements. Hauptaufgabe der Personalplanung ist es, „[…] Ziele und Maßnahmen festzulegen, damit zur richtigen Zeit am richtigen Ort die richtigen Mitarbeiter in der erforderlichen Anzahl – unter Berücksichtigung individueller Erwartungen und betrieblicher Erfordernisse – beschäftigt sind." (Berthel/Becker 2010: 212 f.). Zu diesem Zweck erfolgt eine Unterteilung in kurzfristig-operative, mittelfristig-taktische und langfristig-strategische Planung (vgl. Hentze/Kammel 2001: 86).

4.3.3.2.2. Personalinformation

Beschäftigte erheben vermehrt den Anspruch, Hintergrundinformationen im Bereich der Gesamtstrategie sowie, vor allem in Zeiten häufiger Reorganisationen, Aufkäufen und Fusionen, über neue Organisationsstrukturen zu erhalten (vgl. Thom 2001: 127). Wie in Abschnitt II.-4.2.1.2. dargestellt, ist die Informationsverantwortung ein fester Bestandteil der Führungsverantwortung (vgl. Thom 1990: 9). Durch den Einsatz neuer Medien steigt die Gefahr einer Informationsüberflutung. Zugleich ist ein Rückgang persönlicher Gespräche feststellbar (vgl. Müller 2008: 52 f.). Dennoch kann die Führung niemals von ihrer persönlichen Informations- und Kommunikationsverantwortung entbunden werden. Um Irrtümern, Trugschlüssen und damit im Endeffekt Stress vorzubeugen, ist eine verständnisfördernde Kommunikation entscheidend (vgl. Thom 2001: 127).

Personalinformation bedeutet nicht alleinig, dass Mitarbeitende in der Rolle von Informationsempfängern sind. Es ist ebenfalls notwendig, Informationen über die Beschäftigten selbst einzuholen (Personalforschung[141]).[142] Hierbei ist zu berücksichtigen, dass die Ermittlung und Speicherung von Personaldaten streng durch Vorschriften des Betriebsverfassungsrechts[143], des Datenschutzrechts und des Persönlichkeitsrechts beschränkt sind. Angaben, die im Zusammenhang mit dem persönlichen Wohlbefinden stehen, sind hoch sensibel. Während Unternehmen vielfach an einer möglichst umfassenden Informationsbasis interessiert sind, können die Erhebung und Dokumentation von persönlichen Daten seitens der Beschäftigten auf Widerstand stoßen und somit im schlimmsten Fall sogar scheitern (vgl. Drumm 2005: 102). Holmqvist (2009: 68) verwendet im Zuge von BGM daher auch den Ausdruck „corporate social control". Der „gläserne Angestellte" ist jedoch keinesfalls im Sinne einer Gesundheitskultur.

---

[141] Gegenstand der Personalforschung ist die Gewinnung, Analyse und Bereitstellung von Personalinformationen. Auf ihrer Basis werden Personalentscheide getroffen. Es gelten folgende Teilziele: Ermittlung von Personalbeständen und -bewegungen, Aufdeckung von Qualifikationspotenzialen, Kontrolle der Potenzialnutzung und Wirkungsanalyse personalwirtschaftlicher Instrumente (vgl. Drumm 2005: 100).

[142] Personalbefragungen, Mitarbeitergespräche oder Personalbeurteilungen können als Instrumente zur Beschaffung von Personalinformationen genannt werden.

[143] Die Berücksichtigung des Betriebsverfassungsrechts gilt an dieser Stelle insbesondere für Deutschland. In der Schweiz gibt es keine Betriebsräte, sondern Arbeitnehmervertretungen mit vglw. geringeren Rechten. Für weiterführende Erläuterungen vgl. Hentze/Kammel (2001: 150 ff.).

4.3.3.2.3. Personalcontrolling

Im deutschsprachigen Raum erfolgte in den 1960er Jahren erstmalig eine Auseinandersetzung mit Controlling. Die Vorstellung, sämtliche betriebliche Aktivitäten an geeigneten ökonomischen Erfolgskriterien ausrichten zu können, stellte den Ausgangspunkt der Überlegungen dar (vgl. Berthel/Becker 2010: 627). Die Planung, Kontrolle und Steuerung (im Falle unerwünschter Abweichungen) personalwirtschaftlicher Aktivitäten wird als Personalcontrolling bezeichnet (vgl. Lechner/Egger/Schauer 2010: 155). Mit anderen Worten wird das Controlling-Konzept[144], wie es allgemein und für andere Fachbereiche gilt (z. B. Logistikcontrolling), auf den Personalbereich übertragen (vgl. Berthel/Becker 2010: 629 f.). Wichtig ist zudem die rechtzeitige Informationsversorgung der zuständigen Aufgabenträger (vgl. Thom 2001: 125). Das Ziel des Personalcontrollings besteht im Wesentlichen darin, den Beitrag des Faktors Arbeit resp. personalwirtschaftlicher Tätigkeiten zum Betriebserfolg zu messen und zu beurteilen (vgl. Berthel/Becker 2010: 629). Hierzu haben sich differenzierte Kennzahlensysteme[145] entwickelt (vgl. Thom 2001: 125). Wie bereits erwähnt (vgl. Abschnitt I.-1.3.1.), stellt z. B. die Fehlzeitenquote eine gängige Kennzahl zur Erfassung des Gesundheitszustands in Unternehmen dar (vgl. Uhle/Treier 2011: 199).

Literatur und Praxis unterscheiden zwischen strategischem und operativem Controlling. Während das Erstere zumeist qualitative Größen berücksichtigt und weit in die Zukunft gerichtet ist, stützt sich das Zweitgenannte typischerweise auf quantitative Daten und ist mittel- bis kurzfristig angelegt (vgl. Berthel/Becker 2010: 634). Personalcontrolling stößt u. a. dann an Grenzen, wenn es durch unzureichend geklärte Ursache-Wirkungs-Beziehungen bei komplexen Sachverhalten (z. B. Einfluss von Gesundheit und Wohlbefinden auf die Arbeitsproduktivität; vgl. Abschnitt II.-2.2.2.) zu Methodenproblemen[146] kommt (vgl. Berthel/Becker 2010: 640).

4.3.3.2.4. Personalmarketing

Personalmarketing bezieht sich auf die Schaffung von günstigen Voraussetzungen zur Erhöhung der Arbeitgeberattraktivität auf dem internen und externen Arbeitsmarkt. Hauptziel ist es, qualifiziertes und motiviertes Personal zu gewinnen und in der Unternehmung zu halten. Die Analogie zum klassischen Marketing[147] ist darin zu sehen,

---

[144] Macharzina/Wolf (2010: 397 ff.), Hungenberg/Wulf (2007: 371) und Steinmann/Schreyögg (2005: 161 ff.) setzen sich intensiv mit Controlling auseinander.

[145] Berthel/Becker (2010: 636 ff.) geben einige Beispiele.

[146] Lechner/Egger/Schauer (2010: 156) führen eine Unterteilung in inputorientierte, outputorientierte sowie input-output-orientierte Methoden an und erläutern diese.

[147] Vgl. ausführlich Homburg/Krohmer (2009).

dass aktuelle und potenzielle Beschäftigte als Kunden gesehen werden und infolgedessen der Arbeitsplatz und alle ihn umgebenden Einflussfaktoren (Ergonomie, gesundheitsbezogene Aktionen und Kampagnen etc.) als Gegenstand einer kundengerechten Produktgestaltung ausgelegt werden. Somit umfasst Personalmarketing sehr viel mehr als Personalwerbung (vgl. Thom 2001: 126).

Dennoch kommt der kommunikativen Vermittlung von Vorteilen, die eine Beschäftigung in einem spezifischen Unternehmen mit sich bringt, eine zentrale Bedeutung im Personalmarketing zu. Informationen zu betrieblichen Wertehaltungen sind wichtige Größen, um die Vorteilhaftigkeit eines Anstellungsverhältnisses innerhalb einer Organisation einzuschätzen (vgl. Drumm 2005: 350 f.). Mittlerweile gehen immer mehr Unternehmen soweit, die Arbeitgeberattraktivität derart steigern bzw. inszenieren zu wollen, dass sich eine Arbeitgebermarke (Employer Brand[148]) herauskristallisiert. Diese soll maßgeblich dazu beitragen, eine Institution im Kampf um die besten Köpfe[149] (vgl. Abschnitt I.-1.1.1.) von anderen Wettbewerbern abzuheben (vgl. Berthon/Ewing/Hah 2005: 153 ff.).

4.3.3.2.5. Organisation des Personalmanagements

In jedem Unternehmen stellt sich die Frage, wer für die Bearbeitung personalwirtschaftlicher Fragestellungen zuständig sein soll. Im Idealfall ist dieses Problem derart zu lösen, dass das gewählte Organisationsmuster einen maximalen Beitrag zur Erreichung der Unternehmensziele leistet (vgl. Drumm 2005: 65). Bemühungen, eine möglichst optimale organisatorische Ordnung des Personalressorts zu erzielen, stehen im Spannungsfeld zwischen der Betonung von

- zentralen Fachabteilungen,[150]
- dezentralen Fachspezialisten[151] (Personalreferenten bzw. HR-Beratenden) oder
- Linienvorgesetzten.[152]

---

[148] Vgl. hierzu die „Urautoren" des Employer Brandings Ambler/Barrow (1996).

[149] Eine Herausforderung im Employer Branding stellt die Berücksichtigung verschiedener Kulturen und Nationalitäten dar (vgl. Berthon/Ewing/Hah 2005:169).

[150] Personalabteilungen kann es in einem Konzern zentral und/oder in den jeweiligen Geschäftsbereichen geben (vgl. Drumm 2005: 69 f. und 72).

[151] Dezentrale Fachspezialisten sind typischerweise auf die Betreuungserfordernisse einer bestimmten Personengruppe spezialisiert und verantworten für diese, mit Ausnahme der Personalführung, die Gesamtheit der anfallenden personalwirtschaftlichen Aufgaben (single point of contact). Sie befinden sich in einer beratenden Funktion gegenüber den jeweiligen Vorgesetzten (vgl. Berthel/Becker 2010: 600; Drumm 2005: 72 f.).

[152] Als vierte Variante ist die Übertragung personalwirtschaftlicher Aufgaben an den einzelnen Mitarbeitenden möglich. Selbst-Konzepte einer individualisierten Personalwirtschaft basieren auf einem nahezu heroischen Menschenbild (vgl. Drumm 2005: 74). Sie werden hier nicht weiter vertieft.

Die Frage nach der optimalen Organisationsform kann nicht pauschal beantwortet werden. Sie ist situativ zu klären (vgl. Berthel/Becker 2010: 598). Hinzu kommt, dass personalwirtschaftliche Aufgaben oftmals an externe Dienstleister übertragen werden (z. B. Berater für die Implementierung eines BGM). In der Regel verhält es sich so, dass die vielfältigen Aufgaben des Personalmanagements in vollem Umfang nicht durch einen Aufgabenträger allein bewältigbar sind (vgl. Berthel/Becker 2010: 597). Gegenstand der Querschnittsfunktion „Organisation des Personalmanagements" ist daher die Regelung der Arbeitsteilung und Koordination unter den verschiedenen Aufgabenträgern (vgl. Thom 2001: 127).

Zur Gesamtorganisation des Personalmanagements zählt zudem die Einbindung der Fachabteilung in die betriebliche Leitungsorganisation. Ihre dortige Stellung gibt Aufschluss über das Bedeutungsniveau des HRM. Es sind verschiedene Szenarien denkbar (vgl. Berthel/Becker 2010: 604). Die oberste Personalleitung

- ist ein vollwertiges Mitglied der obersten Unternehmensführung. Die Fachabteilung Personal stellt dort ein eigenständiges, gleichberechtigtes Ressort dar.

- berichtet einem Mitglied der obersten Unternehmensführung, welches dort das Personalressort vertritt.

- berichtet gesamthaft an die oberste Unternehmensleitung. Die Fachabteilung Personal ist nicht auf höchster Führungsebene verankert.

- untersteht einer Instanz unterhalb der obersten Unternehmensführung.

Im erstgenannten Fall wird dem Faktor Mensch im Unternehmen ein besonders hoher Stellenwert zugesprochen. Er bietet eine bestmögliche Ausgangssituation zum Aufbau und Erhalt einer Soll-Kultur.

4.3.3.2.6. Rechtliche bzw. vertragliche Aspekte

Rechtliche Rahmenbedingungen, welche die Arbeitsbeziehung zwischen einem Unternehmen und seinen Beschäftigten betreffen, sind für das Personalmanagement von besonderer Relevanz (vgl. Wöhe/Döring 2010: 131; Oechsler 2006: 40, 144 ff., 282 ff. und 532 ff.). Eine Unterscheidung besteht zwischen dem Individualarbeitsrecht und dem kollektiven Arbeitsrecht. Ersteres regelt die Beziehung zwischen einer abhängig beschäftigten Person und ihrem Arbeitgeber. Es befasst sich mit der Begründung, Durchführung und Beendigung eines Arbeitsverhältnisses und ist darauf ausgelegt, Mitarbeitende vor Gefahren des Arbeitslebens zu schützen. Existenz, Organisation und Aufgaben der Repräsentationsorgane (Arbeitgeber- und Arbeitnehmervertretungen) werden durch das kollektive Arbeitsrecht geregelt. Der Schwerpunkt liegt auf Mitbestimmungsrechten (vgl. Berthel/Becker 2010: 649 ff.; Stock-Homburg 2010: 21 f.).

Erwähnung finden soll ebenfalls der psychologische Arbeitsvertrag. Er ergänzt den juristischen Kontrakt (vgl. Tschopp/Feierabend/Arnold 2011: 267) und kann definiert werden als „[…] nicht einforderbare Erwartung seitens Arbeitnehmer und Arbeitgeber hinsichtlich der Leistung und Gegenleistung auf Basis subjektiv gedeuteter Versprechen." (Huf 2011: 30; vgl. auch Restubog/Bordia/Tang 2007: 375; Drumm 2005: 462). Diese Vertragsform vergegenwärtigt, dass die Relation zwischen den oben genannten Parteien eine in hohem Maße sensible sozial-psychologische Austauschbeziehung darstellt (vgl. Huf 2011: 35). Es ist davon auszugehen, dass Vertragstreue und -bruch[153] weitgehend darüber entscheiden, wie einsatzbereit und motiviert sich ein Mitarbeitender zeigt, wie loyal er sich verhält und wie sehr ihn seine Beschäftigung befriedigt (vgl. Schein 1974: 89 f.; Huf 2011: 33 ff.). Mit anderen Worten hat der psychologische Arbeitsvertrag einen beachtlichen Einfluss auf das Wohlbefinden der Betriebsangehörigen. Personal- und Gesundheitsmanagement bedeutet deshalb immer auch Erwartungsmanagement (vgl. Huf 2011: 30).

4.3.4. Direkt interaktionelle Personalfunktionen

4.3.4.1. Führungskonzepte und -stile

Auf Unternehmensebene autorisierte Führungsgrundsätze normieren das Verhalten und Handeln leitender Angestellter. Sie werden durch das Top-Management festgelegt. Führungsgrundsätze nehmen Einfluss auf den Gestaltungsspielraum der Führung in der persönlichen Interaktion mit ihren Mitarbeitenden (vgl. Macharzina/Wolf 2010: 561). Zugleich sind sie wichtige Kulturelemente (vgl. Wunderer 2007: 15). Als schriftlich formulierte Leitlinien werden sie, ebenso wie verschiedene Führungsinstrumente, in Form von Führungskonzepten festgehalten (vgl. Töpfer/Zander 1982: 6).

Führungskonzepte dienen als systematische Ordnungsrahmen zur Erfassung von komplexen Führungsphänomenen (vgl. Eichhorn et al. 2003: 390). Durch ihren Einsatz wird eine verbesserte Leistungswirksamkeit bezüglich der Sach- und Formalzielerreichung angestrebt (vgl. Thom/Ritz 2008: 401). Beispielsweise intendiert das von Drucker (1954) angeregte Führungskonzept „Management by Objectives" (MbO) alle Elemente eines sozialen Systems auf die übergeordneten Betriebsziele auszurichten.

---

[153] Der psychologische Vertrag kann absichtlich oder unabsichtlich gebrochen werden. Bedingt durch seine enorme Subjektivität sind Interpretationsabweichungen zwischen den Vertragsparteien oftmals unvermeidlich (vgl. Huf 2011: 34).

Es fußt auf der Annahme, dass die Belegschaft zu selbstständigem Handeln fähig und bereit ist (vgl. Macharzina/Wolf 2010: 587).[154]

Führungsstile bezeichnen regelmäßig wiederkehrende Muster des Führungsverhaltens gegenüber weisungsgebundenen Mitarbeitenden (vgl. Franken 2010: 262; Macharzina/Wolf 2010: 580; Wöhe/Döring 2010: 158; Boerner 2004: 316). Realtypische Führungsstile lassen sich auf Basis empirischer Untersuchungen formulieren. Idealtypische Stile sind hingegen Ableitungen aus einem bestehenden theoretischen Diskurs (vgl. Macharzina/Wolf 2010: 163). In der Fachliteratur werden seit vielen Jahren diverse Typologien diskutiert (vgl. Thom/Ritz 2008: 406). Aus dieser Publikationsfülle (vgl. für eine Übersicht Franken 2010: 262 ff.; Boerner 2004) haben sich der autokratische/autoritäre, der kooperative und der laissez-faire Stil als Basisformen verfestigt (vgl. Macharzina/Wolf 2010: 580 ff.). Auch eine allgemeinere Unterscheidung zwischen aufgaben- und mitarbeiterorientierten Stilen findet in der Wissenschaft viel Beachtung (vgl. Berthel/Becker 2010: 163 ff.; Wunderer 2007: 208). Wichtig festzuhalten ist, dass es im Endeffekt unerheblich ist, welchen Stil ein leitender Angestellter zu praktizieren glaubt. Ausschlaggebend ist, wie sein Verhalten von den geführten Personen wahrgenommen wird (vgl. Hersey 1987: 29). Meint eine Führungskraft, sich ihren Mitarbeitenden gegenüber gesundheitsförderlich zu verhalten und widerspricht diese Selbsteinschätzung der Beschäftigtenauffassung, kann nicht von einer Gesundheitskultur gesprochen werden.

4.3.4.2. Führungskräfte als kulturschaffende Akteure

Schein (1985: 2) bezeichnet Kultur und Führung als zwei Seiten derselben Medaille. „[...] the only thing of real importance that leaders do is to create and manage culture and [...] the unique talent of leaders is their ability to work with culture."[155] (Schein 1985: 2). Die Bedeutung von Führungskräften für die Unternehmenskultur kann nicht überbetont werden. Sie personifizieren das betriebliche Normen- und Wertesystem (vgl. Sackmann 2002: 194; Sackmann 1990: 179). Existieren dokumentierte Aussagen und Anweisungen zum Wertemanagement, ohne dass diese auf integre Art und Weise (vor-) gelebt werden, bleiben sie Makulatur und führen mit hoher Wahrscheinlichkeit zu Frustration und Enttäuschung (vgl. Scheitler/Wetzel 2007: 30 f.). Im modernen Führungsverständnis müssen leitende Angestellte über fachliche, methodische sowie

---

[154] Durch eine konsequente Zieloperationalisierung werden im Rahmen des MbO die obersten Unternehmensziele kaskadenartig in Unterziele (Abteilungs-, Gruppen- und Mitarbeiterziele) unterteilt und nach Bedarf verfeinert (vgl. Thom/Ritz 2008: 401 f.). Hierzu dienen Zielvereinbarungsgespräche (vgl. Dievernich 2007: 64).

[155] Im Original stellenweise kursiv hervorgehoben.

soziale und persönliche[156] Kompetenzen verfügen (vgl. Scheitler/Wetzel 2007: 27). Je höher sich eine Führungsperson in der Hierarchie befindet, desto wichtiger wird allerdings ihre Wertekompetenz (vgl. Stadler 2009: 208; Abbildung 11).

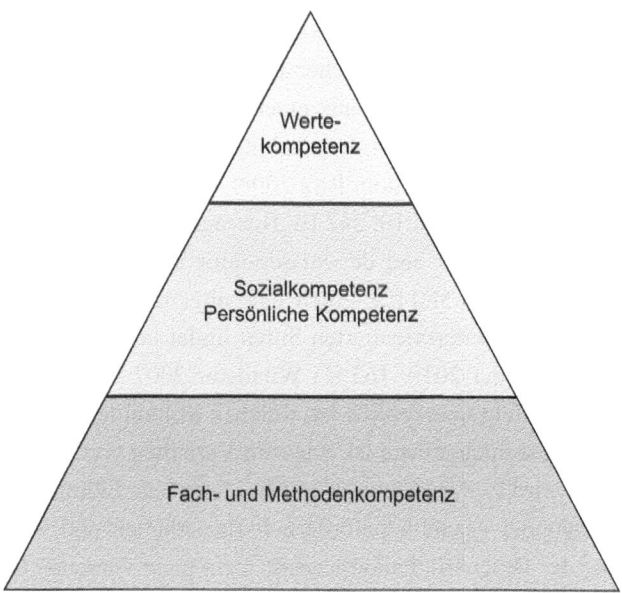

Abbildung 11: Kompetenzpyramide (in Anlehnung an Stadler 2009: 209)

Menschen orientieren sich an Menschen. Die Vorbildfunktion der Führung sowie ihre Bereitschaft und Fähigkeit zur Selbstreflexion sind in Anbetracht dessen besonders wichtig. Viele Führungskräfte scheitern bereits an der Frage nach dem eigenen Wohlergehen. Auch bezüglich der Kenntnis von Faktoren, die sie selbst für ein gesundes Leben benötigen, zeigen sie sich vielfach unsicher. Achtsamkeit für die eigene Person und für andere ist jedoch als grundlegende Wertekompetenz anzusehen (vgl. Stadler 2009: 208 ff.). Dies setzt ein Mindestmaß an emotionaler Intelligenz voraus (vgl. Scheitler/Wetzel 2007: 18 f. und 27). Darüber hinaus ist es unabdingbar, dass Kulturschaffende auf ihre Glaubwürdigkeit bedacht sind, Sinn vermittelnd und fair führen und die Beschäftigten zu einer Wertegemeinschaft formieren, die den Einzelnen in ein größeres Ganzes integriert (vgl. Stadler 2009: 208-227). Es ist im Wesentlichen die Aufgabe des Top-Managements, eine Vision für die Zielkultur im Unternehmen zu definieren (z. B. im Rahmen eines Workshops) und für deren bedingungslose Umsetzung im Alltag geschlossen einzustehen (vgl. Hecker 2010: 193).

---

[156] Hierzu zählen gemäß den oben zitierten Autoren z. B. Entscheidungsfähigkeit und Selbstmanagement.

4.3.4.3. Prozessfunktionen des Personalmanagements

4.3.4.3.1. Personalgewinnung

Die Gewinnung von Personal umfasst die Beschaffung, Auswahl und organisationale Sozialisation von Mitarbeitenden (vgl. Thom/Ritz 2008: 328). Sie bezweckt die Beseitigung einer personellen Unterdeckung sowie die Bereitstellung von Humanressourcen, welche für die betriebliche Leistungserstellung erforderlich sind. Personal wird in quantitativer, qualitativer, örtlicher und zeitlicher Hinsicht benötigt (vgl. Thom 2001: 120) und kann über den unternehmensinternen und/oder -externen Arbeitsmarkt beschafft werden (vgl. Drumm 1995: 265). Das interne Beschaffungspotenzial ergibt sich aus Arbeitnehmenden, die aufgrund eines geringeren oder veränderten Personalbedarfs freigestellt werden, die der gegenwärtig übertragenen Stelle nicht gewachsen sind oder die Entwicklungsvermögen aufweisen (vgl. Hentze/Kammel 2001: 265). Die interne Besetzung einer vakanten Stelle kann mit oder ohne Änderung des bestehenden Arbeitsverhältnisses erfolgen (vgl. Berthel/Becker 2010: 304). Die externe Personalbeschaffung vollzieht sich durch den Abschluss neuer Arbeitsverträge oder durch den Einsatz von Fremdarbeitnehmern (vgl. Hentze/Kammel 2001: 262). Beide Beschaffungswege weisen Chancen- und Risiken auf. Ihre jeweilige Vorteilhaftigkeit ist u. a. unter Berücksichtigung der unternehmensbezogenen Rahmenbedingungen (z. B. Betriebsgröße) und Art der zu besetzenden Stelle (z. B. Branchen- und Fachkenntnisse) zu bestimmen (vgl. Stock-Homburg 2010: 150 f.).

Die Hauptaufgabe der Personalauswahl besteht in der Feststellung des Eignungspotenzials von Bewerbern, den Anforderungen der zu besetzenden Stelle zu genügen (vgl. Hentze/Kammel 2001: 277).[157] Unternehmerischer Erfolg hängt wesentlich von der Auswahl der „richtigen" Mitarbeitenden ab (vgl. Drumm 2005: 358). Der Selektion liegen in der Regel eine Stellenbeschreibung sowie ein Anforderungsprofil zugrunde (vgl. Stock-Homburg 2010: 125 ff.). Grob kann zwischen aufgabenbezogenen und persönlich-sozialen Auswahlkriterien unterschieden werden, die wiederum anhand diverser Auswahlinstrumente (z. B. Assessment Center) zu prüfen sind (vgl. Berthel/Becker 2010: 330-342).[158]

Im Anschluss an die Personalauswahl und den erfolgreichen Abschluss eines Vertragsverhältnisses beginnt für die Betroffenen die organisationale Sozialisation.[159] Diese Einführungsphase dient der Orientierung und dem Wissenserwerb. Sie zeigt Neumitarbeitenden auf, welche Prioritäten gesetzt werden (sollten), welche Rolle(n) für sie

---

[157] Zum Thema „person-job fit" siehe ausführlich Edwards (1991).

[158] Vgl. Stock-Homburg (2010: 172 ff.) für eine Übersicht verschiedener Personalauswahlinstrumente.

[159] Vgl. hierzu ausführlich Van Maanen/Schein (1979).

vorgesehen ist/sind und welche Interpretationsmuster für Ereignisse und Handlungen innerhalb der spezifischen Kulturgemeinschaft als angemessen befunden werden (vgl. Moser 2004: 548; Chao et al. 1994: 730 ff.; Morrison 1993: 174; Feldman 1981: 309). Des Weiteren wird die Integration der Neubeschäftigten in die betrieblichen Beziehungsstrukturen angestrebt (vgl. Morrison 2002: 1158). Hierbei handelt es sich keineswegs um einen ausschließlich passiven Lernprozess. Vielmehr müssen die zugestoßenen Mitarbeitenden selbst aktiv werden (vgl. Ostroff/Kozlowski 1992: 850). Die Einführung von Neumitarbeitenden kann durchaus auch positive Auswirkungen auf die Einführenden haben. Nicht selten erleben diese hierdurch eine Selbstwertsteigerung (vgl. Sutton/Louis 1987: 356 ff.). „If I am helping to initiate others, I must be a true brother now." (Sutton/Louis 1987: 357).

4.3.4.3.2. Personaleinsatz

Gegenstand dieser Personalfunktion ist die konkrete Zuordnung der Mitarbeitenden zu den zu erfüllenden Aufgaben bzw. Arbeitsplätzen und zwar in quantitativer, qualitativer, zeitlicher und örtlicher Hinsicht (vgl. Thom 2001: 122). Das rein ökonomische Ziel besteht darin, alle Aufgaben unter optimaler Ausnutzung der Betriebsmittel in der verfügbaren Arbeitszeit effizient zu erfüllen (vgl. Hentze/Kammel 2001: 425). Allerdings ist eine unreflektierte Eingliederung des Menschen in den betrieblichen Leistungserstellungsprozess ethisch problematisch. Es stellt sich die Grundfrage der Anpassung des Menschen an die Arbeit oder vice versa. Um die besondere Stellung des Personals im Betrieb in würdiger Form zu honorieren, bedarf es einer menschengerechten Arbeitsgestaltung. Eine solche wird auch im Rahmen des BGM explizit gefordert. Sie zeichnet sich u. a. durch folgende Kriterien aus (vgl. Hentze/Kammel 2001: 430; ähnlich Oppolzer 2010: 26):

Ausführbarkeit

Eine Tätigkeit ist ausführbar, wenn sie auch bei kurzfristiger Höchstbeanspruchung ohne Gesundheitsschäden zu erledigen ist.

Erträglichkeit

Eine Tätigkeit ist erträglich, wenn sie über die Dauer eines Arbeitslebens von einer Person ausgeführt werden kann, ohne (größere) arbeitsbedingte Schäden hervorzurufen.

Zumutbarkeit

Die Zumutbarkeit einer Tätigkeit wird wesentlich von gesellschaftlichen Normen bewertet. Wie lange dem Menschen eine Arbeit aufgebürdet werden kann, ist nicht zuletzt von Abhilfen, Erleichterungen bzw. der Substitution menschlicher Arbeit durch technische Mittel abhängig.

Zufriedenheit

Schlussendlich entscheidend ist die subjektive Einschätzung der Arbeit bzw. der sie umgebenden Bedingungen durch die Arbeitskraft selbst.

Neben der Berücksichtigung arbeitswissenschaftlicher Erkenntnisse, z. B. im Hinblick auf die bestmögliche Gestaltung des Arbeitsraums, erfährt die Arbeitsorganisation, inklusive dem Einsatz von Gruppen, immer mehr Beachtung (vgl. Lechner/Egger/Schauer 2010: 143; Thom 2001: 122). Am Ende zählt, dass Eignungen und Neigungen den gestellten Anforderungen entsprechen. Eine belastende Über-/Unterforderung ist ansonsten die drohende Konsequenz (vgl. Hentze/Kammel 2001: 475).

4.3.4.3.3. Personalbeurteilung

Im Rahmen dieser Prozessfunktion werden planmäßig und formalisiert die Leistung, Eignung und das Potenzial einer Person bewertet (vgl. Berthel/Becker 2010: 245). Der Beurteilungszeitraum bezieht sich auf die Vergangenheit, Gegenwart und Zukunft (vgl. Thom/Ritz 2008: 339; Berthel/Becker 2010: 255). Es können fünf Formen unterschieden werden (vgl. Berthel/Becker 2010: 255 f.):

Mitarbeiterbeurteilung

Hierbei handelt es sich um die gängigste Form der Personalbeurteilung. Im Zuge eines periodisch wiederkehrenden Gesprächs findet, neben der Vereinbarung von Zielen, eine Beurteilung des Mitarbeitenden durch seinen direkten Vorgesetzten statt (vgl. Thom/Ritz 2008: 341).

Vorgesetztenbeurteilung

Bei der Vorgesetztenbeurteilung bewerten Direktunterstellte das Führungsverhalten und zum Teil auch darüber hinaus gehende Qualifikations- und Leistungsmerkmale ihrer Vorgesetzten. In der Regel findet sie auf Basis eines vordefinierten Kriterienkatalogs statt. Grundsätzlich ist zu beachten, dass der Führungserfolg, gemessen anhand ökonomischer und humaner Effizienzkategorien (vgl. Berthel/Becker 2010: 160), stets unter dem Einfluss der spezifischen Führungssituation steht (vgl. Thom/Ritz 2008: 393).

Gleichgestelltenbeurteilung

Hierarchisch gleichgestellte Personen bewerten einander zumeist gleichzeitig, um die Einschätzung der Kollegen für eigene Zwecke zu nutzen. Sie tun dies anhand eines spezifischen Formulars.

Selbstbeurteilung

Diese Form zeichnet sich dadurch aus, dass die betreffende Person zugleich in der Rolle des Beurteilenden als auch in der des Beurteilten ist. Das Ziel besteht darin, Entwicklungsprozesse zu fördern, das Akzeptanzniveau bevorstehender Fremdbeurteilungen zu erhöhen sowie für ein besseres Verständnis der Leistungserbringung bzw. Qualifikation zu sorgen.

360-Grad-Beurteilung

Bezeichnend für die 360-Grad-Beurteilung ist, dass das Leistungsverhalten aus unterschiedlichen Perspektiven bewertet wird (z. B. Vorgesetzte, Kollegen, Mitarbeitende, Kunden). Die systematische Interpretation der gewonnenen Informationen soll ein breit gefächertes, fundiertes Feedback ermöglichen. Eingesetzt wird diese Beurteilungsform in erster Linie bei Führungs- und Fachkräften (vgl. Blum/Zaugg 2008: 68). Eine vollumfängliche 360-Grad-Beurteilung ist sehr aufwendig (vgl. Gerpott 2000: 357 f.).

Noch wichtiger als ein möglichst vollständiges Beurteilungssystem ist die generelle Akzeptanz der Bewertung sowie der verwendeten Methoden durch die Betroffenen. Es ist unerlässlich, dass die erzielten Beurteilungsergebnisse mit Konsequenzen verknüpft sind (vgl. Thom/Ritz 2008: 341 ff.).

4.3.4.3.4. Personalentwicklung

Personalentwicklung[160] ist zum einen auf den Angestellten und zum anderen auf das Unternehmen gerichtet (vgl. Lechner/Egger/Schauer 2010: 155). Sie umfasst alle bildungs-[161] und stellenbezogenen[162] Maßnahmen zur Vermittlung bzw. Steigerung von

---

[160] Die Auffassung von Personalentwicklung hat sich in der Vergangenheit stark gewandelt. Während früher von einem weitgehend statischen Bildungsbegriff ausgegangen wurde, steht mittlerweile (in Anlehnung an die individuelle Karriereplanung einer Person) die Entwicklung von Kompetenzen im Fokus (vgl. Thom/Ritz 2001: 358).

[161] Hierzu zählen berufliche Aus-, Fort- und Weiterbildung sowie Umschulung (vgl. Thom 1987: 35 ff.; Thom 2007: 1359; Thom 2008b: 6 f.).

[162] Hierunter fallen Verwendungsplanung und -steuerung, Aufstiegsplanung und -steuerung, Stellvertretungsregelungen, Lernpatenschaften, qualifikationsfördernde Arbeitsgestaltung sowie Maßnahmen bei Stellenaufgabe (vgl. Thom 1987: 49 ff.; Thom 2007: 1359 ff.; Thom 2008b: 6 f.).

Qualifikationen, so dass Führungskräfte und Mitarbeitende die gegenwärtigen und zukünftigen Anforderungen erfüllen können (vgl. Becker 2009: 4; Thom/Ritz 2008: 358;
Thom 2001: 121). Außerdem sollen sie zu einer Leistungssteigerung befähigt werden
und eine gezielte Unterstützung ihrer beruflichen Entwicklung erfahren (vgl. Stock-
Homburg 2010: 205). Personalentwicklung dient ausdrücklich der Abstimmung zwischen den Bedürfnissen und Zielen der Mitarbeitenden (z. B. Selbstverwirklichung,
Erhalt und Ausbau der Arbeitsmarktfähigkeit, Karrieremöglichkeiten) und den Erwartungen und Zielen der Institution zur Erreichung des Organisationszwecks (z. B. Ef-
fektivitäts- und Effizienzsteigerung, Sicherung des qualitativen Personalbestands, Erhöhung der Personaleinsatzflexibilität und Arbeitgeberattraktivität) (vgl. Thom/Ritz
2008: 359; Stock-Homburg 2010: 209 f.). Die Entwicklung von Personen muss mit anschließend höher qualifizierten Tätigkeitselementen einhergehen. Ansonsten besteht
die Gefahr einer Unterforderung (vgl. Stock-Homburg 2010: 211). Diese kann wiederum eine Verschlechterung des gesundheitlichen Befindens zur Folge haben oder sogar
zu einer Abwanderung der Betroffenen führen.

Konkrete Personalentwicklungsaktivitäten können in einem ganz unterschiedlichen
Verhältnis zum Arbeitsfeld stehen (vgl. Thom/Ritz 2008: 360 f.). Scholz (2000: 510 f.)
diskutiert sechs Konzepte:

Into the job

Personalentwicklung into job erfolgt z. B. im Rahmen einer Berufsausbildung, Einar-
beitung oder in Form eines Trainee-Programms[163].

On the job

On the job kann Personal bspw. durch Lernpartnerschaften, d. h. durch Mentoring[164]
und Coaching[165], gelenkte Erfahrungsermittlung (z. B. moderierte Erfahrungsaus-
tauschgruppen), Stellvertretungen, Projektarbeit oder durch eine qualifikationsfördernde Arbeitsgestaltung (Job Enlargement, Job Enrichment, Job Rotation) entwickelt
werden.

Along the job

Along the job bestehen Optionen einer Laufbahn-, Förder- und Nachfolgeplanung sowie die Durchführung von Mitarbeitergesprächen.

---

[163] Siehe hierzu ausführlich Nesemann (2012).
[164] Vgl. im Detail Allen/Eby (2007).
[165] Vgl. im Detail Becker (2009: 539 ff.).

Near the job

Intentionales Lernen ist „near the job" u. a. im Zuge von Lernstätten oder Zirkelge-sprächen möglich.

Off the job

Hiermit sind Entwicklungsoptionen außerhalb der Arbeitszeit und des Arbeitsplatzes gemeint (Konferenzen, Seminare etc.).

Entscheidungen über Personalentwicklungsinitiativen basieren auf Eignungs- und An-forderungsprofilen. Ferner ist eine Berücksichtigung der relevanten Märkte (z. B. Bil-dungs- und Arbeitsmarkt) notwendig (vgl. Thom/Ritz 2008: 358; Lechner/Egger/ Schauer 2010: 155).

Obgleich Personal- von Organisationsentwicklung abzugrenzen ist (vgl. Hent-ze/Kammel 2001: 341), besteht zwischen beiden Konzepten ein enger Zusammenhang (vgl. Berthel/Becker 2010: 289). Die Entwicklung eines Betriebs, inklusive seiner Kul-tur, setzt eine zielgerichtete Personalentwicklung voraus. Dazu gehört die Verbesse-rung individueller Kompetenzen. Eine Kultur, als kollektives Phänomen, kann aller-dings nur verankert werden, wenn Werte zwischen Individuen kompatibel sind. Mithin sind also auch kollektive Lernprozesse, d. h. Organisationsentwicklung, erforderlich.

4.3.4.3.5. Personalerhaltung

„People tend to do what they are measured and rewarded for." (Jamrog 2004: 32). Im Zentrum der Personalerhaltung steht ein Anreizsystem. Dieses ummantelt alle bewusst gestalteten und im günstigsten Fall sorgfältig aufeinander abgestimmten Stimuli, die darauf ausgerichtet sind, das Verhalten des erwerbstätigen Menschen in eine ge-wünschte Richtung zu lenken (vgl. Berthel/Becker 2010: 536 f.).

Ein Anreizsystem im obigen Verständnis setzt sich aus materiellen und immateriellen Stimuli zusammen. Materielle Anreize können in direkte[166] und indirekte[167] finanzielle Anreize unterteilt werden. Soziale[168] und institutionelle[169] Anreize eines derart umfas-

---

[166] An dieser Stelle anzuführen sind Lohn, Gehalt sowie Prämien (vgl. Bayard 1997: 88; Thom Ritz 2008: 351). Drumm (2005: 587) setzt sich ausführlich mit Vergütungssystemen auseinander.

[167] Hiermit gemeint sind alle geldwerten Anreize, die auf freiwilliger Basis unabhängig von der Arbeitsleistung vom Arbeitgeber erbracht werden (Fringe Benefits) (vgl. Bayard 1997: 88; Thom/Ritz 2008: 351).

[168] Darunter sind z. B. Gruppenmitgliedschaften oder der Führungsstil zu verstehen (vgl. Bayard 1997: 88; Thom/Ritz 2008: 351).

[169] Institutionelle Anreize ergeben sich bspw. aus der Unternehmenskultur, Entwicklungsmöglichkeiten oder einer weitgehenden Arbeitsplatzsicherheit (vgl. Bayard 1997: 88; Thom/Ritz 2008: 351).

senden Systems sind immaterieller Art. Eine weitere Anreizwirkung kann aus der Tätigkeit selbst entstehen (vgl. Bayard 1997: 88; Thom/Ritz 2008: 351).

Neben der Reduktion der Austrittswahrscheinlichkeit (vgl. Thom/Ritz 2008: 343; Hentze/Graf 2005: 3) erfüllt die Anreizgestaltung zusätzlich die nachstehenden Funktionen (vgl. Berthel/Becker 2010: 538 f.; zum Teil auch Thom/Ritz 2008: 343; Hentze/Graf 2005: 3):

Motivationsfunktion

Die Motive der Beschäftigten sollen mittels eines breit gefächerten Anreizsystems aktiviert und positiv beeinflusst werden.[170] Ziel ist eine Erhöhung des Motivationsniveaus und damit der Leistungsbereitschaft. Hierfür ist entscheidend, dass Unternehmen nicht nur den Erhalt und die Förderung der extrinsischen[171] Motivation verfolgen, sondern ebenso Anreize setzen, welche die intrinsische[172] Motivation begünstigen.

Steuerungsfunktion

Anreize können direkt mit den Unternehmenszielen verknüpft werden. Durch positive bzw. negative Sanktionen ist eine Verhaltensbeeinflussung möglich.

Informationsfunktion

Wie bereits im vorherigen Punkt angesprochen, geben Anreizsysteme Aufschluss über das Ziel- bzw. Strategiesystem einer Organisation. Sie vermitteln zudem Anhaltspunkte hinsichtlich der intendierten Unternehmenskultur.

Veränderungsfunktion

Im Zuge von Wandlungsstrategien können Anreize dazu dienen, neu definierte Anforderungen bzw. Erwartungen zu verdeutlichen.

Kooperationsfunktion

Durch die Gestaltung von Vergütungssystemen kann u. a. signalisiert werden, ob Einzel- oder Teamleistungen präferiert werden.

---

[170] Krech et al. (2006) geben einen Einblick in die menschliche Motivation. Brandstätter/Frey (2004) befassen sich eingehend mit verschiedenen Motivationstheorien. Kleinbeck/Kleinbeck (2009) setzen sich spezifisch mit dem Thema Arbeitsmotivation auseinander.

[171] Extrinsische Motivation bedeutet, dass Handlungsmotive aus äußeren Anreizen entstehen (vgl. Kunz/Quitmann 2011: 58; Franken 2010: 84).

[172] Im Kontext der intrinsischen Motivation stammen Handlungsmotive aus dem Inneren einer Person. Sie stehen direkt mit der Aufgabe als solcher in Verbindung (vgl. Kunz/Quitmann 2011: 58; Franken 2010: 84).

Selektionsfunktion

Ausschlaggebend für die Wirkung eines Anreizsystems ist, dass Stimuli einen subjektiven Wert für das aktuelle und potenzielle Personal haben (vgl. Berthel/Becker 2010: 537). Anders ausgedrückt lässt sich durch ein ganzheitliches Anreizsystem auf dem internen und externen Arbeitsmarkt eine Selbstselektion der Teilnehmenden bewirken.

4.3.4.3.6. Personalfreistellung

Unter Personalabbau wird die Beseitigung einer personellen Überdeckung in quantitativer, qualitativer, zeitlicher sowie örtlicher Hinsicht verstanden (vgl. Berthel/Becker 2010: 362). Fortschrittlichen Institutionen ist es gelungen, ein differenziertes Instrumentarium für die indirekte und direkte Freistellung von Humanressourcen zu entwickeln (vgl. Thom 2001: 124). Allerdings unterliegt die Personalfreistellung einer Reihe von Rahmenbedingungen.[173] Diese schränken den Aktionsradius für die Ausgestaltung eines Abbaus ein (vgl. Hentze/Graf 2005: 369 ff.).

Prinzipiell kann die Freisetzung von Personal ohne oder mit reduzierendem Einfluss auf den aktuellen Personalbestand erfolgen (vgl. Berthel/Becker 2010: 368; Stock-Homburg 2010: 298; Hentze/Graf 2005: 373). Tabelle 6 gibt einen Überblick über verschiedene Gestaltungsoptionen.

		Personalfreistellung
Ohne Einfluss auf den Personalbestand	Versetzung	horizontal, vertikal
	Arbeitszeitverkürzung	Teilzeitarbeit, Überstundenabbau, Kurzarbeit, Langzeiturlaub, mehrstufiger Vorruhestand
Mit Einfluss auf den Personalbestand	Direkte Maßnahmen	Einstufiger Vorruhestand, Aufhebungsvertrag, Outplacement[174], Transfergesellschaften, Entlassung/Kündigung
	Indirekte Maßnahmen	Einstellungsstopp (natürliche Fluktuation), Nichtverlängerung von befristeten Arbeitsverträgen bzw. von Personalleasingverträgen

Tabelle 6: Gestaltungsoptionen der Personalfreistellung (in Anlehnung an Stock-Homburg 2010: 298; Hentze/Graf 2005: 373)

---

[173] Hierbei handelt es sich z. B. um rechtliche Bedingungen, wie die Einhaltung des Kündigungs- oder Mutterschutzgesetzes (vgl., auch für weitere Beispiele und Erläuterungen, Hentze/Graf 2005: 369 ff.).

[174] Im Zuge von Outplacement werden aus dem Betrieb ausscheidende Personen bei der Suche nach einer Anschlussbeschäftigung beraten und unterstützt. Diese Dienstleistung kann als Ausdruck der Wertschätzung verstanden werden. Ähnlich wie Sozialpläne (vgl. Hentze/Graf 2005: 384) schafft Outplacement eine materielle Übergangshilfe (vgl. Berthel/Becker 2010: 385; Hentze/Graf 2005: 388; Thom 2001: 124).

Abschließend sei erwähnt, dass die Freistellung von Personal, grob kategorisiert, außerbetriebliche (z. B. Schrumpfprozesse ganzer Märkte) (vgl. Drumm 2005: 297), betriebliche (z. B. Veränderungen in der Personalbedarfsstruktur), personen- (z. B. krankheitsbedingte Arbeitsunfähigkeit, unzureichendes Eignungsprofil) oder verhaltensbedingte (z. B. Vertrauensbruch, Mobbing) Ursachen haben kann (vgl. Stock-Homburg 2010: 294 ff.; Thom/Ritz 2008: 372).

5. Erklärungsrahmen

Wie in Abschnitt II.-4.2.2. dargelegt, ist eine Gesundheitskultur aus betriebswirtschaftlicher Perspektive effektiv, wenn sie sozialverantwortliche Unternehmen dabei unterstützt, durch leistungsfähiges und motiviertes Personal in zunehmend wettbewerbsintensiven Ökonomien zu überleben. Inwieweit dieses Effektivitätsziel erreicht wird, kann anhand verschiedener Effizienzkriterien nachverfolgt werden. Eine regelmäßige Evaluation von Voraussetzungen/Befähigern und Resultaten einer Gesundheitskultur dient dem Qualitätsmanagement bezüglich der Umsetzung des betrieblichen Gesundheitsgedankens.

Organisatorische bzw. kulturelle Gestaltung erfolgt im Spannungsfeld diverser Einflussfaktoren. Diese bilden die spezifische Gestaltungssituation (vgl. Thom/Wenger 2010: 85 f.). Demzufolge werden die Effektivitäts- und Effizienzziele eines Unternehmens von vielfältigen Bedingungsgrößen umrahmt (vgl. Thom 1980: 140). Bevor die Verfasserin genauer auf die Aktionsparamter einer Gesundheitskultur eingeht, widmen sich die folgenden Ausführungen den soeben angesprochenen Rahmenbedingungen. In gewisser Hinsicht ist dieses Kapitel eine Systematisierung bzw. Zusammenfassung der theoretisch-konzeptionellen Grundlagen.

5.1. Rahmenbedingungen

Das Bedingtheitskonzept (vgl. Thom 1980: 140) organisatorisch-kultureller Gestaltungsmaßnahmen setzt sich aus außerbetrieblichen, betrieblichen und personellen Einflussfaktoren zusammen (vgl. Thom/Wenger 2010: 87 ff.).[175]

5.1.1. Außerbetriebliche Rahmenbedingungen

Prinzipiell besteht die Unternehmensumwelt aus unendlich vielen Umweltelementen.[176] Diese kann ein Unternehmen niemals ganzheitlich begreifen oder vorhersehen

---

[175] Bei der Abgrenzung von betrieblichen und personellen Bedingungen ergeben sich streng genommen Interdependenzen. Eine Unterscheidung dient der Systematisierung der Einflussgrößen sowie der primären Zuordnung von Maßnahmen und wird daher für zweckdienlich befunden (vgl. Thom/Wenger 2010: 92).

(vgl. Thom 1980: 141). Umso wichtiger ist eine gedankliche Strukturierung und Präzisierung der relevanten Einflussgrößen. In der Vergangenheit hat sich eine Unterscheidung zwischen der globalen und aufgabenbezogenen Umwelt bewährt (vgl. Thom 1980: 141; Thom/Wenger 2010: 87 f.).

5.1.1.1. Generelle Bedingungsgrößen

Die globale Umwelt eines Unternehmens meint jene Bedingungsgrößen, die generell für eine größere Anzahl an Organisationen in einem bestimmten geographischen Raum gültig sind. Diese zeichnen sich in aller Regel dadurch aus, dass sie keinen engen Bezug zum Sachziel einer Institution aufweisen. Wenn überhaupt unterliegen sie langfristig, indirekt und nur marginal dem Einfluss betrieblicher Gestalter. Daher sind sie für einen überschaubaren Handlungszeitraum als vorgegebene Größen zu interpretieren (vgl. Thom/Wenger 2010: 88).

In der Fachliteratur haben sich fünf Umweltkomponenten[177] etabliert (vgl. Thom 1980: 144 ff.; Welge/Winter 1980: 1247 f.; Thom/Wenger 2010: 89 f.):

Ökonomische Umweltkomponente

Die ökonomische Umweltkomponente bezieht sich auf den aktuellen Zustand und die mögliche Entwicklung eines Wirtschaftsraums. Eine intensivierte Konkurrenzsituation sowie ein Anstieg im Anspruchsniveau der Kunden sind nennenswerte Rahmenbedingungen, die den Leistungsdruck auf Unternehmen und ihre Mitarbeitenden erhöhen. Das allgemeine Stressrisiko steigt. Auch die Konjunkturlage hat Einfluss auf Gesundheit und Wohlbefinden, da die Angst vor dem Verlust des Arbeitsplatzes in konjunkturell schlechteren Zeiten normalerweise besonders ausgeprägt ist und belastend wirken kann. Darüber hinaus sind strukturelle Veränderungen in dieser Kategorie zu nennen (vgl. Abschnitt I.-1.1.3.). Zuletzt anzuführen ist der Arbeitsmarkt. Dieser gibt u. a. Auskunft über potenzielle Angestellte.

Technologisch-wissenschaftliche Umweltkomponente

Diese Umweltkomponente nimmt Bezug auf alle technologischen Entwicklungen, die für den Erfolg einer Organisation sowohl in positiver als auch in negativer Hinsicht entscheidend sind (vgl. Thom/Wenger 2010: 89 f.). Chancen ergeben sich z. B. durch

---

[176] Zum Umsystem der Schweizerischen Post (späteres Fallbeispiel dieser Dissertation) siehe Die Schweizerische Post (2010: 36 ff.).

[177] Für weitere Ausführungen zur „Unternehmensumwelt als Gegenstand der Unternehmensführung" siehe Macharzina/Wolf (2010: 18-28).

den Einsatz neuer Medien im Personalmanagement[178] oder durch verbesserte Produktions- und Verfahrenstechniken. Auch die vermehrten Konsummöglichkeiten über das Internet können sich z. B. positiv auf Postbetriebe auswirken, die Kundenbestellungen auszuführen haben. Entscheidend ist, dass Unternehmen den Fortschritt in dieser Hinsicht aufgreifen und umsetzen. Anderenfalls drohen ihnen Wettbewerbsnachteile. Auch die Substitution von Produkten/Dienstleistungen (z. B. Brief versus E-Mail oder SMS) stellt eine Gefahr dar, die von den Anbietern rechtzeitig erkannt werden muss.[179] Der technologisch-wissenschaftliche Fortschritt nimmt ebenfalls Einfluss auf die Gesundheitssituation in Unternehmen. Einerseits profitieren Beschäftigte von ergonomischen Anpassungen (z. B. höhenverstellbare Fließbänder/Pulte) oder der Möglichkeit von Telearbeit. Andererseits sind Bildschirmarbeit (vgl. Hammer 2003: 5; Uhle/Treier 2011: 63) und die permanente Erreichbarkeit durch neue Medien (vgl. o. V. 2011c: Online) als weit verbreitete Belastungsfaktoren bekannt. Gesamthaft betrachtet spielt auch der medizinisch-technische Fortschritt eine wichtige Rolle für das gesundheitliche Wohl der Erwerbstätigen in einer Volkswirtschaft (vgl. Henke et al. 2011: 17 f. und 60).

Rechtlich-politische Umweltkomponente

Die rechtlich-politische Umweltkomponente ummantelt die „[...] Gesamtheit rechtlicher Vorschriften sowie ihre Handhabung durch Organe der Exekutive und Jurisdiktion, denen die tatsächlichen und geplanten Aktionen einer Unternehmung unterliegen." (Thom 1980: 145). Gesundheit und Wohlbefinden im Arbeitskontext betreffend bezieht sich diese Komponente z. B. auf Grundrechte, daran angelehnte Persönlichkeitsrechte (Recht auf Privatsphäre, Intimsphäre etc.) oder auf den AGS (vgl. Abschnitt II.-2.5.). Der politische Wille ist einer Verabschiedung rechtlicher Vorschriften vorgelagert (vgl. Böhret/Siedentopf 1983: 114). Das Rentenalter sowie die Bezahlbarkeit des Versorgungssystems im Gesundheitswesen sind gesundheitsnahe Themen, die den politischen Diskurs in Deutschland und der Schweiz gegenwärtig (sowie zukünftig) prägen (werden) (vgl. Bundesministerium für Gesundheit 2011: Online; o. V. 2009b: Online).

Sozio-kulturelle Umweltkomponente

Jede Organisation muss sich in eine Gesellschaftsstruktur einfügen. Diese wird u. a. von der öffentlichen Meinung, dem Bildungssystem sowie von vorherrschenden sozialen Werten beeinflusst. Das Bildungssystem eines Wirtschaftsraums hat Einfluss da-

---

[178] Vgl. hierzu ausführlich Müller (2008).
[179] Vgl. hierzu Tanda (2011: 8).

rauf, welche gesundheitserhaltenden und -fördernden Kompetenzen Beschäftigte mitbringen, wenn sie ein Anstellungsverhältnis antreten. Auf gesundheitsrelevante Werte bzw. deren Wandel wurde in Abschnitt I.-1.2.2. ausführlich eingegangen. Wichtige Aspekte der sozio-kulturellen Umwelt sind zudem demographische Merkmale der Erwerbsbevölkerung (vgl. hierzu Abschnitt I.-1.1.1.).

Physisch-ökologische Umweltkomponente

Die physisch-ökologische Umwelt bezieht sich auf die „[...] Gesamtheit aller existierenden natürlichen und/oder gestalteten Bedingungen eines Raumes sowie den für die Wirtschaft relevanten Ressourcenkreisläufen [...]." (Thom/Wenger 2010: 90). Die gegebene oder zu erwartende Infrastruktur, die geographischen Bedingungen (vgl. Standort als betriebliche Rahmenbedingung in Abschnitt II.-5.1.2.) oder auch die klimatischen Verhältnisse können exemplarisch als Faktoren aufgeführt werden, die einen nicht unerheblichen Einfluss auf die Sicherheit und das Wohlbefinden von Betriebsangestellten haben.

Die geschilderten Umweltkomponenten und ihre Konstellation sind nicht statisch. Deshalb müssen sie permanent beobachtet und analysiert werden. Ein umsystembezogener Lernprozess beschäftigt Organisationen daher fortlaufend (vgl. Thom 1980: 146 f.).

5.1.1.2. Aufgabenbezogene Bedingungsgrößen

Die Aufgabenumwelt beinhaltet diejenigen externen Einflussgrößen, mit denen eine Organisation interagiert, interagieren kann oder, veranlasst durch verbindliche Vorschriften, sogar interagieren muss, um ihre Sachziele zu erreichen (vgl. Thom/Wenger 2010: 88). Eine lückenlose Abbildung aller Bedingungsgrößen ist unmöglich. Grund hierfür ist die enorme institutionelle bzw. regulatorische Vielfalt im deutschsprachigen Raum. Vor dem Hintergrund des Managements von Gesundheit im betrieblichen Kontext können die nachstehenden Umweltelemente als besonders relevant bezeichnet werden. Das Ordnungsschema ist nach dem Grad der Freiwilligkeit aufgestellt und hegt keinen Anspruch auf Vollständigkeit.

Freiwillige vertragliche Kooperationspartner

Kooperationspartner dieser Art sind alle diejenigen Institutionen, mit denen ein Unternehmen ohne jedweden Zwang interagiert, um ein BGM zu implementieren bzw. zu optimieren. Hierunter fallen bspw. Beratungsfirmen, wissenschaftliche Einrichtungen, Vertrauensärzte oder Krankenkassen.

Themenspezifische Vernetzungen

Fachbezogene Zusammenschlüsse dienen der Erweiterung des Gestaltungsspielraums und zwar nicht zuletzt durch eine Vertiefung und Erweiterung von Wissen. Des Weiteren verfolgen sie den Zweck, neue Potenziale zur Verbesserung von Gesundheit und Wohlbefinden im Kontext Betrieb zu erschließen (Kooperationen, Erfahrungsaustausche etc.). Exemplarisch[180] anzuführen ist das Europäische Netzwerk für betriebliche Gesundheitsförderung (engl. European Network for Workplace Health Promotion). Zu den Aktivitäten des Netzwerks zählten in der Vergangenheit (Auswahl) die Erarbeitung eines gemeinsamen Verständnisses von BGF, die Erstellung eines Kriterienkatalogs zur Identifizierung von Best-Practice-Beispielen im Bereich Gesundheitsförderung (in Anlehnung an das EFQM-Modell),[181] die Entwicklung eines BGF-Konzepts für kleinere und mittlere Unternehmen (KMU) sowie die Anregung und Unterstützung nationaler Foren (vgl. BKK Bundesverband 2011a: Online; Ulich/Wülser 2009: 349 f.). Als Kontaktstellen dieses Netzwerks sind in Deutschland der Bundesverband der Betriebskrankenkassen[182] und in der Eidgenossenschaft die Stiftung Gesundheitsförderung Schweiz erfasst (vgl. ENWHP 2011: Online). Bei der Letztgenannten handelt es sich um eine privatrechtliche Institution mit dem Zweck, die Gesundheit der in der Schweiz lebenden Bevölkerung durch diverse Maßnahmen und Aktionen zu erhalten und zu fördern (vgl. Gesundheitsförderung Schweiz 2011d: Online). Sie ist es auch, die das Label „Friendly Work Space" vergibt (vgl. Abschnitt III.-2.2.).

Staatliche Instanzen

Auf verschiedenen Staatsebenen gibt es Institutionen, mit denen Unternehmen im Bereich BGM interagieren müssen. Hierbei handelt es sich in Deutschland z. B. um die zuständigen Gesundheitsämter (vgl. Gesundheitsämter Deutschland 2011: Online) oder die Deutsche Gesetzliche Unfallversicherung (Spitzenverband der gewerblichen Berufsgenossenschaften) (vgl. DGUV 2011: Online). Die Schweiz betreffend sind in dieser Beziehung u. a. die Schweizerische Unfallversicherungsanstalt (Suva)[183] oder

---

[180] Für weitere Beispiele (z. B. Enterprise for Health, www.enterprise-for-health.org) siehe Ulich/Wülser (2009: 349 ff.).

[181] Im Anschluss erfolgte bisher stets eine Publikation entsprechender Beispiele (vgl. Ulich/Wülser 2009: 350).

[182] Auf Bundesebene vertritt der BKK Bundesverband sowohl die fachlichen als auch die politischen Interessen der Krankenversicherungsgruppe BKK. Hierzu äußert dieser sich u. a. zu allen wichtigen Entwicklungen der Gesundheitspolitik (vgl. BKK Bundesverband 2011b: Online). Es handelt sich um eine Betriebsverbindung, deren Zielsetzung darin besteht, Effizienzsteigerungen durch gemeinschaftliches Handeln zu erlangen (vgl. Grochla 1969a: 8).

[183] Die Suva ist ein selbstständiges Unternehmen öffentlichen Rechts und ein zentraler Bestandteil des Sozialversicherungssystems in der Eidgenossenschaft. Sie bietet im Rahmen des obligatorischen Unfallversicherungsschutzes kundengerechte sowie volkswirtschaftlich sinnvolle Leistungen an (vgl. Suva 2011: Online).

die Invalidenversicherung (IV)[184] zu nennen. Auf Ebene der Vereinten Nationen ist die WHO eine beachtenswerte Instanz.

5.1.2. Betriebliche Rahmenbedingungen

Betriebliche Rahmenbedingungen bestehen in umfangreichem Ausmaß. Daher stellt sich auch hier ein Relevanzproblem (vgl. Thom/Wenger 2010: 92). Im Hinblick auf Gesundheit und Wohlbefinden am Arbeitsplatz werden die nachstehenden Rahmenbedingungen für besonders belangvoll erachtet:

Branche

Das Produkt- und Dienstleistungsangebot bestimmt die Branchenzugehörigkeit einer Organisation. Der Leistungskatalog eines Unternehmens legt wiederum fest, ob primär körperliche oder geistige Arbeit verrichtet wird und welche Belastungsfaktoren vordringlich sind (vgl. im Ansatz Ducki 1998a: 135). Überdies ist die Wettbewerbsintensität in verschiedenen Branchen ungleich ausgeprägt (vgl. Porter 1986: 23). Es darf also davon ausgegangen werden, dass die Leistungserwartung an die Beschäftigten variiert. Hinzu kommt, dass die Branchenzugehörigkeit einen zentralen Einfluss auf die relevanten Arbeitgeber- und Arbeitnehmerverbände hat (vgl. Schnabel/Wagner 1996: 302). Diese engagieren sich in unterschiedlichem Maße für gesundheitsrelevante Werte und Ziele.

Standort

Die Schweiz bspw. weist eine vielseitige Topographie auf. Hieraus ergeben sich besondere Herausforderungen für Beschäftigte im Außendienst. Zu denken ist an Zusteller von Briefen und Paketen, die in entfernten Berg-/Talregionen tätig sind. Der Standort der Wirkungsstätte kann sich ebenfalls auf den Zulauf von Kunden auswirken. So ist z. B. der Kundenstamm in abgelegenen Poststellen eher gering und die Gefahr sozialer Isolation damit erhöht. Inwieweit Beschäftigte den Arbeitsweg oder ihre Pausenzeiten für sportliche Betätigungen nutzen können, ist gleichermaßen abhängig vom Unternehmensstandort. Nicht zuletzt entscheidet der Standort über die Sicherheit von Arbeitswegen. Günstige Verkehrswege, die eine zügige An- und Abreise ermöglichen, können sich ferner positiv auf eine ausgeglichene Work-Life-Balance auswirken.

Eigentümerstruktur und gesellschaftliche Bedeutung

Wie Unternehmen mit der Gesundheit ihrer Beschäftigten umgehen und wie genau Gesetze und Verordnungen in diesem Zusammenhang eingehalten werden, ist in vie-

---

[184] Die IV ist eine obligatorische Versicherung. Ihr Leistungskatalog umfasst u. a. Maßnahmen der Frühintervention, Eingliederungsmaßnahmen oder Invalidenrenten (vgl. Invalidenversicherung 2011:Online).

len Fällen abhängig von der Eigentümerstruktur einer Organisation. Öffentliche Institutionen, die unter ständiger Beobachtung von Politik und Gesellschaft stehen, sind einem stärkeren Zugzwang ausgesetzt als manche privatwirtschaftliche Unternehmung, die fernab des medialen Interesses agiert. Auch gibt es Institutionen, wie z. B. die Schweizerische Post, die durch den Willen des Gesetzgebers zu einer sozialverträglichen und somit gesundheitsbeachtenden Personalpolitik verpflichtet sind (vgl. Die Schweizerische Post 2010: 35; Abschnitt III.-2.1.). Zudem ist in öffentlichen Betrieben der gewerkschaftliche Organisationsgrad in der Regel stark ausgeprägt (vgl. Ebbinghaus/Göbel/Koos 2008: 11). In Familienunternehmen, in welchen die Eigentümer einen engen Kontakt zu ihren Beschäftigten pflegen, ist es allerdings ebenfalls nicht unüblich, dass der Fürsorgeverantwortung ein hoher Stellenwert beigemessen wird.[185]

Unternehmensgröße

Die Unternehmensgröße wirkt sich maßgeblich auf das BGM aus (vgl. Ducki 1998a: 135). Zunächst einmal gibt sie Auskunft darüber, für wie viele Personen Sorge zu tragen ist. Darüber hinaus entscheidet sie typischerweise über die Ressourcenstärke einer Organisation (vgl. Hauschildt 1997: 32; Gemünden et al. 2006: 174). In kleinen Unternehmen können häufig bei Weitem nicht so viele Ressourcen für den Aufbau und Erhalt einer Gesundheitskultur zur Verfügung gestellt werden, wie in großen Betrieben (z. B. BGM-Spezialisten, Aktionen und Kampagnen, ergonomische Arbeitsmittel). Je größer Firmen werden, desto komplexer (zunehmende Spezialisierung und damit verbundener Koordinationsaufwand), bürokratischer und unbeweglicher werden sie jedoch oftmals auch (vgl. Kieser/Walgenbach 2010: 293 ff.).

Geschichte und Tradition

Anders als in neu gegründeten Start-up Unternehmen, gibt es in gewachsenen Betrieben gefestigte Normen und Werte (vgl. Tokarski 2008: 257), die mehr oder weniger mit dem Gedanken einer Gesundheitskultur kompatibel sind. Die Tradition eines Unternehmens schafft Referenzpunkte. Institutionen, wie z. B. Beamtenbetriebe, die immer schon das Wohl ihrer Mitarbeitenden vglw. stark berücksichtigt haben, würden aller Wahrscheinlichkeit nach auf vehementen Widerstand seitens ihres Personals stoßen, würde der Wert Gesundheit markant an Wichtigkeit einbüßen.

---

[185] Einen solchen Fall konnte die Verfasserin im Rahmen der Friendly Work Space Zertifizierung im Jahre 2010 bei der Firma Kambly mitverfolgen (www.kambly.ch für weitere Informationen zum Unternehmen).

Implementierte Technologie

Der technische Stand innerhalb einer Unternehmung, als realisierter Ausschöpfungs-grad des Potenzials aus dem technisch-wissenschaftlichen Umsystem (vgl. Abschnitt II.-5.1.1.1.), beeinflusst z. B., ob und in welchem Umfang Telearbeit möglich ist. Au-ßerdem kann eine fortschrittliche Technologie Arbeitsprozesse begünstigen und entlas-tend wirken.

Entwicklungsstand im Bereich BGM

Der Entwicklungsstand des BGM entscheidet darüber, ob und in welcher Form bereits Anknüpfungspunkte im Hinblick auf den Aufbau und Erhalt einer Gesundheitskultur existieren. Es ist davon auszugehen, dass die nachhaltige Implementierung einer Ge-sundheitskultur erst zu einem späteren Stadium des betrieblichen Gesundheitsengage-ments beginnt, d. h. nachdem bereits verschiedene Maßnahmen ergriffen wurden (vgl. Uhle/Treier 2011: 107). Die ersten Schritte bestehen erfahrungsgemäß in der Instituti-onalisierung eines systematischen Absenzenmanagements oder der Lancierung einzel-ner Projekte (vgl. Baumann 2010: 193 ff.; Lempert-Horstkotte 2010: 183 ff.).

5.1.3. Personelle Rahmenbedingungen

Die Wichtigkeit personeller Rahmenbedingungen bezüglich der Entstehung und Ver-festigung einer Gesundheitskultur kann nicht hoch genug eingestuft werden, da Kultur von Menschen geschaffen, verändert und gelebt wird. Im Weiteren erfolgt eine Aus-wahl relevanter Einflussgrößen:

Soziale Diversität

Soziale Diversität ist ein weitgefasster Begriff. Mit Blick auf die betriebliche Gesund-heitssituation haben zunächst Alter und Geschlecht Einfluss auf Gesundheit und Wohlbefinden. Dass das Erkrankungsrisiko mit zunehmendem Alter steigt, ist allge-mein bekannt (vgl. Badura 2003: 34). Außerdem steht fest, dass sich Frauen und Män-ner in ihrer gesundheitlichen Situation (biologische Risiken, Erwerb von Risiken durch Lebenssituation und Lebenslauf, Krankheits- und Berichtsverhalten etc.) sowie im Hinblick darauf, welchen Einfluss physische und soziale Bedingungen auf Gesundheit und Krankheit haben, unterscheiden (vgl. Faltermaier 2005: 279 und 281). Die unter-nehmensspezifische Alters- und Geschlechterstruktur spielt daher eine Schlüsselrolle. Der Frauenanteil kann sich darüber hinaus z. B. auf das Bedürfnis nach Teilzeit- und Telearbeit auswirken, wobei zunehmend auch Männer Familie und Beruf besser zu vereinen versuchen (vgl. Metzler 2011: Online). Die Nationalität der Beschäftigten ist ein weiterer wichtiger Aspekt sozialer Diversität. Wie in Abschnitt II.-4.1.7. erläutert, haben Landeskulturen einen wesentlichen Einfluss auf die Unternehmenskultur. Darüber hinaus bedarf es interkultureller Kompetenzen, um eine internationale Kulturgemeinschaft zusammenzuhalten. Anderenfalls muss mit einem Anstieg der Konflikt- resp. Belastungswahrscheinlichkeit gerechnet werden.

Qualifikationsniveau

In fast allen Ländern ist zu beobachten, dass mit steigender sozialer Schicht die Erkrankungswahrscheinlichkeit sinkt und die Lebenserwartung zunimmt. Soziale Schicht definiert sich durch Bildung, Berufsstatus und Einkommen (vgl. Bauer/Jenny 2007: 233). Das gesundheitsbezogene Informationsverhalten steigt typischerweise mit dem Bildungsstand. Insbesondere Hochschulabsolventen weisen in der Regel eine ausgereiftere Gesundheitskompetenz auf als Personen mit einem formal tieferen Schulabschluss (vgl. BARMER GEK 2010c: 51 und 54). Dem Qualifikationsniveau bzw. Bildungsstand kommt auch deshalb eine besondere Rolle zu, da hierdurch meistens Berufsstatus und Einkommen determiniert werden. Ein hohes Qualifikationsniveau in fachlicher, sozialer und direkt gesundheitsbezogener Hinsicht dient ferner als personale Gesundheitsressource und kann sich positiv auf die Arbeitsmarktfähigkeit einer Person auswirken (vgl. Abschnitt II.-3.2.6.).

Dauer der Unternehmenszugehörigkeit

Fluktuation ist aus betriebswirtschaftlicher Perspektive für den Aufbau und Erhalt einer Gesundheitskultur relevant, weil sich Gesundheitsinvestitionen logischerweise vor allem dann aufdrängen und rentieren, wenn Mitarbeitende das Unternehmen nicht binnen kurzer Zeit wieder verlassen. Zudem wirkt sich die demographische Entwicklung viel stärker auf Betriebe aus, die ihr Personal bis zum Pensionsalter beschäftigten und damit zwangsläufig mit einer alternden Personalstruktur konfrontiert sind. Im Hinblick auf stabile, unterstützende Sozialstrukturen bzw. eine gewachsene Kulturgemeinschaft ist eine hohe Fluktuationsrate ebenfalls nachteilig (vgl. Schein 1984: 5 ff.). Des Weiteren ist eher nicht davon auszugehen, dass Führungskräfte, die nur aus persönlichen Karrieremotiven für einen begrenzten Zeitraum in einem Unternehmen tätig sind, an einer langfristig gesunden und motivierten Belegschaft interessiert sind.[186]

Erwartungshaltung an den Arbeitgeber

In welcher Form Beschäftigte von ihrem Arbeitgeber Unterstützung im Bereich Gesundheit und Wohlbefinden erwarten, ist ebenso eine beachtenswerte Größe. Work-

---

[186] Eine hohe Fluktuation von Führungskräften ist in vielen Unternehmen inzwischen zu einem ernst zu nehmenden Problem geworden (vgl. Leciejewski 2008: Online).

Life-Balance orientierte Menschen werden voraussichtlich nach einem Unternehmen suchen, indem eine Vereinbarkeit verschiedener Lebensbereiche möglich erscheint. Auch prinzipiell gesundheitsbewusste Arbeitnehmende werden bei der Wahl des Arbeitgebers das BGM aller Wahrscheinlichkeit nach als Auswahlkriterium berücksichtigen. Im Kampf um die besten Köpfe müssen Betriebe derartige (Werte-) Entwicklungen realisieren (vgl. Abschnitt I.-1.2.2.). Erwarten Mitarbeitende, dass die Unternehmensleitung in gesundheitsbezogene Personalzusatzleistungen investiert (vgl. psychologischer Vertrag in Abschnitt II.-4.3.3.2.6.) und wird diese Erwartung enttäuscht, sind negative Auswirkungen auf die personelle Leistungsbereitschaft nicht unwahrscheinlich.

Werte und Arbeitsverständnis

Persönliche Werte sind als weitere personelle Rahmenbedingung einer Gesundheitskultur anzuführen. Sie müssen mit jenen des Unternehmens so weit wie möglich kompatibel sein (vgl. Kleinmann 2008: 52 f.; Sackmann 1990: 172 f.). Widersprechen bspw. Gesundheitsbewusstsein, Gemeinschaftssinn, Fürsorge, Entwicklungswille, Rücksicht, Vertrauen und Respekt dem Wertesystem einer Person, behindert dies eine nachhaltige Gesundheitskultur in mitunter folgenschwerem Ausmaß. Das Arbeitsverständnis einer Person ist deshalb relevant, weil es Einfluss darauf hat, ob ein Angestellter dem Arbeitsplatz bei Unlust bzw. bei nur vorübergehenden, lediglich geringfügig beeinträchtigenden Krankheitserscheinungen fern bleibt oder ob er sich dem Unternehmen und seinen Kollegen gegenüber verantwortlich fühlt. Ein gesundheitskulturgerechtes Arbeitsverständnis bedeutet indes auch, dass Mitarbeitende erkennen, wann sie aus gesundheitlichen Gründen ihrer Erwerbstätigkeit nicht nachgehen können, um sich selbst und andere zu schützen (vgl. Abschnitt I.-1.3.2.).

Personale Gesundheitsressourcen

Personale Gesundheitsressourcen wurden in Abschnitt II.-3.2. ausführlich behandelt. Unternehmen, deren Beschäftigte über eine starke Ressourcenbasis verfügen, befinden sich nach hier vertretener Auffassung bezüglich des Aufbaus und Erhalts einer Gesundheitskultur in einer privilegierten Ausganglage.

Nachfolgend werden die Aktionsparameter einer Gesundheitskultur näher beleuchtet.

5.2. Mittelbare und unmittelbare Aktionsparameter

Die Gestaltungsvariablen einer Gesundheitskultur lassen sich in mittelbare und unmittelbare Aktionsparamter unterteilen. Mittelbare Handlungsgrößen sind langfristig angelegt. Kurzfristig sind sie praktisch nicht veränderbar (vgl. Müller 2008: 106 und 111).

Als mittelbare Aktionsparameter einer Gesundheitskultur gelten die Unternehmenskultur, das Ziel- und Strategiesystem sowie die Organisation im Sinne von Strukturen und Prozessen (modifiziert in Anlehnung an Thom/Piening 2009: 122; Müller 2008: 106 f; Thom/Ritz 2008: 41 f.).

Dass die Gesundheitskultur ein Teil der Unternehmenskultur ist und Letztere darüber bestimmt, welchen Stellenwert der gesunde Mensch im Unternehmen hat, ist im Rahmen der vorliegenden Forschungsarbeit vielfach betont worden (vgl. Abschnitte II.-4.1. und II.-4.2.).

Die Formulierung von Zielen[187] ist eine Grundfunktion der Unternehmensführung. Sie dienen als Maßstab des Unternehmenserfolgs (vgl. Macharzina/Wolf 2010: 208; Bea 2004: 1676 f.) und sind Ausdruck des betrieblichen Selbstverständnisses und des betriebseigenen Anspruchs (vgl. Hungenberg/Wulf 2007: 49). Damit spiegeln sie in gewisser Hinsicht die Unternehmenskultur wider. Ziele können nach ihrem Inhalt, ihrem zeitlichen Bezug und ihrem Ausmaß unterschieden werden.[188] In aller Regel verfolgen Unternehmen mehrere unterschiedliche Ziele simultan (vgl. Hungenberg/Wulf 2007: 52). Ihre Verträglichkeit ist hierbei entscheidend. Ziele können sich gegenseitig bestärken (Zielkomplementarität), schwächen (Zielkonkurrenz), ausschließen (Zielantinomie) oder neutral verhalten (Zielneutralität) (vgl. Lechner/Egger/Schauer 2010: 83). Welchen Zielen welcher Stellenwert in der Zielhierarchie zukommt (vgl. Szyperski 1974: 32), ist Ausdruck von Priorität und Wertigkeit der Unternehmensleitung. Wird Wirtschaftlichkeits- und Kostenziele höchste Beachtung geschenkt (z. B. bedingungslose Zustellung möglichst vieler Briefe und Pakete binnen kürzester Zeit), ist dies eher ein Negativindikator bzw. Stolperstein einer Gesundheitskultur.

Das Strategiesystem eines Unternehmens ist eng mit seinem Zielsystem verknüpft. Die Strategiefestlegung befasst sich mit der Erarbeitung und Auswahl bestmöglicher Wege zur Erreichung gesetzter Ziele (vgl. Thom 1992a: 21). Hierbei wird sie wesentlich von der Unternehmenskultur gelenkt (vgl. Bleicher 1991: 114). Durch die Strategie bestimmt eine Organisation ihre grundsätzliche Ausrichtung am Markt. In diesem Zusammenhang gilt es festzulegen, welche Ressourcen innerbetrieblich aufgebaut und

---

[187] Hungenberg/Wulf (2007: 51) definieren Ziele als angestrebte, zukünftige Zustände.

[188] Für eine Erläuterung der Zieldimensionen siehe Hungenberg/Wulf (2007: 52 f.).

eingesetzt werden müssen (vgl. Hungenberg/Wulf 2007: 109). Eine Präzision der Gesamtunternehmensstrategie erfolgt durch die Geschäftsstrategie (vgl. Grünig/Kühn 2002: 35 ff.). Die Berücksichtigung gesunder und motivierter Arbeitskräfte in der Unternehmens- bzw. Personalstrategie ist als wirkungsvoller Hebel für den Aufbau- und Erhalt einer Gesundheitskultur zu erachten (vgl. Meifert/Kesting 2004: 34).

Die Organisation einer Unternehmung unterliegt ebenfalls kulturellen Einflussfaktoren (vgl. Sackmann 2002: 70)[189] und lässt sich aus der Strategie ableiten bzw. muss Selbige unterstützen. Sie ist geeignet, wenn sie zur Zielerreichung beiträgt (vgl. Hungenberg/Wulf 2007: 205). Durch die Betriebsorganisation wird auf Basis einer genauen Aufgabenanalyse die Struktur eines Unternehmens festgelegt[190] (vgl. Lechner/Egger/Schauer 2010: 115.). Organigramme sind nicht das einzige, aber das bekannteste Mittel, um Organisationsstrukturen zu visualisieren. Sie geben Auskunft über getroffene Regeln zur Abteilungsbildung sowie zu Unterstellungsverhältnissen (vgl. Steinmann/Schreyögg 2005: 442). Hierzu zählt die Festlegung von Leitungsspannen (vgl. Lechner/Egger/Schauer 2010: 115).

Überdies gehört es zu den Aufgaben der Organisation, die Abläufe innerhalb und zwischen den aufbauorganisatorischen Elementen (Stellen, Instanzen, Abteilungen)[191] in zeitlicher und räumlicher Hinsicht zu gestalten (vgl. Lechner/Egger/Schauer 2010: 114 und 127).[192] Vier Prozessarten können voneinander abgegrenzt werden (vgl. Rühli/Schmidt 1999: 269; Meile 2003: 16):

- Arbeits- und Unterstützungsprozesse,
- Führungs- und Steuerungsprozesse,
- Issuebezogene Prozesse[193] sowie
- Metaprozesse.

Der Einfluss der Arbeitsorganisation auf Gesundheit und Wohlbefinden ist in der Fachliteratur viel zitiert (vgl. z. B. Ulich/Wülser 2009: 225 ff.; Jancik 2002: 87 f.). Dementsprechend wird die Integration des Gesundheitsgedankens in Strukturen und

---

[189] Gemäß Sackmann (2002: 70) gibt das kulturelle Wissen der Organisationsmitglieder bei der Gestaltung organisatorischer Strukturen und Prozesse eine Art Orientierungsraster vor.

[190] Aktionsparameter zur Gestaltung der Rahmenstruktur sind die Regelung der Arbeitsteilung, Koordination und Konfiguration (vgl. Grochla 1982: 96 ff.; ähnlich Hungenberg/Wulf 2007: 207 ff.).

[191] Für genauere Erläuterungen siehe z. B. Steinmann/Schreyögg (2005: 444).

[192] Der traditionelle organisatorische Denkansatz sieht vor, zunächst die Aufbauorganisation festzulegen und erst dann die Regelung der notwendigen Prozesse/Prozessschritte zu treffen (vgl. Hungenberg/Wulf 2007: 233). Da die Beziehung zwischen Aufbau- und Ablauforganisation allerdings engmaschig ist, empfehlen Lechner/Egger/Schauer (2010: 127) eine möglichst simultane Festlegung.

[193] Hiermit ist die Auseinandersetzung mit strategischen Kernfragen gemeint (vgl. die oben zitierten Quellen sowie Nesemann 2012).

Prozesse als bedeutende Stellgröße für ein umfassendes BGM benannt (vgl. Badura/Ritter/Scherf 1999: 17).

Direkt gestaltet werden kann eine Gesundheitskultur durch die indirekt systemischen sowie durch die direkt interaktionellen Personalfunktionen. Dem Personalmanagement im Dienst des Kulturwandels wurde bereits in Abschnitt II.-4.3. gebührend Rechnung getragen. Eine Repetition ist nicht zweckdienlich. Für weitere Ausführungen sei auf die späteren Gestaltungsempfehlungen verwiesen (vgl. Abschnitt IV.-1.2.).

Mit der Erläuterung und Darstellung des Erklärungsrahmens (Abbildung 12) ist der theoretisch-konzeptionelle Teil dieser Dissertation abgeschlossen. Im Folgenden steht die empirische Untersuchung im Mittelpunkt.

Außerbetriebliche Rahmenbedingungen

Generelle Bedingungsgrößen
Ökonomische, technologisch-wissenschaftliche, rechtlich-politische, sozio-kulturelle, physisch-ökologische Umweltkomponenten

Aufgabenbezogene Bedingungsgrößen
Freiwillige vertragliche Kooperationspartner, themenspezifische Vernetzungen, staatliche Instanzen

Betriebliche Rahmenbedingungen
- Branche
- Standort
- Eigentümerstruktur und gesellschaftliche Bedeutung
- Unternehmensgröße
- Geschichte und Tradition
- Implementierte Technologie
- Entwicklungsstand im Bereich BGM

Personelle Rahmenbedingungen
- Soziale Diversität
- Qualifikationsniveau
- Dauer der Unternehmenszugehörigkeit
- Erwartungshaltung an den Arbeitgeber
- Werte und Arbeitsverständnis
- Personale Gesundheitsressourcen

Entwicklung und Verankerung einer Gesundheitskultur

Mittelbare Aktionsparameter
- Unternehmenskultur
- Zielsystem
- Strategiesystem
- Organisation (Strukturen und Prozesse)

Unmittelbare Aktionsparameter
- Indirekt systemische Personalfunktionen (vgl. Abschnitt II.-4.3.3.)
- Direkt interaktionelle Personalfunktionen (vgl. Abschnitt II.-4.3.4.)

Effektivitätsziel
Überlebensfähigkeit einer gesellschaftlich verantwortungsvollen Organisation in zunehmend wettbewerbsintensiven Ökonomien durch gesundheitlich leistungsfähiges und motiviertes Personal (vgl. Abschnitt II.-4.2.2.)

Effizienzkriterien
Abwesenheits- und Unfallstatistiken, Frühverrentungen, Personalfluktuation, Bildungsverhalten, Mitarbeiterzufriedenheit, Produktivitätsniveau, Arbeitgeberattraktivität, Innovationen, Beteiligung am betrieblichen Ideenmanagement, Teilnahme an BGM-Initiativen (vgl. Abschnitt II.-4.2.2.)

Abbildung 12: Erklärungsrahmen (eigene Darstellung)

III. Empirie

1. Fallstudienforschung

Der Einsatz von Fallstudien eignet sich vorwiegend, wenn ein bisher unzureichend ergründetes, zeitgenössisches Phänomen in seiner Ganzheit und Komplexität unter Berücksichtigung seines spezifischen Kontexts intensiv erforscht werden soll (vgl. Yin 2009: 18; Siggelkow 2007: 21). Das heißt, Fallstudien können zur induktiven Theoriebildung (vgl. Eisenhardt/Graebner 2007: 25), für beschreibende und erklärende Zwecke (vgl. Yin 2009: 6) sowie zur Hypothesentestung eingesetzt werden (vgl. Eisenhardt 1989: 535). Das Ziel besteht stets darin, aus realen Fällen der Praxis zu lernen (vgl. Maurer 2003: 78). Fragen nach dem Wie und Warum stehen im Fokus (vgl. Yin 2009: 8). Im vorliegenden Dissertationsprojekt soll mithilfe des Fallstudienansatzes den in Abschnitt I.-3.1. dargelegten Fragestellungen nachgegangen werden (vgl. Yin 2009: 6).

1.1. Fallstudientypen

Untersuchungsobjekte einer Fallstudie sind in der Regel Personen, wobei auch komplexere soziale Einheiten, wie z. B. ein Unternehmen resp. eine Kulturgemeinschaft, als analytische Ebene dienen können (vgl. Witzel 1982: 79; Miles/Huberman 1994: 25 f.; Mayring 2002: 41; Lamnek 2005: 299). An die Auswahl der Analyseobjekte wird der Anspruch erhoben, dass sie „[…] hinsichtlich einer gleich oder ähnlich strukturierten Menge von Phänomenen als typische ‚Fälle' oder als besonders prägnante oder aussagefähige Beispiele gelten […]." (Hartfiel/Hillmann 1972: 160).

Gemäß Yin (2009: 46; Abbildung 13) kann sich die Fallstudienforschung auf eine einzige Untersuchungseinheit (holistische Fallstudie) oder mehrere Einheiten (integrierte Fallstudie) konzentrieren. Die Forschung kann dabei auf einen Fall (Einzelfallstudie) beschränkt bleiben oder auf mehrere Fälle (Mehrfallstudie, vergleichende Fallstudie) ausgeweitet werden. Mehrfallstudien werden hauptsächlich zu Replikationszwecken eingesetzt oder sie sind darauf ausgerichtet, kontrastierende resp. ergänzende Aussagen zu bestehenden bzw. aufkommenden Theorienansätzen zu generieren. Einzelfallstudien eignen sich hingegen vor allem für (eher) explorative Forschungszwecke am Beispiel eines besonders aussagekräftigen Falls (vgl. Yin 2009: 47 ff.).

Im vorliegenden Dissertationsprojekt stellt die Schweizerische Post das Untersuchungsobjekt dar. Die Untersuchungseinheit bildet die alltäglich gelebte Gesundheitskultur. Es handelt sich demzufolge um eine holistische Einzelfallstudie. Die Auswahl des Postkonzerns bzw. der untersuchten Geschäftsbereiche und Personengruppen wird in den Abschnitten III.-2.1. und III.-2.2. begründet.

© Springer Fachmedien Wiesbaden GmbH, ein Teil von Springer Nature 2012
A. Osterspey, *Gesundheitskultur*, Edition KWV,
https://doi.org/10.1007/978-3-658-23464-5_3

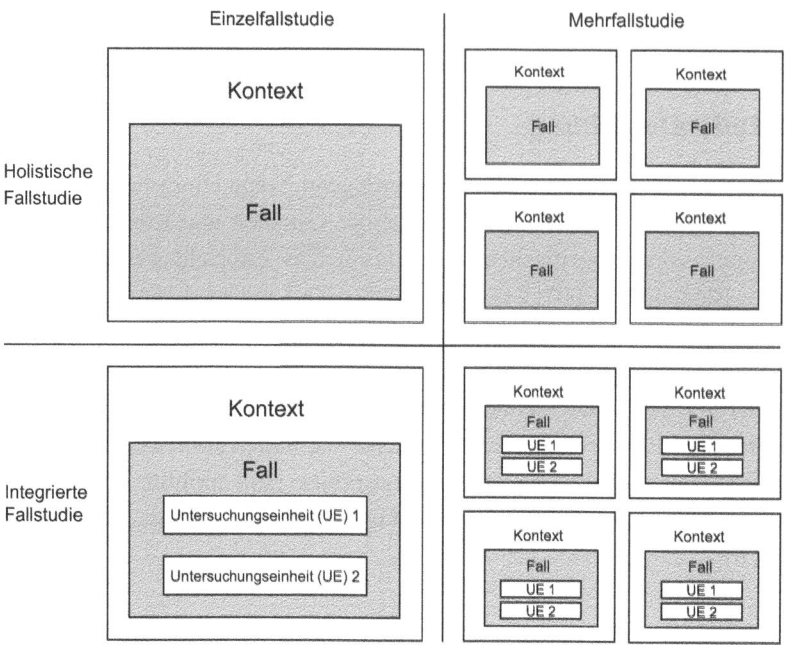

Abbildung 13: Fallstudientypen (in Anlehnung an Yin 2009: 46)

1.2. Triangulation

Innerhalb der empirischen Sozialforschung stellen Fallstudien keine spezifische, isolierte Technik dar (vgl. Lamnek 2005: 298). Vielmehr umfassen sie das gesamte Spektrum sozialwissenschaftlicher Datenerhebungsmethoden (vgl. Witzel 1982: 78). Interviews (vgl. Abschnitt III.-3.2.1.) zählen zu den prominentesten Erhebungsverfahren (vgl. Yin 2009: 106; Lamnek 2005: 329). Bedingt durch die Tatsache, dass eine Fallstudie die Untersuchung eines Phänomens in seiner natürlichen Umgebung erlaubt, werden ebenso Beobachtungen (vgl. Abschnitt III.-3.2.3.) häufig zur Generierung von Daten eingesetzt (vgl. Yin 2009: 109). Des Weiteren zählen Gruppendiskussionen (vgl. Abschnitt III.-3.2.2.) sowie die Sichtung von Dokumenten (vgl. Abschnitt III.-3.3.) als ergiebige Datenquellen (vgl. Lamnek 2005: 301; Eisenhardt 1989: 534).

Der schwerpunktmäßige Einsatz qualitativer Forschungsmethoden heißt allerdings nicht, dass nicht prinzipiell auch quantitative bzw. ein Mix aus qualitativen und quantitativen Methoden als Datengrundlage herangezogen werden könnten (vgl. Yin 2009: 19; Yin 1981: 58). Aufgrund der Vielzahl an persönlichen Gesprächen (Interviews, Gruppendiskussion), teilnehmenden Beobachtungen und gesichteten Dokumenten (vgl. Abschnitte III.-3.2. und III.-3.3.) beschränkt sich die vorliegende Arbeit auf den Einsatz unterschiedlicher qualitativer Erkenntniszugänge. Quantitative Untersuchungen können aber durchaus als Option für anschließende Forschungsprojekte gesehen werden (vgl. Abschnitt IV.-2.).

Die vorangegangen Ausführungen zeigen, dass eine besondere Stärke der Fallstudienforschung in der Triangulation[194] von Methoden besteht (vgl. Eisenhardt 1989: 534 f.). Obgleich ein derartiges Vorgehen einen erhöhten Aufwand mit sich bringt (vgl. Yin 2009: 117), lässt sich ein Untersuchungsobjekt auf diese Weise besser erfassen. Zusätzlich werden (systematische) Methodenfehler mit erhöhter Wahrscheinlichkeit vermieden, weil sich die Stärken und Schwächen der verschiedenen Erhebungstechniken zum Teil ausgleichen (vgl. Lamnek 2005: 299; Denzin 1978: 302).

1.3. Untersuchungsplan

In aller Regel verfügt jede empirische Untersuchung über einen Untersuchungsplan (vgl. Yin 2009: 26). Dieser gibt Auskunft über die Zielsetzung(en) und den Ablauf eines Forschungsvorhabens (vgl. Mayring 2002: 40). Allerdings besteht kein allgemeingültiger Konsens über die Ausgestaltung eines solchen Plans (vgl. Thahabi 2010: 103).[195] Das bedeutet, dass der genaue Prozess davon abhängig ist, welche Forschungsabsicht mit einer Fallstudie verbunden ist und wie viele Analyseeinheiten anhand wie vieler -objekte untersucht werden sollen. Die Verfasserin orientiert sich an den Handlungsanweisungen und Hilfestellungen, die von Eisenhardt (1989) und Yin (2009) angeregt werden und passt diese Ansätze auf ihr eigenes Forschungsprojekt an (Tabelle 7).

Genauere Ausführungen zu den eigenen Prozessschritten zwei bis sechs folgen in den nachstehenden Kapiteln (zu Schritt 1 siehe Abschnitt I.-3.). Wichtig ist, dass die Phasen der Datenerhebung und -analyse, und damit auch der Datenaufbereitung, nicht strikt voneinander zu trennen sind. In der praktischen Umsetzung zeichnen sie sich durch häufige Überschneidungen aus. Qualitativ forschende Wissenschaftler behalten sich eine gewisse Flexibilität bei der Daten- und Erkenntnisgenerierung vor. Sie stellen sich bewusst einem kontinuierlichen Lernprozess (vgl. Eisenhardt 1989: 533 und 539).

---

[194] Denzin (1978: 291-307) unterscheidet und erläutert vier Formen der Triangulation: Datentriangulation, Forschertriangulation, Methodentriangulation und Theorietriangulation. Siehe weiterführend auch Flick (2005b).

[195] Thahabi (2010: 103 ff.) setzt sich intensiv mit der Problemstellung des Fallstudiendesigns auseinander. Sie gibt einen Überblick über vorhandene Ansätze auf diesem Gebiet.

Eisenhardt (1989)	Yin (2009)	Untersuchungsplan dieses Forschungsprojekts
1. Schritt Entwicklung der Forschungsfragen	1. Schritt Entwicklung der Forschungsfragen, Fallauswahl	1. Schritt Entwicklung der Forschungsfragen sowie Definition der Zielsetzungen
2. Schritt Fallauswahl	2. Schritt Vorbereitung der Datenerhebung	2. Schritt Fallauswahl
3. Schritt Auswahl der Erhebungsmethoden	3. Schritt Datenerhebung	3. Schritt Datenerhebung innerhalb des empirischen Felds (auf Basis einer getroffenen Auswahl von als geeignet erscheinenden Erhebungsmethoden)
4. Schritt Eintritt ins empirische Feld, Datenerhebung	4. Schritt Datenanalyse	4. Schritt Datenaufbereitung
5. Schritt Datenanalyse	5. Schritt Verfassen der Fallstudie	5. Schritt Datenanalyse
6. Schritt Formulierung von Hypothesen		6. Schritt Darstellung der Erkenntnisse unter Berücksichtigung des bestehenden wissenschaftlichen Diskurses (plus anschließende Erarbeitung von Gestaltungsempfehlungen)
7. Schritt Literatureinbindung		
8. Schritt Abschluss		

Tabelle 7:   Gegenüberstellung verschiedener Untersuchungspläne und Darstellung des eigenen Vorgehens (in Anlehnung an Thahabi 2010: 121)

2. Fallauswahl

„As much as you might want to, you cannot study everyone everywhere doing everything." (Miles/Huberman 1994: 27; vgl. auch Marshall 1996: 522). Jedwede Form der Stichprobenentnahme (engl. sampling) hat Einfluss auf die Aussage- bzw. Induktionsfähigkeit erzielbarer Ergebnisse. Die Stichprobengestaltung muss deshalb umso sorgfältiger und zweckdienlicher erfolgen. In der quantitativen Sozialforschung werden möglichst große Stichproben der Realität entnommen. Auf diese Weise soll eine hinreichende statistische Analysebasis sichergestellt werden. Letztlich besteht das Ziel darin, Aussagen über die Grundgesamtheit zu treffen. Qualitative Forscher arbeiten im Normalfall mit vglw. kleinen Stichproben. Diese untersuchen sie kontextspezifisch und tiefgründig. Hierbei spricht die Fachliteratur nicht von statistischem, sondern von theoretischem „Sampling" (vgl. Miles/Huberman 1994: 27). „[…] studying a random sample provides the best opportunity to generalize the results of the population but is not the most effective way of developing an understanding of complex issues relating to human behaviour." (Marshall 1996: 523). Die Besonderheit der Stichprobenentnahme in der qualitativen Forschung liegt darin, dass über die Auswahl und die Auffindbarkeit der Daten während des gesamten Forschungsprozesses immer wieder neu entschieden werden kann. In Extremform findet dieser Gedanke in der Grounded Theory Anwendung (vgl. hierzu z. B. Glaser/Strauss 2005: 53; Miles/Huberman 1994: 27).

2.1. Begründung für die Auswahl des untersuchten Konzerns

Das empirische Forschungsinteresse dieser Dissertation konzentriert sich auf die Fragestellung, wie die Gesundheitskultur[196] innerhalb eines real existierenden Falls gestaltet und von verschiedenen Akteursgruppen wahrgenommen und beeinflusst wird. Die Auswahl der Schweizerischen Post als Fallstudienpartner lässt sich mit zahlreichen Argumenten stützen.

Der Postkonzern ist ein vielgestaltiges Großunternehmen. Neben traditionell weit verbreiteter körperlicher Arbeit, z. B. in der Zustellung von Briefen und Paketen, arbeitet der Mischkonzern zunehmend wissensbasiert, insbesondere im Finanzgeschäft.[197] Das heißt, untersuchbar sind beide in Abschnitt I.-1.1.3. vorgestellten Arbeitsarten (Muskel- und Geistarbeit) samt der damit verbundenen Belastungsquellen. Zudem ist der Konzern der zweitgrößte Arbeitgeber bezüglich der beschäftigten Erwerbspersonen in der Schweiz (vgl. o. V. 2004: Online; swissinfo 2010: Online). In der Folge ist er zumindest anteilig für den Erhalt und die Förderung des physischen und psychischen Wohlergehens einer Vielzahl männlicher und weiblicher Arbeitskräfte in allen Altersklassen verantwortlich. Dadurch, dass der Konzern eine beachtliche Anzahl seiner An-

---

[196] Die Untersuchung der Gesundheitskultur bedeutet, dass schwerpunktmäßig ein Bestandteil und nicht die Gesamthaftigkeit der übergeordneten Unternehmenskultur zum Gegenstand der Analyse gemacht wird. Ein solches Vorgehen ist gemäß Sackmann (2006: 36) zulässig und dem Forschungsziel (Erarbeitung von Gestaltungsempfehlungen zur Entwicklung und Verankerung einer Gesundheitskultur) zuträglich.

[197] Der Konzern bewegt an einem Arbeitstag durchschnittlich 15 Mio. Briefe, 500.000 Pakete, 300.000 Menschen und führt ca. 3 Mio. Zahlungen aus (vgl. Brönnimann/Hämmerle 2010: 111).

gestellten bis ins Pensionsalter beschäftigt, sieht er sich überdies der Problemstellung einer langfristig alternden Belegschaft ausgesetzt. Der bereits angesprochenen Fürsorgepflicht der Schweizerischen Post wird zusätzlich dadurch Ausdruck verliehen, dass sie durch den Willen des Gesetzgebers zur Sozialverträglichkeit in der Personalpolitik verpflichtet ist (vgl. Die Schweizerische Post 2010: 35). Ferner ist es so, dass der Postbetrieb eine hohe wirtschaftliche und gesellschaftliche Bedeutung für die Eidgenossenschaft aufweist (vgl. Sollberger 2006: 7; Brönnimann/Hämmerle 2010: 112). Das damit einhergehende öffentliche Interesse am Unternehmensgeschehen führt zu einem gewissen Handlungsdruck, was die Vermeidung von Gesundheitsgefahren am Arbeitsplatz sowie von übermäßigem Arbeitsstress betrifft. Allerdings wächst im Umfeld des Unternehmens seit Jahren der Wettbewerbs- und Produktivitätsdruck (vgl. Die Schweizerische Post 2010: 37 ff.; swissinfo 2010: Online; siehe explizit Monopolverluste[198] und die Substitution[199] von Produkten/Dienstleistungen). Diese Entwicklung lässt den Druck auf die Beschäftigten unweigerlich steigen. Die Art und Weise, wie der Bundesbetrieb mit dieser Herausforderung umgeht, ist im Hinblick auf eine Gesundheitskultur hoch interessant. Ein weiterer wichtiger Grund für die Auswahl des Konzerns als Fallstudienpartner ist die Tatsache, dass die Post in der Vergangenheit mehrfach für ihr Personal- und vor allem für ihr Gesundheitsmanagement ausgezeichnet wurde (vgl. Brönnimann/Hämmerle 2010: 117; Zeng 2010: 6 f.; Gesundheitsförderung Schweiz 2011c: Online).[200] Daraus kann für die Zwecke dieser Forschungsarbeit die Schlussfolgerung gezogen werden, dass es sich in personalwirtschaftlicher Hinsicht um ein nationales Vorzeigeunternehmen handelt. Annahmegemäß entwickelt sich eine nachhaltige Gesundheitskultur erst in einem fortgeschrittenen Stadium des betrieblichen Gesundheitsengagements (vgl. Abschnitt III.-5.1.2.). Es würde daher wenig Sinn machen, ein Unternehmen zu untersuchen, das im Bereich BGM erst am Anfang steht. Alle diese Argumente machen die Schweizerische Post nach hier vertretener Auffassung zu einem besonders aussagekräftigen Untersuchungsobjekt.

Die Schweizerische Post (2010: 20) ist in vier Märkten tätig:

- Nationaler, grenzüberschreitender und internationaler Kommunikationsmarkt,
- nationaler und grenzüberschreitender Logistikmarkt,
- nationaler Retailfinanzmarkt sowie
- nationaler und punktuell auch internationaler öffentlicher Personenverkehr.

---

[198] Zur rechtlich-politischen Liberalisierung des Postkonzerns siehe auch Die Schweizerische Post (2010: 36 f.).

[199] Zur Substitution des Briefs durch elektronische Medien (langfristiger Rückgang der Briefmengen) siehe ebenfalls Die Schweizerische Post (2010: 37).

[200] Auch die Deutsche Post wurde schon mehrfach für ihr Gesundheitsmanagement ausgezeichnet (vgl. Deutsche Post DHL 2011: Online).

Bestritten wird das Postgeschäft in sieben Konzernbereichen (Abbildung 14):

- PostMail (PM),

- PostLogistics (PL),

- Poststellen und Verkauf (PV),

- PostFinance (PF),

- Swiss Post International (SPI),

- Swiss Post Solutions (SPS) sowie

- PostAuto (PA).

Eine Unterstützung der obigen Geschäftsfelder erfolgt durch die Zentralbereiche Finanzen, Personal (später auch vermerkt als Personalabteilung auf Konzernebene), Kommunikation und Services (vgl. Die Schweizerische Post 2010: 25).

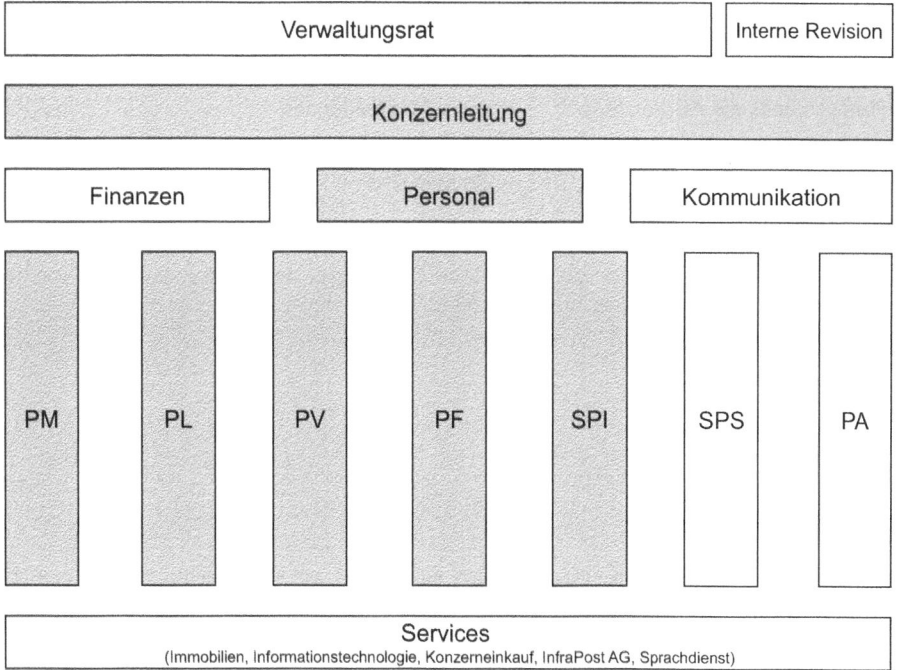

Abbildung 14: Konzernstruktur der Schweizerischen Post (in Anlehnung an Die Schweizerische Post 2010: 25; Die Schweizerische Post 2011a: Online)[201]

---

[201] Die grau unterlegten Felder repräsentieren die untersuchten Bereiche innerhalb der Fallstudie (vgl. Abschnitt III.-2.2.).

Personalbestand (In- und Ausland)	Personen: 61.428 (ca. 54.000 in der Schweiz) Personaleinheiten[202]: 45.129
Geschlecht	Frauen: 47,9 %[203] Männer: 52,1 %
Fluktuationsrate (Freiwillige Austritte Konzern Schweiz)	3,5 %[204]
Demographie	Mitarbeitende im Alter von 50-59: 26,5 % Mitarbeitende im Alter 60 und älter: 6,6 % Durchschnittsalter: 44,2 Jahre (steigende Tendenz)
Anteil von in Teilzeitarbeit Beschäftigten (Anstellungsgrad unter 90 %)	48,0 % gesamt 73,5 % aller weiblichen Beschäftigten 24,5 % aller männlichen Beschäftigten 11,1 % im Kader
Soziale Diversität	Schweiz: 87,0 % Ausländisch (insgesamt 133 Nationen[205]): 13,0 %
Berufsunfälle	7,5 pro 100 Personaleinheiten
Nichtberufsunfälle	16,2 pro 100 Personaleinheiten
Medizinisch bedingte Aussetztage[206]	10,5 pro Mitarbeitenden 365.273 pro Jahr
Personalaufwand	4.076 Mio. CHF
Lohnausfallkosten	121,3 Mio. CHF

Tabelle 8:   Personalfakten der Schweizerischen Post (eigene Darstellung auf Basis von Die Schweizerische Post 2010: 92 f., 94 f., 98 und 159)

---

[202] Hiermit ist der durchschnittliche Personalbestand umgerechnet auf Vollzeitstellen gemeint (vgl. Die Schweizerische Post 2010: 92).

[203] Die Frauenquote in höchster Kaderfunktion liegt deutlich unter 10 % (vgl. Die Schweizerische Post 2010: 95). Die Rekrutierung von weiblichen Führungskräften, insbesondere im Top-Management, wird gemäß den Fallstudienerkenntnissen als große Herausforderung beschrieben und durch den öffentlichen Druck zur Frauenförderung stark eingefordert.

[204] Prozentual berechnet wird die Anzahl der Personalaustritte gemessen am durchschnittlichen Personalbestand.

[205] Die große Nationenvielfalt beschränkt sich gemäß den Fallstudienerkenntnissen überwiegend auf den produktionsnahen Betrieb.

[206] Das Arbeitsverhältnis bleibt gemäß dem Gesamtarbeitsvertrag über zwei Jahre bestehen. Hingegen erfolgt eine Auflösung bei Anstellungen nach dem Obligationenrecht bereits nach sechs Monaten. Aus diesem Grund sind die aufgeführten Zahlen nicht ohne Weiteres mit anderen Organisationen vergleichbar (vgl. Die Schweizerische Post 2010: 98).

Im Geschäftsjahr 2010 erwirtschaftete der Konzern ein Betriebsergebnis von 930 Mio. CHF und einen Konzerngewinn von 910 Mio. CHF. Hierbei handelt es sich um das beste operative Ergebnis und den höchsten Gewinn seit Gründung der eidgenössischen Postanstalt.[207] Der Betriebsaufwand belief sich auf 7.806 Mio. CHF. Der totale Personalaufwand geht hier mit 4.076 Mio. CHF ein (vgl. Die Schweizerische Post 2010: 13, 42 und 159).

Tabelle 8 gibt Aufschluss über zentrale Eckdaten im Bereich Personal (Gesamtkonzern).

Nähere Ausführungen zu den studienrelevanten Konzernbereichen sowie zu den untersuchten Personengruppen werden im nachstehenden Abschnitt gegeben.

2.2. Begründung für die Auswahl der untersuchten Konzerneinheiten und der befragten Personengruppen

Ein Großkonzern wie die Schweizerische Post kann im Rahmen einer zeitlich begrenzten qualitativen Studie nicht vollumfänglich von einem Einzelforscher erfasst werden. Demzufolge ist es essentiell, innerhalb des Fallkontexts Stichproben zu wählen (vgl. Hammersley/Atkinson 2007: 35). Die vorliegende Forschungsarbeit betreffend waren bei der Auswahl der Konzernbereiche drei Hauptargumente entscheidend. Erstens sollte der Konzern möglichst typisch erfasst werden, d. h. Kernbereiche, wie das Brief- und Paketgeschäft, waren unbedingt zu berücksichtigen. Zweitens galt das Bestreben der Autorin sowohl „stärker körperlich" als auch „stärker wissensnah" arbeitende Geschäftsbereiche in die Studie einzubeziehen, wobei die Verwaltung streng genommen überall wissensbasiert tätig ist. Drittens sollten diejenigen Bereiche analysiert werden, deren BGM sich zum Auswahlzeitpunkt besonders fortschrittlich präsentierte (Auszeichnung mit dem Label Friendly Work Space) und insofern einer Untersuchung zugänglich waren.

Vor diesem Hintergrund konnten, neben der Personalabteilung auf Konzernebene[208], welche als eine Art „imaginäres Wertedach" betrachtet wird, fünf Geschäftsbereiche als Fallstudienpartner gewonnen werden (vgl. Abbildung 15). Sie decken gemeinsam über 75 % der Personaleinheiten ab (vgl. Die Schweizerische Post 2010: 93):

---

[207] Am 01.01.2012 erfolgt die Umwandlung der Schweizerischen Post in eine spezialgesetzliche Aktiengesellschaft im Mehrheitsbesitz des Bundes. Als Spezialfall wird PostFinance zu einer eigenen AG innerhalb der Post AG (vgl. Die Schweizerische Post 2010: 13).

[208] Hier befindet sich zudem das Kompetenzzentrum Betriebliches Gesundheitsmanagement.

PostMail

Die Annahme, Sortierung und Zustellung von Briefen, Zeitungen und Werbesendungen aller Kunden in der Schweiz ist das Kerngeschäft von PostMail. Mittlerweile befindet sich mehr als die Hälfte der Sendungsmenge im freien Wettbewerb (vgl. Die Schweizerische Post 2010: 57 f.; Die Schweizerische Post 2011b: Online).

Eckdaten (2010):[209]   Betriebsergebnis: 199 Mio. CHF

                              Personalbestand: 17.092 Personaleinheiten

PostLogistics

Die derzeitige Kernkompetenz des Logistikbereichs der Schweizerischen Post liegt im KEP-Markt (Kurier, Express, Pakete). Seit Januar 2004 ist der Paketmarkt vollständig geöffnet. Zu den größten Konkurrenten von PostLogistics zählen die Deutsche Post sowie der Deutsche Paket Dienst (vgl. PostLogistics 2011: Online; Die Schweizerische Post 2010: 66 ff.; Sollberger 2006: 9):

Eckdaten (2010):   Betriebsergebnis: 164 Mio. CHF

                              Personalbestand: 5.319 Personaleinheiten

Poststellen und Verkauf

Poststellen und Verkauf bewirtschaftet das Poststellennetz. Dieses besteht aus weit über dreieinhalb Tausend Zugangspunkten. Der Rückgang an aufgegebenen Briefen und Paketen verdeutlicht, dass der Postschalter nur noch eine von vielen Möglichkeiten darstellt, Postgeschäfte zu erledigen. Umso wichtiger ist die Veräußerung von sich im Wettbewerb befindenden Drittprodukten, wie z. B. Computern oder Handys (vgl. Die Schweizerische Post 2010: 21 und 64 ff.).

Eckdaten (2010):   Betriebsergebnis: -108 Mio. CHF

                              Personalbestand: 6.928 Personaleinheiten

PostFinance

PostFinance zählt zu den bedeutendsten Finanzdienstleitern der Schweiz und genießt seit ca. 100 Jahren das Vertrauen eines großen Kundenstamms. Neben dem Zahlungsverkehr ist sie in den Bereichen Anlage, Vorsorge und Finanzierung aktiv (vgl. PostFinance 2011: Online; Die Schweizerische Post 2010: 69 ff.; Sollberger 2006: 9). PostFinance beschäftigt überwiegend Wissensarbeiter. Diesbezüglich unterscheidet sie sich von den anderen untersuchten Konzernbereichen, in denen deutlich mehr körper-

---

[209] Alle hier zitierten Eckdaten stammen aus dem Geschäftsbericht 2010 (49 ff.).

liche Arbeit in den produktionsnahen Einsatzgebieten (z. B. Verarbeitung von Post-sendungen) verrichtet wird.

Eckdaten (2010):   Betriebsergebnis: 571 Mio. CHF
                        Personalbestand: 3.265 Personaleinheiten

Swiss Post International

Der relativ junge Konzernzweig (Gründung im Jahre 1996) ist in der Schweiz Markt-führer im Im- und Export von Briefen, Paketen und Kuriersendungen. Er nutzt im In-land die Infrastruktur von PostMail und PostLogistics. Swiss Post International zählt inzwischen zu den schnellsten Postunternehmen Europas (vgl. Die Schweizerische Post 2011c: Online; Die Schweizerische Post 2010: 59 ff.).

Eckdaten (2010): Betriebsergebnis: 49 Mio. CHF
                  Personalbestand: 644 Personaleinheiten (in der Schweiz)

Alle aufgeführten Konzernbereiche waren zum Zeitpunkt der Fallstudienvorbereitung mit dem Label Friendly Work Space zertifiziert bzw. befanden sich im fortgeschritte-nen Zertifizierungsstadium.[210]

Das Label Friendly Work Space wird durch die Stiftung Gesundheitsförderung Schweiz vergeben (vgl. Gesundheitsförderung Schweiz 2011a: Online).[211] Ausge-zeichnet werden Organisationen, die mindestens in ausreichendem Maße bestimmten BGM-Qualitätskriterien genügen (z. B. Integration des BGM in bestehende Manage-mentsysteme sowie Auffassung des BGM als Führungsaufgabe) (vgl. ausführlich Ge-sundheitsförderung Schweiz 2011b: Online). Letztere orientieren sich an den Richtli-nien des Europäischen Netzwerks für Betriebliche Gesundheitsförderung. Sie stehen damit im Gedankengut der Luxemburger Deklaration, die im Jahre 1997 das genannte Netzwerk ins Leben rief. Die Verwendung findenden Kriterien wurden in Anlehnung an das bereits in Kapitel II.-4.2. aufgegriffene EFQM-Modell erarbeitet. Durch den engen Bezug zum Total Quality Management (TQM)[212] verstärkt sich die allgemeine Akzeptanz des Labels wesentlich (vgl. Rudow 2004: 335).

---

[210] PostAuto wurde im Mai 2011 zertifiziert (vgl. Gesundheitsförderung Schweiz 2011c: Online), d. h. nach Auswahl der definitiven Fallstudienpartner im Frühling/Sommer 2010.

[211] In dieser Form ist das Label bisher einzigartig im deutschsprachigen Raum. Vergeben werden ansonsten Preise, wie z. B. der „Zürcher Preis für Gesundheitsförderung im Betrieb" (vgl. Institut für Sozial- und Präventivmedizin der Universität Zürich 2011: Online), der „Corporate Health Award" in Deutschland (vgl. Corporate Health Award 2011: Online) oder der „Preis für Betriebliche Gesundheitsförderung" in Österreich (vgl. Netzwerk für Betriebliche Gesundheitsförderung 2011: Online).

[212] Vgl. hierzu Vahs (2005: 257).

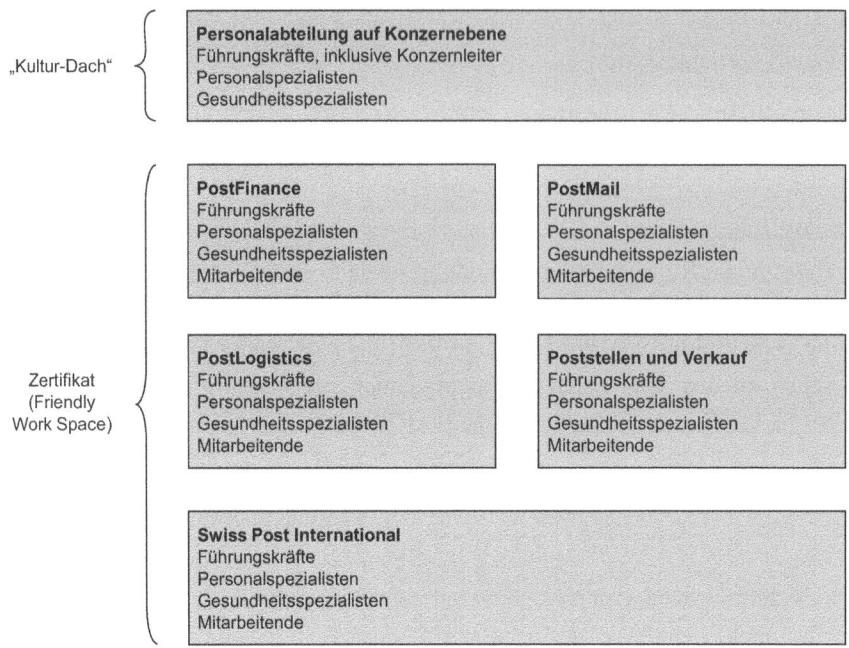

„Kultur-Dach"

Personalabteilung auf Konzernebene
Führungskräfte, inklusive Konzernleiter
Personalspezialisten
Gesundheitsspezialisten

Zertifikat
(Friendly
Work Space)

PostFinance
Führungskräfte
Personalspezialisten
Gesundheitsspezialisten
Mitarbeitende

PostMail
Führungskräfte
Personalspezialisten
Gesundheitsspezialisten
Mitarbeitende

PostLogistics
Führungskräfte
Personalspezialisten
Gesundheitsspezialisten
Mitarbeitende

Poststellen und Verkauf
Führungskräfte
Personalspezialisten
Gesundheitsspezialisten
Mitarbeitende

Swiss Post International
Führungskräfte
Personalspezialisten
Gesundheitsspezialisten
Mitarbeitende

Abbildung 15:   Untersuchte Konzernbereiche und Personengruppen (eigene Darstellung)[213]

Das TQM-Konzept bezieht das Potenzial und Engagement aller Beschäftigten sowohl auf Führungs- als auch auf Mitarbeiterebene ein. Das Ziel besteht darin, durch die Übertragung von Qualitätsverantwortung an alle Unternehmensmitglieder eine höhere Leistungsmotivation sowie Mitverantwortlichkeit zu erreichen. Der gesamte Betrieb wird involviert. Selbiges verlangt ein umfassendes BGM. Der Qualitätsgedanke erstreckt sich auf das Unternehmen als Ganzes, d. h. von der Qualität der Produkte und Dienstleistungen bis hin zur Qualität des alltäglichen Arbeitslebens. Der „Management"-Begriff nimmt darauf Bezug, dass Vorgesetzte das TQM als Führungsaufgabe verstehen und vorleben müssen (vgl. Etienne 2000: 43 ff.). Ähnliches wird von ihnen als kulturschaffende Akteure im Rahmen der Entwicklung und Verankerung einer Gesundheitskultur gefordert.

Grundsätzlich ist es jeder Organisation (Differenzierung zwischen KMU und Großbetrieben) möglich, sich in einem zweistufigen Prozess (Self- und Label-Assessment) auszeichnen zu lassen (vgl. Gesundheitsförderung Schweiz 2011e: Online). Das Ziel besteht nicht zuletzt darin, einen landesweiten Standard für BGM durchzusetzen. Aktuell (Stand 03.08.2011) sind 28 Betriebe in der Schweiz mit dem Label registriert, da-

---

[213] In der Personalabteilung auf Ebene Konzern werden Mitarbeitende mit Personalspezialisten gleichgesetzt. Es erfolgt demnach keine explizite Unterscheidung.

runter sieben Mal die Schweizerische Post[214] (vgl. Gesundheitsförderung Schweiz 2011c: Online).

Um das Gesundheitskulturphänomen aus unterschiedlichen Perspektiven zu beleuchten, wurden Mitglieder der folgenden vier Personengruppen befragt:

- Führungskräfte,
  (vom Konzernleiter über Geschäftsleitungsmitglieder bis hin zu Leitenden operativ tätiger Gruppen)

- Personalspezialisten,
  (insbesondere aus dem Bereich Personal- und Organisationsentwicklung, aber auch HR-Beratende etc.)

- Gesundheitsspezialisten,
  (BGM-Experten, die den Fachbereich betreuen und leiten sowie Mitglieder eines „erweiterten Beauftragtenkreises"[215])

- Mitarbeitende ohne Führungsverantwortung (administratives und im produktionsnahen Betrieb arbeitendes Personal).

Neben Funktion, Alter, Dauer der Unternehmenszugehörigkeit und dem bisherigen Ausbildungs- und Berufsweg wurde bei der Auswahl der Gesprächspartner (in gelungener Zusammenarbeit mit den jeweiligen Personalabteilungen) auf die bisherige Erfahrung der Betroffenen mit dem BGM der Schweizerischen Post geachtet. Unter den Befragten sollten sich sowohl Personen befinden, die bereits mit dem BGM in Kontakt gekommen waren (vor allem Gesundheitsgespräche, Case Management) und solche, bei denen dies, soweit bekannt, bislang nicht der Fall war. Konkretere Ausführungen zu den definitiven Interviewpartnern finden sich in Abschnitt III.-7.1.

3. Datenerhebung

In der Zeit von April 2010 bis August 2011 erfolgte eine intensive Erhebung von Primär- und Sekundärdaten. Während dieser Periode wurde von der Verfasserin lückenlos ein Forschungstagebuch geführt (Kontakte mit dem empirischen Feld, Interviewtermine ausgenommen), welches zuletzt knapp 50 Einträge enthielt.

---

[214] Swiss Post International und Swiss Post International Management AG wurden im Jahre 2010 separat zertifiziert (vgl. Gesundheitsförderung Schweiz 2011c: Online). Sie werden für die Zwecke dieser Arbeit unter der Abkürzung SPI zusammengefasst.

[215] Hierbei kann es sich z. B. um Sachbearbeiter, dezentrale BGM-Ansprechpartner oder HR-Beratende handeln, welche inzwischen die Linie auch in Gesundheitsfragen unterstützen.

3.1. Primat der Forschungsethik

Moral bezeichnet ein Normensystem, „[…] welches das Verhalten von Menschen reguliert und dabei mit dem Anspruch auf unbedingte Gültigkeit auftritt."[216] (Fuchs et al. 2010: 2). Unter dem Begriff Ethik wird im deutschen Sprachgebrauch daran anlehnend die Wissenschaft der Moral bzw. der Moralphilosophie verstanden (vgl. Steinmann/Löhr 1992: 7). Eine wichtige ethische Grundfrage ist jene nach Pflichten und Rechten (vgl. Fuchs et al. 2010: 5). Die Wahrung der Forschungsethik bedeutet zum einen ganz grundlegend, dass Wissenschaftler redlich arbeiten, also Plagiate und Fälschungen ausnahms- und bedingungslos vermeiden (vgl. Fuchs et al. 2010: 41). Zum anderen muss berücksichtigt werden, dass das Verhalten eines Forschers im empirischen Feld nicht ethisch neutral ist. Insbesondere gilt es unter allen Umständen die Würde und Rechte des Menschen zu wahren. Das bedeutet u. a., dass Interviewpartner nicht gegen ihren Willen instrumentalisiert werden dürfen (vgl. Hammersley/Atkinson 2007: 210). Sie müssen im Vorfeld ausreichend über das Forschungsprojekt in Kenntnis gesetzt werden (Ziel und Nutzen der Forschung). Zudem sollte ihnen die Teilnahme am Projekt freigestellt sein (vgl. Schnell/Heinritz 2006: 19 ff.).

Gemäß dieser Norm wurden, nach Vorankündigung durch Vertreter der Konzernbereiche (Personalabteilungen, Führungskräfte), alle ausgewählten Interviewpartner auf elektronischem Weg zum Gespräch eingeladen. Eine Projektbeschreibung erfolgte postintern durch die Koordinatoren in den einzelnen Geschäftsbereichen und abermals vor Gesprächsbeginn durch die Verfasserin.

Ein weiterer wichtiger Aspekt der Forschungsethik bezieht sich auf die Beachtung und Einhaltung von Datenschutzbestimmungen (vgl. Schnell/Heinritz 2006: 23). Zu keinem Zeitpunkt des Projekts gab es eine arbeitsvertragliche Beziehung zwischen der Schweizerischen Post und der Forscherin. Allerdings musste eine Verschwiegenheitsverpflichtung unterzeichnet werden. Bis heute werden die gewonnenen Daten sicher aufbewahrt und ausschließlich für wissenschaftliche Zwecke genutzt. In der Kommunikation gegenüber Dritten erfolgt stets eine vollständige Anonymisierung der Auskunftgebenden (vgl. Abschnitt III.-7.). Zu diesem Zweck wurde bei der Wiedergabe wörtlicher Zitate auch immer die männliche Form gewählt (z. B. aus „Chefin" wird „Chef").[217] Lediglich die Aussagen des Post-Konzernleiters im Gestaltungsteil dieser Dissertation sind in seinem Einverständnis als solche zuordenbar (vgl. Abschnitt IV.-1.). Um die Unkenntlichkeit der Interviewpartner zu garantieren, ist ein detaillierter

---

[216] Im Original stellenweise kursiv hervorgehoben.
[217] Ferner wird auch nicht zwischen Interviewpartnerinnen und -partnern unterschieden.

Vergleich der Konzernbereiche unmöglich.[218] Zudem verbietet es der Datenschutz, die Interviewabschriften der Dissertation anzuhängen. Auf Wunsch der Gesprächspartner wurde in einzelnen Fällen vollständig auf die Auswertung kleinerer, hoch sensibler Textpassagen verzichtet. Es finden nur Aussagen Verwendung, die von den Interviewpartnern freigegeben wurden.[219] Die Forscherrolle der Verfasserin war jederzeit unmissverständlich.

3.2. Primärdatenerhebung

Einfache, direkte Kulturabfragen werden von Steinmann und Schreyögg (2005: 719) abgelehnt. Das Autorenpaar führt begründend an, dass diese der Vielschichtigkeit des Phänomens nicht gerecht werden. Schein (2010: 69) folgt einer ähnlichen Argumentation und lehnt die Erfassung einer Unternehmenskultur durch Fragebögen ab, weil sie die unausgesprochenen kollektiven Annahmen einer Gemeinschaft nicht genügend zu erheben vermögen. Diese konzentrieren sich vornehmlich auf Artefakte und öffentlich bekundete Werte. Der renommierte Kulturforscher rät stattdessen zur Durchführung von Einzel- und Gruppeninterviews (vgl. Schein 2010: 91).

In diesem Wissen fiel die Wahl der primären Erhebungsmethoden innerhalb des umfassenden potenziellen Spektrums (vgl. Abschnitt II.-4.1.6.2.1.) auf die Durchführung problemzentrierter (Leitfaden-) Interviews, die Abhaltung einer Gruppendiskussion sowie auf teilnehmende Beobachtungen und informelle Gespräche im empirischen Feld.

3.2.1. Problemzentrierte (Leitfaden-) Interviews

In der empirischen Sozialforschung sind Interviews stark verbreitet (vgl. Hopf 2005: 349). Sie können qualitativer oder quantitativer Natur sein. Ferner differenzieren sie sich anhand ihres Standardisierungsgrads (standardisiert, halb-standardisiert, nichtstandardisiert) sowie der Struktur der zu Befragenden (Einzelinterview, Gruppeninterview) (vgl. Lamnek 2005: 331). Um die Ziele dieses Forschungsprojekts zu erreichen (vgl. Abschnitt I.-3.2.), fiel die Entscheidung der Verfasserin zugunsten qualitativer, problemzentrierter Einzelinterviews. Diese lassen den Befragten möglichst frei zu Wort kommen. Es entsteht eine nahezu offene Gesprächssituation. Gleichzeitig ist die Unterredung auf eine bestimmte Problemstellung hin zentriert (vgl. Diekmann 2007: 451; Mayring 2002: 67). Durch den Einsatz eines theoretisch-konzeptionell fun-

---

[218] Das Risiko, dass postintern Rückschlüsse auf Personen gezogen werden könnten, wäre zu groß.

[219] Dies gilt nicht für einzelne Aussagen aus informellen Gesprächen. Da auch diese vollständig anonymisiert wurden, ist das Vorgehen nach hier vertretener Ansicht jedoch unbedenklich.

dierten Leitfadens wird eine dezidierte Steuerung des Gesprächsverlaufs begünstigt und somit eine Fokussierung auf interessierende Themenbereiche gefördert (vgl. Kaune 2010b: 140). Auf diese Weise ist ein gezielter Zugang zu subjektiven Sichtweisen möglich (z. B. Situationsdeutungen, Handlungsmotiven, Alltagstheorien) (vgl. Flick/Kardorff/Steinke 2005: 19), so wie dies zur Erfassung einer Gesundheitskultur angestrebt wird. Eine hierzu wichtige Voraussetzung ist die Schaffung einer Vertrauensbeziehung zwischen den Gesprächsteilnehmern (vgl. Mayring 2002: 69).

Auch im Hinblick auf die Analyse der Interviewdaten gilt ein semi-strukturiertes Vorgehen als vorteilhaft, insbesondere bei einer relativ großen Stichprobenanzahl (z. B. erleichterte Vergleichbarkeit von Interviewaussagen) (vgl. Mayring 2002: 70 f.). „Without a theoretical understanding, any use of interview material risks being naive, and interpretations of it rest on shaky grounds." (Alvesson 2003: 14).

Der Ablauf eines problemzentrierten Leitfrageninterviews gliedert sich in vier Hauptschritte: (1) Gesprächseinstieg, (2) allgemeine Sondierung (Abbau emotionaler Vorbehalte, thematischer Einstieg in die Befragung), (3) spezifische Sondierung (Vertiefung des Verständnisses des Interviewers durch Zurückspiegelung, Verständnisfragen oder Konfrontation) und (4) Schlussbemerkungen (vgl. Lamnek 2005: 365 f.). Nicht zuletzt durch die Freiheit und Offenheit, die dem Interviewten bei der Beantwortung gestellter Fragen zugesprochen wird, ergeben sich während des gesamten Gesprächs typischerweise interessante Aspekte, die nicht, bzw. nicht in dieser Form, im Leitfaden enthalten sind. In solchen Momenten besteht die Möglichkeit, ergänzende Ad-hoc-Fragen zu formulieren (vgl. Mayring 2002: 70).

Im Rahmen der Fallstudienforschung innerhalb der Schweizerischen Post wurde je ein Leitfaden (Anhang 1-4) für die zu interviewenden Personengruppen in Anlehnung an das Konstrukt Gesundheitskultur (vgl. Abschnitt II.-4.2.) und an den konzeptionellen Bezugsrahmen (vgl. Abschnitt II.-5.) erstellt. Bis zuletzt nahm die Verfasserin Verbesserungen und Präzisierungen der Fragen vor. Der gesonderte Leitfaden für das Interview mit dem Konzernleiter findet sich in Anhang 5. Insgesamt wurden in der Zeit von Dezember 2010 bis August 2011 69 Interviews an verschiedenen Orten innerhalb der Deutschschweiz durchgeführt.[220] Neben dem Raum Bern wurden Postangestellte in Biel, Burgdorf, Härkingen, Schaffhausen und Zürich befragt. Eine Ausweitung des Radius erschien sinnvoll, weil hierdurch zum einen eine Befragung von operativ im Betrieb arbeitenden Personen in ihrem gewohnten Arbeitsumfeld und zum anderen eine Erforschung der Gesundheitskultur in Regionen möglich wurde, die sich nicht in

---

[220] Im Anschluss an diese 69 Interviews war ein theoretischer Sättigungspunkt erreicht, d. h. die Befragung weiterer Personen hätte keinen substanziellen Mehrwert mehr generiert (vgl. Glaser/Strauss 2005: 68 f).

unmittelbarer Nähe zum Hauptsitz befinden („BGM-Vatikan"). Eine Gesprächsvorbe-
reitung seitens der Interviewpartner war weder notwendig noch erwünscht. Von Interesse waren die spontane Wahrnehmung und Einschätzung der Gesundheitskultur bzw.
im Falle des Interviews mit dem Konzernleiter die Reflexion gewonnener Erkenntnisse
sowie die Diskussion möglicher Gestaltungsansätze.

Im Hinblick auf die Anonymisierung der Interviewpartner erfolgte eine arabisch numerische Verschlüsselung nach dem Zufallsprinzip (Interviewpartner 1-68, da der
Konzernleiter genannt werden darf).

3.2.2. Gruppendiskussion

Unter einer Gruppendiskussion wird ein moderiertes Gespräch von mehreren Untersuchungspersonen zu einer bestimmten Problemstellung verstanden. Der Moderator regt
die Teilnehmenden durch das gezielte Setzen von Stimuli (allgemein gehaltene Fragen, Formulierung von pointierten bzw. provokanten Statements) zum Austausch un-
tereinander an (vgl. Lamnek 2005: 413 ff.). Mit dieser Erhebungsmethode können u. a.
kollektive Meinungen und Einstellungen (inkl. der ihnen zugrundeliegenden Bewusst-
seinsstrukturen) sowie spezifische Verhaltensweisen einer Gruppe untersucht werden
(vgl. Lamnek 2005: 416).

Im Interesse der PostFinance wurden auf Geschäftsleitungsebene keine Einzelinterviews durchgeführt. Stattdessen fand eine Gruppendiskussion unter der Anwesenheit
aller neun Geschäftsleitungsmitglieder (inklusive CEO) statt. Die ca. einstündige De-
batte ereignete sich im März 2011 in Bern. Die gestellten Impulsfragen (Anhang 6)
orientierten sich wie die Interviewleitfragen am Gesundheitskulturkonstrukt und Bezugsrahmen. Sie wurden, auf Wunsch des Leiters PostFinance und entgegen dem sonstigen Forschungsvorgehen, den Teilnehmenden in einer gekürzten Fassung im Vorfeld
zugestellt. Nicht vorbereiten konnte sich die Geschäftsleitung auf die schriftliche
Kurzbefragung (Anhang 7) (Dauer ca. fünf bis zehn Minuten), die vor Diskussionsbe-
ginn durchgeführt wurde. Auf diese Weise ließen sich das jeweils persönliche Verständnis von Gesundheit und BGM sowie eine Einschätzung derzeitiger Stärken und
Schwächen im Bereich Gesundheitsmanagement ohne gruppendynamische Effekte erheben. Während des Anlasses wurden, genauso wir im Zuge der Einzelinterviews, zusätzlich zahlreiche Ad-hoc-Fragen gestellt und bereitwillig beantwortet.

Um eine Zuordnung der Gesprächsaussagen zu den einzelnen Geschäftsleitungsmitgliedern zu vermeiden, wurde eine römisch numerische Verschlüsselung gewählt
(Teilnehmer Gruppendiskussion I-IX).

3.2.3. Beobachtungen und informelle Gespräche

Die sozialwissenschaftliche Beobachtung ist darauf ausgerichtet, sinnlich wahrnehmbare Tatbestände zielgerichtet zu erfassen (vgl. Hartfiel/Hillmann 1972: 74; Girtler 1984: 44; Berndt 1996: 187), zu beschreiben und zu kodieren[221] (vgl. Faßnacht 1995: 85). Dabei ist zu beachten, dass jeder Beobachtungsvorgang per se selektiv ist (vgl. Hammersley/Atkinson 2007: 142). Es käme einer Illusion gleich, zu glauben, einem Beobachter gelänge es, die Totalität sozialen Geschehens zu erfassen (vgl. Diekmann 2007: 472 f.). Dennoch trägt diese Form der Feldforschung entscheidend dazu bei, ein Verständnis dafür zu entwickeln, ob und inwieweit eine (Gesundheits-) Kultur im Unternehmensalltag tatsächlich gelebt wird (vgl. Mayring 2002: 54 f.).

Eine Typisierung der wichtigsten Beobachtungsformen erfolgt in der Fachliteratur anhand von drei Dimensionen: (1) Strukturiertheit, (2) Offenheit und (3) Teilnahme (vgl. Atteslander 2010: 86 und 93). Während (stark) strukturierte Beobachtungen mittels eines speziellen Leitfadens durchgeführt werden (vgl. Diekmann 2007: 474), bilden die jeweiligen Forschungsfragen die Basis (eher) unstrukturierter Beobachtungen (vgl. Atteslander 2010: 88). Ob eine Beobachtung als offen oder verdeckt gilt, ist abhängig davon, inwieweit sich der Forscher zu seiner Untersuchung bekennt (vgl. Przyborski/Wohlrab-Sahr 2010: 56; Girtler 1984: 45).[222] Es handelt sich um eine teilnehmende Beobachtung, wenn sich der Wissenschaftler direkt in das interessierende soziale System begibt. Anders als bei einer passiven Teilnahme (volle Konzentration auf die Beobachterrolle) führt ein aktives Vorgehen dazu, dass der Beobachter an der natürlichen Lebenswelt der Untersuchungspersonen teilnimmt und mit den Anwesenden interagiert (vgl. Atteslander 2010: 92 und 95). Inzwischen zählen teilnehmende Beobachtungen zu den Standardmethoden der Feldforschung. Ihr Einsatz ist besonders ergiebig, wenn die Untersuchungseinheit in eine soziale Situation eingebettet und von außen schwer einsehbar ist (vgl. Mayring 2002: 80 und 83). Diese Anwendungsgebiete machen sie für die Kulturforschung im Allgemeinen (vgl. Lamnek 2005: 549; Mayntz/Holm/Hübner 1974: 87) und für die Gesundheitskulturforschung im Speziellen zu einer wichtigen Primärdatenquelle. Neben zahlreichen informellen Gesprächen mit Mitgliedern der Schweizerischen Post an den verschiedenen Unternehmensstandorten, war eine offene, nahezu unstrukturierte, teilnehmende Beobachtung im Hinblick auf den (alltäglichen) Umgang mit dem Thema betriebliche Gesundheit (im weitesten Sin-

---

[221] „Codes [im Original kursiv] are tags or labels for assigning units of meaning to the descriptive or inferential information compiled during a study. Codes usually are attached to ‚chunks' of varying size – words, phrases, sentences, or whole paragraphs, connected or unconnected to a specific setting." (Miles/Huberman 1994: 56).

[222] Die Frage, ob offen oder verdeckt beobachtet wird, ist forschungsethisch relevant (vgl. Przyborski/Wohlrab-Sahr 2010: 57).

ne) vielfach möglich. So nahm die Verfasserin an Einführungstagen, Kader- und Teamanlässen, Gesundheitsevents und Fachteamsitzungen teil, um nur einige Beispiele zu nennen. Ebenfalls erwähnenswert ist in diesem Zusammenhang die Zertifizierung eines Konzernbereichs mit dem Label Friendly Work Space. Wichtige Beobachtungen und Aussagen wurden sorgfältig bereits im Feld oder in der Nachbereitung protokolliert (vgl. Hammersley/Atkinson 2007: 141 f.; Baumann 1998: 25).

Mit dem Ziel, auskunftgebende Personen zu schützen, wurden die festgehaltenen informellen Aussagen alphabetisch benannt (informelles Gespräch A-O).

3.3. Sekundärdatenerhebung

Die erhobenen Sekundärdaten umfassen u. a. Geschäftsberichte, Unternehmenspublikationen, interne Statistiken, dokumentierte Prozesse, Projektunterlagen, Internet- und Intranetinformationen sowie Zeitungsartikel. Es handelt sich um Datenmaterial, das nicht erst durch die Forscherin geschaffen werden musste und damit weniger den Fehlerquellen der Datenerhebung unterliegt (vgl. Mayring 2002: 47). Der Grund für ihre Erhebung war, neben der Interviewvorbereitung, der Validierung und Ergänzung von Gesprächsaussagen und dem Bestreben, ein möglichst ganzheitliches Bild des Untersuchungsgegenstands zu generieren, die Absicht, das Untersuchungsobjekt in einer Weise kennenzulernen, wie es sich selbst präsentiert (Personalpolitik, strategische Ausrichtung, deklarierte Unternehmenskultur etc.). Darüber hinaus war die Möglichkeit gegeben, aus Erfahrungswerten der Schweizerischen Post zu lernen. Hierzu dienten z. B. Studien, die in der Vergangenheit zum Thema Gesundheitsmanagement durchgeführt wurden.

4. Datenaufbereitung

Alle Interviews sowie die Gruppendiskussion wurden im Einvernehmen mit den Gesprächspersonen digital aufgezeichnet. Die Gesprächsdauer variierte zwischen 22 und 122 Minuten. Hieraus entstanden ca. 65 Stunden Audiomaterial. In einem Fall verweigerte ein Interviewpartner die Aufzeichnung, stimmte aber dem Erstellen umfassender Gesprächsnotizen ohne weitere Einwände zu. In vorheriger Absprache wurde die nahezu wörtliche Transkription[223] den Interviewpartnern und Diskussionsteilnehmern per E-Mail oder auf dem Postweg zugeschickt. Auf diese Weise konnten Verständnisfragen geklärt, ergänzende Informationen erhoben (mitunter wurden kleinere Zusatzfra-

---

[223] Das gesprochene Wort wurde zur besseren Versteh- und Lesbarkeit stilistisch leicht überarbeitet. Dadurch, dass die Abschriften von den Gesprächspartnern gegengelesen, bearbeitet und freigegeben wurden, geschah alles in ihrem Einverständnis. Jedwede Verfälschung von Aussagen kann somit ausgeschlossen werden. Auf die Transkription von Füllwörtern wurde mehrheitlich verzichtet.

gen gestellt), Anpassungen vorgenommen und das Einverständnis für die Freigabe zur weiteren Datenanalyse eingeholt werden. Die Gespräche wurden auf Schriftdeutsch und schweizerdeutscher Mundart geführt. Eine „Übersetzung" von Antworten im Dialekt erfolgte unmittelbar im Zuge der Abschrift. In der finalen Fassung standen

- 1.057 Textseiten Interviewtranskription,

- 25 Textseiten Abschrift Gruppendiskussion (inklusive schriftliche Einstiegsfragen) sowie

- 107 Textseiten Feldnotizen aus teilnehmenden Beobachtungen, Besprechungen und sonstigen informellen Gesprächen

für eine ausführliche Auswertung zur Verfügung. Diese Fülle qualitativer Daten sichert einerseits einen reichen Fundus zur Erforschung der Ist-Kultur und allgemein praxisrelevanter Aussagen. Andererseits wächst mit ihr unweigerlich die Herausforderung, eine zweckdienliche Analyse und Zusammenfassung der individuellen Aussagen bzw. des Gesamtmaterials vorzunehmen (vgl. Schüpbach-Brönnimann 2010: 117).

5. Datenanalyse

Im gesprochenen und geschriebenen Wort drücken Menschen Absichten, Einstellungen, Situationsdeutungen, Wissen sowie stillschweigende Annahmen über die Umwelt aus. Ihre Aussagen werden wesentlich durch das soziokulturelle System bestimmt, dem sie angehören. Daher spiegeln sie nicht nur Persönlichkeitsmerkmale wider, sondern auch Besonderheiten der sie umgebenden (Unternehmens-) Kultur, wie z. B. institutionalisierte Normen und Werte (vgl. Mayntz/Holm/Hübner 1974: 151). Die Inhaltsanalyse von sprachlichem Material ermöglicht es u. a., Rückschlüsse auf individuelle und gemeinschaftliche, nichtsprachliche Phänomene zu ziehen (vgl. Lamnek 2005: 478). Sie kann daher als geeignet für die Erfassung der Gesundheitskultur innerhalb ausgewählter Teilbereiche der Schweizerischen Post angesehen werden.

5.1. Qualitative Inhaltsanalyse nach Mayring

Die Stärke der qualitativen Inhaltsanalyse, die sich am interpretativen Paradigma[224] orientiert (vgl. Lamnek 2005: 479), liegt darin, dass sie Datenmaterial schrittweise und methodengeleitet analysiert und auch bei großen Textmengen eingesetzt werden kann. Im Zentrum der Auswertung steht ein Kategorien- bzw. Codesystem. Dieses wird theoriegestützt am Material entwickelt (vgl. Mayring 2002: 114 ff.).

---

[224] Vgl. hierzu Lamnek (2005: 34).

Mayring (2007: 58) unterscheidet drei Grundformen des Interpretierens resp. der qualitativen Inhaltsanalyse:

(1) Zusammenfassung: Reduktion des Textmaterials, so dass die wesentlichen Inhalte erhalten bleiben und durch Abstraktion an Übersichtlichkeit gewinnen.

(2) Explikation: Ergänzung von interpretationswürdigen Textstellen durch zusätzliches Material, um die entscheidenden Passagen erläutern und begründen zu können.

(3) Strukturierung: Kriterienbasierte Einschätzung des Materials; weitere Unterscheidung in die folgenden vier Ausprägungsformen (vgl. Mayring 2007: 85):

Formale Strukturierung:	Identifikation der inneren Datenstruktur anhand von formalen Strukturierungsgesichtspunkten.
Inhaltliche Strukturierung:	Extraktion und Konsolidierung des Materials zu bestimmten Themen bzw. Inhaltsbereichen.
Typisierende Strukturierung:	Identifikation und Beschreibung markanter Ausprägungen im Material mittels geeigneter Typisierungsdimensionen.
Skalierende Strukturierung:	Definition von Skalenpunkten zu einzelnen Dimensionen und daran anschließende Einschätzung des Materials.

Im vorliegenden Forschungsprojekt findet eine inhaltliche Strukturierung Anwendung. Sie wird der Zielsetzung gerecht, den Ist-Zustand der Gesundheitskultur innerhalb des Postkonzerns zu untersuchen, indem das Datenmaterial systematisch codiert wird. Der Ablauf der Analyse kann vereinfacht in vier Schritten dargestellt werden, wobei Überschneidungen stattfanden:

Schritt 1

Festlegung der ursprünglichen Haupt- und Subkategorien. Diese sind abgeleitet aus dem Konstrukt Gesundheitskultur (vgl. Abschnitt II.-4.2.), dem Erklärungsrahmen (vgl. Abschnitt II.-5.) resp. den Gesprächsleitfäden (vgl. Anhang 1-6).

Schritt 2

Test des originären Kategoriensystems auf Zweckmäßigkeit und Plausibilität durch das wissenschaftliche Umfeld der Autorin und anhand erster Gesprächsabschriften.

Schritt 3

Intellektuelle Codierung[225] des Datenmaterials und kontinuierliche Erweiterung bzw. Anpassungen des ursprünglichen Kategoriensystems.

Schritt 4

Zusammenfassung und Interpretation der finalen, deduktiv und induktiv erarbeiteten Haupt- und Subkategorien.

Die Analyse des umfassenden Datenkorpus erfolgte computergestützt.

5.2. Computergestützte Datenanalyse

Seit fast 30 Jahren unterstützt QDA-Software die Analyse qualitativer Daten (vgl. Kuckartz 2007b: 15; Miles/Huberman 1994: 43), ohne eine bestimmte Methode der Analyse vorzugeben (vgl. Kuckartz 2007a: 13). Zu den bekanntesten Programmen zählen Atlas.Ti, NVivo und MAXQDA. Letzteres diente im Zuge der vorliegenden Forschungsarbeit für die Durchführung der folgenden Hauptauswertungsschritte:

- Verwaltung des Datenkorpus und Schnellzugriff auf einzelne Texte bzw. Textstellen.

- Kategorienbasierte Erschließung des Textmaterials nach dem Muster der qualitativen Inhaltsanalyse.

- Iterative Entwicklung eines Kategoriensystems in übersichtlicher visueller Darstellung (inklusive Erstellung verschiedener Memos zur Kommentierung einzelner Zitate).

Die Auswahl des EDV-Programms ist damit zu begründen, dass MAXQDA nach hier vertretener Meinung durch seine besondere Benutzerfreundlichkeit besticht (www.maxqda.de).

6. Gütekriterien qualitativer Forschung

Die Anerkennung jeder empirischen Forschungsarbeit ist davon abhängig, inwieweit sie den Anforderungen bewährter Qualitätsstandards genügt (vgl. Schüpbach-Brönnimann 2010: 119; Grunenberg 2007: 211 f.). Dabei ist zu beachten, dass die Beurteilungskriterien den verwendeten Methoden angemessen sind (vgl. Mayring 2002: 143). Deshalb ist eine Anwendung klassischer Qualitätsstandards im Sinne von

---

[225] Intellektuelles codieren bedeutet, dass nicht eine Software, sondern der Forscher ausgewählte Textpassagen (oder auch einzelne Wörter) kategorisiert (vgl. Kuckartz 2007a: 57).

Objektivität[226], Reliabilität[227] und Validität[228] nicht ohne eine gewisse Modifikation oder Reformulierung auf die qualitative Forschung möglich. Der Hauptgrund hierfür liegt darin, dass diese drei Kriterien stark auf einer Standardisierung des Vorgehens, der Methode und ihrem Gebrauch beruhen. Damit widerstreben sie dem bewusst nicht vollständig standardisierten und interpretativen qualitativen Forschungsverständnis (vgl. Flick 2007: 192 ff.).

Bis dato mangelt es dem wissenschaftlichen Diskurs an anerkannten Standards zur Qualitätsüberprüfung qualitativer Forschung (vgl. Przyborski/Wohlrab-Sahr 2010: 35; Steinke 2007: 176). Einigkeit besteht dahingehend, dass Forschung intersubjektiv nachvollziehbar sein muss. Ansonsten ist eine Bewertung durch Dritte unmöglich (vgl. Steinke 2007: 186). Für die Zwecke des vorliegenden Dissertationsprojekts orientiert sich die Verfasserin an Mayring (2002: 144 ff.). Dieser befindet sechs Gütekriterien für angemessen.

Verfahrensdokumentation

In der qualitativen Forschung reicht es nicht aus, einen bloßen Hinweis auf verwendete Techniken und Messinstrumente zu geben, da diese, wie oben angesprochen, nicht standardisiert sind. Das Vorgehen muss gegenstandsspezifisch dokumentiert und erläutert werden. Mit einer ausführlichen Explikation des theoretisch-konzeptionellen Vorverständnisses (vgl. Kapitel I. und II.), einer umfassenden Begründung des gewählten Forschungsansatzes (vgl. Abschnitt I.-4.) sowie einer detaillierten Beschreibung des gesamten Forschungsprozesses (vgl. Abschnitte III.-1. bis III.-5.) wurde diesem Gütekriterium zur Genüge entsprochen.

Argumentative Interpretationsabsicherung

Interpretationen des Datenmaterials dürfen nicht willkürlich erfolgen. Sie müssen empirisch verankert sein. Das bedeutet, dass es für alle getroffenen Aussagen ausreichend Textbelege geben muss. Der Forscher ist dazu verpflichtet nach Gegenbeispielen zu suchen, um vorschnelle Schlussfolgerungen zu verhindern (vgl. Steinke 2007: 183 f.). Das Kriterium der argumentativen Interpretationsabsicherung wird im vorliegenden Fall insofern erfüllt, als zum einen das Gesundheitskulturkonstrukt (vgl. Abschnitt II.-

---

[226] Objektivität ist als Maßstab anzusehen, der ausdückt, inwiefern Ergebnisse unabhängig von der die Untersuchung durchführenden Person sind (vgl. Diekmann 2010: 249).

[227] Reliabilität gibt als Gütemaß Auskunft über die Zuverlässigkeit und Reproduzierbarkeit einer Untersuchung bzw. einer Messmethode (vgl. Diekmann 2010: 250; Gibbert/Ruigrok/Wicki 2008: 1468).

[228] Validität ist als Maß zu verstehen, das Auskunft darüber gibt, inwieweit eine Messung tatsächlich diejenige Variable misst, die untersucht werden sollte (vgl. Atteslander 2010: 296; Gibbert/Ruigrok/Wicki 2008: 1466 ff.).

4.2.) und der konzeptionelle Bezugsrahmen (vgl. Abschnitt II.-5.) einen Interpretationsrahmen vorgeben. Zum anderen manifestieren die zahlreichen Zitate (vgl. Abschnitte III.-7. und IV.-1.) die Analyseergebnisse der Autorin.

Regelgeleitetheit

Obwohl es in der qualitativen Forschung beabsichtigt ist, der Untersuchung gegenüber offen zu sein und im Bedarfsfall von den geplanten Analyseschritten abzuweichen, darf das Gesamtvorgehen keinesfalls von Grund auf unsystematisch sein. Dass dieser mögliche Mangel im Forschungsprojekt der Verfasserin nicht zutreffend ist, beweisen vor allem die schematische Darstellung des Untersuchungsplans (vgl. Abschnitt III.-1.3.) und die schrittweise Dokumentation der Inhaltsanalyse (vgl. Abschnitt III.-5.1.).

Nähe zum Gegenstand

Inwieweit es Analysesubjekte zulassen, in ihrer alltäglichen Umgebung befragt und beobachtet zu werden, ist wesentlich von der Interessensübereinstimmung des Forschers mit den Beforschten abhängig. Es soll in der Regel nicht nur zu rein wissenschaftlichen Zwecken, sondern auch für die Betroffenen selbst geforscht werden. Die Hauptmotivation zur Einwilligung in dieses Forschungsvorhaben rührte seitens der Schweizerischen Post daher, das bestehende BGM weiter zu verbessern. Überdies wollte das Unternehmen ein Instrumentarium zur Erfassung des Ist-Zustands erhalten (Gesundheitskulturanalyse auf Basis des Kulturkonstrukts und der erarbeiteten Leitfäden) und die Rolle der Personalabteilung als wichtigen Promotor von Sozialinnovationen stärken.

Triangulation

Triangulation meint das Bestreben nach unterschiedlichen Lösungswegen für die interessierenden Fragestellungen zu suchen. Der Rückgriff auf mehrere Datenquellen wurde in den Abschnitten III.-1.2. und III.-3. eingehend dargelegt. Durch die intensive Besprechung der Analyseergebnisse mit Mitgliedern des universitären Umfelds der Verfasserin fand in gewisser Weise sogar eine Forschertriangulation statt.

Kommunikative Validierung

Die Gültigkeit der Untersuchungsergebnisse lässt sich durch eine gemeinsame Diskussion mit dem Fallstudienpartner überprüfen. Die befragten Personen werden demnach nicht als reine Datenlieferanten betrachtet, sondern als denkende Subjekte in einer Expertenfunktion betreffend ihrer eigenen Arbeitssituation. Die Erkenntnisse aus der Fallstudienforschung wurden in verschiedenen Gremien der Schweizerischen Post präsentiert und im Anschluss intensiv und konstruktiv debattiert. Außerdem fand eine Validierung der Einsichten im Rahmen des eineinhalbstündigen Interviews mit dem Konzernleiter persönlich statt.

Im nächsten Abschnitt erfolgt eine umfängliche Darstellung der Erkenntnisse aus der Fallstudienuntersuchung innerhalb der Schweizerischen Post.

7. Erkenntnisse der empirischen Untersuchung

7.1. Allgemeine Angaben zur Personalstruktur sowie zu den Gesprächspartnern

Die Personalstruktur der Schweizerischen Post lässt sich fiktiv in „Post-Urgesteine" auf der einen sowie in jüngere Angestellte und „Zuwanderer aus der Privatwirtschaft" auf der anderen Seite unterteilen. „Urpöstler" sind Beschäftigte, die (nahezu) ihr gesamtes Berufsleben im Konzern verbracht haben. Ihr enger Zusammenhalt resultiert in vielen Fällen in einer Abgrenzung gegenüber Dritten (Kulturschisma). Die vernehmbare Veränderungsscheu (vgl. Abschnitt III.-7.9.5.), die unter der älteren Mitarbeitergeneration besonders ausgeprägt ist, führt in Kombination mit einem gewachsenen informellen Beziehungsnetzwerk häufig zu einer erschwerten Integration von Neumitarbeitenden.

„Intern gibt es einen harten Kern. [...] gegen die anzukämpfen ist fast ein Ding der Unmöglichkeit. Das sind Freundschaften. Das sind nicht nur Arbeitskollegen. Die haben X Geschichten und Reorganisationen miteinander erlebt. Das verbindet viel stärker miteinander als ich das sonst von Unternehmen gewohnt bin." (Interviewpartner 30).[229]

„Wenn du die Kultur der Post nicht kennst, hast du Mühe. Viele sind von extern gekommen und schnell wieder gegangen. [...] Man muss wissen, dass unsere Kultur nicht so einfach zu verstehen ist." (Interviewpartner 67).

Wie in Abschnitt III.-2.2. erläutert, wurden im Zuge der empirischen Erhebung vier Personengruppen zur Gesundheitskultur innerhalb der Schweizerischen Post befragt. Konkret basieren die im Weiteren dargelegten Erkenntnisse auf den Aussagen und

---

[229] Mit dem Ziel der vereinfachten Versteh- und Nachvollziehbarkeit der Aussagen wurden mitunter kleinere, kontextklärende Reformulierungen (z. B. aus „er" wurde „der Chef") vorgenommen und Satzbauten minimal geglättet. Dies geschah im Einverständnis mit den Interviewpartnern. An keiner Stelle liegt eine Sinnverfälschung vor.

Einschätzungen von 77 Interviewpartnern (27 Frauen und 50 Männer[230])[231] im Alter von 26 bis 63 Jahren. Die Dauer ihrer Unternehmenszugehörigkeit variierte zum Zeitpunkt der Datenerhebung zwischen eineinhalb und 41 Jahren, ihr Beschäftigungsgrad zwischen 50 % und 100 %. Viele Gesprächspartner wiesen einen langjährigen Posthintergrund auf (Lehre, interne Funktionswechsel). Einige hatten aber auch aus der Privatwirtschaft in den Postkonzern gewechselt bzw. waren als Werkstudenten angestellt. Die Ausbildungsschere der Befragten reichte von einer internen Monopolausbildung bis hin zu einem abgeschlossenen Hochschulstudium (zum Teil plus Doktorat). Mit wenigen Ausnahmen verneinten die Gesprächspartner Wechselabsichten. Dieser Befund deckt sich mit der relativ geringen Fluktuationsrate des Gesamtkonzerns (3,5 % im Geschäftsjahr 2010). Dadurch, dass einige Auskunftspersonen im Laufe ihrer Postkarriere oder durch ihre derzeitige Position/Funktion verschiedene Geschäftsbereiche kennengelernt haben, konnten Gemeinsamkeiten und Unterschiede zwischen den Bereichen besser nachvollzogen und ein fundiertes Verständnis für konzernübergreifende Kulturmerkmale geschaffen werden (vgl. Abschnitt III.-7.3.).

„Die Menschen hier sind das, was die Post ausmacht. Es ist ein gewisser Menschenschlag. Es sind Menschen mit dem Postgen." (Interviewpartner 43).

Unter Berücksichtigung des umfassenden Personalkörpers und aller Differenzen in den geschäftsbereichsspezifischen Personalstrukturen lassen sich einige Merkmale identifizieren, die für einen Großteil der Postangestellten in der Deutschschweiz zutreffend sind:

- Loyalität,

- Qualitäts- und Zuverlässigkeitsanspruch,

- Pflichtbewusstsein und Hilfsbereitschaft,

- Risikoaversion,

- Regelorientierung,

- Veränderungshemmnis,

- Lokalverbundenheit,

- Detail- und Präzisionsliebe,

---

[230] Die Überzahl männlicher Gesprächspartner ist damit erklärbar, dass es mehr Männer als Frauen in (höheren) Führungspositionen gibt (ab September 2012 wird erstmalig eine Frau die Schweizerische Post leiten; vgl. o. V.[2011d: Online]). Außerdem überwiegt der Männeranteil in Funktionen, in denen schwere körperliche Arbeit zum Alltagsgeschäft gehört (z. B. in der Paketverarbeitung).

[231] Informelle Gesprächspartner sowie der Konzernleiter (vgl. Abschnitt IV.-1.) sind an dieser Stelle nicht eingerechnet.

- Gewerkschaftsorientierung,

- Neigung zur Passivität (der Arbeitgeber sorgt für seine Arbeitnehmer) sowie

- Bodenständigkeit.

7.2. Schweizerische Post als Arbeitgeberin

Als Konzerneigner verpflichtet der Bundesrat die Schweizerische Post zu einer sozialverantwortlichen Unternehmenspolitik und zu fairen Anstellungsbedingungen. Diese unterstützen eine neigungs- und lebensphasengerechte Work-Life-Balance (vgl. Die Schweizerische Post 2010: 35). Der Personalaufwand ist dementsprechend hoch und belief sich im Jahre 2010 auf 4.076 Mio. CHF (vgl. Die Schweizerische Post 2010: 159).[232] Die Konkurrenzfähigkeit der Löhne ist insbesondere im unteren und mittleren Bereich gesamtwirtschaftlich betrachtet gegeben. Die Anstellungsbedingungen basieren auf zwei unterschiedlichen Rechtsgrundlagen: Gesamtarbeitsvertrag (GAV)[233] und Obligationenrecht (OR). Der Konzern befindet sich in einem Spannungsverhältnis zwischen einem „Beamtenumfeld" und einem Privatunternehmen. Die von den Beschäftigten teilweise empfundene Ungleichbehandlung, die mit dieser vertraglichen und kulturellen Zweiteilung einhergeht, ist ein beachtenswerter Belastungsfaktor.

Die Erwartungshaltung an die Schweizerische Post als öffentliche Arbeitgeberin ist überdurchschnittlich hoch. Verstärkt wird die Anspruchshaltung unter den „Urpöstlern" durch fehlende Vergleichsmöglichkeiten mit anderen Arbeitgebern. Mitgliedern dieser Personengruppe, die vielfach noch in einer gewachsenen Komfortzone verharren, wird in Bezug auf Sozialleistungen eine gewisse Verwöhntheit nachgesagt. Im Hinblick auf die Ausgestaltung bzw. das Leistungsspektrum eines BGM wird die Erwartungshaltung als leicht steigend beschrieben. Bisher erweist sich diese aber als wenig konkret. Sie äußert sich in den folgenden Aspekten:

- Angemessene Arbeits- und Ferienzeiten,

- faire Entlohnung,

- ergonomische Arbeitsplatzgestaltung,

- Unterstützung im Krankheitsfall,

- Betreuung von gesundheitlich eingeschränkten Mitarbeitenden,

---

[232] Der Personalaufwand setzt sich aus folgenden Posten zusammen: Löhne und Gehälter, Sozialleistungen, Vorsorgeaufwand und übriger Personalaufwand (vgl. Die Schweizerische Post 2010: 159).

[233] Circa 95 % des Postpersonals in der Schweiz untersteht dem GAV. Dieser garantiert überdurchschnittliche Sozialzulagen. Die Lohnhöhe richtet sich nach Funktion, Erfahrung und Leistung (vgl. Die Schweizerische Post 2010: 99).

- angenehmes soziales Umfeld,

- Sensibilisierung und Motivation für Gesundheitsthemen sowie

- mustergültige Umsetzung des gesetzlich geforderten AGS (inkl. Unfallverhütung).

Ältere Arbeitnehmende würden bei der Arbeitgeberwahl eher auf ein BGM achten als jüngere. Die Schlussfolgerung liegt nahe, dass das Belastungskonto der reiferen Beschäftigten bereits stärker beansprucht ist und gesundheitliche Einschränkungen präsenter sind.

7.2.1. Gründe für die Auswahl der Schweizerischen Post als Arbeitgeberin und den Verbleib im Unternehmen

Die Arbeitgeberattraktivität des Postbetriebs beruht auf zahlreichen Faktoren. Nachstehend werden die identifizierten Hauptmotive für eine Anstellung beim Konzern dargelegt:

Vielseitigkeit des Konzerns und Entwicklungsmöglichkeiten

Als Mischkonzern und aufgrund der Unternehmensgröße bietet die Schweizerische Post ein mannigfaltiges Stellenangebot. Das Weiterbildungskonzept/-angebot des Konzerns wird jährlich überarbeitet und bedarfsgerecht erweitert. Im Vergleich zu vergangenen Tagen werden bei der Stellenbesetzung höhere formale Anforderungen gestellt. Die internen Entwicklungsmöglichkeiten sind jedoch nach wie vor groß.

„Ich wollte unbedingt in einem großen Konzern arbeiten. Im Bereich Personalentwicklung kann man hier so viel mehr machen als in einem KMU. Es ist unglaublich, wie viele Einzelprojekte laufen. Außerdem kann man sich spezialisieren." (Interviewpartner 34).

„Ich bin zwar seit über 30 Jahren dabei, aber ich habe noch keinen Job länger als fünf Jahre gemacht. Man hat fantastische Möglichkeiten." (Interviewpartner 2).

Familientradition und persönliche Kontakte

Früher mehr als heute stand eine Erwerbsbeschäftigung bei der Schweizerischen Post in einer Familientradition. Lange Zeit wurde z. B. die Leitung einer Poststelle innerfamiliär vererbt. Noch immer werden viele Angestellte durch den Familien- oder Bekanntenkreis geworben. Persönliche Beziehungen bestärken eine emotionale Verbundenheit und eine hochstehende Loyalität mit bzw. gegenüber dem Arbeitgeber.

„Ich habe die Post schon als kleiner Junge kennengelernt. Mir hat immer gut gefallen, was mein Papa gemacht und erzählt hat. [...] Mir gefiel der Geruch von Briefen. Es ist eine Gefühlssache."(Interviewpartner 11).

Sozialleistungen resp. allgemeine Arbeitsbedingungen

Die soziale Ausrichtung der Schweizerischen Post ist seit jeher für sicherheitsliebende Arbeitnehmende interessant (z. B. soziale Absicherung, Standortsicherheit), die neben der Erwerbstätigkeit weitere Lebensbereiche (Familie und Freizeit) für wichtig erachten. Dennoch wird die „Sorgenfreiheit", die früher mit der Beschäftigung in einem Beamtenumfeld verbunden war, nicht mehr vorbehaltlos empfunden.

„Ich finde die Post enorm familienfreundlich. Als Mutter habe ich sehr viele Rechte und genieße sehr viele Vorteile. [...] Die Sozialleistungen der Post sind unglaublich. Ich bin sprachlos, was die Post alles bezahlt." (Interviewpartner 34).

„Die Post hatte damals und hat auch heute noch einen guten Ruf. Mir war es wichtig, einen sozialen Arbeitgeber zu wählen." (Interviewpartner 3).

„Wenn man in einem Unternehmen arbeitet, in dem viele langjährige Mitarbeiter arbeiten und die Anstellungsbedingungen durch einen GAV geregelt sind, herrscht manchmal das Gefühl der ‚trügerischen' Sicherheit. Mitarbeiter, die neu dazukommen und aus der Privatwirtschaft Erfahrungen mitbringen, sind es z. B. eher gewohnt, dass sinkende Umsatzzahlen eine sofortige Wirkung auf den Mitarbeiterbestand haben können." (Interviewpartner 66).

Aufgabeninhalt

Der gesellschaftlich geforderte und anerkannte Grundversorgungsauftrag des Postkonzerns impliziert, dass die Notwendigkeit und damit die Sinnhaftigkeit des Postgeschäfts letztlich nicht bezweifelt werden. Mehrheitlich schätzen die Befragten ihre Tätigkeit im Großen und Ganzen als zweckmäßig und befriedigend ein.

„Ich habe mich für die Post aufgrund der herausfordernden und spannenden Tätigkeit entschieden." (Interviewpartner 36).

„Mir hat immer gefallen, was der Briefträger in dem kleinen Dorf gemacht hat, indem ich aufgewachsen bin. Es war seither immer mein Traum, selbst bei der Post zu arbeiten." (Interviewpartner 17).

Soziales Umfeld

Eine kollegiale Grundeinstellung des Postpersonals und eine oft beobachtbare Konfliktaversion (vgl. Abschnitt III.-7.5.4.) machen den Arbeitsplatz bei der Schweizerischen Post zu einem „Ort der Verträglichen". Sie halten die Ellbogenmentalität gering. Die zwischenmenschliche Harmonie ist ein wichtiger Grund für die niedrige Austrittsrate.

„Der erste Grund, warum ich geblieben bin, ist, dass ich mich mit den Leuten wirklich gut verstehe. Das Ambiente stimmt." (Interviewpartner 28).

Arbeitsort

Die Möglichkeit der (mindestens) schweizweiten Beschäftigung wird von den Postangestellten kaum als Option interpretiert, sich örtlich zu verändern. Eher gegenteilig sehen die Work-Life-Balance orientierten Beschäftigten darin eine Option, ihre Neigung zur Lokalverbundenheit auszuleben und lange Arbeitswege zu vermeiden.

„Ich arbeite als Teamleader sowohl im Büro als auch in der Zustellung. Das ist das Schöne. Und ich durfte in der Heimat bleiben." (Interviewpartner 17).

Ressourcenausstattung und Gestaltungsmöglichkeiten

Die Ressourcenstärke des Postkonzerns bietet Gestaltungsräume, die in kleinen und mittleren Betrieben üblicherweise nicht realisierbar sind. Gestaltungsfreudige Mitarbeitende erhalten durch den Wandel, in dem sich der Konzern befindet, in bestimmten Funktionen ein erweitertes Spektrum an Betätigungsfeldern.

„Außerdem stehen bessere Ressourcen zur Verfügung als in einem KMU, wo es niemals Geld für Personalentwicklungsmaßnahmen gibt. Ich habe bei der Post schon extrem viel gelernt." (Interviewpartner 33).

„Ich kannte meinen zukünftigen Vorgesetzten. Er hat mich kontaktiert und für das Unternehmen begeistert. Insbesondere hat er erzählt, dass die Post im Umbruch ist und dass es wirklich etwas zu gestalten gibt." (Interviewpartner 7).

„Ich habe mich verwirklichen können. Die Wandlung des Konzerns ist gigantisch. Es war nie langweilig." (Interviewpartner 8).

Die dargelegten Gründe für die Auswahl des Postkonzerns als Wirkungsstätte und den Verbleib im Unternehmen müssen um gängige Zufallsentscheide und eine herkömmliche Vermittlung über Stellenvermittlungsbüros ergänzt werden. Als zweitgrößter Arbeitgeber innerhalb der schweizerischen Landesgrenzen ist die Wahrscheinlichkeit stets hoch, dass der Konzern in das Wahrnehmungsraster von Jobsuchenden gerät.

7.2.2. Arbeitszufriedenheit

Die Arbeitszufriedenheit des Postpersonals ist überwiegend hoch. Ausgedrückt in einem 100-Punktesystem strebt der Bundesbetrieb eine Mindestzufriedenheit von 80 Punkten an (vgl. Die Schweizerische Post 2010: 34). Dieser Zielwert wird in der neuesten Umfrage von PostFinance erreicht. Alle anderen im Rahmen dieser Studie untersuchten Konzernbereiche erzielen Werte über 70 Punkte (vgl. Die Schweizerische Post 2011d: 8).

Positive Arbeitszufriedenheit	*„Mir gefällt es hier und ich hoffe, dass ich noch bis zur Pensionierung bei der Post bleiben kann. Das wäre mein Wunsch. [...] Wir sind ein gutes Team und das spornt an. Das macht Freude. Ich bin eigentlich rundum zufrieden." (Interviewpartner 15).*
	„Ich würde mich ganz klar wieder für die Post entscheiden, weil meine Tätigkeit als Poststellenleiter so abwechslungsreich ist. Außerdem hat man die Möglichkeit aufzusteigen, wenn man sich Mühe gibt. Ich liebe meinen Job wirklich." (Interviewpartner 20).
Arbeitsunzufriedenheit (bzw. resignative Arbeitszufriedenheit)	*„Das Problem ist, dass die Älteren den Schalter im Kopf nicht umlegen können. Sie wollen nicht verstehen, dass sie heute in einer Fabrik arbeiten. Wir sind keine Postfamilie mehr wie früher, wo jeder dem anderen geholfen hat. Die Neuen kennen die Post nicht anders [...]. Ich habe trotz allem Freude an den Paketen. Sie sind mein Lohn. Ich fluche daher nicht. Ich bin aber eher die Ausnahme geworden. Viele sind deprimiert und frustriert." (Interviewpartner 39).*
	„Viele sind vielleicht unzufrieden, haben sich aber an den hohen Mitarbeiterschutz und andere Privilegien gewöhnt, die man nicht so gerne aufgibt." (Interviewpartner 33).

Tabelle 9:   Arbeitszufriedenheit innerhalb der untersuchten Konzernbereiche (eigene Darstellung)

Tabelle 9 gibt einige ausgewählte Zitate zur Demonstration der Arbeitszufriedenheit innerhalb der untersuchten Konzernbereiche wieder. Die positive Arbeitszufriedenheit rührt neben der sozialverträglichen Personalpolitik aus einer oftmals abwechslungsreichen und perspektivischen Tätigkeit. Einen weiteren Grund stellt die empfundene Geborgenheit in der Mikrokultur auf Teamebene dar. Hingegen ist die Arbeitsunzufriedenheit vordringlich durch die wirtschaftliche Neuausrichtung des Postkonzerns, diverse Reorganisationen oder zwischenmenschliche Differenzen bedingt. Schrittweise Verwerfungen bzw. Anpassungen althergebrachter Wertevorstellungen, Strukturen und Abläufe stören das Zufriedenheitsgefühl des älteren Personals zusätzlich. Durch die wachsende Kostenorientierung und Industrialisierung von Verarbeitungsprozessen hat sich das Berufsbild in vielen Fällen verändert. Die Folgen dieser Entwicklung stellen einen ernst zu nehmenden Belastungsfaktor dar (vgl. Abschnitt III.-7.4.4.1.). Obgleich einige Betroffene mit innerer Kündigung reagieren, verharren sie vielmals in ihrer Situation. Damit erhöhen sie das Risiko einer psychischen Erkrankung. Soziale Privilegien lähmen die Fluktuation. Auch die mangelnde Arbeitsmarktfähigkeit einiger „Urpöstler" hält einen Teil der Beschäftigten davon ab, die „geschützte Werkstatt Post" zu verlassen (vgl. Abschnitt III.-7.8.2.).

7.2.3. Arbeitgeberimage der Schweizerischen Post

Es gelingt in der Außendarstellung bisher nicht hinreichend, auf die Umbruchsituation des Konzerns (Modernität, Wettbewerbsintensität) sowie auf die damit verbundenen Entwicklungs- und Gestaltungschancen hinzuweisen.

„Die Post hat ein altes Image. Wenn ich in Zürich sage, dass ich bei der Post arbeite, kriege ich ein müdes Lächeln." (Interviewpartner 34).

„Die Post hat einen leichten Negativ-Touch: Gelb, schwerfällig, beamtenmäßig. Das ist historisch bedingt und trifft auch heute sicherlich noch auf manchen Bereich und manche Abteilung zu. Aus meinem Umfeld kann ich das allerdings nicht bestätigen." (Interviewpartner 26).

Das Bild des Konzerns auf dem Arbeitsmarkt hat Auswirkungen auf die Attraktivität des Unternehmens für bestimmte Mitarbeiterkategorien. Eine Verbesserung des Arbeitgeberimages gilt als personalwirtschaftliche Herausforderung. In Anbetracht der aktuellen und zukünftigen Konzernentwicklungen postulieren Experten und Führungskräfte den Zuwachs und Erhalt von High Potentials als besonders wichtig. Hierzu soll ein gezieltes Talentmanagement dienen.

„Gerade unter den sogenannten Blue-Collar-Workern gelten wir als sehr attraktiver und vor allem vglw. sicherer Arbeitgeber. Wir halten z. B. das Arbeits- und Arbeitszeitgesetz ein, was in der Logistik nicht selbstverständlich ist. Der Employer Brand ist unter den Wissensarbeitern allerdings noch etwas schwächer." (Interviewpartner 67).

7.3. Postkultur als werteprägender Rahmen

Die Veränderungen außerbetrieblicher (z. B. ökonomischer, rechtlich-politischer, sozio-kultureller und technischer Art), betrieblicher (z. B. reduzierte Sozialleistungen bei OR-Verträgen, erhöhtes Stressaufkommen) und personeller (z. B. alternde Belegschaft) Rahmenbedingungen haben Einfluss auf die Organisationskultur der Schweizerischen Post. Diese befindet sich in einer Entwicklungsphase von einer (mehrheitlichen) „Beamtenkultur" hin zu einer betriebswirtschaftlich, unternehmerisch ausgerichteten Konzernkultur.

„Früher waren wir ein reiner Beamtenbetrieb und hatten mit den entsprechenden Klischees zu kämpfen. Das hat sich weitgehend geändert. Ich habe das Gefühl, dass wir ein recht modernes Unternehmen geworden sind." (Interviewpartner 6).

„Salopp gesagt hat sich die Post von einem Beamtenbetrieb zu einem dynamischen Unternehmen entwickelt. Heute wird mit Zielvorgaben unternehmerischer geführt. Das hat es früher nie gegeben. Da musste man einfach präsent sein und seine Arbeit korrekt machen." (Interviewpartner 51).

„Mit der Post, die ich von früher her kenne, hat meine heutige Arbeit nicht mehr viel zu tun. Es ist eine andere Welt." (Interviewpartner 39).

Die vermehrte Wirtschaftlichkeits- und Wettbewerbsorientierung (vgl. Abschnitt III.-7.3.2.5.) führt zu einem Spannungsverhältnis mit den ursprünglichen Kernmerkmalen eines überwiegenden Beamtenbetriebs. Mehrheitlich trägt das Postpersonal die zahlreichen Veränderungen mit. Jedoch geschieht dies nicht selten zu Lasten ihres Wohlbefindens (vgl. Abschnitt III.-7.4.4.1.).

7.3.1. Kulturverständnis: Konzern- versus Bereichskultur

Das Kulturbewusstsein der Gesprächspartner ist relativ schwach ausgeprägt. Eine stellenweise Diskrepanz von Soll- und Ist-Werten und die Weiterbeschäftigung von als kulturinkompatibel erachteten Arbeitskräften stören das Kulturempfinden von vielen Befragten. Die Kultur wird als föderalistisch und schwer beschreibbar empfunden. Eine gemeinschaftliche Konzernkultur sehen die Wenigsten. Sie wird im Sinneseindruck der Interviewpartner von den verschiedenen Subkulturen innerhalb der Konzernbereiche verdrängt. Diese stehen maßgeblich unter dem Einfluss der jeweiligen Branchenzugehörigkeit, Wettbewerbssituation und Personalstruktur. Entsprechend gering fällt das bereichsübergreifende Zusammengehörigkeitsgefühl aus (Tendenz weiter sinkend). Das konzernweite Wir-Gefühl ist typischerweise von der aufgabenbedingten Schnittstellengröße und den sich daraus ergebenden alltäglichen Kontaktflächen zwischen Geschäftsbereichen abhängig. In Einzelfällen ist eine bewusste Abgrenzung vom Mutterkonzern und seinen Teilbereichen feststellbar.

„Ich spüre die Kultur kaum. [...] Mein Eindruck ist, dass Kultur als Pflicht gelebt wird. Der Hauptsitz ist ein großes Gebäude mit vielen Flügeln. Auf meiner Etage war ich bereits in jedem Flügel, aber es gibt Etagen, da war ich noch nie. Obwohl die Bereiche räumlich gesehen nah zusammenarbeiten, grenzen sie sich stark voneinander ab und mischen sich sehr wenig. [...] Wenn sie im Hauptsitz um vier Uhr von der Cafeteria durch die Schleusen zu den Liftanlagen gehen wollen, haben sie keine Chance. Um vier Uhr kommen alle raus. Es ist aus, fertig. [...] Nicht, dass man täglich zusammensitzen muss, um gemeinsam ein Bier zu trinken, aber viele kommen, arbeiten und gehen." (Interviewpartner 47).

„Man fühlt sich heute in erster Linie einem bestimmten Bereich zugehörig. Das wird zum Teil auch durch die Führung geprägt." (Interviewpartner 13).

„[...] grundsätzlich sage ich, ich arbeite bei Konzernbereich XY. Wenn jemand aus meinem Freundeskreis sagt ‚du bist doch bei der Post', versuche ich, das zu korrigieren." (Interviewpartner 7).

Offizielle Dokumente betonen die gemeinsame Grundhaltung „Penser Poste". Die Profit-Center-Organisation des Konzerns verstärkt jedoch die interne Kulturdifferenzierung und forciert ein Einzelbereichszugehörigkeitsgefühl. Die bereichsübergreifende Zusammenarbeit wird erschwert. Geschäftsbereiche stellen ihre eigenen Interessen oftmals über das Gesamtwohl des Konzerns.

„Die Post wurde Ende der 1990er Jahre auseinandergerissen. Manche Konzernteile bluten noch immer, andere sind inzwischen sehr selbstständig. [...] Auf der einen Seite heißt es, wir sind ein Konzern und ziehen den Karren gemeinsam aus dem Dreck. Wenn wir aber zu ziehen beginnen, dann zieht jeder auf seine Weise." (Interviewpartner 47).

„Jede Unternehmung hat ihren eigenen Mythos. Bei uns ist es noch heute die Bahnpost. Damals war es selbstverständlich, dass jeder dem anderen half. Es wird immer mehr bedauert, dass das Zusammengehörigkeitsgefühl durch die EBIT-Orientierung der einzelnen Bereiche schwindet. [...] Jeder achtet auf sein Budget und dabei wird

vielleicht manchmal vernachlässigt, welche Lösung für den Konzern am besten wäre."
(Interviewpartner 67).

7.3.2. Gemeinsame Kulturorientierungen

Obschon sich die Bereichskulturen aus der Innenperspektive der Befragten deutlich unterscheiden, kann der externe Analytiker gemeinsame Kulturorientierungen kenntlich machen:

- Landeskultureller Einfluss und Öffentlichkeitsorientierung,
- Bürokratiekultur,
- Mitarbeiterorientierung,
- Kundenorientierung,
- Wirtschaftlichkeits- und Wettbewerbsorientierung,
- Qualitäts- und Zuverlässigkeitsanspruch,
- Unternehmensverbundenheit und
- Innovationsorientierung.

Diese Orientierungen bilden eine gemeinsame Wertebasis, wobei sich

- die Ausprägungsintensität innerhalb der Bereiche,
- die Beschaffenheit der Kulturträger und
- die gelebte Ausdrucksform der Kulturausrichtungen

innerhalb der Subkulturen unterscheiden. Nachfolgend werden die obigen Kulturorientierungen im Einzelnen behandelt.

7.3.2.1. Landeskultureller Einfluss und Öffentlichkeitsorientierung

Der Postkonzern ist ein urschweizerischer Großbetrieb. Seine Angestellten stellen ein Abbild der nationalen Erwerbsbevölkerung dar. Unter Berücksichtigung regionaler Unterschiede wird die Landeskultur durch die Beschäftigten in das Unternehmen transportiert. Die Mentalität der Deutschschweizer äußert sich positiv im Sinne einer disziplinierten und gewissenhaften Arbeitsweise. Der ausgeprägte Gemeinschaftssinn und die große Kompromissbereitschaft der Eidgenossen sind einem harmonischen Arbeitsumfeld und damit einer gesundheitsdienlichen Arbeitsatmosphäre zuträglich. Je nach Ausprägungsintensität kann das Konsensstreben allerdings zu Unzufriedenheit führen und das psychische Wohl der Beschäftigten belasten. In vergleichbarer Weise verhält es sich mit der vielerorts beobachtbaren Konfliktaversion (vgl. Abschnitt III.-7.5.4.).

Das Interesse von Politik und Gesellschaft an der Geschäftstätigkeit des Konzerns ist außerordentlich stark ausgeprägt.

„Es gibt auch immer jemanden, der irgendjemanden kennt, der bei der Post arbeitet. [...] jeder will wissen, was, wie, wo, warum gerade passiert." (Interviewpartner 36).

„Wenn bei der Post etwas geschieht, nimmt das auch die Bevölkerung wahr. Die Anteilnahme ist sehr groß. Das macht die tägliche Arbeit nicht immer leicht. Das muss ich klar sagen. [...] Wenn wir bspw. eine Preiserhöhung durchführen, hat jeder Kunde das Gefühl, er könne mitreden und hätte das Recht, zu intervenieren." (Interviewpartner 51).

Die Öffentlichkeitsorientierung bremst eine produktivitäts- und kostengetriebene Überbeanspruchung menschlicher Leistungsträger und lindert Arbeitsplatzverlustängste. Durch die Größe des Personalkörpers nimmt der Konzern Einfluss auf das Wohlergehen zahlreicher Landesbürger. Der politische und gesellschaftliche Druck fördern das Gesundheitsengagement der Schweizerischen Post und unterstützen eine gesundheitsfreundliche Grundausrichtung der Unternehmenskultur. Die starke Öffentlichkeitsorientierung erschwert jedoch nicht selten die Entscheidungsfindung und engt Handlungsfreiräume ein.

„Die Post neigt zu einer hohen Unsicherheitsvermeidung, nicht zuletzt, weil sie bei Fehlern die Reaktion der Öffentlichkeit fürchtet. Die Führung will keinen Lärm." (Interviewpartner 10).

7.3.2.2. Bürokratiekultur

Das (frühere) Beamtentum und die Unternehmensgröße münden in einer starken Bürokratie. Diese äußert sich in zahlreichen Formalismen[234], einer profilierten Prozessorientierung, einem abgegrenzten Spezialistentum sowie in einer ausgeprägten Hierarchie.

---

[234] Unter Formalisierung verstehen Grochla et al. (1981: 111) einerseits Anweisungen zur Festlegung von Aufgabenerfüllungs- und Kommunikationsprozessen sowie von Entscheidungs-, Weisungs- und Vertretungsbedingungen. Andererseits fallen hierunter die Dokumentation der Aufgabenerfüllung, der Kompetenzfestlegung und der Formalisierung selbst.

7.3.2.2.1. Formalismus und Prozessorientierung

Verwaltung und Administration zählen zu den Stärken eines Bundesbetriebs. Einer Qualitätssicherung durch Regelgeleitetheit steht die Gefahr einer übermäßigen Komplexität und innovationshemmenden Beharrlichkeit gegenüber.

„Die Post zeichnet sich durch komplizierte und formalistische Abläufe aus. Jeder Antrag braucht seitenweise Papier, auch wenn es dann niemand braucht. Anderenorts machst du eine PowerPoint-Folie und bist durch." (Interviewpartner 32).

Einerseits vermitteln Formalia und Prozessvorgaben den Aufgabenträgern ein Gefühl von Sicherheit. Sie wirken gesundheitsverträglich, indem sie Aufträge und Zuständigkeiten klar definieren. Andererseits engen sie die Handlungs- und Entscheidungsfreiräume der Beschäftigten ein, reduzieren Selbstverwirklichungsmöglichkeiten und behindern Innovationen. Eine sich hieraus ergebende „Papierkultur" wird häufig als frustrierend und belastend erlebt.

7.3.2.2.2. Spezialistentum und Abgrenzungsverhalten

Die Größe des Konzerns führt unweigerlich zu einer Zerlegung des Personalkörpers in zahlreiche, teilweise hoch spezialisierte Einheiten. Auch im Gesundheitsmanagement tendieren einige Geschäftsbereiche zu einer Aufspaltung von Gesundheitsförderung, Arbeitssicherheit, Case Management und Stellen, die mit der ergonomischen Arbeitsplatzgestaltung beauftragt sind (vgl. Abschnitt III.-7.6.3.2.). Es entstehen Schnitt- und Bruchstellen. Fortwährende Reorganisationen verstärken den Koordinationsaufwand. Doppelspurigkeiten und Abstimmungsnotwendigkeiten werden als Stressoren empfunden. Vielfach mangelt es an einer Gesamtsicht auf spezifische Problem- resp. Aufgabenstellungen. Hinzu kommt, dass die Kooperationsbereitschaft zwischen den Fachbereichen nicht immer optimal entwickelt ist. Dies gilt auch für das Personalmanagement im weitesten Sinne.

„Die Probleme der Post haben sich nicht verändert. Zum Beispiel pflegen wir ein ausgeprägtes Gartenzaun-Denken. Jeder schaut für sich und man spricht nicht besonders viel miteinander. Das ist fast schon lustig." (Interviewpartner 23).

„Es scheint hier Usus zu sein, dass man einem neuen Mitarbeiter nicht alles sagt. Das ist nicht böswillig, aber man will seine eigene Arbeit und seine eigene Haut schützen." (Interviewpartner 21).

7.3.2.2.3. Hierarchie

Die Hierarchie im Postkonzern äußert sich kaum in Statussymbolen (z. B. Innen-raumarchitektur). Sie wird durch eine vglw. flache Führungsstruktur, einen informel-len und kollegialen Umgang sowie durch ungeschriebene Regeln und Gesetze über-deckt („unsichtbare Hierarchie"). Im Fluss von Informationen (statussichernder Schutzmechanismus) und einer weitgehenden Entscheidungszentralisation kommt die Posthierarchie hingehen deutlich zum Ausdruck. Sie führt in der Verwaltung des Öfte-ren zu einer nicht zu verachtenden „Lobbykultur", die von vielen Befragten als belas-tend beschrieben wird. Die Wahrnehmung der Hierarchie variiert je nach Person, Or-ganisationseinheit und Vorgesetztem.

„Ich kenne keinen hierarchischeren Betrieb als die Post. [...] Chefarzt, Oberarzt, As-sistenzarzt und dann kommt das Fußvolk. Und etwa so funktioniert die Post." (Inter-viewpartner 1).

„Die Hierarchie ist ziemlich ausgeprägt. Es gibt sehr viele ungeschriebene Regeln." *(Interviewpartner 31).*

„Wir gehen sehr kollegial miteinander um. Sobald es aber darum geht, Führungsent-scheidungen zu treffen, werden die Mitarbeiter außen vor gelassen. Das ist eine Art zu führen, die ich nicht hinterfragen will." (Interviewpartner 30).

„[...] ich finde es positiv, dass unser Chef mitten unter uns sitzt und nicht Wasser pre-digt und selbst Wein trinkt. [...] Außerdem gehen alle Führungskräfte mit uns zusam-men in der Cafeteria essen." (Interviewpartner 36).

Fast überall hat sich eine „Duz-Kultur" etabliert. Diese senkt im Idealfall Hemm-schwellen im zwischenmenschlichen Umgang, erleichtert Kommunikationswege und unterstützt ein Gefühl von Zusammengehörigkeit. Jedoch wird sie nicht konsequent gelebt. Zudem schürt sie bisweilen eine Scheinegalität und falsche Erwartungs-haltungen. Die reduzierte Distanz zwischen Personen wird in Konfliktsituationen teil-weise als Verlust einer Schutzfunktion erlebt.

„Man spürt die hierarchischen Unterschiede weniger, weil wir eine Duz-Kultur pfle-gen und sich die meisten Führungskräfte schon seit Jahren kennen. Meines Erachtens ist dies auch durch die lange Unternehmenszugehörigkeit der Pöstler bedingt." (Inter-viewpartner 35).

„Mir wurde am Anfang erklärt, in meinem Geschäftsbereich seien alle per Du. Das wird aber nicht gelebt. [...] unser Vorgesetzter siezt fast alle und lässt sich auch siezen. Nur die Teamleiter sind mit ihm per Du. Eine Duz-Kultur sollte eigentlich das Wir-Gefühl, die Identifikation mit dem Unternehmen und die Bindung ans Unternehmen fördern. Diese Effekte finden meines Erachtens nicht statt. Die Hierarchie ist wichtiger. " (Interviewpartner 12).

„Wenn Leute neu sind, werden sie im Team immer super aufgenommen. [...] Dann aber, wenn sie drin sind, merken sie, es ist doch alles nicht so rosig. Weil aber alle per Du sind und alles per Kollege geht, sind sie schon viel zu weit drin. Es gibt viele, die sich verraten fühlen, wenn es den ersten Ärger gibt. " (Interviewpartner 56).

7.3.2.3. Mitarbeiterorientierung

Der Postkonzern ist im Rahmen seiner betriebswirtschaftlichen Möglichkeiten zu einer nachhaltigen und nach ethischen Grundsätzen ausgerichteten Unternehmensstrategie verpflichtet (vgl. Die Schweizerische Post 2010: 35). Er misst dem Menschen einen hohen Stellenwert bei, bezeichnet ihn als seinen „kostbarsten Wert" (vgl. Die Schweizerische Post 2010: 18) und erfüllt insofern die Grundvoraussetzung dafür, Gesundheit und Wohlbefinden zu achten.

Die Mitarbeiterorientierung in der Unternehmenskultur äußert sich neben fortschrittlichen Arbeitszeitmodellen sowohl in umfangreichen Personalentwicklungsmöglichkeiten als auch in verschiedenen Ausprägungsformen von Rechten und Schutzbestimmungen. Diese basieren primär auf der sozialverantwortlichen Personalpolitik, die im GAV deutlich stärker verankert ist als in OR-Verträgen. Ihre Einhaltung wird durch die politische und öffentliche Meinung sowie durch den hohen gewerkschaftlichen Organisationsgrad gestärkt. Dialoganlässe, offene Türen und die Möglichkeit, Führungskräfte aller Hierarchiestufen kontaktieren zu können, sind weitere Indikatoren dafür, dass Humanressourcen geschätzt werden. Die Wahrung der Individualität bezüglich der Kleiderwahl als gängiges Kulturartefakt wird dort gewährt, wo weder Sicherheitsvorkehrungen einzuhalten sind noch Kundenkontakte bestehen.

Die Wertschätzung dieser mitarbeiterfreundlichen Arbeitsvoraussetzungen fällt unterschiedlich aus. Ein Teil der Beschäftigten sieht derartige Privilegien als selbstverständlich an. Ihre Anreizwirkung im Sinne der sozialen Austauschtheorie (vgl. Abschnitt II.-2.1.) ist durch das hohe Anspruchsdenken des Postpersonals begrenzt. Statt von einer resultierenden Leistungskultur muss des Öfteren von einer „Meckerkultur" gesprochen werden.

„Ich habe noch nie in einem Unternehmen gearbeitet, das so sozial ist, wie die Post. Hier werden die Mitarbeiter auf hohem Niveau absolut respektvoll und zuvorkommend behandelt. Das, was man hier als Mitarbeiter genießen kann, ist eine überdurchschnittlich soziale Superanstellung. Das sind Bedingungen, die man nirgends in der Privatwirtschaft findet. Ob das immer von allen Mitarbeitern so geschätzt wird, das möchte ich sehr in Frage stellen." (Interviewpartner 21).

„Leute, die von der Privatwirtschaft kommen, schätzen das extrem. Die haben es schließlich auch anders erlebt. Nicht jeder Arbeitgeber ist so sozial und zahlt sehr faire Löhne. Es gibt aber leider noch langjährige Postmitarbeiter, die eher noch mehr wollen und vielleicht sogar nicht verstehen, warum es nicht mehr wie früher für alles und jeden eine Zulage gibt. Solche Menschen verlangen immer mehr, ohne selbst mehr leisten zu wollen. Wir entfernen uns aber immer weiter von diesen Mitarbeitern. Es gibt eine regelrechte Ablösung." (Interviewpartner 19).

In Zeiten einer zunehmenden Wirtschaftlichkeitsorientierung und häufiger Reorganisationen wächst die Unzufriedenheit von vielen Beschäftigten durch ein Spannungsverhältnis zwischen Mitarbeiterfreundlichkeit einerseits sowie Produktivitäts- und Kostenzielen andererseits.

„Es ist nicht leicht, diesen Spagat zwischen Betriebswirtschaft und Menschlichkeit zu schaffen. Das Maß ist entscheidend." (Interviewpartner 3).

„Was die Sozialverantwortung der Post betrifft, so habe ich den Eindruck, dass diese im Zuge der ganzen Reorganisationen leidet. Die Leute werden vielfach bis an die absolute Belastungsgrenze geführt. Für mich besteht klar ein Spannungsverhältnis: Wie weit kann ich gehen, um das Optimum aus den Leuten herauszuholen, ohne dies auf Kosten der Gesundheit zu tun?" (Interviewpartner 35).

Durch die traditionell hohe Fürsorge des Konzerns erschwert sich die Abgrenzung der Arbeitgeber- und Arbeitnehmerverantwortung im Hinblick auf den Erhalt und die Förderung der Beschäftigtengesundheit. Allen voran „Urpöstler" vertreten oftmals die Ansicht, der Konzern kümmere sich in nahezu allen Lebensangelegenheiten um das Wohlergehen seiner Angestellten (vgl. Abschnitt III.-7.8.). Mitarbeiterrechte und Schutzbestimmungen können sich nachteilig auswirken, wenn es um die Versetzung oder Entlassung kulturinkompatibler Unternehmensakteure geht (vgl. Abschnitt III.-7.9.4.6.).

7.3.2.4. Kundenorientierung

Ein bedürfnisgerechter und Mehrwert generierender Kundendienst gehört zu den Kernwerten des Postkonzerns. Die Kundenorientierung in der Unternehmenskultur ist aufgrund der unterschiedlichen Ausgangslage hinsichtlich der Wettbewerbssituation nicht seit Anbeginn bei allen untersuchten Konzernbereichen gleichrangig. Sukzessive Monopolverluste und eine eigene Ergebnisverantwortung als Folge der Auflösung der PTT-Betriebe[235] Ende der 1990er Jahre haben den Abnehmer von Produkten und Dienstleistungen jedoch in allen Sparten verstärkt in den Fokus gerückt. Konsequenz ist eine gewandelte Kundenansprache und -pflege. Das Bestreben des Konzerns besteht darin, dem Kunden auf Augenhöhe zu begegnen, seine Wünsche zu respektieren und eine partnerschaftliche Zusammenarbeit aufzubauen.

„Früher kannte man in einer Poststelle keine Kunden. Es kam jemand, der einen Brief abgegeben wollte, aber den musste er zuerst einmal richtig frankieren. Heute läuft das Geschäft ganz anders. Wir wollen verkaufen. Dieser Wechsel hat an der Front stattgefunden, aber in der Verwaltung braucht er noch seine Zeit." (Interviewpartner 47).

Während die Kundenorientierung im Poststellennetz heute intensiver gefordert und gelebt wird, muss der „Service Public" aus ökonomischen Gründen anderenorts reduziert werden.

„Viele würden fast alles für den Kunden machen. Das ist für den Arbeitgeber nicht immer ganz einfach, weil der Briefbote so natürlich viel Zeit verliert und Kosten verursacht. Weil es zu viel kostet, müssen wir heute leider sagen, dass wir nicht mehr alles für den Kunden machen können." (Interviewpartner 17).

Insgesamt geht die kosten- und produktivitätsgetriebene Kundenorientierung mit einer Veränderung des Anforderungsprofils an die Postangestellten einher. Obgleich der Konzern versucht, diesen Wandel durch Personal- und Organisationsentwicklung zu begleiten, führen veränderte Berufsbilder und beobachtbare Überforderungszustände vielfach zu innerem Widerstand. Eine Gefährdung von Gesundheit und Wohlbefinden gehen damit einher.

---

[235] Für Ausführungen zur Schweizerischen Post zu Zeiten der PTT-Betriebe vgl. Bumann (1991).

7.3.2.5. Wirtschaftlichkeits- und Wettbewerbsorientierung

Im positiven Sinne kann die ansteigende Wirtschaftlichkeits- bzw. Kostenorientierung als Notwendigkeit dafür gesehen werden, in die Leistungsfähigkeit und -bereitschaft des Personals zu investieren. Sie ist im Hinblick auf unternehmenskulturelle Veränderungen in der jüngeren Vergangenheit als besonders weitreichend zu beschreiben. Während in den meisten Konzernbereichen lange Zeit reine Effektivitätsziele im Vordergrund standen, werden im Zuge des andauernden Kulturwandels Effizienzkriterien immer wichtiger (z. B. Kennzahlensysteme, Budgetdenken). Eine zielbasierte Führung unterstützt diese Entwicklung, erhöht aber auch den Druck auf die Beschäftigten (häufig individuelle Ziele, Teamziele bisher selten).

„Die Post stand vor 20 Jahren ausschließlich im Dienst der Öffentlichkeit. [...] Damals spielte es praktisch keine Rolle, was etwas gekostet hat. Die Hauptsache war, es hat funktioniert." (Interviewpartner 44).

Die Wirtschaftlichkeitsambitionen des Bundesbetriebs werden als Hauptursache für den Anstieg des Stressempfindens deklariert. Grundsätzlich herrscht Verständnis für die Produktivitäts- und Preisorientierung des Konzerns. Das Akzeptanzniveau sinkt allerdings mit der Ausprägungsintensität von Kosten-Leistungs-Zielen.

„Ich kann nicht behaupten, dass mir der Leistungsdruck nichts ausmacht, aber ich habe gelernt, damit umzugehen und akzeptiere die Situation so, wie sie ist." (Interviewpartner 44).

„Es geht nur noch um Profit, Profit, Profit. Früher hat das Arbeiten bei der Post viel mehr Spaß gemacht. Ich verstehe aber natürlich auch, dass die Post jetzt ein Konzern ist, der Umsatz generieren muss bzw. der sagt, er müsse das. Bis zu einem gewissen Grad habe ich Verständnis." (Interviewpartner 56).

„Wann sind wir zufrieden? Wann genügt es, die Produktivität einfach zu halten? [...] Es wird getrieben, was das Zeug hält. Wenn wir heute 100 Million Franken weniger Gewinn machen würden, wäre das immer noch ein gutes Geschäft für einen Staatsbetrieb." (Interviewpartner 41).

„Dass es Ziel- und Leistungsvorgaben gibt, kann ich verstehen und das muss auch so sein. Trotzdem ist alles immer eine Frage der Sichtweise und des Maßes." (Interviewpartner 12).

Die dargelegte Wirtschaftlichkeitsorientierung steht in engem Zusammenhang mit der schrittweisen und inzwischen weit fortgeschrittenen Marktöffnung des Konzerns. Die Konsequenzen des Wettbewerbsdrucks sind allerdings weniger in der Verwaltung als viel mehr im produktionsnahen Geschäft spürbar (z. B. Zustellung, Verkauf und Kundenberatung).

„Früher hat man alles von A bis Z durchgecheckt [...]. Heute ist das Angebot an Produkten und Dienstleistungen so umfangreich, dass es nicht mehr möglich ist, über alles zu 100 % informiert zu sein. Die Pöstler haben allerdings einen so ausgeprägten Qualitätssinn, dass sie sich mit dieser Entwicklung schwer tun. Ich denke, die Schwierigkeit oder Herausforderung liegt heute darin, auch mit 70 bis 80 % Lösungen leben zu können." (Interviewpartner 51).

In nicht seltenen Fällen führt die verschärfte Wirtschaftlichkeits- und Wettbewerbsorientierung dazu, dass Leistungsziele in der Wahrnehmung der Betroffenen schwerer wiegen als echte Produkt- und Fachkenntnisse sowie eine Leidenschaft gegenüber der Tätigkeit und dem Arbeitgeber. In der Folge kann es zu einem Zielkonflikt mit dem hohen Qualitäts- und Zuverlässigkeitsanspruch der ursprünglich besonders loyalen „Urpöstler" kommen.

7.3.2.6. Qualitäts- und Zuverlässigkeitsanspruch

Während es Kulturmerkmale gibt, die innerhalb der analysierten Konzernbereiche in deutlich unterschiedlicher Intensität gelebt werden, ist der Anspruch eine qualitativ hochstehende Dienstleistung zuverlässig und verantwortungsvoll zu erbringen, überall gleichermaßen vorhanden. Zum einen erklärt das Qualitäts- und Zuverlässigkeitsstreben den persönlichen Ehrgeiz der Postangestellten, Briefe und Pakete allen Umständen zuwider sicher und rechtzeitig zuzustellen. Zum anderen sind es Werte, die der Konzern während der Finanzkrise verkörpert hat. Sie haben dazu beigetragen, dass das Retailgeschäft damals einen außerordentlichen Kundengewinn verzeichnen konnte.

„Post steht für: Vertrauen, Zuverlässigkeit und so weiter. Deshalb haben wir auch während der Finanzkrise so viele Kunden gewinnen können. Nicht, weil es Finance heißt, sondern weil es PostFinance heißt." (Interviewpartner 18).

„Gerade während der Finanzkrise haben uns die Kunden vertraut, weil die Post für Zuverlässigkeit, Glaubwürdigkeit, Vertrauen und Seriosität steht. Das darf man nicht klein reden." (Interviewpartner 36).

„Der Postbote überbringt von Liebesbriefen bis hin zu Rechnungen die verschiedens-ten Nachrichten. Der Kunde muss ihm vertrauen können. Viele lassen den Boten in ih-re Wohnung. Außerdem achten wir auf eine gewisse Loyalität dem Arbeitgeber gegen-über. Man ist immer noch stolz, Pöstler zu sein." *(Interviewpartner 67).*

Der Qualitäts- und Zuverlässigkeitsanspruch schafft die Basis für eine erfolgreiche Leistungserbringung. Er fördert unter den Beschäftigten eine Form von Ehrgefühl. Dieses wirkt sich durchaus positiv auf das Wohlbefinden des Postpersonals aus.

„Der Stolz lässt es nicht zu, nur halbherzig zu arbeiten. Gerade die Qualität steht ext-rem im Vordergrund. Wir haben uns über die Jahre einen guten Ruf erarbeitet, den man nicht kaputt machen will." *(Interviewpartner 4).*

Allerdings forciert dieser Anspruch ebenso eine geringe Fehlertoleranz[236] und intensi-viert die ohnehin gegebene Absicherungs- und Abklärungsneigung der Entscheidungs-träger. Demnach ist je nach Auslegung auch von einem potenziellen Belastungsfaktor zu sprechen.

7.3.2.7. Unternehmensverbundenheit

Die Identifikation mit dem Arbeitgeber ist unter den langjährigen Postmitarbeitenden besonders stark ausgeprägt.

„Oftmals ist es bei der Post so, dass Familien schon über Generationen bei der Post sind. Die Kinder treten in die Fußstapfen ihrer Eltern und so entsteht natürlich eine gewisse Liebe zum Arbeitgeber." *(Interviewpartner 13).*

„Auch nach weit über 30 Jahren habe ich noch gelbes Blut." *(Interviewpartner 39).*

Die Tatsache, dass die Beschäftigten ihre Arbeitsleistung in den Dienst einer Organisa-tion stellen, mit der sie sich emotional verbunden fühlen, steigert die Sinnhaftigkeit ih-res Tuns und rechtfertigt eine hohe Leidensbereitschaft in Umbruchzeiten. Allerdings bestehen Anzeichen dafür, dass die sich ändernden Rahmen- und Arbeitsbedingungen zu Loyalitätskonflikten führen. Diese haben oftmals negative Folgen für den Konzern und die Gesundheit der Mitarbeitenden.

---

[236] Öffentliche Verwaltungen neigen oftmals zu einer geringen Fehlertoleranz. Ein Grund hierfür ist die Angst vor öffentlichen Unruhen (vgl. Thom 2011a: 19).

„Die meisten Postmitarbeiter sind immer noch sehr loyal, aber sie sind mit vielen Ent-scheidungen nicht einverstanden. Das ist ein Konflikt, bei dem wir sie begleiten müs-sen. Viele müssen lernen, umzudenken. Sie sind Angestellte eines Konzerns, der sich verändert hat. Heute gibt es andere Vorgaben und die müssen sie auch erfüllen." (In-terviewpartner 19).

Eine enge Verbundenheit mit dem Arbeitgeber darf allerdings nicht damit verwechselt werden, dass aufgrund einer als nicht ausreichend empfundenen Arbeitsmarktfähigkeit Mitarbeitende einen Arbeitgeberwechsel scheuen.

7.3.2.8. Innovationsorientierung

Die Bedeutung von Innovationen für den langfristigen Unternehmenserfolg ist unbe-stritten. Schwerpunkte konzentrieren sich innerhalb der untersuchten Bereiche auf Produkt- und Prozessinnovationen bzw. auf eine Optimierung von Dienstleistungen und Verfahren im Verständnis eines kontinuierlichen Verbesserungsprozesses.

„Wir [...] wollen dem Kunden gegenüber in Sachen Technik, Service und Leistung in-novativ auftreten. Es ist unser Ziel, uns ständig zu verbessern. Wir haben zwar einen hohen Marktanteil in der Schweiz, aber wir müssen aufpassen, dass wir am Puls der Zeit bleiben und auch das europäische Ausland gut beobachten." (Interviewpartner 44).

Sozialinnovationen werden weniger häufig betont, obwohl sie als bedeutsam gelten. Inwieweit das BGM als Innovationsfeld in Betracht gezogen wird, ist von seiner schwerpunktmäßigen Ausrichtung abhängig.

„Wenn das BGM allumfassend betrachtet wird und in die Führungskräfteentwicklung integriert wird, würde ich es durchaus als Innovationsfeld anerkennen." (Inter-viewpartner 10).

Es bestehen unterschiedliche Auffassungen in Bezug auf die generelle Innovationsfä-higkeit des Konzerns (z. B. eingeschränkt durch bürokratische Abläufe) und den Inno-vationsgrad von Neuerscheinungen.

„[...] wir sind einfach nicht innovativ [...]. Wir haben auch wirklich nicht die Kultur dafür." (Interviewpartner 62).

„Die Schweizerische Post hat eine sehr hohe Kompetenz in einer Me-Too-Strategie. Wir gucken uns von den großen Postunternehmen die guten Innovationen ab. Im Bereich Sozialinnovationen gibt es erste Ansätze. [...] wir haben gewisse Projekte eher kleinerer Art realisiert, wie z. B. E-Learning, E-Coaching oder E-Leadership. Im Bereich Gesundheitsmanagement haben wir innoviert, aber ob wir dort eine echte Sozialinnovation geschaffen haben, wage ich zu bezweifeln." (Interviewpartner 10).

Den Untersuchungsergebnissen nach zu urteilen kann dem Konzern bisher keine durchgehende Innovationskultur attestiert werden.

7.4. Gesundheit und Wohlbefinden als anzustrebende Zielgrößen

Wie Gesundheit von den Interviewpartnern definiert wird, was die Befragten unter Gesundheitsressourcen verstehen und welche Faktoren auf das physische und psychische Wohlergehen einwirken, ist Gegenstand des nachfolgenden Kapitels.

7.4.1. Verständnis von Gesundheit

Bestätigt werden kann eine ausgeprägte Subjektivität des Gesundheitsempfindens (Tabelle 10). Ebenso wie es der Fachliteratur an einer allgemein akzeptierten und praktikablen Definition von Gesundheit mangelt (vgl. Abschnitt II.-1.1.), herrscht innerhalb des Postkonzerns ein uneinheitliches Begriffsverständnis. Zahlreiche Befragte verstehen Gesundheit als eindimensionalen Zustand und weniger als mehrdimensionalen Prozess. In der Administration (inklusive Management) überwiegt eine positive Auffassung von Gesundheit. Während Wohlergehen im produktionsnahen Betrieb vielfach auf die Abwesenheit von körperlichen Gebrechen reduziert wird, berücksichtigen verwaltungsnahe Angestellte häufiger soziale und psychische Aspekte bei der Beurteilung ihres Befindens.

In Schulungen verweist die Schweizerische Post auf die Gesundheitsdefinition der WHO (vgl. Abschnitt II.-1.1.2.), allerdings ohne diese kritisch auf den Betriebskontext und damit auf die Beitragsmöglichkeiten des Arbeitgebers einzugrenzen.

Das Präsentismusphänomen ist unter den Führungskräften und Mitarbeitenden nahezu unbekannt. Sein Verbreitungsgrad wird von Gesundheitsspezialisten jedoch als hoch eingeschätzt, vor allem in der Verwaltung.

Subjektivität von Gesundheit und Wohlbefinden	*„Das Gesundheitsverständnis ist sehr ungleich. Ich denke aber, dass die Meisten immer noch zwischen ‚krank – gesund' unterscheiden.“ (Interviewpartner 9).*
	„Ich habe zwei gesunde Beine und Hände. Das sind meine Werkzeuge. Wenn du eine schwere Grippe hast, kannst du nicht arbeiten. Solange ich das nicht habe, bin ich immer hier.“ (Interviewpartner 39).
	„Solange ich auf meinen Beinen stehen kann, bin ich gesund.“ (Interviewpartner 35).
	„Ich denke, Gesundheit ist von mehreren Faktoren abhängig. Die Arbeit hat sicherlich einen großen Einfluss, genauso wie das Privatleben oder die persönlichen Hobbies. Wenn das alles passt, dann ist der Mensch gesund.“ (Interviewpartner 37).
	„Wann fühle ich mich gesund? Wenn ich die Kraft und die Ressourcen habe, um neue Themen anzugehen.“ (Interviewpartner 43).
	„Gesundheit fängt im Kopf an. [...] Wenn man nicht positiv denkt, wird man auch irgendwann physisch krank. Ein gebrochenes Bein ist weniger schlimm als krank im Kopf zu sein.“ (Interviewpartner 18).
	„Es gibt viele Mitarbeiter, die meinen, sie müssen einmal am Tag ihren Freund anrufen oder auf Facebook klicken dürfen, um sich gesund zu fühlen. Das sind meistens auch die, die nicht verstehen, dass man nicht das Recht hat, 20 Zigarettenpausen am Tag zu machen. Die Frage ist also, wie man Gesundheit am Arbeitsplatz definiert. [...] Man spricht einfach nicht vom Gleichen und dann entstehen irgendwelche Erwartungen, die der Arbeitgeber gar nicht erfüllen kann.“ (Interviewpartner 58).

Tabelle 10:   Subjektivität von Gesundheit und Wohlbefinden (eigene Darstellung)

7.4.2. Gesundheitsressourcen

Insgesamt ist das BGM der Schweizerischen Post eher pathogenetisch gefärbt. Das Salutogenesekonzept findet in der Konzeption der BGF seinen Niederschlag und wird im Zuge von Ressourcenschulungen (in der Regel fakultativ) punktuell behandelt. Es ist abzusehen, dass der Ansatz durch das BGM-Schwerpunktthema 2011 „psychische Gesundheit“ in unbestimmter Art und Weise an Verständnis und Beachtung gewinnen wird. Salutogene Ressourcen, insbesondere solche im Arbeitskontext, sind den Postangestellten weitgehend unbekannt (eine Ausnahme bilden Gesundheitsspezialisten).

„Ressourcen sind Schmerzmittel, wie Tee oder solche Sachen. Hilfsmittel, um gesund zu werden.“ (Interviewpartner 25).

„Ich würde sagen, es geht darum, wie man im Alltag mit seiner Gesundheit umgeht. Wie viel trinke ich? Wie viel esse ich? Wann schlafe ich? Schlafe ich regelmäßig? Be-

wege ich mich regelmäßig? Wissen und Umsetzen sind hierbei zweierlei. "*(Interviewpartner 42).*

„Gesundheitsressourcen sind für mich zeitliche Freiheiten, um nachzudenken, etwas für mich zu machen und mich meiner Familie zu widmen. " *(Interviewpartner 43).*

„Ich habe mit meinem Team über Gesundheit gesprochen und den Auftrag erteilt, dass sich jeder einmal überlegen sollte, was ihn gesund hält. [...] Lustig ist, dass da tausend Sachen genannt wurden, aber nichts etwas mit dem Arbeitsplatz zu tun hatte. " *(Interviewpartner 58).*

Obschon eine weitverbreitete Unkenntnis im Hinblick auf Gesundheitsressourcen besteht, werden im Folgenden jene identifizierten Faktoren aufgeführt, die das Arbeitsleben der Befragten positiv beeinflussen und damit ihr Wohlbefinden begünstigen.

Arbeitsinhalt

„[...] wenn der Arbeitsinhalt interessant ist, sind die Leute glücklicher, motivierter und gesünder. Das wirkt sich auch positiv auf die Fehlzeiten aus, davon bin ich überzeugt. " *(Interviewpartner 5).*

Sinnhaftigkeit und persönliche Zurechenbarkeit der Tätigkeit

„Ich schätze, dass meine Aufgaben extrem spannend und fast immer entscheidungsrelevant für die Geschäftsleitung sind. Außerdem schätze ich es, dass mein Chef uns unsere Ergebnisse präsentieren lässt und sich nicht mit fremden Federn schmückt. " *(Interviewpartner 36).*

Feedback

„Energie und Freude schöpfe ich aus Rückmeldungen meiner Mitarbeiter. Ob in Einzelgesprächen oder an Gruppenanlässen, mir ist ein Feedback immer sehr wichtig, um zu sehen, wo ich stehe bzw. wo unsere Teams stehen. " *(Interviewpartner 2).*

Mitsprachemöglichkeiten

„Unser Chef holt immer unsere Meinungen ab. [...] Er fragt wirklich aus Interesse, nicht einfach pro forma. " *(Interviewpartner 34).*

Handlungs- und Entscheidungsfreiräume

„Was mich immer wieder motiviert ist, dass ich Dinge beeinflussen und gestalten kann. Ich mag es, zusammen mit meinen Kolleginnen und Kollegen Ideen umzusetzen und bestimmte Themen voran zu bringen [...]. " *(Interviewpartner 9).*

Entwicklungsmöglichkeiten und neue Herausforderungen

„Was Freude macht und interessant ist, ist dass ich immer wieder mit neuen Geschäften konfrontiert bin. Ich muss mich mit vielen neuen Sachen auseinandersetzen und lerne einiges dazu." (Interviewpartner 11).

Abwechslungsreichtum der Tätigkeit

„Jeder Tag ist eine neue Herausforderung. Das ist spannend, weil man immer neue Lösungswege finden muss." (Interviewpartner 65).

„Die Sonnenseite meines Jobs ist sicher die Abwechslung [...]." (Interviewpartner 17).

Zwischenmenschliche Kontakte (soziale Unterstützung)

„Der Grund, warum ich meine Tätigkeit [...] so mag, ist eine Kombination aus der Sachaufgabe und dem menschlichen Miteinander und das sowohl auf der Vorgesetzten- als auch auf der kollegialen Ebene. Eine so positive Stimmung habe ich selten erlebt." (Interviewpartner 36).

„Wenn man mit Kunden zu tun hat, kommt natürlich auch viel zurück, wenn man seine Sache gut macht. Man erhält ein Lob oder sogar eine Flasche Wein als Geschenk. Das sind schöne Momente." (Interviewpartner 8).

Positive Grundeinstellung zum Arbeitgeber

„Ich habe eine positive Einstellung zur Post im Kopf. Mein Bruder nennt das Psychohygiene. Wenn die stimmt, dann zieht der Körper mit. Und wenn der Kopf nicht mehr will, überträgt sich das auf den Körper." (Interviewpartner 39).

Die weiteren Ausführungen zeigen einmal mehr, dass sowohl die physische als auch die psychische Gesundheit multidimensional beeinflusst werden.

7.4.3. Physische Gesundheit

Faktoren im Arbeitskontext, die sich negativ auf das körperliche Wohl der Beschäftigten auswirken, sind weitgehend bekannt. Primär liegt der Grund hierfür in einer offenkundigen Ursache-Wirkungs-Beziehung. Nachstehend findet sich eine Zusammenstellung der wichtigsten Einflussgrößen, die im Zuge der Fallstudienforschung hervorgetan werden konnten.

7.4.3.1. Ergonomische Bedingungen

Ergonomische Parameter am Arbeitsplatz (z. B. Temperatur, Licht, Luft, Mobiliar) sind von alltäglicher Bedeutung und können erhebliche Belastungszustände bewirken (oder natürlich massive Erleichterungen). Verhältnisse dieser Art werden von den Beschäftigten unmittelbar mit dem BGM in Verbindung gebracht. Sie dienen als zentrale Bewertungsgrößen für dessen Sichtbarkeit und Erfolgswirksamkeit, insbesondere im Vergleich zu anderen Arbeitgebern. Die bekannten Kausalzusammenhänge zwischen Ergonomie und Gesundheit am Arbeitsplatz erklären, warum die kontinuierliche Verbesserung ergonomischer Bedingungen einen Aktivitätsschwerpunkt im BGM der Post darstellt.

„Ganz wichtig, wenn auch ganz banal, ist für mich, dass die Räumlichkeiten stimmen. Die sind so la la. Wenn wir hier oben im Sommer morgens schon 36 Grad haben, ist das ein Ding der Unmöglichkeit." (Interviewpartner 36).

„Wichtige Einflussfaktoren sind meiner Meinung nach die Luft- und Lichtqualität. [...] Die Shop-Theke stand direkt im Eingangsbereich. Im Winter und Herbst waren wir alle permanent erkältet. Das war wirklich nicht gesund." (Interviewpartner 20).

7.4.3.2. Einseitigkeit der Belastung und körperliche Arbeit

Die Repetition von Bewegungen verhindert einen Belastungsausgleich. Die Situation in der Paketverarbeitung stellt sich bspw. so dar, dass von den Beschäftigten ca. 400.000 bis 500.000 Mal jährlich die gleiche Bewegung getätigt werden muss. Fehlbelastungen können folgenschwere Auswirkungen auf die Gesundheit haben. Durch das Warengewicht wird der Bewegungsapparat zu Ungunsten des Beschäftigtenwohls zusätzlich beansprucht.

„Die Arbeit im Paketzentrum ist Knochenarbeit. [...] Ich kenne harte Arbeit, aber ich muss ehrlich sagen, das hier würde ich nicht machen." (Interviewpartner 41).

Einseitige Belastung entsteht auch durch langes Stehen und bewegungsarme Computerarbeit. Somit sind alle Konzernbereiche und Hierarchiestufen von dieser Belastungskategorie betroffen.

„Wir müssen sehr lange stehen [...]. Da habe ich manchmal Schmerzen in den Gelenken. Wenn man älter wird, merkt man das mehr." (Interviewpartner 38).

„Körperlich sind wir mit unserer Arbeit wahnsinnig einseitig. Da kann man mit Steh-pulten etwas machen, aber letztendlich haben wir zu wenig Bewegung." (Inter-viewpartner 7).

7.4.3.3. Arbeitszeiten und mangelnde Regenerationsmöglichkeiten

Notwendige Schichtarbeit sowie sonstige Randarbeitszeiten (sehr früh am Morgen o-der sehr spät am Abend) beeinflussen das Wohlergehen der Betroffenen häufig nega-tiv. Ein gesundes Schlaf- und Essverhalten wird gestört. Zudem erschweren Arbeits-zeiten dieser Art die Vereinbarkeit verschiedener Lebensbereiche. Auch unzureichen-de Regenerationsphasen während des Arbeitstages sind dem Wohlbefinden nicht zu-träglich. Hoch gesteckte Leistungsziele und strenge Kostenkontrollen führen nicht sel-ten dazu, dass Beschäftigte in Stresssituationen geraten und auf regelmäßige Pausen verzichten.

„Die Rotation, also die Schichtarbeit, nagt stark an der Gesundheit, auch bei mir. Ich habe immer ein, zwei Tage eine Art Jetlag." (Interviewpartner 3).

„Man ist immer an der Arbeit. Es gibt Pausen, aber kaum hat man sich niedergesetzt, muss man schon wieder aufstehen." (Interviewpartner 38).

Neben diesen Belastungskategorien spielen Berufs- und Nicht-Berufsunfälle eine zen-trale Rolle. Ersteren wird durch den AGS sowie durch allgemeine Sicherheitsvorkeh-rungen entgegengewirkt. Nicht-Berufsunfälle fallen in den Privatbereich des Perso-nals, so dass die Einflussnahme des Arbeitgebers nur durch Sensibilisierungsbemü-hungen erfolgen kann.

7.4.4. Psychische Gesundheit

Eine gesamtgesellschaftlich konstatierte Zunahme psychischer Störungen (vgl. Ab-schnitt I.-1.3.) wird von den befragten Personen mehrheitlich auch im Hinblick auf das eigene Arbeitsumfeld bestätigt.

„Unsere Burnout-Fälle steigen immer mehr. Es kann sein, dass Burnout seit etwa fünf Jahren ein Begriff ist, der immer mehr Akzeptanz erhält und das Krankheitsbild ge-sellschaftsfähiger wird. Ich denke aber wirklich, dass der Leistungsdruck auf die Mit-arbeiter immer größer wird und dass sie dem kaum noch standhalten können." (Inter-viewpartner 29).

„Psychische Erkrankungen gab es früher auch bei der Post, wenn auch nicht in der heutigen Häufigkeit. Meiner Meinung nach erleiden viele Leute, nicht nur bei der Post, ein Burnout, weil sie in Positionen sind, die sie überfordern." (Interviewpartner 52).

Ehemals Betroffene stufen die Brisanz und die Reichweite psychischer Erkrankungen als sehr hoch ein (z. B. Verschlechterung der privaten und beruflichen Situation). Gesundheitsspezialisten und viele Vorgesetzte haben die Problemstellung und die damit verbundenen Herausforderungen erkannt. Allerdings erweist sich der Umgang mit dem Themenfeld als enorm komplex. Es besteht eine gewisse Hilflosigkeit und Überforderung aller Beteiligten.[237]

„Das Thema psychische Gesundheit hat man zwar aufgegriffen, aber man hat es auf Konzernstufe überhaupt noch nicht auf den Boden bekommen. Es gibt kein Konzept und es wurden keine Erwartungen an die Bereiche formuliert, was die operative Umsetzung betrifft. Wenn das Thema schon oben nicht griffig ist, wie soll es dann erst in den Bereichen aussehen? Wir arbeiten jetzt alle einfach an unseren eigenen Ideen weiter." (Interviewpartner 61).

„Man weiß nicht so richtig mit dem Thema umzugehen." (Interviewpartner 13).

Begründend für die schwierige Handhabung der Problemstellung ist anzuführen, dass nach wie vor sehr viele Vorurteile existieren. Zudem konnte die Problematik bisher nicht vollständig enttabuisiert werden. Ferner werden Belastungsfaktoren sowie Krankheitsbilder oft erst sehr spät erkannt. Außerdem sind im Hinblick auf psychische Störungen die Grenzen zur Privatsphäre der Beschäftigten vielfach fließend. Die Einflussmöglichkeiten der Post, die das Privatleben ihrer Angestellten respektiert und im BGM weder mahnend noch urteilend auftreten will, werden hierdurch weiter eingeengt.

Belastungen (physisch/psychisch) werden selten im Arbeitskontext angesprochen.[238] Ein oft nicht ausreichendes Vertrauensklima, die Befürchtung missverstanden, geächtet oder freigestellt zu werden (betrifft primär Angestellte mit einem niedrigen Ausbildungsniveau) sind Gründe für die diesbezügliche Verschlossenheit des Personals. Auf höheren Führungsebenen sind die Befragten besonders darauf bedacht, das Zeigen von Schwäche zu vermeiden. Als Ventil für die Belastungssituation wird von vielen die

---

[237] Diese Problematik besteht gesamtgesellschaftlich, sogar auch in der medizinischen Versorgung. Es herrscht ausdrücklich keine Beschränkung auf Unternehmen resp. leitende Angestellte.

[238] Als erste Ansprechpartner gelten der Vorgesetzte oder die Gewerkschaft.

jährliche Personalzufriedenheitsumfrage genutzt. Ein weiteres, mitunter heikles Thema ist die Kommunikation von Krankheitsfällen innerhalb einer Organisationseinheit.

„Das große Problem ist, dass psychische Krankheitserscheinungen für den Laien nicht offensichtlich sind. Viele psychische Probleme haben natürlich mit dem Arbeitsplatz zu tun. Aus meiner Sicht handelt es sich um ein Thema, das man angehen und vor allen Dingen weiter enttabuisieren muss. Es braucht ein Bewusstsein dafür, dass psychische Erkrankungen jeden treffen können und Betroffene keine Simulanten sind. In der öffentlichen Wahrnehmung gibt es noch sehr viele Vorurteile." (Interviewpartner 9).

„Bei psychischen Problemen bewahren so viele das Gesicht. Es will doch keiner zugeben, dass es ihm psychisch schlecht geht. Die hocken vor dem PC und kein Mensch merkt etwas." (Interviewpartner 33).

„Ich denke, dass es viele Leute gibt, die nicht offen über Belastungen sprechen, weil sie Angst haben als Versager oder Loser dazustehen. Sie rennen lieber in ein Burnout." (Interviewpartner 3).

„Die Kaderstufe eins ist nicht gestresst. Unter vier Augen: Völlig am Anschlag; vor Publikum: Nein." (Interviewpartner 1).

Auslöser psychischer Erkrankungen werden hauptsächlich im privaten Umfeld einer Person vermutet. Dementsprechend konzentriert sich die Präventionsarbeit auf die personalen Gesundheitsressourcen der Beschäftigten. Der Einfluss des Arbeitsumfelds und insbesondere jener der Führung wird im Detail selten erkannt.

Die Befragten haben ein eingeschränktes Bewusstsein für psychische Belastungsfaktoren im Arbeitsumfeld. Durch die vielen Gespräche ließen sich dennoch diverse Stressoren identifizieren, die sich in folgende Hauptkategorien gliedern lassen: Umgang mit Veränderungen und Unsicherheit, Führungsverhalten, Arbeits- und Beziehungsorganisation, Kommunikations- und Fehlerkultur, Grundwerte (fehlende Wertschätzung und mangelndes Vertrauen) sowie externe Einflüsse. Eine differenzierte Wiedergabe der einzelnen Belastungskategorien findet sich nachstehend.

7.4.4.1. Umgang mit Veränderungen und Unsicherheit

Sowohl die außerbetrieblichen (z. B. technischer Fortschritt, Wirtschaftlichkeitsdruck) als auch die innerbetrieblichen Rahmenbedingungen (z. B. Produkt- und Dienstleistungsangebot, Anstellungs- und Anforderungsbedingungen) haben sich in der Vergangenheit stark verändert. Identifikations- und Loyalitätskonflikte sind Folgen dieses Wandlungsprozesses. Sie belasten Betroffene häufig schwer.

„Die Mehrheit der Pöstler trägt die Veränderungen loyal mit. Es gibt aber auch Mitarbeiter, die mit der Neuausrichtung große Probleme haben und sich mit ihrer Aufgabe heute nicht mehr identifizieren können." (Interviewpartner 51).

„Psychische Belastungen werden immer mehr zum Thema [...]. Unter der neuen Situation leiden insbesondere die Mitarbeiter, die schon seit Jahren hier angestellt sind und noch ‚die alte Post' kennen." (Interviewpartner 6).

Die Schweizerische Post zeichnet sich seit längerer Zeit durch eine hohe Reorganisationsdichte aus. Die damit verbundene Unbeständigkeit (betrifft u. a. Arbeitsabläufe und Zuständigkeiten), ist als einer der gravierendsten Stressoren kenntlich zu machen. Verschärft wird die Belastungssituation durch allgemeine Arbeitsplatzverlustängste.

„Die Anzahl dieser Reorganisationen und die Frequenz sind für mich eindeutig zu hoch." (Interviewpartner 45).

„Ein Stressfaktor ist sicher, dass scheinbar endlos überall reorganisiert wird, wobei man sich irgendwann damit abfindet. Nach der dritten Reorganisation interessiert es einen nicht mehr wirklich. [...] Es gibt dauernd Reibereien und Fehler, weil die vorletzte Reorganisation noch nicht verdaut ist, man aber schon die übernächste plant. Teilweise weiß man einfach nicht mehr, wer für was zuständig ist und das kostet Zeit und Nerven. Dann muss man X Sitzungen machen, um herauszufinden, mit wem man überhaupt zusammenarbeiten soll. Den Wissensverlust durch die ganzen Reorganisationen empfinde ich als sehr anstrengend." (Interviewpartner 60).

Der mangelnde Einbezug des Personals in die Reorganisationsprozesse wirkt sich zusätzlich negativ auf das Beschäftigtenwohl aus. Entscheidungen werden überwiegend allein durch die Führung getroffen. Auf diese Weise erhöht sich das Unsicherheitsempfinden der Belegschaft. Positiv ist, dass sich viele Vorgesetzte bemühen, Veränderungen zu erläutern.

„Die Bombenwurf-Changes sind für Mitarbeiter schwer verdaulich und führen zu Ausfällen." (Interviewpartner 60).

„Die Leute schätzen eine offene und direkte Kommunikation und nicht eine blödsinnige Sprache, die leer ist. [...] Ich werde nicht bezahlt, um schöne PowerPoint-Präsentationen zu machen. [...] Ich werde dafür bezahlt, um den Leuten zu sagen: Wir gehen dorthin und ich erwarte, dass sie mitkommen. Punkt." (Interviewpartner 18).

7.4.4.2. Führungsverhalten

Dass das Führungsverhalten Einfluss auf Gesundheit und Wohlbefinden hat, ist nicht allen Gesprächspartnern vollumfänglich bewusst. Auf Nachfrage bejahen Führungskräfte jedoch, dass z. B. ihr Führungsstil das Befinden ihrer Unterstellten beeinträchtigen kann. In welcher Form bzw. durch welche Wertemuster und Handlungen dies geschieht, kann weder von Vorgesetzten noch von Mitarbeitenden konkret benannt bzw. umschrieben werden. In dieser Belastungskategorie ließen sich aufgrund der intensiv betriebenen Befragung dennoch die nachstehenden Wirkungsgrößen identifizieren:

(Unklare oder volatile) Erwartungshaltung, Arbeitsaufträge und Zuständigkeiten

„Auch eine Verlässlichkeit, eine klare Linie, vermisse ich bei meinem Vorgesetzten. Machst du heute von etwas zu wenig, ist es morgen schon zu viel." (Interviewpartner 59).

„Sobald man in der Hierarchie aufsteigt, vergrößert sich der Verantwortungsbereich. Dann stellt man sich die Frage: Wie gehe ich damit um? Erfülle ich die Erwartungen, die an mich gestellt werden und so weiter." (Interviewpartner 65).

Machtmissbrauch einzelner Vorgesetzter

„Es gibt auch Aussagen: Wenn ich eine schlechte Umfrage habe, dann ist dieses Jahr dein Bonus weg." (Interviewpartner 1).

„Mein Chef möchte meine Lernkurve immer steil halten, und er scheut auch nicht davor zurück, Druck aufzusetzen. Er hat mir auch schon mal ein Ultimatum gesetzt: Wenn bis dahin nicht das und das geschieht, dann [...] lösen wir deinen Vertrag auf." (Interviewpartner 59).

„Ich habe X-mal die Gewerkschaft eingeschaltet, habe X-mal Recht bekommen und es ist nichts passiert, außer, dass ich durch den dadurch entstandenen psychischen Druck krank wurde." (Interviewpartner 52).

Disharmonie und Instabilität in der Führung

„Ich habe das Gefühl, dass das Unternehmen blockiert ist, dass die Geschäftsleitung kein einheitliches Gremium ist, dass sie nicht in eine Richtung zieht, dass die Mitarbeitenden nicht wissen, in welche Richtung es geht. Das belastet mich am meisten." (Interviewpartner 62).

„Solche Reorganisationen oder Führungswechsel sind wie Pattsituationen. Das lähmt die Leute. [...] Theoretisch könntest du an die Türe schreiben: Wegen Reorganisation geschlossen. Das hört sich blöd an, aber mehrheitlich beschäftigen sich die Leute nur mit sich selbst. [...] Und je länger eine solche Situation andauert, desto schwieriger wird es. [...] Überall fehlt es an Stabilität." (Interviewpartner 23).

Zielvorgaben und Misserfolge

„Mein Chef wollte mir Ziele vorschreiben, wo ich gesagt habe: Das ist nicht möglich, das unterschreibe ich nicht." (Interviewpartner 46).

„[...] gestern Mittag hatte ich eine Sitzung mit meinen Leuten. Ich habe sie nach ihrem Befinden gefragt. Ein Mitarbeiter erzählte mir, dass es ihm inzwischen wieder besser ginge, er aber im letzten Monat nur Misserfolge zu verbuchen hatte, obwohl er sich so viel Mühe gegeben hat. Ich verstehe, dass das die Mitarbeiter belastet. Ich spüre diese Belastung ja auch." (Interviewpartner 20).

Funktionsbezogene Rollenkonflikte

„Mich belastet, wenn ich etwas durchsetzen muss, wo ich nicht wirklich hinterstehe. Ich weiß ja, dass meine Leute nicht gleicher Meinung sein werden und ich bin es manchmal ja auch nicht. Trotzdem muss ich gewisse Dinge, die von oben kommen, in meinem Team durchsetzen." (Interviewpartner 17).

Zielkonflikte

„Anstatt die Dinge aktiv anzugehen, sitzt man sie lieber aus. Das ist mit Zielkonflikten im oberen Management nicht anders. Man erkennt sie, löst sie aber nicht. Stattdessen verlagert man sie in die Linie und lässt die Leute dort kämpfen, wohl wissend, dass diese Kämpfe nicht gewonnen werden können. Die Oberen kümmern sich nicht weiter darum, weil es nicht mehr ihr Problem ist oder weil sie sich nicht besonders gut verstehen. [...] Solche Zielkonflikte machen es den Betroffenen nicht leicht." (Interviewpartner 60).

7.4.4.3. Arbeits- und Beziehungsorganisation

Stressoren, die aus der Arbeits- und Beziehungsorganisation entstehen, sind mehrheitlich im Bewusstsein der befragten Akteure verankert. Viele der in Literatur diskutierten Belastungsfaktoren (vgl. Abschnitt II.-1.2.3.) lassen sich innerhalb der Schweizerischen Post bestätigen.

Kontrollmöglichkeiten

Unzureichende Handlungs- und Entscheidungsspielräume, ein ausgeprägter Rechtfertigungsdruck und ein geringes Maß an Partizipation haben oftmals negative Auswirkungen auf das Wohlbefinden der Angestellten. Nicht unbeachtet bleiben darf, dass mitunter auch große Freiräume als Belastung wahrgenommen werden.

„Es ist so, dass man eher gebremst wird, wenn man Ideen hat, die etwas Bestehendes verändern oder ein bisschen über den eigenen Tellerrand hinausgehen." (Interviewpartner 47).

„Alles, was wir machen, muss in einen Ausschuss. Dort vertritt jeder Bereich seine eigenen Interessen und die Bereiche sind mitunter sehr unterschiedlich, mit dem Ergebnis, dass es zu keinem Konsens kommt und wir unser Papier wieder zurückziehen müssen. Das ist eine gesundheitliche Belastung. Wir haben ohnehin einen relativ geringen Handlungsspielraum. Dazu kommt, dass sich der Fachausschuss nie einigen kann oder sich auf eine Konsenslösung einigt, die niemanden befriedigt." (Interviewpartner 33).

„Es gibt heute nahezu militärische Vorgaben. Früher musste der Pöstler einfach seine Arbeit machen. Wie er zum Ziel gekommen ist, war den anderen gleich." (Interviewpartner 55).

„Die Mitsprache bei Reorganisationen wird abgeblockt. Man sieht überhaupt nicht, wie sich das negativ auf die Gesundheit auswirkt. Es wird zur Chefsache gemacht und Punkt." (Interviewpartner 60).

Fehlende Sinnhaftigkeit der Arbeit

Entgegen der grundsätzlichen Sinnhaftigkeit der Postarbeit (vgl. Abschnitt III.-7.2.1.) erleben einige Gesprächspartner eine fragwürdige Zweckmäßigkeit ihres Tuns (zumindest in Teilen). Belastend kommt hinzu, dass viele Angestellte die Notwendigkeit und die Höhe des Produktivitäts- und Leistungsdrucks nur bedingt nachvollziehen können. Dies gilt vor allem für Beschäftigte im produktionsnahen Betrieb. Verstärkt wird dieser Verständnismangel durch eine stellenweise Unkenntnis von übergeordneten Zusammenhängen.

„Stehpulte und Früchtekörbe sind immer noch die wichtigsten Themen, auch unter den Mitarbeitern. Das ist lachhaft. Viele Leute sehen den Sinn ihrer Arbeit nicht mehr und leiden unter den ständigen Veränderungen. Man muss verstehen, dass das ein riesiges Problem ist.“ (Interviewpartner 33).

„Wenn man davon spricht, dass die Produktivität steigen muss, bin ich nicht ganz sicher, ob jeder einzelne Mitarbeiter versteht, dass es im Endeffekt um den Paketpreis geht und darum, was passiert, wenn wir im Wettbewerb nicht bestehen können.“ (Interviewpartner 66).

Monotonie

„Ich glaube, die mangelnde Abwechslung ist der Hauptgrund für unsere Krankheitsabsenzen, weil es einfach langweilig ist.“ (Interviewpartner 64).

„Es ist ein Fließbandjob [...]. Die mangelnde Abwechslung schlägt auf die Psyche.“ (Interviewpartner 26).

Spannungsfeld zwischen Arbeits- und Privatleben und daraus entstehende Rollenkonflikte

„Der Mensch ist nicht dazu geschaffen, in der Nacht zu arbeiten. Ich bewundere die vielen Frauen, die neben der Schichtarbeit noch versuchen, Haushalt und Familie unter einen Hut zu bekommen. Das ist hart.“ (Interviewpartner 3).

Präsenz- und Verfügbarkeitsdruck

Eine hohe Präsenz und eine fast permanente Erreichbarkeit durch neue Medien sind hauptsächlich für das (obere) Management belastend.

„Auf Führungsstufe erwartet man ein hohes Commitment und eine starke Unternehmensverbundenheit. Es gibt Leute, die arbeiten ohne Pause und die meinen, der Tag habe 24 Arbeitsstunden. Das habe ich schon oftmals gespürt, vor allem bei Äuße-

rungen wie: Was, der ist schon um 17:30 Uhr aus dem Büro gegangen und ich arbeite noch am Wochenende? Man erwartet in der Schönburg[239] teilweise eine stetige Verfügbarkeit und Präsenz." (Interviewpartner 61).

Ineffiziente Arbeitszeit und Verfügbarkeit von Arbeitsmitteln

Konzentrationsstörungen (u. a. bedingt durch das Arbeiten in Großraumbüros), Störungen im Arbeitsablauf (z. B. durch eingehende Anrufe) und „Leerlaufzeiten" (bspw. durch Reisetätigkeiten) führen zu Unzufriedenheit und wirken je nach Intensität und Dauer belastend. Hiervon betroffen sind vor allem Büroangestellte resp. Wissensarbeiter. Ein Versagen oder die nicht ausreichende Verfügbarkeit von Hilfsmitteln sind darüber hinaus gängige Stressauslöser.

„Wir arbeiten in einem riesigen Konzern. Es gibt gewisse Weisungen, die nicht durchdacht sind. Man muss Dinge erledigen, die mehr Zeit in Anspruch nehmen als Nutzen stiften." (Interviewpartner 8).

„Mich ärgert, wenn der Mensch eine Topleistung erbringt, die Technik aber versagt und der Brief nicht ankommt. Wir haben gelernt, dass A-Post immer am nächsten Tag zugestellt werden muss. Es tut weh, wenn man das Ziel nicht erreichen kann. Man fühlt sich hilflos und frustriert." (Interviewpartner 65).

Überforderung und Unterforderung (Überlastung und Unterauslastung)

Die (zeitweilige) Überlastung menschlicher Leistungsträger ist als einer der schwerwiegendsten und meistgenannten Stressoren festzuhalten. Neben dem Verarbeitungssoll zahlreicher Informationen spielt der bereits erwähnte Leistungs- und Produktivitätsdruck eine vordringliche Rolle. Dieser äußert sich z. B. in der Erbringung von Dienstleistungen sowie in der Verarbeitung von Waren. Obschon nahezu alle befragten Personen ein im Zeitverlauf der letzten Jahre gestiegenes Stressempfinden konstatieren, ist ein Belastungsanstieg besonders dort offenkundig, wo die verrichtete Arbeit anhand von Kennzahlen direkt messbar und damit vergleichbar ist. Verstärkt wird der Arbeitsstress durch Personalmangel (strukturell oder bedingt durch Krankheitsfälle im Team), volatile Arbeitsmengen, Doppelspurigkeiten und Kooperationsdefizite, allgemeine Unzufriedenheit mit der beruflichen Situation, gegenseitiges Unverständnis oder ein Missverhältnis von Anforderungen und persönlichen Ressourcen. Überdies berichten Gesprächspartner gelegentlich von Selbstverschulden.

---

[239] Hiermit gemeint ist der Hauptsitz der Schweizerischen Post in Bern.

„Auf Mitarbeiterebene im Betrieb ist der Druck meiner Meinung nach an der oberen Grenze." (Interviewpartner 3).

„Die Zitrone wird einfach ausgequetscht bis kein Saft mehr kommt. Dann liegen die Leute flach. Sie sind am Anschlag, erleiden vielleicht ein Burnout. Früher hat man das nicht gekannt. Viele Leute schlafen und essen nicht mehr richtig." (Interviewpartner 39).

Das gegenteilige Phänomen der Unterforderung tritt bei einem weitaus geringeren Teil der Befragten auf. Eine Unterauslastung kann strukturell (zu wenig Arbeit für zu viele Beschäftigte), ortsbedingt (z. B. abgelegene Poststelle) sowie phasen- oder aufgaben-spezifisch (mangelnde relative Relevanz spezifischer Themen und Projekte) sein.

„Ich habe das Gefühl, dass die Leute darunter leiden, dass es zu wenig Arbeit gibt. Das kann auch krank machen und ist vielleicht sogar noch schlimmer als der ganze Leistungsstress, von dem man sonst so hört." (Interviewpartner 5).

„Ich hatte ein Boreout. Das ist mindestens so schlimm wie ein Burnout." (Interviewpartner 33).

Soziale Kontakte

Unbeständige Beziehungsstrukturen durch Personalfluktuation (z. B. in der Paketver-arbeitung), soziale Isolation am Arbeitsplatz (z. B. bedingt durch Telearbeit), eine ne-gative Grundeinstellung von Mitmenschen aus dem kollegialen Umfeld sowie zwi-schenmenschliche Differenzen sind neben einem schwierigen Kundenumgang jene Be-lastungsfaktoren, die sich aus den sozialen Kontakten der Postangestellten ergeben. Die wachsende soziale Diversität, die sich u. a. in einer Veränderung der Kommunika-tionskultur niederschlägt (z. B. „deutsche Direktheit"), ist in dieser Belastungskatego-rie ergänzend zu nennen.

„Mich belastet, dass die Leute so negativ eingestellt sind und immer irgendetwas zu motzen haben. [...] Und es macht mir zu schaffen, dass ein Großteil der Leute nicht mit Freude arbeiten kommt. [...] Und was mich stört ist, dass ich so wenig Input von meinen Leuten bekomme. Ich stelle eine Frage und niemand hat etwas dazu zu sagen. Es kommt nichts, einfach gar nichts. Das kontinuierliche Nein ist das, was mich zer-mürbt." (Interviewpartner 21).

„Ich wurde vor ein paar Jahren selbst psychisch krank. Ich habe sehr unter dem Ver-kaufsdruck und dem schlechten Verhältnis mit meinem Chef gelitten. Das war für mich

eine enorme Belastung. Man nimmt in einer solchen Situation die Sorgen des Arbeitsalltags mit nach Hause und muss aufpassen, dass man seinen Unmut nicht an Unschuldigen auslässt, denn dann beginnt das nächste Problem. Das ist wahnsinnig gefährlich." (Interviewpartner 52).

7.4.4.4. Kommunikations- und Fehlerkultur

Zwischen Stressoren, die durch die Arbeits- und Beziehungsorganisation bedingt sind, und solchen, resultierend aus der Kommunikations- und Fehlerkultur, besteht ein enger Zusammenhang. Das Wohlbefinden ist u. a. davon abhängig, ob und wie Rückmeldungen erfolgen und in welcher Form Konflikte behandelt werden. Konzernweit gilt die gelebte Feedback- und Streitkultur als noch nicht optimal entwickelt. Eine weitere Wirkungsgröße auf die psychische Mitarbeitergesundheit ist im Umgang mit Fehlern zu sehen. Die traditionell eher geringe Fehlertoleranz des Konzerns erhöht den Druck auf den Personalkörper und löst in einigen wenigen Fällen sogar Angstgefühle aus.

„Es wird immer von einer Feedbackkultur gesprochen, aber sie wird nicht gelebt. [...] Wenn du nicht sagst, was sie hören wollen, dann sag lieber gar nichts. Sonst musst du mit den entsprechenden Konsequenzen rechnen." (Interviewpartner 41).

„Wenn man Dinge anspricht, werden sie mit mehr oder weniger gültigen Argumenten niederargumentiert." (Interviewpartner 12).

„Es sollte eine positive Fehlerkultur gelebt werden. Nicht die Schuldfrage sollte im Vordergrund stehen, sondern das Lernen aus den Fehlern." (Interviewpartner 5).

7.4.4.5. Grundwerte: Fehlende Wertschätzung und mangelndes Vertrauen

Eine empfundene Geringschätzung der eigenen Leistung und Person führt vielfach zu Enttäuschung und Unmut. Motivationseinbußen und eine erhöhte Burnout-Wahrscheinlichkeit sind Folgen fehlender Anerkennung. Der Zusammenhang zwischen Wertschätzung und Gesundheit findet im Postkonzern immer mehr Beachtung. Obschon bspw. der Konzernleiter als wertschätzend erlebt wird, sind Gratifikationsdefizite keine Seltenheit.

„Wenn du beim Konzernleiter bist, bedankt er sich jedes Mal für die geleistete Arbeit und meint das auch ernst. [...] Er hat immer alles gelesen, was wir für ihn aufbereitet haben, wobei ich mich frage, wie er das macht; mein Geschäftsleitungsmitglied genauso. Ich finde das ganz wichtig, damit man weiß, dass das, was wir machen, nicht in den Papierkorb wandert." (Interviewpartner 36).

„Wertschätzende Führung wird nicht gelebt. Wir haben zig Millionen Plus gemacht und uns ein Bein dafür ausgerissen. Wir hatten eine Gruppenleitersitzung bzw. eine Infoveranstaltung, in der man uns fünf Minuten gesagt hat, was wir alles gut gemacht haben, bevor dann eine zwanzigminütige Standpauke folgte, in der es darum ging, mit welchen Verbesserungen man in Zukunft rechne. [...] Dann frage ich mich: Was mache ich hier? Wir haben uns angeschaut – es war Totenstille." (Interviewpartner 41).

Die Erwartungshaltung im Hinblick auf lobende Worte oder anderweitige Ausdrucksformen der Anerkennung ist durch die persönliche und berufliche Lebenserfahrung vielfach begrenzt. Dennoch ist der Wunsch nach mehr Wertschätzung im Gros der Fälle vorhanden.

„Die Postkultur ist eher darauf aus, Fehler anzukreiden und gut laufende Dinge als selbstverständlich zu erachten. Man erwartet, dass alles klappt. Ich bin dagegen, dass man sich gegenseitig Honig um den Bart schmiert, aber ab und zu tut ein positives Feedback oder ein Lob gut. Das braucht jeder Mensch." (Interviewpartner 3).

„Ich bin so erzogen worden, dass, solange man nichts sagt, alles gut ist. Das habe ich verinnerlicht. Man muss die Wertschätzung eben zwischen den Zeilen hören. Wertschätzung heißt für mich, nicht kritisiert zu werden." (Interviewpartner 21).

Mitarbeitende zeigen sich besonders betroffen, wenn die ihnen zustehende Anerkennung vorgesetzten Personen zugesprochen wird oder wenn eine Diskrepanz zwischen mündlichem Lob und daraufhin ausbleibenden oder widersprüchlichen Tatbeweisen besteht.

„Ich arbeite und gebe die Ergebnisse hoch. Dort werden die Kronen verteilt. Das ist schlimm. Die Oberen profitieren und man selbst bekommt nichts zurück. [...] Durch meine Arbeit sichere ich den Kopf meines Chefs, was zur Folge hat, dass ich durch die flachen Hierarchien nicht aufsteigen kann. Die Frustration steigt in einem solchen Fall schnell an. Ich bin mir sicher, dass sich dieses Muster über ganze Hierarchiestufen erstreckt." (Interviewpartner 47).

Neben der Leistungsvergütung und sogenannten Dankanlässen, Weihnachtsansprachen und jährlichen Mitarbeitergesprächen (auf eine Hervorhebung Einzelner wird im Gruppenkontext üblicherweise verzichtet) findet Wertschätzung eher selten Eingang in den Unternehmensalltag. Zeitmangel und eine Konzentration auf bevorstehende (und damit nicht auf erfolgreich bewältigte) Herausforderungen werden hierfür begründend angeführt. Eine Vielzahl von Gesprächspartnern konnte sich nicht an „das jüngste Lob" erinnern. Positiv betont werden müssen hingegen die Selbstkritik und die Einsicht, welche eine Reihe von Vorgesetzten während der Befragung zum Ausdruck brachten.

Extern erfolgt Wertschätzung z. B. durch den Kontakt mit Kunden oder durch den Erhalt von Auszeichnungen und Zertifikaten. In der Verwaltung wird der fehlende Außenkontakt vor diesem Hintergrund teilweise als problematisch eingeschätzt.

„Ich glaube, die Burnout-Gefahr ist an der Basis weniger akut als hier in der Verwaltung. Das merke ich auch an meinen Kollegen, die nicht wie jemand am Schalter zumindest mal ein Kundenlächeln bekommen." (Interviewpartner 47).

Viele Vorgesetzte sind sich bewusst, dass ein wertschätzender Umgang im Team für das Wohlbefinden am Arbeitsplatz von Bedeutung ist. Sie selbst pflegen auf Führungsstufe aber eine sehr zurückhaltende Anerkennungspolitik. Dementsprechend gering fällt in einigen Fällen die Wertschätzung aus der Sicht von leitenden Angestellten aus.

„Ich will nicht jammern. Es erfolgt sicherlich eine gewisse Wertschätzung, aber bestimmt keine übermäßige. [...] Es braucht ja nicht viel. Ich würde es als Wertschätzung empfinden, wenn auch mein Chef unsere Arbeit ein-, zweimal mehr loben würde. Ich habe die Erfahrung gemacht, dass wir als Vorgesetzte des Öfteren einsam sind." (Interviewpartner 51).

Ein hohes Maß an Kontrolle resp. ein empfundener Vertrauensmangel sind weitere Belastungsgrößen, von denen Interviewpartner berichten. Es lassen sich Rückschlüsse auf das Menschenbild und damit auf grundlegende Überzeugungsmuster ziehen.

„Er kontrolliert alles. Selbstverantwortung gibt es nicht oder wird pro forma aufgebaut, um sie möglichst schnell wieder zu erdrücken. Für gut ausgebildete Leute, wie die meisten es hier sind, ist das fehlende Vertrauen ein großes Problem." (Interviewpartner 12).

„Man ist sich bewusst, dass man ein durchsichtiger Mitarbeiter ist. Es wird alles elektronisch erfasst." (Interviewpartner 20).

7.4.4.6. Externe Einflüsse

So, wie Nicht-Berufsunfälle eine externe Gefahrenquelle für die physische Gesundheit bedeuten, können sich private und finanzielle Probleme sowie konjunkturelle Entwicklungen negativ auf das psychische Wohl der Beschäftigten auswirken. Obschon es sich um zentrale Belastungsfelder handelt, entziehen sie sich weitgehend der betrieblichen Gestaltbarkeit. Indirekt reagiert der Postkonzern sehr engagiert, z. B. durch moderne Arbeitszeitmodelle zur Verbesserung der Work-Life-Balance, die Institution einer Sozialberatung und die Stiftung „Personalfonds Post". Letztere gewährt Postmitarbeitenden und Pensionierten bspw. zinsgünstige Darlehen (vgl. Die Schweizerische Post 2010: 97). Die soziale Ausrichtung und Ressourcenstärke des Konzerns wird in diesem Zusammenhang abermals deutlich.

Tabelle 11 fasst die identifizierten Wirkungsgrößen auf das physische und psychische Wohlergehen zusammen.

Physische Gesundheitsgefahren	Psychische Belastungsquellen

- Ergonomische Bedingungen
- Einseitigkeit der Belastung und körperliche Arbeit
- Arbeitszeiten und mangelnde Regenerationsmöglichkeiten
- Berufs- und Nicht-Berufsunfälle
	- Umgang mit Veränderungen und Unsicherheit
	- Führungsverhalten
	  - (Unklare oder volatile) Erwartungshaltung, Arbeitsaufträge und Zuständigkeiten
	  - Machtmissbrauch einzelner Vorgesetzter
	  - Disharmonie und Instabilität in der Führung
	  - Zielvorgaben und Misserfolge
	  - Funktionsbezogene Rollenkonflikte
	  - Zielkonflikte
	- Arbeits- und Beziehungsorganisation
	  - Kontrollmöglichkeiten
	  - Fehlende Sinnhaftigkeit der Aufgabe
	  - Monotonie
	  - Spannungsverhältnis zwischen dem Arbeits- und Privatleben und daraus entstehende Rollenkonflikte
	  - Präsenz- und Verfügbarkeitsdruck
	  - Ineffiziente Arbeitszeit und Verfügbarkeit von Arbeitsmitteln
	  - Überforderung und Unterforderung
	  - Soziale Kontakte
	- Kommunikations- und Fehlerkultur
	- Grundwerte: Fehlende Wertschätzung und mangelndes Vertrauen
	- Externe Einflüsse

Tabelle 11:   Wirkungsgrößen auf das physische und psychische Wohlergehen (eigene Darstellung)

Die Belastungssituation variiert zwischen und innerhalb der untersuchten Konzernbereiche. Ungeachtet von der Schwerpunktverteilung handelt es sich insbesondere bei den psychischen Stressoren um Belastungsgrößen, die in dieser oder ähnlicher Form in allen Geschäftssegmenten nachweisbar sind.

7.5. Arbeits- und Beziehungsorganisation als Befähiger einer Gesundheitskultur

Nachdem in Abschnitt III.-7.4.4.3. die Arbeits- und Beziehungsorganisation als Belastungskategorie aufgeführt wurde, wird sie im Folgenden als Befähiger einer Gesundheitskultur behandelt. Ihre kulturgerechte Ausgestaltung nimmt im Konstrukt Gesundheitskultur einen hohen Stellenwert ein (vgl. Abschnitt II.-4.2.1.3.).

7.5.1. Handlungs- und Entscheidungsfreiräume

Die Gesundheitsrelevanz von Handlungs- und Entscheidungsspielräumen im Arbeitskontext ist bei Führungskräften und Mitarbeitenden nur punktuell im Bewusstsein verankert. Der Autonomiegrad innerhalb der untersuchten Konzernbereiche ist funktions- und positionsabhängig. Im operativen Bereich fallen die gewährten Spielräume zum Teil sehr gering aus (Tendenz weiter abnehmend). Diese Entwicklung, die sich durch die Automatisierung von Arbeitsabläufen sowie durch die ausgeprägte Prozess- und Kostenorientierung wesentlich verschärft hat, wird von einigen Gesprächspartnern kritisch beobachtet. Motivationseinbußen sind feststellbar. In der Verwaltung herrscht vielfach ein vglw. größeres Freiheitsempfinden. Die gefühlten Freiräume werden durch eine zielbasierte Führung bestärkt. Sie beschränken sich aber in der Regel auf das unmittelbare Tätigkeitsfeld. Sobald Schnittstellen zu anderen Akteuren bzw. Zuständigkeitsfeldern existieren, reduzieren sich die Freiheitsgrade. Vorgesetzte zeigen sich im Normalfall offen für Prozessoptimierungen, aber nur vereinzelt für tatsächliche Handlungs- und Entscheidungsspielräume.

Gezeigt werden kann außerdem, dass bestehende Freiräume selten ausgeschöpft bzw. teilweise überhaupt nicht als solche erkannt werden. Ein Grund hierfür ist in der „Auftragserfüllungsmentalität" von zahlreichen Postangestellten zu sehen (trifft vor allem für „Urpöstler" zu). Die „Absicherungs- und Abklärungskultur" wird verstärkt. Es kommt zu Redelegationstendenzen.

„Ich finde diese permanente Absicherung und Abstimmung schlimm. Man hat den Eindruck, dass immer die halbe Firma in CC gesetzt werden muss. Statt direkt miteinander zu kommunizieren, bekommt man unzählige E-Mails. Das ist ein wahnsinniger Zeitverlust." (Interviewpartner 34).

*„Die Konzern- und auch die Geschäftsleitung erwarten von uns, dass wir uns gut ab-
stimmen. Wenn man das nicht tut, wird man insofern bestraft, als dass Anträge in der
Regel abgelehnt werden. Man kommt dann einfach nicht durch." (Interviewpartner 7).*

*„Die Entscheidungsspielräume sind viel größer als man meint. Die Leute haben ein-
fach Angst, dass sie eins aufs Dach kriegen, wenn sie nicht alle und jeden vorher ab-
geholt haben. Das ist interessant, weil die Angst im Grunde viel größer ist als die
Wahrscheinlichkeit, dass man gerügt wird." (Interviewpartner 60).*

7.5.2. Partizipation

Die häufige Zentralisation von Entscheidungsmacht sowie die kritik- und diskussions-
lose Erfüllung von Arbeitsaufträgen sind vielfach Resterscheinungen einer noch nicht
vollständig überwundenen Bürokratiekultur. Die Partizipationsgelegenheiten des Postpersonals beschränken sich in der Regel auf den Einsitz in Gremien und Arbeitsgruppen sowie auf die Teilnahme an vereinzelten Zirkelgesprächen. Inwieweit ein Aufbrechen dieser Herkunftskultur konzernweit angestrebt wird, geht nicht eindeutig aus der
Fallstudienanalyse hervor. Während einige Konzernbereiche und Führungskräfte den
Einbezug nachgeordneter Hierarchieebenen bei wichtigen Entscheidungsprozessen
durchzusetzen versuchen, beharren andere auf einer hohen Machtdistanz und erwarten
eine nahezu bedingungslose Loyalität gegenüber getroffenen Führungsentscheidungen.
Daraus entstehende Folgen auf das Beschäftigtenwohl werden nicht ausreichend gesehen. Obwohl ein relativ geringer Partizipationsgrad von vielen Postangestellten als
Kulturwert internalisiert zu sein scheint (insbesondere von der älteren Mitarbeitergeneration), wird das geringe Mitspracherecht von einigen Interviewpartnern beanstandet.
Teilweise wird hierin eine Geringschätzung der eigenen Fachkompetenz vermutet. Die
Beurteilung der Ist-Situation ist letztlich vom persönlichen Betroffenheitsgrad der jeweiligen Entscheidungen abhängig.

*„Grundsätzlich ist eine Mitsprache nicht unmöglich, aber die Mitarbeiter sind es im-
mer noch nicht gewohnt, dass sie sich einbringen können – nach zig Jahren in einer
hierarchischen Bürokratieorganisation." (Interviewpartner 61).*

*„Entschieden wird immer oben, wobei die teilweise gar nicht wissen, wie es wirklich
im Betrieb läuft." (Interviewpartner 27).*

*„Man kann nicht jeden Einzelnen nach seiner Meinung fragen, aber man muss die
Leute einbinden. Es reicht nicht, nachher einen Foliensatz zu verteilen und zu sagen:
So ist es jetzt. Es braucht Workshops etc. Wenn die Leute den Eindruck haben, dass sie
zu wenig einbezogen wurden, führt das zu Frustration." (Interviewpartner 47).*

7.5.3. Zeitlich-örtliche Bindung an den Arbeitgeber

Die Unterstützung eines Gleichgewichts zwischen Berufs- und Privatleben erklärt der Konzern zu einem personalpolitischen Anliegen. Die Post agiert in der Überzeugung, dass eine angemessene Work-Life-Balance das personelle Leistungsvermögen und damit im Endeffekt den Unternehmenserfolg erhöht (vgl. Die Schweizerische Post 2010: 94). Das weitreichende Angebot moderner Arbeitszeitmodelle (bspw. gleitende Arbeitszeit, Teilzeitarbeit, Jahresarbeitszeit, Jobsharing oder Telearbeit) gewährt ein hohes Maß an Flexibilität und wird von den Beschäftigten äußerst geschätzt. Personalexperten sehen allerdings weiteren Handlungsbedarf bzw. weiteres Optimierungspotenzial. Sie begründen ihre Forderung u. a. durch den demographischen Wandel und die schwieriger werdende Betreuungs- und Pflegesituation von Familienmitgliedern (Kinder, Partner, Eltern).

7.5.3.1. Vor- und Nachteile von Teilzeit- und Telearbeit

Im Berichtsjahr 2010 arbeiteten 48 % aller Postbeschäftigten in der Schweiz Teilzeit (vgl. Tabelle 8). Prinzipiell weist Teilzeitarbeit einen hohen Verbreitungsgrad und ein hohes Akzeptanzniveau auf. Ein reduzierter Beschäftigungsgrad in (höheren) Kaderfunktionen wird allerdings kritisch beurteilt.

„Wenn es in den höheren Rängen ist, bei Leuten mit Führungsverantwortung und auch im Management, bin ich sehr kritisch, was Teilzeitarbeit angeht. Ich sehe, zu was für Problemen das führt. Die Leute sind relativ schwer erreichbar, wenn sie da sind, sind sie nonstop in Sitzungen. Es gibt einfach gewisse Dinge, die man nicht gerne am Telefon bespricht oder nicht am Telefon besprechen kann." (Interviewpartner 62).

„Das Management ist bei uns vorwiegend männlich und Männer arbeiten nicht Teilzeit. [...] Wenn ich nächste Woche ankündigen würde, nur noch 80 % zu arbeiten, wäre das für meine Kollegen und Mitarbeiter eher überraschend und wahrscheinlich bei meiner Arbeit nur bedingt möglich. [...] Wir versuchen aber einzelne Initiativen zu starten. Als ich begonnen habe, habe ich jährlich eine E-Mail erhalten, ob ich als Kadermitglied nicht Teilzeit arbeiten wolle. Das hat sich aber noch nicht durchgesetzt." (Interviewpartner 67).

Den Chancen von Teilzeit- und Telearbeit stehen einige potenzielle Gefahrenherde gegenüber. Allen voran schränken Personalspezialisten und Führungskräfte die Vorteilhaftigkeit moderner Arbeitszeitmodelle je nach Anstellungsgrad[240], Flexibilitätsbereit-

---

[240] Sehr geringe Beschäftigungsgrade werden als besonders problematisch wahrgenommen.

schaft und Vertrauenswürdigkeit der Arbeitnehmenden ein. Nachstehend werden die identifizierten Vor- und Nachteile von Teilzeit- und Telearbeit tabellarisch (Tabelle 12) aufgeführt.

Positive Aspekte moderner Arbeitszeitmodelle	Negative Aspekte moderner Arbeitszeitmodelle
- Vereinbarkeit von Beruf, Freizeit und Familie - Regenerations- und Reflexionsphasen - Verbesserung der inneren Ausgeglichenheit - Verbesserung der Konzentrationsfähigkeit - Anstellungsgrade können je nach Arbeitsanfall erhöht oder reduziert werden - Anwesenheitstage können je nach Arbeitsanfall gesteuert werden	- Innere Zerrissenheit durch Verpflichtungen und Ambitionen in verschiedenen Lebensbereichen - Verwässerung von Berufs- und Privatleben - Überlastung an Anwesenheitstagen (z. B. durch Besprechungstermine) - Erhöhung des Koordinations- und Führungsaufwands - Brüche im Informationsfluss - Begrenzte Aufstiegschancen für Teilzeittätige - Geringere Identifikation mit dem Arbeitgeber - Schwächere sozio-kulturelle Integration - Soziale Isolation am (Heim-) Arbeitsplatz

Tabelle 12:   Bewertung moderner Arbeitszeitmodelle (eigene Darstellung)

Inwiefern eine ausgeglichene Work-Life-Balance unter den befragten Postangestellten gegeben ist, wird im folgenden Abschnitt erörtert.

7.5.3.2. Work-Life-Balance

Auf Mitarbeiterebene wird sowohl im operativen Betrieb als auch in der Verwaltung eine zufriedenstellende Balance zwischen dem Arbeits- und Privatleben nahezu ausnahmslos bestätigt. Positiv bewerten viele Interviewpartner, dass sie privat zu einer gedanklichen Trennung von beruflichen Themen in der Lage sind. Wissensarbeiter bilden gelegentlich eine Ausnahme.

„Die Art und Weise, wie ich Berufliches und Privates vereinbaren kann, ist für mich nahe an der Optimallösung." (Interviewpartner 36).

Personalexperten zufolge achtet der Führungsnachwuchs früh auf eine Vereinbarkeit von beruflichen und privaten Ambitionen. In vielen Fällen erweist sich die Work-Life-Balance von leitenden Angestellten als angemessen. Es gibt indessen Indikatoren dafür, dass in höheren Kaderfunktionen (Überstunden werden ab einer gewissen Hierarchiestufe nicht mehr erfasst) eine Balance verschiedener Lebensbereiche zu Ungunsten des Privatbereichs abnimmt.

„Ein- bis zweimal pro Woche treibe ich Sport. Das ist Ich-Zeit. [...] Es ist eine Herausforderung und man muss sicherlich Prioritäten setzen. Manager, die sich nicht abgrenzen können und damit hausieren, dass sie 70, 80 Stunden in der Woche arbeiten, sind für mich keine Vorbilder. Der große Vorteil bei der Post ist, dass es auch im Top-Management noch möglich ist, eine Familie zu haben." (Interviewpartner 10).

„Ich habe mir schon seit Längerem vorgenommen, Sport zu machen oder einem Verein beizutreten, aber das Arbeitsaufkommen ist doch ziemlich hoch. Dann gibt es noch Geschäftsessen und Geschäftsreisen und so weiter." (Interviewpartner 59).

„Ich habe eine Frau und Kinder und kann nicht behaupten, dass eine Vereinbarkeit von Beruf und Privatleben immer problemlos möglich ist. Es ist ein ständiger Balanceakt." (Interviewpartner 44).

7.5.4. Konflikt- und Feedbackkultur

Fast einstimmig stufen alle befragten Personengruppen die Konfliktaustragungskultur der Post als verbesserungswürdig ein. Differenzen und Spannungen werden tendenziell umgangen oder beschwichtigt, um die hohe Harmoniebedürftigkeit der Kulturträger zumindest vordergründig zu schützen. Durch die starke soziale Vernetzung und die langjährige Zusammenarbeit vieler Angestellter erhöht sich die Gefahr der allzu persönlichen Auffassung von Sachkritik. Die häufig feststellbare Konfliktaversion des Personals ist zum Teil auf nationalkulturelle Einflüsse zurückzuführen.

„Die Konfliktkultur dürfte besser ausgelebt werden. Der Schweizer ist in dieser Hinsicht nicht so stark. Er hat sich auch geschichtlich gesehen nie gerne mit Konflikten auseinandergesetzt. Wir haben eine eher passive Grundhaltung. Ich kenne nahezu keinen Schweizer, der sich hinstellen würde, um offen seine Meinung zu vertreten. Man sollte aber natürlich auch nicht aus jeder Mücke einen Elefanten machen." (Interviewpartner 3).

„Bevor man einen Konflikt austrägt, bildet man lieber eine Arbeitsgruppe und verlagert die Konfliktenergie so immer tiefer in die Organisation." (Interviewpartner 10).

„Wir fragen uns immer wieder, warum sich niemand traut, in einer Sitzung Probleme offen anzusprechen. Kaum ist die Veranstaltung vorbei, fangen die Leute wieder an, hintenherum zu reden." (Interviewpartner 68).

Ein weiterer Ursachenherd für den beanstandeten Umgang mit Konflikten, ist in einer oftmals unausgereiften Feedbackkultur zu orten. Intransparenz und eine Verschleppung negativer Gefühle bewirken nicht nur in Einzelfällen ein belastendes Störgefühl. Zwar existieren diverse Feedbackinstrumente und -kanäle (z. B. Personalzufriedenheitsumfragen, Sitzungen), diese werden jedoch wiederholt als zu wenig zielgerichtet und effektiv bewertet. Viele Beschäftigte wagen es nicht, ihren Standpunkt offen gegenüber ihrem Chef oder im Rahmen einer Besprechung zu vertreten. Sie erklären ihre Scheu durch eine aus ihrer Perspektive geringe Kritikfähigkeit und Reflexionsbereitschaft der Vorgesetzten sowie eine Unsicherheit bezüglich möglicher Konsequenzen. Hinzu kommt, dass der Gesprächsanteil der Führungskräfte während Personalgesprächen in der Mehrzahl der Fälle deutlich überwiegt.

„Wir haben Feedbackregeln aufgestellt und es gibt ein Traktandum ‚Feedback'. Ich habe aber meine Mühe mit angeordnetem Feedback. Es müsste viel spontaner und kritischer sein. Die Feedbackkultur wird eindeutig zu wenig gelebt. Der Ist-Zustand führt mitunter zu Situationen, die eskalieren, weil irgendwann das Fass voll ist." (Interviewpartner 13).

„Es kann nicht sein, dass die einzige Möglichkeit darin besteht, die Faust in der Tasche zu ballen. Man muss sachlich miteinander diskutieren können und zwar auf Augenhöhe. Vor allem Mitarbeitern fällt es schwer, Kritik am Chef zu üben." (Interviewpartner 64).

Zum Teil monieren Führungskräfte auch die geringe Feedbackbereitschaft der Mitarbeitenden. Sie sehen die Zurückhaltung der Unterstellten durch den Hierarchieeffekt und die langjährige „Auftragserfüllungsmentalität" forciert.

„Die Reflexionsfähigkeit sinkt mit jeder Hierarchiestufe. Das ist kein Vorwurf. Die Leute kriegen auch kein Feedback. Viele Mitarbeiter sind sehr hierarchiegläubig, nicken alles ab und führen Aufträge einfach aus. Je höher man in der Hierarchie steigt, umso weniger Feedback bekommt man. Das kenne ich von mir selbst. [...] Ich denke schon, dass viele Leute Angst haben, Feedback zu geben. Das kann durchaus durch die fehlende Offenheit der Unternehmenskultur bedingt sein." (Interviewpartner 10).

Zur Verbesserung der Ist-Situation regen Personalexperten die Implementierung eines obligatorischen 360-Grad-Feedbacks an. Bisher ist der Einsatz dieses Instruments optional.

7.5.5. Soziales Arbeitsumfeld

Lange Zeit war die „Postfamilie" ein feststehender Begriff. Heute noch prägt ein engmaschiges Beziehungsnetzwerk den Konzern. Der posteigene Anspruch an Zwischenmenschlichkeit – „intern und extern behandeln wir die Leute, wie wir selbst behandelt werden wollen" – ist im Sinne dieses Kant'schen Imperativs auffallend hoch. Der Bedeutungszuwachs von Teamarbeit ist ein Zeichen dafür, dass die Unternehmensleitung auch im Wertschöpfungsprozess auf eine Gemeinschaftsleistung baut.

Der Einfluss des sozialen Umfelds auf Gesundheit und Wohlbefinden ist weitgehend bekannt. Dass Führungskräfte die Qualität zwischenmenschlicher Beziehungen zu weiten Teilen gestalten können, ist ebenso vielen Befragten bewusst.

7.5.5.1. Arbeitsklima und Teamgefühl

Das gewünschte und oft erlebte harmonische Arbeitsklima wird durch einen kollegialen und partnerschaftlichen Umgang (über Generationen und Nationen hinweg) sowie durch eine vorsätzliche Kohäsionsförderung gestützt (z. B. diverse Teamanlässe).[241] Es erhöht in aller Regel die Arbeitsfreude und wirkt sich positiv auf das Wohlbefinden am Arbeitsplatz aus. Die kollektive Teilnahme an BGM-Aktionen oder -Kampagnen wurde aber bislang kaum als Teamentwicklungsmaßnahme erkannt.

Allerdings ist das Zusammengehörigkeitsgefühl meistens auf kleinere Organisationseinheiten beschränkt. Über diese Mikroebene hinaus (Team, Abteilung) ist der Gemeinschaftssinn häufig abgeschwächt oder gelegentlich sogar negativ behaftet.

„Wir arbeiten wie in einem Staatenbund. Manche Abteilungen mögen sich und kooperieren gut, während andere nahezu verfeindet sind. Die Zusammenarbeit erinnert mich vielfach an Autoscooter auf dem Rummelplatz." (Interviewpartner 12).

„Innerhalb der Zonen sind wir eine Schicksalsgemeinschaft [...]. Hier funktioniert die Unterstützung recht gut. Über die Zonengrenzen hinweg sieht die Sache anders aus. Natürlich würde ich mir insgesamt mehr Unterstützung wünschen, aber wir werden immer größer und komplexer, so dass die Zusammenarbeit eher schwieriger wird." (Interviewpartner 2).

Barrieren der Zusammenarbeit und der gegenseitigen Unterstützung lassen sich in den folgenden Aspekten erkennen:

---

[241] Unter Berücksichtigung der beschriebenen Konfliktkultur (vgl. Abschnitt III.-7.5.4.) handelt es sich oftmals nur um eine oberflächliche Harmonie.

- Profit-Center-Organisation und interne Konkurrenzkämpfe (auch Disharmonie unter Führungskräften),

- Überlastung durch hochgesteckte Leistungsziele,

- intransparente Strukturen und Abläufe (betrifft u. a. eine Ungewissheit über die Belastungssituation Dritter),

- Reorganisationen,

- prozentual geringe Teilzeitanstellungen sowie

- Innenraumarchitektur (z. B. Abgrenzung bzw. Anonymität durch Flügelbau und Großraumbüros).

7.5.5.2. Zwischenmenschliche Unterstützung

Die zwischenmenschliche Unterstützung wird in den nachstehenden Belangen von den Gesprächspartnern als positiv erlebt:

- Hilfsbereitschaft im Allgemeinen,

- aufgaben- und problemorientierte Unterstützung,

- Rücksichtnahme bei privaten Problemen und

- Zuspruch im Krankheitsfall.

Als verbesserungswürdig wird teilweise die Unterstützung im Überlastungsfall angesehen. Betroffene sind aufgefordert, Hilfe bei Bedarf aktiv einzufordern. Das Problem hierbei ist, dass sich viele Angestellte nicht trauen, Stresssituationen anzusprechen.

„Ich musste zwei Monate lang abends bis zehn, elf Uhr arbeiten. Ich konnte irgendwann nicht mehr und habe dann zu meinem Chef gesagt: Kannst du mir helfen? Aber er hat gesagt, er hätte keine Zeit. Was soll ich dann machen? Zusammenbrechen? Dann musste ich eben am Samstag und am Sonntag arbeiten. Ich war zwar am Anschlag, aber für ihn gab es keine Lösung." (Interviewpartner 54).

Gegenbeispiel:

„Bei uns im Team funktioniert es gut, weil wir regelmäßig schauen, wie die Auslastung ist und wenn jemand zu stark belastet ist, dann gleichen wir das innerhalb des Teams aus." (Interviewpartner 45).

7.6. Gesundheitsmanagement im Ist-Zustand

Die Schweizerische Post hat gesundes Personal als Erfolgsfaktor erkannt. Die Verpflichtung zu einer sozialverträglichen Personalpolitik, die exponierte Stellung des Konzerns in der Öffentlichkeit und eine geringe Fluktuationsrate gepaart mit den Konsequenzen einer insgesamt alternden Belegschaft treiben das Gesundheitsengagement des Großbetriebs voran.

„Unsere Konkurrenten haben eine viel höhere Fluktuation als wir, so dass das Thema Gesundheit einen nicht so großen Stellenwert hat. Man rekrutiert einfach neue gesunde Leute. Bei der Post ist die Situation eine ganz andere. Nur eine einzige Teilinvalidenrente belastet eine Kostenstelle enorm." (Interviewpartner 10).

Im Jahre 2009 hat die Konzernleitung folgende Mission verabschiedet (zitiert aus einem postinternen Dokument):

> „Das Betriebliche Gesundheitsmanagement (BGM) trägt zum nachhaltigen Unternehmenserfolg bei. Die Vorgesetzten engagieren sich für die Gesundheit ihrer Mitarbeitenden. Sie setzen alles daran, berufsbedingte Erkrankungen und Unfälle zu vermeiden, und helfen aktiv mit bei Prävention und Wiedereingliederung. Die Mitarbeitenden setzen sich eigenverantwortlich und aktiv für die Erhaltung ihrer Gesundheit ein."

Es wurden vier Gestaltungsfelder definiert, die den Geschäftsbereichen im Sinne von gemeinsamen „Stoßrichtungen" als Orientierungshilfen im BGM dienen sollen:

- Betriebliche Gesundheitsförderung und Prävention,
- Betriebliches Case Management,
- Gesundheitsschutz und
- Arbeitssicherheit.

Der Stellenwert und die Ausgestaltung des BGM variieren zwischen den untersuchten Konzerneinheiten. Bereichsspezifische Unterschiede erklären sich durch den jeweiligen Branchenkontext und die damit einhergehende Personalstruktur, durch die finanzielle Ausgangslage (resultierender Kostendruck) sowie durch die Einstellung und den Hintergrund der amtierenden Geschäftsführung (vor allem der obersten Personalleitenden; vgl. Abschnitt III.-7.6.4.2.2.) und BGM-Fachkräfte (vgl. Abschnitt III.-7.6.4.3.).

„Im Bereich Gesundheitsmanagement haben wir sehr viel Autonomie. Wichtig ist, dass wir unsere Gesundheitsinitiativen im Sinne des Führungsverständnisses und der Personalpolitik des Konzerns durchführen. Wir dürfen nichts machen, was dem zuwider laufen würde. Der Konzern ist einverstanden, dass jeder Bereich das tut, was für seine Belange notwendig ist und akzeptiert auch, dass jeder Gesundheitsspezialist das Thema ein Stück weit persönlich prägt." (Interviewpartner 60).

Im Großen und Ganzen stellt es sich so dar, dass der Postkonzern in der Vergangenheit primär den Fokus auf das individuelle Gesundheitsverhalten und den Umgang mit bereits erkrankten Beschäftigten gerichtet hat. Eine gesundheitsdienliche Ausrichtung betrieblicher Verhältnisse ist noch in der Entwicklung. Erste Ansätze bestehen. Eine Schwerpunktverlagerung von einem reaktiven und personenbezogenen hin zu einem präventiven und gesamthaften Ansatz gilt als zukünftige Herausforderung (vgl. Abschnitt III.-7.6.3.3).

„Verhaltensprävention: Ja, ausgezeichnet. Verhältnisprävention: Nur solange Leib und Leben in Gefahr sind, also Gesundheitsschutz, aber nicht mehr." (Interviewpartner 1).

„Es ist zeitlich dringender und insgesamt einfacher, sich um fassbare Fälle zu kümmern. Wenn ein Mitarbeiter bspw. epileptische Anfälle hat und nicht mehr in der Zustellung arbeiten kann, müssen wir eine Lösung finden. Das ist eine ganz konkrete Problemstellung und daher machbar. Viel schwieriger ist es, sich zu fragen, wie man schon bei der Anstellung sicherstellen kann, den geeigneten Kandidaten auszuwählen und wie es möglich ist, das Thema Gesundheit in den Alltag zu integrieren." (Interviewpartner 2).

7.6.1. Verständnis von Gesundheitsmanagement

Nicht allen Gesprächspartnern ist das Gesundheitsmanagement ein Begriff. Insgesamt feststellbar ist ein breites, teilweise ambivalentes Verständnisspektrum im Hinblick darauf, was BGM umfasst (Inhaltsverständnis) und aus welchen Gründen es eingeführt wurde (Zielverständnis). Eine Vielzahl der untersuchten Personen hat den Zusammenhang zwischen Gesundheit und Unternehmenserfolg erkannt. Eine reine Kostenreduktion durch die Senkung krankheitsbedingter Ausfalltage wird allerdings weitaus häufiger gesehen als eine Erhöhung der Leistungsfähigkeit und -bereitschaft des anwesenden Personals.

„Das Gesundheitsmanagement ist Mittel zum Zweck. Das betriebswirtschaftliche Ziel ist es, den Unternehmenswert zu steigern. Diese Zielvorgabe gibt uns auch der Bundesrat. Nun wissen wir, dass die Mitarbeitenden unsere wichtigste Ressource sind

[...]. Wir haben daher jedes Interesse, diese Ressource möglichst leistungsfähig zu erhalten und zu machen." (Diskussionsteilnehmer VI).

„Ich denke, die Motivation rührt noch immer hauptsächlich daher, dass man erkannt hat, dass sich durch eine Senkung der Abwesenheiten sehr, sehr viel Geld sparen lässt. Darüber hinaus handelt die Post wahrscheinlich aus dem Selbstverständnis eines sozialverträglichen Arbeitgebers heraus. Letztlich geht es aber wieder um Zahlenziele." (Interviewpartner 35).

„Kranke Mitarbeiter wirken sich negativ auf den EBIT aus, ob sie wollen oder nicht. Es gibt zwei Möglichkeiten: Sie schmeißen alle Kranken raus, und das ist nicht der Stil des Hauses, oder sie engagieren sich im Bereich Gesundheitsmanagement. Aber ich will kein Modemanagement, [...] ich will, dass die Absenzenzahlen effektiv runter gehen." (Interviewpartner 18).

Teile der Belegschaft erachten BGM kaum als Zeichen der Wertschätzung. Sie vermuten darin vielmehr ein Kontrollinstrument, eine Modeerscheinung oder eine Form von Gewissensausgleich.

„Das ist das Eigeninteresse der Unternehmen, keine Philanthropie." (Interviewpartner 54).

„Gesundheit wird gepredigt, aber das muss heute wahrscheinlich so sein." (Interviewpartner 39).

7.6.2. Wahrnehmung und Beurteilung des Gesundheitsmanagements

Das umfassende Angebot im Bereich BGM ist bei Weitem nicht durchgängig bekannt.

„Der ganze Apparat, der hinter dem Gesundheitsmanagement steht, ist selbst für mich als Führungskraft nicht immer zu verstehen. Viele Dinge bekomme ich nur ganz nebenbei mit." (Interviewpartner 5).

Gesamthaft betrachtet wird das BGM oft als nicht zusammenhängender Komplex von Aktionen und Kampagnen mit Event- und Servicecharakter wahrgenommen. In den meisten Fällen erfolgt eine Reduktion auf das Fehlzeiten- und Case Management, ergonomische Anpassungen und den AGS. Ein direkter Führungsbezug wird relativ selten hergestellt, vor allem von den Vorgesetzten selbst.

„In der Verwaltung werden viele Probleme nicht gesehen. Man spielt dafür die Ergonomie hoch und reduziert den Gesundheitsgedanken auf Bürotische und einen richtigen Bildschirmabstand. Was das Gesundheitsmanagement in seiner Ganzheit ausmacht, erkennen die Leute noch nicht. [...] Zum Teil fehlt das Verständnis." (Interviewpartner 61).

„Das Gesundheitsmanagement der Post verbinde ich in erster Linie mit den Früchten, die bei uns herumstehen und dann mit den vielen Aktionen. Es sind eigentlich immer punktuelle Sachen. [...] Ich bin mir unsicher, ob es wirklich ein Gesamtkonzept gibt. [...] Ob es richtig aufgehängt ist und ob es von der Geschäftsleitung gestützt wird, das weiß ich nicht." (Interviewpartner 36).

„Es ist sicher so, dass die Arbeitssicherheit lange Zeit [...] im Vordergrund stand. Gesundheitsmanagement verband man eher damit, Äpfel zu verteilen. Die Wichtigkeit, dass sich ein Mitarbeiter nicht nur physisch, sondern auch psychisch fit fühlt, dass er Verantwortung übernimmt und wir auf ein gutes Betriebsklima achten, steckt eher noch in den Kinderschuhen." (Interviewpartner 67).

Das Gesundheitsmanagement und sein Professionalisierungsgrad werden von Spezialisten und Führungskräften in der Tendenz positiver beurteilt als von Mitarbeitenden. Während Vorgesetzte das BGM vielfach als Hilfestellung in konkreten Problemsituationen oder als Ansatz zur Verbesserung von Leistungszielen sehen, erachten Beschäftigte das Selbige manches Mal als Eingriff in die Privatsphäre. Die Wertschätzung des Gesundheitsmanagements ist unter den älteren Angestellten und den ernsthaft Betroffenen meistens größer als unter der jüngeren Belegschaft und den Nicht-Betroffenen. Widersprüche und eine unzureichende Integration des Gesundheitsgedankens in den Unternehmensalltag verringern die Glaubwürdigkeit des BGM in den Augen von vielen Befragten.

„Ich denke, viele Mitarbeiter nehmen gar nicht wahr, was die Post alles für die Mitarbeitergesundheit tut, es sei denn, sie sind selbst betroffen." (Interviewpartner 3).

„Es ist eine Form von Zuckerbrot und Peitsche, wenn man auf der einen Seite die Beschäftigten [...] extrem stark beansprucht und sie auf der anderen Seite in Sachen Gesundheit unterstützt." (Interviewpartner 35).

„[...] die Büroleute erwarten immer mehr von uns. Auf der einen Seite hetzt man uns immer mehr und auf der anderen Seite möchte man unsere Gesundheit fördern. Das kann ich nicht so recht verstehen." (Interviewpartner 27).

7.6.2.1. Einzelbeurteilung von Aktionen, Kampagnen und dauerhaften Angeboten

Der Katalog an Aktionen (z. B. Bike-to-Work, subventionierte Sportartikel und Schutzkleidung), Kampagnen (z. B. in den Themenfeldern Ernährung, Bewegung und Vermeidung von Stolperunfällen) sowie dauerhaften Angeboten (z. B. Intranetinformationen, Früchte und Wasser) ist umfangreich. Bislang wurden zumeist generelle oder saisonale Gesundheitsthemen aufgegriffen. Ein ausdrücklicher Brückenschlag zur personellen bzw. betrieblichen Leistungsfähigkeit ist eher selten erfolgt.

Positiv taxiert werden die Signalwirkung und die Sensibilisierungsfunktion der genannten Maßnahmen. Zweifel gelten der Nachhaltigkeit von Einmalaktionen und Einmalkampagnen. Der Grund hierfür ist, dass Beschäftigte oftmals deren Nutzen verkennen oder binnen kurzer Zeit in gewohnte Verhaltensmuster zurückfallen.

„Ich glaube, es ist ein Wunschkonzert der Personalabteilung, dass die Mitarbeiter heute eher zu Fuß gehen oder mit dem Velo fahren." (Interviewpartner 34).

„Mir bedeutet ein wertschätzendes Wort mehr als eine Kampagne, die viel kostet und mir persönlich wenig bringt." (Interviewpartner 55).

„Gesundheitsmanagement muss gelebt werden. Es ist für mich eine starke Kulturfrage. Ich sehe das auch in anderen Unternehmen, in denen man den Mitarbeitern enorm viel an Infrastruktur und Freizeitangeboten anbietet. Ich habe den Eindruck, dass hat mehr damit zu tun, dass man Leute kauft und es eigentlich nur ums Prestige geht. BGM ist aber etwas Alltägliches und das wird gerne vergessen. [...] Was zählt, ist die tägliche Begegnung mit den Mitarbeitern. Man muss echtes Interesse zeigen und empathisch sein." (Interviewpartner 30).

Die Einstellung der Führung ist bisweilen ambivalent. Einerseits werden imageträchtige Aktionen und Kampagnen oftmals befürwortet. Andererseits werden nicht zielgruppenorientierte Initiativen von vielen scharf kritisiert. Obwohl Expertenmeinungen zufolge die Erfolgswahrscheinlichkeit von Aktionen und Kampagnen steigt, wenn diese von Vorgesetzten unterstützt werden, nehmen leitende Angestellte nur spärlich an Veranstaltungen dieser Art teil.

„Wie an vielen HR-Kampagnen habe ich als Führungskraft bisher auch nicht bei Gesundheitsaktionen teilgenommen – mein Vorgesetzter auch nicht. Vielleicht sollte ich das mehr machen." (Interviewpartner 59).

„Kampagnen sind für mich Beigemüse. [...] Es sollte freigestellt sein, ob man als Führungskraft so etwas gut findet oder nicht. [...] Vielleicht erwartet man von uns, dass wir Kampagnen unterstützen, aber mir ist das egal. Ich war bisher kein Fan von solchen Aktionen und ich werde auch in Zukunft keiner sein." (Interviewpartner 65).

7.6.2.2. Einzelbeurteilung des Absenzen- und Case Managements

Das prozessgesteuerte Absenzen- bzw. Präsenzmanagement nimmt in allen untersuchten Bereichen einen zentralen Stellenwert ein. In der Vergangenheit wurden Abwesenheiten lediglich zur Kenntnis genommen. Inzwischen werden sie systematisch erfasst und durch Gesundheitsgespräche so lange begleitet (vgl. Abschnitt III.-7.7.5.), bis sich das Case Management einschaltet. Eine Stärkung der Arbeitgeberrechte und die hohen Kosteneinsparungen, die sich durch ein derartiges Vorgehen nachweislich erzielen lassen, führen dazu, dass Spezialisten und Führungskräfte die Sinnhaftigkeit des Fehlzeiten- und Case Managements nicht mehr hinterfragen. Im Umgang mit Langzeitkranken und psychisch Kranken wird die Institution Case Management von den Vorgesetzten besonders gewürdigt. Umstritten ist allerdings die Neutralität der Case Manager. Diese werden derzeit durch die Personalabteilung gestellt. Ihnen wird vorgeworfen, dass sie primär die Interessen des Arbeitgebers vertreten (vgl. Abschnitt III.-7.6.3.3.).

Mitarbeitende treten dem Absenzen- und Case Management mit Skepsis gegenüber. Beschäftigte erleben den Prozess nicht selten als eine Art Misstrauensvotum, auch wenn sie den Handlungsbedarf des Arbeitgebers grundsätzlich verstehen können. Sie fürchten sich vor nicht absehbaren Konsequenzen. Es gibt Anzeichen dafür, dass Fehleinschätzungen und Vorurteile deshalb entstehen, weil das Case Management für die Belegschaft erst sichtbar wird, wenn es um die Abwicklung von vermeintlich schwerwiegenden Fällen geht. Eine allgemeine Informationsveranstaltung oder Vorstellung des Case Managements von Seiten der Personalabteilung findet bisher nicht statt. Eine entsprechende Aufklärung wird als Führungsaufgabe an die Vorgesetzten delegiert.

„Ich verstehe, dass das Thema ‚Gesundheit und Krankheit' ganz schwer für den Arbeitgeber zu handhaben ist. Er bezahlt seine Leute und es gibt immer Angestellte, die auch ohne Grund zu Hause bleiben. [...] weil es diese Leute gibt, ist der Mitarbeiter eigentlich auch selber schuld." (Interviewpartner 56).

„Wenn du zu viele Absenzen hast, dann kommst du auf die Abschussliste. Ich kann natürlich verstehen, dass man die Krankheitstage beobachten muss, weil viele das System ein Stück weit ausnutzen." (Interviewpartner 39).

„Irgendwie hat sich dieses Bild in den Köpfen der Leute verfestigt: Wenn das Case Management kommt, dann ist Schluss. Das Bild ist aber total falsch. Die Vorurteile entstehen, weil die Mitarbeiter viel zu wenig darüber wissen." (Interviewpartner 5).

7.6.2.3. Einzelbeurteilung von Gesundheitszirkeln

Gesundheitszirkel sind ressourcenintensiv. Sie werden im Bedarfsfall von Personal- resp. Gesundheitsspezialisten initiiert (bspw. wenn die Fehlzeitenquote in einer Organisationseinheit alarmierend hoch ist). Eine Unterstützung durch externe Partner ist häufig. Obwohl das Instrument relativ wenig verbreitet ist, wird es von bisherigen Erfahrungsträgern wegen der aktiven Mitwirkung der Mitarbeitenden als besonders effektiv beschrieben.

„Man muss die Leute zu Betroffenen machen. Das ist der einzige Weg, um das Gesundheitsmanagement nachhaltig zu verankern." (Interviewpartner 10).

Die Erlebnisse der Gesprächspartner lehren, dass es sich bei den Zirkelteilnehmenden um Betroffene handeln sollte. Ansonsten können Belastungsursachen nur indirekt durch Dritte erahnt werden. In solchen Fällen besteht die Gefahr, dass Beteiligte an der Sinnhaftigkeit des Ansatzes zu zweifeln beginnen und sowohl finanzielle als auch personelle Ressourcen suboptimal genutzt werden. Ferner betonen die Gesprächspartner die Wichtigkeit eines situationsangepassten und flexiblen Vorgehens. Eine sture Prozessverfolgung kann sich negativ auf die Motivation und Zielerreichung auswirken. Als zentrale Erfolgsvoraussetzung zählt weiterhin, dass sich Führungskräfte den Verbesserungsvorschlägen der Beschäftigten gegenüber zugänglich zeigen und sich aktiv mit diesen auseinandersetzen. Um die Glaubwürdigkeit des Ansatzes nicht zu untergraben, weisen Erfahrungsträger mit Nachdruck darauf hin, die definierten Maßnahmen umzusetzen und Erfolgskontrollen zu unterziehen.

„Teilweise werden Ideen sehr rasch von der Leitung verworfen und als zu teuer erachtet. Das ist sehr schade und wenig motivierend für die Zirkelteilnehmer, die sich Gedanken zu Verbesserungsmöglichkeiten gemacht haben. [...] es kann ja nicht sein, dass man eigentlich hier die Absicht vermittelt, wir wollen die Mitarbeiter mitdenken und mitverhandeln lassen und dann kriegen sie am Schluss noch eins aufs Dach. [...] Die Führung ist immer entscheidend in diesen Themen." (Interviewpartner 13).

7.6.2.4. Einzelbeurteilung ergonomischer Anpassungen

Sowohl im operativen Betrieb als auch in der Verwaltung werden ergonomische Anpassungen in hohem Maße geschätzt. Unabhängig von der persönlichen Bedürftigkeit sehen Führungskräfte und Mitarbeitende hierin ein klares Zeichen der Wertschätzung. Anpassungen, die allerdings nicht als solche kommuniziert werden und wenig offenkundig sind, werden oftmals als Selbstverständlichkeit verbucht bzw. gar nicht bemerkt. Ein Gefühl von Ungleichbehandlung oder Inkonsistenz entsteht, wenn das Unternehmen ergonomische Verbesserungen betroffenen Personenkreisen nicht gleichermaßen zur Verfügung stellt. Insgesamt schätzen die Befragten die Wirksamkeit ebensolcher Maßnahmen als hoch ein.

„Wir haben letztes Jahr Stehpulte bekommen. Da habe ich gestaunt. Das hätte ich nie gedacht. Ich war positiv überrascht, Chapeau." (Interviewpartner 55).

Zusammenfassend ist anzumerken, dass die Nachhaltigkeit des BGM aufgrund der schwierigen Erfolgsmessung nicht im Grundsatz bezweifelt, wohl aber kritisch beobachtet wird (vgl. Abschnitt III.-7.6.3.2.). Langfristig werden verhältnispräventive Maßnahmen für deutlich effektiver gehalten als der Versuch, auf das individuelle Gesundheitsverhalten Einfluss zu nehmen. Die Unterstützung und Vorbildfunktion der Führung gilt in jedem Fall als Erfolgsvoraussetzung (vgl. Abschnitte III.-7.7.3. und III.-7.9.3.).

7.6.3. Entwicklungsstand und weiterführender Entwicklungsbedarf

Die Ursprünge des Gesundheitsengagements sind auf hohe Fehlzeiten zurückzuführen. Eine rein administrative Abwicklung von Krankheitsfällen hat sich als unzureichend und oftmals willkürlich erwiesen. Mit der Einführung eines professionellen Absenzenmanagements unter dem „Deckmantel BGM" war die Erwartungshaltung an beträchtliche Kosteneinsparungen geknüpft. Hierarchisch autorisiert wurde das Gesundheitsmanagement von höchster Führungsebene. Rückblickend sprechen Fachverantwortliche von einer schwierigen Anfangsphase. Viele Vorgesetzte sahen zunächst die Zweckmäßigkeit des BGM weniger als den drohenden Aufwand für die Führungsarbeit. Inzwischen ist das Akzeptanzniveau deutlich gestiegen.

„Wir haben das Gesundheitsmanagement eingeführt, weil der Konzernleiter damals gesagt hat, dass wir das machen müssen. Jeder Bereich musste jemanden stellen. Es war mehr ein Muss und weniger ein wirkliches Interesse." (Interviewpartner 30).

„Wir sind auf einem guten Weg. Früher gab es noch eine totale Abwehrhaltung. Das ist heute anders." (Interviewpartner 6).

7.6.3.1. Stärken des Gesundheitsmanagements im Ist-Zustand

Der Erfolg des BGM lässt sich zumindest teilweise monetär ausweisen. Ein bemerkenswerter Rückgang der Abwesenheiten hat die Wirtschaftlichkeit des Konzerns erheblich verbessert.

„Man hat den Gesamtnutzen des Gesundheitsmanagements in allen Bereichen erkannt. Man muss nicht mehr über den Sinn oder Unsinn des Gesundheitsmanagements diskutieren." (Interviewpartner 9).

Folgende Stärken des BGM konnten im Ist-Zustand ausfindig gemacht werden:

Erste flächendeckende Sensibilisierung der Führung

Der Einbezug der Führung, insbesondere der Konzern- und Geschäftsleitung(en), ist ein tragender Erfolgspfeiler in der Entwicklungsgeschichte des BGM. Gemäß den Erkenntnissen der Fallstudienuntersuchung gibt es auf Vorgesetztenebene kaum eine Person, die bisher nicht mit dem Gesundheitsgedanken der Post in Berührung gekommen ist.

„Der wichtigste Schritt war der Einbezug der Führungskräfte. In der Vergangenheit war Gesundheit kein Führungsthema. Es hat sich fast niemand dafür interessiert. Heute denke ich, erkennen die Vorgesetzten zusehends, welchen Einfluss sie auf die Mitarbeitergesundheit haben und dass gesunde Mitarbeiter auch für den eigenen Führungserfolg enorm wichtig sind." (Interviewpartner 13).

Finanzielle und personelle Ressourcenausstattung

Die Freigabe monetärer Mittel sowie die Institution von BGM-Spezialisten ermöglichen u. a. Investitionen in ergonomische Arbeitsbedingungen, ein umfassendes Angebot an Aktionen und Kampagnen und tragen ausschlaggebend dazu bei, dass das BGM kontinuierlich verbessert sowie systematisch und nachhaltig im Unternehmen verankert wird. Die finanzielle Ressourcenausstattung gilt als ausreichend bzw. sogar vorbildlich. Der Personalbestand an Fachkräften ist hingegen umstritten. Er wird dann als zu knapp erklärt, wenn leitende Gesundheitsspezialisten auch stark in die operative Umsetzung des BGM eingebunden sind oder wenn sie zu wenig Unterstützung innerhalb der eigenen Abteilung erhalten.

„Rein instrumentell haben wir fast alles. Ich kann mir nicht vorstellen, was man noch erfinden könnte." *(Interviewpartner 44).*

„Wir haben Leute, die sich Gedanken gemacht haben, wie man das BGM sauber um-setzen kann. Klar, es braucht am Anfang einen klaren Entscheid der Post: Wir wollen das und wir machen jetzt das. Dieser Entscheid ist vor einer Weile gefällt worden." *(Interviewpartner 26).*

Prozessuale Umsetzung des Absenzen- und Case Managements

Der Ablauf des Fehlzeiten- und Fallmanagements gliedert sich in aufeinander aufbau-ende Prozessschritte. Spezialisten verfolgen IT-gestützt ihre Einhaltung und stehen Vorgesetzten im Bedarfsfall beratend bei. Der Professionalisierungsgrad wird als hoch eingestuft.

„Die Stärke des Gesundheitsmanagements sehe ich in den klaren Prozessen, die wir im Gesundheitsmanagement verfolgen." *(Interviewpartner 4).*

Hoher Umsetzungsstandard in den Bereichen Gesundheitsschutz und Arbeitssicherheit

Eine weitere Stärke sehen Gesprächspartner in der Umsetzung gesetzlicher Vorgaben. Vor allem im operativen Bereich wird der Unfallvermeidung ein zentraler Stellenwert beigemessen.

„Ich denke, in Sachen Arbeitssicherheit sind wir relativ gut. Wir haben uns in den Be-trieben z. B. sehr genau nach Stolpersteinen umgesehen. Dann achten wir auf eine ge-sunde Körperhaltung und haben Stehpulte eingeführt." *(Interviewpartner 67).*

Grundverankerung des Gesundheitsmanagements im Kulturkonzept

Die Integration des Gesundheitsgedankens in die Personalpolitik und -strategie wird als Anzeichen dafür gewertet, dass eine erste kulturelle Verankerung des BGM stattge-funden hat.

„Eine große Stärke ist, dass es in unserer Personalpolitik und überall verankert wird." *(Interviewpartner 31).*

7.6.3.2. Schwächen des Gesundheitsmanagements im Ist-Zustand

Alles in allem zeigen sich Fachspezialisten und Führungskräfte mit dem Entwicklungsstand des BGM zufrieden. Es ließen sich gleichwohl die nachstehenden Schwächen identifizieren:

Erfolgskontrolle (valide Kennzahlen)

Ein klarer, im Idealfall kurz- bis maximal mittelfristiger Kosten-Nutzen-Ausweis wird von Seiten des Managements üblicherweise gefordert. Die Messbarkeit eines Produktivitätszuwachses durch gesundes, zufriedenes Personal gestaltet sich jedoch überaus schwierig, vor allem binnen eines überschaubaren Zeitfensters.[242] Demnach ist eine Wirtschaftlichkeitskontrolle des BGM anhand von validen Kennzahlen nur bedingt durchführbar.

„Ich kann das Gesundheitsmanagement zu wenig fassen. Ich kann zu wenig sagen, was es effektiv bringt. [...] Das muss sich nicht eins zu eins in Zahlen niederschlagen. Es kann aber nicht sein, dass die Personalabteilung und die Vorgesetzten einen riesen Aufwand betreiben und unklar bleibt, was das Ganze bringt." (Interviewpartner 5).

Bisher werden in erster Linie Morbiditätszahlen (bzw. die sogenannte Präsenzgesundheit) zur BGM-Erfolgskontrolle herangezogen. Eine Argumentation über die Senkung von Fehlzeiten wird von Fachpersonen in der Anfangsphase eines BGM als legitim und zielführend angesehen. Der Grund hierfür liegt in der Verständlichkeit und weitgehenden Monetarisierbarkeit von Abwesenheitsstatistiken. Allerdings verengt eine reine Fehlzeitenfokussierung die konzeptionelle Ausrichtung des Gesundheitsgedankens im Betrieb. Zudem ist nach einem gewissen Zeitraum mindestens mit einer Stagnation der Fehlzeiten zu rechnen, so dass die Überzeugungskraft des Messgegenstands peu à peu nachlässt. Auch ist die Summe der Abwesenheiten ein von vielschichtigen Faktoren abhängiger Parameter. Er kann nicht allein über Effekte des BGM interpretiert werden. Des Weiteren lässt sich das Gesundheitsempfinden des anwesenden Personals nicht anhand von Abwesenheitstagen auskundschaften.

---

[242] Der Postkonzern versucht, anhand verschiedener Kennzahlen Rückschlüsse auf das Gesundheitsempfinden der Mitarbeitenden zu schließen. Beispielhaft genannt werden kann der eigens entwickelte „Gesundheitsindex" (vgl. Kaiser-Probst 2009: 45). Dieser ergibt sich aus den Ergebnissen der Personalzufriedenheitsumfrage. In jüngster Zeit wird auch das von der Gesundheitsförderung Schweiz entwickelte „Stresstool" eingesetzt.

Reaktive Ausrichtung des Gesundheitsmanagements

Im Ist-Zustand tendiert das BGM dazu, auf bereits eingetretene Krankheitsfälle oder sichtbar gewordene Gesundheitsgefahren zu reagieren (Symptombekämpfung). Führungskräfte und Gesundheitsspezialisten werden im Regelfall erst aktiv, wenn konkreter Handlungsbedarf feststellbar ist. Nach einer anfänglichen Konzentration auf Abwesende werden derzeit vielfach eine präventive Schwerpunkterweiterung und damit eine Konzentration auf Anwesende am Arbeitsplatz gefordert. Diese bedenkt der Konzern bislang vorwiegend durch eine ergonomische Infrastruktur.

„[...] im Unternehmen werden diejenigen ausgeblutet, die einfach ihrer Arbeit nachgehen und daher niemandem besonders auffallen." (Interviewpartner 8).

„Wenn kein unmittelbarer Handlungsbedarf erkennbar ist, glaube ich, dass es niemanden gibt, der von sich aus etwas unternehmen würde. Man wartet lieber, bis sich die Personalabteilung irgendetwas Tolles einfallen lässt und man mitmachen kann." (Interviewpartner 36).

Zielkonflikte und Widersprüche

Dass bisher nicht von einer ausgereiften Kohärenz des BGM gesprochen werden kann, zeigen Zielkonflikte und Widersprüche. Diese relativieren die Ernsthaftigkeit und Konsequenz, mit welcher der Konzern die Gesundheit der Beschäftigten zu fördern versucht. Ein besonderes Spannungsverhältnis besteht zwischen Leistungs- und Kostenzielen auf der einen und Fürsorgeambitionen auf der anderen Seite.

„Irgendwo besteht oft eine scheinbare oder effektive Widersprüchlichkeit in den Zielsetzungen. So fordern wir von unseren Mitarbeitenden [...] jeden Tag Spitzenleistungen mit den entsprechenden gesundheitlichen Folgen einer Leistungsverdichtung und geben in der Gesundheitsförderung Rabattgutscheine für den Kauf von Früchten ab." (Interviewpartner 10).

„In einer Leitungssitzung hat unser Sicherheitsverantwortlicher über das Rollerfahren im Winter gesprochen: Fahrt vorsichtig, tragt Sorge, es ist eisig, usw. Der nächste Referent hat über das Thema Arbeitszeit gesprochen und uns dazu aufgefordert, unsere Leute effizient einzusetzen und darauf zu achten, dass möglichst keine Überzeiten gemacht werden. Das war innert fünf Minuten. Das sind zwei Ansichten, die sich widersprechen. [...] Ich habe manchmal das Gefühl, das Gesundheitsmanagement ist eine reine Alibi-Übung." (Interviewpartner 63).

Unzureichender Führungs(ein-)bezug

Durch die vielen eventartigen Aktionen und Kampagnen zu generellen Gesundheits-themen wurde die Aufmerksamkeit des Personalkörpers bisher weniger auf den be-trieblichen Kontext und mehr auf allgemeine Lebensumstände gelenkt. Entsprechend gering fällt mitunter das Identifikationsniveau der Vorgesetzten mit dem BGM aus. Teilweise sehen sie darin eine Serviceleistung für Mitarbeitende, von der sie sich selbst kaum angesprochen fühlen.

„Unser Gesundheitsmanager zeigt sehr viel Initiative und lanciert viele gute Aktionen, aber ich glaube, dass der Bezug zur Führung bisher nicht immer ganz deutlich war." (Interviewpartner 10).

„Die Struktur ist da, die Leute sind da, die Finanzen sind da. Es ist alles da. Man kommt nicht an die Führung ran." (Interviewpartner 1).

Kommunikation und Marketing

Der Bekanntheitsgrad des BGM ist noch nicht ausreichend ausgedehnt. Der Eindruck von betriebenem Aktionismus bzw. einer mangelnden Einbettung von Einzelinitiativen in ein übergeordnetes Gesamtkonzept ist teilweise durch Schwächen im Bereich Kommunikation und Marketing zu begründen. Die interne Vermarktung von Gesund-heitsthemen wird von Fachverantwortlichen als große Herausforderung beschrieben. Das Leisten von Überzeugungsarbeit auf Führungsebene einerseits und die großzahli-ge Erreichung und Begeisterung von Beschäftigten andererseits gelten als schwierig. Vorgesetzte setzen ihre Mitarbeitenden relativ selten über bevorstehende Aktionen und Kampagnen in Kenntnis.

„Aber das Branding BGM ist noch zu wenig ausgeprägt. Da hat man eine Chance verpasst." (Interviewpartner 1).

„Trotzdem habe ich unterschätzt, wie anspruchsvoll die Kommunikation eines solchen Themas in einem so großen Unternehmen ist. [...] Es ist gar nicht einfach, Kampag-nen zu konzipieren, Führungskräfte mit ins Boot zu holen und flächendeckend die Aufmerksamkeit der Leute zu gewinnen." (Interviewpartner 61).

Verknüpfung gesundheitsrelevanter Wissensbestände

Das Spezialistenwissen in den Bereichen Personal- und Gesundheitsmanagement ist weit ausgereift. Überdies verfügt die Post über eine fundierte Basis an gesundheitsrelevanten Daten (z. B. Abwesenheitsstatistiken, Personalzufriedenheitswerte). Jedoch ist ein Mangel in der Verknüpfung und Integration verfügbarer Wissensbestände zu sehen. Dieser Schwäche wird die Befürchtung eines anderenfalls zu stark wachsenden Komplexitätsgrads entgegengehalten.

„Wir haben sehr viele sehr gute einzelne Instrumente, wenn ich allein an unsere Personalumfrage oder Unfallstatistiken denke. Wir sind bisher relativ schlecht darin, diese Instrumente zu einer Gesamtsicht zu kombinieren. Diesbezüglich müssen wir einen Schritt weiterkommen und Verbindungsbrücken schlagen. Uns fehlt häufig eine ganzheitliche Vogel-Perspektive." (Interviewpartner 67).

Ausbildungs- und Kompetenzdefizite zentraler Akteure und deren Zusammenarbeit

Das Wissen im Bereich BGM vieler HR-Beratenden sowie Vorgesetzten beschränkt sich auf die Inhalte einzelner Schulungsmodule (vgl. Abschnitt III.-7.9.4.4.). Dieser Tatbestand wird von leitenden Gesundheitsmanagern als gefahrenträchtig eingestuft, bedenkt man, wie weitreichend und vielschichtig die erforderliche Fachkenntnis ist. Das teilweise zu wenig gesamtkonzeptionelle Denken bietet einen Erklärungsansatz für die oftmals enge Auslegung des BGM (z. B. AGS, Management von Fehlzeiten).

„Es gibt zu viele Player in diesem Thema. [...] Es führt zu absoluter Überschätzung; solche Leute, die sich Gesundheitsmanager oder Case Manager nennen, die aber keine Ahnung haben und [...] im Druck der Linie handeln." (Interviewpartner 32).

Ein weiterer Kritikpunkt besteht in der noch nicht optimierten Zusammenarbeit von Personalfachkräften, Gesundheitsexperten und Vorgesetzten. Das ausgeprägte Spezialistentum innerhalb des Großkonzerns und das damit in Verbindung stehende Abgrenzungsverhalten kommen hier nachteilig zum Tragen.

7.6.3.3. Zukünftige Herausforderungen

Der Erhalt und die Förderung von Gesundheit und Wohlbefinden im Betrieb gewinnen innerhalb der Personalarbeit an Bedeutung. Dies konstatieren die Befragten nahezu einträchtig.

Auch bei den nachstehenden Herausforderungen handelt es sich nicht um eine abschließende Aufzählung. Vielmehr werden verschiedene Aspekte zu Oberkategorien zusammengefasst.

Konzeptvertiefung und -erweiterung

Eine Grundsensibilisierung für gesundheitliche Themen innerhalb und außerhalb des Arbeitskontexts hat stattgefunden. Basiskonzepte und generelle Ansatzpunkte wurden identifiziert und planvoll angegangen. Eine Systematisierung und konzeptionelle Erweiterung des bisherigen Wissensstands wird nun vor allem von Spezialisten gefordert. Das Ziel besteht darin, den Aktionsradius des BGM zu erhöhen (z. B. Erschließung angrenzender Themenfelder) sowie eine umfassende Integration des Gesundheitsgedankens in den Führungs- und Kooperationsalltag zu bewirken. Hierzu bedarf es einer Neu- bzw. Repositionierung des BGM.

„Mit Äpfel-Verteilen integrieren wir kein BGM." *(Informelles Gespräch O).*

Implementierung ergänzender Erfolgskriterien

Auch für die Zukunft wird eine Senkung der Absenzen als wichtiges Ziel deklariert, wobei schon ein Halten des bisherigen Erfolgs als Herausforderung angenommen wird.

„Also wenn kein Umdenken stattfindet, dann wird das BGM, da es keine Reduktion der Absenzen mehr erwirkt, einfach abgeschafft. [...] wir müssen uns über einen anderen Nutzen definieren als über Absenzen." *(Interviewpartner 1).*

Bereits heute werden qualitative Kennzahlen als weitere Erfolgsindikatoren diskutiert (z. B. Personalzufriedenheit). Ihre Überzeugungs- und Aussagekraft schätzen die meisten Interviewpartner bisher aber eher gering ein. Der Grund hierfür liegt in der ausgeprägten Zahlenorientierung und den nicht selten kurzfristigen Zielen des Managements. Eine nachhaltige Implementierung ergänzender, langfristig ausgerichteter Erfolgskriterien wird jedoch als Erfordernis für den Fortbestand eines erfolgreichen BGM angesehen.

Stärkung der Eigenverantwortung

Einigkeit besteht dahingehend, dass die Befähigung des Personals, Verantwortung für das eigene Wohlergehen übernehmen zu können und zu wollen, eine Schlüsselaufgabe in der Gesundheitsförderung darstellt und damit als bleibende Herausforderung zu deklarieren ist (vgl. Abschnitt III.-7.8.).

„Das Schwierige ist, einen Weg zu finden, der die Leute motiviert, aktiv zu werden und Verantwortung zu übernehmen." *(Interviewpartner 13).*

Weiterentwicklung des Case Managements

Das Überdenken („Machen wir genug und machen wir das Richtige?") und gegebenenfalls die Erweiterung des Gesamtangebots im Bereich Gesundheitsmanagement wird von vielen Befragten für notwendig befunden. Möglichkeiten zur Vermeidung bzw. Reintegration von Langzeitkranken beschäftigen Spezialisten und Führungskräfte besonders. Eine weitere Herausforderung stellt demnach die zukünftige Ausgestaltung des Case Managements dar. Wie in Abschnitt III.-7.6.2.2. erläutert, nehmen bisher Mitarbeitende der Personalabteilung die Funktion eines Case Managers wahr. Eine Auslagerung des Case Managements an externe Dienstleister wird aus Gründen mangelnder Neutralität als diskussionswürdig betrachtet.

Weiterführende Integration des Gesundheitsansatzes in das Managementinstrumentarium

Handlungsbedarf sehen Fachverantwortliche darin, den Gesundheitsgedanken noch weiter und zielgerichteter in das Instrumentarium des (Personal-) Managements zu integrieren. Für besonders wichtig wird die gesundheitsgerechte Arbeits- und Prozessgestaltung erachtet.

„Eher negativ finde ich, dass das Gesundheitsmanagement zwar als Führungsthema positioniert ist, aber dass es noch nicht wirklich bei der Arbeitsgestaltung berücksichtigt wird. Die Erkenntnis, dass die Arbeitsgestaltung sehr viel mit Gesundheit zu tun hat, würde uns einen deutlichen Schritt weiter bringen." (Interviewpartner 60).

Führungskräfte- und Kulturentwicklung

Die Entwicklung und Unterstützung von Vorgesetzten gilt als zentrale personalwirtschaftliche Herausforderung. Das Ziel besteht in einer Verbesserung der Führungskompetenz und -kultur. Das BGM betreffend wird es als notwendig angesehen, das bestehende Erstwissen aufzufrischen, zu vertiefen und zu ergänzen. Bislang gelingt es Führungskräften nur eingeschränkt, die geschulten Inhalte in den Unternehmensalltag zu transferieren (vgl. Abschnitt III.-7.9.4.4.). Die Erfordernis eines (Gesundheits-) Kulturwandels zeichnet sich vor diesem Hintergrund umso mehr ab.

„Wir brauchen eine Kultur, in der man wirklich über Gesundheit sprechen darf, zumindest in einem gewissen Rahmen. [...] Gesundheit soll ein Wert werden, der einen Mitarbeiter die gesamte Postkarriere begleitet." (Interviewpartner 6).

„Der derzeitige Schwachpunkt ist, dass wir noch nicht am Ziel der angestrebten Kulturveränderung sind, wobei wir auch nie am Ziel sein werden. Wir sind auf einem gu-

ten Weg. Die Signale sind auf grün und die Weichen richtig gestellt. Trotzdem darf man jetzt nicht nachlassen." (Interviewpartner 9).

<u>Psychische Gesundheit</u>

(Vgl. Abschnitt III.-7.4.4.).

<u>Demographische Entwicklung und gesundheitsgerechte Karrieremodelle</u>

Der demographische Wandel stellt die Post, und damit unweigerlich auch ihr BGM, vor große Herausforderungen. Dadurch, dass sich die Altersstruktur und die physische Belastungsintensität zwischen den Konzernbereichen unterscheiden, wird die Dringlichkeit des Handlungsbedarfs oftmals ungleich eingeschätzt.

„Eine der größten Herausforderungen ist für mich der Umgang mit der demographischen Entwicklung. Wir altern als Konzernbereich jährlich um 0,8 Jahre. Dass wir altern, ist nicht per se schlecht, aber wir werden krankheitsanfälliger und die Verletzungsgefahr steigt. Körperliche Arbeit hinterlässt ihre Spuren." (Interviewpartner 43).

Vor dem Hintergrund des demographischen Wandels und des kontinuierlichen Wegfalls von Schonarbeitsplätzen (gilt auch für Behindertenarbeitsplätze) gewinnen gesundheitsgerechte Karrieremodelle an Bedeutung. Eine zukünftig verstärkte bereichsübergreifende Zusammenarbeit wird in diesem Punkt als wünschenswert erachtet. Bisher mangelt es allerdings an einer konkreten Weiterverfolgung angedachter Ideen (z. B. intensivierte Kooperation zwischen dem Brief- und Paketgeschäft). Ein Grund hierfür ist, dass ökonomische Bereichsinteressen zum Teil über das Wohl des Mitarbeiters bzw. des Gesamtkonzerns gestellt werden (Kosten- und Leistungsziele lassen sich mit gesundheitlich eingeschränkten Beschäftigten nur erschwert erreichen). Hier besteht ein Spannungsfeld zwischen Wirtschaftlichkeits- und BGM- resp. Mitarbeiterzielen.

<u>Zielgruppenorientierung</u>

Erkrankte (abwesende) und operativ tätige Angestellte stellen die Hauptzielgruppen des BGM im Ist-Zustand dar. Eine darüber hinausgehende, funktionsgerechte (z. B. Top-Management, Verwaltung) oder altersadäquate Differenzierung findet kaum statt.

„Es muss uns gelingen, uns noch klarere Vorstellungen zu machen, wie die einzelnen Zielgruppen funktionieren. Das ist für mich der entscheidende nächste Schritt. Wenn es uns gelingt, unsere Botschaften und Angebote maßzuschneidern, werden wir die Leute eher begeistern können. Dabei müssen wir beachten, dass wir nicht zu ‚lehrerhaft' auftreten. Wir wollen nicht als Papst in das Leben unserer Mitarbeiter treten und

ihnen vorgeben, was sie zu essen und wie oft sie sich zu bewegen haben. Das wirkt ab-
schreckend." (Interviewpartner 13).

Tabelle 13 fasst alle genannten derzeitigen Stärken, Schwächen und bevorstehenden
Herausforderungen zu Übersichtszwecken zusammen.

Stärken	- Erste flächendeckende Sensibilisierung der Führung - Finanzielle und personelle Ressourcenausstattung - Prozessuale Umsetzung des Absenzen- und Case Managements - Hoher Umsetzungsstandard in den Bereichen Gesundheitsschutz und Arbeitssicherheit - Grundverankerung des Gesundheitsmanagements im Kulturkonzept
Schwächen	- Erfolgskontrolle (valide Kennzahlen) - Reaktive Ausrichtung des Gesundheitsmanagements - Zielkonflikte und Widersprüche - Unzureichender Führungs(ein-)bezug - Kommunikation und Marketing - Verknüpfung gesundheitsrelevanter Wissensbestände - Ausbildungs- und Kompetenzdefizite zentraler Akteure und deren Zusammenarbeit
Zukünftige Herausforderungen	- Konzeptvertiefung und -erweiterung - Implementierung ergänzender Erfolgskriterien - Stärkung der Eigenverantwortung - Weiterentwicklung des Case Managements - Weiterführende Integration des Gesundheitsgedankens in das Managementinstrumentarium - Führungskräfte- und Kulturentwicklung - Psychische Gesundheit - Demographische Entwicklung und gesundheitsgerechte Karrieremodelle - Zielgruppenorientierung

Tabelle 13: Stärken, Schwächen und Herausforderungen des Gesundheitsmanagements (eigene Darstellung)

Der nächste Abschnitt widmet sich dem BGM im institutionellen Sinne.

7.6.4. Institutionelles Gesundheitsmanagement

Das Gesundheitsmanagement wird sowohl in der Konzernzentrale als auch in den Geschäftsbereichen durch Fachspezialisten betreut. Alle Fachpromotoren sind den jeweiligen Personalabteilungen angeschlossen.[243] Das bereichsübergreifende „Fachgremium Betriebliches Gesundheitsmanagement" arbeitet dem entscheidungsbefugten „Fachausschuss Personal" zu. In der Konzernleitung wird das BGM durch zwei hochstehende Führungskräfte der Personalabteilung eingebracht. Diese sind den Bereichen gegenüber nicht weisungsbefugt und haben selbst keinen spezifisch biographischen BGM-Hintergrund.

7.6.4.1. Rolle der Konzernzentrale und bereichsübergreifende Zusammenarbeit

Die Rolle der Konzernzentrale im BGM sehen die Geschäftsbereiche u. a. darin, günstige Konditionen z. B. im Einkauf externer Schulungen auszuhandeln oder größere Aktionen und Kampagnen sowohl zu konzipieren als auch zu koordinieren. Darüber hinaus wird es als Aufgabe der Zentrale aufgefasst, eine Plattform zu schaffen, die den Austausch von Erfahrungen und Wissen unter den leitenden Gesundheitsspezialisten ermöglicht (Fachgremium BGM). In der konkreten Ausgestaltung von Gesundheitsförderungsmaßnahmen beharren die Bereiche indes weitgehend auf der ihnen prinzipiell zugesprochenen Autonomie. Dies führt mitunter zu Konflikten.

„Wenn ein Bereich etwas machen will und finanziell für sein Vorhaben aufkommt, warum sollte er es dann nicht machen dürfen? Weil es nach dem Befinden Einzelner nicht der gemeinsamen Konzernhaltung entspricht? Beispielsweise ist es so, dass finanziell gut aufgestellte Bereiche ein Sabbatical für eine bestimmte Personalkategorie finanzieren, was einem anderen Bereich in dieser Form nicht möglich ist. Folglich werden Mitarbeiter einer Personalkategorie je nach Bereich unterschiedlich behandelt. Das führt natürlich zu Spannungen. Es stellt sich immer wieder dieselbe Frage: Was geht vor, der Konzern oder die Bereichsautonomie? Eigentlich bräuchte es hierzu einen Grundsatzentscheid der Konzernleitung, aber dadurch, dass es sich vielfach um Fachthemen handelt, versucht man die Fragen selbstständig zu klären." (Interviewpartner 9).

Während sich die Personalabteilung auf Konzernebene klar zum AGS und zum Case Management bekennt, gibt es im Zuge der anstehenden Reorganisationen Überlegun-

---

[243] Unzutreffend ist die obige Aussage zum Teil für Sicherheitsexperten und Personen, die mit der ergonomischen Arbeitsplatzgestaltung (z. B. Stehpulte, PC-Zubehör) betraut sind. Diese können aber auch nur eingeschränkt als BGM-Fachpromotoren bezeichnet werden.

gen, die BGF vollständig in die Bereiche auszulagern. Einige Experten stehen diesem Vorschlag äußerst kritisch gegenüber.

„Die Gesundheitsförderung verliert an Bedeutung, wenn man sie nicht auf Konzern-ebene verankert. Gewisse Bereiche werden ihr Engagement irgendwann zurückfahren bzw. das Gesundheitsmanagement derart positionieren, dass es vernachlässigbar wird. Man kann ein Thema schließlich auch organisatorisch klein halten. Man hat es, aber es ist unbedeutend." (Interviewpartner 61).

Die bereichsübergreifende Zusammenarbeit wird generell positiv beurteilt. Die Un-gleichheit der Ausbildungs- und Berufswege sowie Unterschiede in der Verwendung von Basismethoden können das gegenseitige Verständnis der Spezialisten in Einzelfäl-len allerdings erschweren (zudem setzen die Bereiche teilweise sehr unterschiedliche Schwerpunkte). Überdies hemmen die genannten Differenzen manches Mal eine ge-meinsame konzeptionelle Weiterentwicklung des BGM.

„Wenn wir im Fachgremium miteinander diskutieren, merkt man mitunter deutlich, dass man nicht dieselbe Sprache spricht. Das macht die Zusammenarbeit natürlich schwierig." (Interviewpartner 61).

7.6.4.2. Personalabteilung

Das Personalmanagement der Schweizerischen Post befindet sich in einem fortge-schrittenen Entwicklungsstadium von einer reinen Personaladministration zu einem Mehrwert generierenden, strategischen Partner. Die Personalabteilung selbst sieht sich einerseits als *„Gralshüterin der Personalpolitik- und strategie"* (Interviewpartner 23) und andererseits in der Funktion eines Business Partners. Die Unterstützung der Linie in Führungsbelangen ist vor allen Dingen Aufgabe der HR-Beratung.

7.6.4.2.1. Akzeptanz des Personalmanagements und Image der Personal-abteilung

Der Stellenwert des Personalmanagements ist hoch. Die vollwertige Mitgliedschaft der obersten Personalleitenden in der Konzern- resp. in den Geschäftsleitung(en) ist hier-für symbolisch anzuführen. Besondere Beachtung kommt dem Personalressort bei rechtlichen, vertraglichen, finanziellen sowie gewerkschaftsrelevanten Problemstel-lungen zu. Im Vergleich dazu stoßen „weiche Themen" häufiger auf kritische Gegen-stimmen.

Akzeptanz und Wertschätzung des HR-Business-Modells sind seit seiner Einführung gestiegen. Die Verlagerung von Personalaufgaben in die Linie stößt dennoch weiterhin zum Teil auf Widerstand seitens der Vorgesetzten. Ebenso verhält es sich im Falle einiger BGM-Initiativen (z. B. Gesundheitsgespräche). Personalfachkräfte beurteilen die Zusammenarbeit mit der Führung als überwiegend konstruktiv und zielführend. Sie beanstanden allerdings wiederholt ihren oftmals späten Einbezug.

„Wir hören immer wieder: Ihr könnt das nicht beurteilen, das geht nicht. Die Linie entscheidet vielfach, ohne auf unsere Ratschläge oder Hinweise zu hören, mit dem Ergebnis einer entsprechend schlechten Umsetzung. Wir haben es noch nicht geschafft, alle Vorgesetzten definitiv ins Boot zu holen. Es braucht weitere Überzeugungsarbeit.“ (Interviewpartner 61).

Während das Image der Personalabteilung aus der Sicht der Führungskräfte tendenziell positiv ausfällt, hegen Mitarbeitende manches Mal Vorbehalte. Der Grund hierfür ist in der Regel ein Mangel an Vertrauen.

„Natürlich könnte ich das der Personalabteilung melden, aber daran würde ich nicht im Traum denken. Jeder versucht, mit seinen Problemen selbst fertig zu werden.“ (Interviewpartner 47).

7.6.4.2.2. Umsetzung des Gesundheitsmanagements innerhalb der Personalabteilung

Die Datenanalyse gibt Aufschluss darüber, dass das BGM innerhalb der untersuchten Personalabteilungen bisher nicht immer den prinzipiell vom Unternehmen erkannten Stellenwert einnimmt. Dieser Tatbestand wird teilweise scharf kritisiert und in der Überzeugungsarbeit anderer Fachbereiche als hinderlich eingeschätzt. Eine Schlüsselrolle kommt in diesem Zusammenhang den Personalleitenden zu. Ihnen wird mitunter fehlendes Fachwissen im Bereich BGM attestiert. Sie delegieren das Arbeitsgebiet zum Teil an Spezialisten, ohne selbst genügend Durchsetzungswillen für die Thematik zu zeigen.

„Ich habe das Gefühl, dass sich unsere Personalleitung zwar für das Thema interessiert, aber es von ihr teilweise missverstanden wird.“ (Interviewpartner 61).

„Für die Personalleitung haben betriebswirtschaftliche Aspekte erste Priorität. Die Fehlzeiten müssen sinken. Ansonsten geht es darum, etwas zu machen, das gegen außen und innen gut verkauft werden kann. [...] Für die Leitungskraft selbst ist das Thema nicht so wichtig. Deshalb wird es innerhalb der Abteilung auch nicht wirklich umgesetzt.“ (Interviewpartner 60).

7.6.4.3. Gesundheitsspezialisten

In allen untersuchten Konzerneinheiten gibt es einen leitenden Gesundheitsspezialisten (Fachführung und Koordination). Daneben existiert eine Art „erweiterter Spezialistenkreis", der sich nach und nach vergrößert. Ihm zuzuzählen sind z. B. dezentrale Beauftragte, Sachbearbeiter, HR-Beratende oder Fachkräfte, die sich u. a. in den Teilbereichen Arbeitssicherheit oder Case Management vertieft haben. Die zunehmende Verschmelzung des Gesundheitsmanagements mit der HR-Beratung geschieht aus dem Anspruch heraus, die Linienverantwortlichen bei personalwirtschaftlichen Fragestellungen „aus einer Hand" zu unterstützen (single point of contact). Leitende Gesundheitsspezialisten verfolgen diese Entwicklung kritisch. Es besteht die Befürchtung, dass das BGM durch die Vielzahl von beteiligten Akteuren und deren teilweise begrenzte Fachkenntnis und innere Überzeugung verwässert und mittelfristig wieder auf Basisleistungen reduziert wird (z. B. Prozessbetreuung im Umgang mit erkrankten Beschäftigten oder Sozialversicherungsberatung). Desgleichen steigt die Gefahr einer mangelnden inneren Kohärenz des Gesundheitsmanagements.

„Man hat das Gesundheitsmanagement und die HR-Beratung zusammengeschlossen. Ich bin unsicher, ob alle operativ tätigen Berater zukünftig das Thema mit Herzblut vorantreiben werden. Man muss am Ball bleiben und die Führungskräfte immer wieder von der Bedeutung des Themas überzeugen. Steter Tropfen höhlt in diesem Fall den Stein. Wenn das der HR-Beratung misslingt, kann das Gesundheitsmanagement relativ zügig versanden." (Interviewpartner 61).

Die Werdegänge und Qualifikationsabschlüsse der BGM-Fachkräfte unterscheiden sich drastisch. Unter den leitenden Gesundheitsmanagern gibt es u. a. Arbeits- und Organisationspsychologen, frühere Pflegekräfte und langjährige Postangestellte, die sich on-the-job, durch Projektarbeit sowie mittels gezielter Aus- und Weiterbildungsmaßnahmen schrittweise spezialisiert haben. Hingegen verfügen viele HR-Beratende, die, wie bereits angesprochen, mittlerweile häufig als BGM-Ansprechpartner auftreten, im weitesten Sinne über eine rein kaufmännische Ausbildung. Bisher sind nicht alle von ihnen im Bereich BGM geschult. Ein Befähigungsprozess findet aktuell statt. Die Divergenz der Hintergründe ist nicht unproblematisch.

„Ich habe mir das nötige Rüstzeug durch meine vielen verschiedenen Tätigkeiten bei der Post angeeignet, aber eine Schulung zum Thema Gesundheitsmanagement habe ich nie besucht. Wir mussten uns ganz einfach mit der Thematik auseinandersetzen, weil wir früher so viele Abwesenheiten hatten." (Interviewpartner 11).

„Ich finde, es würde Sinn machen, wenn wir Gesundheitsmanager einen ähnlichen Hintergrund hätten. Ich merke, dass man bei Diskussionen manchmal aneinander vorbei spricht, weil man einfach nicht dasselbe meint. Es macht schon einen Unterschied, ob man einen theoretischen oder praktischen Hintergrund hat." (Interviewpartner 61).

7.6.4.3.1. Anforderungsprofil für Gesundheitsspezialisten

Aus der Fallstudienanalyse ergibt sich kein klares Anforderungsprofil für leitende Gesundheitsspezialisten. Experten sind sich einig, dass es für die erfolgreiche Ausführung ihrer Position ein hohes Maß an Sozialkompetenz, Überzeugungskraft, Widerstandsvermögen und teilweise Pragmatismus bedarf. Zudem gilt ein weitreichendes und intaktes innerbetriebliches Beziehungsnetzwerk als zentrale Voraussetzung. Kreativität und die Fähigkeit, vernetzt zu denken, halten die Fachverantwortlichen darüber hinaus für zweckdienlich. Erforderliche Fachkompetenzen werden genauso wie die Übernahme einer Vorbildrolle hingegen unterschiedlich eingestuft. Während einige Experten arbeits- und organisationspsychologisches Wissen für entscheidend halten, überwiegen für andere Betriebsnähe und Praxiserfahrung. Beeinflusst wird die Einschätzung der Befragten durch die verschiedenartige Ausgangslage in den untersuchten Konzernbereichen.

„Die einen haken das Gesundheitsmanagement ab, in dem sie z. B. eine Methode einführen, und andere machen es zu einem Kulturthema und nehmen sich vor, die Führungsqualität so zu verbessern, dass sie gesundheitsförderlich wirkt. Das ist ein ganz anderer Ansatz und erfordert viel mehr eine Vorbildrolle des Gesundheitsmanagers." (Interviewpartner 60).

Vermutet wird ein Zusammenhang zwischen dem Ausbildungshintergrund eines Gesundheitsspezialisten und den Erwartungen an seine Person bzw. die Ausgestaltung des BGM.

7.6.4.3.2. Rolle der Gesundheitsspezialisten

Der Katalog an Anforderungen, den die Führung an die Fachspezialisten im Bereich BGM stellt, ist breit gefächert. Es ist folgende Zusammenfassung möglich:

- Senkung der krankheitsbedingten Fehlzeiten,

- Reintegration von (Langzeit-) Kranken,

- regelmäßige Analyse der Ist-Situation und Erkennung von Handlungsbedarf,

- allgemeine Sensibilisierung und Schulung von Vorgesetzten,

- Beratung und Unterstützung der Linie im Umgang mit erkrankten oder verunfallten Mitarbeitenden,

- Weiterentwicklung des bestehenden Gesundheitsmanagements (z. B. Angebotsspezifizierung und -erweiterung) sowie

- Beitrag zur Verbesserung des Arbeitgeberimages bzw. der Außendarstellung der Personalabteilung.

Das Fachwissen der Spezialisten wird hoch geschätzt. Kritik an der Arbeit der operativ tätigen, dezentralen Fachbeauftragten üben Vorgesetzte gelegentlich dahingehend, dass diese bisweilen dazu neigen, in regelmäßigen Abständen Statistiken zu erstellen, ohne daraus konkrete Handlungsempfehlungen abzuleiten. Ein Mehr an Eigeninitiative und Kreativität wird in solchen Fällen gewünscht.

„Die Wertschätzung für BGM bzw. meine Arbeit war immer da. Die Leute kannten es am Anfang nur nicht. Es ging immer um Produktivität und plötzlich spricht jemand von Wohlbefinden und Wertschätzung." (Interviewpartner 30).

„Heute muss man als Vorgesetzter fast ein halber Psychologe sein. Das geht nicht und das will ich auch nicht. Es ist gut, dass die Post Spezialisten beschäftigt, die uns Vorgesetzte unterstützen und entlasten." (Interviewpartner 8).

„Grundsätzlich bin ich strikt dagegen, dass das Gesundheitsmanagement permanent PowerPoint-Präsentationen anfertigt, auf denen diverse Statistiken aufgezeigt werden. Das allein hilft uns nicht weiter. Wir sind noch nicht dort angelangt, wo wir eigentlich hin wollen. Momentan betreiben wir noch viele Alibi-Maßnahmen." (Interviewpartner 68).

Die Konsultation der Gesundheitsexperten erfolgt im Führungsalltag eher punktuell. Üblicherweise werden sie in akuten Bedarfsfällen beigezogen. Dann allerdings erwarten Vorgesetzte eine unverzügliche Lösung vorliegender Probleme. Mit dieser Situation zeigen sich die befragten Experten unzufrieden.

„Man erwartet oftmals von Spezialisten, dass sie mit einem Rezept, mit einem Zauberstab kommen und Abteilungen einfach gesund machen. Das ist zwar immer weniger so, aber dennoch." (Interviewpartner 31).

„Die Personalabteilung wird häufig erst dann zugezogen, wenn es darum geht, die Scherben zusammen zu kehren. Das kann manchmal frustrierend wirken." (Interviewpartner 35).

„Es gab X Burnouts und man hat nicht darüber gesprochen. Man durfte gar nicht darüber sprechen. Es hat geheißen: Dich geht das nichts an, du bist Mitarbeiter. Man hat mich in meiner Rolle oder Funktion nicht wahrnehmen wollen. [...] Es war ein Führungsentscheid und fertig. " (Interviewpartner 30).

Als Fachpromotoren für die Implementierung, den Fortbestand und die Weiterentwicklung eines umfassenden Gesundheitsmanagements werden BGM-Spezialisten als unverzichtbar eingestuft. Das Selbstverständnis der leitenden Fachverantwortlichen deckt sich weitgehend mit den an sie gerichteten Erwartungen. Sie sehen sich primär als Fachstelle, die gesundheitssensible Empfehlungen (keine Anweisungen) für den Arbeitskontext und zum Teil auch für den Privatbereich erarbeitet. Ihre Kompetenzen und Durchsetzungskraft beurteilen sie überwiegend als zufriedenstellend.

7.7. Führung im Kontext von Gesundheitsmanagement

Das BGM betreffend hat der Postkonzern die zentrale Rolle der Führung erkannt. Das Akzeptanzniveau des Gesundheitsmanagements ist unter den Vorgesetzten in den letzten Jahren deutlich gestiegen. Die persönliche Einstellung gegenüber dem betrieblichen Gesundheitsgedanken und das entsprechende Commitment erweisen sich allerdings nach wie vor als sehr unterschiedlich. Unterstellt wird leitenden Angestellten vielfach, dass sie weniger aus innerer Überzeugung und mehr aus Kosten-Leistungs-Motiven, Profilierungschancen und Imagegründen resp. einer positiven Öffentlichkeitswirksamkeit heraus handeln.

„[...] gute Manager sind opportunistisch. Wenn sie sehen, dass es funktioniert, wollen sie mehr davon. " (Interviewpartner 18).

„Heute ist es so, dass personelle Ressourcen im Betrieb nicht mehr im Überfluss vorhanden sind, sprich, wenn jemand krank ist, wird diese Person nicht ersetzt, sondern es muss ein anderer die Arbeit übernehmen. Es ist klar, dass man sich mit der Mitarbeitergesundheit befassen muss, wenn man sein Team und sich selbst nicht überlasten möchte. " (Interviewpartner 4).

7.7.1. Menschenbild

Dass die Art und Weise, wie der Mensch im Arbeitskontext gesehen wird, einen erheblichen Einfluss auf die Gesundheit bzw. die Ausgestaltung und Umsetzung eines Gesundheitsmanagements hat, ist sporadisch im Bewusstsein der Gesprächspartner verankert. Das Menschenbild, auf dem die Personalführung innerhalb der untersuchten Postbereiche basiert, variiert stark. Entsprechend unterschiedlich fallen die verlautbaren Führungsstile der Vorgesetzten aus, wobei die Wichtigkeit einer situativen Führung immer wieder betont wird.

„Ich habe Leute, die esoterisch führen und andere, die militärisch führen. Sie können sich die Vielfalt von Stilen nicht vorstellen. [...] Wenn sich alle lieb haben, denke ich ‚oh mein Gott' und wenn ein Kasernenton herrscht, denke ich auch ‚oh mein Gott'. Wichtig ist mir, dass alle am Ende ihre Ziele erreichen und Ergebnisse liefern." (Interviewpartner 18).

„Ich bin von Beichtvater bis Militärführer alles in einer Person. Meinen Führungsstil würde ich als kooperativ bis autoritär beschreiben, je nach dem, was angebracht ist." *(Interviewpartner 3).*

Das Bild des Menschen befindet sich, konform mit dem schon mehrfach thematisierten Kulturwandel (vgl. Abschnitt III.-7.3.), in nahezu allen untersuchten Bereichen in einem Modernisierungsprozess. Der Leistungswille, die Eigenverantwortung und die Vertrauenswürdigkeit des erwerbstätigen Menschen sollen vermehrt in den Fokus gerückt werden. Gelebt wird dieser Ansatz bisher nur bedingt. Getreu den Aussagen der Gesprächspartner gibt es einige Beispiele für Vorgesetzte, die ihren Mitarbeitenden im Sinne der „alten Beamtenkultur" nur wenig Verantwortung übertragen, enge Verfahrensvorgaben machen und relativ kontrollstark führen. Entsprechend gering fallen in solchen Fällen die vermeintlich gesundheitsdienlichen Handlungs- und Entscheidungsspielräume aus.

„Es gibt Vorgesetzte, die am liebsten alles delegieren würden, weil sie sich aus der Verantwortung schleichen oder vielleicht auch tatsächlich Leute entwickeln wollen und es gibt solche, bei denen muss jedes Papier vom Chef abgesegnet werden." (Interviewpartner 4).

„Es gibt viele Bereiche, wo der Mitarbeiter durchaus als selbst denkender, eigenverantwortlicher Mensch gesehen wird. Dann gibt es aber auch Bereiche, wo genau das Gegenteil der Fall ist. Theorie X und Y sind gleichermaßen vertreten, würde ich behaupten.[244] *Ich persönlich glaube an die Selbstverantwortung des Menschen. Es braucht aber Kraft, um dieses Menschenbild ins Leben zu rufen." (Interviewpartner 64).*

---

[244] Vgl. Abschnitt I.-1.2.1.

„Vielleicht würde es auch mit weniger Kontrolle oder Lenkung gehen, wenn man den Mut dazu hätte. [...] Das kann man nicht von heute auf morgen umstellen." (Interviewpartner 50).

In der Wahrnehmung der meisten Mitarbeitenden (vor allem im operativen Betrieb) muss der arbeitende Mensch primär funktionieren. Obwohl dieses Bild von vielen Befragten kritisiert wird, gibt es einige Beschäftigte, die sich in einer passiven und ausführenden Rolle durchaus wohlfühlen (z. B. „Urpöstler" in der Verwaltung).

7.7.2. Verständnis von Führungsverantwortung und gesundheitsförderlicher Führung

Weder konzern- noch bereichsweit ergibt die Datenanalyse ein allgemeines Führungsverständnis, insbesondere nicht zum Ausmaß der Fürsorgepflicht bzw. Förderungsverantwortung. Im Gegenteil hatten die befragten Vorgesetzten oftmals Schwierigkeiten, eine für sie zutreffende Definition von Führung zu formulieren. Wie die Auswertung des Interviewmaterials erkennen lässt, wird einer ergebnisorientierten Führung (z. B. Erreichung von Leistungszielen) oftmals ein deutlich höherer Stellenwert beigemessen als einer menschbezogenen (z. B. Zufriedenheit). Gründe hierfür liegen in der Anreizstruktur resp. im Personalbeurteilungssystem (vgl. Abschnitt III.-7.9.4.3.). Nur in seltenen Fällen sahen es leitende Angestellte (von sich aus, ohne explizite Nachfrage) als Teil ihrer Führungsverantwortung an, Sorge für die Gesundheit und das Wohlbefinden ihrer Unterstellten zu tragen.

„Führungsverantwortung umfasst ja alles. [...] Es ist schwierig, das alles in Worte zu fassen." (Interviewpartner 64).

„Ein Manager muss zuerst Ergebnisse liefern. Ich weiß, dass das im Personalbereich ein bisschen schwieriger ist, wenn es heißt, dass Ergebnisse über Leichen erzielt werden, aber ein Manager muss zuerst Ergebnisse liefern, sonst ist er keine Führungskraft." (Interviewpartner 18).

„Führungsverantwortung heißt für mich, dass ich Rahmenbedingungen schaffe, die die Gesundheit der Mitarbeiter unterstützen und dazu beitragen, dass meine Leute motiviert zur Arbeit kommen." (Interviewpartner 7).

Obwohl betont wird, BGM sei zu großen Teilen Aufgabe der Führung, besteht keine einheitliche Vorstellung davon, wie eine gesundheitsförderliche Führung konkret auszusehen hat. Während es Stimmen gibt, die unter „gesunder Führung" die Schaffung eines gesundheitsdienlichen Arbeitsumfelds oder die Einhaltung gesetzlicher Vorschriften und Sicherheitsvorkehrungen verstehen, gibt es andere, die mit „gesunder Führung" einen wertschätzenden und respektvollen Umgang verbinden. Wiederum andere erwarten eine Vorbildfunktion im Hinblick auf Sportlichkeit, Ernährung oder einen rauchfreien Lebensstil. Ebenso werden eine konstruktive Konflikt- und Feedbackkultur sowie die Förderung eines harmonischen Arbeitsklimas mit „gesunder Führung" assoziiert. Von gesundheitssensibler Führung kann nach Auffassung einiger Interviewpartner auch gesprochen werden, wenn Vorgesetzte ein ehrliches Interesse am Befinden der Beschäftigten signalisieren, Auffälligkeiten frühzeitig ansprechen und darauf achten, dass die Arbeitsbelastung dem Wohl des Personals im Grundsatz und auf Dauer nicht zuwider läuft.

„Das weiß ich nicht, vielleicht, dass man eine Früchteschale hinstellt." (Interviewpartner 57).

„Gesundheitsförderliche Führung heißt für mich, dass ich ab und zu Früchte bereitstelle und schaue, dass Getränke vorhanden sind. Außerdem sollte eine gesundheitsbewusste Führungskraft die Leute dazu animieren, Sport zu treiben." (Interviewpartner 51).

„Gesunde Führung heißt für mich, dass Vorgesetzte auf ihre eigene Gesundheit achten und ein Gespür dafür haben, dass sie ihre Mitarbeiter fordern, aber nicht überfordern [...]." (Interviewpartner 35).

„Ein gesunder Führungsstil heißt sicher auch, dass man seine Leute nicht verheizt und machbare Ziele definiert. Und man muss als Vorgesetzter hinter seinen Mitarbeitern stehen. Die Leute brauchen einen gewissen Rückhalt, vor allem, wenn mal etwas schief läuft." (Interviewpartner 7).

„Gesundheitsförderliche Führung heißt für mich, dass sich die Führungskraft gegenüber dem Mitarbeiter und seiner Tätigkeit respektvoll verhält. Außerdem halte ich es für sehr wichtig, dass man Feedback gibt. Wenn ich als Person nicht akzeptiert und respektiert werde, ist es völlig egal, ob ich einen guten Stuhl und ein schönes Büro habe. Respekt ist für mich das alles Entscheidende." (Interviewpartner 43).

Den Ist-Zustand im Hinblick auf eine gesundheitsförderliche Führung im Unternehmensalltag bewerten die Interviewpartner als durchwachsen bzw. stark personenabhängig (vgl. Abschnitt III.-7.9.2.).

„Ansonsten muss man bei der Linie immer ein bisschen dafür kämpfen. Manchmal heißt es: Ja, ihr beim Personal habt ja Zeit für so was." (Informelles Gespräch A).

7.7.3. Aktivbeitrag zur Förderung von Gesundheit und Wohlbefinden

Führungskräfte haben mehrheitlich eine positive Einstellung gegenüber dem Absenzen- und Case Management, den BGM-Teilbereichen Ergonomie und Arbeitssicherheit/Gesundheitsschutz sowie gegenüber unmittelbar gesundheitsbezogenen (z. B. Grippeimpfung) oder imageträchtigen Aktionen[245] (Primat der BGM-Sichtbarkeit und Glaubwürdigkeit). Oft reagieren sie zurückhaltend bei Initiativen, welche die Privatsphäre der Beschäftigten bedrohen (und damit die Öffentlichkeit irritieren könnten) und solchen, die das persönliche Führungsverhalten in Frage stellen sowie ihre eigene Person stark in Anspruch nehmen.

„Führungskräfte unterstützen alles, das nach einem Geschenk aussieht [...]. Darüber hinaus wird es langsam schwierig." (Interviewpartner 32).

„Und alles, was organisatorisch, strukturell oder monetär abwickelbar ist, das wird umgesetzt. Da kann man wieder etwas abhaken." (Interviewpartner 58).

Führungskräfte sehen ihren Aktivbeitrag zur Förderung von Gesundheit und Wohlbefinden am Arbeitsplatz sehr unterschiedlich. Mehrheitlich erachten sie es als ihre Aufgabe, Ressourcen finanzieller und personeller Art zur Verfügung zu stellen (meint auch die Inkaufnahme unproduktiver Arbeitszeit) und die Erfolgswirksamkeit des BGM anhand von Statistiken zu verfolgen. Ihre eigene Teilnahme an Aktionen und Kampagnen halten sie vielfach für weniger wichtig als öffentlich keine abschätzigen Bemerkungen über das Gesundheitsmanagement und damit verbundene Aktivitäten zu machen. Positiv sticht hervor, dass sich zwar nicht alle, aber bereits einige Vorgesetzte in einer Vorbildrolle sehen und diese auf unterschiedliche Weise umzusetzen versuchen (vgl. Abschnitt III.-7.9.3.). Auf oberen Führungsstufen scheint das Bewusstsein für die Bedeutung der Führung im BGM ausgeprägter zu sein als auf tieferen Hierarchieebenen.

„Es ist nicht damit gemacht, dass wir nur einen Sponsor haben, [...] der sagt: Macht, da habt ihr Geld. [...] Wir brauchen die Geschäftsleitung oder eigentlich auf jeder Stufe Führungsleute, die dahinter stehen. Geld alleine reicht nicht." (Interviewpartner 50).

---

[245] Unter der Voraussetzung, dass diese nicht unverhältnismäßig viele Ressourcen verbrauchen.

„Wichtig für eine erfolgreiche Verankerung des Gesundheitsmanagements scheint mir die Vorbildwirkung der Geschäftsleitung zu sein. Zusätzlich muss im Management die Bereitschaft vorhanden sein, eine Investition zu tätigen, die nicht am nächsten Tag rentabel ist." (Interviewpartner 10).

„Ich bin dafür, dass wir umsetzen, was nachweislich Wirkung zeigt. Wenn erkennbar ist, was eine Maßnahme bringt, dann wird sie von der Geschäftsleitung unterstützt. Das war in der Vergangenheit bisher immer so." (Interviewpartner 44).

„Ich betrachte das Gesundheitsmanagement als eine Daueraufgabe in der Führungs-arbeit. Es ist keine Aufgabe, die man irgendwann erledigt hat. Man muss kontinuier-lich daran arbeiten." (Interviewpartner 43).

„Die Aufgabe der Geschäftsleitung besteht darin, das Gesundheitsmanagement in je-dem Bereich zu unterstützen. Wir haben dafür zu sorgen, dass das Thema mit Ernst-haftigkeit verfolgt wird und eine konsequente Umsetzung stattfindet. Ich weiß, dass wir oftmals Umsetzungsprobleme haben, weil die Leute sehr unter Druck stehen, auch die Führungskräfte. Aber eine halbherzige Umsetzung reicht nicht." (Interviewpartner 44).

Kritisch festzuhalten ist, dass Führungskräfte die Verantwortung für die Mitarbeiterge-sundheit des Öfteren entweder an die Personalabteilung resp. an die Gesundheitsbeauf-tragten delegieren oder nachgeordnete Führungspersonen mit dem BGM beauftragen.

„Es ist vielleicht ungerecht der Personalabteilung gegenüber, aber man geht davon aus, dass die sich um das Thema Gesundheit kümmert und das auch irgendwie hin-kriegt. Im Alltag ist es sonst so, dass die Geschäftsleitung die Verantwortung an die Leiter der Organisationseinheiten delegiert und die wiederum an ihre Teamleiter. Am Ende sind alle irgendwie zuständig und keiner macht etwas. Das ist so, das muss man ehrlich sagen. [...] Vielleicht versickert das Thema auch irgendwo, weil sich keiner in den Fachbereichen wirklich verantwortlich fühlt, zumindest wüsste ich das nicht. [...] Ich denke schon, dass unsere Geschäftsleitung das Thema sehr ernst nimmt, aber es wird in die Linie delegiert und geht dann irgendwo in der Lehmschicht unter. Viel-leicht gibt es tatsächlich mehr als Früchte." (Interviewpartner 36).

7.7.4. Erwartungshaltung an nachgeordnete Führungskräfte und Stellenwert des BGM in Führungssitzungen

Im BGM wird von Führungskräften erwartet, dass sie den Prozess des Absenzen- und Case Managements umsetzen und gesetzliche Vorschriften bedingungslos einhalten. Daneben sollen sie das Wohl der Beschäftigten nicht wissentlich gefährden und ein

Mindestmaß an Interesse am Befinden ihres Personals zeigen. Das Hauptziel liegt in einer frühzeitigen Erkennung von drohenden Krankheitsfällen. Weil nicht zuletzt die Vorstellungen von „gesunder Führung" stark divergieren, formulieren höhere Führungskräfte darüber hinaus kaum Verhaltensanforderungen an nachgeordnete Leitungspersonen.

„Es gibt keine Verhaltensregeln, die der Vorgesetzte einhalten muss." (Interviewpartner 26).

„Es braucht ein gewisses Bewusstsein für gesundheitliche Themen. Wie stark ich meinen Führungsstil anpasse, nur weil ich jetzt mehr darüber weiß, das weiß ich noch nicht. [...] Wenn, dann müsste man die Erwartungen an mich anders definieren. Das geschieht bisher nicht sehr explizit. Erwartungen werden eigentlich nur über Kennzahlen definiert: Führe so, dass du gute Kennzahlen hast. Wenn die Kennzahlen gut sind, wird davon ausgegangen, dass ich gut führe." (Interviewpartner 7).

Der Stellenwert des BGM in Führungssitzungen bzw. in bilateralen Führungsgesprächen ist in der Regel relativ gering. Zumeist erfolgt eine Konzentration auf Abwesenheitsstatistiken, schwerwiegende/langwierige Krankheitsfälle oder das Thema Arbeitssicherheit. Die Gruppendiskussion auf Geschäftsleitungsebene und die teilnehmende Beobachtung an einem Erfahrungsaustausch unter Führungskräften demonstrieren allerdings, dass es zu angeregten Diskussionen kommen kann, wenn der Thematik genügend Gesprächszeit eingeräumt wird.

„Mit meinem Chef spreche ich weniger über das Gesundheitsmanagement. Er interessiert sich eher für eine Quartalszusammenfassung der Abwesenheiten." (Interviewpartner 65).

„Ich möchte nicht sagen, dass es böswillig ist, aber wir haben uns in den letzten Jahren nicht einmal über das Thema Gesundheitsmanagement unterhalten." (Interviewpartner 36).

7.7.5. Mitarbeiternähe und Gesundheitsgespräche

Die Führungssituation unterscheidet sich zwischen und innerhalb der untersuchten Konzerneinheiten durch die Aufgabenstellung und Personalstruktur sowie durch die Größe der Leitungsspannen. So wird die Nähe zum Individuum vor allem im produktionsnahen Bereich durch Teamgrößen von teilweise über 30 Mitarbeitenden erschwert.[246] In der Verwaltung bestehen im Normalfall kleine(re) Organisationseinheiten. Die Empirie lässt erkennen, dass große Führungsspannen praktisch nur durch eine hohe Prozessorientierung und ein geringes Maß an Menschenführung zu bewältigen sind (wenig eins-zu-eins Kontakt). Eine besondere Belastungssituation ergibt sich für Leitende vieler Unterstellten im Rahmen der jährlichen Mitarbeitergespräche (Dauer zwischen 20 Minuten und zwei Stunden). Der Wortanteil der Mitarbeitenden liegt häufig weit unter 50 %. Ein Vorgesetztenfeedback ist im Gesprächsleitfaden nicht vorgesehen.

„In der Regel spricht der Vorgesetzte deutlich mehr als der Mitarbeiter. Das hat mit der Erfahrung des Vorgesetzten zu tun. Viele stellen geschlossene Fragen und ertragen keine Gesprächspausen." (Interviewpartner 66).

Im Grundsatz wird eine mitarbeiternahe Führung intendiert. Diese wird, wenn als solche erlebt, von den Angestellten sehr geschätzt. Nahezu alle Führungskräfte geben an, ihre Beschäftigten über das berufliche Mindestmaß hinaus zu kennen. Vereinzelt grenzen sich Vorgesetzte bewusst ab, um persönlich nicht zu sehr in Anspruch genommen zu werden.

Ein Mehr an Nähe wird im BGM durch diverse Gesundheitsgespräche forciert. Nach jeder Abwesenheit sind Vorgesetzte dazu angehalten, ein kurzes persönliches Rückkehrgespräch mit den Betroffenen zu führen. Während diese Unterhaltung informeller Natur ist, sind Unterstützungsgespräche bei häufigeren Abwesenheiten feste Bestandteile des prozessorientierten Absenzen- resp. Case Managements. Die Reaktionen der Mitarbeitenden auf Gesundheitsgespräche sind höchst unterschiedlich. Einige empfinden Gesprächsmöglichkeiten dieser Art als Zeichen der Wertschätzung und nehmen sie zum Anlass, Missstände oder Sorgen zu thematisieren. Die vermeintliche Mehrheit der Befragten reagiert mit einer gewissen Skepsis. Sie empfindet das Interesse der Führung vielfach als Kontrolle, Misstrauensvotum oder unberechtigten Eingriff in die Privatsphäre. In vielen Fällen entsteht der Eindruck, das Instrument werde nur dazu genutzt, um Simulanten abzuschrecken. Ferner verlieren Gesundheitsgespräche an Glaubwürdigkeit, wenn der Vorgesetzte das Befinden seiner Mitarbeitenden im Arbeitsalltag nur wenig beachtet. Die meisten Befragten sprechen ihrem Chef ein Gespür für Belastungen und Krankheitssymptome weitgehend ab.

„Die Leute sind nicht auf den Kopf gefallen und wissen genau, dass man ihnen auf die Finger schaut. Aber es reicht manchmal schon, wenn sie merken, dass sie nicht ein-

---

[246] Schichtarbeit/Randarbeitszeiten, geographisch verstreute Teams und eine starke operative Einbindung der Leitung verschärfen die Ausgangslage in der Führung zusätzlich.

fach fehlen können, ohne dass ihre Abwesenheit registriert wird. Gesundheitsgespräche zeigen ganz klar Wirkung." (Interviewpartner 51).

"In der Leitung erkennen wir den Nutzen des Gesundheitsmanagements. Unsere Mitarbeitenden sehen es jedoch teilweise durch eine andere Brille. [...] Oft kommt bei ihnen an, dass ein Gesundheitsgespräch der erste Schritt in Richtung Entlassung sei." (Interviewpartner 68).

"Diese übertriebene Fürsorge, die plötzlich an den Tag gelegt wird, wenn jemand droht krank zu werden, ist eher eine Drohung im Sinne von: Oh, bist sicher, dass du morgen nicht doch kommen kannst? [...] Das Gesundheitsmanagement ist in meinen Augen wirklich unglaubwürdig und falsch." (Interviewpartner 56).

"Man sieht die Symptome nicht, wenn sie nicht angeschrieben sind. Vieles wird meiner Auffassung nach nicht erkannt oder scheint egal zu sein." (Interviewpartner 12).

Die Gesprächsqualität ist in hohem Maße von der Empathie der Vorgesetzten abhängig. Viele Führungskräfte orientieren sich undifferenziert und routiniert an den vorgegebenen Leitfragen. Damit gefährden sie die Erfolgswirksamkeit des Ansatzes sowie das Vertrauensverhältnis zu ihren Beschäftigten.

"Das Problem bei den Gesprächen ist oftmals, dass es für viele Führungskräfte ein rein administrativer Vorgang ist, nach dem Motto: Gespräch geführt, Sache erledigt. Meine Beobachtung ist, dass es vielerorts an der nötigen Ernsthaftigkeit mangelt. Wir können durch das System kontrollieren, ob ein Gespräch stattgefunden hat, nicht aber, in welcher Qualität. Ich bin unsicher, ob die Umsetzung immer im Sinne des Erfinders ist." (Interviewpartner 44).

Vorgesetzte haben die Sinnhaftigkeit von Gesundheitsgesprächen noch nicht durchgängig erkannt. Sie müssen gelegentlich von der Personalabteilung oder IT-gestützt an ihre Durchführung erinnert werden. In vielen Fällen scheuen leitende Angestellte Auseinandersetzungen dieser Art oder beschreiben sie als große Herausforderung. Ihre Hemmschwelle erklärt sich zum Großteil durch Berührungsängste und fehlende Erfahrungswerte. Weiterhin anspruchsvoll erleben Vorgesetzte die Gradwanderung zwischen Aspekten, die sie als Führungsperson ansprechen dürfen und solchen, die in die Privatsphäre der Betroffenen fallen und dadurch eine sittliche Schranke darstellen. Um diesen Problembereichen Abhilfe zu schaffen, erhalten sie teilweise Unterstützung von Seiten der Personalabteilung.

Als einziger Geschäftsbereich führt PostMail zusätzlich eine periodische Gesundheitsabklärung durch (optionale Kurzbefragung im Rahmen des Mitarbeitergesprächs). Zu Anfang wurde dieses Vorgehen nicht zuletzt durch die Medien kritisiert. Inzwischen ist das Akzeptanzniveau des Instruments gestiegen. Es wird von den Befragten mehrheitlich als selbstverständlich empfunden. Dennoch hegen Beschäftigte Bedenken ob der Interessenslage des Arbeitgebers.

Das Pendant zu Rückkehr- und Unterstützungsgesprächen bilden Anerkennungsgespräche. Bemerkungen einiger Gesprächspartner lassen darauf schließen, dass deren wertschätzende Gültigkeit bisher begrenzt ist. In der Vergangenheit wurde nur Personen gedankt, die binnen eines Jahres dem Arbeitsplatz nicht einmal ferngeblieben sind. Um das Präsentismusphänomen nicht zu forcieren, wurde die Toleranzschwelle auf mehrere Tage hochgesetzt.

7.7.6. Wahrnehmung der Führungsqualität und Auswahl von Führungskräften

Die Fachkompetenz der Vorgesetzten wird von den Befragten praktisch nicht in Frage gestellt. Hingegen bewerten sie das Führungsvermögen im Hinblick auf das BGM bzw. Sozialkompetenzen allgemein als durchwachsen und abermals in hohem Maße personenabhängig. Einige Gesprächspartner monieren eine fehlende Sensibilität für menschliche Belange und ein unzureichendes Einfühlungsvermögen der Führung. Sie sehen hierin wesentliche Belastungsfaktoren im Unternehmensalltag. Eine mangelnde Selbstkenntnis sowie eine unzulängliche Selbstreflexion der Vorgesetzten werden zudem als Ursachen für Fehlverhalten angenommen.

„Wir haben sehr gute und mangelhafte Führungskräfte, wenn es um das Thema Gesundheitsmanagement geht. Insgesamt sind wir aber auf dem richtigen Weg. Wir haben einen sehr hohen Anspruch an uns selbst." (Interviewpartner 44).

„Je weiter oben man in der Hierarchie schaut, desto unkritischer ist man weichen Faktoren gegenüber. [...] Man redet viel von Sozialkompetenz, aber den Worten folgen nur in den seltensten Fällen Taten." (Interviewpartner 23).

Einen weiteren Grund für die teilweise als defizitär empfundene Menschenführung orten Auskunftgebende in der Auswahl von Vorgesetzten. In der Vergangenheit erfolgte eine interne Stellenbesetzung meistens nach Seniorität. Führungskompetenzen wurden wenig geprüft und geschult. Heute wird vor allem nachweisbarem Fachwissen ein hoher Stellenwert bei der Auswahl von (externen) Bewerbern beigemessen.

„Wenn Stellen extern besetzt werden, achtet man heute sehr stark auf Qualifikationen. Intern ist es vielfach noch so wie früher. Man schafft sich eine Lobby und versucht, im richtigen Moment am richtigen Ort zu sein. Das ist ähnlich wie im Bundeshaus. Ein einziger Zirkus." (Interviewpartner 47).

„Eine fürsorgliche Führung ist grundsätzlich gewollt, aber in Tat und Wahrheit wird vor allem Fachwissen bei der Post sehr hoch angesehen." (Interviewpartner 67).

Schnelles Wachstum im Personalbestand kann die sorgfältige Vorgehensweise bei der Besetzung von Führungspositionen beeinträchtigen. Nicht zuletzt deshalb benennen Personalexperten die Führungskräfteentwicklung als zentrales Handlungsfeld.

„Aber es ist sicherlich so, dass durch das enorme Wachstum in den letzten Jahren Leute in Führungspositionen gekommen sind, die man nach meiner persönlichen Meinung eigentlich kaum auf Menschen loslassen kann. Häufig wurden diejenigen zum Vorgesetzten gemacht, die besonders gut in ihrem Job sind, aber das heißt noch lange nicht, dass sie auch gut Leute führen können." (Interviewpartner 36).

7.8. Eigenverantwortung

Im Zuge des Entwicklungsprozesses von einer „Beamtenkultur" hin zu einer unternehmerisch orientierten Konzernkultur werden alle Unternehmensmitglieder stärker in die Verantwortung gezogen. Hierdurch kommt es zu Widerständen. Der sich vollziehende Kulturwandel widerspricht oftmals den Wesenszügen und langjährigen Gewohnheiten vieler Kulturträger. Er wird in einigen Fällen durch eine Fehlinterpretation von Eigenverantwortung erschwert.

„Leute, die nie gelernt haben, eigenverantwortlich und selbstständig zu handeln, sind vielfach überfordert mit Freiheiten umzugehen. [...] Ich denke, viele haben sich mit der Zeit daran gewöhnt, Aufträge einfach auszuführen, ohne zu überlegen, einen eigenen Beitrag zu leisten." (Interviewpartner 13).

„Aber die Menschen hier [...] sind davon überzeugt, dass sich die Post im Fall der Fälle um sie kümmern muss. Das ist teilweise beängstigend. Hier muss sich vieles ändern. Diese Einstellung ist in den Köpfen vieler aber gar nicht mehr wegzudenken." (Interviewpartner 5).

„Eigenverantwortung wird bei der Post häufig missverstanden. Man verbindet damit nicht z. B. eine innovative Idee und die Sorge für die eigene Gesundheit, sondern die

Tatsache, dass ein Brief zur richtigen Zeit am richtigen Ort eintrifft, koste es, was es wolle." (Interviewpartner 67).

Eine fast schon Überbetonung von Eigenverantwortung seitens der Führung und Gesundheitsexperten hängt damit zusammen, dass sowohl Vorgesetzte als auch Mitarbeitende sich in einem Lernprozess befinden, der bei Weitem noch nicht abgeschlossen ist. Während Vorgesetzte dazu angehalten sind, eigenverantwortliches Handeln vorzuleben, Verantwortung zu delegieren bzw. aktiv einzufordern, müssen Mitarbeitende Verantwortung suchen und annehmen. Um diesen Prozess zu unterstützen, werden z. B. Workshops durchgeführt.

„Ich denke, dass Führungskräfte [...] lernen müssen, den Menschen positiv zu sehen und mehr zu delegieren. Anders kann man die Selbstständigkeit der Mitarbeiter gar nicht fördern. Das bedeutet natürlich, dass man loslassen können muss. Das können oder wollen viele nicht. Wissen ist ja bekanntlich Macht." (Interviewpartner 3).

„Über die Eigenverantwortung des Einzelnen steht viel geschrieben, aber es hapert teilweise noch an der Umsetzung. Ich denke schon, dass es Vorgesetzte gibt, denen es schwer fällt, Verantwortung abzugeben." (Interviewpartner 68).

„Meiner Meinung nach ist das ganze Thema Eigenverantwortung eher eine Illusion. Es gibt überall vereinzelte ‚Fahnenträger' [vorbildliche Führungspersonen; Anmerkung der Verfasserin], in der Konzernleitung, in der Geschäftsleitung, in Gremien und so weiter. Das ist aber ein beschränkter Personenkreis." (Interviewpartner 60).

7.8.1. Individuelle Gesundheit und Work-Life-Balance

Die zentrale Bedeutung von Selbsteinsicht und der Übernahme von Eigenverantwortung im Hinblick auf den Erhalt und die Förderung des eigenen Wohlbefindens und der persönlichen Work-Life-Balance ist unbestritten. Die Relation zwischen Fremd- und Eigenverantwortung wird allerdings unterschiedlich ausgelegt. Während es unter den Angestellten Personen gibt, die in der Erwartungshaltung einer „Wohlfühloase am Arbeitsplatz" leben und die Verantwortung für ihr Befinden zu weiten Teilen dem Arbeitgeber übertragen, gibt es gleichermaßen Beschäftigte, die dem Unternehmen nahezu jedwede Verantwortung für ihr gesundheitliches Wohl absprechen (ausgenommen die Einhaltung des AGS).

Die Gruppendiskussion auf Geschäftsleitungsebene zeigt, dass sich auch die Unternehmensführung in einer noch andauernden Findungsphase bezüglich der Reichweite und Abgrenzung von Arbeitgeber- und Arbeitnehmerverantwortung befindet. Die Klärung gegenseitiger Erwartungshaltungen (auch im Sinne der Aushandlung eines psychologischen Vertrags) zeichnet sich als zukünftige Herausforderung ab.

„Was erwarten wir? Was erwartet der Mitarbeiter von uns? Es sollte Klarheit darüber herrschen, was wir leisten, was der Mitarbeiter von uns erwarten darf und wo die Eigenverantwortung des Mitarbeiters anfängt." (Diskussionsteilnehmer II).

„Wir stellen fest, dass wir sehr viel gemacht haben und die Erwartungshaltung der Mitarbeitenden gestiegen ist. Wir wollen, dass ihnen klar ist, dass sie im Endeffekt selbst für ihre Gesundheit verantwortlich sind. Wir möchten die Erwartung mit unseren Instrumenten erfüllen, aber wir möchten trotzdem die Eigenverantwortung betonen. Plötzlich kommt sonst wirklich der Anspruch: Immer mehr." (Diskussionsteilnehmer VIII).

Das Gesundheitsbewusstsein des Postpersonals variiert stark. In der Tendenz gehen jüngere Angestellte sorgloser mit ihrer Gesundheit um als ältere.

„Ich sorge mich nicht besonders viel um meine Gesundheit, ich bin ja gesund. Wenn ich etwas hätte, dann wäre das etwas Anderes." (Interviewpartner 27).

Positiv ist, dass Personen, die ihrem Schlaf- und Bewegungsverhalten sowie ihren Ernährungsgewohnheiten wenig Beachtung schenken, sich zumindest im Gespräch oftmals selbstkritisch zeigten.

„Ich tue viel zu wenig. Das Thema Gesundheit hat unter den Mitarbeitern aber insgesamt einen hohen Stellenwert und das ist auch wichtig. Deswegen ist der Gesundheitsnewsletter auch der, der am meisten abonniert wird." (Interviewpartner 36).

7.8.2. Weiterführende gesundheitsrelevante Verantwortungsfelder

Im Sinne einer Gesundheitskultur tragen Beschäftigte nicht nur Verantwortung für ihre Gesundheit und Work-Life-Balance. Sie sind darüber hinaus (mit-) verantwortlich für die Aufrechterhaltung intakter Arbeitsbeziehungen, ihre berufliche (Weiter-) Entwicklung und Arbeitsmarktfähigkeit sowie für eine kontinuierliche Optimierung der Arbeitsbedingungen durch Verbesserungsvorschläge.

Sowohl Führungskräfte als auch Mitarbeitende sind darum bemüht, den Aufbau und die Pflege persönlicher Beziehungen am Arbeitsplatz aktiv zu unterstützen. Sie sehen es im Normalfall als Selbstverständlichkeit an, einen Beitrag zum Arbeitsklima zu leisten.

„Ich für meinen Teil denke, dass es immer hilft, auf andere zuzugehen und mit ihnen zu reden, um ein gemeinsames Verständnis zu schaffen." (Interviewpartner 59).

In Bezug auf die berufliche Entwicklung stellt sich das Bild weitaus differenzierter dar. Laufbahnmodelle gibt es ansatzweise, jedoch nicht in allen Bereichen. Bedingt durch die vielen Reorganisationen und die begrenzten Aufstiegsmöglichkeiten in der Hierarchie werden vorgezeichnete Karrierepfade teilweise kritisch betrachtet. Hinsichtlich der Personalentwicklung haben die Beschäftigen eine hohe Bringschuld. Vor allem im produktionsnahen Betrieb leidet die Förderungsverantwortung der Führung häufig infolge großer Leitungsspannen.

„Weiterbildung, Weiterentwicklung ist Sache der Mitarbeiter. Ich lebe das auch so, weil mir das natürlich Arbeit abnimmt, aber ich werde dafür kritisiert. Das Team erwartet eben doch, dass ich es aktiv fördere und nicht nur offen für Vorschläge bin. Ich bin jetzt dazu übergegangen, meine Mitarbeiter wieder mehr zu fragen: Weißt du eigentlich, wohin du möchtest? Ich sehe mich also als Coach." (Interviewpartner 7).

„Es wäre relativ schwierig, wenn ich auf über 20 Personen zugehen müsste, um sie zu fragen, ob sie sich nicht weiterbilden möchten. Das kann es auch nicht sein." (Interviewpartner 16).

Im Allgemeinen schätzen die Beschäftigten das umfassende Angebot an Personalentwicklungsoptionen (z. B. elektronische Lernmodule oder Präsenzveranstaltungen). Dessen ungeachtet wird es bei Weitem nicht voll ausgeschöpft. Insbesondere ältere und operativ arbeitende Mitarbeitende haben tendenziell ein geringes Entwicklungsbedürfnis. Unter anderem bedingt durch die bisher vglw. stabilen Rahmenbedingungen, den hohen gewerkschaftlichen Organisationsgrad und die geringen Wechselabsichten vieler Postangestellten ist bei zahlreichen Beschäftigten das Bewusstsein unterentwickelt, Sorge für die eigene Arbeitsmarktfähigkeit und Karriereplanung zu tragen. Erstere wird zum Teil als unzureichend eingestuft. Hierin ist für die Betroffenen in Zeiten einer wachsenden Arbeitsplatzunsicherheit ein erheblicher Stressor zu sehen. Um die Arbeitsmarktfähigkeit der Beschäftigten zu erhöhen, hat die Post einige Initiativen lanciert. Weiterer Handlungsbedarf wird gesehen.

„Wenn ich mit einem Mitarbeiter über seinen Werdegang spreche, erzählt er mir im-
mer, wann er wohin geschickt wurde. Dass man seinen eigenen Weg eigenverantwort-
lich planen kann, ist [...] nicht sehr ausgeprägt." (Interviewpartner 67).

„Ich habe mit einem sehr guten Mitarbeiter über sein Potenzial gesprochen. Er hat
mir gesagt, dass er sich erst dann weiterbilden würde, wenn er unbedingt müsste, vor-
her nicht. Die Leute wissen, dass sich für sie immer eine Lösung finden wird und im
schlimmsten Fall können sie ja die Gewerkschaft einschalten." (Interviewpartner 5).

„Ich spüre manchmal eine gewisse Anspruchshaltung dahingehend, dass viele meinen,
es läge in der Verantwortung der Post zu schauen, dass der Mitarbeiter bis zur Pensi-
onierung seinen Job ausführen und behalten kann: Einmal Post, immer Post – von der
Wiege bis zur Bahre im gelben Umfeld." (Interviewpartner 35).

Das Ideenmanagement „PostIdea" (vgl. Thom 2011b: 12 f.; Thom/Piening
2009: 181 ff.), Briefkästen und Dialoganlässe sind beispielhafte Instrumente, die es
dem Personal ermöglichen, an einem kontinuierlichen Verbesserungsprozess mitzu-
wirken. Das BGM betreffend richten sich die Vorschläge der Beschäftigten zumeist
auf ergonomische Anpassungen oder eine generelle Angebotserweiterung. Im produktionsnahen Betrieb werden bisher häufiger gesundheitsrelevante Ideen eingereicht als
in der Verwaltung. Nicht selten werden die Anregungen der Beschäftigten aus Kosten-
gründen oder einer mangelnden Praktikabilität (z. B. Tennisplatz auf dem Dach des
Hauptsitzes) zurückgewiesen. Ideen sind insgesamt rückläufig.

„Ich habe den Vorschlag gemacht, in einen Windfang zu investieren. Mein Vorschlag
wurde umgesetzt. Wenn wir Verbesserungsbedarf sehen, können wir uns zu Wort mel-
den." (Interviewpartner 20).

„Ich würde das Gesundheitsmanagement gerne nutzen, [...] aber es konzeptionell wei-
terentwickeln, das nicht." (Interviewpartner 59).

7.9. Gesundheitskulturwandel

Um vom BGM-Ist-Zustand zu einem weiter optimierten Soll-Zustand zu gelangen, ist
ein Kulturwandel notwendig. Dieser ist Gegenstand der weiteren Ausführungen.

7.9.1. Vorstellungen eines idealen Gesundheitsmanagements resp. einer Gesundheitskultur

Ähnlich, wie die Ansichten von „gesunder Führung" sehr heterogen ausfallen (vgl. Abschnitt III.-7.7.2.), variieren die Vorstellungen bezüglich eines vollkommenen Gesundheitsmanagements stark. Im produktionsnahen Betrieb wird vielfach eine optimale Umsetzung von Arbeitssicherheitsmaßnahmen als ideal betitelt. Allgemein wünschen sich die Befragten vielfach eine Ausweitung des bestehenden (Fitness-) Angebots bzw. eine Verbesserung gegebener Rahmenbedingungen (z. B. Arbeitszeitmodelle, Personaleinsatz von gesundheitlich beeinträchtigten Angestellten). Ebenfalls halten Gesprächspartner selbstorganisierte Freizeit- bzw. Gesundheitsclubs für denkbar.

„Großkonzerne, wie die Post einer ist, könnten selbst ein Fitness-Center aufbauen oder Krankenschwestern anstellen, die den Mitarbeitern alle paar Monate gratis den Blutdruck oder Blutzuckerspiegel messen. [...] So etwas In-House zu haben wäre revolutionär." (Interviewpartner 23).

Leitende BGM-Experten sowie Führungskräfte höherer Hierarchieebenen streben eine hohe Eigenverantwortung und eine selbstverständliche Umsetzung des Gesundheitsgedankens im Unternehmensalltag an.

Nur die allerwenigsten Befragten haben konkrete Vorstellungen darüber, auf welchen Werten eine Gesundheitskultur basieren sollte.

„Was sind Gesundheitswerte? Wenn du mit den Leuten darüber sprichst, ist das nicht sonderlich ergiebig." (Informelles Gespräch D).

Genannt wird eine (wieder) verstärkt menschorientierte Führung, die u. a. das Kohärenzgefühl im Arbeitskontext verbessern soll. Obschon die Wirtschaftlichkeitsorientierung des Gesamtkonzerns für unausweichlich befunden wird, soll der Mensch als ganzheitliches Individuum Kosten-Leistungs-Zielen nicht untergeordnet werden. Damit ist auch eine vermehrte Beachtung der am Arbeitsplatz anwesenden Beschäftigten gemeint. Die folgenden Werte lassen sich aus der Empirie ableiten:

- Respekt,

- Vertrauen (Ziel: Offenerer Umgang mit Belastungen aller Art),

- Kollegialität,

- Kritikfähigkeit und

- Sportlichkeit.

Nachstehend wird eine Einschätzung der kulturellen Verankerung zum Zeitpunkt der Fallstudienuntersuchung gegeben.

7.9.2. Kulturelle Verankerung im Ist-Zustand

Der Entwicklungsstand des BGM ist innerhalb der untersuchten Konzernbereiche relativ weit fortgeschritten. Attestiert werden kann der Schweizerischen Post zum einen eine weitflächige Bewusstseinsverankerung. Dass gesunde und zufriedene Angestellte den Unternehmenserfolg positiv beeinflussen, ist unbestritten.

„Es ist keinem egal, wenn jemand krankheitsbedingt ausfällt. Die Vorgesetzten haben heute mehr oder weniger das Gefühl, dass sie tatsächlich Einfluss auf die Mitarbeitergesundheit haben." (Interviewpartner 11).

Zum anderen ist es der Post gelungen, den Prozess des Absenzen- und Case Managements im produktionsnahen Betrieb wie auch in der Verwaltung nachhaltig zu implementieren.

Für eine kulturelle Erstverankerung sprechen eine Reihe von BGM-Artefakten (Aktionen, Kampagnen, ergonomische Infrastruktur etc.) sowie z. B. die Berücksichtigung des Gesundheitsgedankens in der Personalpolitik und -strategie. Dennoch kann den untersuchten Bereichen noch keine vollständig internalisierte Gesundheitskultur bescheinigt werden. Diese Analyseaussage ist vor allem damit zu begründen, dass der Stellenwert des BGM im Unternehmensalltag bislang begrenzt ausfällt.

„[...] in Kaderstufen ist es wichtig, dass das BGM möglichst in der Personalpolitik verankert ist, aber dann ist es auch abgehakt [...]. Die Mission ist abgesegnet, aber gelebt wird sie nicht so, dass ich es merken würde." (Interviewpartner 31).

„Ich glaube nicht, dass der Gesundheitsgedanke in den Alltag integriert ist. [...] Die Personalstrategie ist zwar sauber hergeleitet, aber die Frage ist natürlich, inwiefern sie gelebt wird." (Interviewpartner 36).

„Unter den Führungskräften ist es häufig so, dass das Thema Gesundheit dann präsent ist, wenn z. B. der Gesundheitsmanager vor Ort ist. Eine Stunde später sind wieder andere Sachen wichtig." (Interviewpartner 68).

„Das Gesundheitsmanagement läuft ein bisschen nebenher. Die Mitarbeiter erleben es nicht unbedingt in ihrem Arbeitsalltag." (Interviewpartner 10).

Unter Berücksichtigung der schwierigen Anfangsphase des BGM zeigen sich viele Befragte mit der bisher erzielten Kultursensibilität zufrieden. Die Kompatibilität des Werts „Gesundheit" mit der Postkultur, wie sie in Abschnitt III.-7.3. analysiert wurde, ist in jedem Fall gegeben. Dennoch ist nicht davon auszugehen, dass sich der Gesundheitsgedanke bereits ausreichend in den Köpfen aller verfestigt hat.

„Mein Eindruck ist, dass es zwar Führungskräfte gibt, die die Wichtigkeit des Gesundheitsmanagements noch nicht vollends verinnerlicht haben, aber dass bereits ein beachtlicher Wandel stattgefunden hat." (Interviewpartner 61).

7.9.3. Promotoren als Wandlungsvoraussetzung

Die Bedeutung von Fachpromotoren einerseits und von Macht- bzw. Legitimationspromotoren andererseits wurde grundsätzlich erkannt.

„Wahrscheinlich gibt es nur in Großunternehmen Personen, die sich explizit mit dem Themenfeld auseinandersetzen. Gäbe es diese Leute nicht, würde es wahrscheinlich völlig untergehen." (Interviewpartner 36).

Da Gesundheitsbeauftragte in ihrer Funktion als Fachpromotoren in Abschnitt III.-7.6.4.3.2. behandelt wurden, widmet sich die Auswertung nun der Rolle von Macht- resp. Legitimationspromotoren.

Führungskräfte stehen unter Beobachtung. Die Hierarchiegläubigkeit vieler Postangestellten (Relikt aus der früheren „Beamtenkultur") verleiht ihrer kulturschaffenden Kompetenz zusätzlich Gewicht.

„Es braucht ein Top-Down Commitment und Vorbilder, sonst müssen wir nicht beginnen." (Interviewpartner 10).

„Entscheidend ist die oberste Führung. Wenn man sich dort nicht entsprechend verhält, nützt ein Kulturprojekt nichts." (Interviewpartner 67).

Ein Führungsentscheid auf höchster Hierarchieebene zugunsten des BGM gilt als Voraussetzung für einen Gesundheitskulturwandel. Überdies werden die Vorbildfunktion der Führung und die Durchsetzungskraft von Vorgesetzten bei auftretenden Widerständen betont. Fachbeauftragte sind oftmals auf die Unterstützung eines „Paten" aus der Linie angewiesen. Der Grund ist, dass ihre eigene Entscheidungsbefugnis, Akzeptanz und Überzeugungskraft Limitationen unterliegt. Überwiegend herrscht Einigkeit darüber, dass Führungskräfte eine wichtige Vorbildwirkung haben. Wie eine solche Vorbildrolle konkret auszusehen hat, ist allerdings umstritten. Fest steht, dass nur wenige Mitarbeiter das gesundheitsbezogene Verhalten ihres Vorgesetzten mustergültig finden. Formal wird die Vorbildfunktion leitender Angestellter weder angeordnet, beurteilt noch im Falle ihres Fehlens geahndet.

Die Konzernspitze und die befragten Geschäftsleitungsmitglieder haben die Zentralität ihrer Rolle im BGM weitgehend erkannt. Dennoch ist das Commitment der obersten Unternehmensführung nicht ausreichend für das Gros der nachgeordneten Führungskräfte, Spezialisten und Mitarbeitenden erlebbar. Der Stellenwert des BGM wird hierdurch für viele relativiert.

„Ich denke, das Thema wird grundsätzlich als sinnvoll erachtet, aber es fehlt die innere Überzeugung. [...] Man brüstet sich mit dem Gesundheitsmanagement gegen außen, aber verfolgt es nicht aus Überzeugung." (Interviewpartner 61).

„Ich habe nicht das Gefühl, dass das Thema Gesundheit in der Konzernspitze besonders wichtig ist. Es ist eher zweitrangig. Der Konzernleiter könnte dem Ganzen das nötige Rückgrat verpassen. Das passiert aber meiner Meinung nach noch zu wenig." (Interviewpartner 16).

7.9.4. Kulturwandel durch Personalmanagement

Unter den Personal- und Gesundheitsspezialisten herrscht Unsicherheit, wenn es darum geht, Wege aufzuzeigen, wie das HRM in den Dienst eines Gesundheitskulturwandels gestellt werden könnte und wie sich in regelmäßigen Zeitintervallen ein Kulturaudit realisieren ließe.[247]

Die untersuchten Konzernbereiche haben die Rolle des Personalmanagements im Hinblick auf die Entwicklung und Verankerung eines umfassenden BGM in Ansätzen erkannt.[248] Ein abschließendes Konzept ist aber noch ausstehend. Defizite bestehen bspw. in der Anreizgestaltung, Personalbeurteilung und -freistellung. Wie die vorherigen Ausführungen erkennen lassen, wird eine weiterführende Integration des Gesundheitsgedankens in das (Personal-) Managementinstrumentarium als bevorstehende Herausforderung deklariert (vgl. Abschnitt III.-7.6.3.3.). Im Weiteren stehen die Per-

---

[247] Für die Durchführung eines Kulturaudits werden externe Analytiker für besonders geeignet angesehen. Mitunter beschäftigen die Konzernbereiche „Kulturminister". Diese beraten die oberste Führung in Kulturfragen.

[248] In ihrem Vorgehen unterscheiden sich die Geschäftsbereiche mitunter deutlich voneinander. Auf eine differenzierte Einzelbetrachtung muss aus Vertraulichkeitsgründen verzichtet werden.

sonalprozessfunktionen im Fokus der Analyse, da diese in unmittelbarem Zusammenhang mit der Personalführung stehen.

7.9.4.1. Personalgewinnung

Im Zuge der Personalauswahl finden gesundheitsrelevante Kriterien in verschiedener Form Beachtung. Neben einer betriebsärztlichen Anstellungsempfehlung werden Kandidaten zum Teil gebeten, selbst einzuschätzen, inwieweit sie sich den Stellenanforderungen, inklusive potenziellen Belastungsgrößen (z. B. schwere körperliche Arbeit), gewachsen sehen. Das heißt, Personalspezialisten vertrauen vermehrt auf den Einsatz von Gesundheitsbelastungsprofilen. Die Vertraulichkeit der Daten genießt höchste Priorität. Ein solches Vorgehen ist vor allem im produktionsnahen Betrieb üblich. Um die Verständlichkeit von Sicherheitsanweisungen zu erhöhen, werden überdies die Sprachkenntnisse der Bewerber verschärft begutachtet. Auch in wissensstärkeren Bereichen sind Fachleute bei der Personalgewinnung darum bemüht, die Passungsfähigkeit zwischen der Stelle/Aufgabe einerseits und den Eignungen und Neigungen der Kandidaten andererseits sorgfältig(er) zu erwägen.

Nicht außer Acht zu lassen ist darüber hinaus die Selbstselektion von Postbeschäftigten. So bewerben sich viele Work-Life-Balance orientierte Menschen wegen der diesbezüglich fortschrittlichen Voraussetzungen bei den verschiedenen Konzernbereichen (insbesondere in der Verwaltung).

„Vor allem für Hochschulabsolventen wird die Work-Life-Balance immer wichtiger. Gesundheit und Gesundheitsmanagement werden zu einer Kulturfrage. Es wird Tag für Tag normaler, dass sich Unternehmen mit dem Thema befassen." (Interviewpartner 60).

Eine wertebasierte Personalauswahl findet bisher nicht explizit statt.

Im Rahmen der Personalsozialisation spielt das BGM eine untergeordnete Rolle. Delegierte der Personalabteilung machen während Einführungstagen auf das Gesundheitsmanagement aufmerksam (z. B. Kurzpräsentation, Übergabe von Thera-Bändern). Dies geschieht jedoch in wenig kulturbezogener Form.[249] Vertreter anderer Fachbereiche nehmen selten Bezug auf den betrieblichen Gesundheitsgedanken. Folglich verbleibt eine Reihe von Verweismöglichkeiten ungenutzt. Ansonsten werden neue Mitarbeitende mit dem BGM konfrontiert, wenn sie in den ersten Monaten ihrer Anstel-

---

[249] Teilweise ist das BGM Gegenstand von Onlineschulungen, die Neumitarbeitende absolvieren müssen.

lung krankheitsbedingt ausfallen oder an anstehenden Aktionen und Kampagnen teilnehmen.

„Ich wurde ein halbes Jahr lang geschult, aber an das Thema Gesundheit im Unternehmen kann ich mich nicht erinnern. Ich musste zu Anfang einen Gesundheitscheck machen, aber sonst weiß ich leider nichts mehr zu diesem Thema. Ich habe seit ich hier bin auch noch keine Aktionen oder Kampagnen zum Thema Gesundheit mitbekommen." (Interviewpartner 57).

„Nein, das Gesundheitsmanagement wurde mir beim Eintritt nicht vorgestellt oder erklärt." (Interviewpartner 12).

7.9.4.2. Personaleinsatz

Wie die Analyseergebnisse vielfach zeigen, ist die Schweizerische Post darauf bedacht, den Einsatz ihres Personals gesundheitsgerecht zu gestalten.[250] Zu diesem Zweck achtet der Konzern strikt auf die Einhaltung gesetzlicher Vorgaben sowie auf ergänzende Sicherheitsvorkehrungen. Zudem investiert das Unternehmen in ein ergonomisches Arbeitsumfeld. Auch Obstschalen und Wasserspender sind beiläufige Beispiele für Aktionen, die den Gesundheitsgedanken in den Arbeitsalltag übertragen sollen. Des Weiteren sind moderne Arbeitszeitmodelle darauf ausgerichtet, die Vereinbarkeit verschiedener Lebensbereiche zu begünstigen. Außerdem zeigt man sich darauf bedacht, monotone Arbeiten bzw. einseitige Belastungen durch Rotationen abzuschwächen. Auf diese Weise sollen Tätigkeiten die Gesundheit so wenig wie möglich schädigen. Betroffene erleben diesen Zuwachs an Abwechslung und Entlastung durchweg positiv. Wesentliche Voraussetzungen für einen Gesundheitskulturwandel wurden demnach geschaffen. Weniger Beachtung findet derzeit noch die bewusste Zusammenstellung harmonisierender Teams.

7.9.4.3. Personalbeurteilung

Der Gesundheitsgedanke schlägt sich in der Beurteilung von Leistungsträgern bisher kaum nieder. Die Personalbeurteilung an sich erfolgt zielbasiert. Gesprächspartner in allen untersuchten Konzernbereichen monieren ein Missverhältnis zwischen Leistungs- und Verhaltenszielen (Relation von ca. 70 zu 30). Ferner werden Führungskräfte nicht daran gemessen, wie viele ihrer Beschäftigten sie binnen eines bestimmten Zeitraums gefördert haben.

---

[250] Um Wiederholungen zu vermeiden, wird der gesundheitsdienliche Personaleinsatz nur kurz beschrieben.

„Im oberen Kader sind nur Zahlenziele wichtig. Dort gibt es praktisch keine relevanten Verhaltensziele. Darüber bin ich nicht besonders glücklich. Als Personalspezialist weiß ich natürlich, wie entscheidend das Vorgesetztenverhalten ist. Wenn Führungskräfte effektiv nur an Zahlen gemessen werden, kann das weitreichende Negativfolgen für das gesamte Unternehmen haben, wie z. B., dass primär kurzfristige Erfolge auf dem Rücken des Personals angestrebt werden. Die Personalzufriedenheit wird erhoben, aber wenn es hart auf hart kommt, dann zählen die Zahlen. Ich gehe davon aus, dass man erst dann wieder einen Schritt auf die Mitarbeiter zugeht, wenn die Zahlen in Ordnung sind." (Interviewpartner 35).

„Wenn jemand seine Arbeit nicht macht und seine Budgets nicht einhält, sind wir sehr hart. Wenn es um schlechte Teamarbeit geht, ist die Post wahrscheinlich noch nachlässig." (Interviewpartner 67).

„Solange die Zahlen stimmen, ist alles OK. [...] Das ist ein Punkt, an dem ich resigniert habe." (Interviewpartner 41).

„Wir werden an Zahlen gemessen, aber hinter diesen Zahlen stehen Menschen und zwar in allen Hierarchiestufen. Das gerät gerne in Vergessenheit." (Interviewpartner 3).

„Wie es scheint, ist es eigentlich egal, ob man seine Zahlen durch Druck und Stress oder durch Wertschätzung und Feedback erreicht." (Interviewpartner 64).

Die Personalzufriedenheit wird jährlich mittels eines umfassenden Fragenkatalogs in schriftlicher und anonymisierter Form erhoben. Sie hat überall den Rang eines Geschäftsleitungsthemas. Viele Interviewpartner bezweifeln ihr Gewicht in der Beurteilung von Führungskräften. Sie begründen ihre Skepsis mit einem Mangel an beobachtbaren Konsequenzen in Folge verbesserungswürdiger Ergebnisse aus dieser Befragung. Die Personalabteilung ist allerdings darum bemüht, bei alarmierenden Resultaten Maßnahmen zu ergreifen (z. B. Teamworkshops). Ihr wird jedoch des Öfteren eine lange Reaktionszeit vorgeworfen.

„Die Personalzufriedenheitsumfrage wird im Großen und Ganzen ernst genommen, aber nicht zu 100 %. Es kann mürbe machen, wenn man weiß, dass man ein Kreuz setzt, sich aber letztlich nichts ändern wird." (Interviewpartner 55).

Zum Teil wird eine Präsenzquote als Führungsziel definiert (mittlere bis schwache relative Gewichtung). Auf der einen Seite appelliert ein derart gesundheitsnahes Beurteilungskriterium an die Fürsorgepflicht der Vorgesetzten. Auf der anderen Seite wird ein Präsenz-Soll von zahlreichen Führungskräften vehement kritisiert. Sie lehnen es ab, an einer Kennzahl gemessen zu werden, die sie nach eigener Einschätzung nur unzureichend beeinflussen können. Befürwortet werden Abwesenheitsstatistiken hingegen als Controllinginstrument.

„Es darf kein Ziel sein, dass man als Führungskraft die Absenzen um X % senken soll. Ein solches Ziel wollte man mir mal geben. Da muss ich sagen: Entschuldigung, aber ich bin auch nicht verantwortlich für die Gesundheit von weit über hundert Mitarbeitenden." (Interviewpartner 23).

„Etwas, dass ich nicht beeinflussen kann, sollte auch kein Ziel sein. Natürlich können wir versuchen, Arbeitsunfälle zu vermeiden und daran lasse ich mich auch messen, aber nicht an gesundheitlichen Problemen, für die ich nichts kann. [...] Dann machen wir im nächsten Jahr das Kreuzchen bei ‚nicht erfüllt'. Wegen ein paar Franken im Jahr ist mir das egal." (Interviewpartner 17).

7.9.4.4. Personalentwicklung

Die Personal- und auch Organisationsentwicklung wird weitgehend in die Geschäftsbereiche delegiert (Begründung: Unterschiedlichkeit der Bedürfnisse). Eine konzernübergreifende Entwicklung findet eher punktuell statt.

Ein Verständnis dafür, dass BGM im Grunde die Entwicklung einer Organisation und ihrer Personen bedeutet, ist in den untersuchten Konzernbereichen ungleich ausgeprägt. Während es Geschäftsbereiche gibt, in denen BGM explizit dem Fachbereich „Personal- und Organisationsentwicklung" zugeordnet ist, gibt es andere, in welchen es nahezu parallel betrieben wird und Schnittstellen kaum gesehen werden.

Die befragten Personengruppen werden in unterschiedlichem Ausmaß gesundheitsbezogen entwickelt. Allgemeine Sensibilisierungsmaßnahmen durch Informationsvermittlung, z. B. via Intranet, Anschlagbretter oder mittels diverser Aktionen und Kampagnen, gelten dem gesamten Personalkörper der Schweizerischen Post. Eine Teilnahme an Gesundheitszirkeln oder Teamworkshops ist hingegen einer Minderheit vorbehalten. Gesundheitsgespräche werden nur mit auffällig gewordenen Betroffenen geführt. BGM-Fort- und -Weiterbildungen für Personalspezialisten bzw. dezentrale Gesundheitsbeauftragte wurden als notwendig erkannt (z. B. in Form von Vorträgen externer Fachspezialisten). Erste Schritte hierzu wurden eingeleitet. Die Hauptaufmerksamkeit gilt jedoch den Vorgesetzten. Gesundheits- und Personalexperten streben an, BGM zu einem festen Bestandteil der Führungskräfteentwicklung zu machen. Obligatorisch sind bisher eine Methodenschulung (Absenzen- und Case Management) sowie entsprechende Auffrischungsveranstaltungen. Indessen gibt es Mitglieder der oberen Unternehmensführung, die bisher nicht an gesundheitsbezogenen Bildungsanlässen teilgenommen haben. Die Problematik besteht zudem darin, dass vielen Vorgesetzten ein Transfer der Schulungsinhalte in den Arbeitsalltag misslingt bzw. einmal vermitteltes Wissen bei fehlender Anwendung rasch verblasst.

„Die Problematik bei dem Ganzen ist, du gehst in einen Kurs, bist happy und findest das Ganze grundsätzlich gut. Dann kommst du nach Hause, denkst noch zwei Wochen daran und dann hast du es wieder vergessen. Irgendwie müsste man es mehr am Leben halten." (Interviewpartner 23).

Auf freiwilliger Basis werden ergänzende Schulungsmodule angeboten (z. B. Ressourcenmanagement). Vielfach erachten Spezialisten die Teilnahmebereitschaft der Belegschaft als deutlich ausbaufähig.

Besonders nachhaltig schätzen Experten eine Kombination von Input-, Erlebnis- und Reflexionsphasen ein. Zu diesem Zweck halten Gesundheitsbeauftragte u. a. strukturierte Erfahrungsaustausche auf Führungsebene ab. Problemfelder können auf diese Weise gemeinsam erschlossen und diskutiert werden.

Die Vorgesetztenreaktion auf gesundheitsbezogene Personalentwicklungsmaßnahmen fällt unterschiedlich aus. Anfängliche Vorbehalte weichen im Anschluss an Schulungseinheiten allerdings oftmals einem verbesserten Verständnis für die Gesamtproblematik.

7.9.4.5. Personalerhaltung

Das nachstehende Zitat gibt einen Einblick in das Anreizsystem des Postkonzerns.

„Die variable Entlöhnung ist von drei Stufen abhängig: Erstens vom Gesamterfolg auf Stufe Konzern und ich denke, das ist auch sehr wichtig. Das bedeutet, dass die verschiedenen Bereiche zusammenarbeiten müssen. Zweitens zählt der Bereichserfolg. Dort ist zu 50 % der EBIT entscheidend. Zufriedene Kunden und zufriedenes Personal zählen jeweils zu 25 %, wobei zufriedenes Personal vor allem heißt, dass die Leute leistungsbereit und motiviert sind, nicht, dass sie tatsächlich zufrieden sind. Auf der dritten Stufe gibt es individuelle Ziele. Der Führungserfolg ist also eine Mischgröße und nicht ganz eindimensional auf finanzielle Aspekte gemünzt." (Interviewpartner 10).

Es werden kaum Anreize gesetzt, die eine gesundheitsförderliche Ausrichtung des individuellen Verhaltens bzw. der betrieblichen Verhältnisse verstärken sollen. Im Hinblick auf die Weiterentwicklung des BGM wurde eine gesundheitsorientierte Anreizgestaltung als zweckdienlicher Gestaltungsansatz erkannt.

„Man müsste es schaffen, gewisse Anreize zu setzen, damit die Beschäftigten auch privat mehr auf ihre Gesundheit achten." (Interviewpartner 68).

„Ein wichtiges Thema wäre auch, was belohnt bzw. sanktioniert wird, wenn es um das Thema Gesundheit geht." (Interviewpartner 60).

Einen bestehenden Anreiz bilden die bereits angesprochenen Anerkennungsgespräche (vgl. Abschnitt III.-7.7.5.). Diese werden bislang jedoch nur vereinzelt durchgeführt. Ferner haben Geschenkartikel und Preise (z. B. Trinkflaschen, Turnbeutel), die bei einer Teilnahme an Aktionen und Kampagnen gelegentlich in Aussicht gestellt werden, eine gewisse Anreizwirkung.

7.9.4.6. Personalfreistellung

Die eher restriktive Personalfreistellungspolitik der Schweizerischen Post (weniger zutreffend für OR- und mehr für GAV-Angestellte) belegt, dass eine Gesundheitskultur noch nicht in letzter Konsequenz angestrebt wird. Das teilweise Festhalten an Akteuren, deren beobachtbares Verhalten der gemeinsamen Normen- und Wertebasis zuwider läuft, untergräbt den Stellenwert des BGM.

„Ich habe nicht das Gefühl, dass unsere Entlassungskultur besonders ausgeprägt ist. Wir übersehen oder tolerieren noch vieles, warum auch immer. Vielleicht ist es bequemer so oder man möchte keine Auseinandersetzung mit Leuten, die man schon ewig kennt. Man kriegt immer wieder mit, dass Leute auf Posten sitzen, die schon längst hätten entlassen werden müssen." (Interviewpartner 61).

„Dass jemand freigestellt wird, der kulturinkompatibel ist, habe ich in 20 Jahren bei der Post noch nie erlebt. [...] Hier sehe ich einen gewissen Handlungsbedarf, wenn man eine Zielkultur wirklich verankern möchte. [...] Konkret im Dunstkreis der Konzernleitung haben wir Manager, die unsere Werte nicht einhalten. Das wird akzeptiert. Jeder weiß es. Was soll es?" (Interviewpartner 10).

„Man kann nicht jedes Manko mit einer Schulung ausgleichen. Es gibt Führungskräfte, die können sie jahrelang erfolglos in Kurse schicken. [...] Man darf nicht meinen, dass man sich von solchen Leuten nicht trennen kann. Man muss es einfach tun." (Interviewpartner 8).

„Jeder Kulturwert, der zwar hochgehalten, aber im Falle eines Verstoßes nicht sanktioniert wird, ist nichtig. Wenn man offensichtliches Fehlverhalten nicht bestraft, muss

man eigentlich überhaupt keine gemeinsamen Werte definieren." (Interviewpartner 67).

Prinzipiell sprechen sich einige Mitglieder der oberen Unternehmensführung für die Versetzung bzw. Trennung von kulturinkompatiblen Angestellten aus. In der praktischen Umsetzung des Einzelfalls gestaltet sich eine Personalfreistellung allerdings schwierig. Die Hemmungen der Post, Vertragsverhältnisse frühzeitig aufzulösen, sind zu weiten Teilen dem „alten Beamtentum" geschuldet. Der hohe gewerkschaftliche Organisationsgrad und persönliche Beziehungsgeflechte blockieren die Entlassung von Beschäftigten zusätzlich.

7.9.5. Barrieren eines Gesundheitskulturwandels

Durch die intensive Befragung von Postbeschäftigten, die zahlreichen Beobachtungen im empirischen Feld und die vielen informellen Gespräche ließen sich einige Argumente sammeln, die als Barrieren eines Gesundheitskulturwandels zu betiteln sind.

Mangelnde relative Relevanz von Kulturthemen

Insbesondere in Zeiten einer hohen Reorganisationsdichte unterschätzen viele Postangestellte die Bedeutung der Unternehmenskultur. Das oftmals schwache Kulturbewusstsein und die nicht seltene Unkenntnis darüber, wie stark die konzernweite Wertebasis ausgeprägt ist (vgl. Abschnitt III.-7.3.1.), sagen aus, welchen geringen Stellenwert Kultur für viele einnimmt. Es werden immer wieder vereinzelte Kulturprojekte lanciert, jedoch verfolgt man diese im Normalfall mit wenig Nachdruck. Als Begründung dienen Zeitmangel und Arbeitsstress.

„Das Kulturprojekt läuft schon seit X Jahren und die Fortschritte sind gleich null." (Interviewpartner 30).

„Die Frage ist immer, wie viel Zeit man sich für Kulturentwicklungsprojekte nehmen kann. Ihre Wichtigkeit wird häufig unterschätzt." (Interviewpartner 35).

„Wenn es um Kulturdinge geht, gibt es immer eine Aktion oder Kampagne, aber es ist nicht nachhaltig." (Informelles Gespräch G).

Verkannte Notwendigkeit einer Gesundheitskultur

Es gibt Gesprächspartner, die eine Gesundheitskultur zukünftig für wichtig erachten. Viele Postbeschäftigte verkennen dagegen den kulturellen Entwicklungsbedarf. Akzeptable Fehlzeitenquoten lassen den „Leidensdruck" der Führung oftmals zu gering ausfallen. Es bestehen Anzeichen dafür, dass Trugschlüsse dieser Art (geringe Absenzen = keine Notwendigkeit für BGM) vor allem in der Verwaltung gezogen werden. Ein fehlendes Gesamtverständnis für die Bedeutung von Gesundheit und Wohlbefinden am Arbeitsplatz und stellenweise Defizite in der Zusammenarbeit von und mit Spezialisten der Personalabteilung behindern einen Kulturwandel zusätzlich.

„Aber meistens ist es so, dass, wenn die Absenzenzahlen gut sind, man nicht einsieht, warum man weitere gesundheitsfördernde Maßnahmen ergreifen sollte." (Interviewpartner 31).

„Man muss einfach bedenken, dass es im Alltag so viele Themen gibt, die dringlicher und spannender sind als die Mitarbeitergesundheit, zumindest so lange niemand richtig krank ist. Das Interesse für das Thema würde sicherlich massiv steigen, wenn wirklich etwas vorfallen würde." (Interviewpartner 7).

Veränderungsscheu des Postpersonals

Die Anpassungsfähigkeit des reorganisationserprobten Personals an strukturelle Veränderungen gilt als angemessen. Hingegen stufen Befragte die kulturelle Wandlungsbereitschaft häufig gering ein. Insbesondere „Urpöstler" sträuben sich in vielen Fällen gegen eine Abweichung von Altbekanntem und damit Altbewährtem. Die Einstellung des Personals gegenüber Veränderungen ist nach vorliegendem Erkenntnisstand von mehreren Faktoren abhängig:

- Richtung und Zeithorizont der Veränderung,

- persönliche Betroffenheit,

- erfolgte Sinnvermittlung und

- beobachtbares Commitment der Führung.

„Diese Fragen will man nicht angehen, weil sie Veränderungen bedeuten würden und der Einzelne nicht abschätzen kann, mit welchen Konsequenzen er gegebenenfalls rechnen müsste." (Interviewpartner 30).

„Wenn wir zwei Schritte nach vorne gehen wollen, gelingt meist nur ein halber." (Interviewpartner 68).

„Und wieso hinterfrage ich es schon nicht mehr? Ich habe vieles hinterfragt und die Reaktion meines Hinterfragens war enorm." (Interviewpartner 21).

„Das ist kein Widerstand. Das ist die Trägheit eines Bundesbetriebs." (Interviewpartner 32).

„Wenn man sich das Posthauptgebäude ansieht, sieht man sofort die vielen Schächtelchen, also ich meine die Flügel und die vielen eckigen Fenster. Für mich steht der Bau für ein gewisses Post-Schablonen-Denken. Jeder Brief muss in die einzig richtige Box. Andersdenken ist nicht erwünscht. Kreative Ideen, die Bestehendes in Frage stellen, werden nicht gerne gesehen. Das sagt viel über die Kultur aus und auch darüber, wie gerne man sich verändert. Es ist enorm schwierig, bestehende Strukturen und Muster aufzubrechen." (Interviewpartner 23).

<u>Bürokratie und Maschinendominanz</u>

Der ausgeprägte Formalismus und die strikte Prozessorientierung gelten in Bezug auf die Entwicklung und Verankerung einer Gesundheitskultur als nachteilig.

„Sobald man viel administrieren muss, macht man es nicht mehr." (Interviewpartner 68).

„Außerdem gibt es bei der Post viele Menschen, die gerne in Prozessen denken und die sind bekanntlich nicht besonders flexibel." (Interviewpartner 61).

„Man könnte sich vielleicht wirklich mehr überlegen, wo Gefahren sind und wie man mit ihnen umgeht, aber wenn zuerst wieder ein Konzept geschrieben werden muss..." (Interviewpartner 31).

Im produktionsnahen Betrieb erschwert zeitweilig die Dominanz von Maschinen im Hinblick auf notwendige Abläufe eine verstärkte Konzentration auf das Wohlergehen des erwerbstätigen Menschen.

„Hinzu kommt, dass im Betrieb oftmals nach einer optimalen Maschinenauslastung gesucht wird. Würde man den Menschen zu stark in den Mittelpunkt stellen, müsste man hier Abstriche machen und die Bereitschaft dafür schätze ich in vielen Fällen als nicht besonders hoch ein." (Interviewpartner 61).

Zielkonflikte

Die Gefahr einer stark wirtschaftlichkeitsgetriebenen Unternehmenskultur besteht darin, kurzfristigen Kosten-Nutzen-Ausweisen eine zu große Bedeutung beizumessen. Eine hiermit einhergehende Versteifung auf monetär messbare Erfolge entpuppt sich als eine der gravierendsten Barrieren auf dem Weg zu einer Gesundheitskultur.

„Es gibt zwar immer wieder Initiativen, nachhaltige Projekte anzugehen, aber die Erfahrung zeigt, dass sie nie wirklich konsequent umgesetzt werden. Es dauert meist nicht lange, bis sie von scheinbar dringlicheren Themen verdrängt werden." (Interviewpartner 2).

„Das ist die erste Reaktion, wenn ich mit einer Führungskraft spreche: Wir haben kein Budget für solche Sachen." (Interviewpartner 31).

„Nächstenliebe ist schön und gut, aber schlussendlich muss die Post als Unternehmen existieren können. Das Gesundheitsmanagement ist erfahrungsgemäß recht teuer und diese Investitionen müssen sich rechnen." (Interviewpartner 4).

Wachstum im Personalbestand

Die ohnehin große Kulturgemeinschaft der Schweizerischen Post hat sich in den letzten Jahren zum Teil weiter ausgedehnt (z. B. im Retailgeschäft). Das Wachstum im Personalbestand ist eine besondere Herausforderung für die Kulturarbeit.

„Es ist ein riesiger Stress, die Leute einzustellen und auszubilden. Außerdem ist es enorm aufwendig, die neuen Mitarbeiter zu integrieren und gelb einzufärben." (Interviewpartner 60).

Kulturveränderungskompetenz der Konzernzentrale

Der Einbezug der Konzernzentrale (Abteilung Personal, Konzernleitung) als Analysegegenstand dieser Fallstudie erfolgte unter der Annahme eines sich dort befindenden „imaginären Kulturzentrums" (vgl. Abschnitt III.-2.2.). Die gewonnenen Erkenntnisse zeigen aber, dass die Zentrale oftmals als sehr bürokratisch erlebt wird. Einige Interviewpartner bezweifeln die kulturschaffende Kompetenz des Hauptsitzes und monieren die Distanz zu produktionsnahen Bereichen (d. h. zum eigentlichen Tagesgeschäft). Sie sprechen ihm sogar den Willen und die Fähigkeit zu einer verstärkt gesundheitsorientierten Wertesteuerung ab.

„Was der Konzern unternimmt, ist für mich nicht entscheidend. Ich konzentriere mich auf meinen Bereich. [...] Wenn es um formale Dinge wie Anstellungsbedingungen oder Lohn geht, bin ich einverstanden. Führung ist aber in meinen Augen sehr bereichsspezifisch. Wir müssen uns selbst klar werden, wie wir diesbezüglich agieren und was wir vorgeben wollen. Da sehe ich den Einfluss des Konzerns nicht so stark." (Interviewpartner 13).

Darüber hinaus behindert der bevorstehende Personalwechsel an der Konzernspitze, der für das Jahr 2012 angekündigt ist, die bereichsübergreifende Werteentwicklung.

„Aber für Werte interessieren sich die Bereiche derzeit nicht wirklich, weil wir vor einem großen Führungswechsel stehen. Kulturelle Themen sind im Moment sehr schwierig, wobei man weiß, dass vor allem das Thema Führungskultur eigentlich wichtig wäre. Aber es ist derzeit so viel in der Schwebe. Keiner weiß genau, wie es weitergeht." (Interviewpartner 33).

<u>Kulturveränderungskompetenz der Führungskräfte</u>

Die kulturschaffende Rolle leitender Angestellter ist bislang nicht vollumfänglich von allen Vorgesetzten verinnerlicht worden bzw. wird noch nicht in allen Fällen sichtbar gelebt. Neben personellen Unbeständigkeiten (siehe oben, kann letztlich alle Hierarchiestufen betreffen) und der Weiterbeschäftigung von kulturinkompatiblen Führungspersonen wird die kulturprägende Funktion der Leitungskräfte durch folgende Faktoren geschwächt:

- Unkenntnis in Bezug auf die Komplexität und Vielschichtigkeit des BGM,

- mangelnde Selbsteinsicht und Reflexionsbereitschaft,

- unzureichende Zeitfenster für Menschenführung im Alltag und mitunter Geringschätzung von „weichen Faktoren" in der Führungsarbeit sowie

- fehlende Vorbilder im Top-Management.

„Es hängt damit zusammen, wie von oben geführt wird. Das ist ganz einfach. Wenn die Zielkultur von oben nicht vorgelebt wird, dann wird sie unten auch nicht für bare Münze genommen. Das ist relativ trivial." (Interviewpartner 10).

„[...] die knallharten BWLer da oben [...] machen die Strategie etc., aber fühlen sich nicht verantwortlich für Soft-Skills." (Interviewpartner 32).

Die ausgewählten Konzernbereiche wurden umfassend im Hinblick auf ihre bestehende Gesundheitskultur analysiert. Durch die Befragung von mehreren Personengruppen

und die häufige Präsenz der Verfasserin im empirischen Feld ließ sich das Kulturphänomen aus unterschiedlichen Perspektiven begutachten. Als Nächstes werden theorie-
basiert und empiriefundiert Gestaltungsempfehlungen erarbeitet.

IV. Schlussfolgerungen

Das Schlusskapitel beinhaltet Gestaltungsempfehlungen einerseits und einen kritischen Rück- sowie anregenden Ausblick andererseits.

1. Gestaltungsempfehlungen

Die umfangreiche Fallstudie innerhalb des Postkonzerns zeigt, dass die Entwicklung und Verankerung einer Gesundheitskultur eine große Herausforderung darstellt (vgl. Abschnitt III.-7.). Dies gilt selbst für ein Unternehmen, das dem Menschen im Arbeitskontext traditionell überdurchschnittlich viel Aufmerksamkeit schenkt, sich seit Jahren stark im Bereich BGM engagiert und für seine personalwirtschaftlichen Leistungen mehrfach ausgezeichnet wurde.

Projektartige Initiativen und diverse Einzelmaßnahmen sind unbestritten erste Schritte in Richtung einer gesundheitsbewussten Organisation. Ein ganzheitliches BGM ist aber erst kulturell verwurzelt, wenn es von allen Unternehmensmitgliedern täglich und eigenverantwortlich gelebt wird. Dies zu erreichen ist ein langer Prozess. Er verlangt neben finanziellen Investitionen ein hohes Maß an Sensibilisierungs-, Überzeugungs- und Entwicklungsarbeit. Unbestritten ist, dass eine Gesundheitskultur im Laufe ihrer Entstehungsgeschichte unterschiedliche Reifegrade besitzt. Auf Basis der Untersuchungsergebnisse ist es berechtigt, den analysierten Konzernbereichen der Schweizerischen Post ein fortgeschrittenes Stadium der diesbezüglichen Entwicklung zu bescheinigen.

Gegenstand der folgenden Ausführungen sind Empfehlungen für die betriebliche Praxis. Ihr Ziel ist es, den Aufbau und Erhalt eines ganzheitlichen BGM zweckdienlich zu unterstützen. Sie setzen an den mittelbaren und unmittelbaren Aktionsparametern (vgl. Abschnitt II.-5.2.) einer effektivitäts- und effizienzorientierten Gesundheitskultur an (vgl. Abschnitt II.-4.2.). Ihnen liegen das theoretisch-konzeptionelle Fundament dieser Dissertation (vgl. Kapitel I und II) und die gewonnenen Erkenntnisse aus der qualitativen Untersuchung (vgl. Kapitel III) zugrunde. Zudem wurden die Fallstudienergebnisse sowie praktikable Gestaltungsansätze im Rahmen eines eineinhalbstündigen Interviews mit dem Konzernleiter der Schweizerischen Post ausführlich erörtert. Ausgewählte Zitate aus diesem Gespräch stützen die hier vorgestellten Empfehlungen.

Auf die Lancierung einzelner Aktionen und Kampagnen wird nicht eingegangen. Diese sind jedoch stets bedarfs- und zielgruppengerecht zu konzipieren. Da die Ausgestaltung der BGF gesetzlich nicht festgeschrieben ist, bestehen große Gestaltungsfreiräume. Ohnehin kann es sich immer nur um Handlungsanleitungen begrenzter Reichweite handeln, besonders weil in der vorliegenden Forschungsarbeit nur ein einziges Groß-

© Springer Fachmedien Wiesbaden GmbH, ein Teil von Springer Nature 2012
A. Osterspey, *Gesundheitskultur*, Edition KWV,
https://doi.org/10.1007/978-3-658-23464-5_4

unternehmen als Lernobjekt herangezogen wurde. Dieses weist allerdings einen erheblichen Differenzierungsgrad auf. Unter Berücksichtigung der geschilderten Umstände richtet sich die Auswahl der nachstehenden Gestaltungsansätze primär an Institutionen mit einem postähnlichen Leistungsauftrag und Komplexitätsgrad sowie an Organisationen, die viel Wert auf eine starke soziale Ausrichtung legen und über eine angemessene Ressourcenbasis verfügen. Keinesfalls erheben die Gestaltungsvorschläge den Anspruch, bereits den Entwicklungsstand praxeologischer Aussagen erreicht zu haben (vgl. Grochla 1978: 68 ff.). Unabhängig von ihrem normativen Charakter stellen sie keine Präskriptionen dar. Sie ergeben sich in erster Linie aus der Logik betriebswirtschaftlichen Denkens.

1.1. Mittelbare Aktionsparameter einer Gesundheitskultur

1.1.1. Unternehmenskultur

Die Bedeutung der Unternehmenskultur für den betriebswirtschaftlichen Erfolg (vgl. Abschnitt II.-4.1.2.) und die Mitarbeitergesundheit (vgl. Abschnitt II.-4.2.) wird in der Fachliteratur vielfach betont und durch die Fallstudienforschung der Autorin bekräftigt. Der Konzernleiter der Schweizerischen Post findet folgende Worte:

„Man muss sich zuerst einmal klar werden, dass motivierte und engagierte Mitarbeiter die beste Basis für den Erfolg sind. Also muss ich alles daran setzen, dass die Mitarbeiter zufrieden und leistungsfähig sind. Es muss eine entsprechende Kultur aufgebaut werden."

Betrieben ist zu empfehlen, ein Bewusstsein für die Wichtigkeit der Unternehmenskultur hinsichtlich der menschlichen und betrieblichen Leistungskraft zu gewinnen und daraufhin eine adäquate Soll-Kultur zu definieren. Das Gesundheitskulturkonstrukt, wie es hier vorgestellt wurde (vgl. Abschnitt II.-4.2.), kann als Muster herangezogen werden. Modifikationen und Weiterentwicklungen sind selbstverständlich immer möglich und nötig. Führungskräfte und Mitarbeitende sollten im Sinne eines Gegenstromprinzips gemeinschaftlich an der Erarbeitung von Normen und Werten beteiligt werden. Auf diese Weise lassen sich die Akzeptanz gegenüber und die Identifikation mit einer Kultur am Arbeitsplatz erhöhen.

Subkulturen sind unproblematisch, vorausgesetzt, es gibt ein übergeordnetes Wertegerüst und allgemeine Verhaltenskodizes, die eine Kulturgemeinschaft in Form verbindender Elemente zusammenhalten und die darauf ausgerichtet sind, das Wohl des Einzelnen in allen Unternehmensbereichen zu bewahren und zu fördern.

Entscheidend ist, dass die Kultur im Unternehmen durch die oberste Leitung einen angemessenen Stellenwert erhält und nicht als „weiches Thema" degradiert wird. Kulturprojekte müssen mit der nötigen Ernsthaftigkeit und Konsequenz vorbereitet, durchgeführt und evaluiert werden. Sie sind vor allem in Umbruchzeiten (z. B. Reorganisationen) relevant und dürfen nicht „auf später" verschoben werden. Von Macht-, Fach- und Prozesspromotoren ist zu erwarten, dass sie sich ihrer Rolle bewusst sind und einen Kulturwandel Kraft ihrer Funktion gemeinsam vorantreiben (vgl. Abschnitt II.-4.1.6.4.).[251]

Nach Abschluss der Fallstudie innerhalb des Postkonzerns, ist zur Erfassung einer Ist-Kultur die Durchführung von Einzelinterviews, Gruppendiskussionen und teilnehmenden Beobachtungen zu empfehlen. Durch persönliche Gespräche und die wachsame Präsenz im empirischen Feld kann in der Tat ein vertieftes Verständnis für die Vielschichtigkeit einer Kultur erzielt werden. Bei der innerbetrieblichen Erörterung von sensiblen Themen, wie Gesundheit und Zufriedenheit am Arbeitsplatz, bietet sich der Einsatz von neutralen (ggf. externen) Personen an. Auf Basis der Ist-Analyse gilt es, bestehende Ansatzpunkte, Stolpersteine und potenzielle Barrieren einer Gesundheitskultur zu identifizieren. Bürokratische Kulturen sollten sich um den Abbau von übermäßigem Formalismus und einer zu starren Prozessorientierung bemühen. Obschon Regelwerke und Ablaufschemata belastende Unsicherheit reduzieren können, engen sie gesundheitsdienliche Handlungs- und Entscheidungsspielräume in Stresssituationen ein. Unternehmen, deren Kultur indessen durch eine verinnerlichte Wirtschaftlichkeitsorientierung besticht, sollten zwingend darauf achten, Budget- und Kostendenken nicht mit wahrem Unternehmertum zu verwechseln. Eine betriebswirtschaftlich ausgerichtete Gesundheitskultur ist durchaus kompatibel mit Kosten-Nutzen-fokussierten Organisationen, zumal eine nachhaltig internalisierte Kultur teure Einmalaktionen unnötig werden lässt. Nur durch gesunde Beschäftigte lassen sich Wirtschaftlichkeitsziele erreichen. Ferner ist eine Gesundheitskultur keinesfalls als reine Wohlfühlkultur misszuverstehen. Vielmehr kann sie, im positiven Sinne, als Ergänzung bzw. Bestandteil einer Leistungskultur aufgefasst werden.

„Die Verbindung zwischen BGM und einer Leistungskultur ist sehr wichtig. Letztendlich geht es nicht nur um das Wohlbefinden, sondern darum, dass wir Mitarbeitende haben, die eine hohe Leistungsbereitschaft zeigen." (Konzernleiter der Schweizerischen Post).

---

[251] In der Rolle von Prozesspromotoren können z. B. Projektleitende gesehen werden, die ein BGM entweder einführen oder reorganisieren.

Auf weitere Kulturorientierungen soll an dieser Stelle nicht noch einmal gesondert eingegangen werden (vgl. stattdessen Abschnitt III.-7.3.2.).

Wie das Fallbeispiel der Schweizerischen Post evident werden lässt, sind eine Vertrauens-, Feedback- und Konfliktkultur wichtige Bestandteile einer gesundheitsförderlichen Unternehmenskultur. Mitarbeitende und Führungskräfte müssen sich sicher sein können, dass sie Unwohlsein, Belastungsursachen und Verbesserungsvorschläge frei äußern und Emotionen in angemessenem Ausmaß zeigen können, ohne Gefahr zu laufen, daraufhin verurteilt oder benachteiligt zu werden. Dies gilt insbesondere für Aspekte, welche die psychische Gesundheit betreffen.

„Wenn es um psychische Erkrankungen geht, traut man sich nicht, sich anderen anzuvertrauen. Über sich persönlich spricht man von sich aus sowieso nicht so viel. Menschen, die psychische Probleme durchgemacht haben und das auch kommunizieren, sind sehr starke Menschen. Sie sagen: Ich kann das stückweise nachvollziehen, weil ich auch mal in einer solchen Situation war. Nichtsdestotrotz ist es absolut notwendig, dass die Vorgesetzten auf solche Probleme sensibilisiert sind. Das verlangt sehr viel Einfühlungsvermögen und Menschenkenntnis. Man muss früh genug eingreifen, damit eine Situation nicht eskaliert. Das ist enorm schwierig. Wenn es ein Vertrauensverhältnis zwischen Vorgesetzten und Mitarbeitenden gibt, ist das viel einfacher. Dann kommen Mitarbeiter auch eher auf die Vorgesetzten zu und sprechen etwas an, vielleicht zuerst sehr schüchtern und verklausuliert, aber das ist bereits ein Anfang. Es braucht ein Vertrauensverhältnis und Chefs, die zuhören können." (Konzernleiter der Schweizerischen Post).

Um Intransparenz einerseits und die Verschleppung negativer Gefühle andererseits zu vermeiden, bedarf es einer ausgereiften Feedbackkultur (vgl. Abschnitte II.-4.2.1.3. und III.-7.5.4.). Hierzu ist es u. a. wichtig, dass Vorgesetzte ihrer Informationsverantwortung (vgl. Abschnitt II.-4.2.1.2.) nachkommen und sich gegenüber ihren Unterstellten kritikfähig und reflexionsbereit zeigen. Personalzufriedenheitsumfragen und Mitarbeitergespräche, als praxiserprobte Feedbackkanäle, sollten in regelmäßigen Abständen (z. B. ein- bzw. zweimal jährlich) seriös durchgeführt werden. Dazu gehören die Anpassung an gewisse bereichsspezifische Besonderheiten und die laufende Überprüfung der Validität und Reliabilität einzelner Fragen. Sobald Beschäftigte den Glauben an die Relevanz dieser oder ähnlicher Instrumente verlieren (z. B. Alibi-Übung), sich bevormundet oder unter Druck gesetzt fühlen, werden sie Makulatur und können sogar belastend wirken. Machtmissbrauch seitens der Führungskräfte ist unter allen Umständen zu vermeiden. Neben formellem Feedback spielen informelle Rückmeldungen eine zentrale Rolle. Sämtliche Mitglieder einer Kulturgemeinschaft sollten dazu befugt sein, sich, wann immer angebracht, zu Wort zu melden. Geschähe dies, wäre im Idealfall auch mit einem Mehr an spontaner Wertschätzung zu rechnen. Eine unreflektierte „Auftragserfüllungsmentalität" ist hingegen wenig zielführend.

Zuletzt kann eine Gesundheitskultur nicht ohne Konfliktmanagement bestehen (vgl. Abschnitte II.-4.2.1.3. und III.-7.5.4.). Tunlichst zu vermeiden ist, dass eine hohe Harmoniebedürftigkeit bestehende Unstimmigkeiten unterdrückt. Ferner ist mit einer vorschnellen und oberflächlichen Nähe-Kultur achtsam umzugehen („Duz-Kultur"). Verlieren Personen durch die Aufgabe einer „formalen Distanz" eine gewisse Selbstschutzfunktion, erhöht sich die Gefahr, dass Differenzen persönlich aufgefasst werden und damit emotional belastend(er) wirken. Konflikte sollten an geeigneter Stelle möglichst früh und konstruktiv ausgetragen werden. Eine Abwälzung auf Gremien ist zu vermeiden. Weiterhin erscheint es notwendig, dass Führungskräfte ein Gespür für aufkeimende oder unterschwellige Spannungen entwickeln und diese innerhalb ihres Teams ansprechen. Eine gesundheitsbegünstigende Kultur stellt demzufolge hohe Erwartungen an die Sozialkompetenz ihrer Mitglieder (vgl. Abschnitte IV.-1.2.2.2. und IV.-1.2.2.5.).

Abschließend sei dazu geraten, Vorstellungen über die kulturelle Wirklichkeit im Unternehmen in Leitbildern festzuhalten. Hierbei handelt es sich um Artefakte, die dem gewünschten Normen- und Wertesystem Ausdruck verleihen (vgl. Steinmann/Schreyögg 2005: 715). Sie sollten nicht nur pro forma erarbeitet werden. Ihre volle Wirkung entfalten sie erst, wenn sie einer Kulturgemeinschaft täglich als Verhaltenskompass dienen.

1.1.2. Zielsystem

Es ist unerlässlich, zentrale Zielgrößen zu definieren. Unternehmensweit sollte ein Konsens dahingehend bestehen, was BGM bedeutet und warum es eingeführt wurde bzw. eingeführt werden sollte. Im Zuge dessen gilt es nicht nur die gesellschaftliche Verantwortung eines Unternehmens hervorzuheben, sondern es sollte ausdrücklich auch auf den Zusammenhang zwischen dem körperlichen sowie geistigen Befinden und dem Unternehmenserfolg hingewiesen werden. Überdies ist eine Definition von Gesundheit erforderlich, welche für den Kontext Betrieb praktikabel ist. Eine unkritische Verwendung der idealistischen WHO-Definition (vgl. Abschnitt II.-1.1.2.) ist hierzu kaum zweckdienlich. Im Gefüge der sozialen Marktwirtschaft können und müssen Unternehmen einen Beitrag zur Verbesserung des Gesundheitszustands einer Volkswirtschaft leisten. Sie können hierfür aber niemals die alleinige Verantwortung tragen. Angestellte sollten auf Basis unpräziser Begriffs- und Konzeptdefinitionen nicht dazu verleitet werden, unrealistische Erwartungen aufzubauen oder ihre Eigenverantwortung zu vernachlässigen. Dies ist auch im Hinblick auf den psychologischen Vertrag zwischen Arbeitgeber und -nehmer in höchstem Maße relevant (vgl. Abschnitte II.-4.3.3.2.6. und IV.-1.2.1.6.). Für ein erfolgreiches BGM sind eine Fokussierung auf die Arbeitsplatzsituation sowie letztlich eine Begrenzung auf die realistischen Beitragsmöglichkeiten eines Betriebs essenziell.

Ziele, die im Zusammenhang mit dem Aufbau und Erhalt einer Gesundheitskultur stehen (z. B. Überlebensfähigkeit am Markt durch gesunde Mitarbeitende), müssen allen Unternehmensmitgliedern bekannt sein. Sie sollten in die Unternehmensleitlinien einbezogen werden und verbindlich gelten (vgl. Kesting/Meifert 2004: 34). Die Definition unmittelbar gesundheitsbezogener Ziele ist allerdings nicht unproblematisch (vgl. Abschnitt IV.-1.2.2.4.).

„Wir haben solche Themen in die Zielsetzungen aufgenommen. Das ist immer etwas schwierig, da man Ziele nicht nur qualitativ, sondern auch quantitativ formulieren sollte. Das hat aber schon dazu geführt, dass sich alle Stufen mit diesem Thema auseinandersetzen mussten." (Konzernleiter der Schweizerischen Post).

Um nicht nur der Vollständigkeit halber aufgelistet zu sein, müssen gesundheitsnahe Ziele in der Zielhierarchie angemessen platziert werden (vgl. Szyperski 1974: 32). Diffuser Zielpluralismus führt normalerweise zu Konflikten. Mögliche Spannungsfelder zwischen Wirtschaftlichkeitszielen einerseits und Mitarbeiterzielen andererseits müssen sorgfältig durchdacht und priorisiert werden. Entscheidet sich das obere Management für eine Verlagerung von Zielkonflikten in die Hierarchie, kann dies dort Stress auslösen und die Glaubwürdigkeit des BGM untergraben.

Die Datenanalyse weist außerdem darauf hin, dass die Neubeschäftigung vieler Personen binnen eines kurzen Zeitraums eine große Herausforderung für das Personal- resp. Kulturmanagement darstellt. Ein sorgfältiges Vorgehen bei der Personalauswahl und organisationalen Sozialisation (vgl. Abschnitt IV.-1.2.2.2.) wird durch einen schnell anwachsenden Personalkörper erschwert. Unternehmen müssen sich daher im Hinblick auf den Erhalt und die Förderung der Beschäftigtengesundheit mit der strategischen Frage auseinandersetzen, wie viel Wachstum als Zielgröße sinnvoll und verkraftbar ist.

1.1.3. (Personal-) Strategie[252]

Vereinfacht lässt sich ein durchgängiger Strategieprozess in die Hauptphasen

- Strategiefindung und

- Strategieumsetzung

unterteilen (vgl. Horváth & Partner 2000: 5). In der ersten Phase sollten gesundheits-sensible Betriebe Strategien nicht nur auf den Markt beziehen (market-based-view), sondern ebenfalls auf die internen Ressourcen (resource-based-view) (vgl. Winz 2006: 39 f.; Abschnitt II.-3.1.). Auf diese Weise wird der Blick unweigerlich auf die menschlichen Leistungsträger (Humanressourcen) gerichtet. Unternehmen müssen die Gesundheit ihres Personals als eine wesentliche Erfolgsgrundlage erkennen. Der Gesundheitsgedanke sollte daher bereits in der Vision eines Unternehmens Berücksichtigung finden. Hierbei handelt es sich um einen Entwurf des betrieblichen Entwicklungspfads. Um BGM sowohl als Ausdruck der Wertschätzung als auch als Instrument zur Sicherung und Steigerung von unternehmerischer Effektivität und Effizienz zu formulieren, ist rhetorisches Talent gefordert (vgl. Steinmann/Schreyögg 2005: 171).

Oftmals bereitet es Organisationen Probleme, die gefundene Strategie in das operative Geschäft umzusetzen (vgl. Horváth & Partner 2000: 5). Die in den 1990er Jahren von Robert S. Kaplan und seinem Team an der Harvard Business School entwickelte Balanced Scorecard dient als Instrument, um die Unternehmensvision und -strategie in konkrete Leistungsmessungsfaktoren zu übersetzen (vgl. Kaplan/Norton 1997: 23). Das heißt, sie geht von einem bereits entwickelten Zukunftsbild aus (vgl. Horváth & Partner 2000: 69). Um die Fokussierung auf relevante strategische Inhalte zu gewährleisten, empfiehlt sich die Definition von nicht mehr als 20 Zielen. Diesen werden sowohl finanzielle als auch nicht-finanzielle Messgrößen zugeordnet. Um die Zielerreichung planen und kontrollieren zu können, werden Soll-Werte formuliert und Ist-Werten regelmäßig gegenübergestellt. Verantwortlichkeiten sind klar festgelegt (vgl. Horváth & Partner 2000: 9). Bewährt hat sich die Zuordnung definierter Ziele zu den vier Handlungsfeldern (1) Finanzen, (2) Kunden, (3) interne Prozesse sowie (4) Lern- und Entwicklungsperspektive (vgl. Kaplan/Norton 1997: 23). Die letztgenannte Perspektive bezieht sich insbesondere auf das Personal und erkennt damit die Bedeutung menschlicher Arbeitskraft im Unternehmen an (vgl. Kaplan/Norton 1997: 33). Gängi-

---

[252] Die Verfasserin verzichtet auf eine getrennte Behandlung von Unternehmens- und Personalstrategie. In diesem Abschnitt werden beide Aspekte miteinander verschmolzen. Eine konsistente Personalstrategie ist nur realisierbar, wenn die wesentlichen Bezugspunkte aus der Unternehmensstrategie in der Personalstrategie aufgegriffen und in diese integriert werden (vgl. Abschnitt II.-4.3.3.1.). Auch im Instrument der Balanced Scorecard wird dieser enge Verbund zwischen Gesamtunternehmensstrategie und funktionalen Teilstrategien (z. B. Lern- und Entwicklungsperspektive) hergestellt.

ge Kennzahlen zu ihrer Überprüfung sind gemäß Kaplan und Norton (1997: 124) Mitarbeitertreue, -zufriedenheit und -produktivität. Ohne Zweifel beeinflussen Gesundheit und Wohlbefinden diese Kerngrößen wesentlich. Daher sollte ein ganzheitliches BGM mit der Balanced Scorecard verknüpft werden (vgl. Janssen/Kentner/Rockholtz 2004: 46 ff.; Kesting/Meifert 2004: 34; Abschnitte II.-4.2.2. und IV.-1.2.1.3. für mögliche Messgrößen). Wichtig ist, dass die Vision und die Strategie immer die obersten Bezugspunkte darstellen.

1.1.4. Organisation

Innerhalb des wissenschaftlichen Diskurses und unter den befragten Gesundheitsspezialisten der Schweizerischen Post herrscht Einigkeit, dass die Berücksichtigung des Gesundheitsgedankens in Strukturen und Prozessen für ein ganzheitliches BGM unverzichtbar ist. Meifert und Kesting (2004: 34) plädieren dafür, gesundheitsrelevante Fragestellungen überall in der Aufbau- und Ablauforganisation einzubeziehen.

Die Schaffung von Stellen für Fachbeauftragte im Bereich BGM sowie die Einrichtung von Gremien und/oder Kompetenzzentren sind empfehlenswerte Beispiele hinsichtlich der strukturellen Verfestigung einer angestrebten Gesundheitskultur. Sie sorgen für die innerbetriebliche Bereitstellung und Austauschbarkeit von Expertenwissen, gewähren Stabilität und signalisieren die Ernsthaftigkeit, mit welcher dem Beschäftigtenwohl nachgegangen werden soll.

Unternehmen, die den Aufbau und Erhalt einer Gesundheitskultur anstreben, sind darüber hinaus dazu angehalten, aufbauorganisatorisch auf klare Unterstellungsverhältnisse und auf die Größe von Führungsspannen zu achten. Selbstverständlich sind dabei die Art der zu erfüllenden Aufgabe und die Personalstruktur zu berücksichtigen. Allgemein festgehalten werden kann, dass übergroße Leitungsspannen die Übernahme von Führungsverantwortung im Sinne einer wahrzunehmenden Fürsorgepflicht deutlich erschweren. Leitenden Angestellten ist es unmöglich, ihre Aufmerksamkeit auf eine Vielzahl von Mitarbeitenden zu richten, vor allem, weil sie unabhängig von dieser Obliegenheit vielfach selbst enormen Belastungen resp. einem beachtlichen Leistungsdruck ausgesetzt sind. Eine Gesundheitskultur verlangt jedoch, dass Vorgesetzte ihren Unterstellten und deren Befinden ernst gemeintes Interesse entgegenbringen, sie individuell fördern (vgl. Abschnitte II.-4.2.1.2. und IV.-1.2.2.5.) und angemessen über BGM-bezogene Aspekte informieren (vgl. Abschnitte II.-4.2.1.2. und IV.-1.2.1.2.). Weiterhin wird von Führungspersonen erwartet, dass sie die soziale Unterstützung bzw. das Wir-Gefühl innerhalb eines Teams gezielt vorantreiben. Die hierfür benötigte Zeit ist durch das Tagesgeschäft und die zu erfüllenden anderen Zielvorgaben im Arbeitsalltag stark begrenzt. Im Fallbeispiel des Postkonzerns geraten Führungskräfte insbesondere im Zuge zahlreicher zu führender Mitarbeitergespräche in Stresssituationen. Dies mindert die Qualität der Gespräche und belastet verantwortungsvolle Vorgesetzte mitunter stark. Letztendlich droht durch zu große Leitungsspannen eine Verschlechterung des Wohlergehens aller Beteiligten.

Ein weiterer Aspekt ist die Integration des Gesundheitsgedankens in Arbeits- und Führungsprozesse. Wichtig ist, dass Arbeitsprozesse transparent gestaltet werden. Im Idealfall sollten sie nachvollziehbar und in sich geschlossen sein. Jeder Arbeitsprozess muss einen Adressaten haben (z. B. einen externen oder internen Kunden). Darüber hinaus wäre es wünschenswert, wenn Arbeitsabläufe den Ausführenden eignungs- und neigungsgerechte Kontrollmöglichkeiten resp. Handlungs- und Entscheidungsfreiheiten überließen. Nicht jede Entscheidung sollte in einem Ausschuss diskutiert oder durch unnötige Absicherungs- und Abklärungsschlaufen verzögert werden. An die Organisationsverantwortung der Führung werden dementsprechend hohe Ansprüche gestellt (vgl. Abschnitt II.-4.2.1.2.).

Als Beispiel für einen gesundheitsdienlichen Führungsprozess kann ein professionelles Absenzen- bzw. Case Management genannt werden. Im Zuge dessen sind systematische Gesundheitsgespräche zu führen. Allerdings neigen Großunternehmen zu Schematismen, d. h. zu einer unreflektierten, kaum situationsangepassten Befolgung dokumentierter Prozessschritte. Dies kann dazu führen, dass die wahren Motive einer Abwesenheit nur selten in diesem Zusammenhang zum Vorschein kommen und sollte daher vermieden werden. Problematisch ist auch, wenn Anerkennungsgespräche allein von der Abwesenheit an einer bestimmten Tagzahl abhängig gemacht werden (vgl. Abschnitt IV.-1.2.2.6.). Hier gilt es, sinnvolle Kriterien festzulegen. Das Präsentismusphänomen darf auf keinen Fall durch eine falsche Anreizgestaltung forciert werden.

„Ich bin überzeugt, wir können lange in der Geschäftsleitung Definitionen besprechen und Ziele formulieren, wenn die einzelnen Vorgesetzten sich nicht ganz konkret mit ihren Mitarbeitenden beschäftigen, bringt uns das nicht weiter. Das fängt mit dem Rückkehrgespräch nach einer Krankheit an. Man muss sich wirklich danach erkundigen, wie es jemandem geht. Floskeln reichen nicht. Wenn der Chef sagt: Geht es dir gut und der Mitarbeiter antwortet: Ich habe das Bein gebrochen und kann fast nicht gehen, dann kann es nicht sein, dass der Chef sagt: Ja, wunderbar, sehr gut, machen wir gleich weiter. Hier muss man konkret Verbesserungen bewirken." (Konzernleiter der Schweizerischen Post).

Ein ebenfalls zu überwindendes organisatorisches Problem ist die Vermeidung eines extremen Profit-Center-Denkens. Vorteile bestehen zunächst darin, dass sich Aufgaben, Kompetenzen und Verantwortungsbereiche klar zuordnen lassen und sämtliche

Teilsysteme einer Unternehmung dazu angeregt werden, positive Beiträge zum Erfolg des Gesamtsystems zu leisten. Zudem werden alle Personen im Betrieb in unternehmerischem Handeln geschult. Wenn jedoch jeder Informationsaustausch zwischen Organisationseinheiten, die nach dem Profit-Center-Prinzip strukturiert sind, zur Inrechnungstellung von Leistungen führt, behindert dies die Solidarität unter den Teilen eines Gesamtsystems (vgl. Steinle/Krummaker 2004: 1190 ff.). Auch die interne Versetzung von Personen, die z. B. aufgrund körperlicher Gebrechen keine physisch stark beanspruchenden Aufgaben mehr ausführen können, wohl aber anderenorts einsetzbar wären, wird erheblich erschwert. Soziale Unterstützung wird reduziert. Es drohen Abschottungstendenzen. Daher muss stets ein sinnvoller Ausgleich für das mitunter auftretende Spannungsfeld zwischen einer klaren betriebswirtschaftlichen Denkweise und dem Aufbau und Erhalt einer gesundheitsdienlichen Leistungskultur gefunden werden.

Zudem sind Unternehmen dazu angehalten, die Anzahl und Frequenz von Reorganisationsprozessen sorgfältig abzuwägen. Diese führen unter den Betroffenen zu Unsicherheit und rufen vielfach stressreiche Arbeitssituationen hervor (z. B. Koordinationsprobleme, veränderte Sozialstrukturen). Betriebe sollten prüfen, „[…] ob der Unternehmung zur Umsetzung und anschließenden Aufrechterhaltung der favorisierten Alternative genügend Ressourcen[253] (Infrastruktur, Mitarbeitende, Finanzmittel etc.) zur Verfügung stehen […] [und] ob die insgesamt anfallenden Kosten[254] der organisatorischen Änderungen tatsächlich kleiner sind als der durch die neue Struktur erwartete Nutzen[255]." (Thom/Wenger 2010: 174). Hierbei sind Auswirkungen auf Gesundheit und Wohlbefinden der Betroffenen zu berücksichtigen. Es kann von psychischen Realisationskosten einer Reorganisation gesprochen werden.

Im Hinblick auf die „optimale Organisationsform" haben Thom und Wenger (2010: 143 ff.) ein umfassendes Effizienzkonzept erarbeitet. Hinsichtlich der Implementierung einer nachhaltigen Gesundheitskultur ist es wichtig, dass eine Organisation zielorientiert agiert. Dies erfordert einen eindeutigen Zielbezug aller Stellenaufgaben sowie die konsequente Einhaltung des Kongruenzprinzips. Wie zu Anfang dieses Gliederungspunkts erwähnt, gilt es zudem, Leitungsspannen derart zu gestalten, dass sie im Sinne eines umfassenden BGM „führbar" bleiben. Überdies sollte „der Förderung der sozialen Effizienz und individuellen Lernfähigkeit" (Thom/Wenger 2010: 144) gebührend Aufmerksamkeit entgegengebracht werden. Hierunter fallen die ganzheitliche Bearbeitung einer Aufgabe, eine eindeutige personelle Zuordnung, stellenbezogene

---

[253] Im Original kursiv hervorgehoben.

[254] Im Original kursiv hervorgehoben.

[255] Im Original kursiv hervorgehoben.

Entwicklungsmöglichkeiten und ein angemessener Kompetenz- und Verantwortungs-spielraum gepaart mit einer adäquaten Fehlertoleranz.

Nachfolgend stehen die indirekt systemischen (vgl. Abschnitt IV.-1.2.1.) sowie die di-rekt interaktionellen (vgl. Abschnitt IV.-1.2.2.) Personalfunktionen im Mittelpunkt der Gestaltungsempfehlungen.

1.2. Unmittelbare Aktionsparameter einer Gesundheitskultur

1.2.1. Indirekt systemische Personalfunktionen

1.2.1.1. Personalplanung

Die Personalplanung betrifft alle anderen Personalfunktionen, z. B. die Planung des Personalbedarfs, der Personalentwicklung oder der Personalerhaltung. Sie hat daher den Rang einer Metafunktion. Es geht um die geistige Antizipation der diversen Akti-vitäten im Rahmen des Personalmanagements. Wie jede Planung kann sie auf unter-schiedlichen Ebenen und mit verschiedenen Zeithorizonten ausgeübt werden. Auf der strategischen Ebene ist insbesondere die Verknüpfung mit der Unternehmensstrategie herzustellen (strategische Personalplanung). Es sind die personellen Erfolgspotenziale für die Stärkung der Überlebens- und Wettbewerbsfähigkeit eines Unternehmens aus-zubauen. Neben den für eine angestrebte Erfolgsposition erforderlichen Kompetenzen (z. B. fachlicher Art) sind die Voraussetzungen für den Erhalt und die Förderung der physischen und psychischen Gesundheit einzuplanen.

Im Zuge der Kulturgestaltung kann die Personalplanung einen wichtigen Beitrag leis-ten, indem sie bewusst kulturelle Aspekte mitberücksichtigt. Es ist auf strategischer Basis darüber zu entscheiden, welche Einstellungen, Denk- und Verhaltensmuster im Sinne einer gewünschten Soll-Kultur zukünftig verstärkt bei Führungskräften und Mit-arbeitenden vorhanden sein sollen (vgl. Sackmann 1990: 172; Sackmann 2002: 172).

Auf die Besonderheiten der einzelnen Personalfunktionen wird in den nachfolgenden Gliederungspunkten eingegangen. Wichtig ist an dieser Stelle, die Aufgabe der Perso-nalplanung als Bindeglied zur Unternehmensplanung und deren Teilbereichen (u. a. Vertriebs-, Produktions-, Beschaffungs- und Finanzplanung) ausdrücklich hervorzuhe-ben.

1.2.1.2. Personalinformation

Das Informationsbedürfnis der Beschäftigten muss grundsätzlich als hoch angenommen werden. Fehlende (Hintergrund-) Informationen führen in der Regel zu Unsicherheit und Frustration. Ein Vorgehen gemäß dem Prinzip „Wissen ist nicht zu teilende Macht" ist kaum gesundheitsdienlich. Auch ein zu ausgeprägtes Hierarchiedenken erweist sich als problematisch. Die Informationsverantwortung der Führung ist insbesondere in Zeiten häufiger Reorganisationen bedeutend. Entscheidend ist, dass Mitteilungen zielgruppengerecht weitergegeben werden, um eine unstrukturierte Informationsflut zu vermeiden. Es sollte bezeichnend für eine Gesundheitskultur sein, dass Führungspersonen in erster Linie das persönliche Gespräch mit ihren Unterstellten suchen, um Rückfragen zu ermöglichen, Missverständnissen vorzubeugen und um die Vertrauensbeziehung zu stärken. Diskussionsforen, in denen leitende Angestellte Rede und Antwort stehen, haben sich innerhalb der Schweizerischen Post bewährt. Sie können über das Postumfeld hinaus als ein empfehlenswertes Instrument deklariert werden.

In die Informationsverantwortung der Führung muss ebenfalls fallen, dass Vorgesetzte auf Gesundheitsgefahren, Arbeitsschutzbestimmungen und das BGM als solches erklärend hinweisen sowie auf aktuelle Aktionen und Kampagnen aufmerksam machen. Ferner sollten Case Manager ihre Rolle bzw. das Unterstützungsangebot des Unternehmens umfassend erläutern und die Weitergabe von Informationen nicht vollständig und unkontrolliert in die Zuständigkeit der Führungskräfte verlagern. Ansonsten droht eine Abwehrreaktion der Beschäftigten aufgrund von Unwissen. Ohnehin ist dazu zu raten, nach einer Lösung zu suchen, die dem Case Management mehr Neutralität verleiht, so dass Beschäftigte mit weniger Sorge vor Konsequenzen über ihre gesundheitliche und berufliche Situation berichten können (ggf. Einbezug eines externen Dienstleisters). Es muss egal wie vermieden werden, dass die Personalabteilung als „Gesundheitspolizei" auftritt oder BGM-Verantwortliche zu stark unter dem kurzfristigen Wirtschaftlichkeitsdruck der Führung stehen.

Überdies ist die Empfehlung auszusprechen, Gesundheitsthemen in Führungssitzungen einen angemessenen Stellenwert einzuräumen. Es bedarf eines Informationsaustauschs unter leitenden Angestellten, der über die bloße Abhandlung von Abwesenheitsstatistiken und schwerwiegende Krankheitsfälle hinausgeht. Hierzu ist es wichtig, dass hierarchisch höher gestellte Vorgesetzte aktiv Informationen, bspw. bezüglich der Stimmung im Team (Indikator für die Mitarbeiterzufriedenheit) und der momentanen Belastungssituation, einfordern. Dem BGM wird auf diese Weise das nötige Gewicht verliehen.

Bei der Beschaffung und Speicherung von gesundheitsnahen Informationen über Unternehmensangestellte sind das Betriebsverfassungsrecht, der Datenschutz sowie Persönlichkeitsrechte unter allen Umständen zu respektieren (vgl. Abschnitt II.-4.3.3.2.2.). Betriebsärzte unterliegen ohnehin der ärztlichen Schweigepflicht. Aus den Interviewaussagen geht deutlich hervor, dass viele Beschäftigte dem Interesse des Arbeitgebers an Daten zum persönlichen Befinden mit Skepsis gegenüberstehen. Umso wichtiger ist eine stabile Vertrauenskultur. Entscheidet sich ein Unternehmen für eine direkte Gesundheitsbefragung, sollte die Beantwortung der Fragen freigestellt werden.

1.2.1.3. Personalcontrolling

Planung, Kontrolle und Steuerung des BGM sind von großer Bedeutung. Theorie und Praxis weisen darauf hin, dass Unternehmen hauptsächlich Fehlzeiten- und Unfallstatistiken als Indikatoren für den Gesundheitszustand ihrer Angestellten bzw. den Erfolg des BGM heranziehen (vgl. Abschnitt II.-4.2.2.). Hierbei handelt es sich um relevante Kennzahlen. Sie sollten jedoch nicht als alleinige Anhaltspunkte für den Reifegrad bzw. die Qualität einer Gesundheitskultur Verwendung finden. Während durch die Einführung eines professionellen Absenzenmanagements in der Regel eine beachtliche Senkung der Abwesenheitsquote erzielt werden kann, kommt es nach einer gewissen Zeit natürlicherweise zu einer Stagnation und unter Umständen sogar zu einem leichten Wiederanstieg der Zahlen. Eine Fehlzeitenquote von null Prozent kann allein biologisch bedingt niemals erreicht werden und darf nicht als Zielwert im BGM verstanden werden. Führungskräfte unterlägen einem Irrtum, dies anzunehmen. Trugschlüsse aufgrund einer geringen Fehlzeitenquote sind ebenfalls zu vermeiden. Zum einen muss Gesundheitsförderung präventiv erfolgen und nicht erst einsetzen, wenn Handlungsbedarf unverkennbar ist. Zum anderen kann eine geringe Fehlzeitenquote immer auch für ein hohes Maß an Präsentismus sprechen (vgl. Abschnitt I.-1.3.2.). Hier ist besondere Achtsamkeit seitens der Personalverantwortlichen gefordert. Sind eine geringe Fehlzeiten- und Unfallquote erreicht, darf dies keinesfalls bedeuten, dass gesundheitsbezogene Initiativen abgebrochen oder ausgesetzt werden können. Im Gegenteil, ein nachhaltiges BGM stellt eine kontinuierliche Herausforderung dar und verlangt eine fortwährende Anstrengung aller Verantwortungsträger.

Folgende Effizienzkriterien können, neben den oben erwähnten Kennzahlen, für ein zweckdienliches BGM-Controlling empfohlen werden (Auswahl; vgl. ausführlich Abschnitt II.-4.2.2.):

- (Früh-) Fluktuation,

- Frühverrentungen,

- Bildungsverhalten,

- Mitarbeiterzufriedenheit,

- Produktivitätsniveau,

- Anzahl Bewerbungen innerhalb eines definierten Zeitraums (Arbeitgeberattraktivität),

- Beteiligung am betrieblichen Ideenmanagement mit gesundheitsbezogenen Vorschlägen sowie

- Teilnahme an und Stimmen zu BGM-Aktivitäten.

„Aber es gibt auch gewisse quantitative Größen, die Aufschluss über das Mitarbeiterbefinden geben können. Kurzabsenzen oder Frühfluktuation sind ganz gute Indikatoren. Darauf schaue ich auch während des Jahres sehr genau. Wenn mir das Eine oder Andere auffällt, dann frage ich immer, wo das Problem liegt. So erfährt man viel über die Fähigkeiten der Chefs." (Konzernleiter der Schweizerischen Post).

Ebenfalls kann die Behandlung gesundheitsnaher Themen in Führungssitzungen etwas über die Verankerung des Gesundheitsgedankens in der Unternehmenskultur aussagen (vgl. Abschnitt IV.-1.2.1.2.). Aufgabe der Personalcontroller bzw. der Gesundheitsspezialisten ist es, Führungskräfte rechtzeitig mit relevanten Informationen zu versorgen. Dabei ist darauf zu achten, dass statistische Auswertungen nicht unkommentiert weitergegeben, sondern fachgerecht interpretiert werden. Idealerweise sollte gleichzeitig die Erarbeitung von Maßnahmenvorschlägen erfolgen.

1.2.1.4. Personalmarketing

Der Gesundheitsgedanke im Unternehmen sollte intern und extern positiv vermarktet werden. Aktuellen und potenziellen Beschäftigten ist zu signalisieren, dass dem Arbeitgeber das Wohl seiner Angestellten wichtig ist und die Bereitschaft besteht, den Erhalt und die Förderung des physischen und psychischen Befindens zu unterstützen. BGM kann die Arbeitgeberattraktivität steigern, zum Differenzierungsmerkmal werden und im Rahmen des Employer Brandings planvoll instrumentalisiert werden.

„Es gibt durchaus einen Zusammenhang zwischen BGM und der Attraktivität der Schweizerischen Post auf dem Arbeitsmarkt. Wenn ich daran denke, warum Leute zur Post kommen, dann hört man immer wieder, wie wichtig die sogenannte ‚Life-Balance' ist. Es wird immer wieder gesagt: Ich möchte zu einem Arbeitgeber, bei dem ich nicht nur arbeite und eine spannende Aufgabe habe, sondern bei dem es mir auch möglich ist, mein Privatleben zu leben und ein Gleichgewicht zu finden. Diesbezüglich kann man sich also ein Image auf dem Arbeitsmarkt erarbeiten. Gerade heute Morgen habe ich mich nach einem Kandidaten für eine mögliche Kaderstelle erkundigt [...].

Der beauftragte Headhunter hat gesagt, dass er ein ausgeglichenes Leben führen will und nicht nur an Karriere und Lohn interessiert ist. Dann hat er etwas ganz Interessantes gesagt und das ist wichtig: Das ist eben die junge Generation, die kommt." (Konzernleiter der Schweizerischen Post).

Nehmen Unternehmen Rücksicht auf die Gesundheit und das Wohlbefinden ihrer Beschäftigten, reagieren sie auf den gesellschaftlichen Wertewandel und fügen sich dem Zeitgeist (vgl. Abschnitt I.-1.2.2.). Von Bedeutung ist, dass Organisationen zum Ausdruck bringen, mit einer Gesundheitskultur nicht nur ein Zeichen der Wertschätzung gegenüber ihren Angestellten setzen zu wollen, sondern gleichermaßen die betriebliche Effektivität und Effizienz zu erhöhen versuchen. Unternehmen sollten sich genau überlegen, welche Arbeitnehmenden sie ansprechen und für sich begeistern wollen. Abermals darf ein gesundheitsorientierter Betrieb nicht mit einer stressfreien Wohlfühloase verwechselt werden.

Im Zuge des Personalmarketings bzw. Employer Brandings sollten überdies BGM-relevante Unternehmenswerte (z. B. Vertrauen und Respekt vor dem Individuum, soziale Unterstützung am Arbeitsplatz, Wertschätzung von Mensch und Leistung) eine zentrale Rolle spielen, so dass Bewerber in Eigenregie eine Art „Kompatibilitätscheck" durchführen können.

Ziel des Personalmarketings ist es weiterhin, Leistungsträger im Unternehmen zu halten. Hierzu ist Beschäftigten vor Augen zu führen, welche Vorteile eine Anstellung im betreffenden Unternehmen mit sich bringt. Dies beinhaltet eine klare Kommunikation und alltägliche Umsetzung zentraler Leitwerte. Weiterhin ist die Empfehlung auszusprechen, ein Bewusstsein dafür zu schaffen, wie viele Ressourcen materieller und immaterieller Art zugunsten der Personalgesundheit zur Verfügung gestellt werden (vgl. Abschnitt II.-4.2.1.4.). So kann bspw. die Einführung größerer ergonomischer Hilfsmittel im Rahmen eines Betriebsfests zelebriert oder durch eine Ansprache der Unternehmensleitung hervorgehoben werden. Zu verhindern ist, dass Beschäftigte gesundheitsbegünstigende Initiativen, seien sie verhaltens- oder verhältnispräventiver Art, als selbstverständlich verbuchen. BGF erfolgt auf freiwilliger Basis und sollte daher auch nicht in einer anspruchsvollen und in vielerlei Hinsicht verwöhnten Gesellschaft ungewürdigt bleiben.

Erhalten Unternehmen Auszeichnungen für ihr Gesundheitsmanagement, sollten sie diese zum Anlass nehmen, um das BGM im Unternehmen zu thematisieren (Personalzeitung, Intranet etc.) und das vorbildliche Engagement im Vergleich zu anderen Arbeitgebern hervorzuheben. Im Zuge dessen bietet es sich an, bisherige Erfolge zu loben und vor allem zukünftige Herausforderungen anzusprechen (Tenor: „Wir haben viel erreicht, wollen uns aber kontinuierlich wie folgt verbessern [...]").

Absender von Marketingaktionen sollten stets erkennbar sein (z. B. Fachabteilung BGM), um die Präsenz des Gesundheitsgedankens zu erhöhen. Überdies lässt sich auf diese Weise der vermittelte Professionalisierungsgrad verstärken.

Zusammenfassend ist es im Rahmen des Personalmarketings entscheidend, dass Arbeitnehmende als Kunden betrachtet werden. Das Unternehmen muss auf dem internen und externen Arbeitsmarkt ein zielgruppengerechtes Produkt anbieten, d. h. einen Arbeitsplatz, der den Bedürfnissen der Beschäftigten Rechnung trägt. Die Ansprüche der Leistungsträger sind äquivalent zur Marktforschung regelmäßig zu ergründen.

1.2.1.5. Organisation des Personal- resp. Gesundheitsmanagements

Am nachhaltigen Aufbau und Erhalt einer Gesundheitskultur sind alle Unternehmensangestellten beteiligt. Durch sie wird Kultur geschaffen, gelebt, weitergegeben und verändert. Zudem kann sich niemand der Eigenverantwortung im Hinblick auf sein persönliches Wohlergehen in sowohl physischer als auch psychischer Hinsicht entziehen.

Eine besondere Rolle im Gesundheitskulturmanagement spielen Personal- und BGM-Spezialisten sowie Führungskräfte. Ihr zielgerichtetes Zusammenspiel ist nicht hoch genug einzuschätzen.

Das Fallbeispiel der Schweizerischen Post demonstriert, dass zunächst einmal innerhalb der Personalabteilung selbst ein Verständnis dafür geschaffen werden muss, dass BGM ein umfassendes Themengebiet ist, welches alle Personalmanagementfunktionen tangiert. Es ist nicht durch die Institution isolierter Experten abzudecken, die vorrangig damit beauftragt werden, Aktionen und Kampagnen zu organisieren und den Gesundheitsgedanken missionarisch im Unternehmen zu verbreiten. Spezialisten müssen innerhalb der Fachabteilung eng verzahnt kooperieren. Vor allem gilt es zu erkennen, dass BGM zu weiten Teilen Personal- und Organisationsentwicklung bedeutet (vgl. Abschnitt IV.-1.2.2.5.). Entscheidend für eine funktionierende Zusammenarbeit ist die Unterstützung der obersten Personalleitenden. Sie haben einen Überblick über die Geschehnisse innerhalb der Abteilung und sollten darauf achten, dass gesundheitliche Belange bei personalwirtschaftlichen Überlegungen stets Berücksichtigung finden. Dies funktioniert nur, wenn sie das BGM ernst nehmen, ihre persönlichen Beitragsmöglichkeiten sowie ihre exponierte Stellung erkennen und zudem über ausreichend Fachwissen verfügen. Verbinden sie BGM primär mit „Äpfeln, Rückenschule und Abwesenheitsstatistiken", einem gesellschaftlichen Muss oder der Möglichkeit, sich persönlich durch die Vergabe von Personalzusatzleistungen zu profilieren, ist weniger damit zu rechnen, dass es zu einer kulturellen Verankerung kommt. Die Personalabteilung kann gesundheits- und leistungsfördernde Sozialinnovationen wesentlich vorantreiben und sollte sich dieser Schlüsselrolle bewusst sein. Zudem ist sie nachdrücklich dazu angehalten, eine Vorbildrolle innerhalb der Unternehmung einzunehmen. Das BGM verliert an Glaubwürdigkeit, wenn es nicht einmal in der „Herkunftsabteilung" zufriedenstellend umgesetzt wird.

Empfehlenswert ist des Weiteren, Plattformen zu institutionalisieren, die einen regelmäßigen Austausch und ein gemeinsames Lernen der Fachverantwortlichen im Bereich BGM inner- und außerbetrieblich begünstigen.

Es passiert nicht selten, dass die Personalabteilung im Allgemeinen und Gesundheitsspezialisten im Speziellen von der Linie erst relativ spät einbezogen werden. Ein punktueller bzw. rein bedarfsfallorientierter Rückgriff auf Expertenwissen ist nicht im Sinne einer Gesundheitskultur bzw. spricht gegen eine fortgeschrittene kulturelle Verankerung. Um eine Verbesserung der Situation zu erreichen, müssen Führungskräfte den Gesundheitsgedanken in ihrer täglichen Arbeit berücksichtigen und von der Qualität des Expertenwissens überzeugt sein. Die Zusammenarbeit zwischen Vorgesetzten und Spezialisten kann nur begrenzt angeordnet werden. Daher ist es absolut erforderlich, dass Fachkräfte wirklich einen Mehrwert leisten.

„Es hängt sehr stark damit zusammen, wie ernsthaft die Vorgesetzten mit dem Thema BGM umgehen. Je mehr die Vorgesetzten dieses Thema zu ihrem Thema machen, umso eher ziehen sie Spezialisten bei. Auf der anderen Seite müssen diese Spezialisten so kompetent sein, dass sie auch sinnvoll beigezogen werden können. Das gilt für alle Supportfunktionen. Wenn der Spezialist wirklich kompetent ist und etwas einbringen kann, dann wäre der Vorgesetzte blöd, wenn er auf ihn verzichten würde. Ich glaube nicht recht daran, dass man mit organisatorischen Lösungen und Vorgaben das Zusammenspiel zwischen Vorgesetzten und Spezialisten verbessern kann. Wir müssen kompetente Unterstützungsfunktionen haben. Wir brauchen auch Chefs, die sich wirklich mit dieser Thematik auseinandersetzen. Dann funktioniert es. Sobald die Unterstützungsfunktion den Anspruch hegt, überall nur aufgrund ihrer Funktion dabei sein zu müssen, wird es schwierig. Dann gehen die Leute auf Distanz. Jeder in einer Arbeitsgruppe muss einen echten Mehrwert bringen. Spezialisten müssen kompetent sein." (Konzernleiter der Schweizerischen Post).

Mangelt es innerbetrieblich an Fach- und/oder Erfahrungswissen, ist der Einbezug externer Fachkräfte zu empfehlen. Vor allem in der Anfangsphase eines Gesundheitsmanagements können diese einen wertvollen Beitrag leisten. Mittlerweile gibt es einen

Markt für beratende Dienstleister im BGM.[256] Die Auswahl von Spezialisten sollte fachgerecht erfolgen. Es stellt sich die klassische „make-or-buy-Frage" (Eigenferti-gung versus Fremdbezug). Werden Teilleistungen im HR-Bereich ausgelagert, bedarf es einer klaren Auftragserteilung und laufenden Qualitätskontrolle durch das Unter-nehmen. Outsourcing darf niemals als „bequemes Wegdelegieren" (Thom 2010b: 4) verstanden werden, zumal es Aktivitäten gibt, die schwerpunktmäßig unternehmensin-tern abzuwickeln sind. Hierunter fallen z. B. die Entwicklung und Verankerung eines kulturellen Normen- und Wertesystems.

Innerhalb der Schweizerischen Post ist der Personalbereich ein eigenständiges und gleichberechtigtes Ressort. Die obersten Personalleitenden sind ständige Mitglieder der Konzern- bzw. der jeweiligen Geschäftsleitung(en). Eine derartige Positionierung der Fachabteilung Personal ist für den Aufbau und Erhalt einer Gesundheitskultur rat-sam. Sie bringt den hohen Stellenwert des Faktors Mensch im Unternehmen zum Aus-druck und ermöglicht es, dass personalwirtschaftliche Aspekte in der Unternehmens-führung stets aus erster Hand eingebracht werden können.

1.2.1.6. Rechtliche bzw. vertragliche Aspekte

Die Realisierung einer Gesundheitskultur setzt faire Anstellungsbedingungen voraus. Zudem bedarf es einer möglichst lückenlosen Umsetzung des AGS. Diesem Anspruch zu genügen stellt eine große Herausforderung dar. Sämtliche zu beachtende Vorschrif-ten müssen hierzu im Betrieb bekannt sein und konsequent umgesetzt werden. Füh-rungskräfte haben im AGS sowohl eine Vorbildrolle als auch eine Aufsichtspflicht ge-genüber ihren Beschäftigten. Kurzfristige Gewinnziele dürfen auf Dauer nicht zulasten der Beschäftigten gehen. Ferner ist Unternehmen eine enge Zusammenarbeit mit den staatlichen Überwachungsorganen nahezulegen, so dass auftretende Mängel oder Ver-besserungspotenziale frühestmöglich identifiziert werden können.

Im Hinblick auf Arbeitnehmervertretungen stellt es sich so dar, dass diese auf der ei-nen Seite einer Gesundheitskultur dienen können, indem sie Mitarbeiterrechte einfor-dern und als eine Art „Sprechorgan" Belastungssituationen thematisieren. Auf der an-deren Seite besteht die Gefahr, dass ein (zu) hoher gewerkschaftlicher Organisations-grad den Aufbau und Erhalt einer Soll-Kultur lähmt. Letzteres passiert, wenn kulturin-kompatible Personen nicht oder nur sehr schwer freigestellt werden können (vgl. Ab-schnitt IV.-1.2.2.7.). Es muss eine vernünftige Balance der Zusammenarbeit zwischen der Unternehmensleitung und Gewerkschaftsvertretern gefunden werden.

---

[256] Im „HR Today Special" vom September 2011 (4. Jg., Nr. 3, S. 42-46) findet sich eine Übersicht über Anbie-ter in der Schweiz.

Neben formal rechtlichen Aspekten sollten Führungskräfte die Bedeutung des psychologischen Vertrags nicht unterschätzen (vgl. Abschnitt II.-4.3.3.2.6.). Um Abkommensbrüchen vorzubeugen, ist es notwendig, dass beide Vertragsparteien Klarheit darüber haben, was von ihnen erwartet wird und was sie im Gegenzug erwarten dürfen. Dies gilt auch in Bezug auf den Erhalt und die Förderung von Gesundheit und Zufriedenheit am Arbeitsplatz. Idealerweise erfolgt eine psychologische Vertragsbesprechung offen im Zuge der Personalgewinnung (vgl. Abschnitt IV.-1.2.2.2.). Bereits in einem solch frühen Stadium ist auf eine vertrauensvolle Gesprächskultur zu achten.

1.2.2. Direkt interaktionelle Personalfunktionen

1.2.2.1. Führungsverhalten resp. -stil[257]

Der Einfluss der Führungspersonen vor allem auf das psychische Wohlbefinden der Beschäftigten findet in der qualitativen Untersuchung umfassend Bestätigung (vgl. Abschnitt III.-7.4.4.2.). Kaum etwas wird sowohl in der Fachliteratur als auch in der Fallstudie so stark betont, wie die Bedeutung der Vorgesetzten im BGM. Ausschlaggebend ist, dass ihre Rolle klar definiert wird. Es genügt nicht, BGM pauschal zur Führungsaufgabe zu deklarieren. Ebenso wenig reicht es aus, wenn leitende Angestellte ausschließlich finanzielle und personelle Ressourcen für das Gesundheitsmanagement zur Verfügung stellen und in regelmäßigen Abständen Abwesenheitsstatistiken kontrollieren. Sie dürfen ihre Fürsorgepflicht und Förderungsverantwortung überdies nicht an Spezialisten der Personalabteilung oder an nachgeordnete Führungskräfte abtreten. Vielmehr müssen sie als Macht- bzw. Legitimationspromotoren für den Gesundheitsförderungsgedanken im Unternehmen einstehen. Ihr Commitment muss für alle Unternehmensmitglieder erkennbar sein. Vermisst bspw. das mittlere Management diesbezüglich ein klares Bekenntnis der Unternehmensleitung, reduziert sich erfahrungsgemäß dessen persönliches Engagement. Es kommt zu einer stufenweisen Verwässerung des Ursprungsgedankens. Führungskräfte sind kulturschaffende Akteure und müssen sich dieser Funktion mit aller Konsequenz bewusst sein. Dass leitende Angestellte eine Vorbildwirkung haben, reicht als Erkenntnis nicht aus. Die Vorbildfunktion im BGM muss konkretisiert werden. Die Unternehmensspitze ist dazu aufgefordert, sich die Frage zu stellen, was sie von ihren Führungspersonen erwarten kann

---

[257] Im empirischen Teil dieser Dissertation wurden Führungskonzepte (wie z. B. das MbO; vgl. Abschnitt II.-4.3.4.1.) nicht explizit untersucht. Es erfolgte eine bewusste Konzentration auf das Führungsverhalten und den wahrgenommenen bzw. aus BGM-Perspektive wünschenswerten Führungsstil („gesunde Führung"). Über die Bedeutung von Zielen wurde an anderer Stelle berichtet (vgl. Abschnitt IV.-1.1.2.). Weitere Komponenten des partizipativen MbO-Modells (u. a. Personalbeurteilung und -entwicklung; vgl. Thom/Ritz 2008: 404) finden sich in den Abschnitten IV.-1.2.2.4. und IV.-1.2.2.5.

und darf. Dies gilt im Hinblick auf das eigene Gesundheitsverhalten (sportliche Betäti-
gung, gesunde Ernährung, rauchfreier Lebensstil etc.), den Umgang mit ihren Unterstellten und die darüber hinaus gehende Gestaltung der Arbeitsbedingungen.[258] Zu
konzipieren ist ein Anforderungsprofil an eine gesundheitskulturgerechte Führungskraft. Dieses kann von Unternehmen zu Unternehmen variieren. Zu beachten ist, dass
die oberste Leitung den erstellten Anforderungskatalog selbst zur Genüge erfüllen
muss.

*„Gute Chefs müssen glaubwürdig sein. Sie sind Vorbilder, müssen vorangehen und
begeistern. Man kann nicht Wasser predigen und Wein trinken. Das funktioniert nicht.
Da bin ich relativ hart. Wenn jemand das nicht will, habe ich kein Problem damit,
aber dann soll er nicht den Anspruch haben, Vorgesetzter zu sein. [...] In der Zukunft
wird die Glaubwürdigkeit der Chefs noch wichtiger. Die glaubwürdigen Vorgesetzten
werden Erfolg haben und die anderen werden rausfliegen. Das ist das Phänomen der
Personifizierung der Unternehmung."* (Konzernleiter der Schweizerischen Post).

Es darf kein Zweifel daran gelassen werden, dass Gesundheitsförderung als Führungs-
grundsatz erklärt werden und sich im täglichen Führungsverhalten widerspiegeln
muss. Empfehlenswert ist ein kooperativer, mitarbeiterorientierter Führungsstil, indem
der Mensch als Leistungsträger im Mittelpunkt steht und Wertschätzung erfährt. Ritua-
lisierte Gehaltsverhandlungen oder ein Aufstieg in der Hierarchie dürfen lobende Worte und anerkennende Gesten nicht dauerhaft ersetzen (vgl. Gunkel 2004: 116). „Die
Wert-Steigerung des Unternehmens beginnt bei der Wert-Schätzung der Mitarbeitenden." (Anker 2010: 17).

*„Ich mache viele Kaminfeuergespräche mit jungen Kadern bei Management-
Schulungen und dann sage ich immer: Führung hat etwas mit Fürsorge zu tun. Das ist
das Eine. Das Zweite ist, wenn ihr führen wollt, dann müsst ihr euch bewusst sein,
dass ihr Menschen führt. Und wenn ihr Menschen führen wollt, dann müsst ihr Menschen gerne haben. Sonst funktioniert es einfach nicht."* (Konzernleiter der Schweizerischen Post).

Vorgesetzte müssen, auch zum Zweck der eigenen Entlastung, delegieren wollen und
können. Ferner sollten sie auf einen hohen Partizipationsgrad Wert legen. Freiräume
dürfen nicht nur vordergründig aufgebaut werden. Sie sind tatsächlich zu gewähren.
Hierzu bedarf es Vertrauen in die Fähigkeiten sowie in die Verantwortungs- und Leistungsbereitschaft der Belegschaft. Es ist eine Frage des Menschenbilds (vgl. Abschnitt

---

[258] Zu berücksichtigen ist, dass Grenzen zum allzu Persönlichen nicht überschritten und Gesundheitsaspekte
nicht partout zu Ausschlusskriterien werden sollten.

I.-1.2.1.). Gesundheit und Zufriedenheit am Arbeitsplatz betreffen jede Person im Unternehmen. Nirgendwo sonst ist es so elementar, Betroffene zu Beteiligten zu machen.

1.2.2.2. Personalgewinnung

Die Auswahl von Personal basiert auf aufgabenbezogenen und persönlich-sozialen Beurteilungskriterien. Mit dem Ziel, die personelle Leistungsfähigkeit und -bereitschaft im Arbeitskontext langfristig zu erhalten und zu fördern, ist es zuallererst wichtig, dass Menschen nicht in Positionen gebracht werden, die sie von vornherein geistig und/oder körperlich über- resp. unterfordern. Mit anderen Worten ist strikt auf eine Übereinstimmung zwischen Anforderungs- und Fähigkeitsprofil zu achten (vgl. Thom/Ritz 2008: 330). Zum Einsatz von Gesundheitsbelastungsprofilen sowie zur Einholung einer betriebsärztlichen Anstellungsempfehlung kann in diesem Zusammenhang u. a. geraten werden. Die Vertraulichkeit der Daten hat unantastbar zu sein. Ausschlaggebend ist, dass Unternehmen sowohl Anforderungen als auch gewünschte Fähigkeitsprofile so präzise wie möglich definieren und im Zuge von Stellenbeschreibungen kommunizieren. Auf diese Weise lässt sich eine Selbstselektion potenzieller Bewerber wirkungsvoll unterstützen, d. h. diese können im Vorfeld abschätzen, inwieweit ihre Eignungen und Neigungen der jeweiligen Aufgabe entsprechen.

Um beurteilen zu können, inwieweit ein Kandidat den Ansprüchen an eine Stelle gewachsen ist, können Unternehmen neben der fachlichen Kompetenz weitere Gesundheitsressourcen eines Bewerbers abtasten (vgl. Abschnitt II.-3.2.). Hierzu eignen sich die in Tabelle 14 dargestellten Interviewfragen (stark vereinfachte Auswahl).

Die in der Tabelle als letztes aufgegriffene Sozialkompetenz wurde von vielen Gesprächspartnern im Rahmen der Fallstudienforschung innerhalb der Schweizerischen Post besonders stark betont. Kommunikations-, Konfliktaustragungs- und Teamfähigkeit (auch im Sinne von Empathie) sind in besonderem Maße als notwendige Eigenschaften einer Person im Hinblick auf den Aufbau und Erhalt eines alltäglich gelebten BGM hervorzuheben. Unternehmen gehen ein großes Risiko ein und gefährden die Stabilität ihrer Gesundheitskultur, wenn sie im Rahmen der Personalauswahl fachliche Beurteilungskriterien deutlich stärker gewichten als persönlich-soziale.

„Zur Führung gehört Fürsorge. Wir müssen abtasten, ob die Leute reine Fachspezialisten sind oder ob sie all die sozialen Kompetenzen mitbringen, die zur Führung notwendig sind. Auch die Vorbildfunktion muss abgecheckt werden." (Konzernleiter der Schweizerischen Post).

Gesundheits-ressource	Mögliche Fragen im Auswahlverfahren
Kontrollüberzeugung und Selbstwirksamkeitserwartung	- Sind Sie davon überzeugt, berufliche Erfolge durch eigene Anstrengung beeinflussen zu können? Gibt es hierfür Beispiele aus Ihrer Vergangenheit? - Waren Sie schon einmal in der Lage, schwierige Situationen aus eigener Anstrengung zu bewältigen? Wie sind Sie dabei vorgegangen? Was hat Sie motiviert? - Inwieweit fühlen Sie sich dazu in der Lage, das Teamgefühl am Arbeitsplatz positiv zu beeinflussen? Wo würden Sie Ihren Beitrag sehen?
Optimismus	- Angenommen das Produkt unseres Unternehmens befände sich in starken Schwierigkeiten (konkretes Szenario im Rahmen einer Fallstudie überlegen). Halten Sie es für möglich, dass der Betrieb aus dieser Krise herauskommt? Wie begründen Sie Ihre Einschätzung? - Wir lancieren ein neues Produkt (Erläuterung). Wie schätzen Sie dessen Erfolgswahrscheinlichkeit ein?
Selbstwert	- Wie würden Sie sich als Person beschreiben? Wo liegen Ihre Stärken und wo Ihre Entwicklungsfelder? - Was war bisher Ihr größter beruflicher Erfolg? Wem ist dieser Erfolg Ihrer Meinung nach zuzuschreiben?
Kohärenzerleben (Fragen auf Basis einer Fallstudie)	- Wie kam es zu dieser Krise? Wo sehen Sie Gründe für die Problementwicklung? - Lassen sich nach Ihrer Einschätzung die bevorstehenden Herausforderungen mit eigenem Können und Engagement bewältigen? Wie würden Sie in dieser Situation konkret vorgehen? - War es in Ihren Augen grundsätzlich sinnvoll, das ursprüngliche Ziel weiter zu verfolgen? - (Allgemeine Frage) Haben Sie Ihr Tun bisher als sinnvoll erlebt? Wem konnten Sie durch Ihre beruflichen Leistungen konkret Nutzen stiften?
Widerstandsfähigkeit	- Glauben Sie, dass Sie in diesem Unternehmen persönlich etwas bewirken können? - Für wen oder was lohnt sich der Krafteinsatz? Ist es Ihnen wichtig, sich mit dem, was Sie tun und was Sie im Arbeitsleben umgibt, identifizieren zu können? Warum bzw. warum nicht? - Stress ist in der Regel ein negativ belegter Begriff. Konnten Sie Arbeitsstress in der Vergangenheit auch schon einmal etwas Positives abgewinnen? Was war das genau?
Gesundheitskompetenz	- Ist Ihnen Ihre Gesundheit wichtig? - Was tun Sie, um sich körperlich und geistig fit zu halten (ggf. freiwillige Beantwortung dieser beiden Fragen)?
Sozialkompetenz	- Können Sie leicht auf andere Menschen zugehen und mit ihnen kommunizieren? - Wie versuchen Sie, Missverständnisse in der Kommunikation zu vermeiden? - Wie versuchen Sie, Konfliktsituationen zu bewältigen? Bitte nennen Sie Beispiele. - Wie versuchen Sie, Ihre Rolle im Team zu klären und wahrzunehmen? - Wenn Sie beobachten, dass es einem Arbeitskollegen seit längerer Zeit nicht gut zu gehen scheint, wie reagieren Sie?

Tabelle 14: Gesundheitsressourcenüberprüfende Fragen im Personalauswahlverfahren (eigene Darstellung)

Ein unterstützendes Arbeitsumfeld verlangt die Zusammensetzung harmonisierender Teams. Um die zwischenmenschliche Passungsfähigkeit zu erhöhen und Beschäftigte (Mitglieder der betreffenden Teams) in den Auswahlprozess einzubinden, sind z. B. Probearbeitstage denkbar. Anschließend können Vorgesetzte und Mitarbeitende gemeinsam über die Eignung der Bewerber diskutieren.

Ein weiterer Aspekt hinsichtlich der Gestaltung einer Gesundheitskultur ist eine wertebasierte Selektion von Neumitarbeitenden (vgl. Kleinmann 2008: 54 ff.; Sackmann 1990: 172 f.). Es sollten Personen eingestellt werden, welche die angestrebten Werte durch ihren bisherigen Werdegang bereits verinnerlicht haben (vgl. Hecker 2010: 194; Thom 2010a: 17; Thom/Osterspey 2010: 13) oder die wenigstens einen diesbezüglichen Willen erkennen lassen. Hierzu eignen sich psychologische Untersuchungsmethoden (biographische Analysen, psychometrische Testverfahren [z. B. Persönlichkeitstests], Assessment Center) (vgl., auch für entsprechende Erläuterungen, Hentze/Kammel 2001: 301 f.; Kleinmann 2008: 55 ff.).

Die Rekrutierung von Angestellten über den internen oder externen Arbeitsmarkt ist ebenfalls eine kulturrelevante Entscheidung. Die interne Besetzung von Stellen zeigt Beschäftigten Entwicklungsmöglichkeiten auf und kann den Vorteil haben, dass Kandidaten die Unternehmenskultur bereits eingehend kennen. Durch den Entschluss externe Personen zu bevorzugen, lassen sich hingegen neue Impulse setzen und ggf. Soll-Werte gezielt „einkaufen".

Darüber hinaus kann aus der Fallstudie die Empfehlung abgeleitet werden, den Sprachkenntnissen der Bewerber verstärkt Aufmerksamkeit zu schenken. Diese sind deshalb wichtig, weil Beschäftigte Sicherheitsanweisungen und Normen verstehen sowie Werte im Sinne der Kulturgemeinschaft richtig interpretieren können müssen.

Wie in Abschnitt II.-4.3.4.3.1. erläutert, wird Kultur im Rahmen eines organisationalen Sozialisationsprozesses an Neubeschäftigte weitergegeben (vgl. Sackmann 1990: 173 f.). Während dieser Einführungsphase sollten Unternehmen eindringlich auf die Bedeutung von Gesundheit zum Erhalt und zur Steigerung der persönlichen und betrieblichen Leistungskraft hinweisen. Entscheidend ist, dass sich Organisationen zu diesem Zweck nicht nur Artefakten bedienen (z. B. Früchtekörben, Thera-Bändern), sondern dass eine Wertevermittlung stattfindet. Eine solche darf nicht nur punktuell durch die Personalabteilung erfolgen, sondern muss von Führungskräften und Arbeitskollegen immer wieder bekräftigt werden. Um Neumitarbeitende best- und schnellstmöglich in das soziale Beziehungsgefüge eines Unternehmens einzubinden, bieten sich Networking-Events in der Anfangsphase des Anstellungsverhältnisses an. Darüber hinaus können Mentorenprogramme zweckdienlich sein. Bei der Auswahl von Mentoren ist darauf zu achten, dass diese die Soll-Kultur hinreichend internalisiert haben.

1.2.2.3. Personaleinsatz

„Die Grundphilosophie muss sein, dass jede Frau und jeder Mann am richtigen Platz ist. Wenn wir einen kraftlosen Jüngling in einem Paketzentrum 20kg-Pakete stemmen lassen, wird er früher oder später nicht mehr dort sein." (Konzernleiter der Schweizerischen Post).

Das Zitat verdeutlicht, dass eine eignungs- und neigungsgerechte Zuordnung der Beschäftigten zu den zu erfüllenden Aufgaben bzw. Arbeitsplätzen die Grundprämisse für einen gesundheitskulturgerechten Personaleinsatz sein muss. Arbeit ist unter der Berücksichtigung gesetzlicher Sicherheitsvorschriften und ergänzender Schutzvorkehrungen menschengerecht zu gestalten, d. h. ausführbar, erträglich, zumutbar und weitestgehend zufriedenstellend (vgl. Abschnitt II.-4.3.4.3.2.). Darüber hinaus ist Arbeit dem Wohlbefinden zuträglich, wenn das organisatorische Kongruenzprinzip erfüllt ist und wenn durch die Beschäftigung eine Vermittlung von Erfolgserlebnissen zur Unterstützung der Selbstwirksamkeit und des Selbstwerts erfolgt. Sie sollte zudem verstehbar, handhabbar und möglichst sinnstiftend angelegt sein. Personal ist überdies weder zu über- noch zu unterfordern. Um die Passungsfähigkeit zwischen Mensch und Aufgabe regelmäßig abzugleichen, müssen Arbeitnehmende fortlaufend beobachtet, befragt und beurteilt werden (vgl. Abschnitt IV.-1.2.2.4.). Ergänzend ist Unternehmen nahe zu legen, Personal derart einzusetzen, dass es Aufgaben nach Möglichkeit ganzheitlich bewältigt und diese ihm Lern- und Entwicklungsmöglichkeiten bieten. Hierdurch kann u. a. ein Beitrag zum Erhalt und zur Verbesserung der Arbeitsmarktfähigkeit geleistet werden. Des Weiteren ist aus Theorie und Praxis die Schlussfolgerung legitim, für eine Anforderungsvielfalt im Zuge der Aufgabengestaltung zu plädieren. Das Ziel besteht insbesondere darin, Belastungseinseitigkeit zu vermeiden bzw. mindestens zu reduzieren. Der Einsatz von Job Rotation, Job Enlargement sowie Job Enrichment kann als gesundheitsdienlich angesehen werden. Zu beachten ist, dass, wann immer es zu einer Erweiterung von Handlungs- und Entscheidungsspielräumen kommt, dies mit geeigneten Qualifizierungsmaßnahmen einhergeht (vgl. Thom 2001: 122).

Einzelarbeitsplätze sind seltener geworden. Sie sind einem Zuwachs von Teamarbeit gewichen (vgl. Berthel/Becker 2010: 92). Diese Entwicklung ist unter gesundheitskulturbezogenen Gesichtspunkten grundsätzlich positiv zu bewerten, da der Mensch am Arbeitsplatz nicht isoliert wird. Unter der Voraussetzung einer hohen zwischenmenschlichen Passungsfähigkeit erhält er im besten Fall die Möglichkeit, seiner Erwerbstätigkeit innerhalb eines sich gegenseitig unterstützenden Kollegenkreises nachzugehen. In teilautonomen Arbeitsgruppen ist zudem der gesundheitsdienliche Spielraum an Handlungs- und Entscheidungsoptionen besonders hoch. Die Tatsache, dass einer Gruppe die Verantwortung für weitgehend zusammenhängende Aufgabenerfüllungsprozesse zugesprochen wird, ist ebenfalls vorteilhaft.

Arbeitsort- und Arbeitszeitgestaltung sind im Rahmen der BGF vieldiskutierte Themen und die Entwicklung und Verankerung einer Gesundheitskultur betreffend in höchstem Maße relevant (vgl. Abschnitt II.-4.2.1.3.). Ein umfangreicher Katalog an modernen Arbeitszeitmodellen kann als Indikator für einen gesundheitsbewussten Betrieb verstanden werden. Allerdings zeigt die Fallstudie eindrücklich auf, dass vor allem Teilzeit- und Telearbeit nicht nur Chancen, sondern zugleich ernst zu nehmende Risiken bergen. Daher bietet es sich an, entsprechende Modelle sowie deren Einsatz kritisch und einzelfallbezogen zu überdenken. Teilzeitarbeit bei leitenden Angestellten darf nicht in eine Vernachlässigung der Führungsverantwortung münden, wie das nachstehende Zitat demonstriert.

„Was Teilzeit betrifft, bin ich grundsätzlich sehr skeptisch, vor allem in Kaderpositionen. Viel wichtiger ist, dass man Voraussetzungen schafft, dass auch Führungskräfte sich die Arbeit freier einteilen können. Das wird durch die elektronische Kommunikation immer mehr möglich. [...] Führung ist nicht von morgens acht Uhr bis abends sechs Uhr zu erledigen, wobei ich natürlich nicht bei allen Führungskräften so weit gehen würde, wie bei mir. Ich bin sieben mal 24 Stunden Chef. Wenn die Katastrophe morgens um drei Uhr passiert, kann ich nicht sagen: Jetzt habe ich Ruhezeit. Das geht einfach nicht. Und wenn ich in den Ferien bin, muss ich mir bewusst sein, dass ich einen Anruf bekommen könnte und etwas vor Ort oder aus der Distanz managen müsste. Aus gewissen Verantwortungen kann man sich nicht durch Beschränkung der Arbeitszeit wegstehlen. Das sind Illusionen. Wer das glaubt, der hat eine völlig falsche Vorstellung von Führungsverantwortung. Die Vorgesetzten müssen für ihre Mitarbeitenden da sein. Gerade in schwierigen Zeiten haben Beschäftigte Erwartungen an ihren Chef. Sie wollen, dass er sich Zeit nimmt, auch wenn er gar nicht so viel zur Lösung des Problems beitragen kann. Aber er muss vor Ort sein und seinen Mitarbeitern helfen, sie unterstützen. Leute in Kaderpositionen müssen sich bewusst sein, dass es durch eine Führungsposition nicht nur Prestige und ein bisschen mehr Lohn gibt, sondern Führung vor allem Verantwortung bedeutet." (Konzernleiter der Schweizerischen Post).[259]

Noch ein wichtiger Punkt im Rahmen der kulturgerechten Gestaltung des Personaleinsatzes ist die Schaffung möglichst optimaler ergonomischer Rahmenbedingungen. Hierzu bedarf es einer gewissen Ressourcenstärke der Unternehmung. Die physiologische Arbeitsplatzgestaltung wird von den Prinzipien bestimmt, individuelle Belastun-

---

[259] Zum Thema Jobsharing auf Führungsstufe siehe als Ergänzung Heumann (2011).

gen zu reduzieren (z. B. schwere, monotone Muskelarbeit), schädigende Umgebungs-
einflüsse zu vermeiden (z. B. Lufttemperatur, Staub, Beleuchtung) und wohltuende
Bewegungsabläufe zu begünstigen. Die psychologische Arbeitsplatzgestaltung konzentriert sich hingegen zu großen Teilen auf die Raumgestaltung (z. B. Wandfarbe).
Geregelt durch den AGS, befasst sich die sicherheitstechnische Arbeitsplatzgestaltung
mit dem Schutz der Beschäftigten (z. B. Tragen von Schutzkleidung, Brand- und Ex-
plosionsschutz) (vgl. Hentze/Kammel 2001: 458 f.). Ergonomische Rahmenbedingungen sind bedeutende Artefakte einer Gesundheitskultur.

Zuletzt sollten Unternehmen der Reintegration von Beschäftigten Aufmerksamkeit
schenken, die über einen längeren Zeitraum krankheitsbedingt ausfallen mussten. Der
Wiedereinstieg sollte vom Case Management begleitet werden, wobei auch der Führung abermals eine Schlüsselrolle zukommt. Zudem müssen Kollegen dazu bereit sein,
die Betroffenen im Arbeitsalltag zu unterstützen. Schonarbeitsplätze, ein reduziertes
Arbeitspensum (dieses kann schrittweise wieder erhöht werden) sowie regelmäßige
Feedbackgespräche zwischen den Betroffenen und ihren Vorgesetzten sind exempla-
rische Maßnahmenvorschläge.

1.2.2.4. Personalbeurteilung

Die Beurteilung der Angestellten sollte sowohl auf Basis von Leistungs- als auch von
Verhaltenszielen geschehen. Empfehlenswert ist der Einbezug des Personals bei der
Zielvereinbarung. Auf diese Weise kann die Wahrscheinlichkeit reduziert werden,
dass Zielvorgaben zu hoch oder zu niedrig gesteckt werden. Höchst bedeutend ist, dass
menschbezogene Zielsetzungen nicht nur sekundär Beachtung finden, sondern einen
angemessenen Stellenwert erhalten. Am Ende eines Beurteilungszeitraums gilt es zu
ergründen, wie Leistungsausweise erreicht wurden, d. h. durch Druck und Stress oder
durch Wertschätzung und Feedback. Neben einer klassischen Mitarbeiterbeurteilung
ist eine genaue Vorgesetztenevaluation ratsam. Führungsfähigkeiten gebührt besondere Aufmerksamkeit. In einer Gesundheitskultur dürfen menschenverschleißende,
krankmachende Leitungskräfte nicht geduldet werden (vgl. Abschnitt IV.-1.2.2.7.),
seien sie noch so effektiv im Erreichen kurzfristiger Erfolgskennzahlen. Es wäre kulturinkompatibel, eine Führungskraft zu befördern, die sich nachweislich nicht um das
Wohlergehen der ihr anvertrauten Angestellten sorgt. In Bezug auf die Implementierung einer leistungsbegünstigenden Gesundheitskultur bedeutet dies, dass zumindest
eine Teilbeurteilung nach Unternehmenswerten erfolgen sollte (vgl. Hecker
2010: 194). Geförderte und beförderte Personen haben immer Repräsentanten der Soll-
Kultur zu sein (vgl. Sackmann 2002: 174 f.). Schlussendlich stellen der Erhalt und die
Förderung der Beschäftigtengesundheit sowohl einen zu messenden wirtschaftlichen
als auch sozialen Führungserfolg dar (vgl. Wunderer 2007: 13).

Um der Förderungsverantwortung mehr Gewicht zu verleihen (z. B. Entwicklung von Personal), sollte diese explizit in das Beurteilungssystem für Führungskräfte aufgenommen werden.

Mit dem Ziel, ein möglichst umfassendes Bild über das Leistungsverhalten einer Person zu erhalten, ist der Einsatz von 360-Grad-Beurteilungen diskussionswürdig. Rückmeldungen an alle Betroffenen und Beteiligten sind hierbei besonders wichtig.

Präsenzziele müssen kritisch hinterfragt und auf die Beeinflussbarkeit durch Vorgesetzte geprüft werden. Es wäre ungerechtfertigt, Führungskräfte für das Privatleben ihrer Mitarbeitenden (Beziehungsprobleme etc.), Nicht-Berufsunfälle oder sonstige Leiden zur Verantwortung zu ziehen, die unabhängig von der Arbeitsplatzsituation auftreten. Abwesenheitsquoten sollten daher mehr als Controlling-Kennzahl und weniger als Zielgröße in der Führungsarbeit gelten.

„Man muss klar sagen können, was ich als Unternehmen oder als Vorgesetzter zum Wohlbefinden der Mitarbeitenden beitragen kann. Wenn es in der Familie nicht stimmt und deshalb jemand psychisch angeschlagen ist, kann ich als Vorgesetzter nicht viel machen." (Konzernleiter der Schweizerischen Post).

Nachzudenken ist über eine BGM-relevante Selbstbeurteilung. Es wäre vorstellbar, im Anschluss an ein Mitarbeitergespräch eine schriftliche Kurzbefragung zum eigenen Gesundheitsverhalten durchzuführen (rein zu Sensibilisierungszwecken, keine Durchsicht durch die Führungskraft).[260] Alternativ oder auch ergänzend könnte es Sinn machen, bedarfsunabhängig regelmäßige Besprechungen mit Betriebsärzten oder -psychologen anzuregen. Zwang sollte allerdings nicht auf die Betroffenen ausgeübt werden.

Zuletzt sollten Unternehmen darauf achten, dass Beurteilungen mit sichtbaren Konsequenzen einhergehen. Dies gilt für negative und positive Beurteilungen gleichermaßen. Auch Wertschätzung darf nicht als Floskel verkümmern (z. B. viel mündliches Lob aber langfristig keine Besserstellung). Ferner erscheint es wichtig, dass das gewählte Vorgehen transparent und nachvollziehbar gestaltet wird. Es ist ein möglichst hohes Akzeptanzniveau anzustreben. Ansonsten drohen Frustration und Resignation.

---

[260] Es wäre auch möglich, diese Daten anonym an eine auswertende Stelle zu senden.

1.2.2.5. Personalentwicklung

Es dürfen keine Zweifel daran gelassen werden, dass ein „gesundes Unternehmen" die Entwicklung einer Organisation bzw. diejenige ihrer Mitglieder verlangt. Ein unverbundenes, unkoordiniertes Nebeneinander von BGM, Organisations- und Personalentwicklung ist nicht zielführend. Überdies spricht es für einen niedrigen Reifegrad einer Gesundheitskultur.

Durch die Art der gewählten Entwicklungsfelder kann die Implementierung einer Soll-Kultur wirkungsvoll unterstützt werden (vgl. Sackmann 2002: 176). Grundsätzlich sind fachliche, soziale und direkt gesundheitsbezogene Kompetenzen zielgruppengerecht zu vermitteln. Das heißt aber natürlich nicht, dass in gewissem Umfang nicht auch Sensibilisierungsinitiativen „für die breite Masse" sinnvoll sein können (z. B. Informationen über Bewegungs- und Präventionsverhalten). Unter Berücksichtigung der demographischen Entwicklung sind vor allem alters- und alterungsgerechte Entwicklungskonzepte sowie darauf abgestimmte Maßnahmen und Instrumente geeignet. Angestellte müssen gemäß ihrer Eignung dazu befähigt werden, den Anforderungen des Berufslebens soweit wie möglich gewachsen zu sein. Des Weiteren ist es notwendig, dass sie ihre Arbeitsmarktfähigkeit kontinuierlich ausbauen oder mindestens erhalten. Lebenslanges Lernen ist insbesondere in Zeiten des Umbruchs und des Fortschritts in nahezu allen Bereichen unvermeidbar. Im Hinblick auf eine Verbesserung der Sozialkompetenz sollten Schwerpunkte auf Konfliktmanagement, Kooperations- und Kritikfähigkeit, Reflexionsvermögen, das Geben und Annehmen von Feedback und auf eine weitgehend empathische und einzelfallbezogene Durchführung von Mitarbeiter-/Gesundheitsgesprächen gelegt werden. Letztere betreffend erweist sich ein intensives Führungstraining als unumgänglich. Darüber hinaus ist eine gesteigerte Wertevermittlung ratsam (vgl. Thom 2010a: 17).

„Es hängt sehr viel mit dem Selbstbewusstsein der Vorgesetzten zusammen, ob sie ihre Mitarbeitenden loben oder nicht. Viele Vorgesetzte sind unsicher. Sie wissen nicht, was es bewirkt, wenn man lobt. Sie wissen auch nicht, was es bewirkt, wenn man die Wahrheit sagt. Wir müssen Vorgesetztenschulungen betreiben." (Konzernleiter der Schweizerischen Post).

Führungskräfte und Gesundheitsfachkräfte müssen gesondert entwickelt werden. Zunächst ist es ratsam, BGM zu einem festen Bestandteil der obligatorischen Aus- und Weiterbildung auf Vorgesetztenebene zu machen. Der Gesundheitsgedanke darf dabei nicht nur im Zuge alleinstehender BGM-Module vermittelt werden, sondern ist im Idealfall bei möglichst vielen Themengebieten explizit oder implizit zu berücksichtigen. Des Weiteren ist es wichtig, dass Führungskräfte ein Gespür für ihre kulturschaffende Funktion als Vorbild und Macht- resp. Legitimationspromotor erhalten. Ferner sind sie über ihren Einfluss auf die Beschäftigtengesundheit detailliert aufzuklären. Zu betonen ist, dass alle mit Personalverantwortung betrauten Angestellten, begonnen bei der obersten Unternehmensführung, an diesbezüglichen Entwicklungsmaßnahmen teilnehmen sollten.

„Durch Vorgesetztenschulungen kann man viel erreichen, davon bin ich überzeugt. [...] Man darf sich einfach keine Illusionen machen. Mit einer Schulung allein ist es nicht getan. BGM ist eine Daueraufgabe. Trotzdem muss man bedenken, dass die Vorgesetzten unter einem enormen Druck stehen, Resultate zu liefern. Bei dem einen oder anderen Chef gehen Fragen zur Gesundheit in der Hektik des Tages unter. Sie realisieren zu spät, dass ein Problem entstanden ist." (Konzernleiter der Schweizerischen Post).

Überdies ist es unerlässlich, Gesundheitsexperten aus- und weiterzubilden (BGM-Beauftragte, die das Fachgebiet betreuen und leiten sowie Mitglieder des erweiterten Expertenkreises). Sie sollten ein möglichst einheitliches (Ziel- und Inhalts-) Verständnis von BGM aufweisen, so dass sie als Fachpromotoren gemeinschaftlich an der Verbreitung und Verfestigung des Gesundheitsgedankens im Unternehmen arbeiten können. Hierzu bedarf es eines kompatiblen terminologischen und semantischen Fundaments (vgl. Faller 2011: 76 ff.). Nach hier vertretener Auffassung sollten Spezialisten, neben einer ausgeprägten Sozialkompetenz und der Beherrschung konkreter Maßnahmen und Instrumente der Verhaltens- und Verhältnisprävention, über Wissen aus den folgenden Bereichen verfügen:

- Gesundheitswissenschaftliches Wissen,
- Arbeits- und Gesundheitsschutz,
- Arbeitsrecht,
- Arbeits- und Organisationspsychologie sowie
- Betriebswirtschaftslehre (Schwerpunkte: Personalmanagement und Organisationsentwicklung).

Ein betriebswirtschaftlicher Hintergrund ist deshalb als sinnvoll zu erachten, weil Gesundheitsbeauftragte „die Sprache" der Entscheidungsträger verstehen und sprechen müssen. Anders ist eine Integration des Gesundheitsgedankens in den Managementalltag bzw. das Managementinstrumentarium aller Wahrscheinlichkeit nach nur erschwert möglich. Zudem ist es essenziell, dass Fachpromotoren nicht nur aus Sicht der Gesellschaft und des einzelnen Menschen, sondern auch aus jener des Unternehmens argumentieren können. Überdies sei darauf hingewiesen, dass praktische Erfahrungen, d. h. vor allem ein fundiertes Verständnis für die Ausgangslage der zu betreuenden Beschäftigten, keinesfalls zu vernachlässigen sind. Es sollte, z. B. analog zum eidgenössisch-diplomierten Leiter Human Resources (Schweiz) oder IHK-geprüften Personalfachkaufmann (Deutschland),[261] ein extern zertifiziertes Berufsbild für BGM-Beauftragte mit daraus abgeleiteten Ausbildungserfordernissen entwickelt werden. In diesem Zusammenhang wären obligatorische Weiterbildungen empfehlenswert, da sich der Fachbereich derzeit noch stark entwickelt. Auf diese Weise ließe sich das Ansehen der Funktion im Unternehmen höchstwahrscheinlich steigern.[262]

Wie in Abschnitt II.-4.3.4.3.4. eingehend erläutert, kann Personalentwicklung in unterschiedlichem Verhältnis zum Arbeitsplatz erfolgen. Unternehmen stehen daher viele Gestaltungsoptionen zur Verfügung. Zur Wertevermittlung und -festigung sowie zur Intensivierung sozialer Beziehungen am Arbeitsplatz können Lernpatenschaften im Sinne von Coaching und Mentoring empfohlen werden. Stellvertretungsregelungen eignen sich hingegen u. a. zur Vermittlung von Wertschätzung (Tenor: „Ich traue dir zu, dass du mich würdig vertreten kannst."). Durch eine qualifikationsfördernde Arbeitsgestaltung lässt sich die Arbeitsmarktfähigkeit positiv beeinflussen. Auf einzelne Entwicklungsinstrumente soll an dieser Stelle nicht vertieft eingegangen werden. Ausschlaggebend ist, dass vermitteltes Wissen in den Arbeitsalltag transferiert wird. Personalexperten der Schweizerischen Post raten zu einer Kombination von Input-, Erlebnis- und Reflexionsphasen (vgl. Abschnitt III.-7.9.4.4.). Sie betonen die Zweckdienlichkeit von Erfahrungsaustauschen. Die Verfasserin hat selbst an einer solchen Veranstaltung auf Führungsebene teilgenommen und kann bestätigen, dass es im Rahmen derartiger Diskussionszirkel zu ergiebigen und bewusstseinserweiternden Erkenntnissen kommen kann.

1.2.2.6. Personalerhaltung

Zuerst sollten Unternehmen Klarheit darüber gewinnen, dass das Setzen von Anreizen eine Motivations-, Steuerungs-, Informations-, Veränderungs-, Kooperations- und Selektionsfunktion hat (vgl. Abschnitt II.-4.3.4.3.5.). Demzufolge dürfen keine unüberlegten oder nur kurzfristig gedachten Stimuli in Aussicht gestellt werden. Anreize sind aufeinander abzustimmen. Sie sollten im Einklang mit der Unternehmenskultur sowie mit dem Ziel- und Strategiesystem der betreffenden Organisation formuliert werden.

---

[261] Auch hier ist die weibliche Form eingeschlossen.

[262] EUROFORUM (2011: Online) (unabhängiger Veranstalter, Muttergesellschaft ist ein in London börsennotiertes Medienunternehmen) bspw. wagt einen ersten Schritt und bietet einen mehrtägigen Intensivkurs „Der zertifizierte BGM-Manager" an. Es referieren verschiedene Experten aus Wissenschaft und Praxis.

Es ist darauf zu achten, dass Wunschverhalten belohnt wird (vgl. Hecker 2010: 194). Die Mitgliedschaft in einem unterstützenden Arbeitsumfeld, das Erlebnis eines partnerschaftlich orientierten Führungsstils oder der Empfang ehrlicher Wertschätzung sind Beispiele für mögliche Anreize, die zu einer Gesundheitskultur beitragen bzw. mit einer solchen vereinbar sind. In puncto Wertschätzung ist es entscheidend, dass die „wahren Leistungsträger" honoriert werden und nicht etwa deren Vorgesetzte. Stock-Homburg (2010: 852) regt zudem an, Angestellte auszuzeichnen, die bei der Reintegration von Beschäftigten nach einem krankheitsbedingten Ausfall wesentliche Hilfe geleistet haben. Überdies können positive Beispiele von erfolgreich wiedereingegliederten Personen bewundernd und für Dritte motivierend hervorgehoben werden. Der Kriterienkatalog für Anerkennungsgespräche ist gründlich zu überdenken. Es steht fest, dass eine rein schematische Tagesabgrenzung problematisch ist. Sie kann Präsentismus forcieren und zu Ungerechtigkeit führen.

Verhalten, das den Zielwerten widerspricht, sollte konsequent sanktioniert werden (vgl. Thom 2010a: 17). Auf diese Weise lassen sich die Ernsthaftigkeit einer Gesundheitskultur und die Verbindlichkeit ihrer Werte glaubwürdig verdeutlichen.

Zuletzt sei auf die Bedeutung zweckgerichteter Bonussysteme hingewiesen (variable Gehaltskomponente über den fixen Grundlohn hinaus). Verkommt der „Bonus" zum Drohmittel (Tenor: „Wenn Sie sich über den Arbeitsstress beschweren, ist der Bonus für uns alle hinfällig."), ist eine Gesundheitskultur weit verfehlt.

1.2.2.7. Personalfreistellung

Fehleinstellungen sind selbst bei kultursensiblen Auswahlverfahren nicht auszuschließen. Außerdem kann sich eine Person im Laufe ihrer Betriebszugehörigkeit ungünstig entwickeln. Umso wichtiger ist es, dass Organisationen ihre Belegschaft genau beobachten. Vereinfacht gesprochen wählen Unternehmen Personal aus und entscheiden über dessen Entwicklung und Weiterbeschäftigung. Plakativ ausgedrückt beschäftigen sie demnach die Arbeitskräfte, die sie verdienen (vgl. Gunkel 2004: 112).

Die Einführung und nachhaltige Verfestigung einer Gesundheitskultur verlangt ein kulturkompatibles Verhalten aller Mitglieder der Kulturgemeinschaft. Vor diesem Hintergrund sollten sich Organisationen in letzter Konsequenz von Personen trennen, die hochstehende Werte nicht in ausreichendem Maße leben, bei denen Entwicklungsmaßnahmen die gewünschte Wirkung verfehlen und die in absehbarer Zeit keine genügende Lernfähigkeit zur Verinnerlichung der Soll-Kultur erkennen lassen (vgl. Thom 2010a: 17). Dies gilt speziell für kulturschaffende Vorgesetzte, die ihrer Vorbildrolle unzureichend gerecht werden, sich der Übernahme von Führungsverantwortung verwehren und die es ablehnen, in angemessenem Umfang Sorge für das Beschäftigtenwohl zu tragen.

„Es gibt Vorgesetzte, die nicht zum Führen geboren sind. [...] Wenn man die Resultate der Personalzufriedenheitsumfrage anschaut und mit dem letzten Jahr vergleicht, kommt es schon mal vor, dass sich ein Bereich in unserem Ampelsystem von ‚rot' auf ‚grün' verändert hat. Wenn man die Zuständigen fragt, was da passiert ist, sagen sie häufig: Wir haben den Chef ausgewechselt. [...] Das hilft manchmal viel mehr als: Wir versuchen es nochmals. [...] In solchen Fällen muss man rasch eine Lösung finden. Das heißt nicht, dass man jeden unbedingt freistellen muss. Der Eine oder Andere braucht entsprechende Unterstützung oder muss weiterentwickelt werden. Aber ich gehe dort relativ weit. [...]

Es gibt nichts gratis. [...] Ich mache niemandem einen Vorwurf, wenn er kein ‚Fahnenträger' sein will, aber dann muss er die Konsequenzen ziehen. Jeder muss das machen, was für ihn drin liegt. Dass der Eine oder Andere mehr oder weniger Energie aufbringt, ist selbstverständlich." (Konzernleiter der Schweizerischen Post).

Wichtig ist, dass Befunde aus Personalzufriedenheitsumfragen unter Berücksichtigung besonderer Ereignisse zum Zeitpunkt der Erhebung interpretiert werden. So können Resultate z. B. durch unvermeidbare Fusionen oder Rationalisierungsprogramme negativ gefärbt werden. Eine Freistellung oder Versetzung von Führungspersonen allein aufgrund verschlechterter Umfrageergebnisse wäre demzufolge ungerechtfertigt bzw. überstürzt.

Es ist bekannt, dass die Angst vor dem Arbeitsplatzverlust einen gravierenden Stressor darstellt. Daher ist es im Sinne einer Gesundheitskultur, Entlassungen möglichst schonend zu gestalten. Sozialpläne dienen der Abfederung eines Freistellungsvorgangs und geben materielle Sicherheit auf dem Weg zu einer Neueinstellung. Ähnlich wie Outplacement können sie als Ausdruck der Wertschätzung seitens der Unternehmen gegenüber ihren Angestellten aufgefasst werden (vgl. Abschnitt II.-4.3.4.3.6.).

Der nachstehende Entscheidungsrahmen (Abbildung 16) ist als Resümee der hier vorgestellten Gestaltungsansätze zu verstehen (Auswahl und damit kein Anspruch auf Vollständigkeit). Präsentiert wird ein präzisierter Ausschnitt des Erklärungsrahmens (vgl. Abbildung 12).

Im Weiteren erfolgen eine kritische Zusammenfassung dieser Dissertation und ein Ausblick auf potenziell anschließende Forschungsprojekte.

Unternehmenskultur: Grundverständnis für die Bedeutung von Kultur im Hinblick auf Gesundheit und Leistung, Definition einer Soll-Kultur, Durchführung einer Ist-Analyse (ggf. unter Einbezug externer Kulturassessoren), Identifikation von Stolpersteinen auf dem Weg zur Wunschkultur, Vertrauens-, Feedback- und Konfliktkultur, Aufnahme des Gesundheitsgedankens in Leitbilder

Zielsystem: Praktikable Definition zentraler Zielgrößen, Fokussierung auf den beeinflussbaren betrieblichen Kontext, Sicherstellung eines hohen Bekanntheitsgrads und der Verbindlichkeit gesundheitsnaher Ziele, angemessene Platzierung in der Zielhierarchie, sorgsamer Umgang mit potenziellen Zielkonflikten, Abwägung von Wachstumszielen

Strategiesystem: Berücksichtigung interner Ressourcen bei der Strategiefindung, Aufnahme des Gesundheitsgedankens in die Unternehmensvision, Verknüpfung des BGM mit der BSC

Organisation: Schaffung von Stellen für BGM-Spezialisten, Einrichtung von BGM-Gremien, klare Unterstellungsverhältnisse, „führbare" Leitungsspannen, gesundheitsbewusste Arbeits- und Führungsprozesse, Vermeidung von extremem Profit-Center-Denken, Abwägung von psychischen Reorganisationskosten, Ausrichtung auf organisatorische Effizienzkriterien

Indirekt systemische Personalfunktionen

Personalplanung: Verknüpfung mit der Unternehmensstrategie, Berücksichtigung des Gesundheitsgedankens bei der Planung aller Personalfunktionen (Personalplanung als Metafunktion), Abstimmung mit anderen betrieblichen Plänen

Personalinformation: Annahme eines hohen allgemeinen Informationsbedürfnisses, konstruktive Wissenskultur (inkl. Vermeidung von zu starkem Hierarchiedenken), vorbildliche Umsetzung der Informationsverantwortung der Führung, zielgruppengerechte Informationsvermittlung, Primat der persönlichen Kommunikation, Aufklärung über Ziele und Inhalte des BGM, angemessene Berücksichtigung von BGM-Themen in Führungssitzungen, vertrauensvoller Umgang mit gesundheitsbezogenen Personalinformationen

Personalcontrolling: Implementierung eines umfassenden Katalogs gesundheitsnaher Kennzahlen (keine Überbewertung/Fehlinterpretation von Fehlzeiten- und Unfallstatistiken), rechtzeitige Kommunikationen von Informationen, fachgerechte Interpretation statistischer Auswertungen bei gleichzeitiger Erarbeitung von Maßnahmenpaketen

Personalmarketing: Durchdachte Aufnahme des Gesundheitsgedankens ins Employer Branding, Vermeidung von Selbstverständlichkeiten, Nutzung von spezifischen Auszeichnungen zur Thematisierung von Stärken, Schwächen und neuen Herausforderungen im BGM, Kennzeichnung von Marketingaktionen, Angebot eines zielgruppengerechten Produkts in Form eines „gesunden" Arbeitsplatzes

Organisation des Personal- resp. Gesundheitsmanagements: Zielgerichtetes Zusammenspiel des Promotorengespanns (meint auch die Zusammenarbeit unter den Spezialisten), Verständnis der Personalabteilung als Promotor von Sozialinnovationen, rechtzeitiger Einbezug von Personal- und Gesundheitsspezialisten durch die Linie, fachgerechter und kontrollierter Einbezug externer Experten, Personalabteilung als eigenständiges, gleichberechtigtes Ressort (oberste Personalleitende als Mitglieder der obersten Unternehmensführung)

Rechtliche bzw. vertragliche Aspekte: Lückenlose Umsetzung des AGS, kulturgerechte Zusammenarbeit zwischen der Unternehmensleitung und den Arbeitnehmervertretungen, Anerkennung und bewusste Vereinbarung des psychologischen Vertrags

Direkt interaktionelle Personalfunktionen

Führungsverhalten: Definition eines Anforderungskatalogs an eine gesundheitskulturgerechte Führungsperson, klares Bekenntnis der obersten Führung zum BGM, kooperativer, mitarbeiterorientierter sowie wertschätzender Führungsstil, hohe Delegations- und Partizipationsbereitschaft, ein von Vertrauen geprägtes Bild des komplexen, sozialen Menschen (tendenziell Theorie Y-Orientierung)

Personalgewinnung: Kongruenz zwischen Anforderungs- und Fähigkeitsprofil (Gesundheitsbelastungsprofil, betriebsärztliche Anstellungsempfehlung), Abfrage von personellen Gesundheitsressourcen, ausgewogenes Verhältnis zwischen aufgabenbezogenen und sozialen Auswahlkriterien, wertebasierte Personalselektion, Prüfung des gesundheitsrelevanten Sprachverständnisses, Integration des Gesundheitsgedankens in die organisationale Sozialisation

Personaleinsatz: Eignungs- und neigungsgerechter Einsatz, menschengerechte Arbeitsgestaltung, spezifische Einhaltung des Kongruenzprinzips, Vermittlung von Erfolgserlebnissen, Steigerung des Kohärenzerlebens, ganzheitliche sowie anforderungsvielfältige Arbeitsaufgaben, Gewähren von Handlungs- und Entscheidungsspielräumen sowie Lern- und Entwicklungsmöglichkeiten, Zusammenstellung harmonisierender Teams, Abwägung von Chancen und Risiken moderner Arbeitszeitmodelle, ergonomische Rahmenbedingungen, Reintegration von (länger) erkrankten Mitarbeitenden

Personalbeurteilung: 360-Grad-Beurteilung von Leistungs- und Verhaltenszielen, Aufnahme der Förderungsverantwortung in das Beurteilungssystem für Führungskräfte, vorsichtiger Umgang mit Präsenzzielen, gesundheitsbezogene Selbstbeurteilung, transparentes und mit Konsequenzen behaftetes Beurteilungssystem

Personalentwicklung: Verständnis für den Zusammenhang von BGM/PE/OE, zielgruppengerechte Vermittlung fachlicher, sozialer sowie direkt gesundheitsbezogener Kompetenzen, Integration des BGM in die Führungskräfteentwicklung, Schärfung des Anforderungsprofils für BGM-Fachkräfte bzw. Entwicklung eines extern zertifizierten Berufsbilds

Personalerhaltung: Gesundheitskulturgerechte Gestaltung des betrieblichen Anreizsystems im Einklang mit dem Ziel- und Strategiesystem einer Organisation

Personalfreistellung: Sozialverantwortliche Freistellung, Trennung (mind. Versetzung) von kulturinkompatiblen Arbeitskräften (besonders drängend bei Führungspersonen)

(senkrechte Beschriftung: Gesundheitskultur)

Abbildung 16: Entscheidungsrahmen (eigene Darstellung)

2. Kritische Würdigung und Ausblick

Die wirtschaftlichen Rahmenbedingungen stellen Unternehmen vor große Herausforderungen. Diesen können sie auf Dauer nur Stand halten, wenn sie leistungsfähiges und motiviertes Personal beschäftigen. In Anbetracht der Tatsache, dass Gesundheit das Fundament der menschlichen Leistungskraft darstellt, müssen sich Betriebe für den Erhalt und die Förderung des physischen und psychischen Wohlergehens ihrer Angestellten im Rahmen ihrer Gestaltungsmöglichkeiten einsetzen. Im Idealfall leistet die Implementierung eines Gesundheitsmanagements einen wesentlichen Beitrag zur positiven Entwicklung von Unternehmen. BGM kann allerdings mit vereinzelten Aktionen und Kampagnen sowie mit isolierten Fachverantwortlichen nicht nachhaltig erfolgreich sein. Erforderlich ist eine Gesundheitskultur, deren Entwicklung und Verankerung maßgeblich durch Personalmanagement erfolgt.

Das hiermit abgeschlossene Dissertationsprojekt hat es sich zur Aufgabe gemacht, den bestehenden wissenschaftlichen Diskurs im Bereich BGM in mehrfacher Hinsicht zu bereichern. Zum einen sollte durch die Aufarbeitung und die Systematisierung der relevanten Fachliteratur verschiedener Disziplinen ein verbesserter Anschluss der Thematik an die (Personal-) Managementlehre geschaffen werden. Hierzu erarbeitete die Verfasserin u. a. eine Definition für das institutionelle sowie funktionale BGM und setzte sich, nach einer begrifflichen Abgrenzung, intensiv mit arbeitskontextrelevanten Gesundheitsressourcen auseinander. In Anlehnung an das EFQM-Modell und auf Basis bestehender Erkenntnisse wurde der Versuch unternommen, das Konstrukt Gesundheitskultur theoretisch zu fundieren. Die außerbetrieblichen, betrieblichen sowie speziell personellen Rahmenbedingungen, welche die mittelbaren und unmittelbaren Aktionsparameter zum Aufbau und Erhalt einer ebensolchen Kultur beeinflussen, wurden, ebenso wie das dahinterstehende Effektivitäts- und Effizienzkonzept, in Form eines selbst entwickelten Erklärungsrahmens dargestellt und erläutert.

Um das Gesundheitskulturphänomen innerhalb eines real existierenden Fallbeispiels aus möglichst vielen Perspektiven zu beleuchten, wurde ein Diagnoseraster in Form von Gesprächsleitfäden für

- Führungskräfte,

- Personalspezialisten,

- Gesundheitsspezialisten sowie für

- Mitarbeitende ohne Personalverantwortung

erstellt. Die umfangreiche Untersuchung innerhalb der Schweizerischen Post, ausgewählt als Vorzeigebetrieb in personalwirtschaftlicher Hinsicht mit einem vglw. hohen

Entwicklungsstand im Bereich BGM, hat viele Erkenntnisse zu Tage gefördert. Unter anderem konnte sie die Subjektivität von Gesundheit, die Bedeutung von Gesundheitsressourcen sowie die Schlüsselrolle der Führung im BGM eindrucksvoll bestätigen. Darüber hinaus war es möglich, ein vertieftes Verständnis für den Beitrag des Personalmanagements sowie für potenzielle Barrieren im Gesundheitskulturwandel zu gewinnen. Nach dem Kenntnisstand der Verfasserin gibt es, zumindest im deutschsprachigen Raum, bisher keine zweite qualitative Studie, die den Ist-Zustand einer Gesundheitskultur derart umfassend ergründet.

Das Bestreben der theoriegeleiteten Betriebswirtschaftslehre, im Sinne einer anwendungsorientierten Sozialwissenschaft, besteht bekanntlich darin, betriebliches Handeln immer weiter zu optimieren. Zu diesem Zweck war es das Ziel des vorliegenden Forschungsprojekts, kohärente Gestaltungsempfehlungen zur Entwicklung und Verankerung eines ganzheitlichen Gesundheitsmanagements zu erarbeiten. Dies erfolgte auf Basis bestehender theoretischer Erkenntnisse, einem Einblick in die Unternehmensrealität sowie einem abschließenden Expertengespräch mit dem Konzernleiter der Schweizerischen Post. Zentrale Ansatzpunkte zur systematischen Verankerung des Gesundheitsgedankens im (Personal-) Managementinstrumentarium ließen sich schließlich in einem praxisorientierten Entscheidungsrahmen verdichten.

Obschon die Empfehlungen aus der Analyse von 69 Einzelinterviews, einer Gruppendiskussion auf Geschäftsleitungsebene, zahlreichen teilnehmenden Beobachtungen und informellen Gesprächen sowie einem breit angelegten Dokumentenstudium abgeleitet wurden, können sie nicht weitreichend verallgemeinert werden. Die Untersuchung eines einzigen Fallunternehmens, sei es noch so groß und vielgestaltig, ist nicht repräsentativ. Überdies haben die formulierten Gestaltungsvorschläge bisher nicht den Entwicklungsstand praxeologischer Aussagen erreicht. Vielmehr ergeben sie sich aus der Logik betriebswirtschaftlichen Denkens. Aus diesem Grund handelt es sich ausschließlich um Handlungsanregungen mittlerer Reichweite. Sie sind besonders geeignet für Institutionen mit einem postähnlichen Leistungsauftrag und Komplexitätsgrad sowie für Organisationen, die eine starke soziale Ausrichtung pflegen und über eine angemessene Ressourcenbasis verfügen. Allerdings können auch Betriebe, welche die genannten Kriterien nicht oder nur unzureichend erfüllen, aus den Erkenntnissen dieser Dissertation lernen. Zuletzt sei darauf hingewiesen, dass, obwohl die Autorin ein transparentes, methodengetriebenes Forschungsdesign wählte und die verschiedenen Gütekriterien der qualitativen Forschung gewissenhaft berücksichtigte, die Interpretation des Datenmaterials stellenweise subjektiven Färbungen unterliegen kann.

Die Forschung im Bereich BGM ist zu diesem Zeitpunkt keinesfalls abgeschlossen. Zukünftige Projekte könnten das Gesundheitskulturkonstrukt konzeptionell weiterentwickeln. Denkbar wären zudem Replikationsstudien in unterschiedlichen Branchen, Ländern oder Unternehmen, die im Hinblick auf ihre Größe, Internationalisierung und Eigentümerstruktur vom Schweizerischen Postkonzern abweichen. Ebenfalls erscheint es sinnvoll, auf Basis der bestehenden qualitativen Erkenntnisse durch den Einsatz quantitativer Methoden ergänzende Einsichten zu gewinnen. Quantitative Studien könnten zunächst innerhalb des Postkonzerns durchgeführt werden (z. B. Belegschaftsbefragungen mit Fokus auf Gesundheitskulturaspekten). Ein weiterer Forschungsschritt wäre in der Formulierung von Hypothesen über die Zusammenhänge zwischen anzustrebenden Zielen (vgl. die in dieser Dissertation definierten Effektivitäts- und Effizienzkriterien) und den dafür einzusetzenden BGM-Maßnahmen und -Instrumenten zu sehen. Damit ginge es letztlich um die Erforschung von Erfolgsfaktoren eines kulturverankerten Gesundheitsmanagements im betrieblichen Kontext.

Anhang 1: Leitfragen[263] für Führungskräfte

Einleitend

- Dank aussprechen für die Interviewmöglichkeit.
- Vorstellung der Interviewerin.
- Erlaubnis zur digitalen Aufzeichnung des Gesprächs einholen und absolute Vertraulichkeit zusichern.
- Zeitbedarf klären/bestätigen.
- Verdeutlichen, dass es im Gespräch niemals um „richtig oder falsch" bzw. um das Abfragen von „gewünschten Meinungen" geht. Das Interesse gilt ausschließlich der persönlichen Wahrnehmung und subjektiven Einschätzung sowie dem höchst individuellen Befinden. Es zählt das persönliche Erfahrungswissen.

Allgemeine Angaben zur Person

- Name und Alter?
- Ausbildungsweg sowie wichtigste Stationen des bisherigen beruflichen Werdegangs?
- Anstellungsgrad?
- Dauer der Unternehmenszugehörigkeit?
- Warum haben Sie sich damals für die Post/Konzernbereich XY[264] entschieden?
- Was waren Ihre Erwartungen an das Unternehmen bzw. Ihre Stelle und inwieweit haben sich diese erfüllt?
- Was zeichnet für Sie die Post und speziell Konzernbereich XY als Arbeitgeber aus?

Kultur

- Was ist für Sie typisch Post/Konzernbereich XY?
- Was scheint bei der Post/Konzernbereich XY besonders wichtig zu sein?
- Was sind zentrale Werte (früher, heute)?
- Wie stark werden diese Werte im Alltag gelebt? Wie werden sie vermittelt?
- Was zeichnet die Menschen bei der Post/Konzernbereich XY aus?
- Inwieweit haben Sie den Eindruck, dass es ein starkes Zusammengehörigkeitsgefühl bei der Post gibt? Fühlen Sie sich mit den anderen Konzernbereichen verbunden?

---

[263] Im Falle der Leitfragen handelt es sich primär um Gedankenstützen für die Autorin. Aus diesem Grund sind nicht alle Fragen gleichermaßen ausformuliert. Es wurden nicht in jedem Gespräch alle Fragen mit identischem Wortlaut gestellt. Je nach Gesprächsverlauf kam es zu einer Variation der Reihenfolge.

[264] Hierbei handelt es sich um Platzhalter für die jeweiligen Konzernbereiche.

© Springer Fachmedien Wiesbaden GmbH, ein Teil von Springer Nature 2012
A. Osterspey, *Gesundheitskultur*, Edition KWV,
https://doi.org/10.1007/978-3-658-23464-5

Führung allgemein

- Wie viele Mitarbeitende leiten Sie direkt? Wie empfinden Sie diese Leitungsspanne?
- Haben Sie einen Stellvertreter? Welche Aufgaben übernimmt dieser?
- Woran wird Ihr Erfolg als Führungskraft am Ende des Jahres gemessen?
- Gibt es gesundheitsrelevante Bewertungskriterien? Wie beurteilen Sie diese?
- Haben Sie den Eindruck, dass Ihre Arbeit in dem Maße geschätzt wird, wie Sie es sich wünschen würden? Wann wurden Sie das letzte Mal gelobt? Wann haben Sie das letzte Mal ein Lob ausgesprochen?
- Bespricht Ihr Chef mit Ihnen, was er von Ihnen im Hinblick auf das Thema „Gesundheit und Führung" erwartet? Was sind wichtige Themen?
- Was ist Ihr persönliches Verständnis von Führungsverantwortung?

Menschenbild

- Wie viel Verantwortung kann man Ihrer Erfahrung nach Mitarbeitenden bei der Post/Konzernbereich XY zumuten?
- Wie viel intensive Lenkung (Steuerung) braucht der durchschnittliche Mitarbeitende in Ihrem Führungsbereich?
- Wie viel Kontrolle ist aus Ihrer Erfahrung nötig bzw. wird vorgegeben?
- Lohnt es sich Ihrer Erfahrung nach, Mitarbeitende beruflich zu fördern? Wie sieht ein Förderungsprozess konkret aus?
- Wie schätzen Sie die Eigenverantwortung der Mitarbeitenden im Hinblick auf den Erhalt und den Ausbau Ihrer Arbeitsmarktfähigkeit ein?
- Inwieweit haben Sie den Eindruck, dass man Mitarbeitende bzw. deren Verhalten im Betrieb nachhaltig erziehen bzw. lenken kann?

Arbeits- und Beziehungsorganisation

- Wie wichtig ist es Ihnen, Arbeit, Freizeit, Familie etc. unter einen Hut zu bekommen? Gelingt Ihnen dieser Balanceakt?
- Wie viel Zeit haben Sie im Führungsalltag, um den persönlichen Kontakt zu Ihren Mitarbeitenden zu pflegen? Wie gut kennen Sie den Einzelnen (ggf. über das reine Arbeitsverhältnis hinaus)?
- Was verstehen Sie unter Unterstützung am Arbeitsplatz?
- Was tut die Führung, um das Wir-Gefühl zu stärken? Was tun Sie persönlich?
- Wie viele Freiräume haben Sie im Hinblick auf Ihre Führungstätigkeiten? Wie viel wird durch Vorgaben festgelegt?
- Wie schätzen Sie den Handlungs- und Entscheidungsspielraum Ihrer Mitarbeitenden ein? Wie beurteilen Sie den Ist-Zustand?
- Welche Erfahrung haben Sie mit Teilzeitmitarbeitenden gemacht (Vor- und Nachteile)?

Gesundheit im Betrieb

- Was ist Ihr persönliches Verständnis von Gesundheit?
- Was bedarf es im Arbeitsleben, um gesund zu sein?
- Was verbinden Sie mit dem Begriff Gesundheitsressourcen?
- Was sind nach Ihrer Beobachtung die wesentlichen Einflussfaktoren auf die Gesundheit am Arbeitsplatz?
- Was beeinträchtigt Ihre Gesundheit? Wie steht es um das Thema Stress?
- Wie beurteilen Sie den zunehmenden Leistungsdruck?
- Wie schätzen Sie die Tatsache ein, dass immer wieder von einem Anstieg psychischer Erkrankungen gesprochen wird (siehe z. B. diverse Zeitungsartikel)? Trifft eine solche Entwicklung nach Ihrer Beobachtung auch auf Ihr Arbeitsumfeld zu?
- In welchem Umfang sind Gesundheitsthemen Bestandteil von Gesprächen, die Sie mit Ihrem Chef führen? Was wird schwerpunktmäßig besprochen?
- Wie präsent ist das Thema Gesundheit nach Ihrer Einschätzung auf höheren Kaderebenen? Was hat dort Priorität?

BGM und Gesundheitskultur

- In welcher Form kann der Arbeitgeber einen Beitrag dazu leisten, dass der Mensch im Betrieb gesund bleibt bzw. seine Gesundheit gefördert wird?
- Was ist Ihr persönliches Verständnis von BGM?
- Was will die Post mit dem Gesundheitsmanagement Ihrer Meinung nach erreichen?
- Wie stark und in welcher Form ist das Gesundheitsengagement der Post in Ihrem Arbeitsalltag zu spüren?
- Was würden Sie von einem umfassenden Gesundheitsmanagement erwarten?
- Wo sehen Sie derzeitige Stärken des BGM?
- Wo sehen Sie derzeitige Schwächen des BGM?
- Wo bestehen Schwierigkeiten in der Umsetzung?
- Was betrachten Sie als zukünftige Herausforderungen im Bereich BGM?
- Haben Sie Erfahrung mit Gesundheitsgesprächen? Wie leicht fällt Ihnen die Durchführung derartiger Gespräche? Wie wurden Sie darauf vorbereitet?
- Haben Sie Erfahrung mit dem Case Management? Welche?
- Haben Sie Erfahrung mit Gesundheitszirkeln? Welche?
- Haben Sie Erfahrung mit Kampagnen/Aktionen? Welche?
- Werden in Ihrem Führungsbereich zum Thema Gesundheit Verbesserungsvorschläge eingereicht?
- Woran wird und woran sollte der Erfolg des Gesundheitsmanagements gemessen werden?
- Worin besteht die aktive Rolle der Führungskräfte im Gesundheitsmanagement?
- Wo sehen Sie konkret Ihren Beitrag zum Erhalt und zur Förderung der Mitarbeitergesundheit?

- Wird überprüft, wie gesundheitsförderlich sich Führungskräfte verhalten? Was sind die wichtigsten Kriterien?
- Sehen Sie sich in puncto Gesundheit selbst in einer Vorbildfunktion? In welcher Hinsicht?
- Was tun Sie für Ihre eigene Gesundheit?
- Welches Ausmaß an Eigenverantwortung erwarten Sie von und beobachten Sie bei Ihren Mitarbeitenden?
- Wie wird das BGM Ihres Erachtens von den Beschäftigten wahrgenommen?
- In welcher Form sind Sie persönlich bereits mit dem BGM in Berührung gekommen (Teilnahme an Kursen, Schulungen etc.)?
- Wenn Sie an die BGM-Schulungen zurückdenken, die Sie bisher durchlaufen haben, was waren besonders wichtige Inhalte? Sind Schulungen dieser Art sinnvoll?
- Halten Sie die für das BGM eingesetzten Ressourcen für angemessen und sinnvoll?
- Für wie zielgerichtet und nachhaltig halten Sie das BGM?
- Was ist Ihr spontanes Verständnis von „gesunder Führung"?
- Wovon sollte eine Führungskraft überzeugt sein, die gesundheitsgerecht führt?
- Was wäre die Idealvorstellung einer Kultur, welche dazu beiträgt, dass Gesundheit im Unternehmen erhalten und nach Möglichkeit gefördert wird?
- Was wären konkrete Wege zur Erreichung eines solchen Soll-Zustands?
- Mit welchen Barrieren würden Sie rechnen, wenn es um die Entwicklung und Verankerung einer Gesundheitskultur bei Konzernbereich XY ginge?
- Wie könnten diese Barrieren überwunden werden?

Abschluss

- Gibt es Aspekte, die bisher nicht thematisiert wurden, die jedoch aus Ihrer Sicht erwähnenswert wären?
- Die aufgezeichneten Daten werden in eine schriftliche Form gebracht und Ihnen per E-Mail/auf dem Postweg zugesandt. Es wäre für mich sehr hilfreich, wenn Sie mir zeitnah ein Feedback geben würden (Freigabe der Daten), damit ich so rasch wie möglich mit der Auswertung beginnen kann. Die Anonymität Ihrer Aussagen stelle ich bedingungslos sicher. Das bedeutet für mich Wahrung der Forschungsethik.
- Bei Rückfragen können Sie mich selbstverständlich gerne kontaktieren (Visitenkarte). Ich hoffe, dass ich gegebenenfalls auch noch einmal auf Sie zurückkommen darf.
- Vielen Dank für Ihre geschätzte Zeit und die großartige Unterstützung in diesem Projekt.

Anhang 2: Leitfragen für Personalspezialisten

Einleitend

- Dank aussprechen für die Interviewmöglichkeit.
- Vorstellung der Interviewerin.
- Erlaubnis zur digitalen Aufzeichnung des Gesprächs einholen und absolute Vertraulichkeit zusichern.
- Zeitbedarf klären/bestätigen.
- Verdeutlichen, dass es im Gespräch niemals um „richtig oder falsch" bzw. um das Abfragen von „gewünschten Meinungen" geht. Das Interesse gilt ausschließlich der persönlichen Wahrnehmung und subjektiven Einschätzung sowie dem höchst individuellen Befinden. Es zählt das persönliche Erfahrungswissen.

Allgemeine Angaben zur Person

- Name und Alter?
- Ausbildungsweg sowie wichtigste Stationen des bisherigen beruflichen Werdegangs?
- Anstellungsgrad?
- Dauer der Unternehmenszugehörigkeit?
- Warum haben Sie sich damals für die Post/Konzernbereich XY entschieden?
- Was waren Ihre Erwartungen an das Unternehmen bzw. Ihre Stelle und inwieweit haben sich diese erfüllt?
- Was zeichnet für Sie die Post und speziell Konzernbereich XY als Arbeitgeber aus?
- Gibt es „die eine Post"? Wie stark ist das Zusammengehörigkeitsgefühl zwischen den Konzernbereichen?

Personalabteilung

- Was sieht die Personalabteilung als Ihre Aufgabe an?
- Wie würden Sie das Akzeptanzniveau der Personalabteilung beschreiben?
- Wie steht es um das Image der Personalabteilung?
- Welchen Stellenwert hat das BGM innerhalb der Personalabteilung?
- Wie würden Sie die Einstellung der HR-Leitung gegenüber dem BGM beschreiben?

Personal- und/oder Organisationsentwicklung (auch Kultur)

- Was ist das Hausverständnis von Personalentwicklung/Organisationsentwicklung?
- Welchen Stellenwert haben Personal- und Organisationsentwicklung bei Führungskräften im Konzernbereich XY? Woran machen Sie Ihren Eindruck fest?

© Springer Fachmedien Wiesbaden GmbH, ein Teil von Springer Nature 2012
A. Osterspey, *Gesundheitskultur*, Edition KWV,
https://doi.org/10.1007/978-3-658-23464-5

- Wann haben Sie einen guten Job gemacht? Woran wird der Erfolg von Personal- und Organisationsentwicklung gemessen?
- Wo liegen die Schwerpunkte im Bereich Personal- und Organisationsentwicklung?
- Welche Maßnahmen sind aus Ihrer Sicht am wirkungsvollsten, um eine Organisation sowie ihre Mitarbeitenden in die gewünschte Richtung zu entwickeln?
- Wie schätzen Sie die Veränderungsfähigkeit und -bereitschaft der Belegschaft bei der Post/Konzernbereich XY ein?
- Was sind typische Barrieren?
- Wo liegen die Grenzen der gezielten Verhaltensbeeinflussung?
- Genügen Ihrer Meinung nach Maßnahmen der Personal- und Organisationsentwicklung, um das Verhalten der Führungskräfte und Mitarbeitenden zu beeinflussen? Wenn nein, was wäre darüber hinaus notwendig (z. B. Anreizsysteme)?
- Was sind derzeit wichtige Werte, die von der Konzern- bzw. Geschäftsleitung immer wieder betont werden? Lebt die Führung diese Werte konsequent vor?

Arbeits- und Beziehungsorganisation

- Wie glücklich und zufrieden waren Sie in letzter Zeit mit Ihrem Job?
- Was schätzen Sie an Ihrer Tätigkeit besonders?
- Was macht Sie des Öfteren mürbe?
- Freiräume sind typischerweise ein wichtiges Thema. Welche Freiräume genießen Sie?
- Wer oder was schränkt Ihre Freiheiten ein?
- Wie häufig halten Sie Rücksprache mit Ihrem Chef?
- In welchem Ausmaß haben Sie Einfluss auf wichtige Entscheide höherer Kaderstufen?
- Wie steht es um die Vereinbarkeit verschiedener Lebensbereiche in Ihrem Fall?
- Welche Erfahrung haben Sie mit Teilzeit- und Telearbeit gemacht? Wo sehen Sie Vor- und wo Nachteile?
- Wie viel Zeit hat Ihr Chef für Sie im normalen Betriebsalltag?
- Wie erleben Sie die Unterstützung in Ihrem Arbeitsumfeld? In welcher Form unterstützt man sich?
- Was tragen Sie persönlich zur Verbesserung des Wir-Gefühls bei?
- Wie geht man bei Konzernbereich XY typischerweise mit Konflikten um?
- Wie steht es um Rückmeldungen außerhalb von Mitarbeitergesprächen?
- Haben Sie den Eindruck, dass Ihre Arbeit in dem Maße geschätzt wird, wie Sie es sich wünschen würden? Wann wurden Sie das letzte Mal gelobt? Wann haben Sie das letzte Mal jemandem Ihre Anerkennung ausgesprochen?

Gesundheit und Wohlbefinden

- Wann ist der Mensch Ihrer Meinung nach gesund?
- Sagt Ihnen der Begriff Gesundheitsressourcen etwas?
- Was halten Sie bei Konzernbereich XY für die Hauptgesundheitsgefahren?

- Was sind Hauptursachen von Stress?
- Inwieweit kann offen über Belastungen, vor allem solche psychischer Art, gesprochen werden? Haben Führungskräfte hierfür Verständnis und ein offenes Ohr?

BGM

- Was will man bei Konzernbereich XY Ihrer Meinung nach mit dem Gesundheitsmanagement erreichen?
- Was verbinden Sie spontan mit dem BGM?
- Woran wird der Erfolg des BGM gemessen? Für wie sinnvoll halten Sie die verwendeten Beurteilungskriterien?
- Auf was konzentriert sich das BGM bei Konzernbereich XY (Verhaltens- oder Verhältnisprävention)?
- Wie wird das Gesundheitsmanagement von den Mitarbeitenden angenommen? Wird es geschätzt?
- Was halten Sie für besonders nachhaltig und was verpufft eher?
- Wie steht es um die Eigenverantwortung der Beschäftigten?
- Was tun Sie selbst für Ihre Gesundheit?

Gesundheitsmanagement und Führung

- Welche Einstellung haben Führungskräfte tendenziell zum Thema Gesundheitsmanagement?
- Inwieweit sind Führungskräfte dazu bereit, Sorge für den Erhalt und die Förderung der Mitarbeitergesundheit zu tragen?
- Wie macht sich das Gesundheitsengagement von Konzernbereich XY im Alltag bemerkbar?
- Wie gehen Führungskräfte bei Konzernbereich XY mit ihrer eigenen Gesundheit um? Versuchen Sie, eine Vorbildfunktion zu übernehmen? Woran machen Sie Ihre Einschätzung fest?
- Welchen relativen Stellenwert hat das Thema BGM im Bereich Personal? Wie begründen Sie Ihre Meinung?

Gesundheitskultur

- Inwieweit sind Gesundheit und Wohlbefinden Themen im Bereich Personal- und Organisationsentwicklung?
- Arbeiten Sie gezielt mit dem Gesundheitsmanagement zusammen? In welcher Form? Wie beurteilen Sie diese Zusammenarbeit?
- Was für Schulungsangebote gibt es derzeit im Bereich Gesundheit? Was sind schwerpunktmäßige Inhalte? Wie steht es um die Reaktion der Teilnehmenden?
- Was können Sie sich unter einer Gesundheitskultur vorstellen?
- Wie sollten sich Menschen, insbesondere Führungskräfte, im Sinne einer Gesundheitskultur verhalten?
- Inwieweit können Ihrer Meinung nach Personal- und Organisationsentwicklung für einen Kulturwandel eingesetzt werden?

- Wie würden Sie vorgehen, um eine Soll-Kultur bei Konzernbereich XY zu entwickeln und zu verankern?
- Was müsste hinzukommen, damit die Kultur im Unternehmen nachhaltig verändert werden könnte? Wer sollte einen Kulturwandel besonders fördern? Inwieweit geschieht diese Förderung schon?
- Mit welchen Hindernissen würden Sie im Falle eines Kulturwandels rechnen?
- Auf welche Hindernisse sind Sie selbst schon gestoßen, als es um Veränderungen ging (insbesondere im Bereich Gesundheit)?
- Wie konnten diese Barrieren überwunden werden?
- Wie würden Sie feststellen, ob der gewünschte Zustand bezüglich der Verankerung einer Gesundheitskultur schon erreicht ist?

Abschluss

- Gibt es Aspekte, die bisher nicht thematisiert wurden, die jedoch aus Ihrer Sicht erwähnenswert wären?
- Die aufgezeichneten Daten werden in eine schriftliche Form gebracht und Ihnen per E-Mail/auf dem Postweg zugesandt. Es wäre für mich sehr hilfreich, wenn Sie mir zeitnah ein Feedback geben würden (Freigabe der Daten), damit ich so rasch wie möglich mit der Auswertung beginnen kann. Die Anonymität Ihrer Aussagen stelle ich bedingungslos sicher. Das bedeutet für mich Wahrung der Forschungsethik.
- Bei Rückfragen können Sie mich selbstverständlich gerne kontaktieren (Visitenkarte). Ich hoffe, dass ich gegebenenfalls auch noch einmal auf Sie zurückkommen darf.
- Vielen Dank für Ihre geschätzte Zeit und die großartige Unterstützung in diesem Projekt.

Anhang 3: Leitfragen für Gesundheitsspezialisten

Einleitend

- Dank aussprechen für die Interviewmöglichkeit.
- Vorstellung der Interviewerin.
- Erlaubnis zur digitalen Aufzeichnung des Gesprächs einholen und absolute Vertraulichkeit zusichern.
- Zeitbedarf klären/bestätigen.
- Verdeutlichen, dass es im Gespräch niemals um „richtig oder falsch" bzw. um das Abfragen von „gewünschten Meinungen" geht. Das Interesse gilt ausschließlich der persönlichen Wahrnehmung und subjektiven Einschätzung sowie dem höchst individuellen Befinden. Es zählt das persönliche Erfahrungswissen.

Allgemeine Angaben zur Person

- Name und Alter?
- Anstellungsgrad? Vor- und Nachteile von Teilzeit- und Telearbeit?
- Bisheriger Ausbildungs- und Berufsweg?
- Dauer der Unternehmenszugehörigkeit?
- Warum haben Sie sich damals für die Post/Konzernbereich XY entschieden?
- Was waren Ihre Erwartungen an das Unternehmen bzw. Ihre Stelle und inwieweit haben sich diese erfüllt?

Kultur allgemein

- Was zeichnet für Sie die Post und speziell Konzernbereich XY als Arbeitgeber aus?
- Was ist für Sie typisch Post?
- Was ist für Sie typisch Konzernbereich XY?
- Gibt es „die eine Post"? Wie stark ist das Zusammengehörigkeitsgefühl zwischen den Konzernbereichen?
- Wie beurteilen Sie den Zusammenhalt der Menschen bei der Post?
- Wie geht man innerhalb von Konzernbereich XY mit Konflikten um?
- Wie steht es um Rückmeldungen außerhalb von Mitarbeitergesprächen?

Personalabteilung

- Was sieht die Personalabteilung als Ihre Aufgabe an?
- Wie würden Sie das Akzeptanzniveau der Personalabteilung beschreiben?
- Wie steht es um das Image der Personalabteilung?
- Welchen Stellenwert hat das BGM innerhalb der Personalabteilung?
- Wie würden Sie die Einstellung der HR-Leitung gegenüber dem BGM beschreiben?

© Springer Fachmedien Wiesbaden GmbH, ein Teil von Springer Nature 2012
A. Osterspey, *Gesundheitskultur*, Edition KWV,
https://doi.org/10.1007/978-3-658-23464-5

Ausbildungshintergrund und Funktion

- Wann sind Sie das erste Mal mit dem Thema BGM in Berührung gekommen?
- Wie haben Sie sich das nötige Rüstzeug angeeignet?
- Welches Wissen muss Ihrer Meinung nach ein BGM-Spezialist bei der Schweizerischen Post mitbringen?
- Was erwartet man von Ihnen als Gesundheitsmanager?
- Was fällt in Ihren Aufgabenbereich?
- Womit beschäftigen Sie sich im Alltag am meisten?
- Arbeiten Sie mit weiteren Gesundheitsbeauftragten zusammen?
- Welche Rolle hat die HR-Beratung im Gesundheitsmanagement? Wie wurden die HR-Berater im Bereich BGM ausgebildet?
- Wie zufrieden sind Sie mit den wirtschaftlichen und personellen Ressourcen, die im Bereich Gesundheitsmanagement zur Verfügung stehen?
- Wie zufrieden sind Sie mit Ihren Befugnissen?
- Wie schätzen Sie Ihre Durchsetzungskraft ein?
- Müssen Sie mitunter um Ihre Daseinsberechtigung kämpfen?
- Woran wird Ihr Erfolg gemessen? Wann haben Sie in den Augen Ihres Chefs einen guten Job gemacht?
- Haben Sie den Eindruck, dass Ihre Arbeit in dem Maße geschätzt wird, wie Sie es sich wünschen würden? Woran machen Sie Ihre Meinung fest? Wann wurden Sie das letzte Mal gelobt? Wann haben Sie das letzte Mal ein Lob ausgesprochen?
- Inwieweit haben Sie in Sachen Gesundheit eine Vorbildfunktion?
- Was würde mit der Gesundheitsförderung passieren, wenn es ab morgen keine Gesundheitsmanager wie Sie mehr gäbe?

Gesundheit und Wohlbefinden

- Was ist Ihr persönliches Verständnis von Gesundheit?
- Was sind nach Ihrer Erfahrung die Hauptgesundheitsgefahren im betrieblichen Alltag? Physisch? Psychisch?
- Wo sehen Sie Hauptstressquellen?
- Hat das BGM bereits zu einer Verbesserung der Situation beigetragen? Woran erkennen Sie Erfolge?
- Wie schwierig ist der Umgang mit dem Thema psychische Gesundheit am Arbeitsplatz?
- Wie schwierig ist es, das Thema im Rahmen einer Kampagne „auf den Boden" zu bekommen?
- Wie offen wird über Belastungen gesprochen?

BGM allgemein

- Was ist Ihr persönliches Verständnis von BGM?
- Worauf konzentriert sich das Gesundheitsmanagement bei Konzernbereich XY? Wie beurteilen Sie diese Schwerpunktsetzung?
- Wie würden Sie die Entwicklung des BGM seit seiner Einführung beschreiben?

- Wo liegen die derzeitigen Stärken des BGM?
- Wo liegen die derzeitigen Schwächen des BGM?
- Was erachten Sie als zukünftige Herausforderungen im Bereich BGM und warum?
- Haben Sie Erfahrung mit Gesundheitsgesprächen? Welche?
- Haben Sie Erfahrung mit dem Case Management? Welche?
- Haben Sie Erfahrung mit Gesundheitszirkeln? Welche?
- Haben Sie Erfahrung mit Kampagnen/Aktionen? Welche?
- Welche Rolle spielen Gesundheitsressourcen bisher im BGM der Post?
- Was sind Ihrer Erfahrung nach die wirkungsvollsten Maßnahmen/Instrumente im Rahmen des BGM? Was verpufft eher?
- Inwieweit wird im Hinblick auf BGM bisher nach Zielgruppen differenziert?

Wahrnehmung durch die Mitarbeitenden und Eigenverantwortung

- Welche Reaktionen erleben Sie im Hinblick auf das Gesundheitsmanagement?
- Wie erklären Sie sich die Skepsis von vielen Mitarbeitenden gegenüber dem BGM?
- Wie schätzen Sie die Eigenverantwortung der Mitarbeitenden ein?
- Wie schätzen Sie die Eigenverantwortung der Führungskräfte ein?
- Wie stark und in welcher Form beteiligen sich Führungskräfte und Mitarbeitende mit Verbesserungsvorschlägen am BGM?

BGM und Führung

- Wie reagieren Führungskräfte auf das Gesundheitsmanagement?
- Welche Rolle spielt der Gesundheitsgedanke im Alltag?
- Was bedeutet Führungsverantwortung in Bezug auf Gesundheit und Wohlbefinden am Arbeitsplatz? Inwieweit übernehmen Vorgesetzte Verantwortung?
- Wie sollte sich eine vorbildliche Führungskraft im Idealfall verhalten?
- Nehmen Führungskräfte in Sachen BGM eine Vorbildfunktion wahr?
- Was verstehen Sie konkret unter „gesunder Führung"?
- Wenn es um das Thema Gesundheit geht, was unterstützen Führungskräfte und was blockieren sie eher?
- Inwieweit sind die Begeisterung und die Unterstützung der Geschäftsleitung von Konzernbereich XY im Hinblick auf das BGM zu spüren?
- Wie steht es um die Rückendeckung der Konzernleitung?
- Sind sich Führungskräfte ihrer Rolle im BGM bewusst? Oder erfüllen sie hauptsächlich vorgegebene Prozesse?
- Wie sehen Führungskräfte bei Konzernbereich XY den Menschen?

Barrieren des Gesundheitsmanagements

- Was waren oder sind Widerstände und Hindernisse, auf die Sie im Bereich BGM gestoßen sind bzw. mit denen Sie zu kämpfen haben?
- Konnten diese Barrieren überwunden werden? Wie?

Interne und externe Zusammenarbeit

- Arbeiten Sie viel mit Ihren Kollegen aus der Personalabteilung zusammen?
- Wie stark ist der Gesundheitsgedanke bereits in das Personalmanagement integriert? Wo macht er sich bemerkbar?
- Wie beurteilen Sie die Zusammenarbeit im Bereich BGM mit den anderen Konzernbereichen?
- Hat das BGM in allen Konzernbereichen den gleichen Stellenwert? Warum? Warum nicht?
- Wie wichtig ist es, dass das BGM (vor allem die BGF) auf Konzernebene verankert ist?
- Welche Rolle spielen Personalvertreter im BGM (Gewerkschaft etc.)?
- Welche Erfahrung haben Sie bisher mit externen Partnern gemacht? Bei welchen Themen sind externe Partner besonders wichtig und warum?

Gesundheitskultur

- Was wäre für Sie die Idealvorstellung einer Gesundheitskultur?
- Wie schätzen Sie diesbezüglich den Ist-Zustand in Konzernbereich XY ein?
- Wenn Sie eine grüne Wiese im Sinne eines völligen Neuanfangs und einer absoluten Gestaltungsfreiheit vor sich hätten, wie könnte man Ihrer Meinung nach eine Gesundheitskultur bestmöglich entwickeln und verankern?
- Welche Rolle kommt hierbei dem Personalmanagement zu?
- Würde eine Gesundheitskultur innerhalb von Konzernbereich XY akzeptiert und mit Überzeugung gelebt werden?
- Mit welchen Hindernissen würden Sie im Falle eines Kulturwandels rechnen?
- Wie könnten diese Barrieren überwunden werden?

Abschluss

- Gibt es Aspekte, die bisher nicht thematisiert wurden, die jedoch aus Ihrer Sicht erwähnenswert wären?
- Die aufgezeichneten Daten werden in eine schriftliche Form gebracht und Ihnen per E-Mail/auf dem Postweg zugesandt. Es wäre für mich sehr hilfreich, wenn Sie mir zeitnah ein Feedback geben würden (Freigabe der Daten), damit ich so rasch wie möglich mit der Auswertung beginnen kann. Die Anonymität Ihrer Aussagen stelle ich bedingungslos sicher. Das bedeutet für mich Wahrung der Forschungsethik.
- Bei Rückfragen können Sie mich selbstverständlich gerne kontaktieren (Visitenkarte). Ich hoffe, dass ich gegebenenfalls auch noch einmal auf Sie zurückkommen darf.
- Vielen Dank für Ihre geschätzte Zeit und die großartige Unterstützung in diesem Projekt.

Anhang 4: Leitfragen für Mitarbeitende

Einleitend
- Dank aussprechen für die Interviewmöglichkeit.
- Vorstellung der Interviewerin.
- Erlaubnis zur digitalen Aufzeichnung des Gesprächs einholen und absolute Vertraulichkeit zusichern.
- Zeitbedarf klären/bestätigen.
- Verdeutlichen, dass es im Gespräch niemals um „richtig oder falsch" bzw. um das Abfragen von „gewünschten Meinungen" geht. Das Interesse gilt ausschließlich der persönlichen Wahrnehmung und subjektiven Einschätzung sowie dem höchst individuellen Befinden. Es zählt das persönliche Erfahrungswissen.

Allgemeine Angaben zur Person
- Name und Alter?
- Ausbildungsweg sowie wichtigste Stationen des bisherigen beruflichen Werdegangs?
- Anstellungsgrad? Vor- und Nachteile von Teilzeit- und Telearbeit?
- Dauer der Unternehmenszugehörigkeit?
- Warum haben Sie sich damals für die Post/Konzernbereich XY entschieden?
- Was waren Ihre Erwartungen an das Unternehmen bzw. Ihre Stelle und inwieweit haben sich diese erfüllt?
- Was zeichnet für Sie die Post und speziell Konzernbereich XY als Arbeitgeber aus?

Kultur
- Was wird von Ihrem Chef oder von den Führungskräften allgemein bei Konzernbereich XY immer wieder als wichtig betont?
- Was ist für Sie typisch Post?
- Was ist für Sie typisch Konzernbereich XY?
- Denken Sie an die Menschen in Ihrem Arbeitsumfeld. Was zeichnet diese Personen aus?
- Gibt es „die eine Post"? Wie stark ist das Zusammengehörigkeitsgefühl zwischen den Konzernbereichen (früher/heute)?
- Der Druck hat in den letzten Jahren vielerorts zugenommen. Wie spürbar ist der Produktivitäts- und Leistungsdruck bei Konzernbereich XY? Woran machen Sie Ihre Beobachtung fest? Wie geht es Ihnen dabei?

Arbeitsorganisation
- Wie gut bringen Sie Arbeit, Freizeit und Familie unter einen Hut?
- Was mögen Sie an Ihrer Tätigkeit besonders?

© Springer Fachmedien Wiesbaden GmbH, ein Teil von Springer Nature 2012
A. Osterspey, *Gesundheitskultur*, Edition KWV,
https://doi.org/10.1007/978-3-658-23464-5

- Was stört Sie des Öfteren?
- Haben Sie den Eindruck, dass Sie frei sind in der Art und Weise, wie Sie arbeiten? Was schränkt Sie ein?
- Gibt es strenge Vorgaben und Ziele?
- Sind die Ziele in Ihren Augen zu streng? Überhaupt erreichbar?
- Inwieweit können Sie an den Entscheidungen Ihres Chefs mitwirken?
- Halten Sie häufig Rücksprache mit Ihrem Vorgesetzten?
- Haben Sie den Eindruck, dass das, was Sie machen, stark kontrolliert wird? Wie geht es Ihnen dabei?
- Haben Sie den Eindruck, dass Ihre Arbeit in dem Maße geschätzt wird, wie Sie es sich wünschen würden? Wie äußert sich diese Wertschätzung? Wann sind Sie das letzte Mal gelobt worden? Wie häufig kommt es vor, dass Sie Ihre Kollegen oder vielleicht sogar Ihren Chef loben?
- Haben Sie Ideen oder Pläne für die Zukunft? Möchten Sie sich beruflich weiterentwickeln? Haben Sie darüber bereits mit Ihrem Chef oder mit zuständigen Personen aus der Personalabteilung gesprochen?
- Fühlen Sie sich selbst arbeitsmarktfähig?

Beziehungsorganisation

- Haben Sie den Eindruck, dass Sie in einem Team arbeiten, das zusammenhält?
- In welcher Form unterstützt man sich?
- Wird das Wir-Gefühl gefördert? Wie und von wem?
- Wie erleben Sie Ihren Chef? Wie würden Sie ihn als Vorgesetzten beschreiben?
- Kann Ihr Chef gut kommunizieren?
- Kann Ihr Chef erkennen, wenn Konflikte entstehen und sie lösen?
- Wie häufig erhalten Sie Rückmeldungen außerhalb eines formellen Mitarbeitergesprächs?
- Wie sieht ein Mitarbeitergespräch aus? Wie steht es um die Gesprächsanteile von Ihnen und Ihrem Chef? Fühlen Sie sich in einer solchen Gesprächssituation wohl?

Gesundheit und Wohlbefinden

- Wann ist der Mensch nach Ihrem Verständnis gesund?
- Können Sie sich etwas unter dem Begriff Gesundheitsressourcen vorstellen?
- Inwieweit hat der Arbeitsplatz einen Einfluss darauf, wie gesund und wohl Sie sich fühlen? Was wären gute Voraussetzungen für Sie?
- An wen würden Sie sich zuerst wenden, wenn Sie merken würden, dass es Ihnen am Arbeitsplatz gesundheitlich nicht gut geht bzw. Sie sich nicht wohlfühlen?
- Inwieweit wird in Ihrem Umfeld offen über Belastungen gesprochen?
- Was wirkt sich im Arbeitsumfeld negativ auf Ihr Wohlbefinden aus?
- Können Sie gut abschalten, wenn Sie zu Hause sind?
- Haben Sie den Eindruck, Ihr Chef hat ein Gespür dafür zu sehen, wann es jemandem nicht gut geht? Wie begründen Sie Ihre Einschätzung?

BGM

- Haben Sie den Eindruck, dass Konzernbereich XY Ihre Gesundheit wichtig ist? Woran merken Sie das?
- Was verbinden Sie spontan mit dem BGM bei Konzernbereich XY?
- Ist das BGM in Ihren Augen eine ernst gemeinte Sache? Stimmen Worte und Taten überein?
- Warum meinen Sie, engagiert sich die Post in diesem Bereich? Wie finden Sie das?
- Was erwarten Sie im Hinblick auf das Thema Gesundheit von Ihrem Arbeitgeber?
- Würden Sie bei der Wahl eines neuen Arbeitgebers auf ein BGM achten?
- Welche Erfahrung haben Sie bisher mit dem BGM bei Konzernbereich XY gemacht?
- Haben Sie Erfahrung mit Gesundheitsgesprächen? Welche?
- Haben Sie Erfahrung mit dem Case Management? Welche?
- Haben Sie Erfahrung mit Gesundheitszirkeln? Welche?
- Haben Sie Erfahrung mit Kampagnen/Aktionen? Welche?
- Haben Sie bereits an einer BGM-Schulung teilgenommen? Wie beurteilen Sie diese?
- Haben Sie den Eindruck, dass die Leute in Ihrem Arbeitsumfeld, und vielleicht auch Sie selbst, heute gesundheitsbewusster leben und arbeiten? Woran machen Sie Ihre Einschätzung fest?

BGM und Führung

- Haben Sie den Eindruck, dass sich Ihr Chef für Ihre Gesundheit und Ihr Wohlbefinden (mit-) verantwortlich fühlt? Woran erkennen Sie das im Alltag?
- Wie denken Führungskräfte bei Konzernbereich XY generell über die Mitarbeitenden?
- Wie gehen Führungskräfte nach Ihrer Beobachtung mit Ihrer eigenen Gesundheit um?
- Was würden Sie von einer vorbildlichen Führungsperson erwarten? Ist Ihr Chef für Sie in puncto Gesundheit ein Vorbild?

Eigenverantwortung

- Wie stark achten Sie selbst auf Ihre Gesundheit? Was tun Sie konkret, um sich fit zu halten?
- Inwieweit ist Gesundheit auch eine Sache des Arbeitgebers?
- Haben Sie in der Vergangenheit schon einmal einen Verbesserungsvorschlag eingereicht? Worauf bezog sich dieser? Wurde Ihr Vorschlag umgesetzt?

Gesundheitskultur

- Wie sollten sich Führungskräfte verhalten, die auf den Erhalt und die Förderung von Gesundheit und Wohlbefinden am Arbeitsplatz achten? Wovon sollten sie zunächst einmal überzeugt sein?
- Was würden Sie spontan mit einer Gesundheitskultur verbinden?

Abschluss

- Gibt es Aspekte, die bisher nicht thematisiert wurden, die jedoch aus Ihrer Sicht erwähnenswert wären?
- Die aufgezeichneten Daten werden in eine schriftliche Form gebracht und Ihnen per E-Mail/auf dem Postweg zugesandt. Es wäre für mich sehr hilfreich, wenn Sie mir zeitnah ein Feedback geben würden (Freigabe der Daten), damit ich so rasch wie möglich mit der Auswertung beginnen kann. Die Anonymität Ihrer Aussagen stelle ich bedingungslos sicher. Das bedeutet für mich Wahrung der Forschungsethik.
- Bei Rückfragen können Sie mich selbstverständlich gerne kontaktieren (Visitenkarte). Ich hoffe, dass ich gegebenenfalls auch noch einmal auf Sie zurückkommen darf.
- Vielen Dank für Ihre geschätzte Zeit und die großartige Unterstützung in diesem Projekt.

Anhang 5: Leitfragen für das Gespräch mit dem Konzernleiter

Einleitend
- Dank aussprechen für die Interviewmöglichkeit.
- Vorstellung des Betreuers des Dissertationsprojekts und der Interviewerin (beide anwesend).
- Erlaubnis zur digitalen Aufzeichnung des Gesprächs einholen.
- Zeitbedarf klären/bestätigen.
- Verdeutlichen, dass es im Gespräch niemals um „richtig oder falsch" bzw. um das Abfragen von „gewünschten Meinungen" geht. Das Interesse gilt ausschließlich der persönlichen Wahrnehmung und subjektiven Einschätzung sowie dem höchst individuellen Befinden. Es zählen das persönliche Erfahrungswissen sowie Ihre Ansichten in der Funktion des Konzernleiters der Schweizerischen Post.

Frage 1
Ist das BGM etwas, das Sie zukünftig als Konzern noch stärker im Rahmen des Employer Brandings einsetzen wollen? Welchen Typ Mensch wollen Sie hiermit anziehen?

Frage 2
Nur wenige Beschäftigte können eine Gesamtkonzernkultur erkennen. Viele gewichten die verschiedenen Subkulturen deutlich stärker. Unsere Studie hat allerdings ergeben, dass die Geschäftsbereichskulturen im Grunde genommen sehr ähnlich sind. Wie erklären Sie sich diesen Sachverhalt? Für wie wichtig halten Sie eine gemeinsame Konzernkultur? Welche Werte wollen Sie konzernweit gelebt wissen?

Frage 3
Viele Stressoren entstehen durch die Führung. Haben Sie als Konzernleiter den Eindruck, die (oberste) Führung ist sich ihrer Rolle im Hinblick auf Gesundheit und Wohlbefinden im Arbeitskontext bewusst? Wie könnte man leitende Angestellte weiter sensibilisieren?

Frage 4
Die Feedback- und auch die Konfliktkultur werden von den meisten Befragten beanstandet und zum Teil als Belastungsgrößen wahrgenommen. Wie erklären Sie sich diesen Zustand? Wie könnte man eine Verbesserung erzielen?

Frage 5
Sie selbst werden im Umgang mit den Befragten als sehr wertschätzend erlebt. Dennoch erleben viele Befragte einen Mangel an Anerkennung im Berufsalltag. Wie schwierig ist es heute, Wertschätzung in den Alltag zu transportieren? Warum erken-

© Springer Fachmedien Wiesbaden GmbH, ein Teil von Springer Nature 2012
A. Osterspey, *Gesundheitskultur*, Edition KWV,
https://doi.org/10.1007/978-3-658-23464-5

nen viele Führungskräfte die Leistung ihrer Mitarbeitenden zu wenig an? Wie könnte hier Abhilfe geschaffen werden?

Frage 6

Belastungen, vor allem solche psychischer Art, werden im Postumfeld praktisch nicht angesprochen. Wieso trauen sich viele Beschäftigte nicht, Unwohlsein, Überlastung, Unterforderung oder sonstige Problemfelder anzusprechen? Wie könnte man Ihrer Meinung nach eine Vertrauenskultur stärken?

Frage 7

Die Post bietet viele moderne Arbeitszeitmodelle an, die von den Beschäftigten sehr geschätzt werden. Allein in höheren Kaderfunktionen und unter Männern ist Teilzeitarbeit wenig verbreitet und auch weniger anerkannt. Dabei gibt es gerade unter diesen Personengruppen einige Angestellte, die von einer unausgeglichenen Balance zwischen Arbeit und Privatleben sprechen. Wie erklären Sie sich diesen Befund? Was würde Ihrer Meinung nach zu einer Akzeptanzverbesserung beitragen?

Frage 8

Bisher ist das Verständnis dafür, was BGM bedeutet und was es umfasst, sehr uneinheitlich. Für wie wichtig halten Sie ein gemeinsames Verständnis und wie könnte ein solches geschaffen werden?

Frage 9

Bisher mangelt es vielen Beschäftigten an Eigenverantwortung, auch was das Thema Gesundheit betrifft. Wie könnte man die Eigenverantwortung jedes Einzelnen weiter ausbauen (Beurteilungssysteme, Anreizsysteme etc.)?

Frage 10

(Teil 1) Führungskräfte sehen es nur zum Teil als ihre Fürsorgepflicht an, Verantwortung (soweit wie möglich) für das Beschäftigtenwohl zu übernehmen. Oftmals wird die Verantwortung weiter in die Linie delegiert bzw. an die jeweilige Personalabteilung abgetreten. Warum ist dies so (unzureichender Führungsbezug bisheriger BGM-Aktivitäten etc.)? Wie könnte hier eine Verbesserung erzielt werden?

(Teil 2) Führungskräfte sehen ihren Aktivbeitrag zur Unterstützung eines BGM vielfach in der Bereitstellung von Ressourcen und in der Analyse von Abwesenheits- und Unfallstatistiken. Für wie wichtig halten Sie die persönliche Vorbildrolle? Wie sollte diese konkret aussehen? Was heißt für Sie „gesunde Führung"?

Frage 11

Die Organisation der Beteiligten im BGM verläuft bisher nicht überall optimal. Wie wäre eine verbesserte Zusammenarbeit der Akteure möglich? Wie kann die Führung die Rolle der Fachpromotoren stärken?

Frage 12
Die Bedeutung der BGF auf Konzernebene steht im Zuge der vielen Reorganisationen auf der Kippe. Für wie wichtig halten Sie eine Verankerung des Gesundheitsförderungsgedankens auf Konzernebene (Konzern als Promotor von Werten)?

Frage 13
Für wie wichtig halten Sie die Berücksichtigung gesundheitskulturrelevanter Werte im Rahmen der Personalauswahl, insbesondere in der Auswahl von Führungskräften? Wie steht es um die Relation von Fachwissen und eigentlichen Führungsqualitäten (auch bei Beförderungen)?

Frage 14
Wie wäre das Personalbeurteilungssystem zu optimieren, so dass das Wohlbefinden und die Zufriedenheit des Personals (wieder) verstärkt Beachtung finden würden?

Frage 15
Worauf sollte man beim Einsatz von Personal besonders achten, um dessen Gesundheit und Motivation zu erhalten bzw. zu fördern?

Frage 16
Welchen Stellenwert sollten gesundheitsrelevante Themen in der Personalentwicklung erhalten (vor allem in der Führungskräfteentwicklung)?

Frage 17
Für wie wichtig halten Sie die Freistellung/Versetzung von nachweislich kulturinkompatiblen Angestellten?

Frage 18
Welche Rolle spielt die Gewerkschaft im BGM?

Frage 19
Warum haben es Kulturthemen in der heutigen Zeit so schwer? Vieles wird angedacht, aber nicht nachhaltig verfolgt.

Frage 20
Wie könnte man aus Ihrer Posterfahrung heraus die Veränderungsbereitschaft des Personals erhöhen? Was ist im Wandlungsprozess zu beachten? Welche Rolle hat die oberste Führung im Kulturwandel?

Frage 21
(Teil 1) Wie beurteilen Sie bestehende Zielkonflikte im Hinblick auf (maximale) Produktivität und Wirtschaftlichkeit einerseits und dem Bestreben, die Gesundheit und die Arbeitsfreude des Personals zu erhalten und zu fördern, andererseits? Wie können diese in eine Zielkomplementarität transformiert werden?

(Teil 2) Zählen (in letzter Konsequenz) nur Zahlenziele oder tatsächlich auch Verhaltensziele (Gefahr von falsch verstandenem kommerziellen Denken – häufig mit „unternehmerischem" Denken verwechselt)?

Frage 22

Wenn Sie daran denken, dass Sie bzw. die Post viele positive Erfahrungen mit der Institution eines BGM gesammelt haben und auch schon einige Zeit in diesem Bereich aktiv sind, welche drei Gestaltungsempfehlungen könnten Sie einem Unternehmen geben, das diesbezüglich noch am Anfang steht?

Frage 23

Welche Stolpersteine sehen Sie bei der Implementierung eines umfassenden BGM und wie können diese Hürden durch den Einfluss der Führung genommen werden?

Abschluss

- Gibt es Aspekte, die wir bisher nicht thematisiert haben, die jedoch aus Ihrer Sicht erwähnenswert wären?
- Die aufgezeichneten Daten werden in eine schriftliche Form gebracht und Ihnen per E-Mail/auf dem Postweg zugesandt. Wir freuen uns auf Ihre Anmerkungen sowie die Freigabe des Interviews. Sind Sie einverstanden, wenn im Rahmen der Dissertation ausgewählte Textpassagen als Aussagen des Post-Konzernleiters zitiert werden?
- Bei Rückfragen können Sie uns selbstverständlich gerne kontaktieren (Visitenkarten).
- Vielen Dank für Ihre geschätzte Zeit und die großartige Unterstützung in diesem Projekt.

Anhang 6: Leitfragen für die Durchführung der Gruppendiskussion

Einleitend

-   Dank aussprechen für die Möglichkeit zur Durchführung einer Gruppendiskussion unter Anwesenheit aller Geschäftsleitungsmitglieder.
-   Vorstellung der Moderatoren (Unterstützung durch den Betreuer dieses Dissertationsprojekts).
-   Erlaubnis zur digitalen Aufzeichnung der Diskussion einholen und absolute Vertraulichkeit zusichern.
-   Zeitbedarf klären/bestätigen.
-   Verdeutlichen, dass es im Gespräch niemals um „richtig oder falsch" bzw. um das Abfragen von „gewünschten Meinungen" geht. Das Interesse gilt ausschließlich der persönlichen Wahrnehmung und subjektiven Einschätzung sowie dem höchst individuellen Befinden. Es zählen das persönliche Erfahrungswissen bzw. die kollektive Meinung der Geschäftsleitung.

Frage 1
Was will die Geschäftsleitung mit dem BGM erreichen?

Frage 2
Welche Besonderheiten des Konzernbereichs PF wirken sich auf das BGM aus?

Frage 3
Woran sollte der Erfolg des BGM gemessen werden?

Frage 4
Worin besteht die (aktive) Rolle der Geschäftsleitung im BGM?

Frage 5
Was wäre die Idealvorstellung einer Kultur, welche die Gesundheit der Menschen im Unternehmen erhält und nach Möglichkeit sogar fördert? Welcher Beitrag soll und kann mit einer Gesundheitskultur zur Verbesserung der Leistungsfähigkeit und Leistungsbereitschaft erbracht werden?

Frage 6
Was wären konkrete Wege zur Erreichung des Soll-Zustands?

Frage 7
Welche Aufgaben kommen den Führungskräften (gemeint sind die GL und der GL nachgeordnete Führungskräfte) im Zuge eines Kulturwandels zu?

© Springer Fachmedien Wiesbaden GmbH, ein Teil von Springer Nature 2012
A. Osterspey, *Gesundheitskultur*, Edition KWV,
https://doi.org/10.1007/978-3-658-23464-5

Abschluss

- Gibt es Aspekte, die wir bisher nicht thematisiert haben, die jedoch aus Ihrer Sicht erwähnenswert wären?
- Die aufgezeichneten Daten werden in eine schriftliche Form gebracht und Ihnen per E-Mail/auf dem Postweg zugesandt. Es wäre sehr hilfreich, wenn Sie uns zeitnah ein Feedback geben würden (Freigabe der Daten), damit so rasch wie möglich mit der Auswertung begonnen werden kann. Die Anonymität Ihrer Aussagen stellen wir bedingungslos sicher. Das bedeutet für uns Wahrung der Forschungsethik.
- Bei Rückfragen können Sie uns selbstverständlich kontaktieren (Visitenkarten).
- Vielen Dank für Ihre geschätzte Zeit und die großartige Unterstützung in diesem Projekt.

Anhang 7: Individuelle Einstiegsfragen im Rahmen der Gruppendiskussion

Name, Alter:_____

Funktion:_____

E-Mailadresse:_____

Dauer der Unternehmenszugehörigkeit:_____

Persönliches Verständnis von Gesundheit:

_____
_____
_____

Persönliches Verständnis von BGM:

_____
_____
_____

Derzeitige (empfundene) Stärke(n) des Gesundheitsmanagements:

_____
_____
_____

Derzeitige (empfundene) Schwäche(n) des Gesundheitsmanagements:

_____
_____
_____

Vielen Dank für Ihre Angaben – Wir werden Sie höchst vertraulich behandeln!

© Springer Fachmedien Wiesbaden GmbH, ein Teil von Springer Nature 2012
A. Osterspey, *Gesundheitskultur*, Edition KWV,
https://doi.org/10.1007/978-3-658-23464-5

Literaturverzeichnis[265]

Adorno, Theodor W./**Albert**, Hans/**Dahrendorf**, Ralf/**Habermas**, Jürgen/**Pilot**, Harald/**Popper**, Karl R. (1993)
Der Positivismusstreit in der deutschen Soziologie, 4. Auflage, München 1993

Akerboom, Simone/**Maes**, Stan (2006)
Beyond demand and control: The contribution of organizational risk factors in assessing the psychological well-being of health care employees. In: Work & Stress, 20. Jg. 2006, Nr. 1, S. 21-36

Alex, Björn/**Becker**, Dieter/**Stratmann**, Jan (2002)
Wissensmanagement und wertorientierte Unternehmensführung. In: Klaus Götz (Hrsg.): Wissensmanagement. Zwischen Wissen und Nichtwissen, 4. Auflage, Stuttgart 2002, S. 47-69

Alfes, Kerstin (2009)
Einfluss der Kompetenzen von Personalverantwortlichen auf die strategische Rolle der Personalabteilung, Mering 2009

Allen, Tammy D./**Eby**, Lillian T. (Hrsg.) (2007)
The Blackwell Handbook of Mentoring. A Multiple Perspectives Approach, Malden/Oxford/Carlton 2007

Alvesson, Mats (1993)
Cultural Perspectives on Organizations, Cambridge 1993

Alvesson, Mats (1995)
Management of Knowledge-Intensive Companies, Berlin 1995

Alvesson, Mats (2003)
Beyond Neopositivists, Romantics, And Localists: A Reflexive Approach to Interviews in Organizational Research. In: Academy of Management Review, 28. Jg. 2003, Nr. 1, S. 13-33

Ambler, Tim/**Barrow**, Simon (1996)
The employer brand. In: Journal of Brand Management, 4. Jg. 1996, Nr. 3, S. 185-206

Aneshensel, Carol S. (1992)
Social Stress: Theory and Research. In: Annual Review of Sociology, 18. Jg. 1992, August, S. 15-38

Anker, Heinrich (2010)
Balanced Valuecard. Leistung statt Egoismus, Bern/Stuttgart/Wien 2010

---

[265] Umlaute werden wie die zugehörigen Vokale verstanden (z. B. ä=a und nicht ä=ae).

© Springer Fachmedien Wiesbaden GmbH, ein Teil von Springer Nature 2012
A. Osterspey, *Gesundheitskultur*, Edition KWV,
https://doi.org/10.1007/978-3-658-23464-5

Antonovsky, Aaron (1979)
Health, Stress and Coping, San Francisco 1979

Antonovsky, Aaron (1997)
Salutogenese: Zur Entmystifizierung der Gesundheit, deutsche erweiterte Herausgabe von Alexa Franke, Tübingen 1997

Arbeitsgruppe BGM-Kriterien (2008)
Wegleitung Qualitätskriterien für das Betriebliche Gesundheitsmanagement. [Online] URL: http://www.gesundheitsfoerderung.ch/pdf_doc_xls/d/betriebliche_gesundheits foerderung/tipps_tools/Label_neu_april_09/Wegleitung-BGM-Kriterien-261108.pdf, Zugriff am 06.08.2011

Argyris, Chris/**Schön**, Donald A. (2006)
Die Lernende Organisation. Grundlagen, Methoden, Praxis, 3. Auflage, Stuttgart 2006

Aßländer, Michael S./**Löhr**, Albert (2010)
Einführung: Zum Klärungsbedarf der Modevokabel „Corporate Social Responsibility". In: Michael S. Aßländer/Albert Löhr (Hrsg.): Corporate Social Responsibility in der Wirtschaftskrise. Reichweiten der Verantwortung, München/Mering 2010, S. 11-32

Atteslander, Peter (2010)
Methoden der empirischen Sozialforschung, 13. Auflage, Berlin 2010

Backhaus-Maul, Holger/**Kunze**, Martin (2010)
Unternehmen als gesellschaftliche Akteure. Soziologische Zugänge. In: Michael S. Aßländer/Albert Löhr (Hrsg.): Corporate Social Responsibility in der Wirtschaftskrise. Reichweiten der Verantwortung, München/Mering 2010, S. 85-98

Badura, Bernhard (2000)
Einleitung. In: Bertelsmann Stiftung/Hans-Böckler-Stiftung (Hrsg.): Erfolgreich durch Gesundheitsmanagement. Beispiele aus der Arbeitswelt, Gütersloh 2000, S. 21-36

Badura, Bernhard (2002)
Betriebliches Gesundheitsmanagement – ein neues Forschungs- und Praxisfeld für Gesundheitswissenschaftler. In: Zeitschrift für Gesundheitswissenschaften, 10. Jg. 2002, Heft 2, S. 100-118

Badura, Bernhard (2003)
Gesünder älter werden – Betriebliche Personal- und Gesundheitspolitik. In: Bernhard Badura/Henner Schellschmidt/Christian Vetter (Hrsg.): Fehlzeiten-Report 2002. Demographischer Wandel. Herausforderung für die betriebliche Personal- und Gesundheitspolitik, Berlin/Heidelberg 2003, S. 33-42

Badura, Bernhard (2008)
Kann Kapital sozial sein? In: PersonalMagazin, 10. Jg. 2008, Nr. 11, S. 46-48

LITERATURVERZEICHNIS

Badura, Bernhard (2009)
Rückenschulen bekämpfen Symptome, aber keine Ursachen. In: Personalwirtschaft. Magazin für Human Resources, 36. Jg. 2009, Nr. 8, S. 29

Badura, Bernhard (2010)
Wege aus der Krise. In: Bernhard Badura/Helmut Schröder/Joachim Klose/Katrin Macco (Hrsg.): Fehlzeiten-Report 2009. Arbeit und Psyche: Belastungen reduzieren – Wohlbefinden fördern, Berlin/Heidelberg 2010, S. 3-12

Badura, Bernhard/**Ducki**, Antje/**Schröder**, Helmut/**Klose**, Joachim /**Macco**, Katrin (2011)
Fehlzeiten Report 2011. Führung und Gesundheit, Berlin/Heidelberg 2011

Badura, Bernhard/**Hehlmann**, Thomas (2003)
Betriebliche Gesundheitspolitik. Der Weg zur gesunden Organisation, Berlin/Heidelberg 2003

Badura, Bernhard/**Greiner**, Wolfgang/**Rixgens**, Petra/**Ueberle**, Max/**Behr**, Martina (2008)
Sozialkapital. Grundlagen von Gesundheit und Unternehmenserfolg, Heidelberg et al. 2008

Badura, Bernhard/**Ritter**, Wolfgang/**Scherf**, Michael (1999)
Betriebliches Gesundheitsmanagement – Ein Leitfaden für die Praxis, Berlin 1999

Badura, Bernhard/**Walter**, Uta/**Hehlmann**, Thomas (2010)
Betriebliche Gesundheitspolitik. Der Weg zur gesunden Organisation, 2. Auflage, Heidelberg et al. 2010

Baetge, Jörg/**Schewe**, Gerhard/**Schulz**, Roland/**Solmecke**, Henrik (2007)
Unternehmenskultur und Unternehmenserfolg: Stand der empirischen Forschung und Konsequenzen für die Entwicklung eines Messkonzeptes. In: Zeitschrift für Betriebs-wirtschaft, 57. Jg. 2007, Nr. 2, S. 183-219

Bakker, Arnold B./**Demerouti**, Evangelia/**Euwema**, Martin C. (2005)
Job Resources Buffer the Impact of Job Demands on Burnout. In: Journal of Occupa-tional Health Psychology, 10. Jg. 2005, Nr. 2, S. 170-180

Baldauf, Artur/**Rank**, Olaf N. (2008)
Ressourcen, Risikoneigung und Unternehmenserfolg. In: Die Unternehmung, 62. Jg. 2008, Nr. 6, S. 542-572

Bamberg, Eva (2000)
Psychische Belastungen: Begriffe und Konzepte. In: Bernhard Badura/Martin Litsch/Christian Vetter (Hrsg.): Fehlzeiten-Report 1999. Psychische Belastung am Ar-beitsplatz, Berlin/Heidelberg 2000, S. 45-57

327

Bamberg, Eva/**Busch**, Christine/**Ducki**, Antje (2003)
Stress- und Ressourcenmanagement. Strategien und Methoden für die neue Arbeitswelt, Bern 2003

Bamberg, Eva/**Ducki**, Antje/**Metz**, Anna-Marie (1998a)
Betriebliche Gesundheitsförderung zwischen Leitlinien, Wissenschaft und Pragmatismus. In: Eva Bamberg/Antje Ducki/Anna-Marie Metz (Hrsg.): Handbuch Betriebliche
Gesundheitsförderung. Arbeits- und organisationspsychologische Methoden und Konzepte, Göttingen 1998, S. 469-481

Bamberg, Eva/**Ducki**, Antje/**Metz**, Anna-Marie (1998b)
Handlungsbedingungen und Grundlagen der betrieblichen Gesundheitsförderung. In:
Eva Bamberg/Antje Ducki/Anna-Marie Metz (Hrsg.): Handbuch Betriebliche Gesund-
heitsförderung. Arbeits- und organisationspsychologische Methoden und Konzepte,
Göttingen 1998, S. 17-36

Bamberg, Eva/**Ducki**, Antje/**Metz**, Anna-Marie (Hrsg.) (1998c)
Handbuch Betriebliche Gesundheitsförderung. Arbeits- und organisationspsychologische Methoden und Konzepte, Göttingen 1998

Bandura, Albert (1977a)
Self-efficacy: Toward a Unifying Theory of Behavioral Change. In: Psychological Review, 84. Jg. 1977, Nr. 2, S. 191-215

Bandura, Albert (1977b)
Social Learning Theory, Englewood Cliffs 1977

Bandura, Albert (1979)
Sozial-kognitive Lerntheorie, Stuttgart 1979

Bandura, Albert (1997)
Self-Efficacy: The Exercise of Control, New York 1997

BARMER Ersatzkasse (Hrsg.) (2009)
BARMER Gesundheitsreport 2009. Psychische Gesundheit und psychische Belastungen, Wuppertal 2009

BARMER GEK (2010a)
100 Tage Barmer GEK in Baden-Württemberg. Deutschlands größte Krankenkasse
festigt Marktführerschaft. [Online] URL: https://www.barmer-gek.de/barmer/web/
Portale/Presseportal/Subportal/Laender/Einstieg-BaWue/Pressemitteilungen-Archiv/
Archiv-2010/100412-100-Tage/Content-100-Tage.html?w-cm=LeftColumn_tdocid,
Zugriff am 29.10.2011

BARMER GEK (2010b)
Gesundheitsreport 2010 (Teil 1). Gesundheitskompetenz in Unternehmen stärken, Gesundheitskultur fördern, Wuppertal 2010

BARMER GEK (2010c)
Gesundheitsreport 2010 (Teil 2). Ergebnisse der Internetstudie zur Gesundheitskompetenz, Wuppertal 2010

Barney, Jay B. (1991)
Firm Resources and Sustained Competitive Advantage. In: Journal of Management, 17. Jg. 1991, Nr. 1, S. 99-120

Bartholdt, Luise/**Schütz**, Astrid (2010)
Stress im Arbeitskontext. Ursachen, Bewältigung und Prävention, Basel 2010

Bauer, Georg/**Jenny**, Gregor (2007)
Gesundheit in Wirtschaft und Gesellschaft. In: Klaus Moser (Hrsg.): Wirtschaftspsychologie, Heidelberg 2007, S. 221-243

Baumann, Martin (1998)
Qualitative Methoden in der Religionswissenschaft. Hinweise zur religionswissenschaftlichen Feldforschung, 2. Auflage, Marburg 1998

Baumann, Egmont (2010)
Betriebliche Gesundheitsförderung in einer Stadtverwaltung. In: Bernhard Badura/Uta Walter/Thomas Hehlmann (Hrsg.): Betriebliche Gesundheitspolitik. Der Weg zur gesunden Organisation, 2. Auflage, Heidelberg et al. 2010, S. 193-201

Baumann, Urs/**Humer**, Kimbie/**Lettner**, Karin/**Thiele**, Claudia (1998)
Die Vielschichtigkeit von sozialer Unterstützung. In: Jürgen Margraf/Johannes Siegrist/Simon Neumer (Hrsg.): Gesundheits- oder Krankheitstheorie? Saluto- versus pathogenetische Ansätze im Gesundheitswesen, Berlin et al. 1998, S. 101-113

Bayard, Nicole (1997)
Unternehmens- und personalpolitische Relevanz der Arbeitszufriedenheit, Bern/Stuttgart/Wien 1997

Bea, Franz Xaver (2004)
Ziele und Zielkonflikte. In: Georg Schreyögg/Axel von Werder (Hrsg.): Handwörterbuch Unternehmensführung und Organisation, 4. Auflage, Stuttgart 2004, Sp. 1674-1680

Beck, David (2011)
Zeitgemäße Gesundheitspolitik in Kleinst- und Kleinbetrieben. Hemmende und fördernde Bedingungen, Berlin 2011

Becker, Peter (1986)
Theoretischer Rahmen. In: Peter Becker/Beate Minsel (Hrsg.): Psychologie der seelischen Gesundheit, Band 2: Persönlichkeitspsychologische Grundlagen, Bedingungsanalysen und Förderungsmöglichkeiten, Göttingen 1986, S. 1-90

Becker, Peter (1998)
Die Salutogenesetheorie von Antonovsky: Eine wirklich neue, empirisch abgesicherte, zukunftsweisende Perspektive? In: Jürgen Margraf/Johannes Siegrist/Simon Neumer (Hrsg.): Gesundheits- oder Krankheitstheorie? Saluto- versus pathogenetische Ansätze im Gesundheitswesen, Berlin et al. 1998, S. 13-25

Becker, Manfred (1999)
Personalentwicklung. Bildung, Förderung und Organisationsentwicklung in Theorie und Praxis, 2. Auflage, Stuttgart 1999

Becker, Manfred (2007)
Lexikon der Personalentwicklung, Stuttgart 2007

Becker, Manfred (2009)
Personalentwicklung. Bildung, Förderung und Organisationsentwicklung in Theorie und Praxis, 5. Auflage, Stuttgart 2009

Becker, Manfred (2010a)
Grundlagen demografiefester Personalarbeit. Veränderte Kompetenzen von Älteren richtig nutzen. In: Personalführung, 43. Jg. 2010, Nr. 6, S. 62-71

Becker, Manfred (2010b)
Optimistisch altern! In: Adrian Ritz/Norbert Thom (Hrsg.): Talent Management. Talente identifizieren, Kompetenzen entwickeln, Leistungsträger erhalten, Wiesbaden 2010, S. 39-56

Beehr, Terry A./**Farmer**, Suzanne J./**Glazer**, Sharon/**Gudanowski**, David M./**Nadig-Nair**, Vandana (2003)
The Enigma of Social Support and Occupational Stress: Source Congruence and Gender Role Effects. In: Journal of Occupational Health Psychology, 8. Jg. 2003, Nr. 3, S. 220-231

Beer, Michael/**Eisenstat**, Russell A./**Spector**, Bert (1990)
The Critical Path to Corporate Renewal, Boston 1990

Bengel, Jürgen/**Strittmatter**, Regine/**Willmann**, Hildegard (2001)
Was hält Menschen gesund? Antonovskys Modell der Salutogenese – Diskussionsstand und Stellenwert, Forschung und Praxis der Gesundheitsförderung. [Online] URL: http://www.bug-nrw.de/cms/upload/pdf/entwicklung/Antonowski.pdf, Zugriff am 29.10.2011

Benz-Overhage, Karin (2000)
Betriebliches Gesundheitsmanagement aus Sicht der Gewerkschaften. In: Bertelsmann Stiftung/Hans-Böckler-Stiftung (Hrsg.): Erfolgreich durch Gesundheitsmanagement. Beispiele aus der Arbeitswelt, Gütersloh 2000, S. 15-20

Bergmann, Alexander (1986)
Management Schweizer Art. In: Die Unternehmung, 40. Jg. 1986, Nr. 4, S. 289-294

Bergmann, Manfred Max/**Eberle**, Thomas S./**Flick**, Uwe/**Förster**, Till/**Horber**, Eugène/**Maeder**, Christoph/**Mottier**, Véronique/**Nadai**, Eva/**Rolshoven**, Johanna/**Seale**, Clive/**Widmer**, Jean (2010)
Manifest zur Bedeutung, Qualitätsbeurteilung und Lehre der Methoden qualitativer Sozialforschung. [Online] URL: http://qualitative-research.ch/wp-content/uploads /2011/04/Manifest_Qualitative_Sozialforschung.pdf, Zugriff am 02.09.2011

Berndt, Ralph (1996)
Marketing 1. Käuferverhalten, Marktforschung und Marketing-Prognosen, 3. Auflage, Berlin et al. 1996

Berry, Leonard L./**Mirabito**, Ann M./**Baun**, William B. (2011)
Mein Mitarbeiter, mein Patient. In: Harvard Business Manager, 33. Jg. 2011, Heft 4, S. 50-63

Berson, Yair/**Oreg**, Shaul/**Dvir**, Taly (2008)
CEO values, organizational culture and firm outcomes. In: Journal of Organizational Behavior, 29. Jg. 2008, Nr. 5, S. 615-633

Bertelsmann Stiftung (2010)
Umfrage: Bürger wollen kein Wachstum um jeden Preis. [Online] URL: http://www.bertelsmann-stiftung.de/cps/rde/xchg/bst/hs.xsl/nachrichten_102799.htm, Zugriff am 18.09.2011

Bertelsmann Stiftung/Hans-Böckler-Stiftung (Hrsg.) (2004)
Zukunftsfähige betriebliche Gesundheitspolitik. Vorschläge der Expertenkommission, 3. Auflage, Gütersloh 2004

Berthel, Jürgen/**Becker**, Fred G. (2010)
Personalmanagement. Grundzüge für Konzeptionen betrieblicher Personalarbeit, 9. Auflage, Stuttgart 2010

Berthon, Pierre/**Ewing**, Micheal/**Hah**, Li Lian (2005)
Captivating company: dimensions of attractiveness in employer branding. In: International Journal of Advertising, 24. Jg. 2005, Nr. 2, S. 151-172

Berufsverband Deutscher Psychologinnen und Psychologen (2008) (Hrsg.)
Psychische Gesundheit am Arbeitsplatz, Berlin 2008

Beyer, Horst-Tilo (1990)
Personallexikon, München et al. 1990

Bitzer, Bernd (2002)
Rückkehr- und Fehlzeitengespräche. In: Herbert Sauer (Hrsg.): Betriebliches und persönliches Gesundheitsmanagement, Stuttgart 2002, S. 298-314

BKK Bundesverband (Hrsg.) (2008)
Kosten arbeitsbedingter Erkrankungen und Frühberentungen in Deutschland, Essen 2008

BKK Bundesverband (2011a)
Europäisches Netzwerk für betriebliche Gesundheitsförderung (ENWHP). [Online] URL: http://www.bkk.de/tns/ueberdiebkk/engagement-und-vernetzung/netzwerke/euro paeisches-netzwerk-fuer-betriebliche-gesundheitsfoerderung-enwhp/, Zugriff am 18. 08.2011

BKK Bundesverband (2011b)
Ein Verband, der verbindet. [Online] URL: http://www.bkk.de/tns/ueberdiebkk/ein-verband-der-verbindet/, Zugriff am 18.08.2011

BKK Bundesverband/Bertelsmann Stiftung (Hrsg.) (2006)
Guide to Best Practice. Unternehmenskultur und betriebliche Gesundheitspolitik: Erfolgsfaktoren für Business Excellence, Bielefeld 2006

BKK Bundesverband/Bertelsmann Stiftung (Hrsg.) (2010)
Enterprise for Health. Psychosoziale Gesundheit und Führung. [Online] URL: http://www.enterprise-for-health.org/fileadmin/texte/EFH_PsychosozG_dt_1208.pdf, Zugriff am 11.05.2010

Blake, Robert R./**Mouton**, Jane S. (1986)
Verhaltenspsychologie im Betrieb. Der Schlüssel zur Spitzenleistung, aus dem Amerikanischen übersetzt von Ursel Reineke, Düsseldorf/Wien 1986

Bleicher, Knut (1980)
Verantwortung. In: Erwin Grochla (Hrsg.): Handwörterbuch der Organisation, 2. Auflage, Stuttgart 1980, Sp. 2283-2292

Bleicher, Knut (1991)
Zum Verhältnis von Kulturen und Strategien der Unternehmung. In: Eberhard Dülfer (Hrsg.): Organisationskultur. Phänomen – Philosophie – Technologie, 2. Auflage, Stuttgart 1991, S. 111-128

Blum, Adrian/**Zaugg**, Robert J. (2008)
360-Grad-Feedback. Komplexe Arbeitsbeziehungen erfordern komplexe Feedbacksysteme. In: Norbert Thom/Robert J. Zaugg (Hrsg.): Moderne Personalentwicklung. Mitarbeiterpotenziale erkennen, entwickeln und fördern, 3. Auflage, Wiesbaden 2008, S. 65-84

Bödeker, Wolfgang/**Klindworth**, Heike/**BKK Bundesverband** (2007)
Herz und Seele bei der Arbeit. Die Bedeutung von Herz-Kreislauf-Erkrankungen und psychischen Erkrankungen für die Arbeitswelt, Essen 2007

Bödeker, Wolfgang/**Kramer**, Ina/**Sockoll**, Ina (2009)
Rentable Investition oder soziale Norm? Zur Wirtschaftlichkeit betrieblichen Gesundheitsmanagements. In: Arbeit, 18. Jg. 2009, Nr. 4, S. 340-352

Boerner, Sabine (2004)
Führungsstile und -konzepte. In: Georg Schreyögg/Axel von Werder (Hrsg.): Handwörterbuch Unternehmensführung und Organisation, 4. Auflage, Stuttgart 2004, Sp. 316-323

Boëthius, Stefan (2010)
Beidseitiger Nutzen. In: ALPHA. Der Kadermarkt der Schweiz, o. Jg. 2010, Ausgabe vom 13./14.03.2010, S. 4

Böhret, Carl/**Siedentopf**, Heinrich (Hrsg.) (1983)
Verwaltung und Verwaltungspolitik, Berlin 1983

Bolino, Mark C./**Turnley**, William H./**Bloodgood**, James M. (2002)
Citizenship Behavior and the Creation of Social Capital in Organizations. In: Academy of Management Review, 27. Jg. 2002, Nr. 4, S. 505-522

Bond, Frank W./**Bunce**, David (2003)
The Role of Acceptance and Job Control in Mental Health, Job Satisfaction, and Work Performance. In: Journal of Applied Psychology, 88. Jg. 2003, Nr. 6, S. 1057-1067

Booz & Company GmbH (2011)
Pressemitteilung. Deutsche Volkswirtschaft verliert mit 225 Mrd. Euro jährlich rund ein Zehntel des BIP durch kranke Arbeitnehmer. [Online] URL: http://www.booz.com/de/home/Presse/Pressemitteilungen/pressemitteilung-detail/49542837, Zugriff am 05.08.2011

Borgetto, Bernhard (2010)
Soziale Beziehungen und Gesundheit. In: Bernhard Badura/Uta Walter/Thomas Hehlmann (Hrsg.): Betriebliche Gesundheitspolitik. Der Weg zur gesunden Organisation, 2. Auflage, Heidelberg et al. 2010, S. 339-349

Bowler, Wm. Matthew/**Brass**, Daniel J. (2006)
Relational Correlates of Interpersonal Citizenship Behavior: A Social Network Perspective. In: Journal of Applied Psychology, 91. Jg. 2006, Nr. 1, S. 70-82

Brandenburg, Uwe/**Marschall**, Bodo (2000)
„Gesundheitscoaching" für Führungskräfte. In: Bernhard Badura/Martin Litsch/Christian Vetter (Hrsg.): Fehlzeiten-Report 1999. Psychische Belastung am Arbeitsplatz, Berlin/Heidelberg 2000, S. 254-267

Brandenburg, Uwe/**Nieder**, Peter (2003)
Betriebliches Fehlzeiten-Management. Anwesenheit der Mitarbeiter erhöhen. Instrumente und Praxisbeispiele, Wiesbaden 2003

Brandl, Julia/**Kugler**, Alexandra/**Eckardstein**, Dudo von (2008)
Betriebliche Gesundheitsförderung in der Praxis. Wie vorbildlich sind Vorzeigebetriebe? In: Zeitschrift Führung + Organisation, 77. Jg. 2008, Nr. 4, S. 228-234

Brandstätter, Veronika/**Frey**, Dieter (2004)
Motivation zu Arbeit und Leistung. In: Heinz Schuler (Hrsg.): Enzyklopädie der Psychologie, Themenbereich D, Serie III, Band 3, Göttingen et al. 2004, S. 295-341

Brendt, Dieter/**Hühnerbein-Sollmann**, Christoph (2008)
Gesundheitsmanagement als Führungsaufgabe. Effektive Mittel und effiziente Wege zur betrieblichen Gesundheitsförderung, Renningen 2008

Bresser, Rudi K. F. (2004)
Ressourcenbasierter Ansatz. In: Georg Schreyögg/Axel von Werder (Hrsg.): Handwörterbuch Unternehmensführung und Organisation, 4. Auflage, Stuttgart 2004, Sp. 1269-1278

Brettel, Malte/**Engelen**, Andreas/**Heinemann**, Florian/**Kessell**, Andreas (2008)
Marktorientierte Unternehmenskultur als Erfolgsfaktor in jungen Wachstumsunternehmen. In: Zeitschrift für Betriebswirtschaft, 78. Jg. 2008, Nr. 11, S. 1197-1220

Brockhoff, Klaus (2002)
Geschichte der Betriebswirtschaftslehre. Kommentierte Meilensteine und Originaltexte, 2. Auflage, Wiesbaden 2002

Brönnimann, Thomas/**Hämmerle**, Markus (2010)
Talent Management beim älteren Kader. Die Schweizerische Post. In: Adrian Ritz/Norbert Thom (Hrsg.): Talent Management. Talente identifizieren, Kompetenzen entwickeln, Leistungsträger erhalten, Wiesbaden 2010, S. 111-124

Bruggemann, Agnes/**Groskurth**, Peter/**Ulich**, Eberhard (1975)
Arbeitszufriedenheit, Bern/Stuttgart/Wien 1975

Brühlmann, Toni (2007)
Burnout im Management. In: Leadership (Beilage der Zeitschrift „Cash"), o. Jg. 2007, Februar, S. 21

Bruk-Lee, Valentina/**Spector**, Paul E. (2006)
The Social Stressors – Counterproductive Work Behaviors Link: Are Conflicts With Supervisors and Coworkers the Same? In: Work & Stress, 11. Jg. 2006, Nr. 2, S. 145-156

Buck, Hartmut (2003)
Alterung der Gesellschaft – Dilemma und Herausforderung. In: Bernhard Badura/Henner Schellschmidt/Christian Vetter (Hrsg.): Fehlzeiten-Report 2002. Demographischer Wandel. Herausforderung für die betriebliche Personal- und Gesundheitspolitik, Berlin/Heidelberg 2003, S. 1-13

Bumann, Anton (1991)
Das Vorschlagswesen als Instrument innovationsorientierter Unternehmensführung. Ein integrativer Gestaltungsansatz dargestellt am Beispiel der Schweizerischen PTT-Betriebe, Freiburg (Schweiz) 1991

Bundesamt für Statistik (2006)
Szenarien zur Bevölkerungsentwicklung der Schweiz 2005-2050. [Online] URL: http://www.bfs.admin.ch/bfs/portal/de/index/news/publikationen.html?publicationID= 2411, Zugriff am 11.10.2011

Bundesanstalt für Arbeitsschutz und Arbeitsmedizin (Hrsg.) (2001)
Gesunde MitarbeiterInnen in gesunden Unternehmen: Das Europäische Netzwerk Betriebliche Gesundheitsförderung, Dortmund 2001

Bundesanstalt für Arbeitsschutz und Arbeitsmedizin (Hrsg.) (2005)
Mitarbeiterorientiertes Führen und soziale Unterstützung am Arbeitsplatz, Dortmund 2005

Bundesministerium für Gesundheit (2011)
Das Gesetz zur nachhaltigen und sozial ausgewogenen Finanzierung der Gesetzlichen Krankenversicherung. [Online] URL: http://www.bmg.bund.de/krankenversicherung/ gesundheitsreform/inhalte/gkv-finanzierungsgesetz.html, Zugriff am 26.10.2011

Bundesverband der Betriebskrankenkassen (Hrsg.) (1999)
Betriebliches Gesundheitsmanagement und Prävention arbeitsbedingter Gesundheitsgefahren. Möglichkeiten der Wirtschaftlichkeitsanalyse für Maßnahmen des Arbeitsschutzes und der betrieblichen Gesundheitsförderung, 2. Auflage, Bremerhaven 1999

Burchell, Noel (2006)
„Concept Mapping & Pattern Matching" – Erfassung von Unternehmenskultur und ihren Auswirkungen auf Erfolg. In: Bertelsmann Stiftung (Hrsg.): Messen, werten, optimieren. Erfolg durch Unternehmenskultur. Ein Leitfaden für die Praxis, Oelde 2006, S. 32-35

Busch, Christine (1998)
Streßmanagement und betriebliche Gesundheitsförderung. In: Eva Bamberg/Antje Ducki/Anna-Marie Metz (Hrsg.): Handbuch Betriebliche Gesundheitsförderung. Arbeits- und organisationspsychologische Methoden und Konzepte, Göttingen 1998, S. 97-110

Busch, Christine/**Huber**, Elmar/**Themessl**, Markus (1998)
Zum Stand betrieblicher Gesundheitsförderung in Österreich. In: Eva Bamberg/Antje Ducki/Anna-Marie Metz (Hrsg.): Handbuch Betriebliche Gesundheitsförderung. Arbeits- und organisationspsychologische Methoden und Konzepte, Göttingen 1998, S. 445-453

Büssing, André/**Glaser**, Jürgen/**Höge**, Thomas (2004)
Gesundheitsförderliche Arbeitsgestaltung. In: Matthias T. Meifert/Mathias Kesting (Hrsg.): Gesundheitsmanagement im Unternehmen. Konzepte – Praxis – Perspektiven, Berlin et al. 2004, S. 101-120

Calnan, Mike/**Wainwright**, David/**Almond**, Stephan (2000)
Job Strain, Effort-Reward Imbalance and Mental Stress: a study of occupations in general medical practice. In: Work & Stress, 14. Jg. 2000, Nr. 4, S. 297-311

Campbell, John L. (2007)
Why Would Corporations Behave in Socially Responsible Ways? An Institutional Theory of Corporate Social Responsibility. In: Academy of Management Review, 32. Jg. 2007, Nr. 3, S. 946-967

Chandler, Alfred D. Jr. (1962)
Strategy and Structure: Chapters in the History of the American Industrial Enterprise, Cambridge/Massachusetts/London 1962

Chao, Georgia T./**O´Leary-Kelley**, Anne M./**Wolf**, Samantha/**Klein**, Howard J./**Gardner**, Philip D. (1994)
Organizational Socialisation: Its Content and Consequences. In: Journal of Applied Psychology, 79. Jg. 1994, Nr. 5, S. 730-743

Chay, Yue Wah (1993)
Social support, individual differences and well-being: A study of small business entrepreneurs and employees. In: Journal of Occupational and Organizational Psychology, 66. Jg. 1993, Nr. 4, S. 285-302

Chiu, Su-Fen/**Tsai**, Miao-Ching (2006)
Relationships Among Burnout, Job Involvement, and Organizational Citizenship Behavior. In: The Journal of Psychology, 140. Jg. 2006, Nr. 6, S. 517-530

Christensen, Edward W./**Gordon**, George G. (1999)
An Exploration of Industry, Culture and Revenue Growth. In: Organization Studies, 20. Jg. 1999, Nr. 3, S. 397-422

Chu, Cordia/**Breucker**, Gregor/**Harris**, Neil/**Stitzel**, Andrea/**Gan**, Xingfa/**Gu**, Xueqi/**Dwyer**, Sophie (2000)
Health-promoting workplaces – international settings development. In: Health Promotion International, 15. Jg. 2000, Nr. 2, S. 155-167

Chu, Cordia/**Dwyer**, Sophie (2002)
Employer Role in Integrative Workplace Management. A New Model in Progress. In: Disease Management and Health Outcomes, 10. Jg. 2002, Nr. 3, S. 175-186

Cohen, Sheldon/**Wills**, Thomas Ashby (1985)
Stress, Social Support, and the Buffering Hypothesis. In: Psychological Bulletin, 98. Jg. 1985, Nr. 2, S. 310-357

Conrad, Peter/**Sydow**, Jörg (1991)
Organisationskultur, Organisationsklima und Involvement. In: Eberhard Dülfer (Hrsg.): Organisationskultur. Phänomen – Philosophie – Technologie, 2. Auflage, Stuttgart 1991, S. 93-110

Corporate Health Award (2011)
Corporate Health Award. [Online] URL: http://www.corporate-health-award.de/, Zugriff am 11.04.2011

Cross, Rob/**Baird**, Lloyd (2000)
Technology is Not Enough: Improving Performance by Building Organizational Memory. In: Sloan Management Review, 41. Jg. 2000, Nr. 3, S. 69-78

Deal, Terrence E./**Kennedy**, Allen A. (1982)
Corporate Cultures. The Rites and Rituals of Corporate Life, Reading et al. 1982

Denison, Daniel R. (1984)
Bringing Corporate Culture to the Bottom Line. In: Organizational Dynamics, 13. Jg. 1984, Nr. 2, S. 5-22

Denison, Daniel R. (1990)
Corporate Culture and Organizational Effectiveness, New York 1990

Denison, Daniel R./**Mishra**, Aneil K. (1995)
Toward a Theory of Organizational Culture and Effectiveness. In: Organization Science, 6. Jg. 1995, Nr. 2, S. 204-223

Denzin, Norman K. (1978)
The Research Act. A Theoretical Introduction to Sociological Methods, 2. Auflage, New York et al. 1978

Dettmer, Markus/**Shafy**, Samiha/**Tietz**, Janko (2011)
Volk der Erschöpften. In: Der Spiegel, o. Jg. 2011, Nr. 4, S. 114-122

Deutsche Post DHL (2011)
Gesundheitsmanagement. Ihre Gesundheit zählt. [Online] URL: http://www.dp-dhl.com/de/karriere/Studierende/warumdpdhl/gesundheit.html, Zugriff am 30.09.2011

Deutsche Sozialversicherung (2011)
Einführung. [Online] URL: http://www.deutschesozialversicherung.de/de/wegweiser/einfuehrung.html, Zugriff am 14.08.2011

DGFP e. V. (Hrsg.) (2004)
Unternehmenserfolg durch Gesundheitsmanagement. Grundlagen. Handlungshilfen. Praxisbeispiele, Bielefeld 2004

DGFP e. V. (Hrsg.) (2005)
PIX – der Personalmanagement-Professionalisierungs-Index der DGFP, Bielefeld 2005

DGFP e. V. (2011)
DGFP Studie: Psychische Beanspruchung von Mitarbeitern und Führungskräften, Düsseldorf 2011

DGUV (2011)
Wir über uns. [Online] URL: http://www.dguv.de/inhalt/wir/index.jsp, Zugriff am 18.08.2011

Diekmann, Andreas (2007)
Empirische Sozialforschung. Grundlagen, Methoden, Anwendungen, 17. Auflage (Original), Reinbek bei Hamburg 2007

Diekmann, Andreas (2010)
Empirische Sozialforschung. Grundlagen, Methoden, Anwendungen, 4. Auflage (vollständig überarbeitete und erweiterte Neuauflage), Reinbek bei Hamburg 2010

Die Schweizerische Post (2010) (Hrsg.)
Geschäftsbericht 2010, Zürich 2010

Die Schweizerische Post (2011a)
Konzernstruktur. [Online] URL: http://www.post.ch/post-startseite/post-konzern/post-konzern-uebersicht/post-konzernorganisation/post-konzernstruktur.htm, Zugriff am 01.04.2011

Die Schweizerische Post (2011b)
Portrait PostMail. [Online] URL: http://www.post.ch/post-startseite/post-konzern/post-konzern-uebersicht/post-konzernorganisation/post-konzernstruktur/post-portrait-pm.htm, Zugriff am 21.08.2011

Die Schweizerische Post (2011c)
Swiss Post International. Schweizer Qualität kennt keine Grenzen. [Online] URL: http://www.post.ch/post-startseite/post-konzern/post-publikationen/post-dossiers/post-dossier-internationales/post-dossier-internationales-spi.htm, Zugriff am 21.08.2011

Die Schweizerische Post (Hrsg.) (2011d)
Die Post. Die Zeitung für die Mitarbeiterinnen und Mitarbeiter der Post, 14. Jg. 2011, Nr. 8, Bern 2011

Dievernich, Frank E. P. (2007)
Pfadabhängigkeit im Management. Wie Führungsinstrumente zur Entscheidungs- und Innovationsfähigkeit des Managements beitragen, Stuttgart 2007

DNBGF (2010)
Was ist BGF? [Online] URL: http://www.dnbgf.de/index.php?id=27, Zugriff am 09.03.2010

Dohna, Wilhelm zu (2010)
Grenzenlose Liebe. Kann ein Deutscher Schweizer sein? Bern 2010

Dolbier, Christyn L./**Smith**, Shanna E./**Steinhardt**, Mary A. (2007)
Relationships of Protective Factors to Stress and Symptoms of Illness. In: American Journal of Health Behavior, 31. Jg. 2007, Nr. 4, S. 423-433

Doodley, David/**Rook**, Karen/**Catalano**, Ralph (1987)
Job and non-job stressors and their moderators. In: Journal of Occupational Psychology, 60. Jg. 1987, Nr. 2, S. 115-132

Dormann, Christian/**Zapf**, Dieter (1999)
Social Support, Social Stressors at Work, and Depressive Symptoms: Testing for Main and Moderating Effects with Structural Equations in a Three-Wave Longitudinal Study. In: Journal of Applied Psychology, 84. Jg. 1999, Nr. 6, S. 874-884

Drucker, Peter Ferdinand (1954)
The Practice of Management, New York 1954

Drucker, Peter Ferdinand (1969)
The Age of Discontinuity. Guidelines to our Changing Society, New York 1969

Drucker, Peter Ferdinand (1991)
The New Productivity Challenge. In: Harvard Business Review, 69. Jg. 1991, Nr. 6, S. 69-79

Drucker, Peter Ferdinand (1998)
The Future That Has Already Happened. In: The Futurist, 32. Jg. 1998, Nr. 8, S. 16-18

Drumm, Hans Jürgen (1991)
Probleme der Erfassung und Messung von Unternehmenskultur. In: Eberhard Dülfer (Hrsg.): Organisationskultur. Phänomen – Philosophie – Technologie, 2. Auflage, Stuttgart 1991, S. 163-171

Drumm, Hans Jürgen (1995)
Personalwirtschaftslehre, 3. Auflage, Berlin et al. 1995

Drumm, Hans Jürgen (2005)
Personalwirtschaft, 5. Auflage, Berlin/Heidelberg/New York 2005

Dubs, Rolf (2003)
Unternehmenskultur: mehr als ein Schlagwort? In: Sozialwissenschaften und Berufspraxis, 26. Jg. 2003, Nr. 3, S. 307-326

Ducki, Antje (1998a)
Allgemeine Prozeßmerkmale betrieblicher Gesundheitsförderung. In: Eva Bamberg/Antje Ducki/Anna-Marie Metz (Hrsg.): Handbuch Betriebliche Gesundheitsförderung. Arbeits- und organisationspsychologische Methoden und Konzepte, Göttingen 1998, S. 135-143

Ducki, Antje (1998b)
Ressourcen, Belastungen und Gesundheit. In: Eva Bamberg/Antje Ducki/Anna-Marie Metz (Hrsg.): Handbuch Betriebliche Gesundheitsförderung. Arbeits- und organisationspsychologische Methoden und Konzepte, Göttingen 1998, S. 145-153

Ducki, Antje (2000)
Diagnose gesundheitsförderlicher Arbeit. Eine Gesamtstrategie zur betrieblichen Gesundheitsanalyse, Zürich 2000

Dzudzek, Jürgen (2010)
Ganzheitlichkeit. In: Dieter Kroll/Jürgen Dzudzek (Hrsg.): Neue Wege des Gesundheitsmanagements. „Der gesunderhaltende Betrieb" – Das Beispiel Rasselstein, Wiesbaden 2010, S. 43-48

Ebbinghaus, Bernhard/**Göbel**, Claudia/**Koos**, Sebastian (2008)
Mitgliedschaft in Gewerkschaften: Inklusions- und Exklusionstendenzen in der Organisation von Arbeitnehmerinteressen in Europa, Arbeitspapier am Mannheimer Zentrum für Europäische Sozialforschung, Nr. 111, Mannheim 2008

Ebers, Mark (1991)
Der Aufstieg des Themas „Organisationskultur" in problem- und disziplingeschichtlicher Perspektive. In: Eberhard Dülfer (Hrsg.): Organisationskultur. Phänomen – Philosophie – Technologie, 2. Auflage, Stuttgart 1991, S. 39-63

Edelmann, Margarete (2002)
Gesundheitsressourcen im Beruf. Selbstwirksamkeit und Kontrolle als Faktoren der multiplen Stresspufferung, Weinheim 2002

Edwards, Jeffrey R. (1991)
Person-Job Fit: A Conceptual Integration, Literature Review, and Methodological Critique. In: Cary L. Cooper/Ivan T. Robertson (Hrsg.): International Review of Industrial and Organizational Psychology, Chichester et al. 1991, S. 283-357

Edwards, Julian A./**Guppy**, Andrew/**Cockerton**, Tracy (2007)
A longitudinal study exploring the relationships between occupational stressors, non-work-stressors, and work performance. In: Work & Stress, 21. Jg. 2007, Nr. 2, S. 99-116

EFQM (2011)
The EFQM Excellence Model. [Online] URL: http://www.efqm.org/en/tabid/132/default.aspx, Zugriff am 10.08.2011

Egger, Marcel/**Moser**, Regine/**Thom**, Norbert (2008)
Arbeitsfähigkeit und Integration der älteren Arbeitskräfte in der Schweiz – Studie I, SECO Publikation Arbeitsmarktpolitik Nr. 24 (2. 2008), Bern 2008

Eichendorf, Walter (2010)
Gesunde Mitarbeiter – gesunde Unternehmen. In: Frankfurter Allgemeine Zeitung, o. Jg. 2010, Nr. 155, S. B1

Eichhorn, Peter/**Friedrich**, Peter/**Jann**, Werner/**Oechsler**, Walter A./**Püttner**, Günter/**Reinermann**, Heinrich (Hrsg.) (2003)
Verwaltungslexikon, 3. Auflage, Baden-Baden 2003

Eiselen, Tanja/**Nowosad**, Martin (1998)
Mobbing. In: Eva Bamberg/Antje Ducki/Anna-Marie Metz (Hrsg.): Handbuch Betriebliche Gesundheitsförderung. Arbeits- und organisationspsychologische Methoden und Konzepte, Göttingen 1998, S. 301-313

Eisenberger, Robert/**Armeli**, Stephan/**Rexwinkel**, Barbara/**Lynch**, Patrick D./**Rhoades**, Linda (2001)
Reciprocation of Perceived Organizational Support. In: Journal of Applied Psychology, 86. Jg. 2001, Nr. 1, S. 42-51

Eisenberger, Robert/**Huntington**, Robin/**Hutchison**, Steven/**Sowa**, Debora (1986)
Perceived Organizational Support. In: Journal of Applied Psychology, 71. Jg. 1986, Nr. 3, S. 500-507

Eisenhardt, Kathleen (1989)
Building Theories from Case Study Research. In: Academy of Management Review, 14. Jg. 1989, Nr. 4, S. 532-550

Eisenhardt, Kathleen/**Graebner**, Melissa (2007)
Theory Building From Cases: Opportunities and Challenges. In: Academy of Management Journal, 50. Jg. 2007, Nr. 1, S. 25-32

Engelkamp, Paul/**Sell**, Friedrich L. (2005)
Einführung in die Volkswirtschaftslehre, 3. Auflage, Berlin/Heidelberg/New York 2005

ENWHP (2011)
National Contact Offices/The Members of the ENWHP. [Online] URL: http://www.enwhp.org/the-enwhp/members-nco.html, Zugriff am 18.08.2011

Etienne, Michèle (2000)
Total Quality Management im Spital erfolgreich gestalten, Bern/Stuttgart/Wien 2000

Euroforum (2011)
Der zertifizierte BGM-Manager. [Online] URL: http://www.euroforum.de/veranstal tungen/zertifizierte_bgm-manager_maerz_2012, Zugriff am 08.11.2011

Europäische Kommission (2005)
Grünbuch – Die psychische Gesundheit der Bevölkerung verbessern – Entwicklung einer Strategie für die Förderung der psychischen Gesundheit in der Europäischen Union. [Online] URL: http://eur-lex.europa.eu/smartapi/cgi/sga_doc?smartapi!celex plus!prod!DocNumber&lg=de&type_doc=COMfinal&an_doc=2005&nu_doc=484, Zugriff am 07.06.2010

Europäische Stiftung zur Verbesserung der Lebens- und Arbeitsbedingungen (Hrsg.) (1997)
Die Verhinderung von Absentismus am Arbeitsplatz. Zusammenfassender Bericht einer Forschungsstudie, Luxemburg 1997

Faller, Gudrun (2011)
Wie verbreitet ist die Betriebliche Gesundheitsförderung wirklich? Ein Problemaufriss zur Datenlage in Deutschland. In: Prävention. Zeitschrift für Gesundheitsförderung, 34. Jg. 2011, Heft 3, S. 75-79

Faltermaier, Toni (2005)
Gesundheitspsychologie, Stuttgart 2005

Fankhauser, Kathrin (1996)
Management von Organisationskulturen, Bern/Stuttgart/Wien 1996

Faßnacht, Gerhard (1995)
Systematische Verhaltensbeobachtung. Eine Einführung in die Methodologie und Praxis, 2. Auflage, München/Basel 1995

Fayol, Henri (1929)
Allgemeine und industrielle Verwaltung, aus dem Französischen übersetzt von Karl Reineke, München/Berlin 1929

Feather, Norman T./**Rauter**, Katrin A. (2004)
Organizational citizenship behaviors in relation to job status, job insecurity, organizational commitment and identification, job satisfaction and work values. In: Journal of Occupational and Organizational Psychology, 77. Jg. 2004, Nr. 1, S. 81-94

Feldman, Daniel Charles (1981)
The Multiple Socialization of Organization Members. In: Academy of Management Review, 6. Jg. 1981, Nr. 2, S. 309-318

Felfe, Jörg/**Six**, Bernd (2006)
Die Relation von Arbeitszufriedenheit und Commitment. In: Lorenz Fischer (Hrsg.): Arbeitszufriedenheit: Konzepte und empirische Befunde, 2. Auflage, Göttingen et al. 2006, S. 37-60

Fey, Carl F./**Denison**, Daniel R. (2003)
Organizational Culture and Effectiveness: Can American Theory Be Applied in Russia? In: Organization Science, 14. Jg. 2003, Nr. 6, S. 686-706

Filbeck, Greg/**Preece**, Dianna (2003)
Fortune's Best 100 Companies to Work for in America: Do They Work for Shareholders? In: Journal of Business Finance & Accounting, 30. Jg. 2003, Nr. 5/6, S. 771-797

Firth-Cozen, Jenny/**Hardy**, Gillian E. (1992)
Occupational stress, clinical treatment and changes in job perceptions. In: Journal of Occupational and Organizational Psychology, 65. Jg. 1992, Nr. 2, S. 81-88

Fleetwood, Steve (2007)
Re-thinking work-life balance: editor's introduction. In: International Journal of Human Resource Management, 18. Jg. 2007, Nr. 3, S. 351-359

Flick, Uwe (1995)
Qualitative Forschung. Theorie, Methoden, Anwendung in Psychologie und Sozialwissenschaften, Reinbek bei Hamburg 1995

Flick, Uwe (2005a)
Konstruktivismus. In: Uwe Flick/Ernst von Kardorff/Ines Steinke (Hrsg.): Qualitative Forschung. Ein Handbuch, 4. Auflage, Reinbek bei Hamburg 2005, S. 150-164

Flick, Uwe (2005b)
Triangulation in der qualitativen Forschung. In: Uwe Flick/Ernst von Kardorff/Ines Steinke (Hrsg.): Qualitative Forschung. Ein Handbuch, 4. Auflage, Reinbek bei Hamburg 2005, S. 309-318

Flick, Uwe (2007)
Zur Qualität qualitativer Forschung – Diskurse und Ansätze. In: Udo Kuckartz/Heiko Grunenberg/Thorsten Dresing (Hrsg.): Qualitative Datenanalyse: computergestützt. Methodische Hintergründe und Beispiele aus der Forschungspraxis, 2. Auflage, Wiesbaden 2007, S. 188-209

Flick, Uwe/**Kardorff**, Ernst von/**Steinke**, Ines (2005)
Was ist qualitative Forschung? Einleitung und Überblick. In: Uwe Flick/Ernst von Kardorff/Ines Steinke (Hrsg.): Qualitative Forschung. Ein Handbuch, 4. Auflage, Reinbek bei Hamburg 2005, S. 13-29

Franke, Alexa (1997)
Über den Autor. In: Aaron Antonovsky (Autor): Salutogenese. Zur Entmystifizierung der Gesundheit, deutsche erweiterte Herausgabe von Alexa Franke, Tübingen 1997, S. 13

Franken, Swetlana (2010)
Verhaltensorientierte Führung. Handeln, Lernen und Diversity in Unternehmen, 3. Auflage, Wiesbaden 2010

Frese, Michael (1994)
Arbeit und psychische Störungen. In: Korbinian Höchstetter/Ludwig Gunkel/Reinhilde Beck/Margarte Szpilok (Hrsg.): Gesundheitsförderung im Betrieb. Neue Antworten auf neue Herausforderungen, Bobingen 1994, S. 27-46

Frese, Michael/**Semmer**, Norbert K. (1991)
Stressfolgen in Abhängigkeit von Moderatorvariablen: Der Einfluss von Kontrolle und sozialer Unterstützung. In: Siegfried Greif/Eva Bamberg/Norbert K. Semmer (Hrsg.): Psychischer Streß am Arbeitsplatz, Göttingen/Toronto/Zürich 1991, S. 135-153

Freudenberger, Herbert (1974)
Staff burnout. In: Journal of Social Issues, 30. Jg. 1974, Nr. 1, S. 159-165

Fried, Andrea/**Baitsch**, Christoph (2002)
Mutmaßungen zu einem überraschenden Erfolg. Zum Verhältnis von Wissensmanagement und Organisationalem Lernen. In: Klaus Götz (Hrsg.): Wissensmanagement. Zwischen Wissen und Nichtwissen, 4. Auflage, München/Mering 2002, S. 33-45

Friedli, Vera (2002)
Die betriebliche Karriereplanung. Konzeptionelle Grundlagen und empirische Studien aus der Unternehmensperspektive, Bern/Stuttgart/Wien 2002

Friedrichs, Michael/**Schröder**, Antje Kathrin (2006)
Gesundheitliche Auswirkungen neuer Beschäftigungsformen. Kommentierte Zusammenstellung der einschlägigen Literatur, IGA-Report 10, Essen 2006

Friesl, Christian (2009)
Ethik und Unternehmensstrategie: Die Säulen gesellschaftlicher Verantwortung von Unternehmen. In: Birgit Feldbauer-Durstmüller/Helmut Pernsteiner (Hrsg.): Betriebswirtschaftslehre und Unternehmensethik, Wien 2009, S. 49-79

Fuchs, Michael/**Heinemann**, Thomas/**Heinrichs**, Bert/**Hübner**, Dietmar/**Kipper**, Jens/**Rottländer**, Kathrin/**Runkel**, Thomas/**Spranger**, Tade Matthias/**Vermeulen**, Verena/**Völker-Albert**, Moritz (2010)
Forschungsethik. Eine Einführung, Stuttgart/Weimar 2010

Fulmer, Ingrid S./**Gerhart**, Barry/**Scott**, Kimberly S. (2003)
Are the 100 Best Better? An Empirical Investigation of the Relationship Between Being a „Great Place to Work" and Firm Performance. In: Personnel Psychology, 56. Jg. 2003, Nr. 4, S. 965-993

Fürstenberg Institut (2010)
Fürstenberg-Performance-Studie 2010. Kurzfassung. [Online] URL: http://www.bertel smann-stiftung.de/bst/de/media/xcms_bst_dms_31098__2.pdf, Zugriff am 30.09.2011

Fusilier, Marcelline R./**Ganster**, Daniel C./**Mayes**, Bronston T. (1986)
The social support and health relationship: Is there a gender difference? In: Journal of Occupational Psychology, 59. Jg. 1986, Nr. 2, S. 145-153

Gabler Wirtschaftslexikon (2010a)
Coping. [Online] URL: http://wirtschaftslexikon.gabler.de/Definition/coping.html, Zugriff am 08.07.2010

Gabler Wirtschaftslexikon (2010b)
Ressource. [Online] URL: http://wirtschaftslexikon.gabler.de/Archiv/4191/ressource-v7.html, Zugriff am 19.03.2010

Ganster, Daniel C./**Fusilier**, Marcelline R./**Mayes**, Bronston T. (1986)
Role of Social Support in the Experience of Stress at Work. In: Journal of Applied Psychology, 71. Jg. 1986, Nr. 1, S. 102-110

Gardiner, Jean/**Stuart**, Mark/**Forde**, Chris/**Greenwood**, Ian/**MacKenzie**, Robert/**Perrett**, Rob (2007)
Work-life balance and older workers: employee's perspective on retirement transitions following redundancy. In: International Journal of Human Resource Management, 18. Jg. 2007, Nr. 3, S. 476-489

Gebert, Diether (1974)
Organisationsentwicklung – Probleme des geplanten organisatorischen Wandels, Stuttgart et al. 1974

Geißler, Heinrich/**Bökenheide**, Torsten/**Schlünkes**, Holger/**Geißler-Gruber**, Brigitta (2007)
Faktor Anerkennung. Betriebliche Erfahrungen mit wertschätzenden Dialogen, Frankfurt am Main/New York 2007

Gemünden, Hans Georg/**Hölzle**, Katharina/**Walter**, Achim/**Schmidthals**, Jens (2006)
Technologieorientierte Innovationskooperationen bei hochinnovativen Produktentwicklungen. In: Thorsten Blecker/Hans Georg Gemünden (Hrsg.): Wertschöpfungsnetzwerke, Festschrift für Bernd Kaluza, Berlin 2006, S. 165-187

Gerpott, Torsten J. (2000)
360-Grad-Feedback-Verfahren. In: Personal, 52. Jg. 2000, Nr. 7, S. 354-359

Gertsch, Christof (2009)
Stress wird strafbar. In: NZZ am Sonntag, 8. Jg. 2009, Nr. 16, S. 79

Gertz, Winfried (2009)
Jeder ist gefordert. In: Personalwirtschaft. Magazin für Human Resources, 36. Jg. 2009, Nr. 8, S. 22-25

Gertz, Winfried (2011)
Stress lass nach. In: Personalwirtschaft. Magazin für Human Resources, 38. Jg. 2011, Nr. 1, S. 20-23

Gesundheitsämter Deutschland (2011)
Alle Gesundheitsämter in Deutschland auf einen Blick und Klick. [Online] URL: http://www.gesundheitsaemter-deutschland.de/, Zugriff am 18.08.2011

Gesundheitsförderung Schweiz (2011a)
Frequently Asked Questions. [Online] URL: http://www.gesundheitsfoerder
ung.ch/pdf_doc_xls/d/betriebliche_gesundheitsfoerderung/tipps_tools/110504_FAQ-
Label-Stand-Mai-2011.pdf, Zugriff am 29.08.2011

Gesundheitsförderung Schweiz (2011b)
Unsere Qualitätskriterien. [Online] URL: http://www.gesundheitsfoerderung.ch/pages/
Betriebliche_Gesundheitsfoerderung/Tipps_Tools/label/unsere_qualitaetskriterien_
detail.php, Zugriff am 11.04.2011

Gesundheitsförderung Schweiz (2011c)
Labelträger. [Online] URL: http://www.gesundheitsfoerderung.ch/pages/Betriebliche_
Gesundheitsfoerderung/Tipps_Tools/label/labeltraeger.php, Zugriff am 21.08.2011

Gesundheitsförderung Schweiz (2011d)
Eine breit abgestützte Stiftung. [Online] URL: http://www.gesundheitsfoerderung.ch/
pages/uebersicht/Ueber_uns/m_ueber_uns.php, Zugriff am 18.08.2011

Gesundheitsförderung Schweiz (2011e)
Verfahren. [Online] URL: http://www.gesundheitsfoerderung.ch/pages/Betriebliche_
Gesundheitsfodeung/Tipps_Tools/label/ihr_vorgehen_verfahren.php?micro=ihr_vor
gehen_verfahren.php, Zugriff am 21.08.2011

Gibbert, Michael/**Ruigrok**, Winfried/**Wicki**, Barbara (2008)
What passes a rigorous case study? In: Strategic Management Journal, 29. Jg. 2008,
Nr. 13, S. 1465-1474

Girtler, Roland (1984)
Methoden der qualitativen Sozialforschung. Anleitung zur Feldarbeit, Wien/Köln/Graz
1984

Girtler, Roland (1992)
Methoden der qualitativen Sozialforschung, Wien/Köln/Weimar 1992

Gist, Marilyn E. (1987)
Self-Efficacy: Implications for Organizational Behavior and Human Resource
Management. In: Academy of Management Review, 12. Jg. 1987, Nr. 3, S. 472-485

Glaser, Barney G./**Strauss**, Anselm L. (2005)
Grounded Theory. Strategien qualitativer Forschung, 2. Auflage, Bern 2005

Glasl, Friedrich (2004)
Konflikte in Organisationen. In: Georg Schreyögg/Axel von Werder (Hrsg.):
Handwörterbuch Unternehmensführung und Organisation, 4. Auflage, Stuttgart 2004,
Sp. 628-635

Glasl, Friedrich (2006)
Konflikte in Organisationen. In: Handelsblatt (Hrsg.): Wirtschaftslexikon. Das Wissen der Betriebswirtschaftslehre, Band 6: Kapazität und Beschäftigung – Kundenmanagement, Stuttgart 2006, S. 2991-2996

Goodstein, Jerry (1995)
Employer Involvement in Eldercare: An Organizational Adaptation Perspective. In: Academy of Management Journal, 38. Jg. 1995, Nr. 6, S. 1657-1671

Graalmann, Jürgen/**Froese**, Werner/**Steinke**, Brigitte/**Barann**, Thomas/**Pelster**, Klaus/**Jacobsen**, Dirk/**Klemusch**, Malte (2011)
Gesundheit braucht Weitblick. In: Personalwirtschaft. Magazin für Human Resources, 38. Jg. 2011, Nr. 3, S. 32-33

Graber, Jean-Pierre (2010)
Steigende Gesundheitskosten. [Online] URL: http://www.parlament.ch/d/suche/seiten/geschaefte.aspx?gesch_id=20103105, Zugriff am 06.08.2011

Grant, Adam M./**Dutton**, Jane E./**Rosso**, Brendt D. (2008)
Giving Commitment: Employee Support Programs and the Prosocial Sensemaking Process. In: Academy of Management Journal, 51. Jg. 2008, Nr. 5, S. 898-918

Greif, Siegfried (1991)
Stress in der Arbeit. Einführung in die Grundbegriffe. In: Siegfried Greif/Eva Bamberg/Norbert K. Semmer (Hrsg.): Psychischer Streß am Arbeitsplatz, Göttingen 1991, S. 12-28

Greiner, Birgit (1998)
Der Gesundheitsbegriff. In: Eva Bamberg/Antje Ducki/Anna-Marie Metz (Hrsg.): Handbuch Betriebliche Gesundheitsförderung. Arbeits- und organisationspsychologische Methoden und Konzepte, Göttingen 1998, S. 39-55

Gröben, Ferdinand/**Bös**, Klaus (1999)
Praxis betrieblicher Gesundheitsförderung. Maßnahmen und Erfahrungen – ein Querschnitt, Berlin 1999

Grochla, Erwin (1969a)
Betriebsverbindungen, Berlin 1969

Grochla, Erwin (1969b)
Planung, Organisation der. In: Erwin Grochla (Hrsg.): Handwörterbuch der Organisation, Stuttgart 1969, Sp. 1305-1317

Grochla, Erwin (1978)
Einführung in die Organisationstheorie, Stuttgart 1978

Grochla, Erwin (1982)
Grundlagen der organisatorischen Gestaltung, Stuttgart 1982

Grochla, Erwin/**Vahle**, Manfred/**Puhlmann**, Manfred/**Lehmann**, Helmut (1981)
Entlastung durch Delegation. Leitfaden zur Anwendung organisatorischer Maßnahmen in mittelständischen Betrieben, Berlin 1981

Grunenberg, Heiko (2007)
Empirische Befunde zur Qualität qualitativer Sozialforschung. Resultate einer Analyse von Zeitschriftenartikeln. In: Udo Kuckartz/Heiko Grunenberg/Thorsten Dresing (Hrsg.): Qualitative Datenanalyse: computergestützt. Methodische Hintergründe und Beispiele aus der Forschungspraxis, 2. Auflage, Wiesbaden 2007, S. 210-226

Grünig, Rudolf/**Kühn**, Richard (2002)
Methodik der strategischen Planung. Ein prozessorientierter Ansatz für Strategieplanungsprojekte, 2. Auflage, Bern/Stuttgart/Wien 2002

Grünig, Rudolf/**Kühn**, Richard (2005)
Methodik der strategischen Planung. Ein prozessorientierter Ansatz für Strategieplanungsprojekte, 3. Auflage, Bern/Stuttgart/Wien 2005

Gunkel, Ludwig (2004)
Die gesundheitsfördernde Gestaltung von Führungshandeln im Betrieb. Interventionen in einem zukunftsweisenden Handlungsfeld Betrieblicher Gesundheitsförderung. In: Rolf Busch/AOK Berlin (Hrsg.): Unternehmensziel Gesundheit. Betriebliches Gesundheitsmanagement in der Praxis – Bilanz und Perspektiven, München/Mering 2004, S. 104-134

Guntern, Sara (2007)
Erfolgreiches Gesundheitsmanagement. In: LEADER. Das Magazin für Kader, o. Jg. 2007, März, S. 12

Gusy, Burkhard (1995)
Stressoren in der Arbeit, Soziale Unterstützung und Burnout – Eine Kausalanalyse, München/Wien 1995

Gutenberg, Erich (1968)
Grundlagen der Betriebswirtschaftslehre. Erster Band: Die Produktion, 14. Auflage, Berlin/Heidelberg/New York 1968

Gutenberg, Erich (1983)
Die Produktion, 24. Auflage, Berlin/Heidelberg/New York 1983

Haas, Sibylle (2010)
Ausgebrannt. In: Süddeutsche Zeitung, o. Jg. 2010, Nr. 110, S. 36

Hacker, Winfried (1978)
Allgemeine Arbeits- und Ingenieurspsychologie. Psychische Struktur und Regulation von Arbeitstätigkeiten, 2. Auflage, Bern/Stuttgart/Wien 1978

Hackman, J. Richard/**Oldham**, Greg R. (1975)
Development of the Job Diagnostic Survey. In: Journal of Applied Psychology, 60. Jg. 1975, Nr. 2, S. 159-170

Hackman, J. Richard/**Oldham**, Greg R. (1976)
Motivation through the Design of Work: Test of a Theory. In: Organizational Behavior and Human Performance, 16. Jg. 1976, Nr. 2, S. 250-279

Hackman, J. Richard/**Oldham**, Greg R. (1980)
Work Redesign, London et al. 1980

Halkow, Anja/**Engelmann**, Fabian (2008)
Der Setting-Ansatz der Gesundheitsförderung. Ergebnisse einer Literaturanalyse. [Online] URL: http://www.gesundheitberlin.de/download/Halkow,_Engelmann.pdf, Zugriff am 07.06.2010

Hammer, Gerlinde (2003)
Bildschirmarbeit und Gesundheitsrisiken. Argumente für ergonomisch gestaltete Bildschirmarbeit. Eine Information der Arbeitnehmerkammer Bremen, 3. Auflage, Bremen 2003

Hammer, Michael/**Champy**, James (1994)
Business Reengineering. Die Radikalkur für das Unternehmen, 2. Auflage, Frankfurt am Main/New York 1994

Hammersley, Martyn/**Atkinson**, Paul (2007)
Ethnography. Principles in Practice, 3. Auflage, London/New York 2007

Handy, Charles (1978)
Zur Entwicklung der Organisationskultur durch Management Development Methoden. In: Zeitschrift für Führung + Organisation, 47. Jg. 1978, Nr. 7, S. 404-410

Hardach, Fritz Wilhelm (1966)
Über die Verantwortung der Unternehmensleitung. In: Hans-Joachim Engeleiter (Hrsg.): Gegenwartsfragen der Unternehmensführung, Festschrift für Wilhelm Hasenack, Herne/Berlin 1966, S. 107-121

Hartfiel, Günter/**Hillmann**, Karl-Heinz (1972)
Wörterbuch der Soziologie, 3. Auflage, Stuttgart 1972

Hartz, Peter (2000)
Betriebliches Gesundheitsmanagement als Führungsaufgabe. In: Bertelsmann Stiftung/Hans-Böckler-Stiftung (Hrsg.): Erfolgreich durch Gesundheitsmanagement. Beispiele aus der Arbeitswelt, Gütersloh 2000, S. 159-161

Hauschildt, Jürgen (1968)
Die Verantwortung als konfliktregulierender Mechanismus – ein organisatorisches Modell. In: Hamburger Jahrbuch für Wirtschaft- und Gesellschaftspolitik, Tübingen 1968, S. 210-224

Hauschildt, Jürgen (1997)
Innovationsmanagement, 2. Auflage, München 1997

Hauschildt, Jürgen/**Chakrabarti**, Alok K. (1988)
Arbeitsteilung im Innovationsmanagement – Forschungsergebnisse, Kriterien und Modelle. In: Zeitschrift Führung + Organisation, 57. Jg. 1988, Nr. 6, S. 378-388

Hauschildt, Jürgen/**Salomo**, Sören (2007)
Innovationsmanagement, 4. Auflage, München 2007

Hauser, Frank/**Schubert**, Andreas/**Aicher**, Mona (2008)
Unternehmenskultur, Arbeitsqualität und Mitarbeiterengagement in den Unternehmen in Deutschland. Ein Forschungsprojekt des Bundesministeriums für Arbeit und Soziales. [Online] URL: http://www.cbdata.de/hv-sales/HVConsult/Abschlu%C3%9FBeri cht.pdf, Zugriff am 29.10.2011

Hecker, Nathalie (2010)
Unternehmenskulturentwicklung und Werteentfaltung – Überlegungen und Empfehlungen aus der Theorie und Praxis. In: Christoph I. Barmeyer/Jürgen Bolten (Hrsg.): Interkulturelle Personal- und Organisationsentwicklung. Methoden, Instrumente und Anwendungsfälle, Sternenfels 2010, S. 185-199

Heide, Holger (2010)
Ursachen und Konsequenzen von Arbeitssucht. In: Bernhard Badura/Helmut Schrö-der/Joachim Klose/Katrin Macco (Hrsg.): Fehlzeiten-Report 2009. Arbeit und Psyche: Belastungen reduzieren – Wohlbefinden fördern, Berlin/Heidelberg 2010, S. 83-91

Heinen, Edmund (1969)
Zum Wissenschaftsprogramm der entscheidungsorientierten Betriebswirtschaftslehre. In: Zeitschrift für Betriebswirtschaftslehre, 39. Jg. 1969, Nr. 4, S. 207-220

Heinen, Edmund (1987)
Unternehmenskultur. Perspektiven für Wissenschaft und Praxis, München/Wien 1987

Hemp, Paul (2004)
Presenteeism: At Work – But Out of It. In: Harvard Business Review, 82. Jg. 2004, Nr. 10, S. 49-58

Henke, Klaus-Dirk/**Troppens**, Sabine/**Braeseke**, Grit/**Dreher**, Birgit/**Merda**, Meiko (2011)
Innovationsimpulse der Gesundheitswirtschaft – Auswirkungen auf Krankheitskosten, Wettbewerbsfähigkeit und Beschäftigung, Forschungsprojekt im Auftrag des Bundesministeriums für Wirtschaft und Technologie, Berlin 2011

Hensche, Martin (2011)
Informationen zum Thema Mobbing – Definitionen. [Online] URL: http://www.hen sche.de/Rechtsanwalt_Arbeitsrecht_Handbuch_Mobbing_WasIstDas.html#tocitem2, Zugriff am 11.08.2011

Henssler, Oliver-Timo (2010)
Studie „Gesundheitsmanagement 2010". Fakten zur Situation des betrieblichen Gesundheitsmanagements. In: Personalführung, 43. Jg. 2010, Nr. 7, S. 34-35

Hentze, Joachim/**Graf**, Andrea (2005)
Personalwirtschaftslehre 2. Personalerhaltung und Leistungsstimulation, Personalfreistellung und Personalinformationswirtschaft, 7. Auflage, Bern 2005

Hentze, Joachim/**Kammel**, Andreas (2001)
Personalwirtschaftslehre 1. Grundlagen, Personalbedarfsermittlung, -beschaffung, -entwicklung und -einsatz, 7. Auflage, Bern/Stuttgart/Wien 2001

Herbst, Dieter (2000)
Erfolgsfaktor Wissensmanagement, Berlin 2000

Hersey, Paul (1987)
Situatives Führen, Zürich 1987

Heumann, Pierre (2011)
Chefs, überall Chefs. In: Weltwoche, 79. Jg. 2011, Nr. 18, S. 38-41

Heyde, Kerstin/**Macco**, Katrin (2010)
Krankheitsbedingte Fehlzeiten aufgrund psychischer Erkrankungen – Eine Analyse der AOK-Arbeitsunfähigkeitsdaten des Jahres 2008. In: Bernhard Badura/Holger Schröder/Joachim Klose/Katrin Macco (Hrsg.): Fehlzeiten-Report 2009. Arbeit und Psyche: Belastungen reduzieren – Wohlbefinden fördern, Berlin/Heidelberg 2010, S. 31-40

Hibbeler, Birgit (2011)
Mehr psychische Erkrankungen. In: Deutsches Ärzteblatt, 108. Jg. 2011, Heft 37, S. 1884

Hildebrandt, Helmut (leitender Bearbeiter) (1994)
Pschyrembel. Medizinisches Wörterbuch, 257. Auflage, Hamburg 1994

Hill, Wilhelm (1985)
Betriebswirtschaftslehre als Managementlehre. In: Rolf Wunderer (Hrsg.): Betriebswirtschaftslehre als Management- und Führungslehre, Stuttgart 1985, S. 111-146

Hoff, Andreas (2004)
Wie betriebliche Arbeitszeitgestaltung zum betrieblichen Gesundheitsmanagement beitragen kann. In: Matthias T. Meifert/Mathias Kesting (Hrsg.): Gesundheitsmanagement im Unternehmen. Konzepte, Praxis, Perspektiven, Berlin et al. 2004, S. 79-87

Hofstede, Geert H. (2001)
Culture's Consequences. Comparing Values, Behaviors, Institutions and Organizations across Nations, 2. Auflage, Thousand Oaks/London/New Delhi 2001

Hofstede, Geert H. (2011a)
Geert Hofstede Cultural Dimensions. [Online] URL: http://www.geert-hofstede.com/ hofstede_switzerland.shtml, Zugriff am 15.08.2011

Hofstede, Geert H. (2011b)
Geert Hofstede Cultural Dimensions. [Online] URL: http://www.geert-hofstede.com/ hofstede_dimensions.php?culture1=34&culture2=87#compare, Zugriff am 15.08.2011

Holmqvist, Mikael (2009)
Corporate social responsibility as corporate social control: The case of work-site health promotion. In: Scandinavian Journal of Management, 25. Jg. 2009, Nr. 1, S. 68-72

Holtgrewe, Ursula/**Voswinkel**, Stephan/**Wagner**, Gabriele (Hrsg.) (2000)
Anerkennung und Arbeit, Konstanz 2000

Homburg, Christian/**Krohmer**, Harley (2009)
Marketingmanagement, 3. Auflage, Wiesbaden 2009

Hopf, Christel (2005)
Qualitative Interviews – Ein Überblick. In: Uwe Flick/Ernst von Kardorff/Ines Steinke (Hrsg.): Qualitative Forschung. Ein Handbuch, 4. Auflage, Reinbek bei Hamburg 2005, S. 349-360

Hornung, Rainer/**Gutscher**, Heinz (1994)
Gesundheitspsychologie: Die sozialpsychologische Perspektive. In: Peter Schwenkmezger/Lothar R. Schmidt (Hrsg.): Lehrbuch der Gesundheitspsychologie, Stuttgart 1994, S. 65-87

Horváth, Péter & **Partner** (Hrsg.) (2000)
Balanced Scorecard umsetzen, Stuttgart 2000

Houben, Anabel (2008)
Culture Follows Stratgey. Kulturveränderung bei einem Anlagenbauer. In: Jan Kuhnert/Stephan Teuber (Hrsg.): Praxishandbuch Change Management. Einsatzfelder, Grenzen und Chancen, München 2008, S. 229-246

House, James S. (1981)
Work Stress and Social Support, Reading et al. 1981

HR Today (2011)
Werte im Unternehmen, 13. Jg. 2011, Nr. 9, S. 23-37

Huf, Stefan (2011)
Personalmanagement als Erwartungsmanagement. Der psychologische Vertrag. In: Personalführung, 44. Jg. 2011, Nr. 3, S. 28-35

Hüllemann, Klaus-Diethard (1994)
Jedes Unternehmen ist so gesund, wie seine leid(t)enden Mitarbeiter. In: Michael Kastner (Hrsg.): Personalpflege. Der gesunde Mitarbeiter in einer gesunden Organisation, Berlin/München 1994, S. 40-47

Hungenberg, Harald/**Wulf**, Torsten (2007)
Grundlagen der Unternehmensführung, 3. Auflage, Berlin/Heidelberg/New York 2007

Hunsdiek, Detlef/**Müller-Oerting**, Jens (2008)
Neuausrichtung der strategischen Managemententwicklung. In: Karlheinz Schwuchow/Joachim Gutmann (Hrsg.): Jahrbuch Personalentwicklung 2008. Ausbildung, Weiterbildung, Management Development, Köln 2008, S. 154-163

Ilmarinen, Juhani/**Tempel**, Jürgen (2002)
Arbeitsfähigkeit 2010. Was können wir tun, damit Sie gesund bleiben? Hamburg 2002

Initiative Gesundheit und Arbeit (2010)
Gesundheitlicher und ökonomischer Nutzen betrieblicher Gesundheitsförderung und Prävention – Zusammenstellung der wissenschaftlichen Evidenz. [Online] URL: http://www.bbbalance.de/Dateien/Gesundheitlicher%20und%20%F6konomischer%20 Nutzen%20BGF.pdf, Zugriff am 07.07.2010

Institut für Sozial- und Präventivmedizin der Universität Zürich (2011)
Preis für Gesundheitsförderung im Betrieb. [Online] URL: http://www.gesundheitsfoer derung-zh.ch/Preis-fuer-Gesundhei.398.0.html, Zugriff am 11.04.2011

Invalidenversicherung (2011)
Welche Leistungen erbringt die IV? [Online] URL: http://www.ahv-iv.info/iv-/00018/00124/index.html?lang=de, Zugriff am 18.08.2011

Isselhorst, Heike (2010)
Betriebliche Gesundheitsförderung 2010. Das Management ist gefordert. In: Management und Qualität. Das Magazin für integrierte Managementsysteme, 40. Jg. 2010, Nr. 11, S. 16-17

Ivancevich, John M./**Matteson**, Michael T. (1980)
Optimizing human resources: A case for preventive health and stress management. In: Organizational Dynamics, 9. Jg. 1980, Nr. 2, S. 4-25

Iverson, Donald C./**Krause**, Regina (2007)
Produktivitätsräuber Präsentismus. In: Personal, 59. Jg. 2007, Nr. 12, S. 46-48

Jamrog, Jay (2004)
The Perfect Storm: The Future of Retention and Engagement. In: Human Resource Planning, 27. Jg. 2004, Nr. 3, S. 26-33

Jancik, Jürgen M. (2002)
Betriebliches Gesundheitsmanagement. Produktivität fördern, Mitarbeiter binden, Kosten senken, Wiesbaden 2002

Janssen, Philip/**Kentner**, Michael/**Rockholtz**, Carsten (2004)
Balanced Scorecard und betriebliches Gesundheitsmanagement – Den Unternehmenserfolg steigern durch die effiziente Steuerung der Humanressourcen. In: Matthias T. Meifert/Mathias Kesting (Hrsg.): Gesundheitsmanagement im Unternehmen. Konzepte – Praxis – Perspektiven, Berlin et al. 2004, S. 41-56

Janssen, Peter/**Schaufeli**, Wilmar/**Houkes**, Inge (1999)
Work-related and individual determinants of the three burnout dimensions. In: Work & Stress, 13. Jg. 1999, Nr. 1, S. 74-86

Jex, Steve M./**Bliese**, Paul D./**Buzzell**, Sheri/**Primeau**, Jessica (2001)
The Impact of Self-Efficacy on Stressor-Strain Relations: Coping Style as an Explanatory Mechanism. In: Journal of Applied Psychology, 86. Jg. 2001, Nr. 3, S. 401-409

Jung, Tobias/**Scott**, Tim/**Davies**, Huw T. O. (2009)
Instruments for Exploring Organizational Culture: A Review of the Literature. In: Public Administration Review, 69. Jg. 2009, Nr. 6, S. 1087-1096

Kahnemann, Daniel/**Diener**, Ed/**Schwarz**, Norbert (Hrsg.) (1999)
Well-Being. The Foundations of Hedonic Psychology, New York 1999

Kaiser-Probst, Claudia (2009)
Anerkennung für die Arbeit wirkt sich kaum auf die Gesundheit aus. In: HR Today, 11. Jg. 2009, Nr. 5, S. 45

Kaplan, Robert S./**Norton**, David P. (1997)
Balanced Scorecard. Strategien erfolgreich umsetzen, aus dem Amerikanischen übersetzt von Péter Horváth, Beatrix Kuhn-Würfel und Claudia Vogelhuber, Stuttgart 1997

Karasek, Robert (1979)
Job demands, job decision latitude, and mental strain: Implications for job redesign. In: Administrative Science Quarterly, 24. Jg. 1979, Nr. 2, S. 285-308

Karch, Robert C. (2012)
United States of America. In: Kirsten Wolf/Robert C. Karch (Hrsg.): Workplace Health Promotion, Sudbury/Mississauga/London 2012, S. 445-474

Kastner, Michael (1994)
Das Konzept „Personalpflege". In: Michael Kastner (Hrsg.): Personalpflege. Der gesunde Mitarbeiter in einer gesunden Organisation, Berlin/München 1994, S. 27-34

Kaune, Axel (2010a)
Moderne Organisationsentwicklung – ein Konzept zur mitarbeiterorientierten Gestaltung von Veränderungsprozessen. In: Axel Kaune (Hrsg.): Change Management und Organisationsentwicklung. Veränderungen erfolgreich durchsetzen, 2. Auflage, Berlin 2010, S. 11-65

Kaune, Katharina (2010b)
Qualitative Techniken – Leitfadeninterview und Inhaltsanalyse. In: Axel Kaune (Hrsg.): Change Management und Organisationsentwicklung. Veränderungen erfolgreich durchsetzen, 2. Auflage, Berlin 2010, S. 134-152

Kauth, Hans (2007)
Passgenaue Unternehmenskultur. Einfluss auf Führung und Produktivität, Bielefeld 2007

Kerkau, Katja (1997)
Betriebliche Gesundheitsförderung. Faktoren für die erfolgreiche Umsetzung des Gesundheitsförderungskonzeptes in Unternehmen, Gamburg 1997

Kernen, Hans (1997)
Burnout-Prophylaxe im Management, Bern/Stuttgart/Wien 1997

Kernis, Michael H. (2005)
Measuring Self-Esteem in Context: The Importance of Stability of Self-Esteem in Psychological Functioning. In: Journal of Personality, 73. Jg. 2005, Nr. 6, S. 1-37

Kesting, Mathias/**Meifert**, Matthias T. (2004)
Strategien zur Implementierung des Gesundheitsmanagements in Unternehmen. In: Matthias T. Meifert/Mathias Kesting (Hrsg.): Gesundheitsmanagement im Unternehmen. Konzepte – Praxis – Perspektiven, Berlin et al. 2004, S. 29-39

Kieser, Alfred (1993)
Organisationsstruktur. In: Jürgen Hauschildt/Oskar Grün (Hrsg.): Ergebnisse empirischer betriebswirtschaftlicher Forschung. Zu einer Realtheorie der Unternehmung, Festschrift für Eberhard Witte, Stuttgart 1993, S. 55-82

Kieser, Alfred/**Hegele**, Cornelia/**Klimmer**, Matthias (1998)
Kommunikation im organisatorischen Wandel, Stuttgart 1998

Kieser, Alfred/**Walgenbach**, Peter (2010)
Organisation, 6. Auflage, Stuttgart 2010

Kim, Jungin/**Wiggins**, Mary Ellen (2011)
Family-Friendly Human Resource Policy: Is It Still Working in the Public Sector? In: Public Administration Review, 71. Jg. 2011, Nr. 5, S. 728-739

Kirk-Brown, Andrea/**Wallace**, Debra (2004)
Predicting burnout and job satisfaction in workplace counselors: the influence of role stressors, job challenge, and organizational knowledge. In: Journal of Employment Counseling, 41. Jg. 2004, Nr. 1, S. 29-37

Kleinbeck, Uwe/**Kleinbeck**, Trudi (2009)
Arbeitsmotivation. Konzepte und Fördermaßnahmen, Lengerich et al. 2009

Kleinmann, Martin (2008)
Passen die Werte Ihrer Mitarbeiter zur Organisation? Werteorientierung bei der Personalauswahl sicherstellen. In: OrganisationsEntwicklung, 27. Jg. 2008, Nr. 4, S. 52-57

Klotter, Christoph (1999)
Historische und aktuelle Entwicklungen der Prävention und Gesundheitsförderung – Warum Verhaltensprävention nicht ausreicht. In: Rainer Oesterreich/Walter Volpert (Hrsg.): Psychologie gesundheitsgerechter Arbeitsbedingungen, Bern 1999, S. 23-61

Kluckhohn, Clyde (1952)
Values and Value-Orientations in the Theory of Action: An Exploration in Definition and Classification. In: Talcott Parsons/Edward A. Shils (Hrsg.): Toward a General Theory of Action, Cambridge (Massachusetts) 1952, S. 388-433

Knaese, Birgit/**Probst**, Gilbert (2001)
Wissensorientiertes Management der Personalfluktuation. In: Zeitschrift Führung + Organisation, 70. Jg. 2001, Nr. 1, S. 35-41

Knapp, Kornelius (2011)
Gesünder arbeiten. In: Personalwirtschaft. Das Magazin für Human Resources, 38. Jg. 2011, Nr. 3, S. 34-36

Kobasa, Suzanne C. (1979)
Stressful Life Events, Personality, and Health: An Inquiry Into Hardiness. In: Journal of Personality and Social Psychology, 37. Jg. 1979, Nr. 1, S. 1-11

Koesten, Joy (2005)
Reducing Stress and Burnout for Financial Planners. In: Journal of Financial Planning, 18. Jg. 2005, Nr. 10, S. 64-74

Kolb, Diana (1988)
Die Veränderung von Unternehmenskulturen durch verfremdende Beratung, München 1988

Koontz, Harold/**O'Donnell**, Cyril (1955)
Principles of Management. An Analysis of Managerial Functions, New York/Toronto/London 1955

Kosiol, Erich (1964)
Betriebswirtschaftslehre und Unternehmensforschung. In: Zeitschrift für Betriebswirtschaft, 34. Jg. 1964, Nr. 12, S. 743-762

Kosiol, Erich (1966)
Die Unternehmung als wirtschaftliches Aktionszentrum. Einführung in die Betriebswirtschaftslehre, Reinbek bei Hamburg 1966

Kossek, Ellen Ernst/**Pichler**, Shaun/**Bodner**, Todd/**Hammer**, Leslie B. (2011)
Workplace Social Support and Work-Family-Conflict: A Meta-Analysis Clarifying the Influence of General and Work-Family-Specific Supervisor and Organizational Support. In: Personnel Psychology, 64. Jg. 2011, Nr. 2, S. 289-313

Krech, David/**Crutchfield**, Richard S./**Livson**, Norman/**Wilson Jr.**, William A./**Parducci**, Allen (2006)
Gundlagen der Psychologie, aus dem Amerikanischen übersetzt von Brigitte Stein, Augsburg 2006

Kreis, Julia/**Bödeker**, Wolfgang (2003)
Gesundheitlicher und ökonomischer Nutzen betrieblicher Gesundheitsförderung und Prävention. Zusammenstellung der wissenschaftlichen Evidenz, IGA-Report 3, Essen/Dresden 2003

Kroll, Dieter (2010)
Gesundheitsgerechte Mitarbeiterführung. In: Dieter Kroll/Jürgen Dzudzek (Hrsg.): Neue Wege des Gesundheitsmanagements. „Der gesunderhaltende Betrieb" – Das Beispiel Rasselstein, Wiesbaden 2010, S. 49-63

Kroll, Dieter/**Dzudzek**, Jürgen (Hrsg.) (2010)
Neue Wege des Gesundheitsmanagements. „Der gesunderhaltende Betrieb" – Das Beispiel Rasselstein, Wiesbaden 2010

Krüger, Wilfried (2009)
Topmanager als Promotoren und Enabler des Wandels. In: Wilfried Krüger (Hrsg.): Excellence in Change. Wege zur strategischen Erneuerung, 4. Auflage, Wiesbaden 2009, S. 143-191

Krulis-Randa, Jan S. (1990)
Einführung in die Unternehmenskultur. In: Charles Lattmann (Hrsg.): Die Unternehmenskultur. Ihre Grundlagen und ihre Bedeutung für die Führung der Unternehmung, Heidelberg 1990, S. 1-20

Kubicek, Herbert/**Thom**, Norbert (1976)
Umsystem, betriebliches. In: Erwin Grochla/Waldemar Wittmann (Hrsg.): Handwörterbuch der Betriebswirtschaft, 4. Auflage, Stuttgart 1976, Sp. 3977-4017

Kubicek, Herbert/**Welter**, Günter (1985)
Messung der Organisationsstruktur. Eine Dokumentation von Instrumenten zur quantitativen Erfassung von Organisationsstrukturen, Stuttgart 1985

Kuckartz, Udo (2007a)
Einführung in die computergestützte Analyse qualitativer Daten, 2. Auflage, Wiesbaden 2007

Kuckartz, Udo (2007b)
QDA-Software im Methodendiskurs: Geschichte, Potentiale, Effekte. In: Udo Kuckartz/Heiko Grunenberg/Thorsten Dresing (Hrsg.): Qualitative Datenanalyse: computergestützt. Methodische Hintergründe und Beispiele aus der Forschungspraxis, 2. Auflage, Wiesbaden 2007, S. 15-31

Kuhn, Thomas (1995)
Flexibilisierung und Individualisierung als Ansatzpunkte zur unternehmerischen Gestaltung der Personalarbeit – Darstellung aus Sicht der Wissenschaft. In: Rolf Wunderer/Thomas Kuhn (Hrsg.): Innovatives Personalmanagement. Theorie und Praxis unternehmerischer Personalarbeit, Neuwied/Kriftel/Berlin 1995, S. 233-243

Kuhn, Lothar (2011)
Karriere in Teilzeit. In: Harvard Business Manager, 33. Jg. 2011, Heft 2, S. 8-10

Kuhn, Joseph/**Gensch**, Rainer (2009)
Ethische Aspekte des betrieblichen Gesundheitsmanagements. In: Bundesgesundheitsblatt – Gesundheitsforschung – Gesundheitsschutz, 52. Jg. 2009, Nr. 5, S. 535-542

Kühn, Richard/**Grünig**, Rudolf (2000)
Grundlagen der strategischen Planung. Ein integraler Ansatz zur Beurteilung von Strategien, 2. Auflage, Bern/Stuttgart/Wien 2000

Kuhn, Detlef/**Sommer**, Dieter (Hrsg.) (2004)
Betriebliche Gesundheitsförderung. Ausgangspunkte – Widerstände – Wirkungen, Wiesbaden 2004

Kunz, Jennifer/**Quitmann**, Annegret (2011)
Der Einfluss von Anreizsystemen auf die intrinsische Motivation. In: Zeitschrift für Personalführung, 25. Jg. 2011, Nr. 1, S. 55-76

Kunzendorff, Eberhard (1993)
Konzeptionelle Zugänge zu einer positiven Bestimmung des Begriffes Gesundheit. In: Reinhard Gawatz/Peter Nowak (Hrsg.): Soziale Konstruktionen von Gesundheit. Wissenschaftliche und alltagspraktische Gesundheitskonzepte, Ulm 1993, S. 61-71

Küpper, Hans-Ulrich (2004)
Planung. In: Georg Schreyögg/Axel von Werder (Hrsg.): Handwörterbuch Unternehmensführung und Organisation, 4. Auflage, Stuttgart 2004, Sp. 1149-1164

Lammert, Christian (2010)
Obamas (versuchte) Gesundheitsreform. [Online] URL: http://www.bundestag.de/das parlament/2010/04/Beilage/006.html, Zugriff am 14.08.2011

Lamnek, Siegfried (2005)
Qualitative Sozialforschung. Lehrbuch, 4. Auflage, Weinheim/Basel 2005
LaRocco, James M./**House**, James S./**French**, John R. P. (Jr.) (1980)
Social Support, Occupational Stress, and Health. In: Journal of Health and Social Behavior, 21. Jg. 1980, September, S. 202-218

Lasar, Petra (2009)
Sensibilisieren statt Tabuisieren. In: Personalwirtschaft. Magazin für Human Resources, 36. Jg. 2009, Nr. 8, S. 26-28

Laux, Lothar/**Renner**, Karl-Heinz (2005)
Persönlichkeitspsychologie. In: Astrid Schütz/Herbert Selg/Stefan Lautenbacher (Hrsg.): Psychologie. Eine Einführung in ihre Grundlagen und Anwendungsfelder, 3. Auflage, Stuttgart 2005, S. 217-239

Lazarus, Richard/**Folkman**, Susan (1984)
Stress, Appraisal, And Coping, New York 1984

Lebrenz, Christian (2011)
Bessere Mitarbeiter als Wettbewerbsvorteil. In: Frankfurter Allgemeine Zeitung, o. Jg. 2011, Nr. 194, S. 10

Lechner, Karl/**Egger**, Anton/**Schauer**, Reinbert (2010)
Einführung in die Allgemeine Betriebswirtschaftslehre, 25. Auflage, Wien 2010

Leciejewski, Klaus (2008)
Personalentwicklung. Wechselfieber in den Vorstandsetagen. [Online] URL: http://www.faz.net/aktuell/beruf-chance/arbeitswelt/personalentwicklung-wechselfie ber-in-den-vorstandsetagen-1515705.html, Zugriff am 20.10.2011

Legewie, Heiner/**Trojan**, Alf (2010)
Theorie und Forschung zur Gesundheitsförderung. [Online] URL: http://www.ztg.tu-berlin.de/download/legewie/Skript-Ges-foerd.pdf, Zugriff am 05.07.2010

Leidig, Stefan (2006)
Psychischer Stress am Arbeitsplatz. Betriebliche und klinische Schnittstellen. In: Stefan Leidig/Klaus Limbacher/Manfred Zielke (Hrsg.): Stress im Erwerbsleben: Perspektiven eines integrativen Gesundheitsmanagements, Lengerich et al. 2006, S. 11-38

Lempert-Horstkotte, Jürgen (2010)
Betriebliche Gesundheitsförderung in einem Sozial- und Gesundheitsunternehmen. In: Bernhard Badura/Uta Walter/Thomas Hehlmann (Hrsg.): Betriebliche Gesundheitspolitik. Der Weg zur gesunden Organisation, 2. Auflage, Heidelberg et al. 2010, S. 181-192

Lenk, Hans/**Maring**, Matthias (2006)
Verantwortung. In: Handelsblatt (Hrsg.): Wirtschaftslexikon. Das Wissen der Betriebswirtschaftslehre, Band 11: Target Costing – Vorschlags- und Verbesserungswesen, Stuttgart 2011, S. 5912-5918

Levinson, Harry (1965)
Reciprocation: The Relationship between Man and Organization. In: Administrative Science Quarterly, 9. Jg. 1965, Nr. 4, S. 370-390

Levitt, Theodore (1983)
The globalization of markets. In: Harvard Business Review, 61. Jg. 1983, Nr. 3, S. 92-102

Lewin, Kurt (1958)
Group Decision and Social Change. In: Eleanor E. Maccoby/Theodore M. New-comb/Eugene L. Hartley (Hrsg.): Readings in Social Psychology, 3. Auflage, New York 1958, S. 197-211

Liesen, Christian (2010)
Empirismus und Positivismus. In: Detlef Horster/Wolfgang Jantzen (Hrsg.): Wissen-schaftstheorie, Stuttgart 2010, S. 300-304

Lim, Bernhard (1995)
Examining the organizational culture and organizational performance link. In: Leader-ship & Organization Development Journal, 16. Jg. 1995, Nr. 5, S. 16-21

Liu, Wei (2004)
Perceived Organizational Support: Linking Human Resource Management Practices with Important Work Outcomes. [Online] URL: http://tomos.umd.edu/drum/bitstream/1903/1688/1/umi-umd-1658.pdf, Zugriff am 13.07.2010

Lovink, Geert (2010)
Was uns wirklich krank macht. In: Frankfurter Allgemeine Zeitung, o. Jg. 2011, Nr. 140, S. 27

Lu, Lou (1999)
Work motivation, Job Stress and Employees' Well-being. In: Journal of Applied Man-agement Studies, 8. Jg. 1999, Nr. 1, S. 61-72

Luxemburger Deklaration zur Betrieblichen Gesundheitsförderung in der Euro-päischen Union (2007)
Luxemburger Deklaration zur Betrieblichen Gesundheitsförderung in der Europäi-schen Union. [Online] URL: http://www.netzwerk-unternehmen-fuer-gesundheit.de/fileadmin/rs-dokumente/dateien/Luxemburger_Deklaration_22_okt07.pdf, Zugriff am 30.05.2010

Macharzina, Klaus/**Wolf**, Joachim (2010)
Unternehmensführung. Das internationale Managementwissen. Konzepte – Methoden – Praxis, 7. Auflage, Wiesbaden 2010

Mahler, Philippe (2010)
Freiwillige Arbeit macht erfolgreich. [Online] URL: http://news.nzzexecutive.ch/nachrichten/startseite/freiwillige_arbeit_macht_erfolgreich_1.6157478.html, Zugriff am 04.12.2011

Maintz, Gunda (2003)
Leistungsfähigkeit älterer Arbeitnehmer – Abschied vom Defizitmodell. In: Bernhard Badura/Henner Schellschmidt/Christian Vetter (Hrsg.): Fehlzeiten-Report 2002. Demographischer Wandel. Herausforderung für die betriebliche Personal- und Gesundheitspolitik, Berlin/Heidelberg 2003, S. 43-55

Manca, Pino (Kontaktperson AEH) (2011)
Betriebliches Case Management – Unterstützung nach Bedarf. [Online] URL: http://interviewonline.ch/artikel/betriebliches-case-management-%E2%80%93-nter st%C3%BCtzung-nach-bedarf.html, Zugriff am 03.08.2011

Marr, Rainer (1996a)
Absentismus – der schleichende Verlust an Wettbewerbspotential. In: Rainer Marr (Hrsg.): Absentismus. Der schleichende Verlust an Wettbewerbspotential, Göttingen et al. 1996, S. 13-39

Marr, Rainer (1996b)
Vorwort des Herausgebers. In: Rainer Marr (Hrsg.): Absentismus. Der schleichende Verlust an Wettbewerbspotential, Göttingen et al. 1996, S. 7-9

Marr, Rainer (Hrsg.) (2001)
Arbeitszeitmanagement. Grundlagen und Perspektiven der Gestaltung flexibler Arbeitszeitsysteme, 3. Auflage, Berlin 2001

Marshall, Martin N. (1996)
Sampling for qualitative research. In: Family Practice, 13. Jg. 1996, Nr. 6, S. 522-525

Marstedt, Gerd/**Müller**, Rainer (2003)
Daten und Fakten zur Erwerbsbeteiligung Älterer. In: Bernhard Badura/Henner Schellschmidt/Christian Vetter (Hrsg.): Fehlzeiten-Report 2002. Demographischer Wandel. Herausforderung für die betriebliche Personal- und Gesundheitspolitik, Berlin/Heidelberg 2003, S. 15-32

Maslach, Christina (1993)
Burnout: A multidimensional perspective. In: Wilmar Schaufeli/Christina Maslach/Tadeusz Marek (Hrsg.): Professional Burnout: Recent Developments in Theory and Research, Washington 1993, S. 19-32

Maurer, Indre (2003)
Soziales Kapital als Erfolgsfaktor junger Unternehmen. Eine Analyse der Gestaltung und Entwicklungsdynamik der Netzwerke von Biotechnologie Start-Ups, Wiesbaden 2003

Mayntz, Renate/**Holm**, Kurt/**Hübner**, Peter (1974)
Einführung in die Methoden der empirischen Soziologie, 4. Auflage, Opladen 1974

Mayring, Philipp (1989)
Die Qualitative Wende. Grundlagen, Techniken und Integrationsmöglichkeiten qualitativer Forschung in der Psychologie. In: Wolfgang Schönpflug (Hrsg.): Bericht über den 36. Kongress der DGFPs in Berlin, Göttingen 1989, S. 306-313

Mayring, Philipp (2002)
Einführung in die qualitative Sozialforschung. Eine Anleitung zum qualitativen Denken, 5. Auflage, Weinheim/Basel 2002

Mayring, Philipp (2007)
Qualitative Inhaltsanalyse. Grundlagen und Techniken, 9. Auflage, Weinheim/Basel 2007

McGregor, Douglas (1960)
The Human Side of Enterprise, New York/Toronto/London 1960

Meier, Ulrich (1996)
Fehlzeitenreduzierung als Führungsaufgabe. In: Rainer Marr (Hrsg.): Absentismus. Der schleichende Verlust an Wettbewerbspotential, Göttingen et al. 1996, S. 73-88

Meier, Sabine (2010)
Worin besteht der Setting-Ansatz? [Online] URL: http://www.uni-bielefeld.de/Uni versitaet/Einrichtungen/Zentrale%20Institute/IWT/FWG/Gesundheitszirkel/Setting-Ansatz.html, Zugriff am 07.07.2010

Meier, Laurenz L./**Semmer**, Norbert K./**Elfering**, Achim/**Jacobshagen**, Nicola (2008)
The Double Meaning of Control: Three-Way Interactions Between Internal Resources, Job Control, and Stressors at Work. In: Journal of Occupational Health Psychology, 13. Jg. 2008, Nr. 3, S. 244-258

Meifert, Matthias T./**Kesting**, Mathias (Hrsg.) (2004a)
Gesundheitsmanagement im Unternehmen. Konzepte – Praxis – Perspektiven, Berlin et al. 2004

Meifert, Matthias/**Kesting**, Mathias (2004b)
Gesundheitsmanagement – ein unternehmerisches Thema? In: Matthias Meifert/Mathias Kesting (Hrsg.): Gesundheitsmanagement im Unternehmen. Konzepte – Praxis – Perspektiven, Berlin et al. 2004, S. 3-13

Meile, Bernhard (2003)
Dokumente der Unternehmenskultur und ihre Auswirkungen auf das HR Management. Konzeption, Fallstudie, Schlussfolgerungen für eine stark divisionalisierte Unternehmung, Freiburg (Schweiz) 2003

Meisinger, Susan (2006)
Talent Management in a knowledge-based economy: In: HR Magazine, 51. Jg. 2006, Nr. 5, S. 10

Mense-Petermann, Ursula (2006)
Transnationalisierung, Organisation und Kultur. In: Berliner Journal für Soziologie, 16. Jg. 2006, Nr. 3, S. 393-411

Menzl, Andreas (1990)
Der Einfluss gesamtwirtschaftlicher Vorgänge und Gegebenheiten auf die Unternehmenskultur. In: Charles Lattmann (Hrsg.): Die Unternehmenskultur. Ihre Grundlagen und ihre Bedeutung für die Führung der Unternehmung, Heidelberg 1990, S. 67-80

Metzler, Marco (2011)
Banken mit wenig Herz für Väter. [Online] URL: http://www.nzz.ch/finanzen/nachrichten/banken_mit_wenig_herz_fuer_vaeter_1.12096141.html, Zugriff am 29.08.2011

Meyer-Abich, Klaus Michael (2010)
Was es bedeutet, gesund zu sein. Philosophie der Medizin, München 2010

Meyers Großes Konversations-Lexikon (2011)
Fabrikgesetzgebung (Arbeitsschutzgesetzgebung). [Online] URL: http://www.zeno.org/Meyers-1905/A/Fabrikgesetzgebung?hl=fabrikgesetzgebung, Zugriff am 14.08.2011

Meyerson, Debra E. (2001)
Radical Change, the Quiet Way. In: Harvard Business Review, 79. Jg. 2001, Nr. 9, S. 92-100

Middendorf, Viola/**Stulle**, Klaus P. (2011)
Die Ausgebrannten rücken in den Fokus. In: Personalwirtschaft. Magazin für Human Resources, 38. Jg. 2011, Nr. 1, S. 26-27

Mieg, Harald A. (1994)
Verantwortung. Moralische Motivation und die Bewältigung sozialer Komplexität, Opladen 1994

Mikkelsen, Aslaug/**Øgaard**, Torvald/**Landsbergis**, Paul (2005)
The effects of new dimensions of psychological job demands and job control on active learning and occupational health. In: Work & Stress, 19. Jg. 2005, Nr. 2, S. 153-175

Miles, Raymond E. (1975)
Theories of Management: Implications for Organizational Behavior and Development, New York 1975

Miles, Matthew B./**Huberman**, A. Michael (1994)
Qualitative Data Analysis, 2. Auflage, Thousand Oaks/London/New Delhi 1994

Miodonski, Bob (2004)
When employees are present and unproductive. In: Contractor Magazine, 51. Jg. 2004, Nr. 11, S. 54

Mohn, Liz (2006)
Vorwort. In: Bertelsmann Stiftung/BKK Bundesverband (Hrsg.): Guide to Best Practice. Unternehmenskultur und betriebliche Gesundheitspolitik: Erfolgsfaktoren für Business Excellence, Bielefeld 2006, S. 6

Moorman, Robert H./**Niehoff**, Brian P./**Organ**, Dennis W. (1993)
Treating Employees Fairly and Organizational Citizenship Behavior: Sorting the Effects of Job Satisfaction, Organizational Commitment, and Procedural Justice. In: Employee Responsibilities and Rights Journal, 6. Jg. 1993, Nr. 3, S. 209-225

Morrison, Elizabeth Wolfe (1993)
Longitudinal Study of the Effects of Information Seeking on Newcomer Socialization. In: Journal of Applied Psychology, 78. Jg. 1993, Nr. 2, S. 173-183

Morrison, Elizabeth Wolfe (2002)
Newcomer's Relationships: The Role of Social Network Ties During Socialization. In: Academy of Management Journal, 45. Jg. 2002, Nr. 6, S. 1149-1160

Moser, Klaus (2004)
Organisationale Sozialisation und berufliche Entwicklung. In: Heinz Schuler (Hrsg.): Enzyklopädie der Psychologie, Themenbereich D, Serie III, Band 3, Göttingen et al. 2004, S. 533-595

Moser, Regine (2006)
Betriebliches Gesundheitsmanagement. In: Robert J. Zaugg (Hrsg.): Handbuch Kompetenzmanagement. Durch Kompetenz nachhaltig Werte schaffen, Festschrift für Norbert Thom, Bern/Stuttgart/Wien 2006, S. 297-304

Moser, Regine/**Egger**, Marcel/**Thom**, Norbert (2008)
Arbeitsfähigkeit und Integration älterer Arbeitskräfte in der Schweiz – Datenlage und Implikationen. In: Die Volkswirtschaft. Das Magazin für Wirtschaftspolitik, 81. Jg. 2008, Nr. 1/2, S. 67-70

Moser, Regine/**Thom**, Norbert/**Bigler**, Gilles/**Brunnschweiler**, Mirjam (2007)
Work-Life-Balance. Theorie – Modelle – Nutzenanalyse, Arbeitsbericht Nr. 81 des Instituts für Organisation und Personal der Universität Bern, Bern 2007

366

Mruck, Katja/**Mey**, Günter (2005)
Qualitative Forschung: zur Einführung in einen prosperierenden Wissenschaftszweig. In: Historical Social Research, 30. Jg. 2005, Nr. 1, S. 5-27

Muggli, Priska (2010)
Warum fehlen die, die fehlen? Die Fehlzeiten im Griff. [Online] URL: http://content.al pha.ch/b2c/1-ratgeber-hr-informationen/4-wissen-weiterbildung/1_alpha-aktuell/fehl-zeiten-absenzenmanagement/, Zugriff am 04.12.2011

Mulder, Mauk (1974)
Machtausgleich durch Partizipation? In: Erwin Grochla (Hrsg.): Management. Aufgaben und Instrumente, Düsseldorf/Wien 1974, S. 238-249

Müller, Günter F. (1989)
Menschenbilder in der Organisationspsychologie: Kritik und Perspektiven. In: Psychologie und Gesellschaftskritik, 13. Jg. 1989, Nr. 3, S. 61-71

Müller, Renato C. (2008)
E-Leadership. Neue Medien in der Personalführung. Konzeptionelle Grundlagen, empirische Studien und ausgewählte Gestaltungsempfehlungen, Norderstedt 2008

Münch, Eckhard (2010)
Konfliktmanagement. In: Bernhard Badura/Uta Walter/Thomas Hehlmann (Hrsg.): Betriebliche Gesundheitspolitik. Der Weg zur gesunden Organisation, 2. Auflage, Heidelberg et al. 2010, S. 303-311

Nahapiet, Janine/**Ghoshal**, Sumantra (1998)
Social capital, intellectual capital, and the organizational advantage. In: Academy of Management Review, 23. Jg. 1998, Nr. 2, S. 242-266

Nesemann, Kerstin (2012)
Talentmanagement durch Trainee-Programme. Auswirkungen der Gestaltungsmerkmale auf den Programmerfolg, Wiesbaden 2012

Netzwerk für Betriebliche Gesundheitsförderung (2011)
BGF-Preis 2011. [Online] URL: http://www.netzwerk-bgf.at/portal27/portal/bgfportal/channel_content/cmsWindow?action=2&p_menuid=71813&p_tabid=1, Zugriff am 11.04.2011

Neuberger, Oswald (1985)
Unternehmenskultur und Führung, Augsburg 1985

Neuberger, Oswald (2002)
Führen und geführt werden, 6. Auflage, Stuttgart 2002

Ng, Thomas W. H./**Sorensen**, Kelly L./**Eby**, Lillian T. (2006)
Locus of control at work: a meta analysis. In: Journal of Organizational Behavior, 27. Jg. 2006, Nr. 8, S. 1057-1087

Norman, Richard (1985)
Developing Capabilities for Organizational Learning. In: Johannes M. Pennings (Hrsg.): Organizational Strategy and Change. New Views on Formulating and Implementing Strategic Decisions, San Francisco/Washington/London 1985, S. 217-248

Norman, Gordon K. (2009)
Build a Better Business Through Better Health Care for Employees. In: Benefits & Compensation Digest, 46. Jg. 2009, Nr. 10, S. 18-22

Novak, Peter (1998)
Salutogenese und Pathogenese: Komplementarität und Abgrenzung. In: Jürgen Margraf/Johannes Siegrist/Simon Neumer (Hrsg.): Gesundheits- oder Krankheitstheorie? Saluto- versus pathogenetische Ansätze im Gesundheitswesen, Berlin et al. 1998, S. 27-39

Oechsler, Walter (2006)
Personal und Arbeit. Grundlagen des Human Resource Managements und der Arbeitgeber-Arbeitnehmer-Beziehungen, 8. Auflage, München 2006

Oesterreich, Rainer (1998)
Die Bedeutung arbeitspsychologischer Konzepte der Handlungsregulationstheorie für die Betriebliche Gesundheitsförderung. In: Eva Bamberg/Antje Ducki/Anna-Marie Metz (Hrsg.): Handbuch Betriebliche Gesundheitsförderung. Arbeits- und Organisationspsychologische Methoden und Konzepte, Göttingen 1998, S. 75-94

Oetting, Manfred (2008)
Stress und Stressbewältigung am Arbeitsplatz. In: Vorstand des Berufsverbandes Deutscher Psychologinnen und Psychologen e. V. (Hrsg.): Psychische Gesundheit am Arbeitsplatz in Deutschland, Berlin 2008, S. 55-59

Oppolzer, Alfred (2006)
Gesundheitsmanagement im Betrieb. Integration und Koordination menschengerechter Gestaltung der Arbeit, Hamburg 2006

Oppolzer, Alfred (2010)
Gesundheitsmanagement im Betrieb. Integration und Koordination menschengerechter Gestaltung der Arbeit, erweiterte und aktualisierte Neuauflage, Hamburg 2010

Organ, Dennis W. (1988)
Organizational Citizenship Behavior. The Good Soldier Syndrome, Massachusetts/Toronto 1988

Osterloh, Margit (1991)
Methodische Probleme einer empirischen Erforschung von Organisationskulturen. In: Eberhard Dülfer (Hrsg.): Organisationskultur. Phänomen – Philosophie – Technologie, 2. Auflage, Stuttgart 1991, S. 173-185

Osterspey, Anna (2010)
Gesundheitskultur. Entwicklung und Verankerung durch betriebliche Gestalter und Gestaltungsparameter, Arbeitsbericht Nr. 95 des Instituts für Organisation und Personal der Universität Bern, Bern 2010

Osterspey, Anna (2011)
Betriebliches Gesundheitsmanagement. Erste Forschungsergebnisse aus einer qualitativen Fallstudie innerhalb der Schweizerischen Post, Arbeitsbericht Nr. 100 des Instituts für Organisation und Personal der Universität Bern, Bern 2011

Osterspey, Anna/**Thom**, Norbert (2011)
Gesundheitsförderung als Beitrag zum nachhaltigen Personalmanagement. In: Elisabeth Fröhlich/Torsten Weber/Christoph Willers (Hrsg.): Nachhaltigkeit in der unternehmerischen Supply Chain, Köln 2011, S. 69-86

Ostroff, Cheri/**Kozlowski**, Steve W. J. (1992)
Organizational Socialization as a Learning Process: The Role of Information Acquisition. In: Personnel Psychology, 45. Jg. 1992, Nr. 4, S. 849-874

Otte, Rainer (1994)
Gesundheit im Betrieb. Leistung durch Wohlbefinden, Frankfurt am Main 1994

o. V. (2004)
Die grössten Schweizer Arbeitgeber im In- und Ausland. [Online] URL: http://www.handelszeitung.ch/unternehmen/die-groessten-schweizer-arbeitgeber-und-ausland, Zugriff am 02.11.2011

o. V. (2009a)
Leveraging HR and Knowledge Management in a Challenging Economy. In: HR-Magazin, 54. Jg. 2009, Nr. 6, S. 1-9

o. V. (2009b)
Rentenalter jedes Jahr ein wenig erhöhen. [Online] URL: http://www.nzz.ch/nachrichten/politik/schweiz/das_ahvalter_soll_gleitend_erhoeht_werden_1.3857890.html; Zugriff am 26.10.2011

o. V. (2010)
Krankgefeiert. In: Frankfurter Allgemeine Zeitung, o. Jg. 2010, Nr. 175, S. C3

o. V. (2011a)
Rechtsstreit. [Online] URL: http://www.spiegel.de/politik/ausland/0,1518,754792,00
.html, Zugriff am 09.10.2011

o. V. (2011b)
Frühverrentungen wegen kranker Psyche steigen stark. [Online] URL: http://www.
aerztezeitung.de/news/article/674292/fruehverrentungen-wegen-kranker-psyche-
steigen-stark.html, Zugriff am 17.10.2011

o. V. (2011c)
Burnout. Jeder Fünfte wird durch seinen Job psychisch krank. [Online] URL:
http://www.spiegel.de/wirtschaft/service/0,1518,742303,00.html, Zugriff am 19.10.
2011

o. V. (2011d)
Susanne Ruoff soll die Post ins digitale Zeitalter führen. [Online] URL:
http://www.nzz.ch/nachrichten/politik/international/schweiz_post_chefin_susanne_ruo
ff_1.13385047.html, Zugriff am 22.11.2011

Peters, Pascale/**van der Lippe**, Tanja (2007)
The time-pressure reducing potential of telehomeworking: the Dutch case. In: International Journal of Human Resource Management, 18. Jg. 2007, Nr. 3, S. 430-447

Peters, Thomas J./**Waterman**, Robert H. (1982)
In Search of Excellence: Lessons from America's Best-run Companies, New York
1982

Pfaff, Holger/**Münch**, Eckhard/**Badura**, Bernhard (2000)
Belastungen und Ressourcen im Dienstleistungsbereich: das Beispiel der Krankenpfle-
ge. In: Bernhard Badura/Martin Litsch/Christian Vetter (Hrsg.): Fehlzeiten-Report
1999. Psychische Belastungen am Arbeitsplatz, Berlin/Heidelberg 2000, S. 72-88

Pircher-Friedrich, Anna Maria (2007)
Mit Sinn zum nachhaltigen Erfolg. Anleitung zur werte- und wertorientierten Führung,
2. Auflage, Berlin 2007

Porter, Michael E. (1986)
Wettbewerbsvorteile. Spitzenleistungen erreichen und behaupten, aus dem Amerikanischen übersetzt von Angelika Jaeger, Frankfurt am Main 1986

PostFinance (2011)
Leistungen. [Online] URL: http://www.postfinance.ch/de/about/pf/service.html, Zugriff am 21.08.2011

PostLogistics (2011)
Versenden, lagern, rückführen und mehr. Die Post: Das ist Logistik. [Online] URL: http://www.post.ch/post-startseite/post-geschaeftskunden/post-logistik/post-logistik.-pdf, Zugriff am 21.08.2011

PricewaterhouseCoopers AG (2011)
ceo. Das Magazin für Entscheidungsträger. Dossier Werte, Zürich 2011

Przyborski, Aaglaja/**Wohlrab-Sahr**, Monika (2010)
Qualitative Sozialforschung. Ein Arbeitsbuch, 3. Auflage, München 2010

Pümpin, Cuno/**Kobi**, Jean-Marcel/**Wüthrich**, Hans A. (1985)
Unternehmenskultur. Basis strategischer Profilierung erfolgreicher Unternehmen, Die Orientierung, Nr. 85, Schriftenreihe der Schweizerischen Volksbank, Bern 1985

Quinn, James Brian/**Anderson**, Philip/**Finkelstein**, Sydney (1996)
Managing Professional Intellect: Making the Most of the Best. In: Harvard Business Review, 74. Jg. 1996, Nr. 2, S. 71-80

Ramaciotti, Daniel/**Perriard**, Julien (2003)
Die Kosten des Stresses in der Schweiz. [Online] URL: http://www.seco.admin.ch/dokumentation/publikation/00008/00022/01511/index.html?lang=de, Zugriff am 15.07.2010

Ramsey, Robert D. (2006)
„Presenteeism": a new problem in the workplace. In: Supervision, 67. Jg. 2006, Nr. 8, S. 14-17

Ransome, Paul (2007)
Conceptualizing boundaries between ‚life' and ‚work'. In: International Journal of Human Resource Management, 18. Jg. 2007, Nr. 3, S. 374-386

Reichart, Ludwig (1991)
Führungsethik in der Unternehmenskultur. In: Horst Steinmann/Albert Löhr (Hrsg.): Unternehmensethik, 2. Auflage, Stuttgart 1991, S. 413-426

Reichel, Arie/**Neumann**, Yoram (1993)
Work Stress, Job Burnout, and Work Outcomes in a Turbulent Environment. In: International Studies of Management & Organization, 23. Jg. 1993, Nr. 3, S. 75-96

Reiß, Michael (1997)
Change Management als Herausforderung. In: Michael Reiß/Lutz von Rosenstiel/Anette Lanz (Hrsg.): Change Management. Programme, Projekte und Prozesse, Stuttgart 1997, S. 5-29

Restubog, Simon Lloyd D./**Bordia**, Prashant/**Tang**, Robert L. (2007)
Behavioural Outcomes of Psychological Contract Breach in a Non-Western Culture: The Moderating Role of Equity Sensitivity. In: British Journal of Management, 18. Jg. 2007, Nr. 4, S. 376-386

Rhoades, Linda/**Eisenberger**, Robert (2002)
Perceived Organizational Support: A Review of the Literature. In: Journal of Applied Psychology, 87. Jg. 2002, Nr. 4, S. 698-714

Richter, Peter/**Uhlig**, Kathleen (1998)
Psychische Belastungen und Ressourcen in der Arbeit und Herz-Kreislauf-Erkrankungen – Ansätze für eine betriebliche Prävention. In: Eva Bamberg/Antje Ducki/Anna-Marie Metz (Hrsg.): Handbuch Betriebliche Gesundheitsförderung. Arbeits- und organisationspsychologische Methoden und Konzepte, Göttingen 1998, S. 407-422

Rigotti, Thomas/**Mohr**, Gisela (2008)
Moderne Feinde der Gesundheit im Arbeitsleben: Empfehlungen für ein nachhaltiges Betriebliches Gesundheitsmanagement. In: Vorstand des Berufsverbandes Deutscher Psychologinnen und Psychologen e. V. (Hrsg.): Psychologie Gesellschaft Politik – 2008. Psychische Gesundheit am Arbeitsplatz in Deutschland, Berlin 2008, S. 45-50

Rimann, Martin/**Udris**, Ivars (1993)
Belastungen und Gesundheitsressourcen im Berufs- und Privatbereich. Eine quantitative Studie. Forschungsprojekt SALUTE. Personale und organisationale Ressourcen der Salutogenese, Bericht Nr. 3 des Instituts für Arbeitspsychologie der Eidgenössischen Technischen Hochschule Zürich, Zürich 1993

Robertson, Maxine/**O'Malley Hammersley**, Geraldine (2000)
Knowledge Management Practices Within a Knowledge-Intensive Firm: The Significance of the People Management Dimension. In: Journal of European Industrial Training, 24. Jg. 2000, Nr. 2-4, S. 241-253

Rosenstiel, Lutz von (1989)
Führungsnachwuchs im Unternehmen: Wertkonflikte zwischen Individuum und Organisation, München 1989

Rosenstiel, Lutz von (1990)
Der Einfluss des Wertewandels auf die Unternehmenskultur. In: Charles Lattmann (Hrsg.): Die Unternehmenskultur. Ihre Grundlagen und ihre Bedeutung für die Führung der Unternehmung, Heidelberg 1990, S. 131-152

Rosenstiel, Lutz von (1995)
Wertewandel. In: Alfred Kieser/Gerhard Reber/Rolf Wunderer (Hrsg.): Handwörterbuch der Führung, 2. Auflage, Stuttgart 1995, Sp. 2175-2189

Rosenstiel, Lutz von (1997)
Verhaltenswissenschaftliche Grundlagen von Veränderungsprozessen. In: Michael Reiß/Lutz von Rosenstiel/Anette Lanz (Hrsg.): Change Management. Programme, Projekte und Prozesse, Stuttgart 1997, S. 191-212

Rosenstiel, Lutz von (2005)
Organisationsanalyse. In: Uwe Flick/Ernst von Kardorff/Ines Steinke (Hrsg.): Qualitative Forschung. Ein Handbuch, 4. Auflage, Reinbek bei Hamburg 2005, S. 224-238

Rothfischer, Kathrin (2009)
Gehirn im Dauerstress. [Online] URL: http://www.focus.de/gesundheit/ratgeber/psychologie/tid-13038/informationsflut-gehirn-im-dauerstress_aid_360262.html, Zugriff am 19.10.2011

Rotter, Julian Bernard (1954)
Social Learning and Clinical Psychology, Englewood Cliffs 1954

Rousseau, Denise M. (1990)
Normative Beliefs in Fund-Raising Organizations – Linking Culture to Organizational Performance and Individual Responses. In: Group & Organization Management, 15. Jg. 1990, Nr. 4, S. 448-460

Rudow, Bernd (2004)
Das gesunde Unternehmen. Gesundheitsmanagement, Arbeitsschutz und Personalpflege in Organisationen, München 2004

Rudzio, Kolja/**Uchatius**, Wolfgang (2010)
Burn-out. Arbeiten, bis der Arzt kommt. [Online] URL: http://www.zeit.de/2010/28/Arbeitswelt-Burnout, Zugriff am 04.12.2011

Rühli, Edwin (1990)
Ein methodischer Ansatz zur Erfassung und Gestaltung von Unternehmenskulturen. In: Charles Lattmann (Hrsg.): Die Unternehmenskultur. Ihre Grundlagen und ihre Bedeutung für die Führung der Unternehmung, Heidelberg 1990, S. 189-206

Rühli, Edwin/**Schmidt**, Sascha L. (1999)
Die angloamerikanische „Strategy Process Research". In: Die Unternehmung, 53. Jg. 1999, Nr. 4, S. 267-286

Rüssel, Wolfgang (1991)
Der Einfluss der Unternehmenskultur auf die organisatorische Gestaltung unternehmensinterner Projekte unter besonderer Berücksichtigung struktureller Konflikte, Arbeitsbericht Nr. 198 des Wirtschafts- und Sozialwissenschaftlichen Instituts der Universität Freiburg, Freiburg (Schweiz) 1991

Rydstedt, Leif W./**Devereux**, Jason/**Sverke**, Magnus (2007)
Comparing and combining the demand-control-support model and the effort reward imbalance model to predict long-term mental strain. In: European Journal of Work and Organizational Psychology, 16. Jg. 2007, Nr. 3, S. 261-278

Sackmann, Sonja A. (1985)
Cultural Knowledge in Organizations: The Link between Strategy and Organizational Processes, Los Angeles 1985

Sackmann, Sonja A. (1990)
Möglichkeiten der Gestaltung von Unternehmenskultur. In: Charles Lattmann (Hrsg.): Die Unternehmenskultur. Ihre Grundlagen und ihre Bedeutung für die Führung der Unternehmung, Heidelberg 1990, S. 153-188

Sackmann, Sonja A. (2002)
Unternehmenskultur. Erkennen, Entwickeln, Verändern, Neuwied/Kriftel 2002

Sackmann, Sonja A. (2004)
Erfolgsfaktor Unternehmenskultur. Mit kulturbewusstem Management Unternehmensziele erreichen und Identifikation schaffen – 6 Best Practice Beispiele, Wiesbaden 2004

Sackmann, Sonja A. (2006)
Erfassung von Unternehmenskultur: Eine Auswahl geeigneter Vorgehensweisen. In: Bertelsmann Stiftung (Hrsg.): Messen, werten, optimieren. Erfolg durch Unternehmenskultur. Ein Leitfaden für die Praxis, Oelde 2006, S. 6-7

Salowsky, Heinz (1996)
Fehlzeiten – empirische Zusammenhänge. In: Rainer Marr (Hrsg.): Absentismus. Der schleichende Verlust an Wettbewerbspotential, Göttingen et al. 1996, S. 41-56

Sauer, Herbert (Hrsg.) (2002)
Betriebliches und persönliches Gesundheitsmanagement, Stuttgart 2002

Schanz, Günther (1988)
Methodologie für Betriebswirtschaftslehre, 2. Auflage, Stuttgart 1988

Scheier, Michael F./**Carver**, Charles S. (1985)
Optimism, Coping, and Health: Assessment and Implications of Generalized Outcome Expectancies. In: Health Psychology, 4. Jg. 1985, Nr. 3, S. 219-247

Schein, Edgar H. (1974)
Das Bild des Menschen aus Sicht des Managements, aus dem Amerikanischen übersetzt von Robert Fieten. In: Erwin Grochla (Hrsg.): Management, Aufgaben und Instrumente, Düsseldorf/Wien 1974, S. 69-91

Schein, Edgar H. (1984)
Coming to a New Awareness of Organizational Culture. In: Sloan Management Review, 25. Jg. 1984, Nr. 2, S. 3-16

Schein, Edgar H. (1985)
Organizational Culture and Leadership, San Francisco/Washington/London 1985

Schein, Edgar H. (2010)
Organisationskultur. The Ed Schein Corporate Culture Survival Guide, aus dem Amerikanischen übersetzt von Irmgard Hölscher, 3. Auflage, Bergisch Gladbach 2010

Scheitler, Christine/**Wetzel**, Stefan (2007)
Werte, Worte, Taten und wie sie Realität in Unternehmen werden. Eine erfolgreiche Kompetenzentwicklung für Führungskräfte, Bern/Stuttgart/Wien 2007

Scherer, Andreas Georg (2004)
Konstruktivismus. In: Georg Schreyögg/Axel von Werder (Hrsg.): Handwörterbuch Unternehmensführung und Organisation, 4. Auflage, Stuttgart 2004, Sp. 644-652

Schewe, Gerhard (2008)
War for Talents – ein immer wieder aktuelles Thema des Personalmanagements. In: Zeitschrift Führung + Organisation, 77. Jg. 2008, Nr. 2, S. 65

Schmidt, Jana/**Schröder**, Helmut (2010)
Präsentismus – Krank zur Arbeit aus Angst vor Arbeitsplatzverlust. In: Bernhard Badura/Helmut Schröder/Joachim Klose/Katrin Macco (Hrsg.): Fehlzeiten-Report 2009. Arbeit und Psyche: Belastungen reduzieren – Wohlbefinden fördern, Berlin/Heidelberg 2010, S. 92-100

Schnabel, Claus/**Wagner**, Joachim (1996)
Ausmaß und Bestimmungsgründe der Mitgliedschaft in Arbeitgeberverbänden: Eine empirische Untersuchung mit Firmendaten. In: Industrielle Beziehungen, 3. Jg. 1996, Heft 4, S. 293-306

Schnell, Martin W./**Heinritz**, Charlotte (2006)
Forschungsethik. Ein Grundlagen- und Arbeitsbuch für die Gesundheits- und Pflegewissenschaft, Bern 2006

Scholz, Christian (2000)
Personalmanagement. Informationsorientierte und verhaltenstheoretische Grundlagen, 5. Auflage, München 2000

Schreyögg, Georg (1991)
Kann und darf man Unternehmenskultur ändern? In: Eberhard Dülfer (Hrsg.): Organisationskultur. Phänomen – Philosophie – Technologie, 2. Auflage, Stuttgart 1991, S. 201-214

Schreyögg, Georg (2010)
Methodologische Grundlagen qualitativer Managementforschung, Text zum Seminar im Rahmen eines Doktorandenprogramms des Verbands der Hochschullehrer für Betriebswirtschaftslehre e. V., Berlin 2010

Schuhen, Michael (2008)
Führungsnachwuchs mit System. Planung und Gestaltung einer Lernumgebung für Trainee-Programme, Siegen 2008

Schultz, Alyssa B./**Chen**, Chin-Yu/**Edington**, Dee W. (2009)
The Cost and Impact of Health Conditions on Presenteeism to Employers. A Review of the Literature. In: Pharmacoeconomics, 27. Jg. 2009, Nr. 5, S. 365-378

Schüpbach-Brönnimann, Caroline (2010)
Einflussfaktoren der Implementierung und die Kunst ihrer Berücksichtigung. Eine qualitative Studie zur leistungsorientierten Entlohnung in öffentlichen Verwaltungen der Schweiz, München/Mering 2010

Schwager, Thomas/**Udris**, Ivars (1998)
Gesundheitsförderung in Schweizer Betrieben. In: Eva Bamberg/Antje Ducki/Anna-Marie Metz (Hrsg.): Handbuch Betriebliche Gesundheitsförderung. Arbeits- und organisationspsychologische Methoden und Konzepte, Göttingen 1998, S. 437-444

Schwenkmezger, Peter (1994)
Gesundheitspsychologie: Die persönlichkeitspsychologische Perspektive. In: Peter Schwenkmezger/Lothar R. Schmidt (Hrsg.): Lehrbuch der Gesundheitspsychologie, Stuttgart 1994, S. 46-64

Searle, Ben/**Bright**, Jim E. H./**Bochner**, Stephan (1999)
Testing the 3-factor model of occupational stress: the impact of demands, control and social support on a mail sorting task. In: Work & Stress, 13. Jg. 1999, Nr. 3, S. 268-279

Searle, Ben/**Bright**, Jim E. H./**Bochner**, Stephan (2001)
Helping people to sort it out: The role of social support in the Job Strain Model. In: Work & Stress, 15. Jg. 2001, Nr. 4, S. 328-346

SECO (2010)
Demographischer Wandel und seine Folgen. Beobachtungen zum Stand der Erwerbsbevölkerung bis 2004 und ihre mögliche Weiterentwicklung bis 2050. [Online] URL: http://www.seco.admin.ch/themen/00385/02023/03454/03456/index.html?lang=de, Zugriff am 28.05.2010

SECO (2011)
Kurzfassung der Stressstudie 2010. Stress bei Schweizer Erwerbstätigen, Bern 2011

Seel, Norbert M. (2003)
Psychologie des Lernens. Lehrbuch für Pädagogen und Psychologen, 2. Auflage, München 2003

Seibel, Hans Dieter/**Lühring**, Horst (1984)
Arbeit und psychische Gesundheit, Göttingen/Toronto/Zürich 1984

Selye, Hans Dieter (1974)
Stress, Bewältigung und Lebensgewinn, München 1974

Semmer, Norbert K. (1990)
Streß und Kontrollverlust. In: Felix Frei/Ivars Udris (Hrsg.): Das Bild der Arbeit, Bern/Stuttgart/Toronto 1990, S. 190-207

Semmer, Norbert K. (2006)
Job stress interventions and the organization of work. In: Scandinavian Journal of Work, Environment & Health, 32. Jg. 2006, Nr. 6, special issue, S. 515-527

Semmer, Norbert K./**Jacobshagen**, Nicola (2003)
Selbstwert und Wertschätzung als Themen der arbeitspsychologischen Stressforschung. In: Kai-Christoph Hamborg/Heinz Holling (Hrsg.): Innovative Personal- und Organisationsentwicklung, Göttingen et al. 2003, S. 131-155

Semmer, Norbert K./**Meier**, Laurenz L. (2009)
Individual Differences, Work Stress and Health. In: Cary L. Cooper/James C. Quick/Marc Schabracq (Hrsg.): International Handbook of Work and Health Psychology, 3. Auflage, Chichester 2009, S. 99-121

Semmer, Norbert K./**Udris**, Ivars (2004)
Bedeutung und Wirkung von Arbeit. In: Heinz Schuler (Hrsg.): Lehrbuch Organisationspsychologie, 3. Auflage, Bern et al. 2004, S. 157-195

Semmer, Norbert K./**Zapf**, Dieter (2004)
Gesundheitsbezogene Interventionen in Organisationen. In: Heinz Schuler (Hrsg.): Organisationspsychologie – Gruppe und Organisation, Göttingen et al. 2004, S. 773-843

Sennett, Richard (2008)
Autorität, aus dem Amerikanischen übersetzt von Reinhard Kaiser, Berlin 2008

Siebecke, Dagmar (2010)
Gesundheit und Prävention in der modernen Wissensarbeit. Wettbewerbsfähigkeit und Innovationskraft durch Burn-out-Prävention steigern. In: Personalführung, 43. Jg. 2010, Nr. 7, S. 20-27

Siegrist, Johannes (1996)
Soziale Krisen und Gesundheit, Göttingen 1996

Siegrist, Johannes (2000)
Psychosoziale Arbeitsbelastungen und Herz-Kreislauf-Risiken: internationale Erkenntnisse zu neuen Streßmodellen. In: Bernhard Badura/Martin Litsch/Christian Vetter (Hrsg.): Fehlzeiten-Report 1999. Psychische Belastung am Arbeitsplatz, Berlin/Heidelberg 2000, S. 142-152

Siggelkow, Nicolaj (2007)
Persuasion with Case Studies. In: Academy of Management Journal, 50. Jg. 2007, Nr. 1, S. 20-24

Silkenbeumer, Mirja (2010)
Qualitative und quantitative Methoden. In: Detlef Horster/Wolfgang Jantzen (Hrsg.): Wissenschaftstheorie, Stuttgart 2010, S. 261-274

Simon, Hermann (2010)
Abends verlässt das Vermögen die Firma. In: Frankfurter Allgemeine Zeitung, o. Jg. 2010, Nr. 56, S. 14

Sockoll, Ina/**Kramer**, Ina/**Bödeker**, Wolfgang (2008)
Wirksamkeit und Nutzen betrieblicher Gesundheitsförderung und Prävention. Zusammenstellung der wissenschaftlichen Evidenz 2000 bis 2006, IGA-Report 13, Essen et al. 2008

Sohmer, Vera (2011)
Krankes Dasein. In: Handelszeitung, o. Jg. 2011, Nr. 26, S. 16

Sollberger, Bettina Anne (2006)
Wissenskultur. Erfolgsfaktor für ein ganzheitliches Wissensmanagement, Bern/Stuttgart/Wien 2006

Stadler, Konrad (2009)
Die Kultur des Veränderns. Führen in Zeiten des Umbruchs, München 2009

Stadler, Peter/**Spieß**, Erika (2002)
Mitarbeiterorientiertes Führen und soziale Unterstützung am Arbeitsplatz, Dortmund/Berlin/Dresden 2002

Stadler, Peter/**Strobel**, Gudrun (2006)
Der Einfluss von Führungsverhalten auf die psychische Belastungssituation von Mitarbeitern. [Online] URL: http://www.lgl.bayern.de/arbeitsschutz/arbeitspsychologie/doc/fuehrung.pdf, Zugriff am 11.08.2011

Staehle, Wolfgang H. (1975)
Die Stellung des Menschen in neueren betriebswissenschaftlichen Theoriesystemen. In: Zeitschrift für Betriebswirtschaft, 45. Jg. 1975, Nr. 11, S. 713-724

Staehle, Wolfgang H. (1988)
Human Resource Management – Eine neue Managementrichtung in den USA. In: Zeitschrift für Betriebswirtschaft, 58. Jg. 1988, Nr. 5/6, S. 576-587

Staehle, Wolfgang H. (1999)
Management. Eine verhaltenswissenschaftliche Perspektive, 8. Auflage, München 1999

Statistische Ämter des Bundes und der Länder (Hrsg.) (2009)
Demographischer Wandel in Deutschland. Auswirkungen auf die Zahl der Erwerbspersonen, Heft 4, Stuttgart 2009

Stäubli-Roduner, Madeleine (2010)
Die Arbeit darf nicht krank machen. In: Handelszeitung, o. Jg. 2010, Nr. 4, S. 15

Stechow, Andreas von (2009)
Persönliches zur Schweiz. Betrachtungen eines deutschen Diplomaten, Zürich 2009

Steers, Richard M./**Mowday**, Richard T. (1977)
The Motivational Properties of Tasks. In: Academy of Management Review, 2. Jg. 1977, Nr. 4, S. 645-658

Steinke, Ines (2007)
Qualitätssicherung in der qualitativen Forschung. In: Udo Kuckartz/Heiko Grunenberg/Thorsten Dresing (Hrsg.): Qualitative Datenanalyse: computergestützt. Methodische Hintergründe und Beispiele aus der Forschungspraxis, 2. Auflage, Wiesbaden 2007, S. 176-187

Steinke, Mika/**Badura**, Bernhard (2011)
Präsentismus. Ein Review zum Stand der Forschung, Dortmund/Berlin/Dresden 2011

Steinle, Claus (2005)
Ganzheitliches Management. Eine mehrdimensionale Sichtweise integrierter Unternehmensführung, Wiesbaden 2005

Steinle, Claus/**Ahlers**, Friedel (2006)
Menschenbilder. In: Handelsblatt (Hrsg.): Wirtschaftslexikon. Das Wissen der Betriebswirtschaftslehre, Band 8: Mediaanalyse und Mediaselektion – Personalwesen, Stuttgart 2006, S. 3935-3941

Steinle, Claus/**Krummaker**, Stefan (2004)
Profit-Center. In: Georg Schreyögg/Axel von Werder (Hrsg.): Handwörterbuch Unternehmensführung und Organisation, 4. Auflage, Stuttgart 2004, Sp. 1190-1196

Steinmann, Ralph M. (2005)
Psychische Gesundheit – Stress. Wissenschaftliche Grundlagen für eine nationale Strategie zur Stressprävention und Förderung psychischer Gesundheit in der Schweiz, Bern/Lausanne 2005

Steinmann, Ralph M. (2008)
Arbeit und Alter. Grundlagen zur Bewältigung der demographischen Herausforderung in Betrieben, Bern/Lausanne 2008

Steinmann, Horst/**Löhr**, Albert (1992)
Grundlagen der Unternehmensethik, Stuttgart 1992

Steinmann, Horst/**Schreyögg**, Georg (2005)
Management. Grundlagen der Unternehmensführung. Konzepte – Funktionen – Fallstudien, 6. Auflage, Wiesbaden 2005

Stock-Homburg, Ruth (2010)
Personalmanagement. Theorien – Konzepte – Instrumente, 2. Auflage, Wiesbaden 2010

Stolleis, Michael (2003)
Geschichte des Sozialrechts in Deutschland, Stuttgart 2003

Strähle, Jochen (2010)
Was ist Unternehmenskultur? In: Christoph I. Barmeyer/Jürgen Bolten (Hrsg.): Interkulturelle Personal- und Organisationsentwicklung. Methoden, Instrumente und Anwendungsfälle, Sternenfels 2010, S. 57-64

Sullivan, Cath/**Smithson**, Janet (2007)
Perspectives of homeworkers and their partners on working flexibility and gender equity. In: International Journal of Human Resource Management, 18. Jg. 2007, Nr. 3, S. 448-461

Sulzberger, Markus (2004)
Geleitwort. In: Eberhard Ulich/Marc Wülser (Hrsg.): Gesundheitsmanagement in Unternehmen. Arbeitspsychologische Perspektiven, Wiesbaden 2004, S. 5-6

Sutinen, Risto/**Kivimäki**, Mika/**Elovainio**, Marko/**Forma**, Pauli (2005)
Associations between stress at work and attitudes towards retirement in hospital physicians. In: Work & Stress, 19. Jg. 2005, Nr. 2, S. 177-185

Sutton, Robert I./**Louis**, Meryl Reis (1987)
How Selecting and Socializing Newcomers Influences Insiders. In: Human Resource Management, 26. Jg. 1987, Nr. 3, S. 347-361

Suva (2011)
Über uns. [Online] URL: http://www.suva.ch/startseite-suva/die-suva-suva/ueber-uns-suva.htm, Zugriff am 18.08.2011

Swanson, Vivien/**Power**, Kevin (2001)
Employee's perception of organizational restructuring: the role of social support. In: Work & Stress, 15. Jg. 2001, Nr. 2, S. 161-178

swissinfo (2010)
Schweizerische Post setzt auf Wachstum im Ausland. [Online] URL: http://www.swissinfo.ch/ger/politik_schweiz/Schweizerische_Post_setzt_auf_Wachstum_im_Ausland.html?cid=8030078, Zugriff am 03.08.2011

Szyperski, Norbert (1974)
Das Setzen von Zielen als primäre Aufgabe der Unternehmensleitung. In: Erwin Grochla (Hrsg.): Management. Aufgaben und Instrumente, Düsseldorf/Wien 1974, S. 30-54

Tanda, Jean François (2011)
Die Post: Hundefutter statt Liebesbriefe. In: Handelszeitung, 150. Jg. 2011, Nr. 37, S. 8

Taris, Toon W./**Schreurs**, Paul J. G./**Schaufeli**, Wilmar B. (1999)
Construct validity of the Maslach Burnout Inventory-General Survey: a two-sample examination of its factor structure and correlates. In: Work & Stress, 13. Jg. 1999, Nr. 3, S. 223-237

Taris, Toon W./**Schreurs**, Paul J. G./**van-Iersel-van Silfhout**, Ingrid J. (2001)
Job stress, job strain, and psychological withdrawal among Dutch university staff: towards a dual-process model for the effects of occupational stress. In: Work & Stress, 15. Jg. 2001, Nr. 4, S. 283-296

Taylor, Frederick Winslow (1977)
Die Grundsätze wissenschaftlicher Betriebsführung, neu herausgegeben von Walter Volpert/Richard Vahrenkamp, Weinheim/Basel 1977

Thahabi, Esther M. (2010)
Die Bildung von strategischen Geschäften in mittleren, international tätigen Unternehmen, Wiesbaden 2010

Thiehoff, Rainer (2004)
Wirtschaftlichkeit des betrieblichen Gesundheitsmanagement – Zum Return on Investment der Balance zwischen Lebens- und Arbeitswelt. In: Matthias T. Meifert/Mathias Kesting (Hrsg.): Gesundheitsmanagement im Unternehmen. Konzepte – Praxis – Perspektiven, Berlin et al. 2004, S. 57-77

Thom, Norbert (1976)
Effizienz betrieblicher Innovationsprozesse. Vorstudie zu einer empirisch begründeten Theorie des betrieblichen Innovationsmanagements, Köln 1976

Thom, Norbert (1980)
Grundlagen des betrieblichen Innovationsmanagements, 2. Auflage, Königstein (Taunus) 1980

Thom, Norbert (1987)
Personalentwicklung als Instrument der Unternehmungsführung. Konzeptionelle Grundlagen und empirische Studien, Stuttgart 1987

Thom, Norbert (1990)
Was bedeutet „Verantwortung tragen" in einer Institution? In: Verbands-Management, 15. Jg. 1990, Nr. 2, S. 6-12

Thom, Norbert (1992a)
Innovationsmanagement, Die Orientierung, Nr. 100, Schriftenreihe der Schweizerischen Volksbank, Bern 1992

Thom, Norbert (1992b)
Organisationsentwicklung. In: Erich Frese (Hrsg.): Handwörterbuch der Organisation, 3. Auflage, Stuttgart 1992, Sp. 1477-1491

Thom, Norbert (1997)
Management des Wandels. Grundelemente für ein differenziertes und integriertes „Change Management". In: Die Unternehmung, 51. Jg. 1997, Nr. 3, S. 201-214

Thom, Norbert (1998)
Change Management. Basic Elements for a Differentiated und Integrated Change Management. In: Management. Journal of Contemporary Management Issues, 3. Jg. 1998, Nr. 2, S. 1-17

Thom, Norbert (2001)
Personalmanagement – Überblick und Entwicklungstendenzen. In: Norbert Thom/Robert Zaugg (Hrsg.): Excellence durch Personal- und Organisationskompetenz, Bern/Stuttgart/Wien 2001, S. 117-131

Thom, Norbert (2007)
Personalentwicklung. In: Richard Köhler/Hans-Ulrich Küpper/Andreas Pfingsten (Hrsg.): Handwörterbuch der Betriebswirtschaft, Stuttgart 2007, Sp. 1354-1362

Thom, Norbert (2008a)
Employability. Die intellektuelle Wendigkeit bewahren. In: Fauch. Die Zeitschrift des FAU Fachverein Arbeit und Umwelt, Ausgabe 10, November 2008, S. 6-9

Thom, Norbert (2008b)
Trends in der Personalentwicklung. In: Norbert Thom/Robert J. Zaugg (Hrsg.): Moderne Personalentwicklung. Mitarbeiterpotenziale erkennen, entwickeln und fördern, 3. Auflage, Wiesbaden 2008, S. 3-18

Thom, Norbert (2010a)
Kein Change Management ohne Wandel des Wertesystems. In: io new management, 78. Jg. 2010, Nr. 5, S. 16-19

Thom, Norbert (2010b)
Vorwort. In: Bernhard Renner/Thomas Schwarb (Hrsg.): Business Process Outsourcing im Human Resource Management, Rheinfelden 2010, S. 4

Thom, Norbert (2011a)
Innovationsbereitschaft, Innovationsfähigkeit und Innovationswiderstand – Erfahrungen aus dem Schweizer Umfeld. In: Reinbert Schauer/Norbert Thom/Dennis Hilgers (Hrsg.): Innovative Verwaltungen. Innovationsmanagement als Instrument von Verwaltungsreformen, Linz 2011, S. 15-38

Thom, Norbert (2011b)
Alle profitieren von einem wirksamen Ideenmanagement. In: Die Schweizerische Post (Hrsg.): Die Post. Die Zeitung für die Mitarbeiterinnen und Mitarbeiter der Post, 14. Jg. 2011, Nr. 6, S. 12-13

Thom, Norbert/**Brezovski**, Karin (2003)
Betriebliche Gesundheitsförderung. Konzeption, Evaluation und Praxisexploration, Arbeitsbericht Nr. 67 des Instituts für Organisation und Personal der Universität Bern, Bern 2003

Thom, Norbert/**Harasymowicz-Birnbach**, Joanna (2005)
Wissensmanagement im privaten und öffentlichen Sektor. Wie Staat und Privatwirtschaft voneinander lernen – Versuch einer Synthese. In: Norbert Thom/Joanna Harasymowicz-Birnbach (Hrsg.): Wissensmanagement im privaten und öffentlichen Sektor, 2. Auflage, Zürich 2005, S. 15-39

Thom, Norbert/**Osterspey**, Anna (2009)
Gibt es einen gerechten Lohn? Betriebswirtschaftliche und ethische Überlegungen. In: Birgit Feldbauer-Durstmüller/Helmut Pernsteiner (Hrsg.): Betriebswirtschaftslehre und Unternehmensethik, Wien 2009, S. 145-170

Thom, Norbert/**Osterspey**, Anna (2010)
Bessere Wissenskultur durch Personalmanagement. In: UniPress. Forschung und Wissenschaft an der Universität Bern, o. Jg. 2010, Heft 147, S. 10-13

Thom, Norbert/**Piening**, Anja (2009)
Vom Vorschlagswesen zum Ideen- und Verbesserungsmanagement. Kontinuierliche Weiterentwicklung eines Managementkonzepts, Bern et al. 2009

Thom, Norbert/**Ritz**, Adrian (2008)
Public Management. Innovative Konzepte zur Führung im öffentlichen Sektor, 4. Auflage, Wiesbaden 2008

Thom, Norbert/**Wenger**, Andreas P. (2010)
Die optimale Organisationsform. Grundlagen und Handlungsanleitung, Wiesbaden 2010

Thom, Norbert/**Zaugg**, Robert J. (2002)
Die Unternehmenskrise als Auslöser für Change- und Innovationsmanagement. In: Birgit Feldbauer-Durstmüller/Josef Schlager (Hrsg.): Krisenmanagement – Sanierung – Insolvenz. Handbuch für Banken, Management, Rechtsanwälte, Steuerberater, Wirtschaftsprüfer und Unternehmensberater, Wien 2002, S. 351-369

Tokarski, Kim Oliver (2008)
Ethik und Entrepreneurship. Eine theoretische sowie empirische Analyse junger Unternehmen im Rahmen einer Unternehmensethikforschung, Wiesbaden 2008

Töpfer, Armin/**Zander**, Ernst (1982)
Bausteine eines kooperativen Führungskonzeptes – Einordnung der Beiträge. In: Armin Töpfer/Ernst Zander (Hrsg.): Führungsgrundsätze und Führungsinstrumente, Frankfurt am Main 1982, S. 1-28

Torp, Steffen/**Riise**, Trond/**Moen**, Bente E. (1999)
How the psychosocial work environment of motor vehicle mechanics may influence coping with musculoskeletal symptoms. In: Work & Stress, 13. Jg. 1999, Nr. 3, S. 193-203

Tsai, Wenpin/**Ghoshal**, Sumantra (1998)
Social Capital and Value Creation: The Role of Intrafirm Networks. In: Academy of Management Journal, 41. Jg. 1998, Nr. 4, S. 464-476

Tschopp, Cécile/**Feierabend**, Anja/**Arnold**, Alexandra (2011)
Warum sich die Erfüllung des psychologischen Vertrags bezahlt macht. Ergebnisse des Schweizer Human-Relations-Barometers® 2011. In: Guy Ochsenbein/Ulrich Pekruhl/Regula Spaar (Hrsg.): Human Resource Management. Jahrbuch 2011, Zürich 2011, S. 263-283

Tuppinger, Josef (2003)
Wissensorientierter Organisationswandel. Ein Ansatz zur Veränderung von Struktur und Kultur, Wiesbaden 2003

Uhle, Thorsten/**Treier**, Michael (2011)
Betriebliches Gesundheitsmanagement. Gesundheitsförderung in der Arbeitswelt – Mitarbeiter einbinden, Prozesse gestalten, Erfolge messen, Berlin/Heidelberg 2011

Ulich, Eberhard (2004)
Gestaltung von Arbeitstätigkeiten. In: Heinz Schuler (Hrsg.): Lehrbuch Organisationspsychologie, 3. Auflage, Bern et al. 2004, S. 221-251

Ulich, Eberhard (2005)
Arbeitspsychologie, 6. Auflage, Zürich/Stuttgart 2005

Ulich, Eberhard/**Wülser**, Marc (2004)
Gesundheitsmanagement in Unternehmen. Arbeitspsychologische Perspektiven, Wiesbaden 2004

Ulich, Eberhard/**Wülser**, Marc (2009)
Gesundheitsmanagement in Unternehmen. Arbeitspsychologische Perspektiven, 3. Auflage, Wiesbaden 2009

Ulrich, Dave (2011)
Über Sinn und Sensibilität. In: Personalwirtschaft. Magazin für Human Resources, 38. Jg. 2011, Nr. 1, S. 28-29

Unger, Hans-Peter/**Kleinschmidt**, Carola (2009)
Bevor der Job krank macht. Wie uns die heutige Arbeitswelt in die seelische Erschöpfung treibt und was man dagegen tun kann, München 2009

Vahs, Dietmar (2005)
Organisation. Einführung in die Organisationstheorie und -praxis, 5. Auflage, Stuttgart 2005

Van Maanen, John/**Schein**, Edgar H. (1979)
Toward a theory of organizational socialization. In: Research in Organizational Behavior, 1. Jg. 1979, Nr. 1, S. 209-264

Veith, Thorsten/**Schweitzer**, Jochen (2009)
Das große Ganze. In: Personalwirtschaft. Magazin für Human Resources, 36. Jg. 2009, Nr. 8, S. 30-32

Viswesvaran, Chockalingam/**Sanchez**, Juan I./**Fisher**, Jeffrey (1999)
The Role of Social Support in the Process of Work Stress: A Meta-Analysis. In: Journal of Vocational Behavior, 54. Jg. 1999, Nr. 2, S. 314-334

Vollmann, Manja/**Weber**, Hannelore (2005)
Gesundheitspsychologie. In: Astrid Schütz/Herbert Selg/Stefan Lautenbacher (Hrsg.): Psychologie. Eine Einführung in ihre Grundlagen und Anwendungsfelder, 3. Auflage, Stuttgart 2005, S. 436-452

Wächter, Hartmut (1979)
Einführung in das Personalwesen. Darstellung, Kontrollfragen und Lösungen, Herne/Berlin 1979

Wagner-Link, Angelika (2000)
Betriebliches Streßmanagementtraining. In: Bernhard Badura/Martin Litsch/Christian Vetter (Hrsg.): Fehlzeiten-Report 1999. Psychische Belastung am Arbeitsplatz, Berlin/Heidelberg 2000, S. 236-253

Walter, Uta (2010)
Standards des Betrieblichen Gesundheitsmanagements. In: Bernhard Badura/Uta Walter/Thomas Hehlmann (Hrsg.): Betriebliche Gesundheitspolitik. Der Weg zur gesunden Organisation, 2. Auflage, Heidelberg et al. 2010, S. 147-161

Warr, Peter (1999)
Well-Being and the Workplace. In: Daniel Kahnemann/Ed Diener/Norbert Schwarz (Hrsg.): Well-Being: The Foundations of Hedonic Psychology, New York 1999, S. 392-412

Wayne, Sandy J./**Shore**, Lynn M./**Liden**, Robert C. (1997)
Perceived Organizational Support and Leader-Member Exchange: A Social Exchange Perspective. In: Academy of Management Journal, 40. Jg. 1997, Nr. 1, S. 82-111

Webber, Alan M. (1993)
What's so New About the New Economy? In: Harvard Business Review, 71. Jg. 1993, Nr. 1, S. 24-42

Wegge, Jürgen (2004)
Emotionen in Organisationen. In: Heinz Schuler (Hrsg.): Enzyklopädie der Psychologie, Themenbereich D, Serie III, Band 3, Göttingen et al. 2004, S. 673-749

Wegge, Jürgen/**Dick**, Rolf van/**Fisher**, Gary K./**Wecking**, Christiane/**Moltzen**, Kai (2006)
Work motivation, organizational identification, and well-being in call centre work. In: Work & Stress, 20. Jg. 2006, Nr. 1, S. 60-83

Weinert, Ansfried B. (1998)
Organisationspsychologie, 4. Auflage, Weinheim et al. 1998

Weiß, Maria (2009)
Psychisch krank durch den Beruf? Immer mehr Arbeitnehmer sind betroffen. In: MMW Fortschritte der Medizin, 151. Jg. 2009, Nr. 48, S. 18

Welge, Martin K./**Winter**, Lothar G. (1980)
Management, multinationales. In: Erwin Grochla (Hrsg.): Handwörterbuch der Organisation, 2. Auflage, Stuttgart 1980, Sp. 1243-1252

Welt Online (2010)
Deutschlands größte Kasse fordert Zusatzbeitrag. [Online] URL: http://www.welt.de/wirtschaft/article7463483/Deutschlands-groesste-Kasse-fordert-Zusatzbeitrag.html, Zugriff am 06.06.2010

Welt Online (2011)
Kranksein wird in Deutschland immer teurer. [Online] URL: http://www.welt.de/wirtschaft/article13087093/Kranksein-wird-in-Deutschland-immer-teurer.html, Zugriff am 06.08.2011

Wernerfelt, Birger (1984)
A Resource-based View of the Firm. In: Strategic Management Journal, 5. Jg. 1984, Nr. 2, S. 171-180

Werning, Rolf (2010)
Konstruktivismus. In: Detlef Horster/Wolfgang Jantzen (Hrsg.): Wissenschaftstheorie, Stuttgart 2010, S. 289-294

Westermayer, Gerhard (1998)
Organisationsentwicklung und betriebliche Gesundheitsförderung. In: Eva Bamberg/Antje Ducki/Anna-Marie Metz (Hrsg.): Handbuch Betriebliche Gesundheitsförderung. Arbeits- und organisationspsychologische Methoden und Konzepte, Göttingen 1998, S. 119-132

WHO (1946)
Constitution of the World Health Organization, Genf 1946

WHO (1986)
Ottawa Charta for Health Promotion. First International Conference on Health Promotion. Ottawa, 21 November 1986. [Online] URL: http://www.who.int/hpr/NPH/docs/ottawa_charter_hp.pdf, Zugriff am 07.06.2010

WHO (1998)
Gesundheit 21. Gesundheit für alle im 21. Jahrhundert. Eine Einführung. [Online] URL: http://www.euro.who.int/__data/assets/pdf_file/0006/109761/EHFA5-G.pdf, Zugriff am 07.07.2010

WHO (2001)
The World Health Report 2001. Mental Health: New Understanding, New Hope. [Online] URL: http://www.who.int/whr/2001/en/whr01_en.pdf, Zugriff am 02.09.2011

WHO (2009)
Nairobi Call to Action. [Online] URL: http://www.gesundheitsfoerderung.ch/pdf_doc_xls/e/GFPstaerken/Netzwerke/Nairobi-Call-to-Action-Nov09.pdf, Zugriff am 14.08.2011

WHO (2011a)
Health Promotion. 7th Global Conference on Health Promotion. [Online] URL: http://www.who.int/healthpromotion/conferences/7gchp/en/index.html, Zugriff am 14.08.2011

WHO (2011b)
Health. [Online] URL: http://www.who.int/trade/glossary/story046/en/index.html, Zugriff am 26.08.2011

Wiese, Bettina S. (2007)
Work-Life-Balance. In: Klaus Moser (Hrsg.): Wirtschaftspsychologie, Heidelberg 2007, S. 245-263

Winkle, Stefan (1984)
Die sanitären und ökologischen Zustände im alten Rom und die sich daraus ergebenden städte- und seuchenhygienischen Maßnahmen. [Online] URL: http://www.aerztekammer-hamburg.de/funktionen/aebonline/pdfs/1181649879.pdf, Zugriff am 14.08.-2011

Winz, Manfred (2006)
Strategische Personalentwicklung. Strategische Personalentwicklungsplanung in schweizerischen Klein- und Mittelunternehmungen, Bern/Stuttgart/Wien 2006

Wissenschaftliches Institut der AOK (2011)
Burnout auf dem Vormarsch. [Online] URL: http://www.wido.de/fileadmin/ wido/downloads/pdf_pressemitteilungen/wido_pra_pm_krstd_0411.pdf, Zugriff am 22.08.2011

Witte, Eberhard (1973)
Organisation für Innovationsentscheidungen – Das Promotoren-Modell, Göttingen 1973

Witte, Eberhard (1988)
Innovationsfähige Organisation. In: Eberhard Witte/Jürgen Hauschildt/Oskar Grün (Hrsg.): Innovative Entscheidungsprozesse. Die Ergebnisse des Projektes „Columbus", Tübingen 1988, S. 144-161

Witzel, Andreas (1982)
Verfahren der qualitativen Sozialforschung. Überblick und Alternativen, Frankfurt am Main/New York 1982

Wöhe, Günter/**Döring**, Ulrich (2010)
Einführung in die Allgemeine Betriebswirtschaftslehre, 24. Auflage, München 2010

Woods, David (2008)
Understanding overwork. In: Employee Benefits, o. Jg. 2008, June, S. 26

Wu, Jay Y. (2008)
A General Behavior Model and New Definitions of Organizational Cultures. In: The Journal of Socio-Economics, 37. Jg. 2008, Nr. 6, S. 2535-2545

Wunderer, Rolf (2007)
Führung und Zusammenarbeit. Eine unternehmerische Führungslehre, 7. Auflage, Köln 2007

Wüstner, Kerstin (2006)
Arbeitswelt und Organisation. Ein interdisziplinärer Ansatz, Wiesbaden 2006

Xanthopoulou, Despoina/**Bakker**, Arnold B./**Demerouti**, Evangelia/**Schaufeli**, Wilmar B. (2007)
The Role of Personal Resources in the Job Demands-Resources Model. In: International Journal of Stress Management, 14. Jg. 2007, Nr. 2, S. 121-141

Yilmaz, Cengiz/**Ergun**, Ercan (2008)
Organizational culture and firm effectiveness: An examination of relative effects of culture traits and the balanced culture hypothesis in an emerging economy. In: Journal of World Business, 43. Jg. 2008, Nr. 3, S. 290-306

Yin, Robert K. (1981)
The Case Study Crisis: Some Answers. In: Administrative Science Quarterly, 26. Jg. 1981, Nr. 1, S. 58-65

Yin, Robert K. (2009)
Case Study Research, 5. Auflage, Los Angeles et al. 2009

Yperen, Nico W. van/**Hagedoorn**, Mariët (2003)
Do High Job Demands Increase Intrinsic Motivation or Fatigue or Both? The Role of Job Control and Job Social Support. In: Academy of Management Journal, 46. Jg. 2003, Nr. 3, S. 339-348

Zapf, Dieter/**Semmer**, Norbert K. (2004)
Stress und Gesundheit in Organisationen. In: Heinz Schuler (Hrsg.): Enzyklopädie der Psychologie, Themenbereich D, Serie III, Band 3, Göttingen et al. 2004, S. 1007-1112

Zaugg, Robert J. (2002)
Bezugsrahmen als Heuristik der explorativen Forschung. Grundlagen – Bezugsrahmen – Forschungsstrategien – Forschungsmethoden, Arbeitsbericht Nr. 57 des Instituts für Organisation und Personal der Universität Bern, Bern 2002

Zaugg, Robert J. (2008)
Nachhaltige Personalentwicklung. Von der Schulung zum Kompetenzmanagement. In: Norbert Thom/Robert J. Zaugg (Hrsg.): Moderne Personalentwicklung. Mitarbeiterpotenziale erkennen, entwickeln und fördern, 3. Auflage, Wiesbaden 2008, S. 19-39

Zaugg, Robert J. (2009)
Nachhaltiges Personalmanagement. Eine neue Perspektive und empirische Exploration des Human Resource Managements, Wiesbaden 2009

Zaugg, Robert J./**Blum**, Adrian/**Thom**, Norbert (2001)
Sustainability in Human Resource Management. Evaluation Report. Survey in European Companies and Institutions, Bern 2001

Zaugg, Robert J./**Thom**, Norbert (2003)
Excellence through implicit competencies: Human resource management – organisational development – knowledge creation. In: Journal of Change Management, 3. Jg. 2003, Nr. 3, S. 199-211

Zeng, Stefanie (2010)
Der Gesundheitsgedanke wird in den Köpfen der Führungskräfte verankert. In: Jubiläums-Award 2010. Ausgezeichnetes HRM: Die vier besten Unternehmen in der Schweiz, o. Jg. 2010, o. Nr., S. 6-7

Zimmermann, Daniel (2009)
Partizipatives E-HRM. Beteiligung von Mitarbeitenden und Vorgesetzten an Personal-
prozessen durch HRM-Portale, München/Mering 2009

Zimolong, Bernhard/**Elke**, Gabriele/**Bierhoff**, Hans-Werner (2008)
Den Rücken stärken. Grundlagen und Programme der betrieblichen Gesundheitsförderung, Göttingen et al. 2008

The manufacturer's authorised representative in the EU is Springer
Nature Customer Service Centre GmbH, Europaplatz 3, 69115 Heidelberg,
Germany. If you have any concerns regarding our products, please
contact ProductSafety@springernature.com

Printed and bound by CPI Group (UK) Ltd, Croydon, CR0 4YY
24/04/2026
02096334-0011